Peter A. Kracke, Linus Beilschmidt

Informations- und Telekommunikationstechnik
Kernqualifikationen

3. Auflage, korrigierter Nachdruck

Bestellnummer 92105

Bildungsverlag EINS – Gehlen

Fotos: W. Bender, Grünberg, S. 336; Michael Fabian, Wunstorf; Peter A. Kracke, S. 165; IBM Deutschland, Stuttgart, S. 152

www.bildungsverlag1.de

Gehlen, Kieser und Stam sind unter dem Dach des Bildungsverlages EINS zusammengeführt.

Bildungsverlag EINS
Sieglarer Straße 2, 53842 Troisdorf

ISBN 3-441-**92105**-4

Vorwort

Zum 1. August 1997 sind für den Bereich der Informations- und Telekommunikationstechnik (IT) vier neue, staatlich anerkannte Ausbildungsberufe eingerichtet worden. Seit diesem Zeitpunkt wird im Rahmen des dualen Systems die Ausbildung in den Berufen

- IT-System-Elektroniker / IT-System-Elektronikerin
- Fachinformatiker / Fachinformatikerin
- IT-System-Kaufmann / IT-System-Kauffrau und
- Informatikkaufmann / Informatikkauffrau

durchgeführt. Dieses Buch dient dazu, die für alle vier IT-Berufe geforderten gemeinsamen Kernqualifikationen aus kaufmännischer, technischer und informatikbezogener Sicht zu vermitteln. Die den einzelnen Kapiteln vorangestellten Situationen beschreiben am Beispiel des Modellunternehmens Wittekind GmbH typische Sachverhalte und Problemstellungen aus der betrieblichen Praxis. Die vorgestellten Inhalte bieten vielfältige Möglichkeiten einer praxisbezogenen Erarbeitung des Stoffes, dessen Umfang sich an den Stundenrichtwerten der Rahmenlehrpläne orientiert. Die dargestellten Kernqualifikationen stellen somit die berufsqualifizierende Grundlage für alle vier IT-Berufe dar und führen direkt zu den Fachqualifikationen der jeweiligen Berufsbilder hin.

Darüber hinaus werden mit den Abschnitten zur Projektorganisation, Dokumentation und Präsentation von IT-Systemen auch wichtige Elemente zur Vorbereitung auf die Abschlussprüfung behandelt. Zu diesem Zweck dienen auch die Zusammenfassungen am Ende der jeweiligen Abschnitte sowie ein Glossar am Schluss des Buches, in dem wichtige Begriffe aus der Informations- und Telekommunikationstechnik aufgeführt und – soweit in englischer Sprache benutzt – auch mit ihrer deutschen Übersetzung erklärt sind.

Das vorliegende Buch ist für die schulische und betriebliche Ausbildung in den vier IT-Berufen konzipiert worden. Es eignet sich aber durchaus auch für die kaufmännische und technische Informatikausbildung in anderen Schulformen sowie für die Fort- und Weiterbildung in der beruflichen Praxis.

Die elektrotechnischen Inhalte entsprechen auch den Anforderungen, die an eine Elektrofachkraft gestellt werden.

Die vorliegende 3. Auflage enthält eine erweiterte Darstellung zu den Lernfeldern Markt und Kundenbeziehungen sowie Geschäftsprozesse und betriebliche Organisation. Darüber hinaus wurden einzelne Kapitel aufgrund aktueller Entwicklungen überarbeitet.

Für Kritik und Verbesserungsvorschläge sind wir stets offen und dankbar.

Die Verfasser

Inhaltsverzeichnis

1 Der Betrieb und seine Organisationsstruktur

Einstiegssituation Um den gestiegenen Bedarf an Informatikern zu decken, hat die Wittekind GmbH in Wildeshausen Auszubildende für die neuen IT-Berufe eingestellt. Diese haben zu Beginn ihrer Ausbildung sich zunächst einen Überblick über die Grundfunktionen des Betriebes sowie dessen Stellung im Marktgefüge verschafft. Nach der Auswertung der gesammelten Informationen haben die Auszubildenden das Ergebnis grafisch festgehalten.

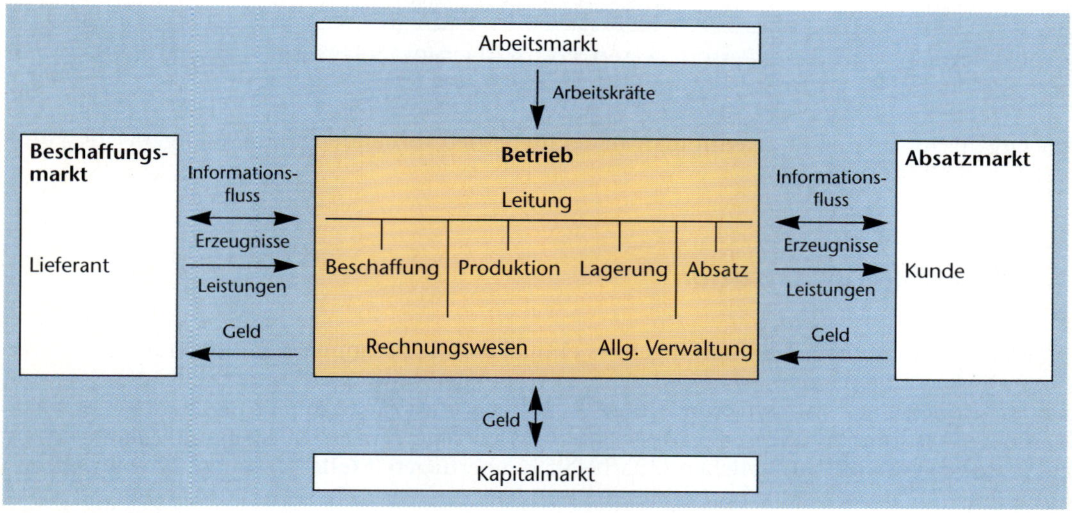

Abb. 1.1 Der Betrieb im Marktgefüge

Der Absatzmarkt für die von der Wittekind GmbH gelieferten elektrotechnischen Erzeugnisse erstreckt sich auf den gesamten europäischen Raum. Zum Geschäftsfeld des Betriebes gehören nicht nur Automaten und Schalter, sondern auch Produkte der **Informations- und Telekommunikationstechnik (IT).** Die Produkte werden auf dem Beschaffungsmarkt von spezialisierten Herstellerfirmen und Großhändlern bezogen, teilweise aber auch selbst produziert. Im Zusammenhang mit den geplanten Investitionen im IT-Bereich wurden neue Arbeitskräfte über den Arbeitsmarkt eingestellt sowie Kredite am Kapitalmarkt aufgenommen. Damit soll ein neues Kommunikationssystem finanziert werden, das einen elektronischen Informationsaustausch sowohl innerbetrieblich **(Intranet)** als auch über das **Internet** zu den Kunden und Lieferanten ermöglicht.
Mit dem neuen System wird die prozessorientierte Organisation die bislang noch funktionsorientierte Organisation ablösen. Was ist unter einer funktionsorientierten Organisation zu verstehen?

1.1 Funktionsorientierte Organisation

1.1.1 Betriebliche Organisationsstruktur

Die Organisationsstruktur eines Betriebes orientiert sich traditionell an den Aufgaben, die sich aus den betrieblichen Grundfunktionen und den zugehörigen Marktbeziehungen ableiten lassen.

Für den Aufbau einer betrieblichen Organisationsstruktur kommen beispielsweise folgende Grundfunktionen eines Handels- und Dienstleistungsbetriebes in Betracht:

- Beschaffungsfunktion
- Lagerungsfunktion
- Geschäftsführung
- Verwaltung
- Absatzfunktion
- Finanzierungsfunktion

Für den Industriebetrieb ist zusätzlich die Produktionsfunktion zu berücksichtigen. Die Analyse betrieblicher Grundfunktionen kann zu einer weiteren Zerlegung in Teilfunktionen führen.

Beispiele:

Grundfunktion	Teilfunktionen
Geschäftsführung	Führungs-, Planungs- und Entscheidungsfunktion
Absatzfunktion	Werbung, Auftragsbearbeitung, Außendienst
Verwaltung	Personalwesen, Postbearbeitung, Sekretariat

Die Organisationsstruktur erkennt man an der im Betrieb vorhandenen Aufbauorganisation und Ablauforganisation.

1.1.2 Aufbauorganisation

Im Rahmen der Aufbauorganisation geht es einmal darum, zusammengehörige Aufgaben in die Zuständigkeit von Organisationseinheiten zu legen **(Abteilungsbildung)**. Organisationseinheiten können durch Abteilungen, Unterabteilungen oder Fachgruppen repräsentiert werden. Darüber hinaus sind in diesen Organisationseinheiten abgegrenzte Aufgaben und Kompetenzen auf Personen, also die betrieblichen Mitarbeiter zu übertragen **(Stellenbildung)**. Eine funktionsorientierte Organisationsstruktur erhält man, indem zunächst alle Grundfunktionen eines Betriebes analysiert, in Teilfunktionen zergliedert und dann bestimmten Aufgabenträgern zugewiesen werden.

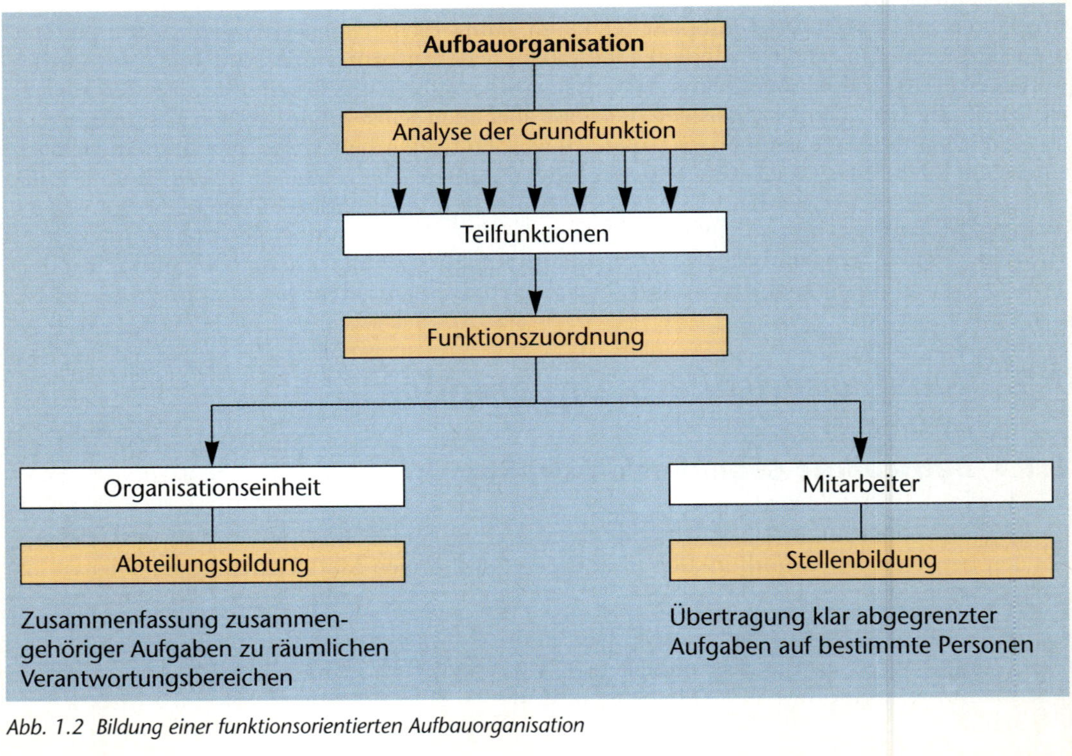

Abb. 1.2 Bildung einer funktionsorientierten Aufbauorganisation

Beispiele:

Abteilungsbildung	Stellenbildung
Verkauf mit den Teilfunktionen ...	**IT-System-Elektroniker** mit den Teilfunktionen ...
• Durchführung von Werbemaßnahmen	• Durchführung von Service und Support für den Kunden
• Auftragsbearbeitung und Fakturierung	• Planung von IT-Systemen
• Kundenberatung, Kundendienst	• Installation von IT-Systemen
• Erstellung von Umsatzstatistiken	• Prüfung der elektromagnetischen Verträglichkeit
• Einteilung der Außendienstmitarbeiter	• Bereitstellung von Anwenderprogrammen
• Marktforschung	• Fehlerdiagnostik und Systemanpassungen

1.1.3 Ablauforganisation

Im Rahmen der Ablauforganisation geht es darum, Arbeitsabläufe inhaltlich und zeitlich zu ordnen.

Typische Fragestellungen in der Ablauforganisation sind:

- Zu welchem Zeitpunkt fallen Aufgaben an und wie lange dauern sie?
- Was ist zu tun, in welcher Reihenfolge und mit welchen Sachmitteln?
- Welche Organisationseinheiten und Stellen werden von den Abläufen berührt?

Die Zielsetzung der Ablauforganisation besteht darin, betriebliche Arbeitsabläufe zu optimieren, d. h. Durchlaufzeiten oder Leerlaufzeiten zu minimieren bzw. einzelne Aufgaben Mitarbeitern, Sachmitteln oder Maschinen bestmöglich zuzuordnen.

Voraussetzung hierfür ist eine systematische Analyse und Strukturierung dieser Abläufe. Dabei sind funktionale, aber auch zeitliche und räumliche Aspekte im integrativen Zusammenhang zu betrachten.

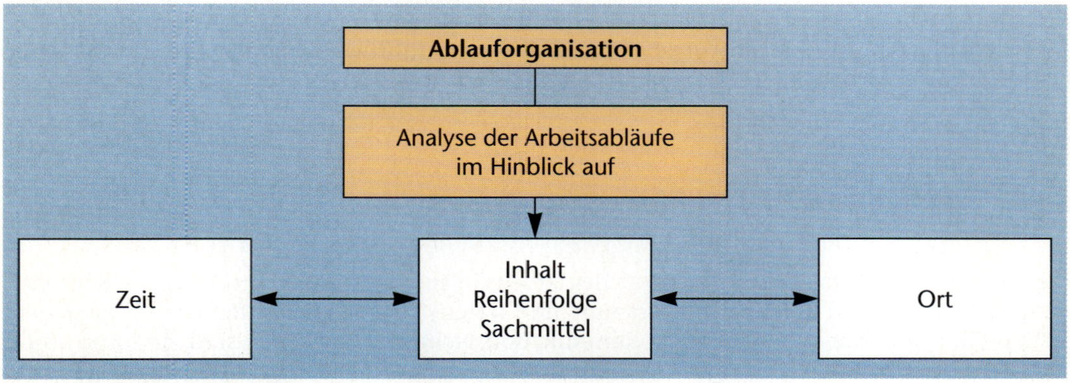

Abb. 1.3 Aspekte der Ablauforganisation

Beispiel: Funktionsorientierter Ablauf „Installation von IT-Systemen im Kundenauftrag" in einem Systemhaus vor der Umstellung auf die Prozessorientierung:

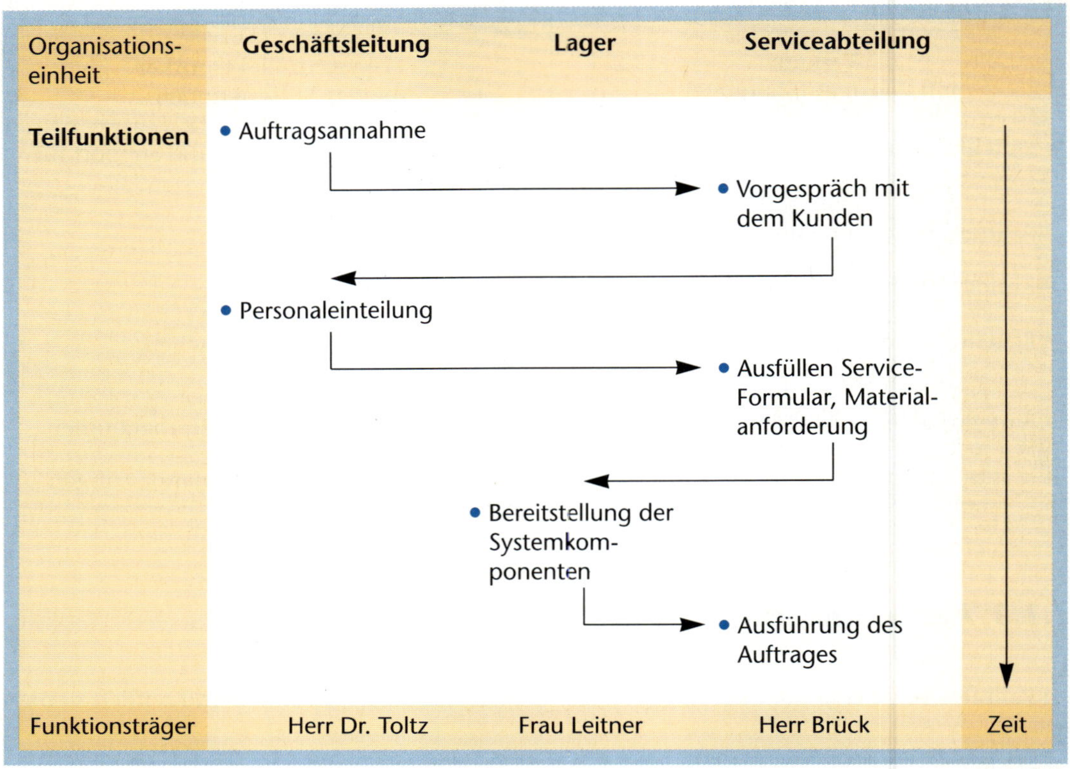

Abb. 1.4 Funktionsorientierte Ablauforganisation

Wie die Abb. 1.4 verdeutlicht, ist die Abwicklung des Installationsauftrags
- in mehrere Teilfunktionen zergliedert, die
- in Arbeitsteilung von mehreren Mitarbeitern
- in mehreren Organisationseinheiten durchgeführt werden.

Über die funktionsorientierte Ablauforganisation werden die verschiedenen Organisationseinheiten miteinander verbunden, wobei jeder Mitarbeiter auf einen bestimmten isolierten Teilausschnitt der Gesamtaufgabe in der jeweiligen Organisationseinheit spezialisiert ist.

Die Analyse der Arbeitsabläufe gibt nicht nur Aufschluss über Art, Häufigkeit und Zusammenwirken von Teilfunktionen in und zwischen den betrieblichen Organisationseinheiten. Sie führt auch zu der Erkenntnis, welche Aufgaben manuell durchgeführt werden und welche mithilfe der **Informationsverarbeitung (IV)** automatisiert abgewickelt werden oder werden könnten.

1.1.4 Betriebliche IT-Struktur

Die automatisierte Abwicklung betrieblicher Arbeitsabläufe setzt geeignete **Hardware** (Geräte und Datenträger) und **Software** (Programme und Daten) voraus. Die im Betrieb vorhandenen Systeme der Informations- und Telekommunikationstechnik (IT-Systeme) sind zusammen mit dem Personal im IT-Bereich **(Menware)** und der Organisation der betrieblichen Informationsverarbeitung **(Orgware)** wichtige Elemente der IT-Struktur.

In der Abb. 1.5 sind sowohl traditionelle Berufe im IT-Bereich als auch die neuen Berufe der Informations- und Telekommunikationstechnik als Beispiele für Menware aufgeführt.

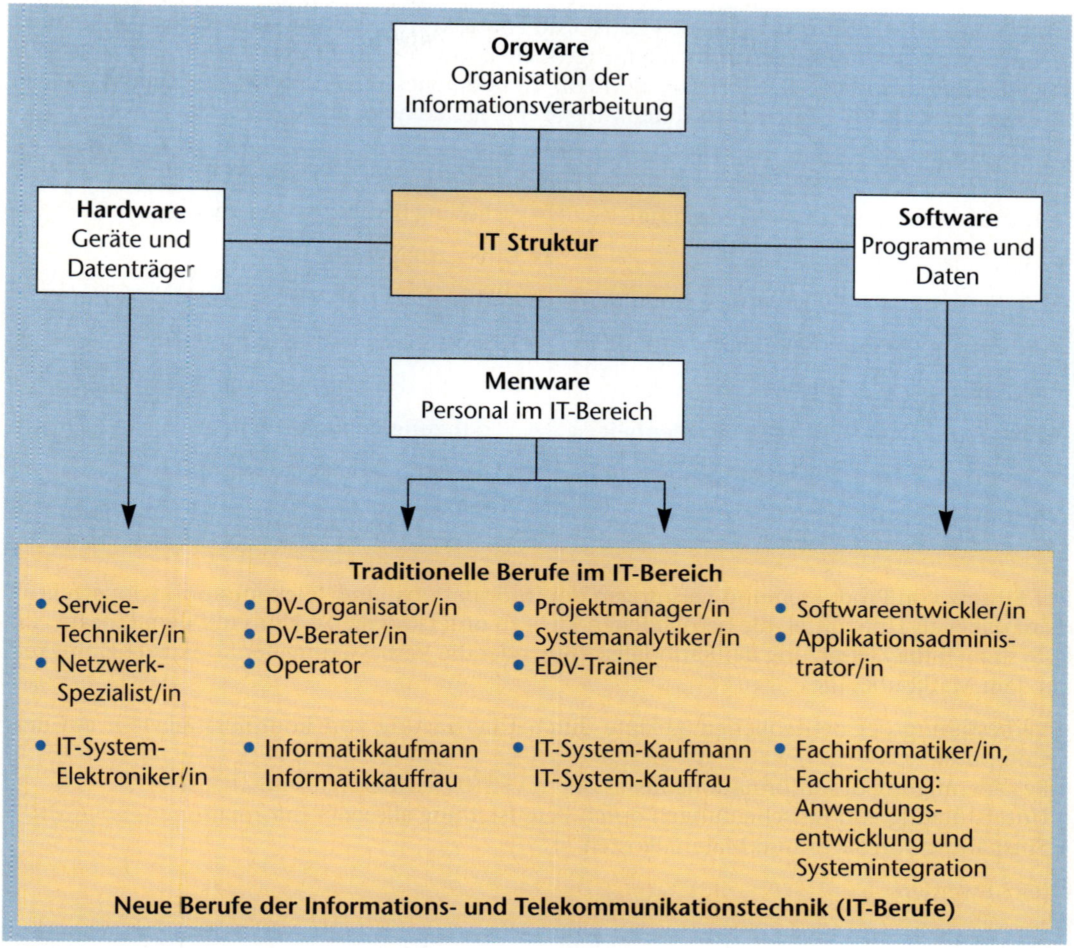

Abb. 1.5 Betriebliche IT-Struktur mit IT-Personal

Über die Automatisierung von Arbeitsabläufen kann die IT-Struktur auf die Gestaltung der Aufbau- und Ablauforganisation und damit auf die Organisationsstruktur des Betriebes einwirken. Die Effizienz und Flexibilität von Organisationsstrukturen wird daher nicht unwesentlich von der vorhandenen IT-Struktur eines Betriebes beeinflusst.

Andererseits können führende Organisationseinheiten (z. B. Geschäftsleitung) und leitende Mitarbeiter Einfluss nehmen auf die Aufgaben im IT-Bereich des Betriebes. Die Rolle und der Stellenwert des IT-Bereiches kann daher auch von der Organisationsstruktur bestimmt werden, wenn beispielsweise Ziele der Geschäftsleitung über die Dienstleistungsfunktion des IT-Bereiches unterstützt werden sollen.

So stehen **Organisationsstrukturen** und **IT-Strukturen** eines Betriebes in einer wechselseitigen Beziehung zueinander, wobei diese Strukturen je nach

- Größe (Kleinbetrieb, mittelständischer Betrieb, Großunternehmen)
- Art (Handels-, Industrie- und Dienstleistungsbetrieb)
- Sparte oder Branche (öffentliche Verwaltung, Telekommunikation)

sehr unterschiedlich und vielfältig sein können.

1.1.5 Ziele

Aufbau und Entwicklung der Organisations- und IT-Strukturen werden maßgeblich von den betrieblichen Zielsetzungen bestimmt. Derartige Ziele können sich auf den Betrieb selbst und auf das zugehörige Umfeld (z. B. Märkte, Kunden, Trendentwicklungen) beziehen. Typische Ziele, aufgegliedert in betriebsinterne und marktbezogene, gehen aus folgender Tabelle hervor:

Betriebsinterne Ziele	Marktbezogene Ziele
• Kostendeckung bzw. Kostensenkung	• Sicherung bzw. Erweiterung von Marktanteilen
• Gewinnsteigerung	• Umsatzsteigerung
• Verbesserung der Qualität von Produkten	• Verbesserung der Wettbewerbsfähigkeit
• Erhöhung der Produktivität der Mitarbeiter	• Verbesserung des Kundenservice
• Verbesserung der betrieblichen Abläufe	• Stärkung der Kundenbindung
• Steigerung der Mitarbeiterzufriedenheit	• Verkürzung von Lieferzeiten
• Optimierung der Informationsflüsse	• Verbesserung der Bezugskonditionen
• Rationalisierung	• Verbesserung des Kommunikationsnetzes

Der Einsatz von Produkten und Leistungen der Informations- und Telekommunikationstechnik dient dabei als Hilfsmittel, die betrieblichen Ziele zu unterstützen. So kann mit dem Einsatz von IT-Systemen die Zielsetzung der Rationalisierung oder die Verbesserung der Konkurrenzfähigkeit auf dem Markt über die

- Verbesserung der betrieblichen Abläufe durch Übertragung von Routinetätigkeiten auf den Computer,
- Beschleunigung des Informationsflusses durch vernetzten Datenaustausch,
- Unterstützung von Entscheidungen durch Bereitstellung aktueller Informationen,
- Einsparung von Sach- und Materialkosten

erreicht werden.

Auf einen Blick

- ▷ Die Organisationsstruktur eines Betriebes orientiert sich an den Funktionen, die sich aus dem betrieblichen Grundmodell und den Marktbeziehungen ergeben.
- ▷ Die Organisationsstruktur eines Betriebes setzt sich aus der Aufbau- und Ablauforganisation zusammen.
- ▷ Die Aufbauorganisation wird durch die Abteilungs- und Stellenbildung bestimmt.
- ▷ Über die Ablauforganisation werden Arbeitsabläufe hinsichtlich Inhalt, Reihenfolge sowie Ort und Zeit untersucht mit dem Ziel, die Abläufe zu optimieren.
- ▷ Die IT-Struktur eines Betriebes setzt sich aus Hardware, Software, Menware und Orgware zusammen, mit deren Hilfe die Informationsverarbeitung im Betrieb organisiert werden kann.
- ▷ Im IT-Bereich eines Betriebes sind traditionelle Informatik-Berufe und die neuen Berufe der Informations- und Telekommunikationstechnik (IT-Berufe) anzutreffen.
- ▷ Organisations- und IT-Strukturen stehen in einer wechselseitigen Beziehung zueinander. Aufbau und Entwicklung dieser Strukturen werden von den betrieblichen Zielsetzungen bestimmt.
- ▷ Der Computereinsatz dient als Hilfsmittel, um die betrieblichen Ziele zu unterstützen.

1.2 Organisationsstrukturen und IT-Strukturen

1.2.1 Zentrale Strukturen

■ Hierarchische Organisation

Die traditionelle Darstellung einer funktionsorientierten Organisationsstruktur ist die hierarchische Gliederung nach den Grund- und Teilfunktionen eines Betriebes. Die grafische Darstellung der Organisationsstruktur erfolgt in einem **Organigramm** bzw. **Stellenplan.** Ein Organigramm zeigt den hierarchischen Aufbau des Betriebes mit den jeweiligen Über- und Unterordnungsverhältnissen:

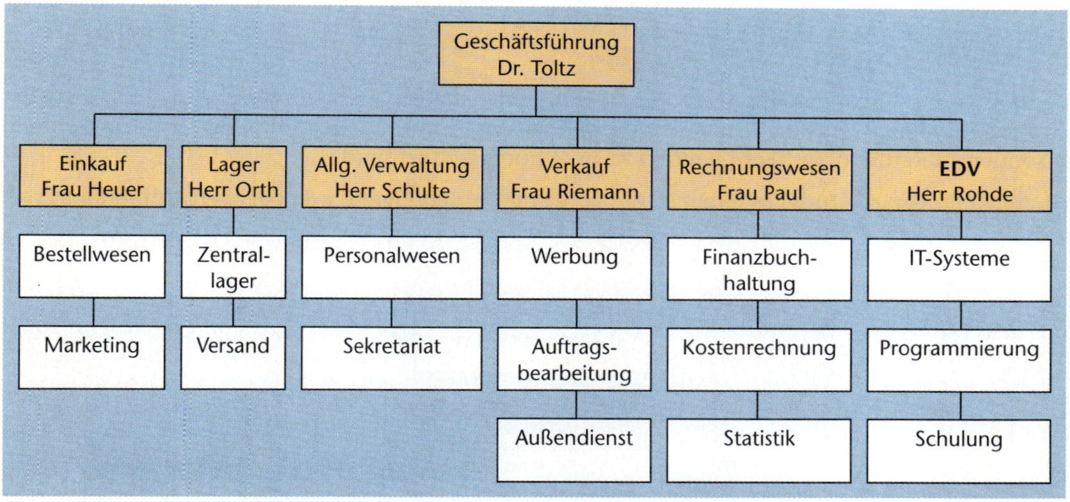

Abb. 1.6 Organigramm mit integriertem Stellenplan für die Hauptabteilungen

■ Die klassische EDV-Abteilung

Die Einordnung der **EDV** (Elektronische Datenverarbeitung) als zentrale Abteilung einer funktionsorientierten Organisationsstruktur stammt aus den Anfängen der kommerziellen Datenverarbeitung (ca. 1965). Ursprünglich konzentrierten sich die mithilfe der EDV gelösten Probleme auf Aufgabenstellungen des Rechnungswesens. Die EDV-Abteilung ist zunächst eine Teilfunktion des Rechnungswesens. Mit der zentralen Verarbeitung von Aufgaben auch aus den übrigen betrieblichen Bereichen ist die EDV neben den anderen Grundfunktionen als gleichrangige Abteilung in einer hierarchisch gegliederten Aufbauorganisation aufgewertet worden. Anstelle der Abkürzung EDV sind auch die Kurzbezeichnungen **DV** (Datenverarbeitung) oder **IV** (Informationsverarbeitung) üblich.

Die Leitung der DV-Abteilung ist eine Instanz. Eine **Instanz** in der Organisationsstruktur ist eine Stelle, die untergeordneten Stellen Weisungen erteilen darf. Andererseits kann diese Instanz selbst auch nur von einer übergeordneten Stelle Weisungen erhalten. Bei derart starren Organisationsformen ist eine direkte Verbindung der Fachabteilungen zur EDV-Abteilung nicht gegeben, was häufig zu Abstimmungsproblemen zwischen dem Sachbearbeiter in den Fachabteilungen und der zentral organisierten EDV führen kann. Von den Fachabteilungen gewünschte Änderungen in der Ablauf- und DV-Organisation sind häufig nur über den langwierigen Weg übergeordneter Instanzen durchsetzbar.

Die Trennung zwischen dem Ort der Datenentstehung und dem Ort der Datenverarbeitung kann neben Unterbrechungen und Zeitverlusten im Arbeitsablauf auch dazu führen, dass aufgrund der Abhängigkeit von der zentralen EDV die Transparenz der Arbeitsabläufe leidet.

Die Vielfältigkeit und Komplexität der datenverarbeitungsbezogenen Aufgaben aus den verschiedenen Fachabteilungen führt zu einer Aufgliederung der Hauptabteilung EDV in einzelne Teilbereiche und damit auch zu einer zunehmenden Spezialisierung des DV-Personals.

Typische Aufgaben des DV-Personals in zentral organisierten Strukturen sind beispielsweise

- Steuerung und Kontrolle der Datenerfassung
- **Operating**, d. h. Bedienung und Kontrolle der Computersysteme
- **Job-Management**, d. h. Koordinierung der Programmabläufe
- Kontrolle der Datenausgabe und Verteilung an die Fachabteilungen
- Verwaltung der Datenbestände und der zugehörigen Datenträger
- Administrative Aufgaben wie Datensicherung, Dokumentation usw.
- Schulung

Zentrale Datenverarbeitung über Großrechner

Zentralistische Organisationsstrukturen spiegeln sich häufig auch in zentral organisierten IT-Strukturen wider, wenn die Informationsverarbeitung für die Fachabteilungen zentral in einem gesonderten Raum, dem **Rechenzentrum (RZ)** durchgeführt wird.

Die zentrale Verarbeitung an einem Ort – sei es im betriebseigenem Rechenzentrum oder in externen Service-Rechenzentren – erfolgt i. d. R. über Großcomputer, die als **Mainframes** bezeichnet werden.

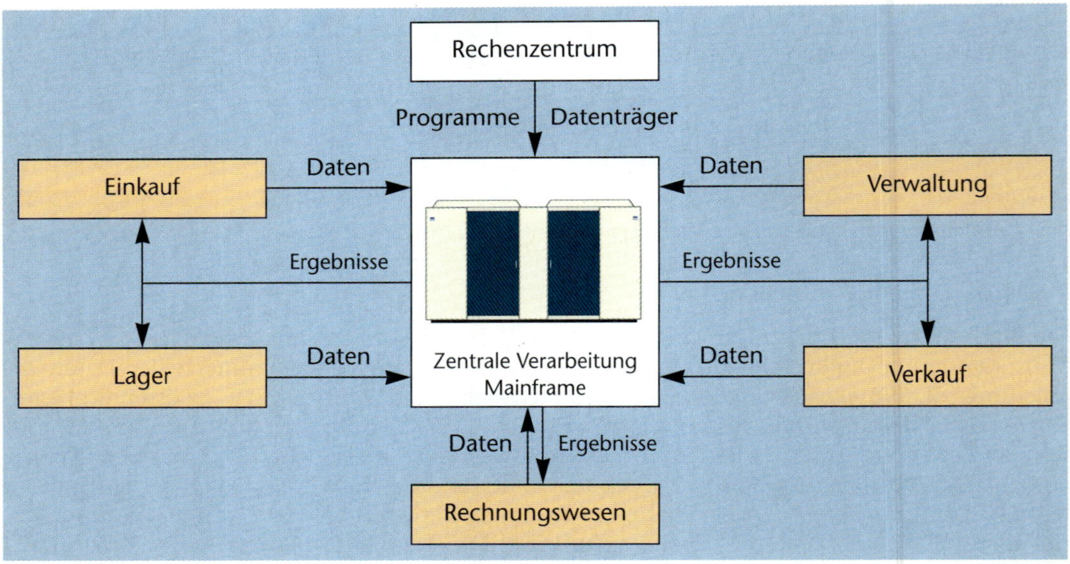

Abb. 1.7 Mainframe als Verarbeitungszentrale

Der Mainframe ist in den Anfängen der kommerziellen Datenverarbeitung bis Mitte der achtziger Jahre die Standardplattform schlechthin. Programme werden zentral verwaltet und vollständig nacheinander nach dem Organisationsplan des Rechenzentrums abgearbeitet **(Batch-Betrieb)**. Die Rechnerkapazitäten – zunächst sehr begrenzt und daher teuer – weisen heute eine große Leistung auf. Die am Mainframe bereits vor 30 Jahren entwickelten Techniken der Prozessor- und Speicherverwaltung, und zwar u. a.

- **Multiprocessing** (Einsatz mehrerer Prozessoren mit paralleler Verarbeitung der Programme)
- **Time-Sharing** (Zuweisung des Prozessors nach Zeitintervallen und/oder Prioritäten)
- **Multiprogramming** (ineinander verzahnte Abarbeitung mehrerer Programme im Zentralspeicher)

finden unter neuen Bezeichnungen (z. B. **preemptives Multitasking**) auch heute im PC-Bereich Anwendung. Mainframes weisen u. a. folgende Vorteile auf:

- hohe Zuverlässigkeit und Betriebssicherheit
- große Rechnerleistung
- hohe Verarbeitungsgeschwindigkeit

Die Hardware und Software in Mainframe-Systemen werden in der Regel durch herstellereigene Betriebssysteme (**proprietäre Systeme)** gesteuert, wodurch eine Abhängigkeit zu der ausgewählten Computerfirma entstehen kann. Die Fachabteilungen haben i. d. R. keinen direkten Einfluss auf die Verarbeitung, sie stellen lediglich ihr Datenmaterial dem Rechenzentrum zur Verfügung, wo es nach erfolgter Erfassung auf entsprechenden Datenträgern, z. B. Magnetplatten, bereitgehalten wird.

Beispiele für proprietäre Systeme:

Betriebssystem	Erklärung und Hersteller
BS2000/OSD	Betriebssystem 2000/Open Server Dimension von Fujitsu-Siemens
MVS/VM	Multiple Virtual System/Virtual Machine von IBM
OS/390	Operating System von IBM
VMS	Virtual Memory System von Digital Equipment/VAX

Wenngleich die Bedeutung von Mainframe-Systemen in den letzten Jahren abgenommen hat, werden diese Systeme vor allem in größeren Betrieben (z. B. Großversandhäusern, Banken, Versicherungen, Service-Rechenzentren) eingesetzt, wo sehr große Datenmengen auftreten und Programme mit extrem hohen Verarbeitungsgeschwindigkeiten abzuwickeln sind (z. B. Informationssysteme, Buchungs- und Auskunftssysteme oder Lohnabrechnungen für Kunden eines Service-Rechenzentrums).

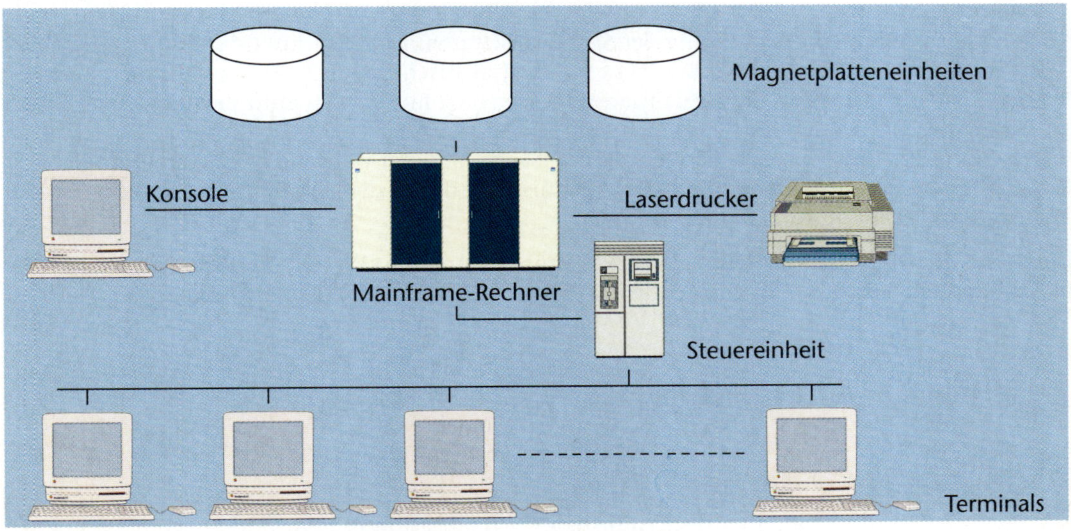

Abb. 1.8 Architektur eines Mainframe-Systems

■ Die EDV als Stabsabteilung

Um die Geschäftsleitung in wesentlichen Fragen der betrieblichen Informationsverarbeitung, z. B. Entscheidungen über DV-Projekte oder die Beschaffung von Computersystemen, zu entlasten, können zu ihrer Unterstützung Stabsabteilungen eingerichtet werden. **Stabsabteilungen** und **Stabsstellen** haben ausschließlich beratende und informierende Funktionen. So kann eine Stabsabteilung EDV für die Geschäftsleitung wichtige Beratungs-, Planungs- und Kontrollaufgaben bei der Durchführung von Projekten übernehmen. Aufgaben der betrieblichen Informationsverarbeitung werden häufig auch mit organisatorischen Aufgaben in den Stabsabteilungen verknüpft.

Auch wenn diese Gruppen eine hohe Fachkompetenz auf speziellen Fachgebieten besitzen, haben sie keine Entscheidungsbefugnis, weder bei der Lösung fachlicher Probleme noch gegenüber Stellen und Abteilungen in der betrieblichen Organisationsstruktur.

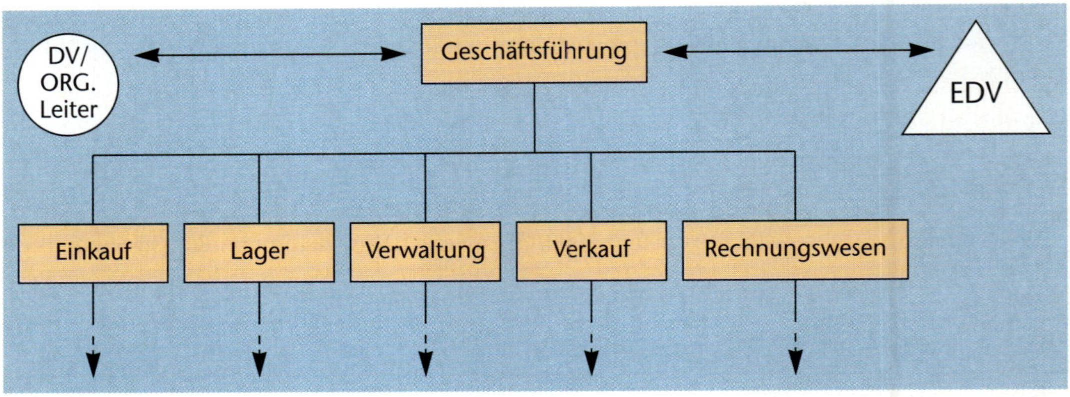

Abb. 1.9 Aufbauorganisation mit EDV als Stabsabteilung und zugehöriger Stabsstelle

Neben einer Stabsabteilung EDV oder Organisation/EDV gibt es in größeren Betrieben auch andere Stabsabteilungen, z. B. die Rechtsabteilung oder Revisionsabteilung.

Zentrale Organisations- und IT-Strukturen sind häufig mit folgenden Nachteilen verbunden:

- Abhängigkeit der Fachabteilungen von der Verarbeitungsorganisation des Rechenzentrums.
- Fehlende Flexibilität bei der Einführung neuer oder bei der Änderung bestehender Abläufe in den Fachabteilungen.
- Unbefriedigende Berücksichtigung der Sachbearbeiterwünsche, bedingt durch die unflexible, hierarchische Organisation des Betriebes mit zentralistischer Entscheidungsstruktur.
- Hohe Kostenbelastungen für spezialisiertes DV-Personal und fortlaufende Ersatzbeschaffungen für Hardware und Software.
- Keine Eingriffsmöglichkeiten der betroffenen Sachbearbeiter während der Verarbeitung.
- Aktualität der Datenbestände und der Ergebnisse ist durch die starre Terminplanung des Rechenzentrums nicht immer gewährleistet.

Hierarchische Organisationsstrukturen und damit verbundene Großrechnerlösungen haben deshalb in den vergangenen Jahren ihre ursprüngliche Bedeutung weitgehend verloren.

1.2.2 Dezentrale Strukturen

■ Ziele einer Dezentralisierung

Ein wesentliches Merkmal einer dezentralisierten Organisation besteht in der eigenverantwortlichen Abwicklung von Sachbearbeiterfunktionen direkt am Arbeitsplatz **(Arbeitsplatzorientierung)**.

Voraussetzung für einen rationellen Arbeitsablauf ist, dass die für die Bearbeitung erforderlichen Programme und Daten im ständigen Zugriff des Mitarbeiters stehen und dieser seine Aufgaben im direkten Dialog mit dem Computersystem durchführen kann **(Dialogbetrieb)**.

Die Verantwortung für bestimmte Arbeitsabläufe wird über die Dezentralisierung direkt in die Fachabteilung getragen und hier auf die zuständigen Mitarbeiter verteilt. Dezentralisierung dient auch dazu, die Leistungsbereitschaft der Mitarbeiter durch die Übertragung von Verantwortung zu erhöhen.

Zugleich können Kosten und Bearbeitungszeiten reduziert werden, da durch die Dezentralisierung die Möglichkeit besteht, Brüche im Arbeitsablauf oder Verzögerungen durch die langen Wege in den hierarchischen Strukturen zu vermeiden. Somit wird häufig über die Dezentralisierung auch eine flachere und flexiblere Organisationsstruktur erreicht.

Vorteile der Dezentralisierung gegenüber zentralisierten Organisationsstrukturen:

- Stärkere Identifikation des Sachbearbeiters mit seinem Aufgabengebiet
- Kostensenkung durch schnellere und unterbrechungsfreiere Sachbearbeitung
- Steigerung der Arbeitsproduktivität
- Erhöhung der Flexibilität
- Direkter Zugriff auf Programme und Datenbestände

■ Dezentrale Informationsverarbeitung über Personal-Computer (PC)

Mit dem Einsatz der ersten professionellen **Personal-Computer (PC)** Anfang bis Mitte der achtziger Jahre wurde auch der Prozess der Dezentralisierung unterstützt. Der Computer am Arbeitsplatz des einzelnen Mitarbeiters mit eigener Prozessorleistung und zugehörigen Speichermedien stellt genau das Gegenstück zum zentralen Großcomputer dar, daher ist auch die Bezeichnung Einplatzsystem **(Single-User-System** oder **Stand-Alone-PC)** üblich. Die in den Folgejahren bis heute stark zunehmende Verbreitung dieser Computersysteme ist auf folgende Gründe und Trends zurückzuführen:

Abb. 1.10 PC als Single-User-System

- Entwicklung sehr leistungsfähiger Hardware, die große Datenmengen mit sehr hoher Geschwindigkeit verarbeitet,
- Aufgrund der Miniaturisierung stark verbessertes Preis-/Leistungsverhältnis, wobei die Leistungen der heutigen PC-Generation bei sinkenden Hardwarepreisen immer mehr in den Leistungsbereich von Mainframe-Systemen vordringen,
- Gute Ausbaufähigkeit durch Anschluss weiterer Peripheriegeräte und Erweiterbarkeit der Speicherkapazitäten,
- Aufhebung von Herstellerabhängigkeiten durch Einsatz von Standardbetriebssystemen und Standardsoftware,
- Hohe Anwenderfreundlichkeit und einfache Bedienung durch grafische Benutzeroberflächen (**GUI** = Graphical User Interface),
- Vielseitigkeit der Nutzungsmöglichkeiten: vom einfunktionalen Textverarbeitungscomputer bis hin zum voll ausgestatteten **Multimedia-PC** (Foto-, Musik-, Animationsbearbeitung),
- Flexible Konfiguration als Einplatzsystem oder als Client in einer Netzwerkumgebung (siehe Kapitel 5).

Aufgrund der gestiegenen Benutzeranforderungen einerseits und des zunehmenden Softwareangebotes für eine Vielzahl von betrieblichen Anwendungen andererseits kommen PC-Systeme in nahezu allen betrieblichen Organisationseinheiten zum Einsatz. Dies gilt für den gewerblich-technischen Bereich ebenso wie für den kaufmännischen Bereich. Der PC gehört mittlerweile auch zur Standardausrüstung der Geschäftsleitung, die ihn für Managementfunktionen sowie für den Informationsaustausch im Betrieb und im Marktgefüge nutzt.

Die folgende Tabelle enthält typische PC-Anwendungen ausgewählter Organisationseinheiten:

Organisationseinheit	PC-gestützte Funktionen
 Produktentwicklung	**CAD** (Computer Aided Design) Computergestütztes Zeichnen und Planen **CAE** (Computer Aided Engineering) Computergestütztes Konstruieren und Entwickeln
 Arbeitsvorbereitung und Fertigungsplanung	**CAP** (Computer Aided Planning) Computergestützes Planen des Produktionsprozesses **PPS** Computergestützte Produktionsplanung und -steuerung **CAM** (Computer Aided Manufacturing) Computergestützte Produktion
 Fertigung und Montage	**CNC** (Computer Numeric Control) Computergesteuerte Werkzeugmaschinen **BDE** Betriebsdatenerfassung
 Einkauf	Textverarbeitung Angebotsvergleiche Lieferantenverwaltung Erstellung Bestellvorschläge Druck und Bearbeiten der Bestellungen Terminkontrollen
 Lager	Artikelverwaltung Lagerbuchführung Druck von Bedarfsmeldungen Lagerstatistik
 Verkauf	Auftragsbearbeitung Rechnungsschreibung Statistik Grafische Auswertungen Vertreterabrechnungen Kalkulation
 Rechnungswesen	Debitoren- und Kreditorenverwaltung Finanzbuchhaltung Kostenrechnung Mahnwesen Offene-Posten-Verwaltung
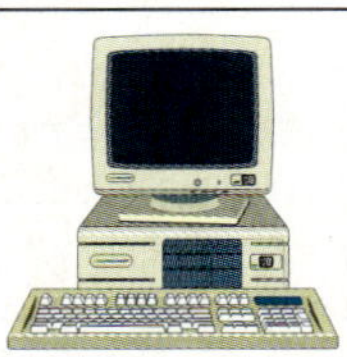 Personal	Personalstammverwaltung Lohn- und Gehaltsabrechnung Druck von Verdienstbescheinigungen Urlaubsplanung und Urlaubslisten Stellenplanung, Budgetplanung

Abb. 1.11 Dezentralisierte Informationsverarbeitung über PC-Systeme

1.2.3 Vernetzte Strukturen

■ Vernetzte Organisation

Über eine Vernetzung von PC-Systemen besteht die Möglichkeit, bislang dezentral abgewickelte Sachbearbeiterfunktionen (vgl. Abb. 1.11) integrativ und damit effizienter durchzuführen. Dabei können von einzelnen Sachbearbeitern eingegebene Daten zu Informationen verarbeitet und diese für andere Aufgaben wieder bereitgestellt werden.

Informationen sind Daten, die einem ganz bestimmten Zweck dienen.

Die Bedeutung der dezentralen Organisationsstruktur mit der Möglichkeit einer vernetzten Informationsverarbeitung (IV) wird am Beispiel einer vereinfachten Auftragsbearbeitung deutlich.

Beispiel: Bei einem telefonisch eingehenden Kundenauftrag benötigt der Sachbearbeiter im Verkauf der Wittekind GmbH möglichst noch während des Gespräches mit dem Kunden über das Computersystem Informationen darüber, ob

- der Kunde bereits erfasst ist,
- ein bereits bestehender Auftrag des Kunden berührt wird,
- die gewünschten Artikel am Lager verfügbar sind,
- bestellte Artikel vom Lieferanten termingerecht geliefert werden können.

Die vernetzte Informationsverarbeitung verdeutlicht folgende Abbildung:

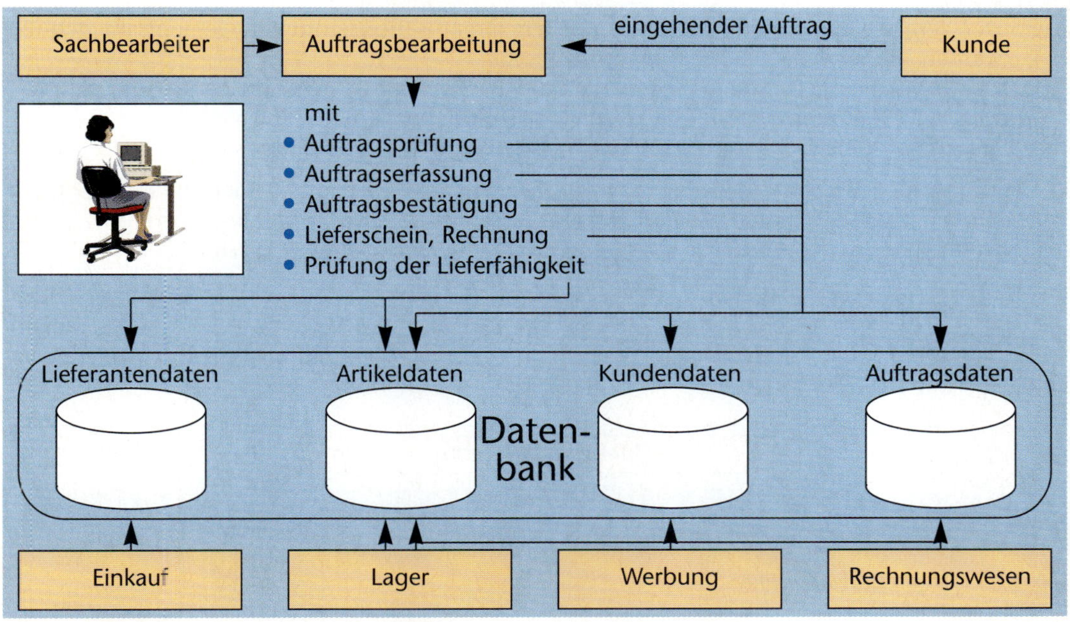

Abb. 1.12 Vernetzte Informationsverarbeitung

Die gewünschten Informationen kann der Sachbearbeiter über den Zugriff auf mehrere, zentral verwaltete Datenbestände erhalten, die jeweils auf dem aktuellen Stand sein müssen. Die Artikeldaten beispielsweise werden aber auch von anderen vernetzten Organisationseinheiten, nämlich Einkauf, Lager oder Werbung – häufig sogar zeitgleich –, zur Erfüllung ihrer Aufgaben benötigt.

■ Vorteile einer Vernetzung

Die Notwendigkeit einer Vernetzung stellt sich immer dann, wenn Datenbestände in aktualisierter Form an verschiedenen Arbeitsplätzen zeitgleich gebraucht werden.

Für eine Vernetzung sprechen demnach folgende Gründe:

1. Datenverbund	Zugriff auf räumlich unabhängige, zentral verfügbare Datenbestände
2. Funktionsverbund	Mitbenutzung der Softwarefunktionen anderer Organisationseinheiten
3. Ressourcenverbund	Mitbenutzung von Geräten (z. B. Laserdrucker) von vielen Anwendern
4. Lastverbund	Ausgleich von Belastungen an einzelnen Arbeitsplätzen
5. Kommunikationsverbund	Informationsaustausch zwischen den Organisationseinheiten an verschiedenen Orten
6. Sicherheitsverbund	Zentrale Datensicherung: ständig verfügbare Mindestleistung bei Ausfall einzelner Systemkomponenten

Übertragen auf das Beispiel der Wittekind GmbH bedeutet dies:

zu 1. Lager und Werbung können gemeinsam auf zentral verwaltete Artikeldaten zugreifen
zu 2. Der Verkauf übergibt Auftragsdaten über das Rechnungsausgangsbuch an das Rechnungswesen
zu 3. Der zentrale Laserdrucker kann von allen Organisationseinheiten gemeinsam genutzt werden
zu 4. Der Verkauf kann in Spitzenzeiten auch die PC-Station der Werbeabteilung nutzen
zu 5. Das Lager kommuniziert auf elektronischem Wege mit Einkauf und Verkauf
zu 6. Bei Ausfall einer PC-Station bleibt eine gewisse Mindestleistung im Netz stets verfügbar.

Die Verbindung zwischen dezentraler Sachbearbeitung am Arbeitsplatz einerseits und zentraler Verfügbarkeit von Datenbeständen andererseits lässt sich in einer vernetzten Form über Mehrplatzsysteme oder so genannte **LAN**-Systeme (LAN = Local Area Network) realisieren.

■ Mehrplatzsysteme

Mehrplatzsysteme können in unterschiedlichen Varianten vorkommen:

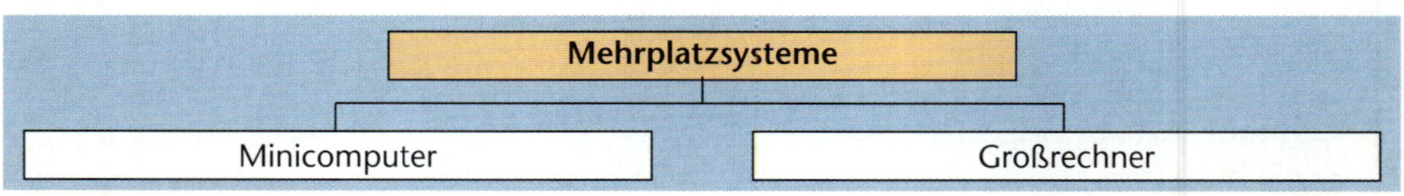

Abb. 1.13 Mehrplatzsystemvarianten

Minicomputersysteme mit dezentralen Terminals (bestehend aus Bildschirm und Tastatur), die an einem Zentralcomputer angeschlossen sind, gehören ebenso wie die älteren Anlagen der mittleren Datentechnik (**MDT**) in die Kategorie der Mehrplatzsysteme. Ihr Aufbau gleicht dem der Mainframe-Architektur, jedoch sind Kapazität und Leistungsfähigkeit der Systeme deutlich geringer als bei einem Großcomputer. Minicomputer findet man seit Mitte der siebziger Jahre aber auch heute noch überwiegend in mittelständischen Betrieben oder Kleinbetrieben mit einer überschaubaren Anzahl von Terminals (i. d. R. bis zu 100).

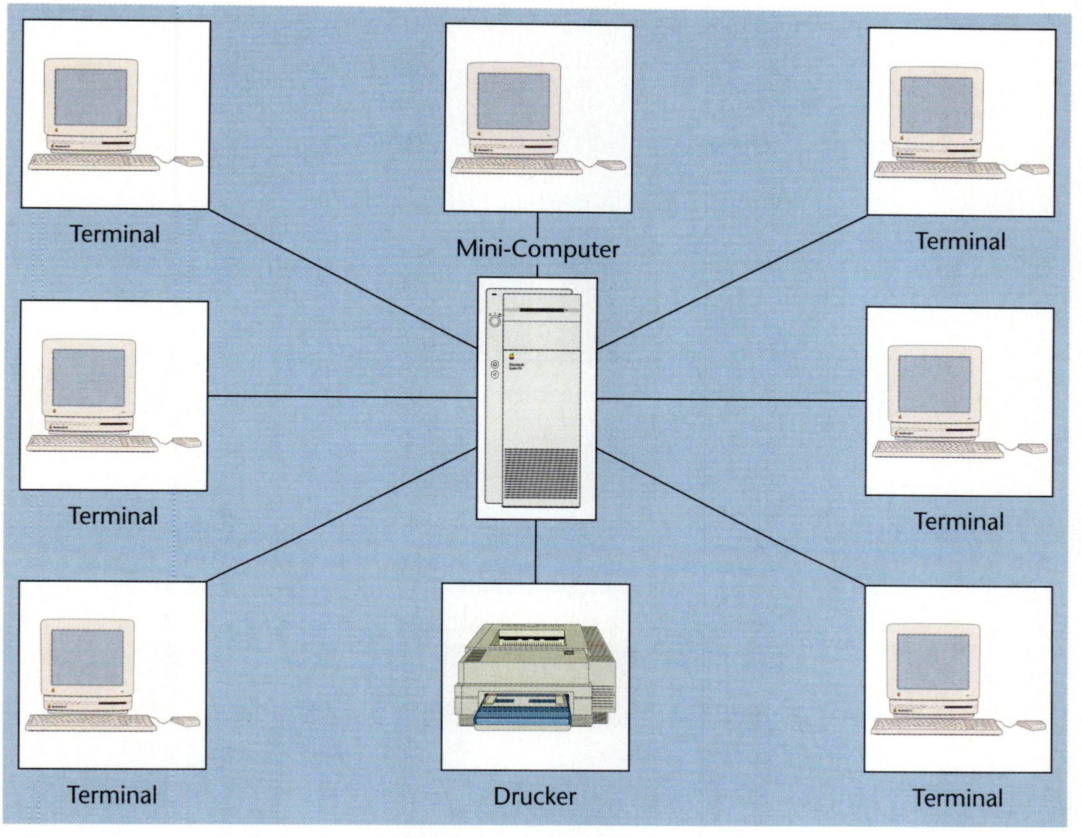

Abb. 1.14 Minicomputersystem mit angeschlossenen Terminals

Die Erweiterung von Minicomputersystemen kann zu einer Verschlechterung der **Performance** (= Systemverhalten) führen, sei es durch Geschwindigkeitsverluste bei der Verarbeitung oder durch eine Verschlechterung des Antwortzeitverhaltens bis hin zu gelegentlichen Systemabstürzen infolge Überlastung. Eine nachträgliche Systemaufrüstung erfordert einen hohen zeitlichen und finanziellen Aufwand.

Minicomputersysteme sind durch folgende Eigenschaften gekennzeichnet:

- Sie besitzen einen Zentralcomputer, an dem mehrere nicht-intelligente Bildschirmterminals angeschlossen sind
- Rechnerleistung hat lediglich der Zentralcomputer, nicht die einzelnen Terminalstationen
- Die Terminalstationen verfügen nicht über eigene Datenspeicher
- Programme aller Benutzer werden im Zentralrechner verarbeitet. Bei Ausfall des Zentralrechners kann kein Benutzer mehr mit dem Computersystem arbeiten
- Eine nachträgliche Aufrüstung der Systeme ist zeitaufwendig und teuer
- Herstellerabhängigkeit durch Einsatz proprietärer Betriebssysteme und Anwendersoftware.

Mehrplatzsysteme können grundsätzlich auch durch Großrechnerlösungen repräsentiert werden, bei denen dezentral aufgestellte, nicht-intelligente Terminalstationen an den zentralen Mainframe angeschlossen sind. Auch die Kombination von nicht-intelligenten und intelligenten PC-Stationen, die über einen Kommunikationsrechner mit dem Großrechner verbunden sind, ist möglich. Rufen dezentrale Stationen über die Datenfernübertragung **(DFÜ)** Dienstleistungen vom Großrechner ab, wird der Mainframe auch als **Host-Rechner** bezeichnet.

Alternativen dieser Art eignen sich sowohl für Service-Rechenzentren als auch für Großunternehmen, z. B. Banken oder Versandhäuser mit mehreren Hundert angeschlossener Terminals.

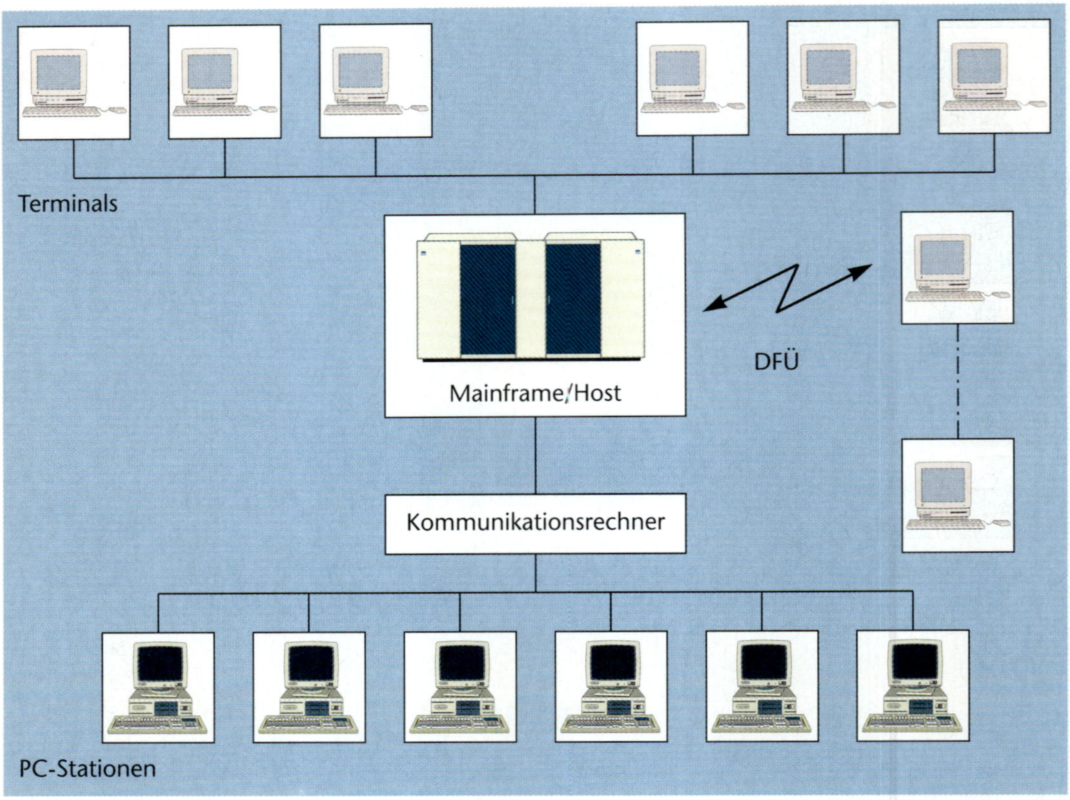

Abb. 1.15 Großrechner mit dezentralen Arbeitsplätzen

Derartige Mischformen bieten sich beispielsweise auch dann an, wenn der Mainframe entlastet werden soll, indem z. B.:

- bestimmte Anwendungen dezentral durchgeführt werden sollen, die Benutzer aber auf zentral gespeicherte Betriebsdaten in einer Datenbank zurückgreifen können oder
- Programme dezentral an einem PC-System entwickelt, codiert und gestestet, aber im Mainframe zentral bereitgestellt und ausgeführt werden.

■ Lokale Netzwerke (LAN)

! Unter einem **LAN** (Local Area Network- lokales Netzwerk) versteht man einen betriebsinternen Verbund mehrerer Arbeitsplatzcomputer zu einem vernetzten, kommunikationsfähigen System.

Die Kommunikationsfähigkeit bezieht sich dabei auf den Austausch von Informationen in Form von Sprache, Bild, Text oder Daten zwischen Mensch und Maschinen (**MMK** = Mensch-Maschine Kommunikation) oder zwischen Maschinen.

Die Arbeitsplatzcomputer, auch **Workstations**, **Desktops** oder **Clients** genannt, können im Gegensatz zu den Terminals bei Minicomputersystemen sowohl eigenständig als auch im Netz arbeiten.

Die Clients im Netz fordern Daten, Dienstleistungen oder Ressourcen von Servern ab, mit denen sie verbunden sind. Der **Server** ist ein sehr leistungsfähiger Rechner, der die von den Clients benutzten Programme, Datenbestände und Systemkomponenten bereitstellt und verwaltet. Ein Netzverbund dieser Art wird auch als **Client-Server-Architektur** bezeichnet.

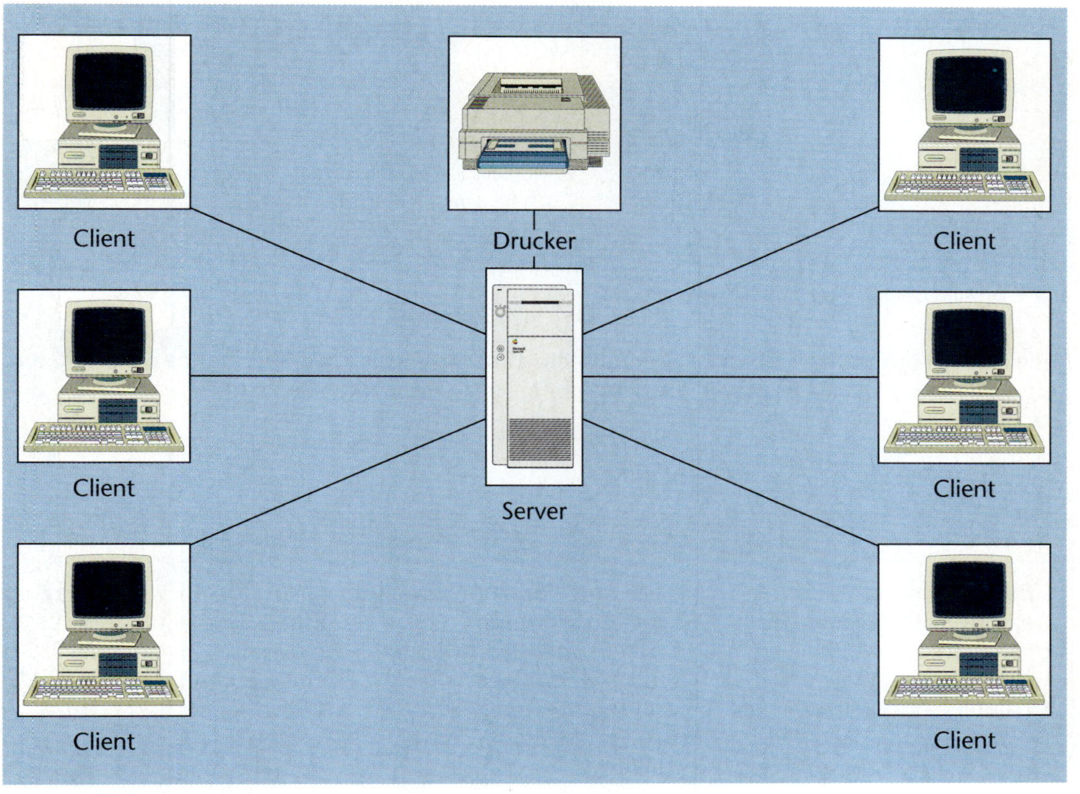

Abb. 1.16 Client-Server-Architektur

Sind verschiedene Server und Workstations räumlich weit gestreut in ein verzweigtes Netzwerk eingebunden, in dem Programme und Datenbestände sowohl zentral als auch dezentral genutzt werden können, spricht man auch von verteilten IT-Systemen **(distributed computing)**.

Workstations im Netz zeichnen sich nicht nur durch ihre sehr vielseitigen Einsatzmöglichkeiten aus – von der Textverarbeitung bis zu **Multimedia**-Anwendungen (Bearbeitung von Video-, Foto-, Animations- und Musiksequenzen), sondern auch durch ihre Flexibilität, weil sie den unterschiedlichen Anforderungen entsprechend kostengünstig und schnell aufgerüstet werden können **(Skalierbarkeit)**.

DV als Serviceabteilung

Mit der Dezentralisierung und Vernetzung verändern sich nicht nur Aufgaben der Sachbearbeiter in den Fachabteilungen, sondern auch die Anforderungen an das IT-Personal, das die störungsfreie Nutzung von Systemen der Informations- und Telekommunikationstechnik zu gewährleisten hat. So benötigt der nicht im Informatikbereich fachspezifisch ausgebildete Benutzer kompetente Ansprechpartner, welche die Systeme aufbauen und in Betrieb setzen, Programme installieren und pflegen, mit den Anwendungen zusammenhängende Probleme lösen und für diverse Fragen der Benutzer zur Verfügung stehen.

Die traditionelle EDV-Abteilung wächst im Zuge der Dezentralisierung zunehmend in die Rolle einer IT-Serviceabteilung, die zahlreiche Dienstleistungsfunktionen für die jeweiligen Fachabteilungen vor Ort und für die Aufrechterhaltung der installierten Systeme im Hintergrund-Service zu erfüllen hat. Insofern entspricht die IT-Serviceabteilung auch der Client-Server-Struktur: Die Fachabteilungen stellen die Clients, also die Kunden dar, die IT-Serviceabteilung den Server, der als Dienstleister den Anforderungen der Kunden gerecht zu werden versucht.

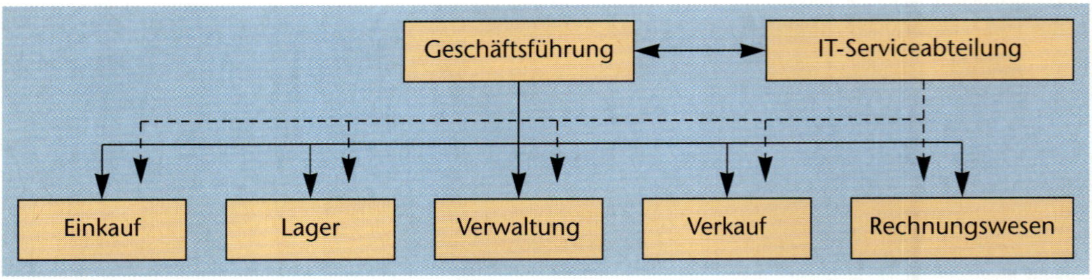

Abb. 1.17 Aufbauorganisation mit IT-Serviceabteilung

Neben dem Vor-Ort-Anwender-Service und dem Hintergrund-Service übernimmt die DV-Abteilung zunehmend auch Management-Funktionen zur Umsetzung der strategischen Ziele der Geschäftsleitung.

Typische Aufgaben der IT-Serviceabteilung:

Vor-Ort-Anwender-Service	Hintergrund-Service	Management-Service
• Installation und Inbetriebnahme von IT-Systemen • Installation und Pflege von Programmen • Trouble-Shooting, d. h. Unterstützung bei auftretenden Anwenderproblemen, z. B. Bedienungsprobleme oder Funktionsprobleme, Analyse von Fehlermeldungen usw. • Reparatur oder Austausch von Hardwarekomponenten	• Betreuung von IT-Systemen • Programmierservice • Durchführung von Datenschutz- und Datensicherungsmaßnahmen • Durchführung von Schulungen • Erstellung von Dokumentationen • Kontaktpflege zu den DV-Herstellern und Softwarefirmen • Lizenzkontrolle	• Unterstützung der strategischen Ziele des Betriebes (E-Business, E-Commerce, Outsourcing) • Organisation und Leitung von IT-Projekten (Projektmanagement) • Planung und Realisierung von Telekommunikationsnetzen • Erstellen von Auswertungen und Analysen für die Geschäftsleitung

Auf einen Blick

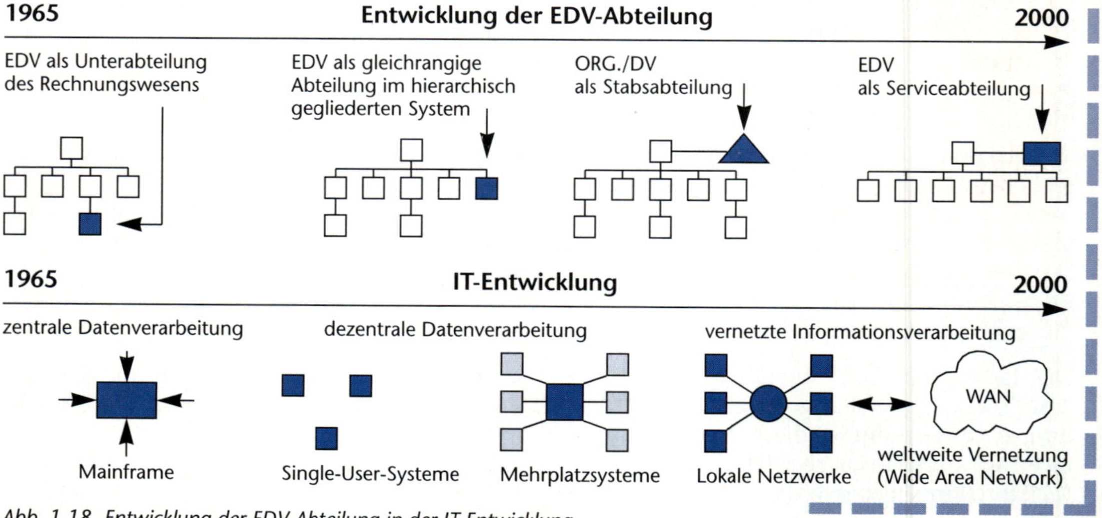

Abb. 1.18 Entwicklung der EDV-Abteilung in der IT-Entwicklung

1.3 Entwicklungstrends

1.3.1 Outsourcing

■ Was ist Outsourcing ?

Der fortschreitende Einsatz von IT-Systemen mit sehr unterschiedlichen Hardware- und Softwareprodukten sowie einer gestiegenen Erwartungshaltung auf der Benutzerseite stellt zugleich auch hohe Anforderungen an die zu erbringenden Serviceleistungen durch das DV-Personal. Um bei der wachsenden Komplexität einerseits und bei gestiegenden Kosten im IT-Bereich andererseits einen reibungslosen, sicheren und wirtschaftlichen Systembetrieb für alle Benutzer gewährleisten zu können, stellt sich die Frage des **Outsourcing**, d. h. ob und inwieweit Serviceleistungen über externe Dienstleister oder durch eigene Ressourcen (IT-Personal, Hardware, Software, Orgware) erbracht werden sollten.

Outsourcing ist der Prozess, IT-bezogene Dienstleistungen auf Fremdfirmen zu übertragen.

■ Outsourcing-Leistungsspektrum

Die Auslagerung oder der Fremdbezug von IT-Service-Leistungen kann über externe Rechenzentren oder spezialisierte Outsourcing-Unternehmen erfolgen. Outsourcing-Unternehmen stellen mit ihrem umfangreichen Leistungsangebot eine Dienstleistungs-Schnittstelle zum Betrieb dar.

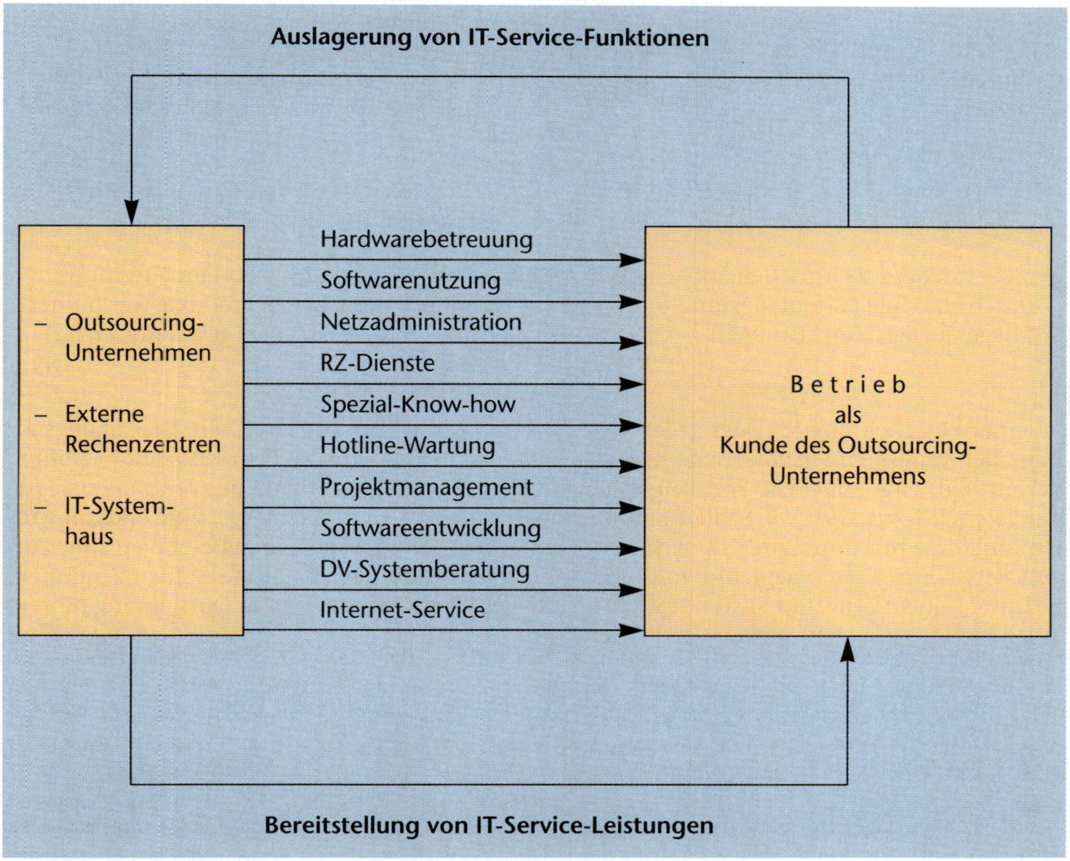

Abb. 1.19 Grundprinzip und Leistungsspektrum von Outsourcing

■ Outsourcing-Varianten

Ein **Komplett-Outsourcing** (Full-Service-Outsourcing) liegt vor, wenn alle infrage kommenden IT-Service-Funktionen an einen oder mehrere externe Dienstleister übertragen werden. Der Fremdbezug von einzelnen, je nach Bedarf vereinbarten IT-Service-Leistungen kann als **Teil-Outsourcing, Multi-Outsourcing** oder **selektives Outsourcing** bezeichnet werden, da sowohl interne und als auch externe Ressourcen kombiniert werden.

Teil-Outsourcing hat den Vorteil, dass der Betrieb die Leitlinien seiner IT-Entwicklung durch gezieltes Outsourcing weitgehend selbst bestimmen kann und die Abhängigkeit zum externen Dienstleister in Grenzen gehalten wird.

■ Gründe für ein Outsourcing

Die Argumente der externen Rechenzentren sowie der Outsourcing-Anbieter einerseits und der Betriebe als Outsourcing-Abnehmer andererseits passen zueinander:

Argumente der Outsourcing-Anbieter	Gründe der Outsourcing-Abnehmer
• Niedrigere und kalkulierbare Kosten, Wegfall des Finanzierungsrisikos	• Hohe Kostensteigerungen im IT-Bereich, hohe Folgekosten durch immer kürzere Produktzyklen, fehlende Kostentransparenz im IT-Bereich
• Entlastung des betrieblichen IT-Bereiches	• Konzentration auf das Kerngeschäft des Betriebs, Überlastung des IT-Bereiches
• Professionelle Abwicklung durch Spezialisierung	• Zu hohe und oft nicht beherrschte Komplexität im IT-Bereich durch unterschiedliche Systeme und Anwendersoftware
• Umsetzung durch erfahrenes IT-Personal	• Unzureichende Qualifikation der Mitarbeiter, zu hoher Fortbildungsdruck
• Sicherung des technischen Fortschritts durch ständige Fortentwicklung und Pflege der Service-Leistungen	• Unsicherheit und Instabilität aufgrund fortwährend neuer IT-Produkte mit immer kürzeren Produktzyklen (Überalterungsrisiko)

Bei einer Entscheidung für oder gegen ein Outsourcing spielen nicht nur wirtschaftliche, sondern auch unternehmenspolitische Aspekte (Weitergabe von betrieblichem Know-how, Abhängigkeitsgrad) eine Rolle. Die Frage eines Outsourcing stellt sich häufig dann, wenn gravierende Mängel im IST-Zustand (z. B. Fehlerhäufung, Kapazitätsengpässe, fachliche Defizite) erkannt wurden und diese nur unter großem personellen und finanziellen Aufwand zu beseitigen sind. Andererseits können auch geplante, mit sehr hoher Komplexität ausgestattete Neukonzeptionen, die unter hohem Zeit- und Kostendruck realisiert werden müssen, zu einem Outsourcing führen.

Outsourcing resultiert häufig auch aus der Erkenntnis, dass ein Großteil der betrieblichen Ressourcen (Personal, Zeit, Geld usw.) zunehmend für Dinge eingesetzt wird, die mit dem eigentlichen Kerngeschäft des Unternehmens nur wenig oder gar nichts zu tun haben. Die über ein Outsourcing freiwerdenden Ressourcen könnten primär für das Stammgeschäft eingesetzt werden und damit die Leistungsfähigkeit und die Marktposition des Betriebes stärken.

Daher ist eine Entscheidung für oder gegen Outsourcing stets auf die konkrete betriebliche Situation und die zugehörige Organisations- und IT-Struktur zu beziehen. Folgende Aspekte können die Entscheidung für oder gegen ein Outsourcing beeinflussen:

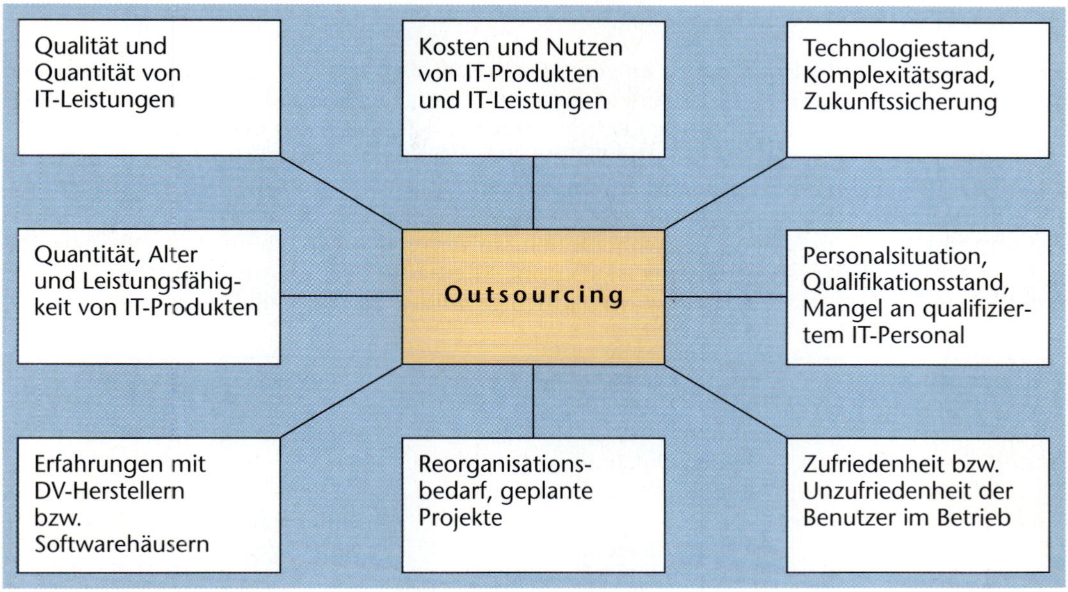

Abb. 1.20 Aspekte bei einer Outsourcing-Entscheidung

Chancen und Risiken von Outsourcing

Da die Entscheidung für ein Outsourcing tief greifende Konsequenzen für die Organisationsstruktur und IT-Struktur des Betriebes nach sich ziehen kann, ist diese in die langfristige Strategie des Betriebes einzubeziehen, wobei folgende Chancen und Risiken abzuwägen sind:

Chancen von Outsourcing	Risiken von Outsourcing
• Inanspruchnahme eines vielseitigen IT-Service-Angebotes stärkt die Betriebssicherheit • Inanspruchnahme von Spezial-Know-how gewährleistet anhaltend hohes Niveau • Professionalisierung bei der Durchführung von IT-Service-Leistungen • Verbesserung der Wirtschaftlichkeit, Kostentransparenz im IT-Bereich • Kurzfristige Realisierung von IT-Service-Leistungen möglich	• Abhängigkeit vom Outsourcing-Anbieter, da meist langfristige Bindung • Nachlassende Wettbewerbsfähigkeit des Dienstleisters • Weitergabe von Betriebs-Know-how in fremde Hände • Abbau der betrieblichen IT-Qualifikation, dadurch erhöhtes Abhängigkeitsverhältnis • Wirtschaftlichkeit kann durch spätere, leicht durchsetzbare Preiserhöhungen des Dienstleisters wieder sinken • Kurzfristige Lösung der Outsourcing-Beziehung oder Wechsel zu anderen Dienstleistern nur schwer möglich • Outsourcing kann zu Personalabbau und dadurch zur Verschlechterung des Betriebsklimas führen

■ Organisationsformen des Outsourcing

Um die Vorteile von Outsourcing zu nutzen, gleichzeitig aber auch die damit verbundenen Risiken zu reduzieren, kann man den auszulagernden IT-Aufgabenkomplex oder den kompletten IT-Bereich in einen neu zu gründenden Betrieb desselben Konzerns oder der zugehörigen Unternehmensgruppe übertragen. Da in diesem Fall eine wirtschaftliche Verflechtung des Outsourcing-Betriebes mit dem auslagernden Betrieb unter einer einheitlichen Leitung besteht, handelt es sich um ein **internes Outsourcing.** Betriebe im internen Outsourcing können dabei ihre Dienstleistungsfunktionen im IT-Bereich sowohl für den Konzern selbst als auch für andere Betriebe im Markt erbringen. Internes Outsourcing ist also eine Alternative zum **externen Outsourcing,** bei dem IT-Service-Funktionen an nicht wirtschaftlich gebundene Betriebe übertragen werden.

Organisationsform	internes Outsourcing	externes Outsourcing
Vergleichskriterien für die Beurteilung der Outsourcing-Organisationsformen	• Bestehendes IT-Personal kann in den Outsourcing-Betrieb übernommen werden • Das betriebliche IT-Know-how bleibt erhalten • Die wirtschaftliche Verflechtung vermindert das Risiko einer Firmenpleite des Outsourcing-Betriebes • Höhere Flexibilität, da direkter Einfluss auf den Standort und die Organisation des Outsourcing-Betriebes	• Qualitätssteigerung möglich, da der externe Outsourcing-Betrieb die Erfahrung aller seiner Kundenleistungen einbringen kann • Wirtschaftlicher, wenn zu gleichen Kosten qualitativ bessere Leistung angeboten wird • Zusätzlicher Verwaltungsaufwand des internen Outsourcing entfällt

■ Umsetzung von Outsourcing

Da Outsourcing in der Regel eine langfristig angelegte strategische Entscheidung eines Betriebes ist, sich bei der Realisierung von IT-Projekten oder bei der Übernahme zentraler IT-Funktionen auf eine enge Zusammenarbeit mit einem Dienstleistungsunternehmen einzulassen, bedarf es einer sehr sorgfältigen Vorbereitung derartiger Vorhaben. Schließlich können Outsourcing-Verträge oder einmal falsch getroffene Entscheidungen kurzfristig kaum rückgängig gemacht werden und schwerwiegende Folgen nach sich ziehen. Folgende Punkte können als Orientierungsrahmen für die Umsetzung von Outsourcing-Maßnahmen dienen:

- Festlegung der Zielsetzung
- Festlegung der konkreten Projekte bzw. Funktionen für ein Outsourcing
- Auswahl eines geeigneten Outsourcing-Unternehmens
- Erarbeitung eines detaillierten Anforderungsprofils und Festlegung der zu erbringenden Leistungen (mit oder ohne Mitwirkung des Outsourcing-Unternehmens).
- Aufstellung eines Rahmenvertrages und/oder Einzelverträge – dies können Kauf-, Miet-, Dienst- oder Werkverträge sein bzw. eine Kombination dieser Verträge – mit präziser Feststellung der zu erfüllenden Leistungen und Pflichten. Zu vereinbaren sind ferner u. a. folgende Punkte: Laufzeit, Preis, zu erreichende Ziele, Haftung bzw. Vertragsstrafen, Art und Häufigkeit der Dokumentation, Übernahmeregelung, Unterstützung während und nach Abschluss des Projektes.
- Vertragsabschluss
- Realisierung und Kontrolle

1.3.2 Rightsizing

■ Was ist Rightsizing?

Die betriebliche Informationsverarbeitung ist gekennzeichnet durch den Einsatz heterogener, d. h. unterschiedlicher Systemplattformen. So findet man die hier vorgestellten Systemplattformen (Mainframe-Rechner, Mehrplatzsysteme, Client-Server-Systeme oder die PC-Station als Single-User-System) auch in unterschiedlichen Mischformen und zahlreichen Varianten vor.

Der Einsatz heterogener Systemplattformen ist oftmals mit folgenden Problemen verbunden:

- Die betriebliche IT-Struktur kann durch den Einsatz sehr unterschiedlicher Hardware- und Softwareprodukte unübersichtlich werden und zu einem Wildwuchs führen
- Softwarekomponenten können aufgrund von Herstellerabhängigkeiten nur auf einer der bestehenden Plattformen lauffähig sein (fehlende **Interoperabilität**) und lassen sich u. U. nicht auf andere Plattformen übertragen (fehlende **Portabilität**)
- Die Einbindung neuer Software ist aufgrund fehlender Schnittstellen nicht auf allen Plattformen möglich oder wegen der notwendigen Anpassungen sehr aufwendig
- Die Unterhaltung verschiedener Plattformen erfordert einen hohen Pflege- und Wartungsaufwand, wodurch sich die Wirtschaftlichkeit des Gesamtsystems verschlechtern kann
- Mit zunehmender Komplexität erhöht sich die Ausfallgefahr, was zu einem Sicherheitsrisiko führen kann.

Daher stellt sich für viele Betriebe die Frage, welche Systemplattform sowohl den Anforderungen der einzusetzenden Anwenderprogramme als auch den Anforderungen der Benutzer am besten gerecht wird. Diese Frage ist Gegenstand des so genannten **Rightsizing.**

Rightsizing ist der Prozess, Art und Größe der bestehenden Systemplattform(en) auf der Grundlage der Softwareanforderungen und der Benutzeranforderungen richtig (neu) zu bestimmen.

■ Ziele des Rightsizing

Rightsizing kann folgende Ziele anstreben:

- Anpassung der Informationstechnik an die tatsächlichen Erfordernisse des Betriebes
- Auflösung bestehender Herstellerabhängigkeiten über den Ersatz proprietärer Systeme durch offene, standardisierte Systeme (z. B. unter UNIX, NT)
- Erhöhte Flexibilität durch Nutzung der Vorteile vernetzter IT-Strukturen
- Verbesserung der Funktionalität durch direkten Zugriff auf benötigte Unternehmensdaten
- Erhöhung der Produktivität der Benutzer durch Einsatz neuerer, netzwerkfähiger Software mit Schnittstellen zu anderen Systemen
- Ausbaufähigkeit (Skalierbarkeit) der Systemkomponenten nach Bedarf
- Mittelfristige Kostensenkung durch verbessertes Preis-Leistungs-Verhältnis der PCs im Netz.

Beim Rightsizing geht der Trend eindeutig zu

- dezentralen (siehe Abschnitt 1.2.2),
- vernetzten und verteilten (siehe Abschnitt 1.2.3) sowie
- offenen, d. h. herstellerunabhängigen, auf einheitlichen Standards beruhenden Systemen.

Dieser informationstechnische Trend geht einher mit einem organisatorischen Strukturwandel in den Betrieben, hierarchische Organisationsstrukturen aufzubrechen. Stattdessen werden zunehmend kleinere und selbstständige Organisationseinheiten gebildet, die ihre Prozesse eigenverantwortlich und dabei durchgängig computergestützt abwickeln.

Downsizing, Upsizing

Je nachdem, welche Systemplattformen im Betrieb bereits vorliegen, kann Rightsizing zwei weitere Teilprozesse beinhalten, nämlich **Downsizing** bzw. **Upsizing.**

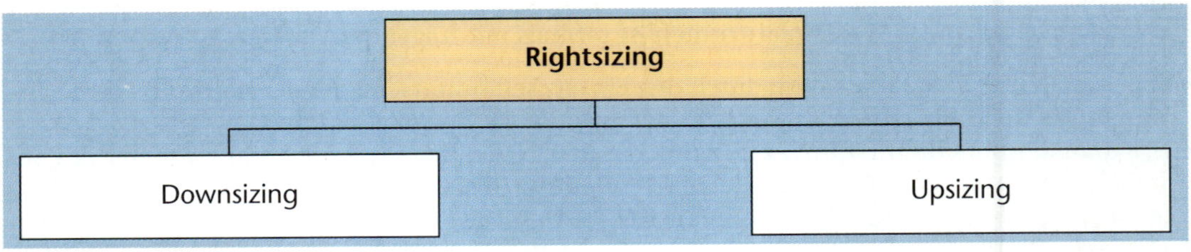

Abb. 1.21 Sizing-Prozesse

Verfügt der Betrieb bereits über einen Mainframe-Rechner oder ein Mehrplatzsystem, so kann im Rahmen eines Downsizing geprüft werden, ob die Abwicklung bestehender oder geplanter Anwenderprogramme auf kleineren Systemplattformen, z. B. Client-Server-Systemen oder PC-Systemen, geeigneter und auch wirtschaftlicher ist.

Downsizing ist der Prozess, Anwenderprogramme aus einer Großrechnerumgebung auf kleinere Systemplattformen zu verlagern.

Sind Single-User-Systeme im Einsatz, deren Vernetzung sinnvoll erscheint, kann in Form eines Upsizing die Aufrüstung zu einem vernetzten Client-Server-System erwogen werden. Upsizing ist auch gegeben, wenn bestehende Teilnetze im Rahmen eines integrativen Gesamtkonzepts zu einer größeren Systemplattform verbunden werden sollen.

Upsizing ist der Prozess, bestehende Systemplattformen (Single-User-Systeme, Teilnetze) über eine integrierte Vernetzung in eine größere Systemplattform zu überführen.

Alle Sizing-Prozesse dienen dazu, geeignete Systemplattformen einzurichten, die auf die jeweiligen Anwendungen und Bedürfnisse der Benutzer genau abgestimmt sind.

Werden heterogene Systemplattformen zusammen betrieben, ist auf ein geregeltes Zusammenwirken der Hardware sowie der System- und Anwendersoftware zu achten.

Den Übergang von der einen zu einer anderen Systemplattform oder zu einem andern Betriebssystem bezeichnet man als **Migration.**

Software-Strategien beim Downsizing

Jede Sizing-Maßnahme, die zugleich auch eine Umstellung gewachsener Strukturen nach sich zieht, ist nicht nur mit Arbeit und Zeitaufwand, sondern auch mit Investitionen verbunden. Die Ablösung eines Großrechnersystems durch ein Client-Server-System oder eine Vernetzung von Single-User-Systemen ist immer dann mit hohen Kosten verbunden, wenn zu der technischen Umrüstung die Software neu entwickelt oder zusätzlich erworben werden muss.

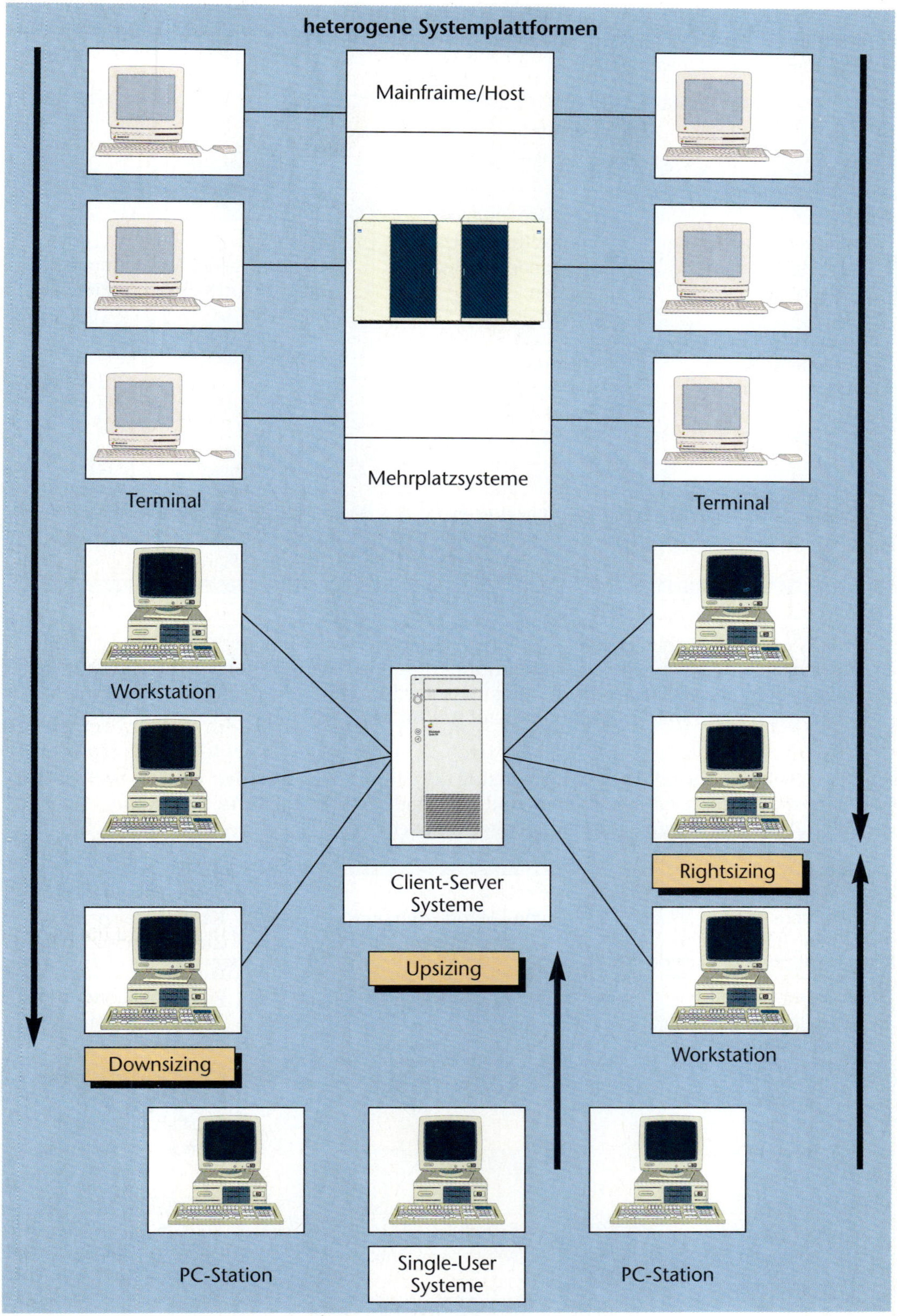

Abb. 1.22 Downsizing, Upsizing und Rightsizing in heterogenen Systemplattformen

Die Frage nach der geeigneten Systemplattform ist daher auch zusammen mit der Software-Zukunftsstrategie des Betriebes zu betrachten. Im Falle eines Downsizing können folgende Softwarestrategien gesehen werden:

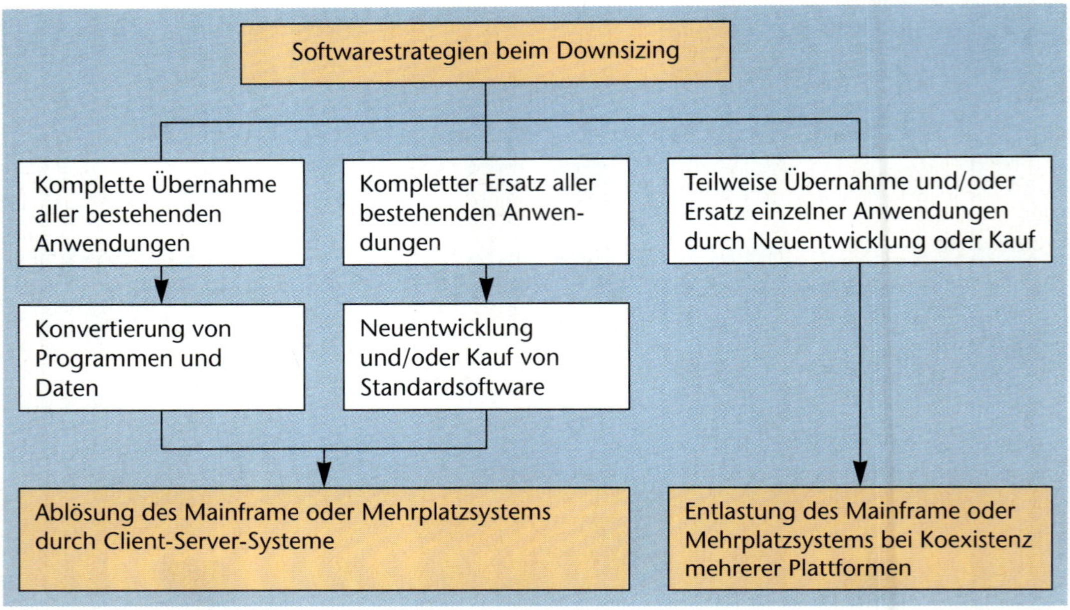

Abb. 1.23 Downsizing-Strategien

Um die Umstellung auf andere Systemplattformen zu erleichtern, bieten einige Softwarehersteller integrierte Standardsoftware an, die auf unterschiedlichen Hardwareplattformen portierbar ist (z. B. SAP von System R/2 für Mainframes auf R/3 für offene Systeme in Client-Server-Architekturen).

Eine Entscheidung für oder gegen Downsizing oder Rightsizing erfordert eine gründliche Analyse der betrieblichen Gegebenheiten und der angestrebten Zukunftsentwicklung. Folgende Aspekte können Rightsizing-Maßnahmen beeinflussen:

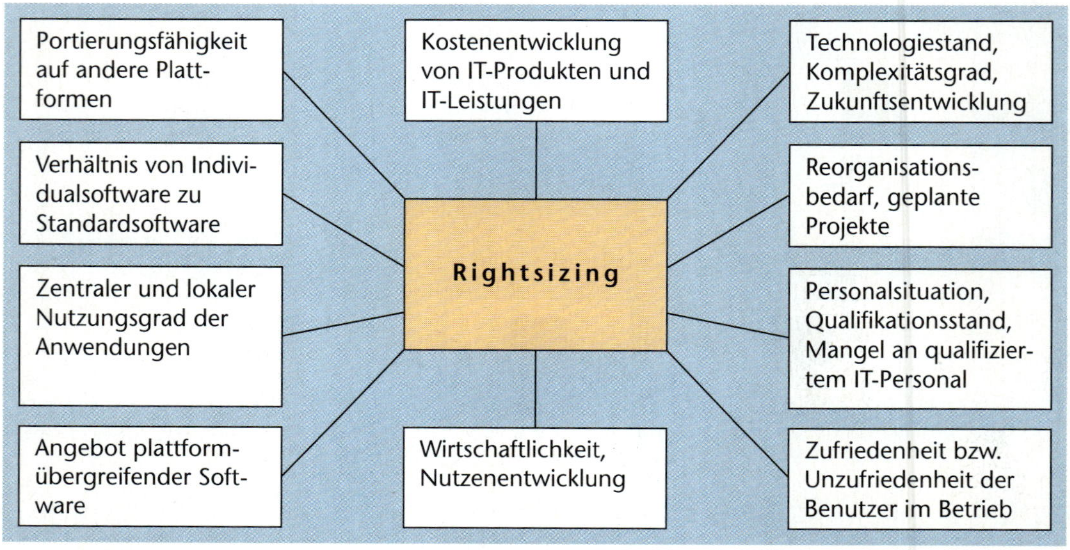

Abb. 1.24 Einflussgrößen auf Rightsizing-Maßnahmen

1.3.3 Networking

■ Was ist Networking ?

Ein Rightsizing führt in den meisten Fällen zur Einrichtung oder Erweiterung von vernetzten Systemen auf der Basis leistungsfähiger PCs, die sich als Workstations oder Clients in den letzten Jahren auf breiter Front durchgesetzt haben.

Gestützt wird der Trend zum Networking durch

- ein gesteigertes Kommunikationsbedürfnis
- den zunehmenden Einsatz internetbasierender Technologien
- verbesserte, skalierbare Hardware und
- leistungsfähige Softwaretechnologien.

Networking ist der Prozess, Komponenten eines Computersystems zu einem Netzwerk zu verbinden, um integrative Arbeitsabläufe durchführen zu können.

Da der Aufbau bzw. Ausbau von Rechnernetzen mit teilweise hohen Investitionen verbunden sein kann, ist eine Vernetzung nicht nur unter informationstechnischen Gesichtspunkten, sondern auch unter wirtschaftlichen Aspekten zu betrachten. Eine Vernetzung kann – wie am Beispiel im Abschnitt 1.2.3 dargestellt – über eine beschleunigte Abwicklung der computergestützten integrativen Arbeitsabläufe zu einer verbesserten Produktivität in den Organisationseinheiten des Betriebes beitragen. Bei der Planung von Netzwerken sind unterschiedliche Netzwerkkonzepte zu unterscheiden (siehe auch Kapitel 6):

■ **Peer-to-Peer-Networking**

Zwei oder mehr gleichberechtigte PCs werden zu einem kleinen Netzwerk verbunden. Jede Station im Netz kann die freigegebene Hardware und Software der jeweils anderen Stationen mitbenutzen **(Ressource-Sharing)**, sodass ein Server nicht zwingend erforderlich ist. Bezogen auf die Abbildung 1.25 kann beispielsweise der PC im Einkauf auf die Festplatte der PC-Station im Lager zugreifen, alle Stationen nutzen gemeinsam den angeschlossenen Laserdrucker. Das für kleinere Betriebe oder Freiberufler (z. B. Anwaltskanzleien, Ärzte) geeignete **Peer-to-Peer**-Netz ist aufgrund der geringen Kosten für die erforderlichen Netzwerkkarten sowie Verkabelungsmaterial sehr preisgünstig **(Low-Cost-Net)**. Die Software zur Verwaltung des Netzes ist in den gängigen Betriebssystemen (z. B. Windows 98) bereits enthalten. Zur Einrichtung von Peer-to-Peer-Netzen werden aber auch Komplett-Pakete angeboten (z. B. LANtastic, Personal NetWare von Novell), die auf älteren Betriebssystemplattformen (z. B. DOS) eine Netzverwaltung aufbauen.

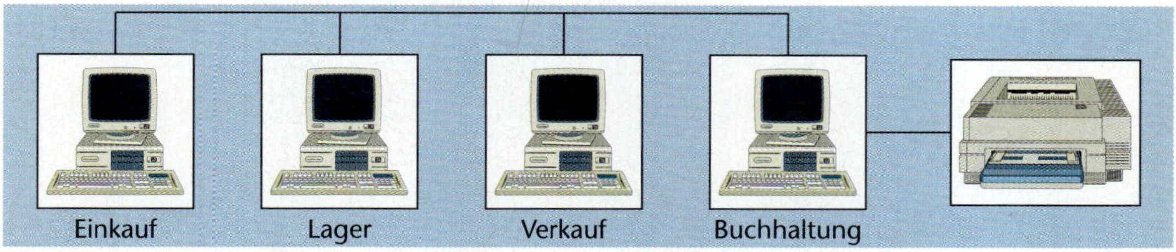

Abb. 1.25 Grundmodell eines Peer-to-Peer-Netzwerkes

Den Kosteneinsparungen einerseits stehen Einschränkungen in der Performance gegenüber, wenn einzelne Anforderungen andere PCs so stark belasten, dass diese nicht mehr effizient arbeiten können. Da die betrieblichen Daten auf alle Rechner verteilt sind, sind alle PC-Stationen mit ihren Daten getrennt zu sichern.

Client-Server-Konzept

Bei diesem Konzept gibt es einen oder mehrere Server im Netz, welche Dienstleistungen bereitstellen, die von allen anderen Stationen (Clients) genutzt werden können (vgl. Abschnitt 1.2.3). Die Clients haben dabei die Möglichkeit, lokal oder im Netz zu arbeiten.

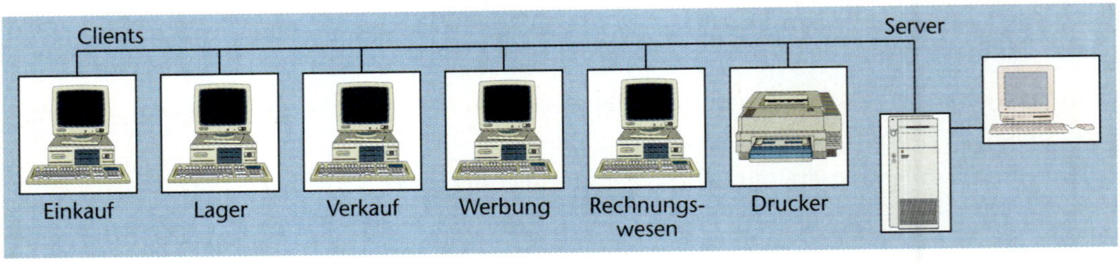

Abb. 1.26 Innerbetriebliche Vernetzung nach dem Client-Server-Konzept

Beispiele für Server-Dienstleistungen:

Server	Dienstleistung
Applikations-Server bzw. File-Server	Bereitstellung von Anwenderprogrammen für die Clients
Datenbank-Server	Bereitstellung der aktualisierten Datenbestände für die Clients
Print-Server	Steuerung der Druckausgabe für die Clients sowie deren Zugriffsrechte
E-Mail-Server	Steuerung der Mail-Kommunikation im Netz
Kommunikations-Server	Steuerung der Kommunikaton zwischen dem LAN und dem Internet

LAN-WAN-Konzepte

Vor dem Hintergrund des Zusammenwachsens der Märkte ist vernetzte Kommunikation nicht nur auf den innerbetrieblichen LAN-Bereich zu beziehen, sondern zunehmend auch auf Kommunikationsobjekte im gesamten Marktgefüge. Kommunikationsobjekte können beispielsweise eigene Niederlassungen, Kunden oder Lieferanten sein.

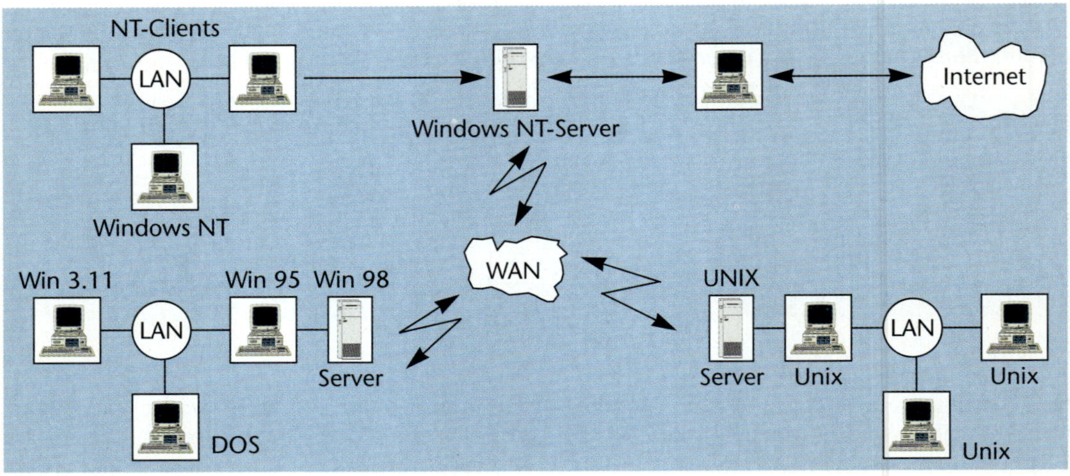

Abb. 1.27 Client-Server-System mit WAN-Verbindung

Angesichts der Verfügbarkeit leistungsfähiger Kommunikationsnetze (z. B. **ISDN** = Integrated Services Digital Network) und Kommunikationsdienste (z. B. Internet) kann die überbetriebliche Vernetzung weltweit (**WAN** = Wide Area Network) einen schnellen und effizienten Informationsaustausch unterstützen. Bei der Erstellung und Bewertung von Netzwerkkonzepten können folgende Aspekte zugrunde gelegt werden:

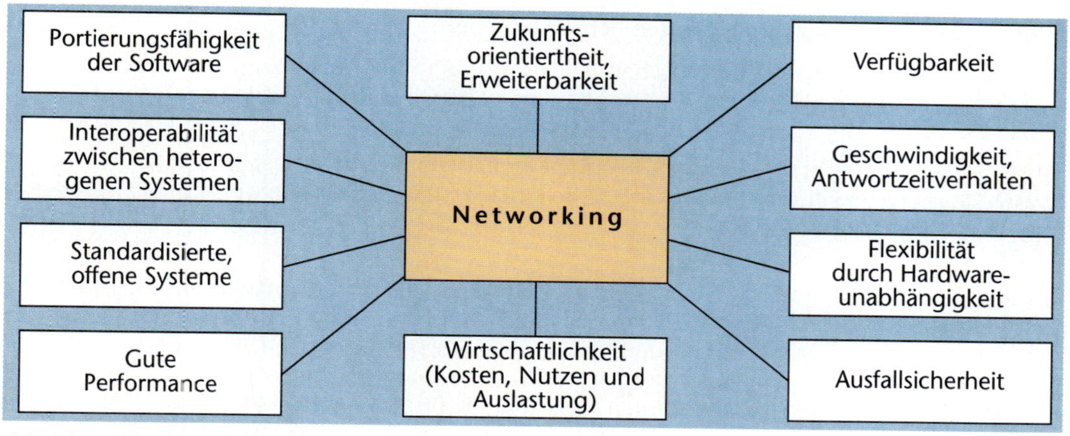

Abb. 1.28 Anforderungen an Networking

Die vertiefende Behandlung des Networking findet der Leser im Kapitel 6 und 7.

1.3.4 Reengineering

Bei der innerbetrieblichen Umsetzung der zuvor beschriebenen Entwicklungstrends wie Outsourcing, Rightsizing oder Networking handelt es sich um IT-Maßnahmen, die – in eine Unternehmensstrategie eingebettet – stets einen Beitrag zur Erreichung der Unternehmensziele leisten soll.

Da von diesen oft tiefgreifenden Reorganisationsprozessen nicht nur Elemente der IT-Struktur, sondern auch der Organisationsstruktur (Arbeitsabläufe, Organisationseinheiten, Mitarbeiter) berührt werden, sind die Prozesse über die isolierte Betrachtung der auszulagernden Funktionen, der angestrebten Systemplattform oder geeigneter Netzwerklösungen stets in einem ganzheitlichen betrieblichen Gesamtzusammenhang zu betrachten.

So drängt sich bei der Umsetzung derartiger Vorhaben immer auch die Frage auf, inwieweit die bestehende Organisationsstruktur und IT-Struktur auf den Prüfstand zu stellen und in geeigneter Weise anzupassen sind. Beispielsweise kann eine Auslagerung von IT-Funktionen auf Fremdfirmen durchaus zu Veränderungen der bislang eingesetzten Hardware, der Software oder der bestehenden Aufgabenverteilung und Abteilungsstruktur des eigenen Betriebes führen.

Die auf der Grundlage einer umfassenden Analyse des bestehenden Systems anzustrebende Sanierung, Neustrukturierung bzw. Neuentwicklung ist Gegenstand des so genannten **Reengineering**, häufig auch mit dem Begriff **Redesign** (= Neukonzeption, Neuentwicklung, Neugestaltung) umschrieben.

Reengineering ist der Prozess, betriebliche Organisations- und IT-Strukturen zu analysieren und den Unternehmenszielen entsprechend unter wirtschaftlichen Gesichtspunkten neu zu gestalten.

Reengineering kann folgende Ziele verfolgen:

- Beseitigung von Schwachstellen in bestehenden Systemen
- Umsetzung der Unternehmensstrategie (z. B. Kundenorientierung, E-Commerce)
- Einführung neuer Informations- und Telekommunikationstechniken (Internet, Intranet, Extranet)

- Qualitätsverbesserung in der Softwareentwicklung (z. B. durch Prototyping)
- Effizienzsteigerung in den IT-Strukturen (z. B. durch Migration auf neue Systeme) oder in den Organisationsstrukturen (z. B. Optimierung der Geschäftsprozesse)

Reengineering-Maßnahmen sind in der Regel komplexe Vorhaben und werden daher im Rahmen von IT-Projekten durchgeführt (vgl. Kapitel 8). Sie können sich sowohl auf einzelne Elemente der IT-Struktur oder auch auf den gesamten Betrieb beziehen.

Konzentriert sich die Analyse der bestehenden IT-Struktur und die neue Konzeption auf Software, spricht man von einem **Software-Engineering** bzw. **Software-Reengineering**.

! **Software-Engineering** bzw. **Software-Reengineering** ist der Prozess, qualitativ hochwertige Software mit dem systematischen Einsatz von Methoden und Werkzeugen unter wirtschaftlichen Aspekten neu zu entwickeln.

Grundlage für den Softwareentwicklungsprozess ist der so genannte **Software-Life-Cycle** (Software Lebenszyklus), nach dem alle Phasen von der Problemstellung bis zur Fertigstellung und Nutzung der Software systematisch durchlaufen werden (Phasenmodell, Phasenkonzept). Jede Phase kann dabei mit einem zuvor festgelegten Endprodukt, das für die jeweils folgende Phase vorausgesetzt wird, abgeschlossen werden (vgl. Abschnitt 8.3.1). In jeder Phase ist der Einsatz geeigneter Methoden und Techniken (vgl. Kapitel 8) vorzusehen. Wird die Anwendung der im Softwareentwicklungsprozess eingesetzten Methoden und Techniken durch geeignete Entwicklungswerkzeuge unterstützt, spricht man von **CASE** (Computer **A**ided **S**oftware **E**ngineering) bzw. **CASE-Tools** (Tool = Werkzeug).

Derartige Tools sind beispielsweise Programme, die den Entwurf, die Strukturierung oder Wartung von Software unterstützen.

Soll die Software nicht komplett ersetzt oder neu entwickelt, sondern lediglich den geänderten Anforderungen der Benutzer oder Kunden angepasst werden, handelt es sich um ein so genanntes **Customizing.**

! **Customizing** ist der Prozess, Software den spezifischen Wünschen der Anwender bzw. der Kunden anzupassen.

Aufgrund einer verschärften Konkurrenz auf den Absatzmärkten und neuer Kundenanforderungen können Reengineering-Projekte auch durch marktbezogene Entwicklungen ausgelöst werden. In diesem Zusammenhang wird immer häufiger die Notwendigkeit gesehen, betriebliche Organisationsstrukturen aufzubrechen und computergestützte Prozesse völlig neu zu gestalten, um die Wettbewerbsfähigkeit zu erhalten bzw. zu verbessern.

Bezieht sich die Konzeption einer völlig neuen Umstrukturierung im Betrieb sowohl auf die Organisationsstruktur als auch auf die IT-Struktur, spricht man von einem **B**usiness **P**rocess **R**eengineering (**BPR**).

BPR ersetzt die traditionelle funktionsorientierte Betrachtungsweise der betrieblichen Ablauforganisation durch die prozessorientierte Ablauforganisation und führt in der Regel auch zur Anpassung, zur Neuentwicklung oder zum Kauf von Software.

! **Business Process Reengineering** (BPR) ist der Prozess, über eine umfassende Analyse und Reorganisation der bestehenden Arbeitsabläufe die betriebliche Ablauforganisation völlig neu zu gestalten.

Im Zuge der Umstrukturierung der computergestützten Ablauforganisation sind bei einem BPR Auswirkungen auf die Aufbauorganisation und auf die gesamte IT-Struktur häufig unvermeidlich. Daher ist aufgrund der beidseitigen Abhängigkeit zwischen der betrieblichen Organisation und der Informationsverarbeitung eine enge Abstimmung dieser Bereiche erforderlich.

Auf einen Blick

Entwicklungstrends		
Outsourcing	**Internes Outsourcing**	**Externes Outsourcing**
Outsourcing ist der Prozess, IT-bezogene Dienstleistungen auf Fremdfirmen zu übertragen. Nach dem Umfang der ausgelagerten Dienstleistungen ist zwischen Komplett-Outsourcing und Teil-Outsourcing (Multi-Outsourcing bzw. selektives Outsourcing) zu unterscheiden.	Auslagerung von IT-Leistungen an einen wirtschaftlich gebundenen Betrieb desselben Konzerns oder derselben Unternehmensgruppe.	Auslagerung von IT-Leistungen an ein wirtschaftlich nicht mit dem eigenen Betrieb gebundenes Unternehmen.
Rightsizing	**Downsizing**	**Upsizing**
Rightsizing ist der Prozess, Art und Größe der bestehenden Systemplattform(en) auf der Grundlage der Softwareanforderungen und der Benutzeranforderungen richtig zu bestimmen.	Downsizing ist der Prozess, Anwenderprogramme aus einer Großrechnerumgebung auf kleinere Systemplattformen zu übertragen.	Upsizing ist der Prozess, bestehende Systemplattformen über eine integrative Vernetzung in eine größere Systemplattform zu überführen.
Networking	**Nicht Serverbasierende Netze**	**Serverbasierende Netze**
Networking ist der Prozess, Komponenten eines Computersystems zu einem Netzwerk zu verbinden.	Peer-to-Peer-Netzwerk als kleines Netzwerk mit gleichberechtigten Stationen (bis zu 20).	Client-Server-Systeme als lokale Netzwerke (LAN) mit der Möglichkeit zur weltweiten Kommunikation (LAN-WAN). Je nach Funktion können Applikations-, Datenbank-, Print-, Web- und E-Mail-Server zum Einsatz kommen.
Reengineering	**Software-Engineering**	**Business-Process-Reengineering**
Reengineering ist der Prozess, Organisations- und IT-Strukturen zu analysieren und den Unternehmenszielen entsprechend unter wirtschaftlichen Gesichtspunkten neu zu gestalten	Sorftware-Engineering bzw. Software-Reengineering ist der Prozess, qualitativ hochwertige Software mit dem systematischen Einsatz von Methoden und Techniken unter wirtschaftlichen Aspekten neu zu entwickeln.	Business-Process-Reengineering (BPR) bzw. Business Reengineering ist der Prozess, über eine umfassende Analyse und Reorganisation der bestehenden Arbeitsabläufe die betriebliche Ablauforganisation völlig neu zu gestalten. BPR ersetzt die funktionsorientierte Ablauforganisation durch die prozessorientierte und kann zu einem Software-Engineering bzw. Software-Reengineering führen.

2 Markt- und Kundenbeziehungen

2.1 Marktstrukturen

Einstiegssituation Die Auszubildenden für die neuen IT-Berufe erhalten den Arbeitsauftrag, den IT-Markt zu analysieren und an einer zukunftsorientierten Marketing-Konzeption für ein neu entwickeltes Softwareprodukt der Wittekind GmbH mitzuwirken.

Markt und Marktbeziehungen

Auf der Grundlage der von den Auszubildenden bereits erstellten Unterlagen (vgl. Abb. 1.1) werden die Beziehungen der Wittekind GmbH im Marktgefüge genauer betrachtet:

Arbeitsmarkt	Die Wittekind GmbH ist Nachfrager nach qualifizierten Arbeitskräften, die sich auf dem Arbeitsmarkt anbieten.
Kapitalmarkt	Die Finanzierung des neuen Kommunikationsnetzes und einer neuen Produktionshalle kann die Wittekind GmbH nicht selbst finanzieren. Zur Fremdfinanzierung benötigt sie Geldmittel von außen, tritt also als Nachfrager für Kapital an den Kapitalmarkt heran. Mehrere Geldinstitute haben als Anbieter von Kapital bereits Finanzierungsangebote vorgelegt.
Beschaffungsmarkt	Die Wittekind GmbH kauft Produkte auf dem Beschaffungsmarkt ein. Anbieter sind spezialisierte Herstellerfirmen und Großhändler. Zugleich nimmt sie auf dem Telekommunikationsmarkt das Leistungsangebot von Informations- und Telekommunikationsanbietern (Telefongesellschaften, Provider) in Anspruch.
Absatzmarkt	Auf dem Absatzmarkt hat die Wittekind GmbH bisher elektrotechnische Erzeugnisse angeboten, tritt aber immer stärker als Anbieter für Produkte der Informations- und Telekommunikationstechnik auf den Markt, da die Kunden verstärkt diese Produkte nachfragen.

Aus den beschriebenen Marktbeziehungen wird deutlich, dass ein Markt immer dann besteht, wenn Käufer mit Verkäufern bzw. Nachfrage und Angebot zusammentreffen und in Beziehung zueinander treten.

! Ein Markt ist der Ort, an dem sich Angebot und Nachfrage treffen. Angebot und Nachfrage können sich auf Erzeugnisse, Leistungen, Arbeitskräfte oder Kapital beziehen.

Marketing

Die Notwendigkeit, marktbezogen zu denken und alle Märkte in die betrieblichen Aktivitäten einzubeziehen, wurde den Auszubildenden deutlich, als die Geschäftsleitung der Wittekind GmbH die Marktsituation mit folgenden Aussagen skizzierte:

- Auf dem Arbeitsmarkt findet die Wittekind GmbH nicht immer die IT-Spezialisten, die sie jedoch dringend benötigt, um ihre speziellen Produkte und Dienstleistungen auf dem Absatzmarkt anbieten zu können. Diese Situation hat bereits zu einem Technologiestau geführt.
- Die Zinsen für Kredite sind auf dem Kapitalmarkt in letzter Zeit wieder gestiegen, sodass der geplante Bau der neuen Produktionshalle sich wahrscheinlich verzögern wird und die am Markt nachgefragten Produkte nicht termingerecht angeboten werden können.
- Auf dem Beschaffungsmarkt sind in jüngster Zeit die Preise für Speicherchips gestiegen, sodass die Verkaufspreise vieler Produkte angehoben werden mussten. Dies führte sowohl zu einer nachlassenden Nachfrage als auch zu einer Einschränkung der Produktion.

- Auf dem Absatzmarkt ist ein international verschärfter Wettbewerb zu beobachten, sodass die Wittekind GmbH bei ihren marktpolitischen Entscheidungen sich immer stärker an der Konkurrenz und auch an den Bedürfnissen der Kunden orientieren muss.

Die Geschäftsleitung der Wittekind GmbH wies abschließend darauf hin, dass die eigene Stellung am Markt nicht allein von einer kostengünstigen Produktion oder von der Qualität ihrer Produkte und Leistungen abhängt. Vielmehr kann die Marktposition zukünftig nur noch dann behauptet werden, wenn sich das gesamte betriebliche Handeln an den Marktentwicklungen und den Kundenanforderungen ausrichtet. Dies soll über ein entsprechendes Marketing erreicht werden.

Marketing ist eine Unternehmensstrategie, die Gestaltung der Absatzpolitik konsequent an den Anforderungen und Entwicklungen der Märkte auszurichten (marketing = auf den Markt bringen).

2.2 Marktforschung und Marktanalyse

Aufgaben der Marktforschung

Voraussetzung für ein erfolgreiches Marketing ist die systematische Erfassung, Aufbereitung und Analyse von Daten, die Auskunft geben über die

- Unternehmenssituation im Marktgefüge
- Marktsituation und Marktentwicklungen
- Produkte und Leistungen
- Rahmenbedingungen des Marketing.

Die zu beschaffenden Marketing-Daten bilden die Grundlage für absatzpolitische Entscheidungen. Die Auszubildenden gehen im Rahmen ihrer Marktanalyse für die Wittekind GmbH beispielsweise folgenden Fragestellungen nach:

Marketing-Fragestellung	Marketing-Daten
Wie steht es um die wirtschaftliche Situation des Unternehmens im Markt?	Umsatzentwicklung, Kosten, Gewinnspannen, Produktivität, Eigenkapital, Fremdkapital
Welche IT-Produkte und -Leistungen werden auch von anderen Anbietern auf dem Absatzmarkt angeboten und zu welchen Preisen?	Produktspezifikationen, Mitbewerber und Konkurrenzstruktur, Absatzzahlen, Absatzwege, Marktpreise, Angaben zu Marktanteilen
Welche IT-Produkte und -Leistungen sind am Markt gefragt?	Kundenstruktur, Bedarfs- und Nachfragestruktur, Markt- und Kundenpotentiale, Produktdaten, Auswertungen von Werbeaktionen
Über welchen Zeitraum erstreckt sich der Produktlebenszyklus (vgl. Abschnitt 8.9.4)?	Absatzzahlen, Daten über Kundenverhalten, Auswertungen der Marktforschung
Welche Rahmenbedingungen beeinflussen die Märkte?	Konjunkturdaten, Entwicklungsstand und Möglichkeiten der Kommunikationstechnologie, rechtliche und politische Rahmenbedingungen

■ Interne und externe Informationsquellen

Für die Beschaffung von geeigneten Marktinformationen stehen eine Vielzahl von Informationsquellen zur Verfügung. Sie lassen sich in unternehmensinterne und unternehmensexterne Informationsquellen untergliedern (zu Informationsbeschaffung und -verwertung siehe Abschnitt 10.1).

■ Marktentwicklungen

Die Auszubildenden haben nach einer ersten Auswertung ihrer gewonnenen Informationen die wichtigsten Marktentwicklungen analysiert und in folgender Tabelle zusammengefasst:

Marktentwicklungen	**Beispiele**
• zunehmende, weltweite Öffnung der Märkte (Globalisierung)	Die Produkte der Wittekind GmbH werden in der ganzen Welt hergestellt und nachgefragt
• wachsende internationale Konkurrenz auf allen Märkten	Die Produkte der Warengruppe Alarmanlagen werden in Osteuropa preisgünstiger hergestellt
• gestiegene Kundenerwartungen und Kundenforderungen	Ein Großteil der Kunden erwartet einen Versand-Service innerhalb von 24 Stunden
• Vergrößerung der Produktvielfalt	Ein Alarmsystem kann in 38 Varianten bestellt werden
• Verkürzung der Produktlebenszyklen	65 % der Produkte werden innerhalb von zwei Jahren durch neue Produkte ersetzt
• Verbesserte Kommunikation im Marktgefüge	Die Sonderaktionen der Konkurrenten können aus dem Internet direkt abgerufen werden

Die Erhaltung oder Verbesserung der langfristigen Wettbewerbsfähigkeit kann vor dem Hintergrund der Marktanalyse und den Marktentwicklungen nur über ein Marketing-Konzept sichergestellt werden, das sich an den Unternehmenszielen und den Marketingzielen orientiert (vgl. Abschnitt 1.1.5).

■ Ziele der Marktforschung

Über die Marktforschung können folgende Ziele und Strategien verfolgt werden, die auf die Unternehmensziele hin abzustimmen sind:

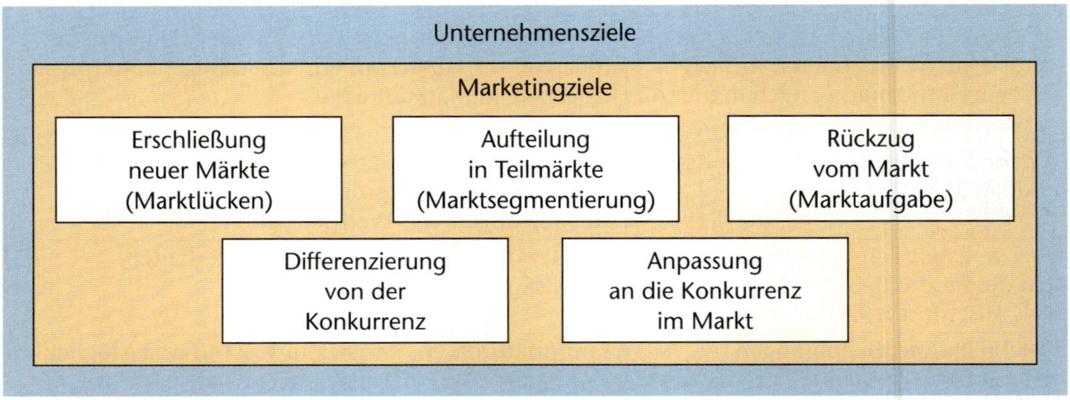

Abb. 2.1 Marketingziele

2.3 Marketing-Mix

Im Rahmen eines Marketing werden ganz bestimmte absatzpolitische Instrumente eingesetzt, die dazu dienen, die gesetzten Unternehmens- und Marketingziele zu realisieren. Dabei unterscheidet man folgende Instrumente der Absatzpolitik:

Marketinginstrument	Erläuterung und Beispiele
Produkt- und Sortimentspolitik	Kernfrage ist, welche Produkte bzw. Artikel am Markt zu welchen Preisen angeboten werden sollen. Entscheidungen im Rahmen der Produkt- und Sortimentspolitik betreffen z. B. • Geschäftsfeld • Innovation, Elimination, Modifikation oder Diversifikation von Produkten • Qualität, Design und Aufmachung der Produkte
Preispolitik	• Preisbildung, Rabatte, Liefer- und Zahlungsbedingungen
Distributionspolitik	Kernfrage ist, über welche Absatzwege die Produkte angeboten werden sollen. Entscheidungen im Rahmen der Distributionspolitik betreffen z. B. • Absatzwege, z. B. über Großhandel, Fachhandel, Vertreter usw. • Transport bzw. Zustellung, z. B. per Bahn, Post • Verteilung, z. B. über Zentrallager, Hauptlager
Kommunikationspolitik	Kernfrage ist, welche Maßnahmen zur Absatzförderung geeignet sind. Entscheidungen im Rahmen der Kommunikationspolitik betreffen z. B. • Werbebudget • Werbung (promotion), Werbemittel und Werbeträger • Verkaufsförderung (sales promotion) • Pre- und After-sales-Service Leistungen • Öffentlichkeitsarbeit (public relation) • Messen • Produktpräsenz im Internet (E-Commerce)

Im Allgemeinen werden diese Instrumente nicht isoliert betrachtet, sondern miteinander kombiniert und deshalb auch entsprechend der Zielsetzungen aufeinander abgestimmt. Die zielorientierte Abstimmung der Marketinginstrumente bezeichnet man auch als sogenanntes Marketing-Mix.

Marketing-Mix ist die optimale Abstimmung von Entscheidungen im Rahmen der Produkt- und Sortimentspolitik, der Distributions- und Kommunikationspolitik im Hinblick auf die Realisierung der Marketingziele und der übergeordneten Unternehmensziele.

Marketing und Marketing-Mix kommen der Forderung entgegen, schnell und flexibel auf Veränderungen der Märkte reagieren zu können, um die Wettbewerbsfähigkeit zu sichern. In diesem Zusammenhang gewinnen sowohl die Entwicklungen im Bereich der Informations- und Telekommunikationstechnik als auch die Ausrichtung des Marketing auf den Kunden zunehmend an Bedeutung.

2.4 Kundenorientierung

Angesichts des immer schärferen Wettbewerbs am Markt werden die Betriebe herausgefordert, geeignete Strategien zu entwickeln, um Konkurrenzfähigkeit und Marktvorteile für die Zukunft zu sichern. Eine dieser Strategien besteht in der konsequenten Ausrichtung der betrieblichen Prozesse auf den Kunden als Endabnehmer von Produkten und Leistungen. Ziel dieser Strategie ist es, über ein an den Kundenbedürfnissen ausgerichtetes Produkt- und Leistungsangebot eine dauerhafte Kundenbindung herzustellen, welche die Grundlage für die Sicherung der Marktposition darstellt.

Die im Allgemeinen als Kundenorientierung bezeichnete Strategie umfasst neben dem kundenbezogenen Marketing alle Produkte und Leistungen, die mit der Befriedigung der Kundenbedürfnisse zusammenhängen. Die für das Zustandekommen eines Kaufvertrages relevanten Grundbeziehungen zwischen dem Betrieb und dem Kunden sind in der folgenden Abbildung dargestellt.

Abb. 2.2 Beziehungen zwischen Betrieb und Kunde

Neben den grundlegenden rechtsrelevanten Beziehungen zwischen dem Betrieb und dem Kunden sind im Rahmen der Kundenorientierung auch die Erwartungshaltungen des Kunden zu betrachten sowie die zugehörigen betrieblichen Möglichkeiten, den Kundenanforderungen gerecht zu werden. Abb. 2.3 veranschaulicht beispielhaft die an Kundenerwartungen ausgerichteten Leistungen des Betriebes.

Abb. 2.3 Kundenerwartungen und Möglichkeiten der Bedürfnisbefriedigung

Mit dem Kauf eines Produktes geht es dem Kunden nicht nur um den Erhalt einer bestimmten Ware, sondern auch und vor allem um die Befriedigung produktbezogener Ansprüche und Bedürfnisse. Will der Kunde beispielsweise einen neuen Drucker für seinen PC erwerben, sollen ganz bestimmte Anforderungen in Bezug auf Geschwindigkeit, Druckgeräusche und Preis erfüllt werden. Anforderungen und Ansprüche sind sowohl produktbezogen als auch kundenspezifisch zu analysieren, da die Eigenschaften und Einsatzgebiete der jeweiligen Produkte sowie die Kundenwünsche selbst recht unterschiedlich sein können.

In dem Bemühen, die Marktposition zu sichern oder zu erweitern, gewinnen neben den rein produktbezogenen Leistungen (z. B. Bereitstellung, Lieferung und Installation von IT-Systemen) immer stärker die betrieblichen Leistungen an Bedeutung, die vor dem Kauf **(Pre-Sales-Service)** oder nach dem Kauf **(After-Sales-Service)** erbracht werden können.

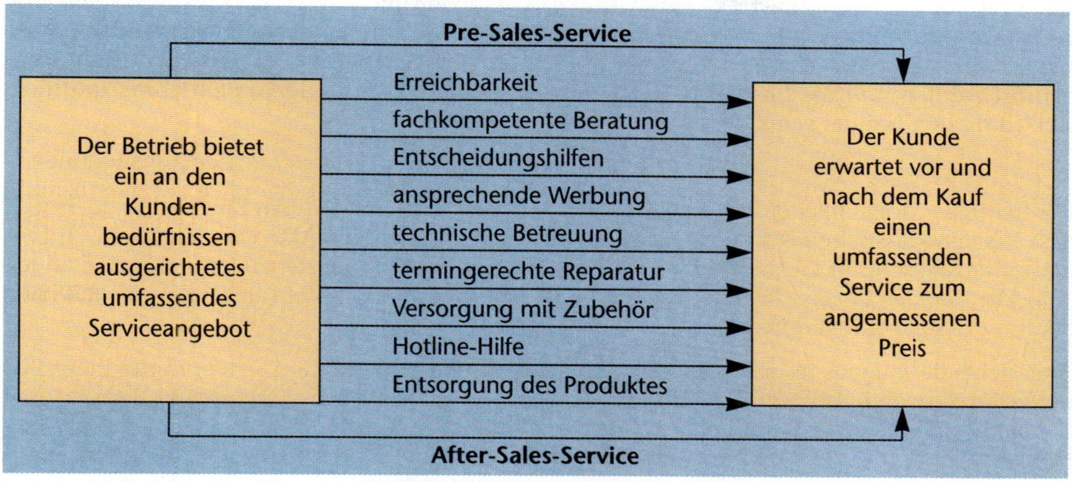

Abb. 2.4 Kundenorientierte Leistungen im Pre- und After-Sales-Service

Die kundenorientierten Leistungen stellen zugleich hohe Anforderungen an das betriebliche Personal, das durch **Fachkompetenz, Handlungs-** und **Sozialkompetenz** den Kunden von der Leistungsfähigkeit des Betriebes überzeugen muss. Das angestrebte Ziel einer langfristigen Kundenbindung wird beispielsweise dadurch gefördert, dass gegenseitige Vereinbarungen eingehalten werden, der Betrieb sich dem Kunden gegenüber verantwortlich fühlt und der Kunde sich auf Leistungen und Zusagen seitens des Betriebes verlassen kann. In der Wahrnehmung der positiven Leistungen durch den Kunden wird eine Vertrauensbasis zwischen dem Betrieb und dem Kunden aufgebaut. Das so geschaffene Vertrauen kann Ansporn und Verpflichtung zugleich sein, im Interesse des Kunden ständig neue Verbesserungen zu erreichen.

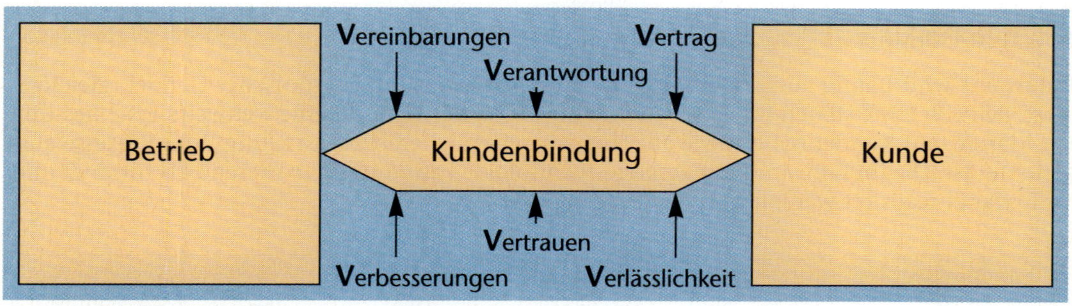

Abb. 2.5 V-Modell der Kundenbindung

Die zusätzlich zu erbringenden, vom Kunden erwarteten Leistungen können sich unter betriebswirtschaftlichen Aspekten dann rentieren, wenn die

- Leistungen fachkompetent, termingerecht und zu angemessenen Preisen erbracht werden,
- Kundenzufriedenheit wächst und sich in steigenden Umsätzen ausdrückt,
- langfristige Kundenbindung erreicht werden kann und die
- erbrachten Leistungen Gewinne erwirtschaften.

Vor diesem Hintergrund sind auch die mit kundenorientierten Leistungen verbundenen Prozesse zu betrachten.

2.5 Vom klassischen zum elektronischen Markt

Einstiegssituation Die Auszubildenden für die neuen IT-Berufe haben ein Marketing-Konzept erarbeitet, in dem auch die aktuellen Entwicklungen im Bereich der Informations- und Telekommunikationstechnik berücksichtigt sind. Da immer mehr Arbeitsabläufe in der Wittekind GmbH von den vielfältigen Kommunikationsmöglichkeiten zwischen den Marktbeteiligten berührt werden, soll die Internet-Technologie für die verstärkte Kundenorientierung und den elektronischen Handel genutzt werden.

Die heutigen Möglichkeiten der Kommunikation verändern die Marktstrukturen dahingehend, dass aus den klassischen Märkten sich zunehmend elektronische Märkte entwickeln. Der Informationsaustausch mit Lieferanten oder Kunden kann über das Internet zu jeder Zeit und an jedem Ort erfolgen, sodass Entfernungen in und zwischen den Märkten ihre ursprüngliche Bedeutung weitgehend verloren haben.

Angesichts der hieraus resultierenden verschärften Konkurrenzsituation sehen immer mehr Betriebe die Notwendigkeit, ihre traditionell gewachsenen Organisationsstrukturen kritisch zu analysieren und völlig neue Wege in der Gestaltung ihrer Arbeitsabläufe einzuschlagen. Im Zuge der Reorganisation gewinnt die Umgestaltung der betrieblichen Arbeitsabläufe, das sogenannte **Bu**siness **P**rocess **R**eengineering **(BPR)** immer mehr an Bedeutung. Ein wichtiges Gestaltungselement im Redesign ist die Einbeziehung der Internettechnologien, um über eine flexiblere Ablauforganisation eine schnelle Anpassungsfähigkeit des Betriebes auf Veränderungen der Märkte zu gewährleisten. Dabei ist das betriebliche Handeln an den Bedürfnissen und Erwartungen des Kunden auszurichten (Kundenorientierung) mit dem Ziel, über eine langfristige Kundenbindung die Wettbewerbsfähigkeit dauerhaft zu sichern (Wettbewerbsorientierung). Diese Zielsetzung kann über das sogenannte **E-Business** realisiert werden.

2.5.1 E-Business

■ Was ist E-Business?

E-Business wird häufig auch mit dem Begriff **E-Commerce** (= elektronischer Handel) gleichgesetzt. Beide Begriffe stehen für eine Unternehmensstrategie, die auf eine weltweite Erschliessung der Märkte, auf Kundennähe sowie auf eine wirtschaftlichere Umgestaltung ihrer Prozesse ausgerichtet ist. Die im E-Business eingesetzte Technologie kann internetbasierend als Intranet und als Extranet realisiert werden.

! Unter dem Begriff E-Business versteht man die elektronische Abwicklung von Geschäftsprozessen unter Einbeziehung der Internet-Technologie (E-Business = elektronische Geschäftsabwicklung).

Kernprozesse wie Beschaffung oder Auftragsbearbeitung, die Abwicklung des Zahlungsverkehrs, die Stellenauswahl oder der Kundenservice können mit Hilfe des Internet schneller und effizienter gestaltet werden. Die Kommunikation kann dabei zu Netzwerken im Beschaffungs- und Absatzmarkt, im Kapitalmarkt oder im Arbeitsmarkt hergestellt werden.

So nutzt eine ständig wachsende Zahl von Betrieben den **A**rbeitgeber-**I**nformations-**S**ervice (**AIS**) der Arbeitsämter, um über das Internet qualifiziertes Personal auszuwählen. Statt in zeitraubender Arbeit große Aktenberge zu bearbeiten und zu verwalten, kann auf direktem Wege das gewünschte Bewerberprofil ermittelt und der sofortige Kontakt zum potentiellen Bewerber hergestellt werden.

Die Stellensuche von Bewerbern wird über das **S**tellen-**I**nformations-**S**ystem **(SIS)** erleichtert, in dem die Stellenangebote zahlreicher Betriebe enthalten sind. Diese Entwicklungen können auch die Arbeitsabläufe im Personalwesen des Betriebes vereinfachen und beschleunigen.

Über den Zugang zum Internet kann per **E-Mail** schnell und kostengünstig der Informationsaustausch mit Lieferanten durchgeführt werden. Innerhalb kürzester Zeit erhält der Betrieb Informationen über die Lieferfähigkeit seiner Lieferanten, was den Bestellprozess wesentlich vereinfacht. Kunden können vom Betrieb bereitgestellte Informationen (z. B. Neuheiten, Liefertermine, Preise, Sonderaktionen, Bestellformulare) direkt abrufen und schriftlich den Versand per E-Mail oder Fax anfordern **(Fax on demand, Polling)**. Über das Internet können die Kunden sowohl Auftragsbestätigung als auch Rechnung erhalten. Der Zahlungsverkehr zwischen den Betrieben und den Geldinstituten kann neben dem seit Jahren üblichen Datenträgeraustausch (**DTA**-Disketten) über **Electronic Banking** (On-Line-Banking) Programme effizient abgewickelt werden. Einige Möglichkeiten des E-Business veranschaulicht die Abbildung 2.6.

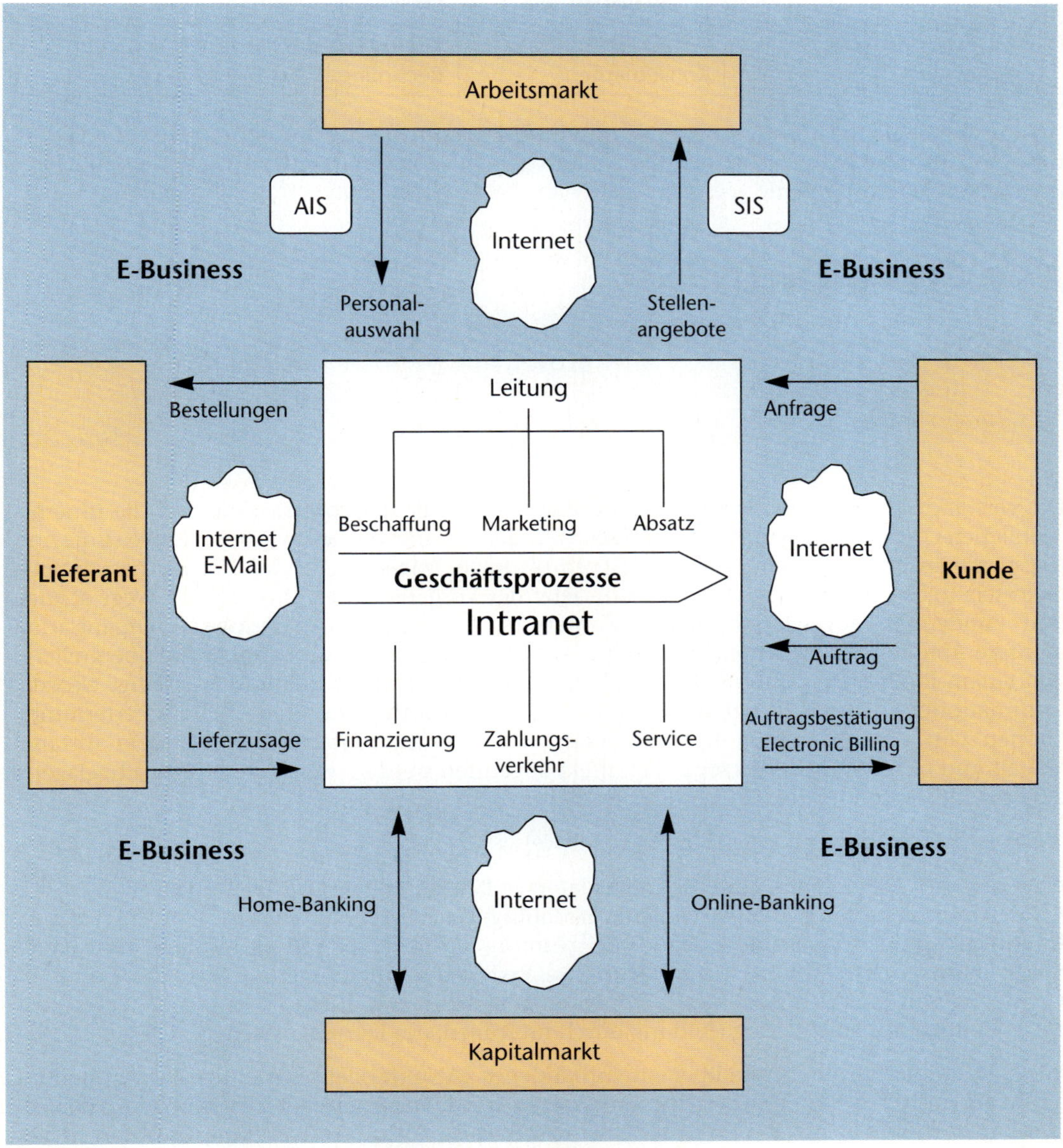

Abb. 2.6 E-Business mit Einbeziehung der Internettechnologie in Geschäftsprozesse

2.5.2 E-Business und Internet

Das Internet ist mit seinen vielfältigen Möglichkeiten der Informationsbeschaffung und -bereitstellung sowie des Kommunikationsaustausches das größte globale Kommunikationsmedium (vgl. Abschnitt 7.4). Für ein Unternehmen bieten sich – aufgegliedert nach der Art der Geschäftsbeziehung – folgende internetbasierte Einsatzmöglichkeiten im E-Business an:

Art der Geschäftsbeziehung	Beziehungen mit ...	Beispiele
Business-to Administration **(B2A)**	Behörden, Ämtern, der öffentlichen Verwaltung	Einstellung von Stellenanzeigen beim Arbeitsamt, Übermittlung von Steuerdaten an das Finanzamt
Business-to-Business **(B2B)**	Firmen, Geschäftspartnern	Bestellung beim Lieferanten, Zahlungsverkehr per Online-Banking
Business-to-Costumer or Consumer **(B2C)**	Privatkunden, Konsumenten	Kauf in Online-Shops, Versand von Rechnungen per E-Mail

Die Einsatzmöglichkeiten sind organisatorisch im Zusammenhang mit der Analyse und Gestaltung von Prozessketten zu betrachten, IT-bezogen im computergesteuerten Prozessablauf zu berücksichtigen und in eine geeignete Hardware- und Softwareumgebung zu integrieren.

2.5.3 E-Business und Intranet

Das **Intranet** ist die Anwendung der Internet-Technologie für den betriebsinternen Gebrauch mit einer zentralen Verfügbarkeit der für die Abwicklung der Geschäftsprozesse erforderlichen Informationen.

Die verstärkte Nutzung der Internet-Technologie für Geschäftsprozesse verändert die innerbetrieblichen Organisations- und IT-Strukturen. Wurden bislang Prozesse wie beispielsweise die Auftragsbearbeitung weitgehend über Briefketten (Anfrage, Angebot, Auftrag, Auftragsbestätigung, Lieferschein, Rechnung) abgewickelt, kann jetzt der Vorgang auf elektronischem Wege schnell und kundennah abgewickelt werden. Waren in einer funktionsorientierten Organisation mehrere Abteilungen mit einem Vorgang beschäftigt, kann ein Prozess abteilungsübergreifend von einem Prozessteam unter Nutzung aller relevanten Informationen direkt erledigt werden. Informationen, die sich innerhalb kürzester Zeit ändern (Anbieter, Preise oder Liefertermine), können von allen berechtigten Mitarbeitern und Organisationseinheiten über ein Intranet aktuell und ohne zeitliche Verzögerung direkt abgerufen werden, wenn diese für nachgelagerte oder parallel laufende Prozesse benötigt werden.

Weitere Intranet-Anwendungen sind beispielsweise:

- Suchen und Abrufen von Unternehmensdaten (z. B. Mitarbeiter- und Telefonverzeichnis)
- Textkommunikation (innerbetriebliches E-Mailing, Nachrichtenaustausch)
- Terminkoordination (Terminkalender, Zeitplanung und -kontrolle bei Projekten)
- Informationszentrale (Vorschriften, Hinweise, Bedienungsanleitungen, News)
- Nutzung von Archiven (Protokolle, Dokumente, Dokumentationen)
- Ausbildung und Fortbildung (Bildung durch multimediales Lernen, Coaching, CBT)

Intranets können firmenintern über ein vorhandenes LAN mit oder ohne einen Zugang zum Internet organisiert werden. Die dem Intranet zugrundeliegende Internet-Technologie wird über einen Browser und entsprechende Gruppen-Software (z. B. Netscape Communicator Professional, Genesis 2, Adress PLUS, RealMedia-Software) realisiert. Die Qualität eines Intranet richtet sich nicht allein nach der vorhandenen Plattform und der Vielfalt der vorhandenen Funktionalität, sondern vielmehr nach dem Grad des Kommunikationsaustausches im Unternehmensnetz bzw. im Internet sowie nach der Intensität der Zusammenarbeit zwischen den Mitarbeitern selbst und den am Prozess Beteiligten.

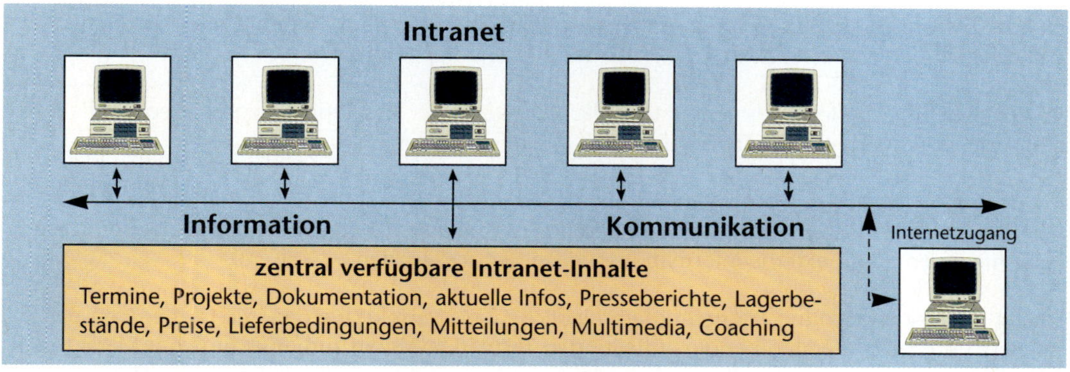

Abb. 2.7 Modell eines Intranet

2.5.4 E-Business und Extranet

Das Extranet ist die Erweiterung des Intranet auf eine bestimmte externe Benutzergruppe.

Mit Hilfe des Extranet können ausgewählte Geschäftspartner auf bestimmte Informationen des firmenspezifischen Intranet zugreifen und diese im Rahmen ihrer Geschäftsprozesse nutzen. Während im Internet häufig eine anonyme Kommunikation mit weitgehend unkontrollierten Informationen erfolgt, handelt es sich beim Extranet um die Einbindung nicht anonymer Geschäftspartner, deren Netzwerke über eine entsprechende Authorisierung mit dem eigenen Betrieb passwortgeschützt kommunizieren. Über ein Extranet kann beispielsweise der Informationsaustausch zu den Geschäftspartnern beschleunigt, die Kundenbindung verstärkt und der Service verbessert werden.

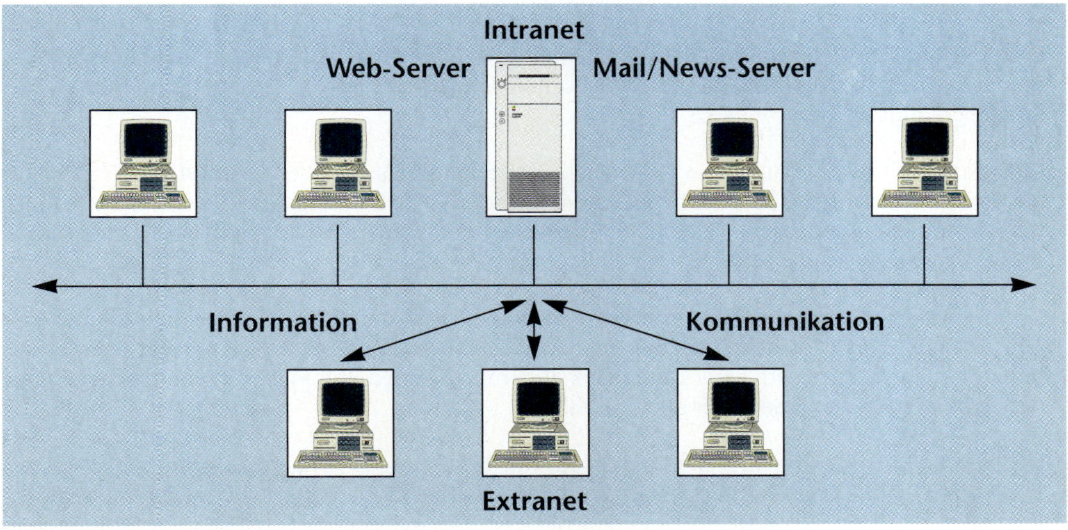

Abb. 2.8 Extranet mit Intranet-Anbindung

Auf einen Blick

- Im Marktgefüge unterhält ein Unternehmen Beziehungen zum Arbeitsmarkt, Kapitalmarkt, Beschaffungs- und Absatzmarkt.
- Ein Markt ist der Ort, an dem sich Angebot und Nachfrage treffen. Angebot und Nachfrage können sich auf Erzeugnisse, Leistungen, Arbeitskräfte und Kapital beziehen.
- Marketing ist eine Unternehmensstragie, die Gestaltung der Absatzpolitik konsequent an den Anforderungen und Entwicklungen der Märkte auszurichten.
- Aufgabe der Marktforschung ist die systematische Erfassung, Aufbereitung und Analyse von Daten zu ausgewählten Märkten, um marktpolitische Entscheidungen vorzubereiten. Zu diesem Zweck können interne und externe Informationsquellen genutzt werden.
- Über die Marktforschung können unterschiedliche Ziele verfolgt werden. Sie reichen von der Erschließung neuer Märkte über die Aufteilung in Teilmärkte bis hin zum Rückzug vom Markt. Auch die Differenzierung von der Konkurrenz oder die Anpassung an die Konkurrenz können marktpolitische Ziele sein.
- Um unternehmens- und marktpolitische Ziele zu erreichen, werden Marketinginstrumente eingesetzt. Zu ihnen gehören die Produkt- und Sortimentspolitik, die Distributionspolitik und die Kommunikationspolitik.
- Marketing-Mix ist die Bezeichnung für eine optimale Abstimmung der Marketinginstrumente im Hinblick auf die Realisierung der Marketingziele und der Unternehmensziele.
- Kundenorientierung ist eine Strategie, das betriebliche Handeln an den Bedürfnissen und Erwartungen des Kunden als Endabnehmer von Gütern und Leistungen auszurichten.
- Kundenorientierung erstreckt sich auch auf Service-Leistungen vor dem Kauf (Pre-Sales-Service) und nach dem Kauf (After-Sales-Service).
- Kundenorientierung zielt darauf ab, über eine langfristige Kundenbindung Marktvorteile zu sichern und die Wettbewerbsfähigkeit zu erhalten. Die im Zusammenhang mit der Kundenorientierung zu erbringenden Leistungen sind daher unter wirtschaftlichen Aspekten zu betrachten.
- Über die Kommunikationsmöglichkeiten im Internet entwickeln sich die klassischen Märkte zunehmend zu elektronischen Märkten, in denen unabhängig von Geschäftszeit und Entfernung Geschäfte getätigt werden können.
- Die elektronische Abwicklung von Geschäftsprozessen unter Einbeziehung der Internet-Technologie bezeichnet man als E-Business bzw. E-Commerce. Typische E-Business-Prozesse sind: Bestellung oder Auftragsbearbeitung per E-Mail, Zahlungsverkehr per Online-Banking, On-Line-Kundenservice, Personalauswahl über AIS.
- Ein Intranet ist die Anwendung der Internet-Technologie für den innerbetrieblichen Kommunikationsaustausch. Im Intranet können Informationen sowohl zwischen einzelnen Mitarbeitern ausgetauscht als auch zentral aus einer Datenbank abgerufen werden. Intranets können mit dem Internet verbunden sein, müssen aber nicht.
- Ein Extranet ist die Erweiterung des Intranet auf eine bestimmte externe Benutzergruppe, z. B. Vertragspartner. Diese Benutzergruppe kann über das Internet auf bestimmte Firmendaten passwortgeschützt zugreifen. Ein Extranet kann den direkten Informationsaustausch fördern und die Geschäftsbindung stärken.

3 Geschäftsprozesse und betriebliche Organisation

3.1 Von der Funktionsorientierung zur Prozessorientierung

■ Schwachstellen funktionsorientierter Abläufe

Wie die Abb. 3.1 in Anlehnung an die Abb. 1.4 verdeutlicht, sind funktionsorientierte Abläufe durch eine arbeitsteilige Zergliederung in mehrere Teilfunktionen gekennzeichnet, an denen i. d. R. mehrere Organisationseinheiten oder Mitarbeiter eines Betriebes beteiligt sind.

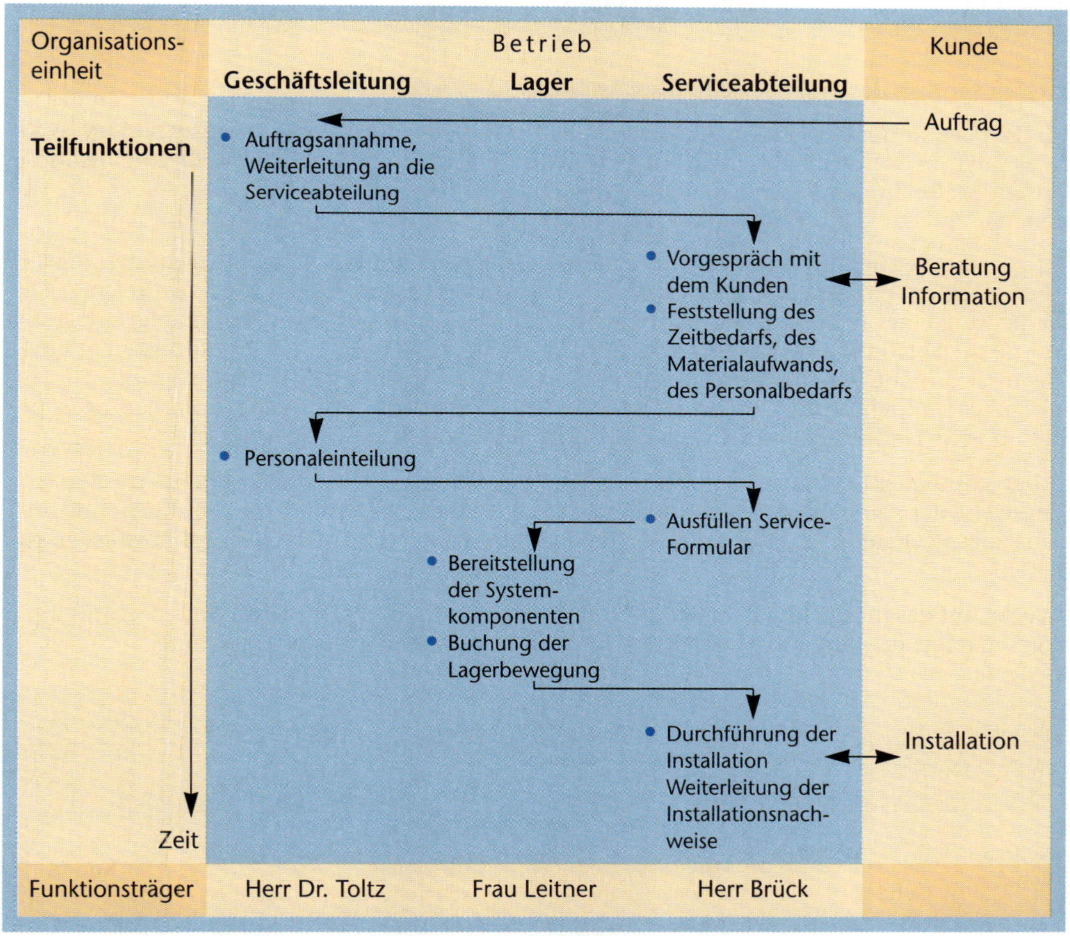

Abb. 3.1 Funktionsorientierter, mehrstufiger Ablauf „Installation eines IT-Systems im Kundenauftrag"

Durch die Weiterleitung von Informationen oder von Belegen an die nächstfolgende Bearbeitungsstelle wird die Bearbeitung eines Vorgangs mehrfach unterbrochen. Unterbrechungen im Arbeitsablauf können zu Fehlern oder zu unproduktiven Transport-, Leerlauf- und Liegezeiten führen, wenn Belege von den jeweiligen Mitarbeitern nicht unverzüglich weitergeleitet und bearbeitet werden. Die Folge sind unnötige Zeitverzögerungen.

Häufig führt die jeweils betroffene Organisationseinheit oder Stelle eigene Dokumentationen oder baut ein eigenes Formularwesen auf, um die weitergegebenen Belege mit Bearbeitungshinweisen zu versehen. Dadurch entstehen zusätzliche Materialkosten und Zeitverluste.

Somit ist die Wirtschaftlichkeit und Effizienz funktionsorientierter Arbeitsabläufe häufig infrage gestellt, wenn mehrere Organisationseinheiten oder Stellen sich mit einem Arbeitsablauf zeitversetzt beschäftigen. Zudem erfordert die Zersplitterung des Gesamtablaufes einen hohen Koordinierungsaufwand, der insbesondere bei Änderungen einzelner Tätigkeiten ins Gewicht fallen kann. Da der einzelne Mitarbeiter sich lediglich auf seine Teilaufgabe zu konzentrieren hat und nicht die Verantwortung für das Ergebnis des Arbeitsablaufes tragen muss, kann er auch die negativen Folgen dieser Ablauforganisation nur schwer nachvollziehen.

Leidtragender ist in unserem Beispiel der Kunde, der durch die Verzögerungen im innerbetrieblichen Ablauf verspätet oder fehlerhaft bedient wird. Jede Verschlechterung im Kundenservice kann aber zugleich auch zu einer Beeinträchtigung der Wettbewerbsfähigkeit des Betriebs führen, wenn Kunden abwandern. Die beschriebenen Nachteile lassen sich über die Einführung einer prozessorientierten Ablauforganisation beheben.

Grundprinzip des prozessorientierten Ansatzes

Mit dem Begriff **B**usiness·**P**rocess·**R**eengineering (**BPR** = Geschäfts-Prozess-Reorganisation) ist die Reorganisation der geschäftlichen Abläufe in einem Betrieb gemeint. BPR stellt eine organisatorische Maßnahme dar, die darauf abzielt, die Organisationsstruktur des Betriebs über eine tief greifende Analyse der bestehenden Abläufe völlig neu zu gestalten (siehe Abschnitt 3.3).

Der prozessorientierte Ansatz geht davon aus, dass organisatorisch zusammengehörige Teilaufgaben zu einem Prozess zusammengefasst werden, um ein bestimmtes Ergebnis zu erreichen. Die Bearbeitung eines Prozesses, beispielsweise die Installation von PC-Systemen, erfolgt integrativ und damit abteilungsübergreifend. Der Prozess stellt im Gegensatz zur funktionsorientierten Organisation eine ganzheitliche Betrachtungsweise der Abläufe in den Vordergrund. Für die erfolgreiche Durchführung des Prozesses, dessen Ergebnis an den Kundenanforderungen gemessen wird, ist der eingesetzte Mitarbeiter oder ein Prozessteam verantwortlich.

In der konsequenten Anwendung ersetzt BPR die traditionelle funktionsorientierte Betrachtungsweise der betrieblichen Ablauforganisation. BPR wird angewendet, um die ablauf- und aufbaubezogene Organisationsstruktur des Betriebes insgesamt wirtschaftlicher und flexibler zu gestalten.

Bezogen auf das in Abb. 3.2 dargestellte Beispiel einer funktionsorientierten Ablauforganisation zeigt die folgende Abbildung einen Entwurf für eine prozessorientierte Darstellung.

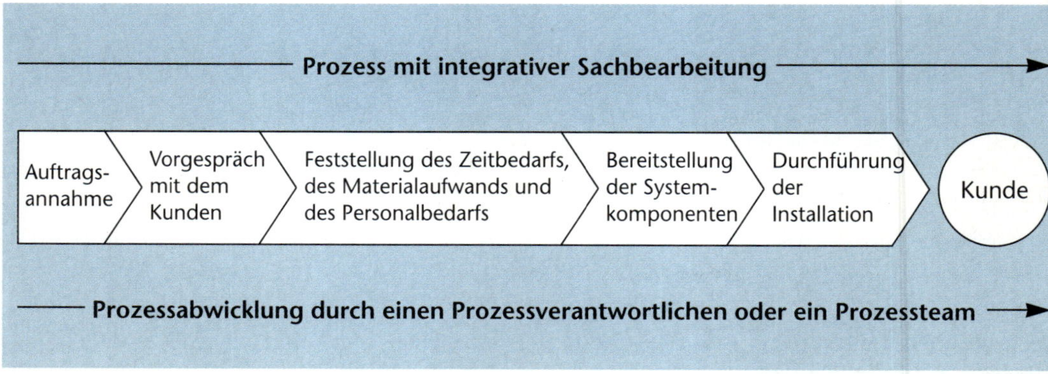

Abb. 3.2 Zusammengefasster Ablauf „Installation eines PC-Systems im Kundenauftrag" als Prozess

Durch den Wegfall unnötiger Transport- und Leerlaufzeiten ergibt sich eine schnellere Durchlaufzeit für den Gesamtablauf dieses Vorgangs. Bei einer hieraus resultierenden Kostensenkung kann der Kunde nicht nur schneller, sondern auch preisgünstiger bedient werden. Die Wettbewerbsfähigkeit des Betriebes wird gestärkt.

■ Funktions- und Prozessorientierung im Vergleich

Vergleicht man die funktionsorientierte Ablauforganisation mit der prozessorientierten, lassen sich folgende Merkmale gegenüberstellen:

funktionsorientierte Organisation	prozessorientierte Organisation
• Zergliederung einzelner Vorgänge in Teilaufgaben	• Zusammenfassung mehrerer Teilaufgaben zu einem integrierten Prozess
• Die Abwicklung der Teilaufgaben steht im Vordergrund	• Der Kunde ist Orientierungspunkt für die Organisation der Prozesse
• Arbeitsteilung, indem mehrere Organisationseinheiten oder Stellen an der Bearbeitung eines Vorgangs beteiligt sind	• Durchgängige, abteilungsübergreifende Bearbeitung eines Vorgangs durch einen Mitarbeiter oder ein Prozessteam
• Mehrstufige Bearbeitung über die betriebliche Rangfolge	• Einstufige, ganzheitliche Bearbeitung mit Befugnissen und Kompetenzen für den gesamten Prozess
• Der einzelne Mitarbeiter ist spezialisiert auf die Bearbeitung einzelner Teilfunktionen (Spezialist)	• Der einzelne Mitarbeiter ist für den ganzheitlichen Vorgang zuständig und verantwortlich (Generalist)

3.1.1 *Ziele der Prozessorientierung*

Wie aus dem vorgestellten Beispiel in Abb. 3.2 hervorgeht, können mithilfe der Prozessorientierung Arbeitsabläufe integrativ und dadurch schneller sowie kostengünstiger abgewickelt werden. Im Einzelnen können folgende Zielsetzungen verfolgt werden:

Ablauforganisatorische Ziele:	• Vereinfachung der Arbeitsabläufe • Entfernen unnötiger Arbeitsschritte • Minimierung der Durchlaufzeiten • Minimierung der Fehlerquote • Verbesserung der Effizienz und Flexibilität
Aufbauorganisatorische Ziele:	• Abbau von tief gegliederten Hierarchien • Dezentralisierung von Organisationsstrukturen • Verbesserung der Teamarbeit • Stärkung der Eigenverantwortung von Stellen • Steigerung der Arbeitsproduktivität
Wirtschaftliche Ziele:	• Kostenminimierung • Verbesserung der Wirtschaftlichkeit • Verbesserung der Wettbewerbsfähigkeit • Stärkung der Marktposition durch Kundenorientierung • Erschließung von Produktivitätspotenzialen
IT-bezogene Ziele:	• Anpassung der IT-Systeme an die Geschäftsprozesse • Bereitstellung von Werkzeugen zur Geschäftsprozessoptimierung • Verbesserung der Informationsversorgung • Erhöhung der Auskunftsqualität • Erhöhung der Transparenz computergestützter Abläufe

3.1.2 Prozessorientierung und Organisationsstruktur

Die Umstrukturierung der Ablauforganisation in Prozesse kann unmittelbar auch Veränderungen für die bestehenden Abteilungen und Stellen nach sich ziehen. Tief gegliederte Abteilungshierarchien (vgl. Abb. 1.6) könnten verflacht oder gar aufgelöst werden. Abteilungen werden nicht mehr durch ihren funktionalen und räumlichen Verantwortungsbereich gebildet, sondern durch zusammengehörige Prozesse. Stellen sind nicht mehr für spezialisierte Aufgaben zuständig, sondern für die integrierte, umfassende Sachbearbeitung.

Auf unser Beispiel, der Fa. Wittekind übertragen, sind folgende organisatorische Änderungen vorstellbar:

- Die Befugnis über die Auftragsannahme überträgt der Geschäftsführer Herr Dr. Toltz dem Mitarbeiter der Serviceabteilung, Herrn Brück. Da es sich um Routineaufgaben handelt, weiß dieser aus Erfahrung, welche Aufträge angenommen werden können und welche nicht. Die Verbindung zur Geschäftsleitung beschränkt sich auf die Behandlung von Sonderaufträgen (z. B. über ein sehr hohes Auftragsvolumen) oder Störungen im Vertragsverhältnis zwischen Kunde und Betrieb.
- Der Mitarbeiter, der den Auftrag angenommen hat, führt das Vorgespräch mit dem Kunden und stimmt mit diesem einen Termin ab. Die Personaleinteilung nimmt nicht mehr die Geschäftsleitung vor. Vielmehr kann der Mitarbeiter der Serviceabteilung selbst nach den Gegebenheiten (Kundenwünsche, Priorität, Lieferfähigkeit) den Installationstermin vereinbaren. Der Prozess wird also abteilungsübergreifend abgewickelt, die Verantwortung dezentralisiert.
- Die Systemkomponenten, die der Servicemitarbeiter benötigt, werden mittels Materialentnahmeschein aus dem Teilelager entnommen. Die Entnahme wird in den PC eingegeben, der Lagerbestand aktualisiert und die Installation vorbereitet.
- Nach erfolgter Installation werden die Abrechnungsdaten mit Angabe der ausgeführten Arbeiten, Zeitnachweise usw. im Computer erfasst und an die Buchhaltung übergeben.
- Mehrere Mitarbeiter können gleiche Geschäftsprozesse parallel zueinander ausführen.

3.1.3 Geschäftsprozesse und IT-Struktur

Die Abwicklung von Sachbearbeiterfunktionen erfolgt heute weitgehend computergestützt. Im vorgestellten Arbeitsablauf der PC-Installation im Kundenauftrag wurden bisher beispielsweise Programme zur Auftragsbearbeitung, Artikelverwaltung und Zeitwirtschaft eingesetzt. Diese wurden von dem jeweiligen Aufgabenträger nach Bedarf genutzt.

Traditionelle Softwareentwicklungen stellen meist die abteilungsbezogene oder funktionsbezogene Programmlösung in den Vordergrund. So wird eine funktionsorientierte Ablauforganisation in der Regel mit isolierten Programmpaketen unterstützt, die jeweils auf die einzelnen Teilaufgaben der jeweiligen Organisationseinheiten zugeschnitten sind.

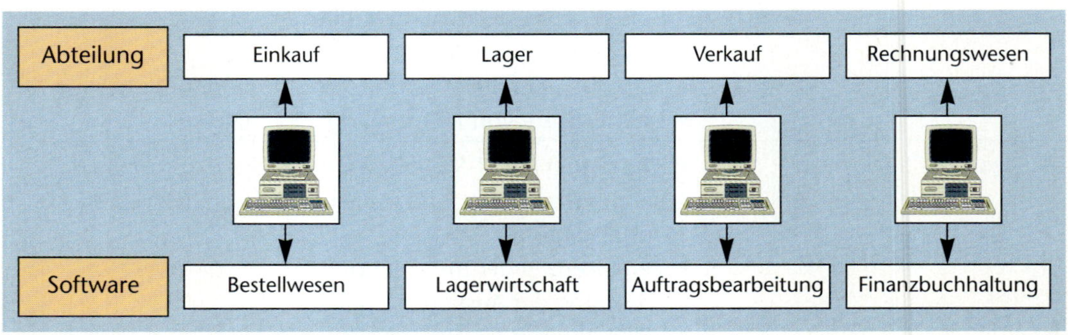

Abb. 3.3 Softwareunterstützung in funktionsorientierter Ablauforganisation

Die Umstellung auf eine prozessorientierte Ablauforganisation beeinhaltet zugleich die Forderung, die IT-Struktur den Prozessen anzupassen. Die Anpassung soll dabei möglichst schnell und wirtschaftlich erfolgen. Für die softwarebezogene Unterstützung bedeutet dies, dass bislang isolierte Programmfunktionen dem Mitarbeiter integrativ bereitgestellt werden müssen, um Brüche in der computergestützten Sachbearbeitung des Prozesses zu vermeiden. Ein integriertes Anwendungssystem soll in der Lage sein, die computergestützten Prozessfunktionen schritthaltend zu unterstützen, wobei dem Sachbearbeiter alle für den jeweiligen Bearbeitungsschritt erforderlichen Informationen vom System bereitzustellen sind.

Die mit der Prozessorientierung erhofften Ziele können daher auch nur mit Unterstützung der Informationsverarbeitung realisiert werden. Voraussetzung für eine optimale IT-Unterstützung ist, dass die Geschäftsprozesse im Rahmen einer **Geschäftsprozessoptimierung (GPO)** zuvor genau festgelegt, analysiert und optimiert worden sind, da Schwachstellen im Prozessablauf durch die zugehörigen Informationssysteme nicht behoben, sondern lediglich abgebildet würden. Nachfolgende Abbildung bezieht sich auf das in Abschnitt 1.1 vorgestellte Beispiel (vgl. Abb. 1.4).

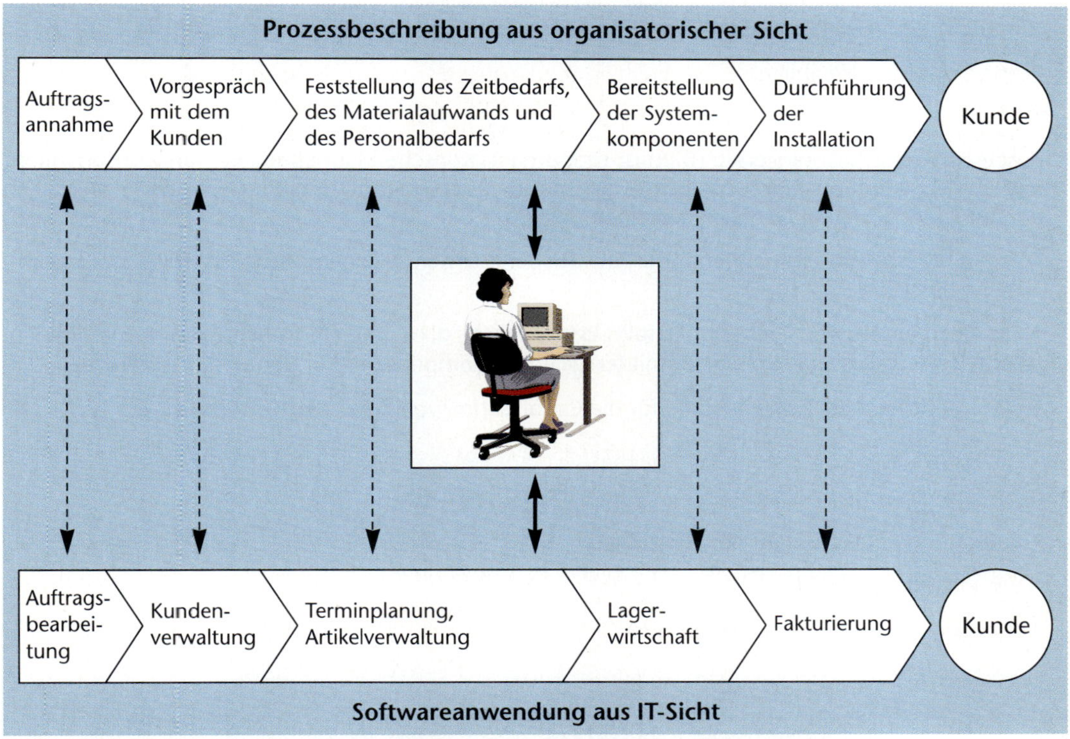

Abb. 3.4 Umsetzung der prozessorientierten Organisationsstruktur auf die Anwendungsebene

Geschäftsprozessoptimierung erfordert aufgrund der beidseitigen Abhängigkeit zwischen der betrieblichen Organisation und der Informationsverarbeitung eine enge Abstimmung dieser Bereiche.

Im Rahmen dieser Abstimmung sind zunächst folgende Fragen zu klären, die für eine Analyse der Geschäftsprozesse von Bedeutung sind:

- An welcher Stelle im Arbeitsablauf beginnt der Prozess?
- An welcher Stelle im Arbeitsablauf endet der Prozess?
- Welches konkrete Ergebnis oder welche Leistung wird am Ende des Prozesses erwartet?
- An welcher Stelle im Prozess gibt es Schnittstellen zu anderen Prozessen?
- Welche IT-Systeme und welche Programme sollen den Prozess unterstützen?

Auf einen Blick

- Eine funktionsorientierte Ablauforganisation ist dadurch gekennzeichnet, dass betriebliche Arbeitsabläufe jeweils:
  - in mehrere einzelne Teilaufgaben zergliedert sind, die
  - in Arbeitsteilung von mehreren Mitarbeitern
  - in mehreren Organisationseinheiten durchgeführt werden.

- Herkömmliche funktionsorientierte Ablauforganisationen können folgende Schwachstellen aufweisen:
  - häufige Unterbrechungen der Arbeitsabläufe durch arbeitsteilige Zergliederung
  - Zeitverzögerungen (unproduktive Transport-, Liege- und Leerlaufzeiten)
  - hoher Koordinierungsaufwand bei Veränderungen im Ablauf
  - unzureichende Flexibilität

- Business-Process-Reengineering (BPR) ist eine organisatorische Maßnahme, die funktionsorientierte Ablauforganisation durch die prozessorientierte zu ersetzen. Der prozessorientierte Ansatz ist durch folgende Merkmale gekennzeichnet:
  - organisatorisch zusammengehörige Teilaufgaben werden zu einem integrierten Prozess zusammengefasst
  - Die Bearbeitung von Prozessen erfolgt ganzheitlich, d. h. abteilungsübergreifend durch einen Mitarbeiter oder ein Prozessteam mit festgelegten Kompetenzen für den gesamten Prozess
  - Der Kunde ist Orientierungspunkt für die Organisation von Prozessen

- Der Prozessorientierung liegen
  - aufbau- und ablauforganisatorische Ziele,
  - wirtschaftliche und
  - IT-bezogene Zielsetzungen zugrunde

- Die mit der Prozessorientierung verknüpften Ziele können nur mit Unterstützung der Informationsverarbeitung realisiert werden. An die Stelle isolierter Programmfunktionen treten integrative Programmfunktionen, die die Bearbeitungsschritte eines Prozesses abbilden.

3.2 Analyse von Prozessen

3.2.1 Prozessdefinition und Prozesselemente

■ Was ist ein Prozess?

Die Beantwortung der vorliegenden Fragen erfordert eine nähere Betrachtung des Prozessbegriffes, der über das in Kapitel 3.1 beschriebene Prozessverständnis hinausgeht.

Ein Prozess ist eine zusammenhängende, logische Folge von Bearbeitungsschritten, die durch ein Ereignis (Input) eingeleitet wird und zu einem bewertbaren, kundenbezogenen Ergebnis (Output) führt.

Prozesse werden durch Inputs, die einem bestimmten Objekt zugeordnet sind, in Gang gesetzt. Ein Input kann ein Ereignis, eine Entscheidung oder auch der Output eines vorgelagerten Prozesses sein. Auf unser Eingangsbeispiel „Installation eines IT-Systems im Kundenauftrag" übertragen, ist der Kunde als Auftraggeber das zugehörige Objekt, sein im Systemhaus eingegangener Auftrag der Input, der den Prozess der Installationsabwicklung auslöst. Diese Prozessfunktion umfasst alle Bearbeitungsschritte (Teilfunktionen, Aktivitäten), die erforderlich sind, um das kundenbezogene Ergebnis zu erreichen. Das für den Kunden installierte IT-System stellt das für diesen Prozess angestrebte Ergebnisereignis dar, bildet also den Output des Prozesses. Der Output bzw. das Ergebnisereignis ist einem Objekt zugeordnet, hier dem Kunden.

Der Output ist zu bewerten, d. h. das Ergebnis ist in Form einer nachprüfbaren oder eindeutig messbaren Leistung zu erbringen oder muss einen Wert bzw. einen Nutzen für den Kunden darstellen (z. B. erfolgte Installation mit Überprüfung der Betriebsbereitschaft). Als Kunde ist nicht nur der private Verbraucher zu verstehen, sondern im erweiterten Sinne alle, die aus dem betrachteten Prozess eine Leistung empfangen (Leistungsempfänger). Dies können Personen oder Organisationseinheiten (Abteilungen, Betriebe) sein. Der Wert des Outputs hängt in unserem Beispiel davon ab, inwieweit die Bedürfnisse und Erwartungen des Kunden durch die erfolgte Installation befriedigt werden konnten.

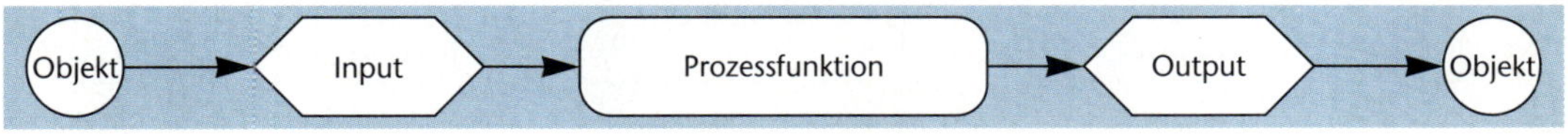

Abb. 3.5 Grundelemente im Prozessablauf

3.2.2 Geschäftsprozessmodell

Jeder Prozess trägt im Rahmen der Unternehmensstrategie zur Realisierung bestimmter betrieblicher Ziele bei (vgl. Abschnitt 3.1.1). Dies können Teilziele sein, die sich direkt auf einzelne Prozesse beziehen oder auch übergeordnete Ziele, die sich auf einen Prozess in der gesamten Wertschöpfungskette zwischen Beschaffung und Absatz, im gesamten Unternehmen oder zwischen Unternehmen beziehen. Die folgende Abbildung zeigt eine beispielhafte Darstellung von Zielsetzungen für Prozessfunktionen nach der Notation von Scheer.

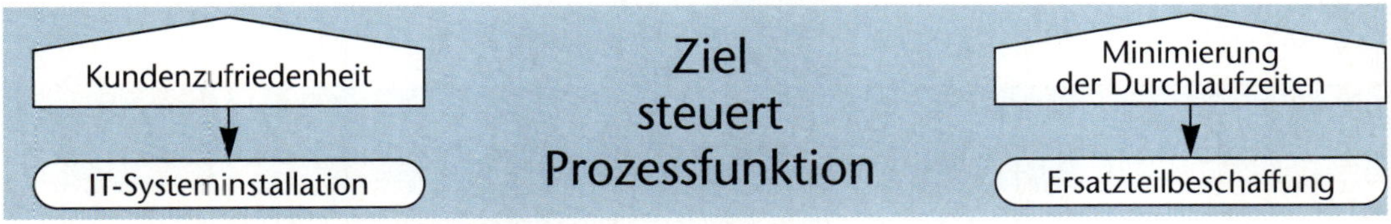

Abb. 3.6 Zuordnung von Zielsetzungen für Prozessfunktionen

Die beschriebene Zielsetzung stellt zugleich die Vorgabe für die Steuerung und Durchführung des Prozesses dar, welcher in der Verantwortung einer bestimmten Organisationseinheit (Prozessteam, Abteilung) liegt. Innerhalb dieser Organisationseinheit können auch die für den Prozess zuständigen Sachbearbeiter festgelegt werden, die ihre menschliche Arbeitsleistung in den Prozess einbringen.

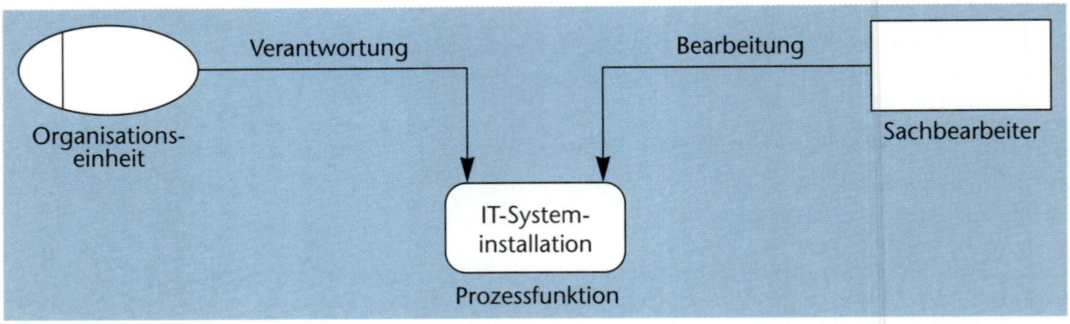

Abb. 3.7 Zuordnung von Organisationseinheit und menschlicher Arbeitsleistung zur Prozessfunktion

Auf unser Eingangsbeispiel übertragen, kann für den Geschäftsprozess der Installation eines IT-Systems im Kundenauftrag folgendes Modell beschrieben werden.

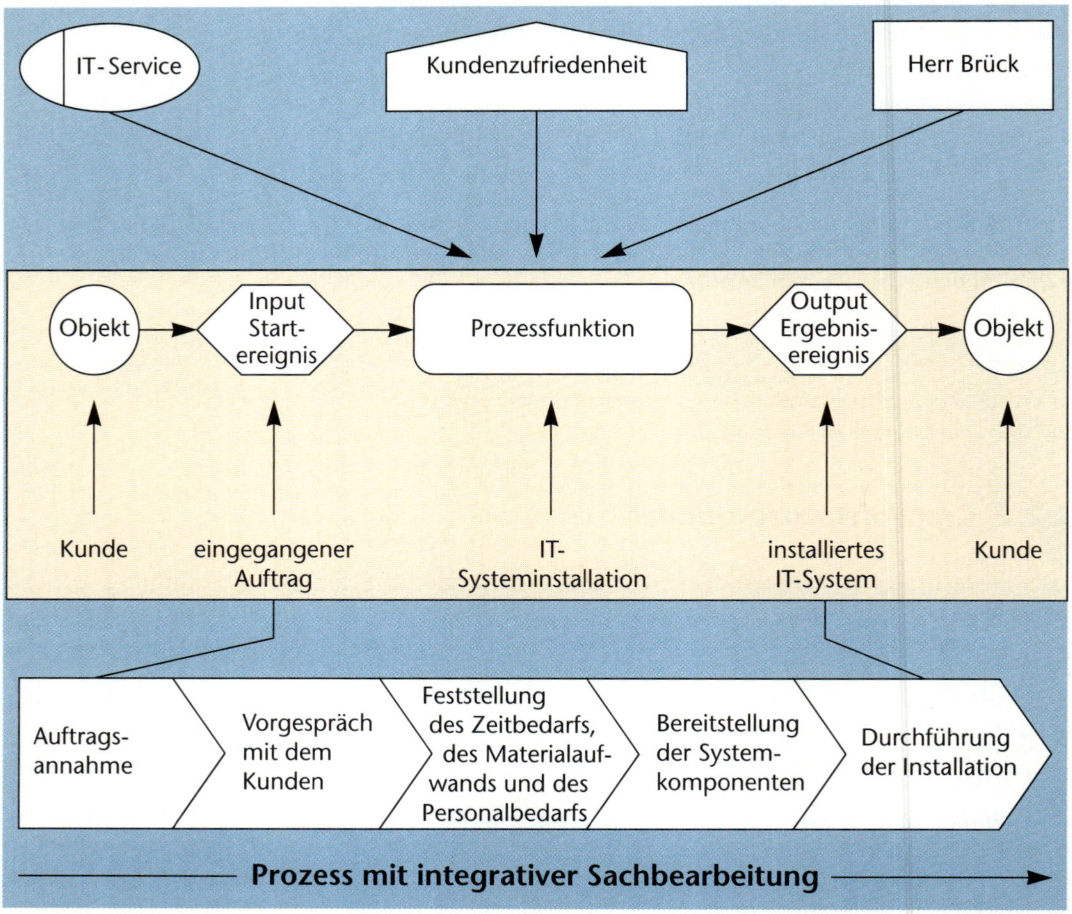

Abb. 3.8 Modell des Geschäftsprozesses „Installation eines IT-Systems im Kundenauftrag" in Anlehnung an die Notation von Scheer

Prozesse sind durch folgende Eigenschaften gekennzeichnet:

- Es gibt einen Input als Auslöser und einen Output als Ergebnis, das einen bewertbaren Nutzen für den Kunden darstellt
- Jeder Prozess besteht aus einer Folge von zusammengehörigen Bearbeitungsschritten bzw. Teilfunktionen. Diese können Schnittstellen zu benachbarten Prozessen aufweisen
- Der Prozess bildet routinemäßig anfallende, wiederholbare Standardabläufe ab, wobei auch der Einsatz der Ressourcen (Personal, Sachmittel, PC-Unterstützung) standardisiert und reproduzierbar ist
- Jeder Prozess wird durch eine Zielsetzung gesteuert und durch Sachbearbeiter ausgeführt. Diese sind bestimmten Organisationseinheiten bzw. Prozessteams zugeordnet, die die Verantwortung für den Prozess tragen
- Die einzelnen Prozesse sind abteilungsübergreifend zu betrachten. Sie beeinflussen die Organisationsstruktur des Betriebes und nicht umgekehrt.

Beispiele für Prozesse

Je nach Branche oder Sparte lassen sich unterschiedliche Prozesse beschreiben. Die folgende Abbildung enthält Beispiele für Prozesse aus unterschiedlichen Bereichen.

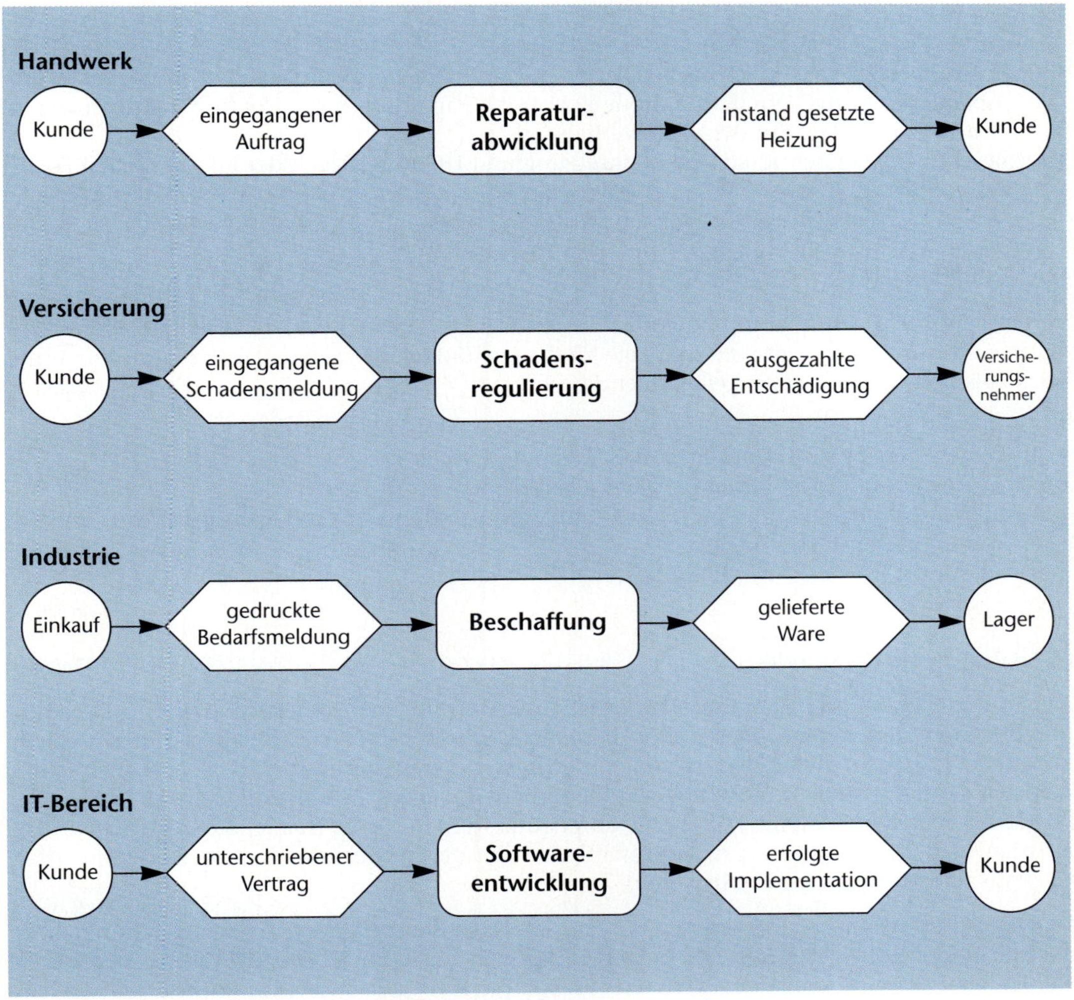

Abb. 3.9 Beispiele für Prozesse aus unterschiedlichen Branchen

3.2.3 Ablauf der Prozessanalyse

■ Festlegung der Prozesse und deren Reihenfolge

Im Rahmen einer Geschäftsprozessoptimierung sind im ersten Schritt die vorhandenen Prozesse zu bestimmen sowie die Reihenfolge für deren Analyse und Gestaltung festzulegen. Die Maßnahmen des Business-Process-Reengineering können entweder auf eine radikale Reorganisation aller Geschäftsprozesse gerichtet sein (**Komplett-BPR**) oder sich auf einzelne ausgewählte Prozesse (Kernprozesse, Grundprozesse) beziehen, von denen man sich die größten Vorteile verspricht (**Teil-BPR**). Wichtige Kriterien bei der Auswahl der Prozesse sind beispielsweise

- der Wertschöpfungsbeitrag eines Prozesses für den Betrieb. Damit sind alle Aspekte angesprochen, die die Wirtschaftlichkeit des Betriebes entscheidend verbessern können und zwar hinsichtlich Optimierung von Arbeitsabläufen, Minimierung von Transport- und Liegezeiten, Reduktion von Durchlaufzeiten und Kosten, Unterstützung von Prozessen durch die Informationsverarbeitung
- Grad der Standardisierung und Häufigkeit der Prozesse
- der Beitrag, den ein Prozess zur Verbesserung der Wettbewerbssituation leisten kann. Vorrangig sind hier die Prozesse zu betrachten, die durch eine verbesserte Produkt- und Leistungsqualität oder durch eine höhere Kundenorientierung die Wettbewerbsposition des Betriebes entscheidend stärken können. Hinweise können sich aus Markt- und Wettbewerbsanalysen ergeben.
- erkannte organisatorische Schwachstellen in bestehenden Prozessen, z. B. fehlende Transparenz der Abläufe, unnötige Doppelfunktionen, zu hohe Papierflut, mangelhafte Strukturierung in der Bearbeitungsfolge, Kundenbeschwerden
- Erfolgschancen bei der praktischen Umsetzung und Übertragbarkeit der Ergebnisse auf Folgeprozesse.

■ Modellierung des IST-Zustandes

Der ausgewählte Prozess ist in seinem IST-Zustand zu beschreiben und darzustellen. Dieses Modell des IST-Zustandes dient als Grundlage für die nachfolgende Analyse. Die Bestandsaufnahme kann beispielsweise Auskunft geben über die

- Haupt- und Teilfunktionen in bestehenden Arbeitsabläufen (Funktionssicht)
- am Prozess beteiligten Organisationseinheiten und Sachbearbeiter (Organisationssicht)
- für die Bearbeitung erforderlichen Daten (Datensicht)
- vorhandene Unterstützung durch Hard- und Software (Ressourcen der Informations- und Telekommunikationstechnologie)
- Kosten für die Abwicklung von Funktionen

■ Analyse des IST-Zustandes

Anhand der Bestandsaufnahme kann der IST-Zustand nun nach prozessorientierten Gesichtspunkten analysiert werden. Die Analyse dient dazu, Schwachstellen und Verbesserungsmöglichkeiten, aber auch Schnittstellen zu anderen Prozessen herauszufinden und zu dokumentieren. Zugleich kann die Analyse Aufschluss darüber geben, inwieweit Bearbeitungsschritte noch nicht oder nur unzureichend durch IT-Systeme unterstützt werden. Daher ist auch der Bedarf an IT-Unterstützung der jeweiligen Organisationseinheiten für die Abwicklung der ihnen zugewiesenen Prozesse zu bestimmen und zu bewerten.

Der Kommunikationsbedarf zwischen den an den Prozessen beteiligten Systemelementen, aber auch Kundenbeschwerden und -erwartungen können im Rahmen der IST-Analyse untersucht werden. Auf der Grundlage der erfolgten IST-Analyse kann ein Anforderungsprofil für die darauffolgende Gestaltung des Prozesses erstellt werden.

3.2.4 Analyse eines Absatzprozesses

Das IT-Systemhaus hat in der Wittekind GmbH den bisher funktionsorientierten Ablauf der Auftragsabwicklung für die geplante Umstellung auf Geschäftsprozesse ausgewählt und den IST-Zustand in folgendem Modell dargestellt:

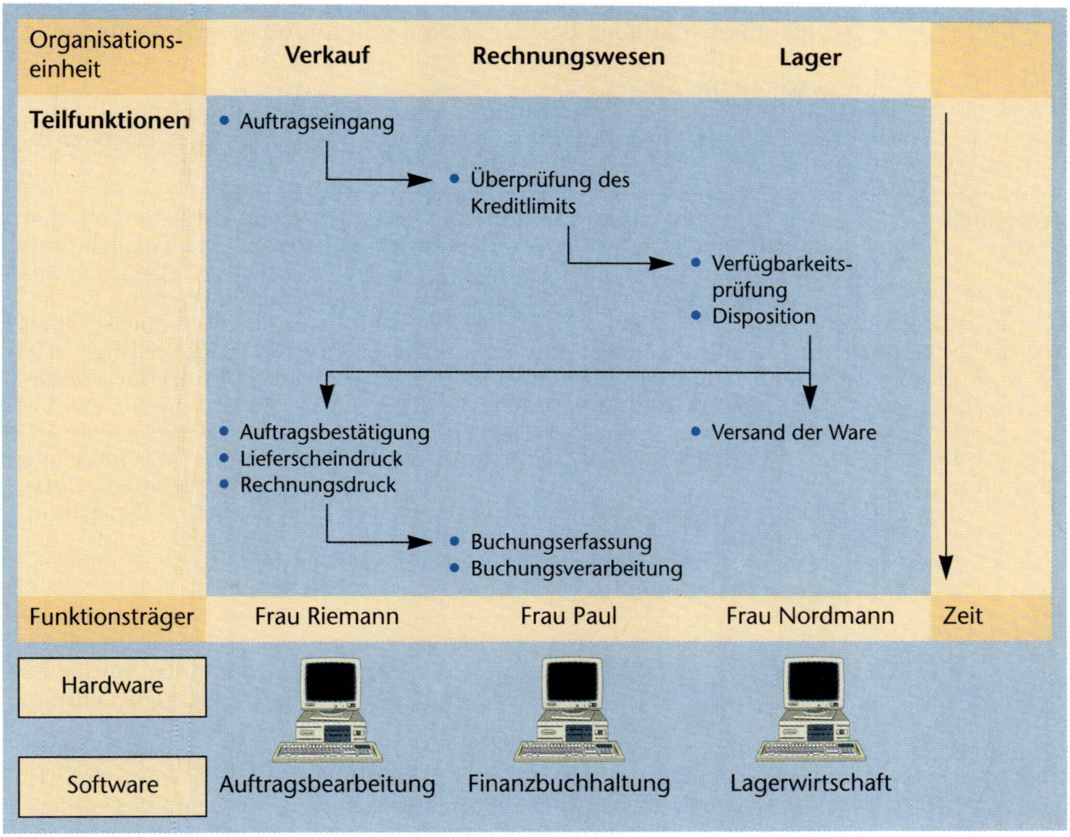

Abb. 3.10 Modellierung der funktionsorientierten Auftragsabwicklung im IST-Zustand

Die Ergebnisse der Analyse des IST-Zustandes sind in folgender Tabelle verkürzt zusammengefasst:

Element	Ergebnisse
Funktionen	Die Auftragsabwicklung gliedert sich in zu viele einzelne Teilfunktionen, die auf drei Organisationseinheiten verteilt sind. Der gesamte Arbeitsablauf in der Auftragsbearbeitung wird dabei mehrfach unterbrochen. Es kann auch vorkommen, dass mehrere Organisationseinheiten parallel mit dem Auftrag eines bestimmten Kunden beschäftigt sind und Informationen wechselseitig ausgetauscht werden müssen. Die Koordinierung der Teilfunktionen ist zeit- und kostenintensiv. Es gibt bislang noch keine Internet-Schnittstelle für den Auftragseingang. Die Aufträge gehen auf traditionellem Wege entweder per Post, Fax oder Telefon ein.

Die Ergebnisse der Analyse des IST-Zustandes sind in folgender Tabelle verkürzt zusammengefasst:

Element	Ergebnisse
Funktionen	Die Auftragsabwicklung gliedert sich in zu viele einzelne Teilfunktionen, die auf drei Organisationseinheitn verteilt sind. Der gesamte Arbeitsablauf in der Auftragsbearbeitung wird dabei mehrfach unterbrochen. Es kann auch vorkommen, dass mehrere Organisationseinheiten parallel mit dem Auftrag eines bestimmten Kunden beschäftigt sind und Informationen wechselseitig ausgetauscht werden müssen. Die Koordinierung der Teilfunktionen ist zeit- und kostenintensiv. Es gibt bislang noch keine Internet-Schnittstelle für den Auftragseingang. Die Aufträge gehen auf traditionellem Wege entweder per Post, Fax oder Telefon ein.
Aufgabenträger	An der Auftragsabwicklung wirken drei Mitarbeiter mit. Diese sind auf den isolierten Teilausschnitt der Auftragsabwicklung spezialisiert. Folglich fehlt die Identifikation mit der Gesamtaufgabe. Die Mitarbeiter müssen sich immer wieder in neue Vorgänge hineindenken oder bei auftretenden Problemen andere Mitarbeiter befragen. Teilweise geben die Mitarbeiter auch schriftliche Bearbeitungshinweise für die nachfolgende Bearbeitung, z. B. „Eilt sehr". Die Hinweise werden im Belegstapel vom nachfolgenden Mitarbeiter jedoch nicht immer sofort erkannt.
Organisationseinheiten	An der Auftragsabwicklung sind drei Organisationeinheiten beteiligt. Diese liegen räumlich nicht beieinander, sodass Belege zunächst gesammelt und dann an die entsprechende Abteilung weitergeleitet werden. Außerdem ist die Unterhaltung der Abteilung mit mehrfach vorzusehenden Geräten der Informations- und Telekommunikationstechnik (z. B. PC-Systeme, Drucker, Fax) sehr kostenintensiv.
Zeit	Die Bearbeitung der Auftragsabwicklung nimmt bis zur Rechnungsschreibung einen Arbeitstag in Anspruch. Die Durchlaufzeit für einen Auftrag ist entschieden zu lang, die Kundenorientierung dadurch nicht in dem gewünschten Maße gewährleistet. Der Versand der Rechnungen erfolgt zusammen mit der versandfertigen Ware am Folgetag, ebenso die Buchung. Durch die Unterbrechungen im Arbeitsablauf entstehen unproduktive Transportzeiten und Leerlaufzeiten. Teilweise ergeben sich auch Liegezeiten, da Belege nicht unverzüglich weitergeleitet werden und zwischendurch auch andere Aufgaben in den Abteilungen zu erledigen sind. Daher ergibt sich eine hohe Verweildauer innerhalb des Ablaufes. Häufig notwendige Absprachen zwischen den Aufgabenträgern zwecks Klärung von strittigen Sachverhalten erfordern zusätzlichen Zeitaufwand.
Kosten	Verursacht durch Zeitverluste und unnötigen Schreib- und Ablageaufwand sind die Kosten pro Bearbeitungsvorgang zu hoch. Hinzu kommen nicht unerhebliche Raumkosten, sowie Kosten für die Informationstechnik, die jede Organisationseinheit gesondert für sich einfordert.
IT-Systeme	Es sind zwar vernetzte IT-Systeme vorhanden, wobei jede Abteilung mit funktionsorientierten Einzelprogrammen arbeitet, die die Einzelaufgaben der jeweiligen Abteilung unterstützen. Zwar besteht die Möglichkeit, auch auf andere Programme zuzugreifen, jedoch müssten die Mitarbeiter immer wieder in das Ausgangsmenü zurückkehren, um Programme aus anderen Sachgebieten aufrufen zu können. Häufig kommt es zu Zugriffsbeschränkungen im Netzbetrieb, wenn mehrere Anwender auf die gleiche Datei oder einen bestimmten Datensatz zeitgleich zugreifen wollen. Die vorhandene Hard- und Software verfügt noch nicht über geeignete Schnittstellen für ein internetbasiertes E-Commerce. Diese sind bei der Planung des zukünftigen Systems zu berücksichtigen.

3.2.5 Anforderungsprofil

Vor dem Hintergrund der Marktsituation für die Wittekind GmbH (vgl. Kap. 2.1), der gestiegenen Kundenerwartungen sowie der unwirtschaftlichen Ablauforganisation werden mit der Umgestaltung der Auftragsabwicklung folgende organisatorischen und IT-bezogenen Anforderungen gestellt:

- Zusammenlegung der bislang zergliederten Teilfunktionen zu einem integrativen Prozess, für den jeweils ein Mitarbeiter vom Auftragseingang bis zum Zahlungseingang durchgängig verantwortlich ist.
- Die Organisationsstruktur soll sich abteilungsübergreifend nach Prozessen ausrichten, sodass die bisherige hierarchisch gegliederte Abteilungsstruktur aufgegeben werden kann.
- Die Bearbeitungszeit pro Auftrag ist zu reduzieren, um die Kunden schneller und termingerecht bedienen zu können. Die Steigerungsrate der zu bearbeitenden Aufträge wird mit 30% angesetzt.
- Durch Beschaffung neuer Hardware- und prozessunterstützender Software soll die Qualität der Auftragsabwicklung erheblich gesteigert werden. Die Anzahl der Kundenbeschwerden muss reduziert werden, um die Kundenbindung sicherzustellen bzw. zu erhöhen.
- Die einzusetzende Software soll über Internet-Schnittstellen verfügen, d.h. sie muss die Einrichtung eines Portals mit Einstellung eines Web-Shops für das Sortiment unterstützen und eine Übernahme der über das Internet eingehenden Auftragsdaten in die softwaregestützte Auftragsbearbeitung sicherstellen.
- Aufgrund der hohen Investitionen soll eine Amortisationsdauer von 2,5 Jahren angestrebt werden. Dies soll über Einsparungen bei den Raum- und Materialkosten und über erwartete Produktivitätssteigerungen von mindestens 80 Tausend Euro/Jahr erreicht werden.

Auf einen Blick

▷ Ein Prozess ist eine zusammenhängende, logische Folge von Bearbeitungsschritten, die durch ein Ereignis eingeleitet wird und zu einem bewertbaren, kundenbezogenen Ergebnis führt. Ein Prozess bildet wiederholbare Standardabläufe ab, die auch mit ihrem Ressourceneinsatz reproduzierbar sind.

▷ Die Prozessorientierung verfolgt die Optimierung der betrieblichen Arbeitsabläufe mit Blick auf die gesamte Wertschöpfungskette zwischen Beschaffung und Absatz sowie auf die Geschäftsprozesse zwischen Unternehmen bzw. Institutionen. Prozesse werden über die ihr zugewiesenen Zielsetzungen gesteuert.

▷ Die Verantwortung für den Prozess liegt bei der zugehörigen Organisationseinheit bzw. bei dem Prozessteam.

▷ Im Rahmen einer Prozessanalyse ist zu entscheiden:

- welche Prozesse nach welchen Auswahlkriterien auszuwählen und zu analysieren sind
- in welcher Reihenfolge und mit welcher Priorität die Prozesse untersucht werden sollen
- welche BPR-Strategie zum Einsatz kommt: ein Komplett BPR mit einer radikalen Reorganisation aller Geschäftsprozesse oder ein Teil-BPR, beschränkt auf bestimmte Kern- bzw. Grundprozesse

▷ Grundlage für die Analyse eines Prozesses ist die Modellierung des IST-Zustandes
Für die Modellierung eignen sich entsprechende Diagramme oder Werkzeuge.

▷ Der IST-Zustand ist nach prozessorientierten Gesichtspunkten zu analysieren.
Die in der Prozessanalyse gewonnenen Ergebnisse sind zu dokumentieren.

▷ Die in der Prozessanalyse gewonnenen Ergebnisse und Erkenntnisse fließen in ein Anforderungsprofil für die Gestaltung der ausgewählten Prozesse ein.

3.3 Organisatorische Modellierung von Prozessen

3.3.1 Geschäftsprozessmodellierung

■ Entwicklung eines Geschäftsprozessmodells am Beispiel der Auftragsabwicklung

Auf der Grundlage des Anforderungsprofils sollen in der Wittekind GmbH zukünftig alle zur Auftragsabwicklung gehörigen Bearbeitungsschritte zu einem Prozess zusammengefasst werden. Der Kundenauftrag wird durchgängig von der Überprüfung des Kreditlimits bis zur Prüfung des Zahlungseingangs abteilungsübergreifend bearbeitet.

Ziel ist es, die Durchlaufzeiten zu minimieren und die Kundenzufriedenheit über eine verbesserte Ablauforganisation zu erhöhen. Die Verantwortung für diesen Prozess wird dem Absatzteam übertragen, bestehend aus den Mitarbeiterinnen Frau Nordmann und Frau Riemann.

Auslöser für diesen Prozess ist der eingegangene Kundenauftrag. Dieser Input kann in der Wittekind GmbH

- schriftlich über den Posteingang,
- schriftlich per Fax,
- telefonisch oder über
- E-Mail-Eingang erfolgen.

Der Kundenauftrag ist letztlich erst dann für den Betrieb von Wert, wenn die erbrachte betriebliche Leistung durch die Zahlung des Kunden verrechnet werden kann. Aus diesen Informationen ergibt sich folgendes Grundmodell für die Gestaltung des Geschäftsprozesses der Auftragsbearbeitung.

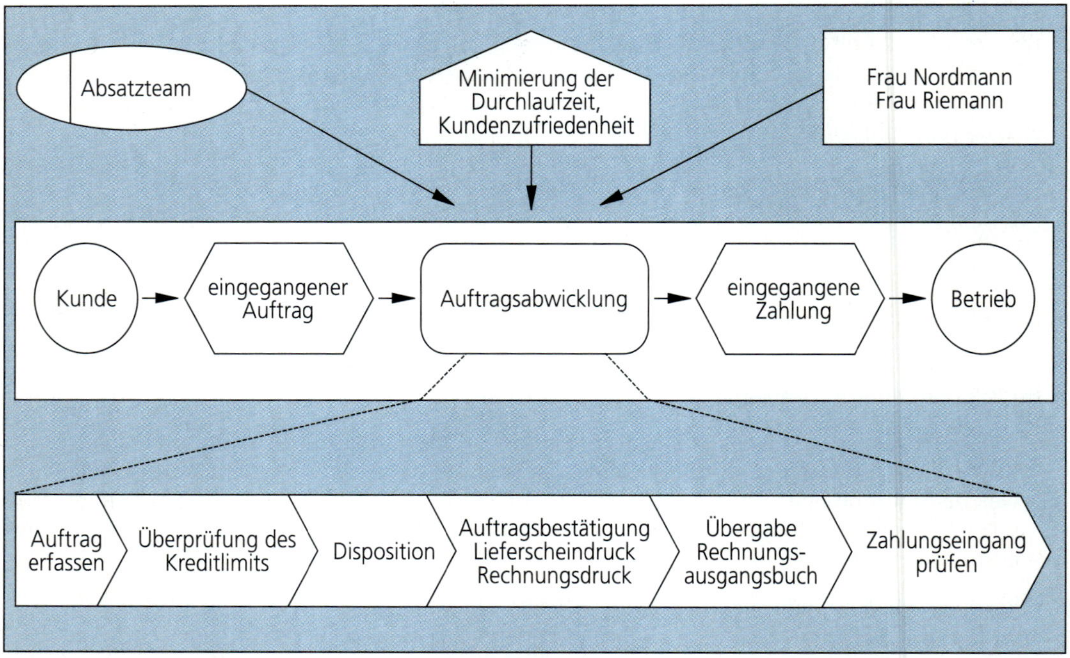

Abb. 3.11 Modell des Geschäftsprozesses „Auftragsabwicklung"

3.3.2 Modellierung der Prozessstruktur

Wie aus der Abb. 3.11 zu ersehen ist, umfasst jede Prozessfunktion mehrere Teilfunktionen, die in einer linearen Folge abgearbeitet werden, bis das kundenbezogene Ergebnis am Ende des jeweiligen Prozesses erreicht ist. Jede Teilfunktion lässt sich ihrerseits wiederum in einzelne Bearbeitungsschritte untergliedern, wobei Teilfunktionen und Bearbeitungsschritte in einer zeitlichen und logischen Beziehung zueinander stehen. Durch die zeitliche und logische Verknüpfung der einzelnen Bearbeitungsschritte und Teilfunktionen ergibt sich eine **ereignisgesteuerte Prozesskette (EPK)**, die die **operative Prozessstruktur** darstellt. Hierbei ist zwischen

- Kette bzw. Folgestruktur und
- Verzweigungsstruktur

zu unterscheiden.

Bei der Kette werden logisch aufeinander folgende Prozessschritte ohne eine Verzweigung miteinander verknüpft. Die Bearbeitung der Schritte erfolgt nacheinander. Die Anordnung der Prozessschritte ist vergleichbar mit der Sequenz bzw. der linearen Struktur bei der Entwicklung von Algorithmen in der Softwareentwicklung.

Beispiel für eine Kette:

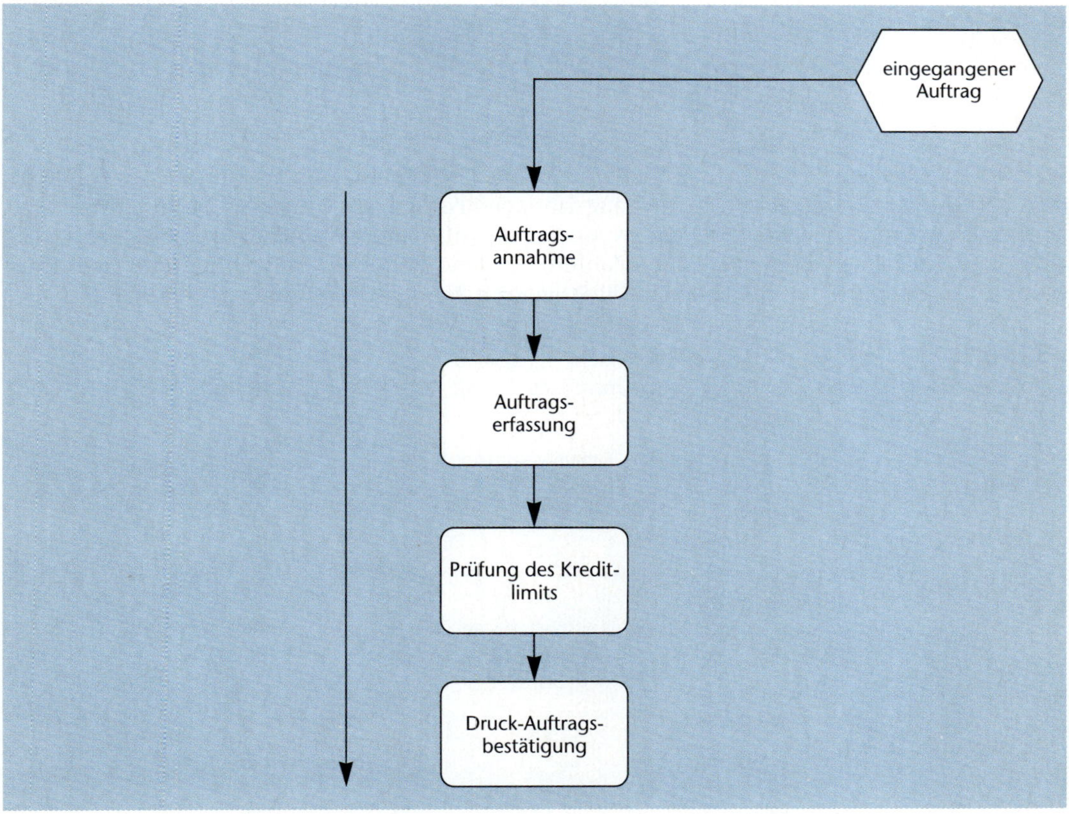

Abb. 3.12 Folgestruktur im Prozessablauf

Eine Verzweigung in der Prozessstruktur kann über die Verzweigungs- bzw. Verknüpfungsoperatoren UND / ODER erfolgen.

Eine UND-Verzweigung führt zu zwei oder mehr Prozessschritten, die **parallel** zueinander abgearbeitet werden sollen. Wie aus der folgenden Darstellung hervorgeht, kann die Überprüfung des Kreditlimits als auch die Prüfung der Verfügbarkeit parallel zueinander abgewickelt werden. Die parallel laufende Bearbeitung von Teilfunktionen kann sich zugleich auch auf die Stellenbildung auswirken, da zu einem bestimmten Zeitpunkt sich ein Mitarbeiter auch nur einer Teilaufgabe des Prozesses widmen kann. UND-Verzweigungen können zu einer UND-Verknüpfung an einer anderen Stelle im Prozessablauf führen.

Beispiel für eine UND-Verzweigung:

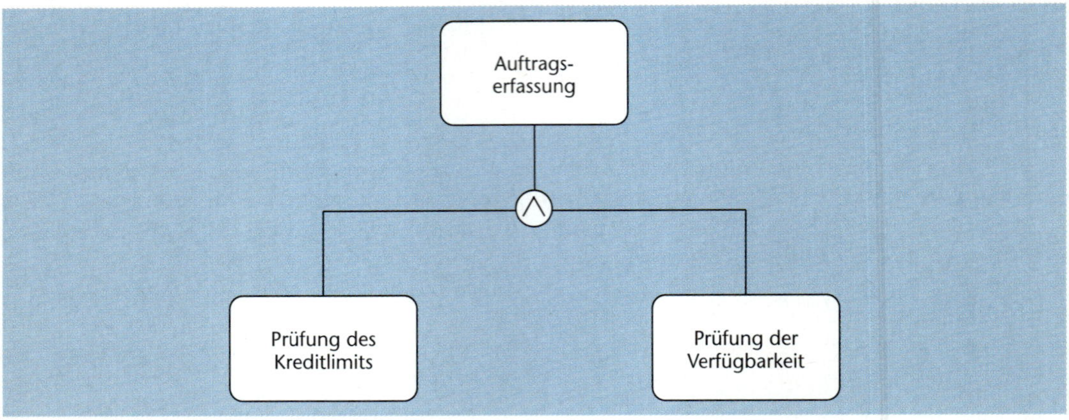

Abb. 3.13 UND-Verzweigung im Prozessablauf

Die ODER-Verzweigung führt zu zwei oder mehr Prozessschritten, die aufgrund eines vorausgehenden Bearbeitungsschrittes mit einer zugehörigen Bedingung **alternativ** abgearbeitet werden können. So wird beispielsweise zu einem Auftrag geprüft, ob der Kunde fristgerecht gezahlt hat oder nicht. Im Falle einer fristgerechten Zahlung wird die sachliche und rechnerische Richtigkeit geprüft. Hat der Kunde nach Fristablauf nicht gezahlt, wird eine Mahnung geschrieben.

Beispiel für eine ODER-Verzweigung:

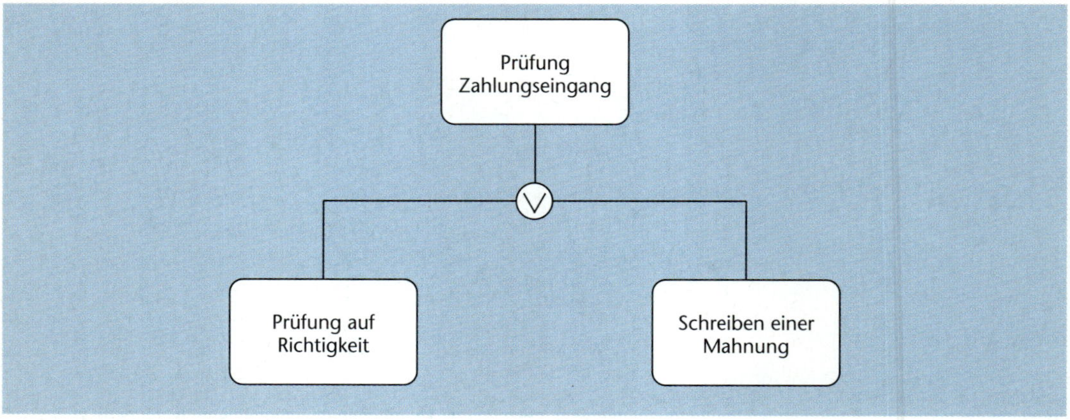

Abb. 3.14 ODER-Verzweigung im Prozessablauf

Bei ODER-Verzweigungen ist zu unterscheiden zwischen den Verknüpfungsoperatoren

- exklusives ODER (XOR), entweder der eine oder der andere Bearbeitungsschritt folgt
- inklusives ODER (OR), entweder der eine Bearbeitungsschritt oder alle direkt auf die Verzweigung folgenden Schritte werden bearbeitet.

Die nachfolgende Abbildung zeigt einen ersten Entwurf einer ereignisgesteuerten Prozesskette zur Auftragsabwicklung in der Wittekind GmbH.

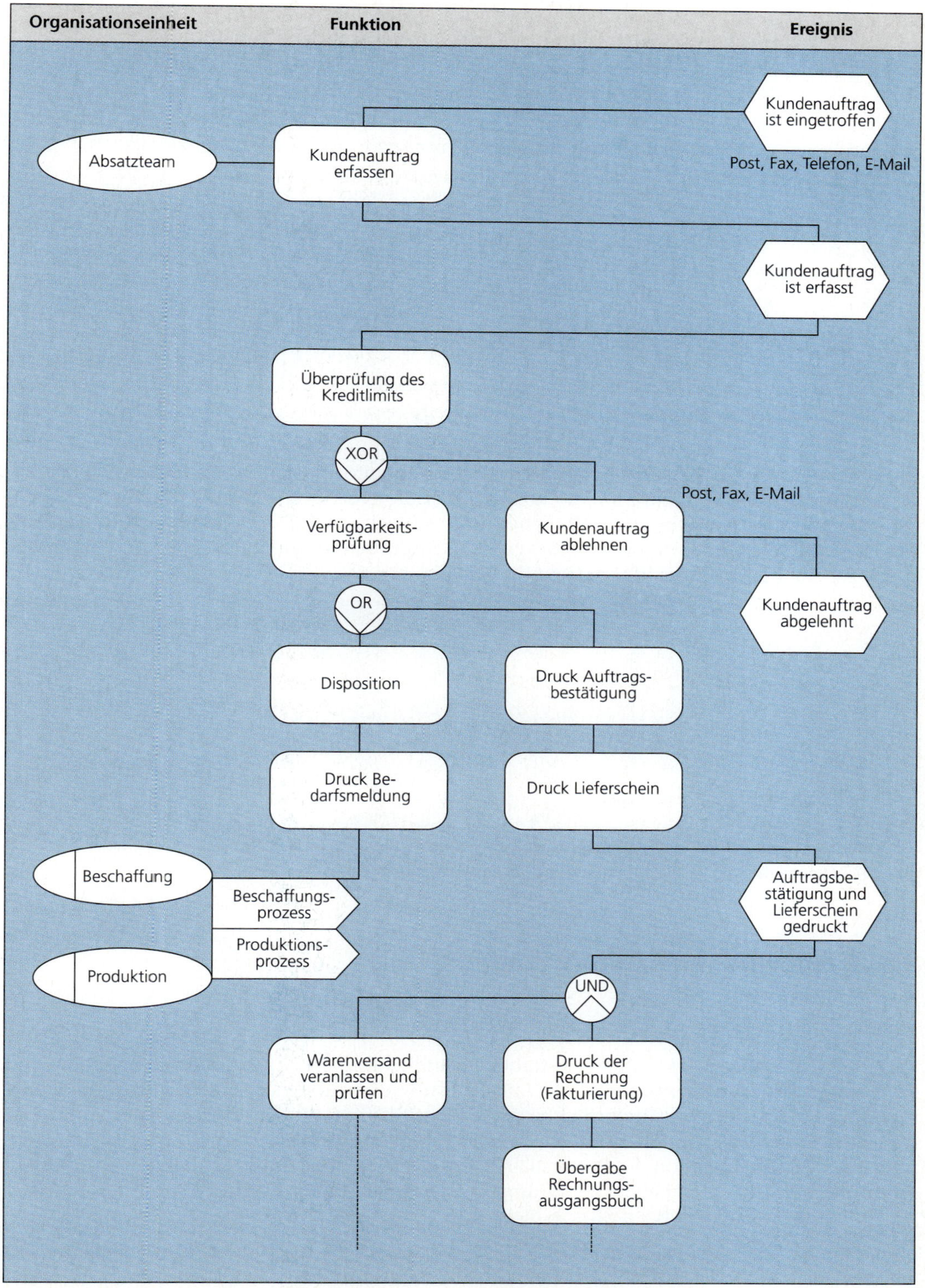

Abb. 3.15 Modellierungsansatz zur ereignisgesteuerten Prozesskette „Auftragsabwicklung"

■ Schnittstellen

Bei der Gestaltung von Prozessen ist nicht nur der einzelne Prozess isoliert zu betrachten, sondern auch dessen Einbindung in die gesamte Ablauf- bzw. Prozessstruktur des Betriebes. Auf unser Beispiel bezogen können begleitend zur Auftragsabwicklung der Beschaffungsprozess, der Produktionsprozess und Querschnittsfunktionen des Rechnungswesen/Controlling berücksichtigt werden. Ergibt die Prüfung des Zahlungseingangs einen Zahlungsverzug, so kann dieser das auslösende Ereignis bzw. der Input für den sich anschließenden Mahnprozess sein.

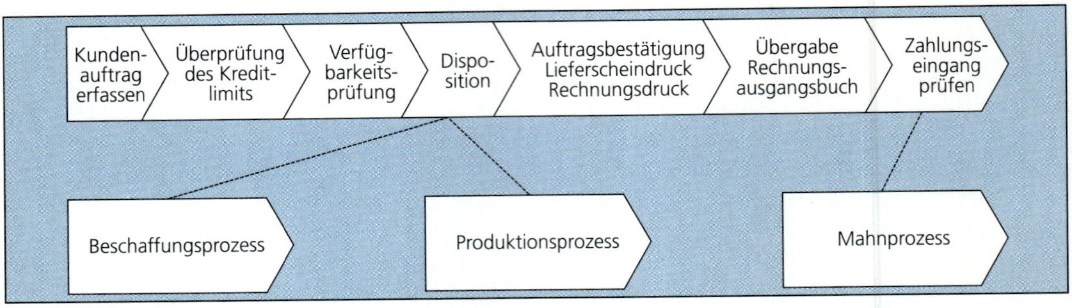

Abb. 3.16 Auftragsabwicklung mit beispielhaften Schnittstellen zu benachbarten Prozessen

Die geplante Umstrukturierung in der betrieblichen Ablauforganisation führt auch zu Veränderungen in der Aufbauorganisation. So können über die Prozessorientierung bislang tief gegliederte Organisationsstrukturen aufgebrochen und verflacht werden. Die Modellierung der Aufbauorganisation in der Wittekind GmbH geht aus folgendem Organigramm hervor, das im Vergleich zur Abb. 1.6 nun aus Prozessteams besteht.

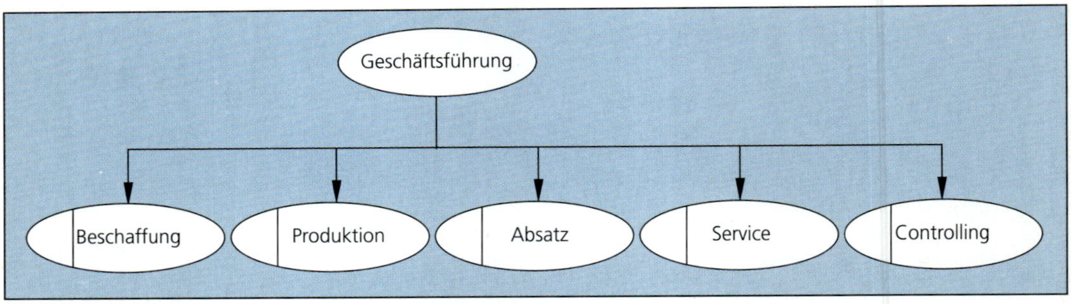

Abb. 3.17 Organigramm nach Umstellung auf die Prozessorientierung

3.3.3 Personal- und Zeitplanung

■ Personalplanung

Eingehende Aufträge werden auf die Mitarbeiter verteilt, die diesen Prozess bearbeiten. Diese sind im Gegensatz zur funktionsorientierten Ablauforganisation für den gesamten Prozess und auch für das Prozessergebnis verantwortlich, was die Identifikation mit dem zugewiesenen Aufgabenbereich erhöht. Das bedeutet aber auch, dass sich aufgrund der Aufgabenbreite höhere Anforderungen an die Qualifikation des Personal ergeben. Gezielte Einweisung, Schulung und Mitarbeiterfortbildung sind daher bei der Gestaltung von Prozessen mit einzuplanen.

Spitzenbelastungen können auf alle Mitarbeiter verteilt, Vertretungen bei Krankheit oder Urlaub ohne Qualitätseinbußen geregelt werden, da jeder Mitarbeiter mit dem Prozess gleichermaßen vertraut ist. Somit kann die prozessorientierte Organisation flexibler auf Veränderungen reagieren.

Auftragsabwicklung	Vorgang 1	Vorgang 2	Vorgang 3 … n
Input	Auftragseingang	Auftragseingang	Auftragseingang
1. Bearbeitungsschritt	Kundenauftrag erfassen	Kundenauftrag erfassen	Kundenauftrag erfassen
2. Bearbeitungsschritt	Überprüfung des Kreditlimits	Überprüfung des Kreditlimits	Überprüfung des Kreditlimits
3. Bearbeitungsschritt	Verfügbarkeits-prüfung	Verfügbarkeits-prüfung	Verfügbarkeits-prüfung
4. Bearbeitungsschritt	Disposition	Disposition	Disposition
5. Bearbeitungsschritt	Auftragsbestätigung Lieferscheindruck Rechnungsdruck	Auftragsbestätigung Lieferscheindruck Rechnungsdruck	Auftragsbestätigung Lieferscheindruck Rechnungsdruck
6. Bearbeitungsschritt	Übergabe Rechnungs-ausgangsbuch	Übergabe Rechnungs-ausgangsbuch	Übergabe Rechnungs-ausgangsbuch
7. Bearbeitungsschritt	Zahlungseingang bearbeiten	Zahlungseingang bearbeiten	Zahlungseingang bearbeiten
Output	beglichene Rechnung	beglichene Rechnung	beglichene Rechnung
Funktionsträger	Frau Nordmann	Frau Riemann	Frau Nordmann

Abb. 3.18 Prozessorientierte Auftragsbearbeitung

■ Zeitplanung

Die Durchgängigkeit in der Sachbearbeitung und der Wegfall unnötiger Transport- und Liegezeiten kann zu einer bedeutenden Zeitersparnis führen. Das Erstellen, Ablegen, Suchen, Kopieren und Weiterleiten von Dokumenten wird auf ein Minimum beschränkt und wo es erforderlich ist, über automatisierte Systeme abgewickelt. Die Mitarbeiter können bei telefonisch eingehenden Aufträgen noch während des Gespräches die notwendigen Prüfroutinen erledigen und unmittelbar darauf dem Kunden per Fax oder E-Mail eine Kundeninformation zum Auftrag zukommen lassen. Auftragsbestätigung, Lieferschein und Rechnungsdruck können auch zu einem Arbeitsgang zusammengefasst werden.

Am Ende des Arbeitstages können die Fakturierungsdaten über das automatisierte Rechnungsausgangsbuch finanzbuchhalterisch aufbereitet und analysiert werden. Innerhalb der Zahlungsfrist kann der Mitarbeiter jederzeit Zahlungseingänge verfolgen und dann die zugehörigen Aufträge als erledigt abschließen.

3.4 IT-bezogene Modellierung

3.4.1 Integration von Organisations- und IT-Strukturen

Von der Umstellung einer funktionsorientierten Ablauforganisation auf die Prozessorientierung verspricht man sich erhebliche Einsparungen an Zeit und damit auch an Kosten. Die Synergieeffekte der Prozessorientierung lassen sich in vollem Maße aber nur dann erreichen, wenn organisatorisch optimierte Abläufe durch eine genau darauf abgestimmte IT-Struktur informationstechnisch unterstützt werden. Daher sind die im vorangegangenen Abschnitt dargestellten organisatorischen Aspekte hinsichtlich der

- Zielsetzung
- Zuordnung von Organisationseinheiten und Stellen
- Prozessfunktion und
- Prozessstruktur

mit den IT-bezogenen Aspekten der Prozessorientierung abzustimmen und zwar im Hinblick auf die

- **Daten**, die für die Abwicklung der einzelnen Bearbeitungsschritte im Prozess benötigt werden
- **Software**, die die jeweiligen Bearbeitungsschritte ausführt bzw. steuert und die
- **Hardware**, die für den Prozess genutzt werden soll.

In Anlehnung an das Geschäftsprozessmodell und die Notation von Scheer sind die organisatorischen und IT-bezogenen Aspekte der Prozessorientierung grafisch im Zusammenhang mit dem Prozessablauf nachfolgend dargestellt.

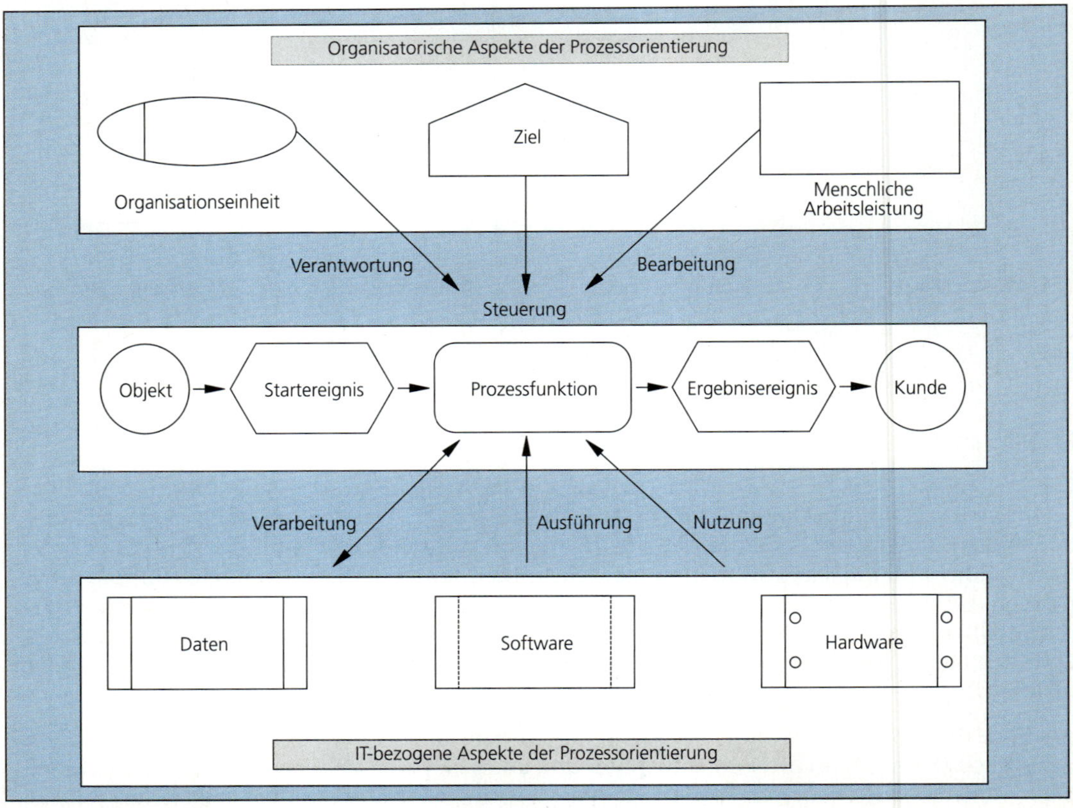

Abb. 3.19 Organisatorische und IT-bezogene Aspekte der Prozessorientierung

3.4.2 Datenzuordnung in Prozessketten

Für den vorgestellten Prozess der Auftragsabwicklung ist in der folgenden Abbildung die Einbindung der zum jeweiligen Bearbeitungsschritt in der Prozesskette benötigten Daten ansatzweise dargestellt.

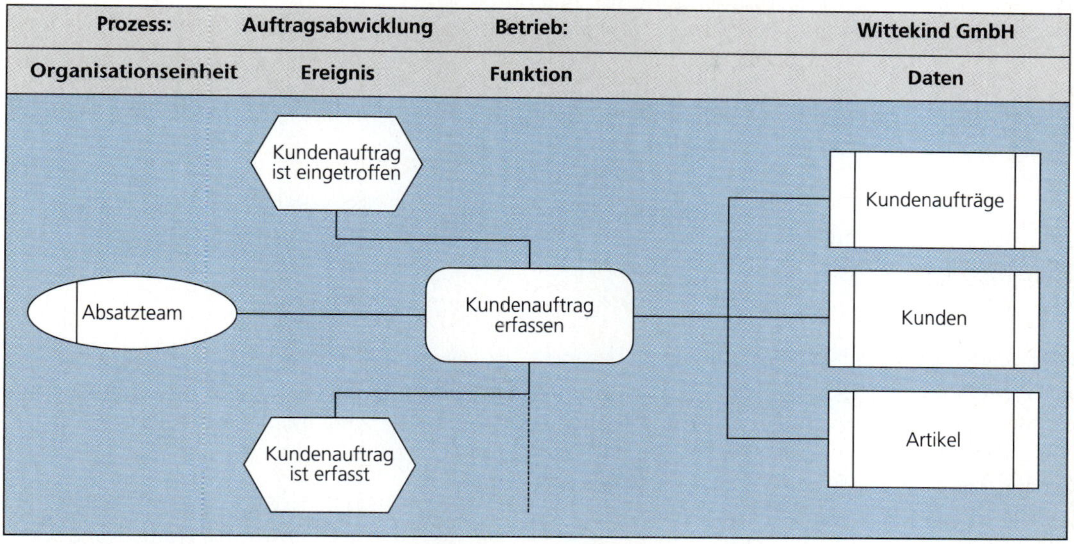

Abb. 3.20 Einbindung von Daten in eine Prozesskette

3.4.3 Workflow und Workflow-Management-System

Für jeden automatisierbaren Bearbeitungsschritt im Prozess ist die entsprechende Softwareunterstützung vorzusehen. Den computergesteuerten Prozessablauf bezeichnet man als **Workflow**.

> Ein **Workflow** ist eine zusammenhängende Folge von Programmfunktionen, die den Mitarbeiter bei der Abwicklung der einzelnen Prozessschritte softwaremäßig unterstützen.

Der Workflow stellt mit seinen Softwarewerkzeugen das automatisierte Abbild der Bearbeitungsschritte des zugehörigen Prozesses dar. Diese müssen den Anforderungen einer integrativen Nutzung entsprechen (z. B. Netzwerkfähigkeit) und Schnittstellen für ein E-Commerce aufweisen (Internet-, Intranet- bzw. Extranet-Lösungen, E-Fax bzw. E-Mail-System, Web-Portal bzw. Web-Shop).

Es ist zu prüfen, welche Softwarefunktionen bereits verfügbar sind, welche ergänzt oder angepasst werden müssen. Die Software ist den Anforderungen entsprechend zu beschaffen, zu entwickeln und an die Gegebenheiten anzupassen (vgl. Kap. 8).

Die Verbindung zwischen der prozessorientierten und computergestützten Ablaufstruktur wird durch das **Workflow Management System** hergestellt. Darunter ist ein Paket von Werkzeugen zu verstehen, mit dem kaufmännische oder verwaltende Abläufe – vergleichbar mit Programmen der Produktionsplanungs- und steuerung (PPS) – geplant, gesteuert und kontrolliert werden können.

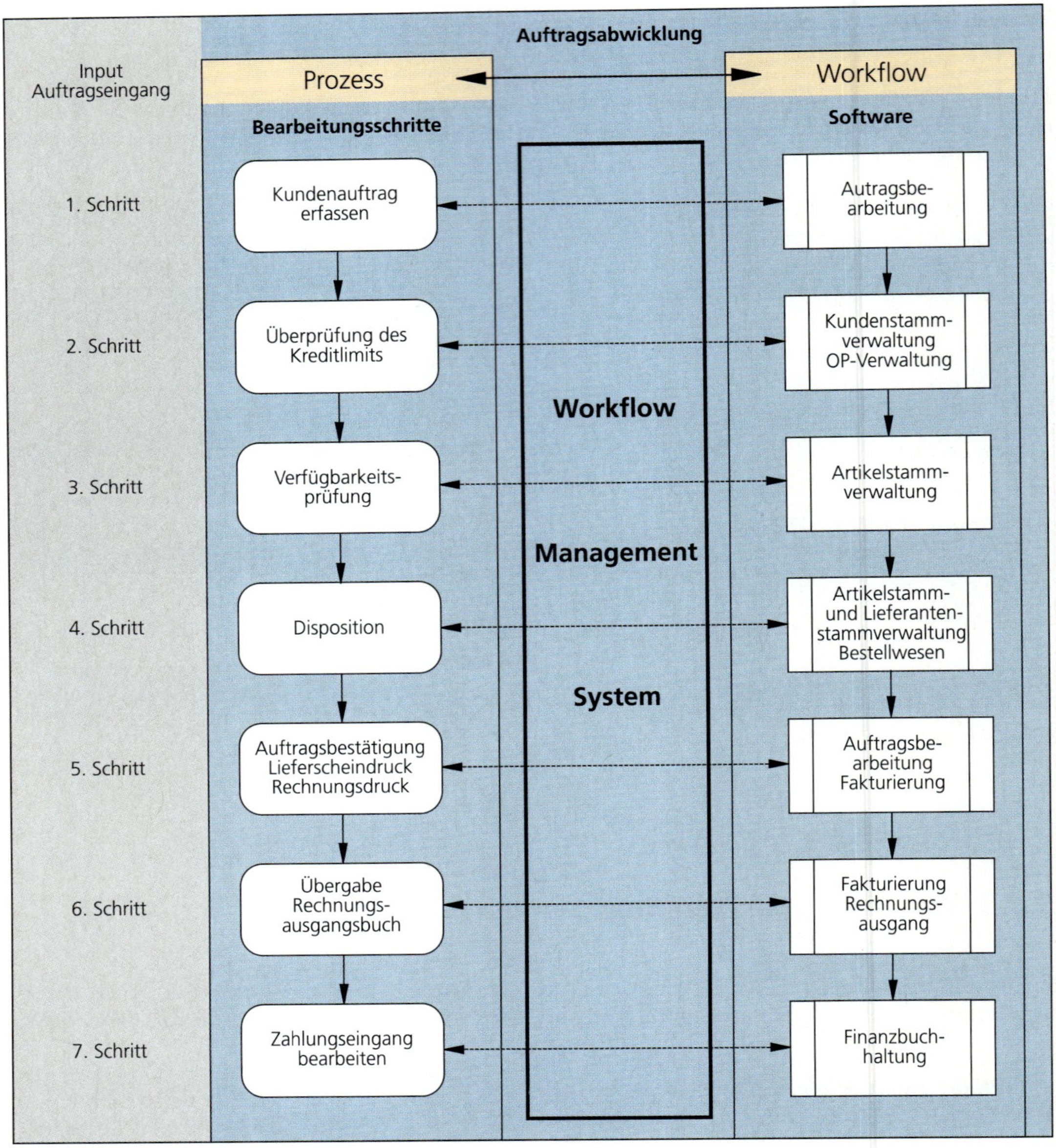

Abb. 3.21 Prozess, Workflow und Workflow-Management-System

Die folgende Übersicht zeigt eine Auswahl von Workflow Management Systemen:

Produkt	Hersteller	Kurzbeschreibung
Aris Workflow	IDS	Ganzheitliches Geschäftsprozessmanagement
Business Flow	COI	Workflow- und Dokumentenmanagement
Business Workflow	SAP	Workflow-System, integriert in SAP R/3
Cosa Workflow	Cosa Solutions	Workflow-System mit Archiv- und Intranet-Modul
Flomark	IBM	Objektorientiertes, skalierbares Workflow-System
Inconcert	Inconcert	Strukturierter Workflow und Prozessdesign
Work Party	SNI	Workflow-System mit Internet-Unterstützung

Ein vollständiges Workflow-Management-System beinhaltet folgende Werkzeuge:

Werkzeug	Elemente und Funktionen
Modellierung	Über einen Vorgangseditor werden zunächst die zu einem Prozess gehörigen Bearbeitungsschritte erfasst und bearbeitet. Zu jedem Bearbeitungsschritt können die zuständigen Mitarbeiter, Zeitvorgaben sowie die zur Bearbeitung erforderlichen IT-Systemkomponenten (z. B. Datenbankserver) und die benötigten Anwendungssysteme (z. B. Artikelstammverwaltung) zugeordnet werden. Das Ergebnis der Modellierung wird als **Vorgangsmodell oder Vorgehensmodell** bezeichnet.
Simulation	Über die Simulation kann das Vorgangsmodell anhand realitätsgerechter Kennzahlen (Durchlaufzeit, Häufigkeit, Auslastung, Kosten) auf seine Funktionsfähigkeit hin überprüft werden. Auf diese Weise können Engpässe oder Schwachstellen im Vorgangsmodell aufgezeigt werden. Somit bildet die Simulation die Grundlage für eine anzustrebende Optimierung des Vorgangsmodells.
Ablaufsteuerung	Dieses Werkzeug übernimmt die Steuerung der Bearbeitungsschritte, die im Vorgangsmodell für die jeweiligen Prozesse festgelegt wurden **(Vorgangssteuerung)**. Der Vorgang selbst kann entweder durch den Eingang eines Schriftstückes, z. B. eines Auftrages **(Posttyp-Steuerung)** oder automatisch zu einem bestimmten Zeitpunkt in Gang gesetzt bzw. gesteuert werden, z. B. ein Mahnvorgang nach Ablauf der Zahlungsfrist (**Ereignissteuerung** mit Wiedervorlagefunktion). Mithilfe der Ablaufsteuerung werden dem Mitarbeiter alle zur Bearbeitung erforderlichen Programme, Daten und Dokumente (z. B. Vorlagen, Texthandbuch) bereitgestellt. Ist ein Arbeitsschritt beendet, wird automatisch der darauffolgende Schritt eingeleitet und die hierfür benötigten Daten übergeben **(Datenflusssteuerung)**. Sind andere Mitarbeiter oder Prozesse davon berührt, erfolgt eine entsprechende Weiterleitung **(Routing)**.
Administration	Dieses Werkzeug dient dem Systemadministrator zur Verwaltung und Kontrolle der Vorgänge. So kann der **Bearbeitungsstatus** (Bearbeitung, Unterbrechung, Verzögerung) von Vorgängen abgefragt und der **Arbeitsfluss** über alle Schritte und Stationen verfolgt werden. Über die Vergabe von Prioritäten können bestimmte Vorgänge bevorzugt behandelt und Belastungen ausgeglichen werden. Die **Protokollierung** aller Vorgangsinformationen dient als Grundlage für Kontroll- und Optimierungsarbeiten.

3.4.4 Hardwaremodellierung

Die integrative Nutzung der Softwarefunktionen setzt eine zentrale Speicherung der für die Bearbeitung des Prozesses benötigten Daten (z. B. Artikel-, Kunden-, Auftragsdaten) in einer Datenbank voraus. Das bisherige Dateiensystem soll durch ein leistungsfähiges Datenbanksystem abgelöst werden. Für die zentrale Speicherung der Datenbank wird ein Datenbankserver eingerichtet, auf den die Benutzer nach Bedarf zugreifen können.

Die zugehörigen Programmfunktionalitäten können entweder zentral auf einem Applikationsserver oder auch lokal bereitgestellt werden. Die gesamte Kommunikation zwischen dem LAN und dem Internet (Mail, News, WWW) soll über einen Kommunikationsserver abgewickelt werden, der zugleich auch Sicherheitsfunktionen erfüllt (vgl. Proxy-Server, Abschnitt 9.5.3).

Für den Druck stehen zunächst ein Laserdrucker und ein Tintenstrahldrucker zur Verfügung, die wahlweise von den Benutzern angesteuert werden können.

Das Systemhaus hat für die Wittekind GmbH folgende Netzwerkarchitektur geplant:

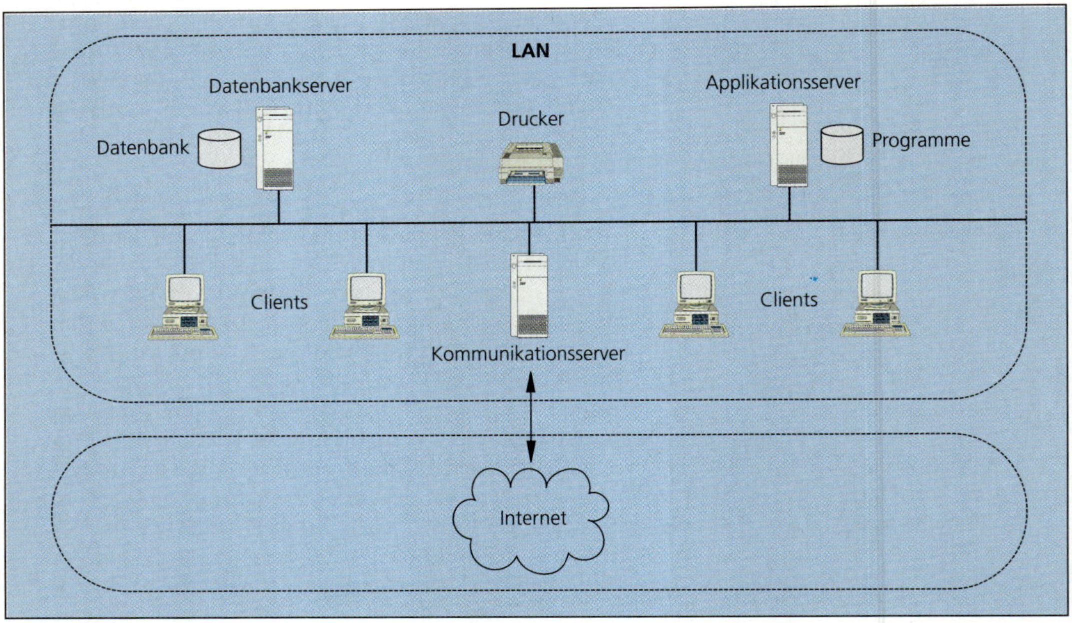

Abb. 3.22 Vernetzung nach dem Client-Server-Konzept als LAN mit Internet-Anbindung

Auf einen Blick

▷ Die organisatorische Gestaltung von Prozessen kann folgende Schritte beinhalten:

- Beschreibung der Prozesselemente
- Festlegung der Prozessstruktur
- Beschreibung der Schnittstellen zu anderen Prozessen
- Personaleinsatzplanung für die relevanten Prozesse (Prozessteambildung)
- Zeitplanung

▷ Die Prozessstruktur kann in Form einer ereignisgesteuerten Prozesskette (EPK) beschrieben werden, die die zeitliche und logische Verknüpfung der einzelnen Bearbeitungsschritte im Prozess repräsentiert. Zur grafischen Darstellung ereignisgesteuerter Prozessketten kann die Notation der Elemente von Geschäftsprozessen nach Scheer benutzt werden:

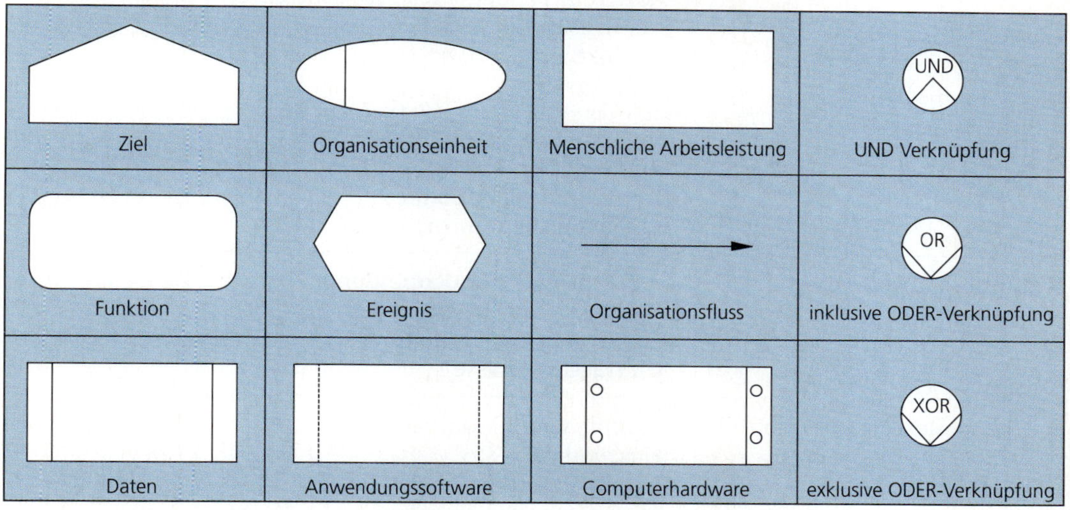

▷ Ereignisgesteuerte Prozessketten sind gekennzeichnet durch die Verknüpfungsoperatoren

- Kette bzw. Folgestruktur
- UND-Verzweigung
- ODER- Verzweigung

▷ Hinsichtlich der IT-bezogenen Gestaltungsfunktion sind die

- Daten
- Programmfunktionen für die jeweiligen Prozessschritte sowie die
- Hardwareressourcen (z. B. Netzwerkarchitektur, Server, Clients, Peripherie, LAN-Schnittstellen usw.) festzulegen.

▷ Den computergesteuerten Prozessablauf bezeichnet man als Workflow. Die Verbindung zwischen der prozessorientierten und computergestützten Ablaufstruktur wird durch das Workflow-Management-System hergestellt. Es enthält Werkzeuge zur Modellierung, Simulation, Ablaufsteuerung und Administration computergestützter Prozesse.

3.5 Kontrolle von Geschäftsprozessen

3.5.1 Erfolgsindikatoren

Um den Erfolg durchgeführter Business-Reengineering-Maßnahmen messen zu können, sind Kennzahlen festzulegen, die einen Soll-Ist-Vergleich und eine Bewertung des reorganisierten Systems ermöglichen. Derartige Kennzahlen lassen sich in vier Kategorien einteilen:

Kennzahlen zur	Erfolgsindikatoren
• **Wirtschaftlichkeit**	– Bearbeitungs- bzw. Durchlaufzeit je Vorgang – Kosten (z. B. über eine Prozesskostenrechnung) – Armortisationsdauer – Produktivität – Umsatzerlöse
• **Qualität**	– Fehlerquote – Auskunftsbereitschaft, Auskunftsqualität – Transparenz der Abläufe – Aktualität der Informationen
• **Kundenzufriedenheit**	– Kundentreue, Kundenbindung – Häufigkeit von Beschwerden – Einhaltung von Terminen – Umfrageergebnisse
• **Mitarbeiterzufriedenheit**	– Akzeptanz der Mitarbeiter – Fluktuation – Mitarbeitermotivation – Transparenz der Aufgaben – Krankheitsstand

3.5.2 Monitoring und Controlling

Jeder Prozess liefert bereits über das Workflow Management System geeignetes Datenmaterial für gezielte Auswertungen, z. B. im Hinblick auf Durchlauf- und Wartezeiten. Weitere Daten können aus dem Rechnungswesen (z. B. Umsatzerlöse, Personal- und Sachkosten) herangezogen werden. Ergebnisse aus Umfragen ergänzen den zur Verfügung stehenden Datenkranz, um die Einhaltung der mit der Prozessorientierung verknüpften Zielsetzungen zu überprüfen.

! Die Erhebung aktueller Kennzahlen zur Feststellung der Wirtschaftlichkeit, Qualität, Kunden- und Mitarbeiterzufriedenheit bezeichnet man als **Monitoring.**

Die gewonnenen Kennzahlen sind zu untersuchen und zu bewerten, um geeignete Maßnahmen zur Realisierung der festgelegten Ziele zu ergreifen (z. B. Feinabstimmung der Prozesse).

! Die Analyse und Bewertung der gewonnenen Kennzahlen im Hinblick auf die Realisierung der festgelegten Ziele bezeichnet man als **Controlling.**

Das IT-Systemhaus hat für die Wittekind GmbH unter Berücksichtigung des Anforderungsprofils (vgl. Abschnitt 3.2.5) folgende Wirtschaftlichkeitsberechnungen durchgeführt:

Beispiele:

Erfolgsindikator	Monitoring	Controlling
1. Bearbeitungszeit	Jeder Mitarbeiter hat jetzt durchschnittlich 22 Aufträge/Arbeitstag abwickeln können, insgesamt werden täglich also bis zu 66 Aufträge erledigt.	Bisher haben die drei Mitarbeiter zusammen lediglich 48 Aufträge/Tag erledigt. Jetzt liegt eine Steigerung um 37,5 % vor. Demzufolge ist die angestrebte Steigerung von 30 % sogar noch übertroffen worden (vgl. Abschnitt 3.2.5).
2. Amortisationsdauer	**getätigte Investitionen in TEuro:** Hardware 150 Software 120 **Lfd. Kosten/Jahr:** Wartung 20 Systemadministration 15 **Lfd. Einsparungen/Jahr:** Raumkosten 15 Materialkosten 25 Produktivitätssteigerung 95	Die angestrebte Amortisationsdauer wurde mit 2,5 Jahren veranschlagt (vgl. Abschnitt 3.2.5). Die Auswertung des Zahlenmaterials ergibt eine Investitionssumme in Höhe von 270 T Euro. Demgegenüber stehen Nettoersparnisse/Jahr in Höhe von 100 T Euro. Die Amortisationszeit beträgt also 2,7 Jahre. Es ist zu überlegen, inwieweit die lfd. Kosten/Jahr reduziert oder weitere Einsparungen bzw. Produktivitätssteigerungen erzielt werden können, um das gesteckte Ziel zu erreichen.
3. Kundenbeschwerden	Eine Umfrage unter den Kunden der Wittekind GmbH ergab, dass im Erhebungszeitraum lediglich 2 % mit der Auftragsabwicklung unzufrieden waren.	Gegenüber der letzten Umfrage hat sich das Ergebnis der jüngsten Umfrage um 10 % verbessert.

Nicht in jedem Fall ergeben sich so gute Ergebnisse wie in unserem Beispiel der Wittekind GmbH. Der Einsatz von Workflow-Systemen kann neben den bereits genannten Vorteilen aber auch folgende Nachteile mit sich bringen:

- hohe Anfangsinvestitionen
- Akzeptanzprobleme aufgrund tief greifender Veränderungen
- Furcht der Mitarbeiter vor Erfolgskontrollen
- hoher Planungs- und Wartungsaufwand
- Anpassungsprobleme bei Beschaffung neuer Technik

Auf einen Blick

- ▶ Der Erfolg von BPR-Maßnahmen kann über Kennzahlen gemessen werden, die Aussagen zur Wirtschaftlichkeit, zur Qualität oder zur Kunden- und Mitarbeiterzufriedenheit zulassen.
- ▶ Die Erhebung aktueller Kennzahlen zu Prozessen bezeichnet man als Monitoring.
- ▶ Die Analyse und Bewertung der gewonnenen Kennzahlen bezeichnet man als Controlling.

4 Elektrotechnische Grundkenntnisse und Informationsverarbeitung

4.1 Elektrische Grundgrößen

Einstiegssituation Bei der Arbeit mit einem Computer sind wir mit einer Vielfalt elektrischer Erscheinungen konfrontiert. Da ist z. B. eine Kontrollleuchte, die die Betriebsbereitschaft des Computers anzeigt, der Bildschirm, der die Arbeit mit dem Computer ermöglicht, oder ein Motor, der für den Papiervorschub im Drucker sorgt.
Die genannten Teile, Glühlampe, Bildschirm und Motor, sind Teile von Stromkreisen. Unter dem Einfluss elektrischer Spannung wird in ihnen elektrische Energie transportiert und unter anderem in Licht- und Wärmeenergie umgewandelt.

Wie sind diese Stromkreise prinzipiell aufgebaut? Was versteht man unter Strom und Spannung und wie wirken sie in einem Stromkreis?

4.1.1 Strom und Spannung

Abb. 4.1 Einfacher elektrischer Stromkreis

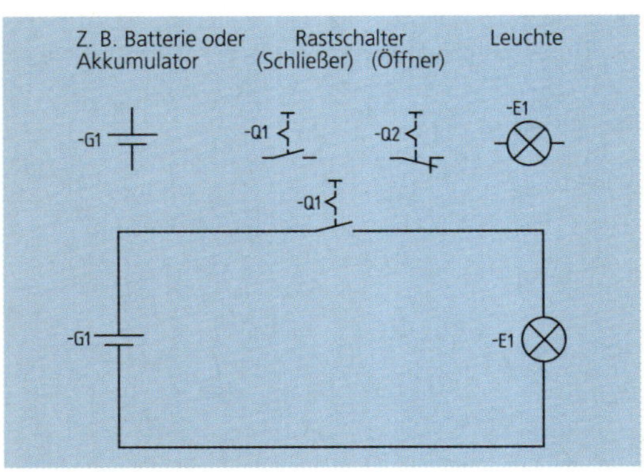

Abb. 4.2 Stromlaufplan

■ **Der elektrische Stromkreis**

Abb. 4.1 zeigt einen einfachen elektrischen Stromkreis. Er besteht aus einer Stromquelle, die über eine Leitungsverbindung mit einem elektrischen Verbraucher verbunden ist.

Stromquellen sind Batterien, Akkumulatoren, Netzgeräte, Generatoren im Elektrizitätswerk usw., also Geräte, die in einem geschlossenen Stromkreis einen Strom hervorrufen.

Als **Verbraucher** bezeichnet man die Bauteile und Geräte, die mit einer Stromquelle betrieben werden können: Glühlampen, Bildschirme, Motoren usw.

Der Strom fließt von der Stromquelle über die Hinleitung zum Verbraucher, z. B. einer Glühlampe, durch den Verbraucher hindurch und über die Rückleitung wieder zur Stromquelle zurück. Die Glühlampe leuchtet, solange der Stromkreis geschlossen ist. Denn nur in einem geschlossenen Stromkreis fließt Strom. Wird der Stromkreis unterbrochen, z. B. durch einen eingebauten Schalter, fließt kein Strom mehr. Die Lampe leuchtet nicht.

Die Beschreibung von Stromkreisen erfolgt entsprechend Abb. 4.2 durch Stromlaufpläne. In ihnen sind die Betriebsmittel, d. h. die wichtigen Teile des Stromkreises, dargestellt.
Die Darstellung der Betriebsmittel erfolgt durch genormte Symbole, die als Schaltzeichen bezeichnet werden. Die Linien, die die Betriebsmittel bzw. Symbole verbinden, stellen die Leitungsdrähte dar.

Der elektrische Strom

Leuchtet eine Glühlampe, dann wird elektrische Energie in Wärme- und Lichtenergie umgewandelt. Dazu muss die elektrische Energie von der Stromquelle zur Lampe transportiert werden. Das geschieht mithilfe freier Ladungsträger, die gerichtet bewegt werden.

Der **elektrische Strom** ist die gerichtete Bewegung freier Ladungsträger.

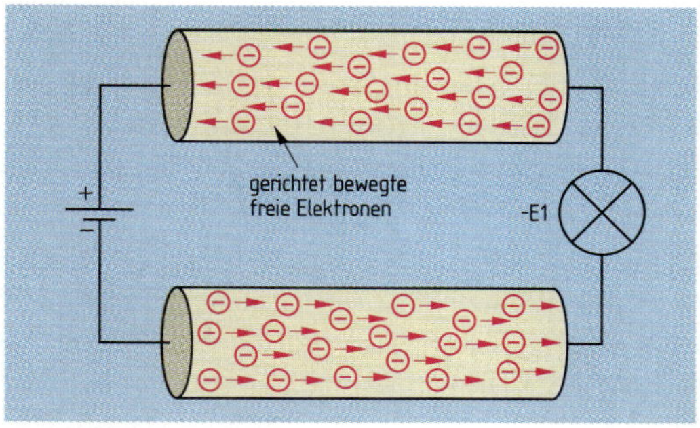

Abb. 4.3 Elektronenstrom

In metallischen Leitern, z. B. Kupferdraht, stehen Elektronen als freie Ladungsträger zur Verfügung. Wie Abb. 4.3 zeigt, bewegen sie sich in einem geschlossenen Stromkreis vom negativen Pol der Stromquelle zum positiven Pol. Die Anzahl der Elektronen, die dabei pro Zeiteinheit durch den Leiter bewegt werden, ist ein Maß für die **Stromstärke *I*.**

Die elektrische **Stromstärke *I*** ist die Ladungsmenge, die je Sekunde einen Leiterquerschnitt passiert.

Die Einheit für die elektrische Stromstärke lautet **Ampere (A)**. Die Stromstärke beträgt 1 A, wenn je Sekunde $6{,}25 \cdot 10^{18}$ Elektronen durch den Leiterquerschnitt fließen. Abb. 4.4 zeigt Vielfache und dezimale Teile zur Handhabung großer und kleiner Werte der Einheit Ampere.

Benennung	kA	A	mA	µA
Kiloampere: 1 kA =	1	10^3	10^6	10^9
Ampere: 1 A =	10^{-3}	1	10^3	10^6
Milliampere: 1 mA =	10^{-6}	10^{-3}	1	10^3
Mikroampere: 1 µA =	10^{-9}	10^{-6}	10^{-3}	1

Abb. 4.4 Vorsätze für große und kleine Werte

▷ Stromrichtung

Elektronen bewegen sich – wie Abb. 4.3 zeigt – vom Minuspol (Ort des Elektronenüberschusses) zum Pluspol (Ort des Elektronenmangels). Diese Stromrichtung bezeichnet man als **Elektronenflussrichtung** oder **physikalische Stromrichtung**.

Bei der Festlegung der Stromrichtung lagen diese Kenntnisse über die Elektronenflussrichtung noch nicht vor. Man nahm an, dass der Strom vom Pluspol zum Minuspol fließt. Diese heute als **technische Stromrichtung** bezeichnete Stromrichtung wurde beibehalten (Abb. 4.5).

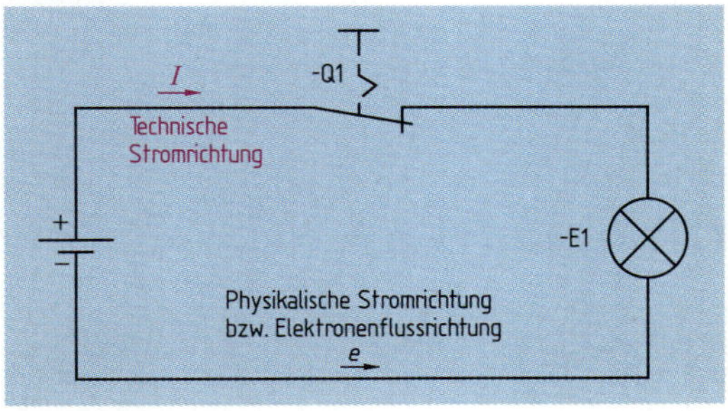

Abb. 4.5 Physikalische und technische Stromrichtung

▷ Stromarten

Fließt der Strom mit gleicher Stromstärke ständig in dieselbe Richtung, wird dieser Strom als **Gleichstrom** bezeichnet (Abb. 4.6). Wechselt der Strom die Richtung und ändert sich die Stromstärke, spricht man von einem **Wechselstrom.** Dabei pendeln die Ladungsträger (Elektronen) im Leiter ständig hin und her, ohne sich nennenswert weiterzubewegen. Die Überlagerung von Gleich- und Wechselstrom bildet einen Mischstrom.

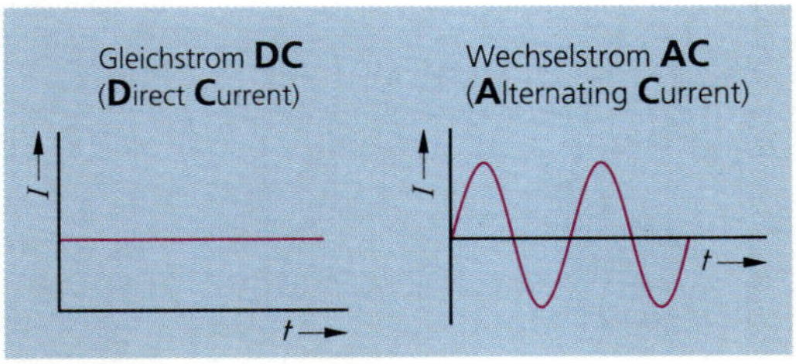

Abb. 4.6 Gleich- und Wechselstrom

▷ Leiter und Nichtleiter

Als **Leiter** werden die Stoffe bezeichnet, die eine hohe Anzahl freier Ladungsträger haben. In Metallen sind das Elektronen. Obwohl alle Stoffe Elektronen enthalten, stehen sie nicht in allen Stoffen als freie Elektronen zur Verfügung. Zu diesen Stoffen gehören u. a. Luft, Kunststoffe, Keramik und Glas. Sie werden als **Nichtleiter** (Isolatoren) bezeichnet.

Neben Leitern und Nichtleitern gibt es **Halbleiter**, z. B. Silizium und Germanium. Sie leiten bei Raumtemperatur sehr schlecht, da nur wenig freie Ladungsträger zur Verfügung stehen. Mit zunehmender Temperatur jedoch erhöht sich die Anzahl der freien Ladungsträger und damit die elektrische Leitfähigkeit.

Nicht nur in festen Werkstoffen können Ströme fließen, sondern auch in leitfähigen Flüssigkeiten (Elektrolyten) als Ionenbewegung und in Gasen als Elektronen- und Ionenströmung.

Die elektrische Spannung

Die gerichtete Bewegung freier Ladungsträger setzt das Einwirken einer Kraft bzw. eines Antriebes voraus. Diese Kraft bezeichnet man als **elektrische Spannung *U***.

> ! Die elektrische **Spannung *U*** ist der Antrieb, der auf die Ladungsträger wirkt.

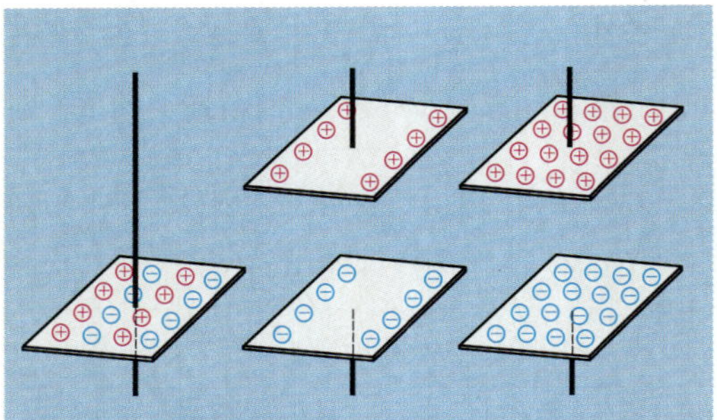

Abb. 4.7 Ladungstrennung bewirkt Spannung

Elektrische Spannung entsteht, wenn ungleichnamige Ladungen getrennt werden. Bekannterweise gilt:

> ! Gleichnamige Ladungen stoßen sich ab, ungleichnamige Ladungen ziehen sich an.

Also muss zum Trennen ungleichnamiger Ladungen Energie aufgewendet werden. Und je mehr Ladungen getrennt werden, umso höher ist die aufzuwendende Energie und die dadurch erzielte Spannung (Abb. 4.7). Dabei liegt fest:

> ! • Der Pol, an dem Elektronenüberschuss besteht, ist der negative Pol bzw. der Minuspol (–),
> • der Pol, an dem Elektronenmangel besteht, ist der positive Pol bzw. der Pluspol (+).

Typische Spannungswerte	Spannung
Hochspannungsfreileitungen	bis 380 kV
Haushaltsgeräte	230 V; 400 V
Telefon	24 V; 60 V
Autobatterie	12 V
Fahrraddynamo	6 V
Antennenspannung	5…50 µV

Abb. 4.8 Spannungsrichtwerte

Besteht zwischen zwei Polen eine Spannung, so steht elektrische Energie auf Abruf bereit. Wird der Stromkreis geschlossen, wirkt die Energie auf die freien Ladungsträger und bewegt sie. Es fließt Strom. Die Wirkung auf die freien Elektronen baut sich nahezu mit Lichtgeschwindigkeit auf. Die Geschwindigkeit der Elektronen selbst ist sehr langsam, sie beträgt einige cm/s.

Abb. 4.8 zeigt Spannungswerte verschiedener Quellen. Die Einheit ist **Volt (V)**.

▷ Die Beschreibung von Spannung und Strom im Stromkreis

Spannungen und Ströme werden in Stromlaufplänen entsprechend Abb. 4.9 durch Pfeile dargestellt.

Spannungspfeile sind so gerichtet, dass die Pfeilspitze auf den negativen Pol zeigt. Das gilt sowohl für die Darstellung an der Stromquelle als auch am Verbraucher.

Strompfeile geben die technische Stromrichtung an. Sie weisen in dieselbe Richtung wie der Spannungspfeil am Verbraucher.

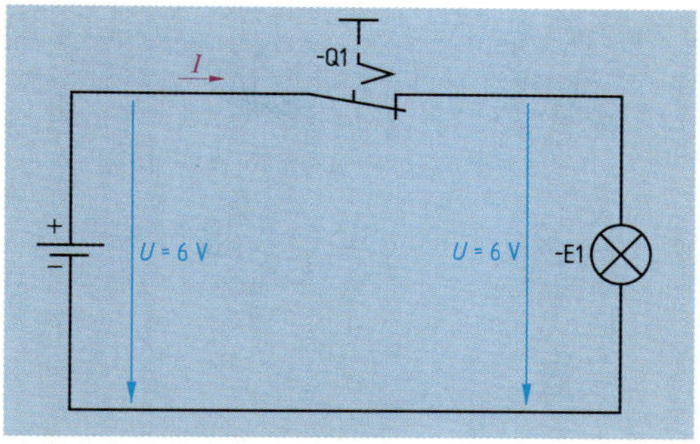

Abb. 4.9 Spannungs- und Strompfeile

▷ Messen von Spannung und Strom

In der Messtechnik werden überwiegend Geräte mit digitaler Anzeige verwendet. Abb. 4.10 zeigt ein Beispiel. Das Messergebnis wird unmittelbar mit Ziffern dargestellt.

Analoge Messgeräte, die den Messwert in einen entsprechenden Zeigerausschlag umformen, werden i. d. R. nur noch für spezielle Messaufgaben, wie z. B. zur Trenderkennung, eingesetzt.

Digitale Messgeräte sind einfach anzuwenden. Praktisch mit allen Geräten lassen sich Spannungs- und Strommessungen durchführen. Was muss bei einer Messung beachtet werden?

Abb. 4.10 Digitalmultimeter

- Die Messgröße Spannung oder Strom muss eingestellt werden.
- Die zu messende Stromart (Gleich- oder Wechselstrom) muss eingestellt sein.
- Zum Schutz des Messgerätes wird zunächst im größten Messbereich gemessen und dann auf den günstigsten kleineren Bereich weitergeschaltet.
- Die Messgeräte besitzen eine Batterie, deren Ladezustand überprüft werden muss.

Viele neuere digitale Messgeräte besitzen eine automatische Messbereichsumschaltung (Auto-Range). Dadurch entfällt die Voreinstellung auf einen bestimmten Messbereich.

Bei der **Spannungsmessung** wird die Spannung gemessen, die an einer Stromquelle besteht oder an einem Verbraucher anliegt. Dazu wird das Messgerät entsprechend Abb. 4.11 (oben) **parallel** zur Quelle bzw. zum Verbraucher angeschlossen.

Bei der **Strommessung** wird der Strom in einem geschlossenen Stromkreis gemessen. Dazu muss der Stromkreis aufgetrennt werden. Das Strommessgerät wird gemäß Abb. 4.11 (unten) in **Reihe zum Verbraucher** geschaltet.

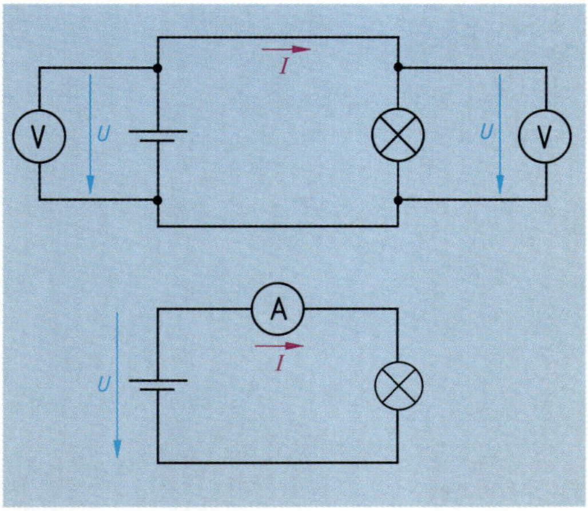

Abb. 4.11 Spannungs- und Strommessung

4.1.2 Der elektrische Widerstand

Auf den Sockeln zweier Glühlampen stehen die Angaben 4,5V/0,2 A und 4,5V/0,1 A. Das bedeutet: Wird die erstgenannte Lampe an die vorgegebene Spannung U = 4,5 V angeschlossen, fließt der Strom I = 0,2 A. Durch die andere Lampe fließt an derselben Spannung der Strom I = 0,1 A. Wie kommt es zu diesem Unterschied?

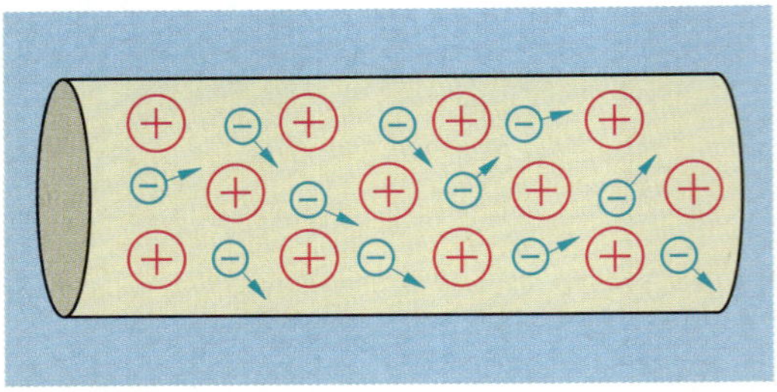

Abb. 4.12 Widerstandswirkung eines Leiterwerkstoffes

Die freien Elektronen müssen beim Stromfluss zwischen den Atomen des Leitermaterials hindurchströmen. Abb. 4.12 verdeutlicht das. Dabei wirken die Atome wie Hindernisse, die den Elektronenstrom abbremsen. Es entstehen „Reibungsverluste“. Durch sie wird ein Teil der Ladungsenergie der Elektronen als Wärmeenergie freigesetzt. Die Behinderung des Elektronenstroms wird als **elektrischer Widerstand *R*** bezeichnet. Grundsätzlich gilt:

! Je größer der elektrische Widerstand R ist, umso kleiner ist der Strom I.

Die Einheit des elektrischen Widerstandes lautet **Ohm** (Ω).

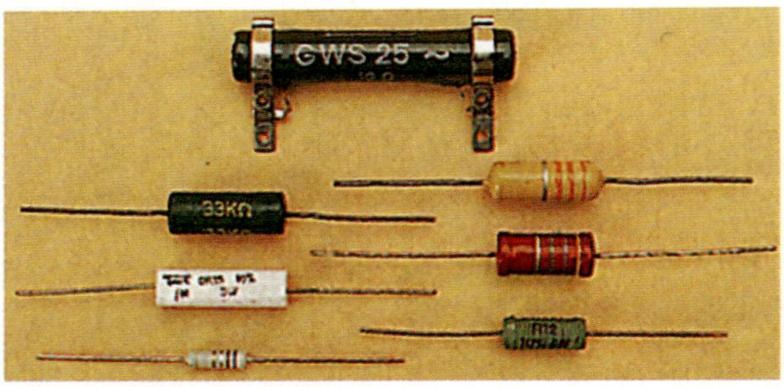

Abb. 4.13 Widerstände

Widerstände als Bauelemente

Als Widerstände (Abb. 4.13) bezeichnet man elektrische Bauelemente, die zur Anpassung gewünschter Ströme und Spannungen in elektrischen Schaltungen eingesetzt werden. Die Kennzeichnung der Widerstände erfolgt meist mit Farbringen. Man unterscheidet:

Festwiderstände. Sie haben einen festen, nicht veränderbaren Widerstandswert.

Potentiometer. Widerstände, deren Wert sich abhängig von einer Dreh- oder Schiebestellung einstellt.

Temperaturabhängige Widerstände. Sie verändern ihren Widerstandswert abhängig vom Temperaturverlauf. Man unterscheidet Kaltleiter und Heißleiter. **Kaltleiter** (PTC) verringern ihren Widerstand mit sinkender Temperatur, **Heißleiter** (NTC) verringern ihren Widerstand mit steigender Temperatur.

Weiterhin gibt es Widerstände, die ihren Wert abhängig von Licht, Druck, Spannung oder Magnetfeld verändern.

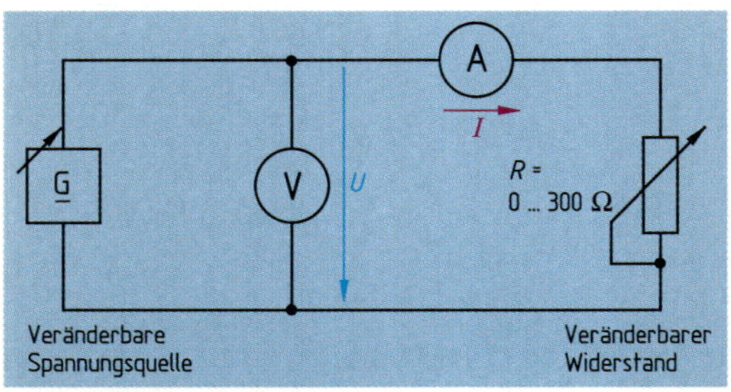

Abb. 4.14 Messschaltung

Das Ohm'sche Gesetz

Zwischen der Spannung, der Stromstärke und dem elektrischen Widerstand besteht ein gesetzmäßiger Zusammenhang, den man als Ohm'sches Gesetz bezeichnet. Dieser Zusammenhang lässt sich mit einer Messschaltung gemäß Abb. 4.14 untersuchen. Sie enthält eine veränderbare Spannungsquelle, einen veränderbaren Widerstand und zwei Messgeräte zur Messung von Spannung und Strom.

Versuch 1: Der veränderbare Widerstand wird auf 300 Ω eingestellt. Anschließend wird bei unterschiedlichen Spannungswerten der Strom gemessen.

Abb. 4.15 zeigt das Messergebnis anhand einer Messwerttabelle und dem zugehörigen Diagramm. Es sagt aus:

U in V	*I* in mA
3	10
6	20
9	30
12	40

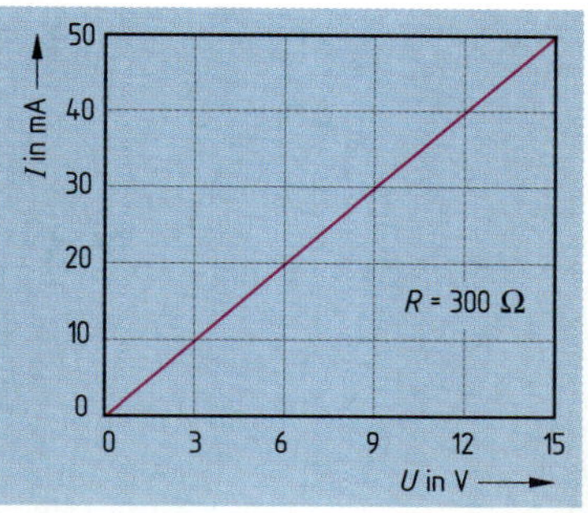

Abb. 4.15 Strom-Spannungskennlinie

> Bei konstantem Widerstand *R* nimmt die Stromstärke *I* mit steigender Spannung *U* linear zu. *I* verhält sich proportional zu *U* (*I* ~ *U*).

Versuch 2: Die Spannung wird auf 12 V eingestellt und der Strom bei unterschiedlichen Widerstandswerten entsprechend Abb. 4.16 gemessen. Die Auswertung zeigt:

R in Ω	*I* in mA
300	40
200	60
100	120
50	240

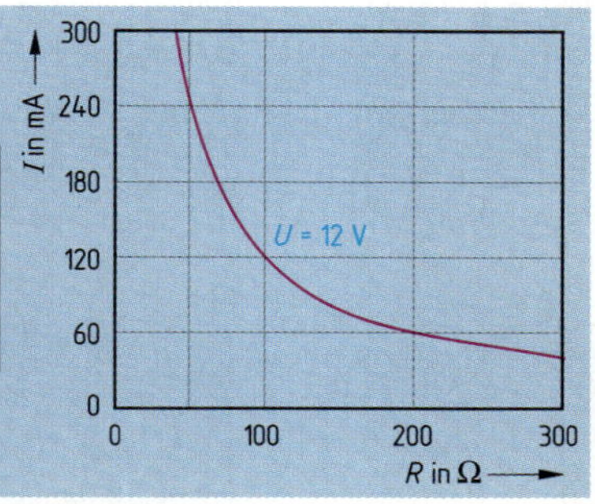

Abb. 4.16 Strom-Widerstands-Kennlinie

> Bei konstanter Spannung *U* nimmt die Stromstärke *I* mit zunehmendem Widerstand *R* ab. *I* verhält sich umgekehrt proportional zu *R* (*I* ~ 1/*R*).

Die Einflüsse von Strom, Spannung und Widerstand lassen sich in einer Gleichung (Abb. 4.17) zusammenfassen. Abb. 4.18 verdeutlicht das anhand eines Rechenbeispiels.

$$I = \frac{U}{R}$$

I Stromstärke in A

U Spannung in V

R Widerstand in Ω

Abb. 4.17 Das Ohm'sche Gesetz

Beispiel: Wie groß ist der Strom, der bei einer Spannung von 5 V durch einen Widerstand von 100 Ω fließt?

Lösung: geg.: $U = 5$ V; $R = 100\ \Omega$

ges.: I

$$I = \frac{U}{R}$$

$$I = \frac{5\ \text{V}}{100\ \Omega} = 0{,}05\ \text{A}$$

$$\mathbf{I = 50\ mA}$$

Abb. 4.18 Berechnung des Stroms

Der Leiterwiderstand

Der Vergleich zweier Glühlampen mit den Angaben 4,5V/0,2 A und 4,5V/0,1A zeigt, dass bei gleicher Spannung unterschiedlich hohe Ströme durch die Glühfäden fließen. Nach dem Ohm'schen Gesetz muss der Glühfaden, durch den der höhere Strom fließt, den kleineren Widerstandswert aufweisen. Wodurch unterscheiden sich die Glühfäden?

Die Glühfäden bestehen aus einem dünnen Draht, der von folgenden Konstruktionsgrößen abhängt:

- der Leiterlänge *l*,
- dem Leiterquerschnitt *A* und
- dem Leiterwerkstoff.

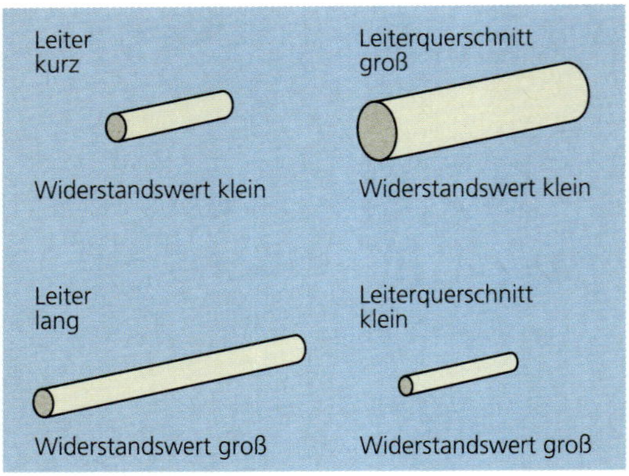

Abb. 4.19 Widerstandsverhalten

Abb. 4.19 verdeutlicht den Einfluss der Leiterlänge und des Leiterquerschnitts auf den Widerstandswert.

Hinsichtlich der Leiterlänge ist leicht einzusehen, dass bei einem langen Leiter die Behinderung der Elektronen insgesamt größer ist als bei einem kurzen Leiter. Der Widerstand steigt also mit der Leiterlänge. Das bedeutet:

> Der Widerstand eines Leiters verhält sich direkt proportional zur Leiterlänge: $R \sim l$.

Werden die Elektronen dagegen durch einen größeren Leiterquerschnitt bewegt, dann wirkt sich die Behinderung durch die Atomrümpfe geringer aus als bei einem kleinen Querschnitt. Der Widerstand sinkt also mit kleiner werdendem Querschnitt. Das heißt:

> Der Widerstand eines Leiters verhält sich umgekehrt proportional zum Leiterquerschnitt: $R \sim 1/A$.

Die dritte Abhängigkeitsgröße ist das Leitermaterial. Diese Abhängigkeit wird durch eine Materialkonstante, den **spezifischen Widerstand** ϱ (Rho), beschrieben.

> Der spezifische elektrische Widerstand ϱ ist der Widerstand eines Leiters von 1 m Länge und 1 mm^2 Querschnitt bei einer Temperatur von 20 °C.

Leiter-werkstoff	Spezifischer Widerstand ϱ in $\Omega \cdot mm^2/m$	Anwendung
Silber	0,0167	Schaltkontakte
Kupfer	0,0178	Elektrische Leitungen
Aluminium	0,0278	
Konstantan	0,49	Widerstände
Kohle	65	

Abb. 4.20 Spezifische Widerstände

Abb. 4.20 zeigt die Werte von spezifischen Widerständen unterschiedlicher Materialien bei einer Temperatur von 20 °C. Die Einheit lautet $\Omega \cdot mm^2/m$. Daher gilt bei gleichen Abmessungen: Je größer der spezifische Widerstand ϱ ist, umso größer ist der Widerstand R des Leiters.

Oft wird auch der Kehrwert des spezifischen Widerstandes verwendet. Dieser Kehrwert wird als **elektrische Leitfähigkeit** κ (Kappa) bezeichnet. Das bedeutet: Ein Leiter mit einem hohen Widerstand hat eine geringe elektrische Leitfähigkeit und ein Leiter mit einem niedrigen Widerstand hat eine hohe elektrische Leitfähigkeit. Kupfer z. B. hat einen geringen spezifischen Widerstand von $\varrho = 0{,}0178\ \Omega \cdot mm^2/m$ und eine hohe elektrische Leitfähigkeit von $\kappa = 56\ m/\Omega \cdot mm^2$.

Bei Glühlampen werden Leuchtdrähte aus Wolfram verwendet, da dieser Werkstoff einen Schmelzpunkt von 3 400 °C aufweist. Kommt als Glühfaden nur dieser Werkstoff in Betracht, so kann sein Widerstand nur über die Leiterlänge und den Querschnitt beeinflusst werden.

Die Einflüsse der Leiterlänge, des Leiterquerschnitts und des spezifischen Widerstandes lassen sich in Formeln (Abb. 4.21) zusammenfassen. Abb. 4.22 zeigt ein Rechenbeispiel.

$R = \frac{\varrho \cdot l}{A}$ oder $R = \frac{l}{\kappa \cdot A}$

R	Leiterwiderstand in Ω
l	Leiterlänge in m
A	Leiterquerschnitt in mm^2
ϱ	Spezifischer Widerstand in $\Omega \cdot mm^2/m$
κ	Elektrische Leitfähigkeit in $m/\Omega \cdot mm^2$

Abb. 4.21 Spezifischer Widerstand und elektrische Leitfähigkeit

Beispiel: Wie groß ist der Widerstand eines Kupferdrahtes von 20 m Länge und 1,5 mm^2 Querschnitt?

Lösung:

geg.: $l = 20$ m; $A = 1{,}5\ mm^2$;

$\varrho = 0{,}0178\ \Omega \cdot mm^2/m$

ges.: R

$$R = \frac{\varrho \cdot l}{A}$$

$$R = \frac{0{,}0178\ \Omega\ mm^2/m \cdot 20\ m}{1{,}5\ mm^2}$$

$\mathbf{R = 0{,}237\ \Omega}$

Abb. 4.22 Berechnung des Leiterwiderstandes

Messen von Widerständen

Die Ermittlung von Widerstandswerten kann mit einer direkten oder einer indirekten Widerstandsmessung erfolgen.

Bei der **direkten Widerstandsmessung**, die praktisch mit allen Vielfachmessgeräten durchgeführt werden kann, wird der Widerstand direkt an das Messgerät angeschlossen. Gemessen wird der Strom durch den Widerstand bei konstanter Spannung. Dazu befindet sich eine Batterie in dem Messgerät. Innerhalb des Gerätes wird der gemessene Strom in den entsprechenden Widerstandswert umgerechnet. Zu beachten ist dabei, dass der zu bestimmende Widerstand selbst spannungsfrei ist.

Bei der **indirekten Widerstandsmessung** werden Strom und Spannung gemessen. Anschließend muss der Widerstandswert mithilfe des Ohm'schen Gesetzes berechnet werden.

4.1.3 Reihen- und Parallelschaltung von Widerständen

Die Reihenschaltung von Widerständen

Abb. 4.23 zeigt eine Reihenschaltung. Alle Widerstände (Verbraucher) sind so geschaltet, dass sie von demselben Strom durchflossen werden. Wie verhalten sich die Spannungen?

Die Gesamtspannung U teilt sich in die Teilspannungen U_1, U_2 und U_3 auf. Daher gilt:

> In der Reihenschaltung ist die Summe der Teilspannungen gleich der Gesamtspannung.

Diese Gesetzmäßigkeit bezeichnet man als den **Zweiten Kirchhoff'schen Satz**.

Der Vergleich der Teilspannungen mit den zugehörigen Widerständen in Abb. 4.23 zeigt, dass sich die Teilspannungen wie die zugehörigen Widerstände verhalten. Am kleinsten Widerstand liegt die kleinste Teilspannung an, am größten Widerstand die größte Teilspannung. Die Summe der Widerstände R_1, R_2 und R_3 ergibt den Gesamtwiderstand R.

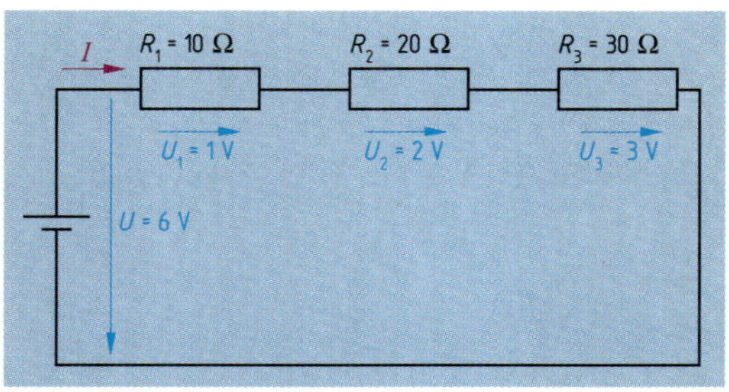

Abb. 4.23 Reihenschaltung von Widerständen

> Die Stromstärke ist an allen Stellen der Reihenschaltung gleich groß:
> $I = I_1 = I_2 \ldots = I_n$
> Die Summe der Teilspannungen ist gleich der Gesamtspannung:
> $U = U_1 + U_2 + \ldots + U_n$
> Die Summe der Teilwiderstände ist gleich dem Gesamtwiderstand:
> $R = R_1 + R_2 + \ldots + R_n$

Abb. 4.24 Gesetze der Reihenschaltung

Als Beispiel für eine Reihenschaltung dient jeder einfache Stromkreis mit einem Verbraucher. Denn neben dem Verbraucher bilden die Hinleitung und die Rückleitung zwei Widerstände (Leiterwiderstände), die in Reihe zum Verbraucher geschaltet sind.

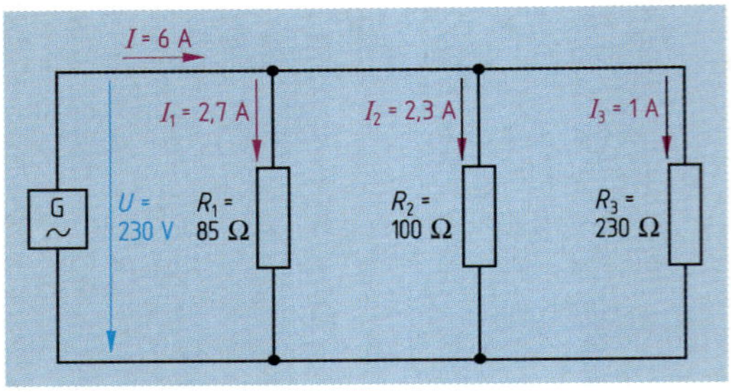

Abb. 4.25 Parallelschaltung von Widerständen

In der Parallelschaltung liegt an allen Widerständen die gleiche Spannung an:

$U = U_1 = U_2 \dots = U_n$

Die Summe der Teilströme ist gleich dem Gesamtstrom:

$I = I_1 + I_2 + \dots + I_n$

Die Summe der Kehrwerte der Teilwiderstände ist gleich dem Kehrwert des Gesamtwiderstandes:

$$\frac{1}{R} = \frac{1}{R_1} + \frac{1}{R_2} + \dots + \frac{1}{R_n}$$

Abb. 4.26 Gesetze der Parallelschaltung

Beispiel: Wie groß ist der Gesamtwiderstand der Parallelschaltung in Abb. 3.25?
Lösung: geg.: $R_1 = 85\ \Omega$; $R_2 = 100\ \Omega$; $R_3 = 230\ \Omega$
ges.: R

$$\frac{1}{R} = \frac{1}{R_1} + \frac{1}{R_2} + \frac{1}{R_3}$$

$$\frac{1}{R} = \frac{1}{85\ \Omega} + \frac{1}{100\ \Omega} + \frac{1}{230\ \Omega} = 0{,}026\ \frac{1}{\Omega}$$

$\mathbf{R = 38{,}30\ \Omega}$

Abb. 4.27 Berechnung des Gesamtwiderstandes

Die Parallelschaltung von Widerständen

Ein typisches Beispiel für die Parallelschaltung ist das 230-V-Netz. Über Steckdosen werden unterschiedliche Geräte wie Leuchten, Computer, Drucker usw. parallel angeschlossen und können so gleichzeitig genutzt werden. Abb. 4.25 zeigt einen vereinfacht dargestellten Stromlaufplan. Alle Widerstände (Verbraucher) sind an dieselbe Spannung angeschlossen. Wie verhalten sich die Ströme?

Der Gesamtstrom I teilt sich in die Teilströme I_1, I_2 und I_3 auf. Daher gilt:

In der Parallelschaltung ist die Summe der Teilströme gleich dem Gesamtstrom.

Diese Gesetzmäßigkeit entspricht dem **Ersten Kirchhoff'schen Satz**.

Der Vergleich der Teilströme mit den zugehörigen Widerständen zeigt, dass sich die Teilströme umgekehrt wie die Widerstände verhalten. Daraus ergibt sich, dass entsprechend Abb. 4.26 der Kehrwert des Gesamtwiderstandes gleich der Summe der Kehrwerte der Teilwiderstände ist.

Den Kehrwert eines Widerstandes bezeichnet man als **Leitwert *G*** ($G = 1/R$). Die Einheit lautet Siemens (S = A/V). Das bedeutet: In der Parallelschaltung ist der Gesamtleitwert G gleich der Summe der Teilleitwerte G_1, G_2 und G_3.

Abb. 4.27 zeigt die Berechnung des Gesamtwiderstandes der Schaltung in Abb. 4.25. Das Ergebnis zeigt:

In der Parallelschaltung ist der Gesamtwiderstand kleiner als der kleinste Teilwiderstand.

Mit jedem Verbraucher, der in einer Parallelschaltung zusätzlich angeschlossen wird, verringert sich der Gesamtwiderstand und erhöht sich die Gesamtstromstärke. Das kann zur Überlastung eines Stromkreises und möglicherweise zu einem Brand führen. Daher dürfen in einem Stromkreis – z. B. über die Steckdosen im 230-V-Netz des Betriebes oder des Haushaltes – nicht beliebig viele Verbraucher betrieben werden. Zum Schutz vor Überlastung enthalten diese Stromkreise deshalb Überstromschutzorgane (Sicherungen), die überhöhte Ströme unterbrechen (vgl. Abschnitt 4.4.5).

4.1.4 Elektrische Arbeit, Energie und Leistung

Beim Betrieb eines jeden elektrischen Gerätes wird elektrische Arbeit verrichtet, d. h. unter dem Einfluss der elektrischen Spannung werden elektrische Ladungen bewegt. Die verrichtete Arbeit ist umso größer, je höher die Spannung und je größer die Ladung ist. Die Formeln in Abb. 4.28 beschreiben diesen Zusammenhang.

Das Vermögen, Arbeit zu verrichten, bezeichnet man als Energie. Diese wird von den Energieversorgungsunternehmen bereitgestellt und muss vom „Verbraucher" bezahlt werden. Zur Ermittlung der entnommenen Energie sind – z. B. in allen Haushalten – Elektrizitätszähler installiert. Sie geben die genutzte elektrische Energie bzw. Arbeit in Kilowattstunden (kWh) an. Abb. 4.29 zeigt ein Beispiel.

Die Fähigkeit, eine Arbeit in einer bestimmten Zeit zu verrichten, bezeichnet man als Leistung. Wie Abb. 4.30 verdeutlicht, ist die Leistung umso größer, je schneller die Arbeit erledigt wurde.

$W = U \cdot Q$ bzw. $W = U \cdot I \cdot t$

W	Elektrische Arbeit in Ws (Wattsekunde)
U	Spannung in V
Q	Elektrische Ladung in As
I	Strom in A
t	Zeit in s

Abb. 4.28 Elektrische Arbeit

Beispiel: An einem Bildschirm (230 V/0,4 A) wird 5 Stunden gearbeitet. Wie viel elektrische Energie wird dabei umgesetzt?
Lösung: geg.: $U = 230$ V; $I = 0{,}4$ A; $t = 5$ h
ges.: W
$W = U \cdot I \cdot t$
$W = 230\ \text{V} \cdot 0{,}4\ \text{A} \cdot 5\ \text{h}$
$W = 460\ \text{VAh} = 460\ \text{Wh}$
$\mathbf{W = 0{,}46\ kWh}$

Abb. 4.29 Berechnung der elektrischen Arbeit

$P = \frac{W}{t}$ bzw. $P = U \cdot I$

P	Elektrische Leistung in W (Watt)
W	Elektrische Arbeit in Ws (Wattsekunde)
t	Zeit in s
U	Spannung in V
I	Strom in A

Abb. 4.30 Elektrische Leistung

Beispiel: Ein Bildschirm nimmt im Standby-Betrieb an der Spannung 230 V einen Strom von 50 mA auf. Wie groß ist seine Leistung?
Lösung: geg.: $U = 230$ V; $I = 0{,}05$ A
ges.: P
$P = U \cdot I$
$P = 230\ \text{V} \cdot 0{,}05\ \text{A}$
$\mathbf{P = 11{,}5\ W}$

Abb. 4.31 Berechnung der elektrischen Leistung

Auf einen Blick

- Ein Stromkreis besteht grundsätzlich aus einer Stromquelle und einem Verbraucher. Ist der Stromkreis geschlossen, fließt Strom durch den Verbraucher, z. B. eine Glühlampe. Dabei wird elektrische Energie in Licht- und Wärmeenergie umgewandelt.
- Strom, Spannung und der elektrische Widerstand sind wesentliche Größen eines Stromkreises.
  - Der Strom ist die gerichtete Bewegung freier Ladungsträger.
  - Die Spannung ist der Antrieb, der die gerichtete Bewegung der freien Ladungsträger – und damit den Strom – bewirkt.
  - Die Widerstände in einem Stromkreis bestimmen, wie hoch der Strom ist, der durch diesen Stromkreis fließt.
- In 230-V-Netzen werden die Verbraucher (Widerstände) parallel an die Stromquelle angeschlossen. Dabei verringert sich mit jedem zusätzlich angeschlossenen Verbraucher der Gesamtwiderstand. Wegen der damit verbundenen Erhöhung des Gesamtstroms besteht die Gefahr, den Stromkreis zu überlasten.

4.2 Elektrostatik

Einstiegssituation Computer enthalten empfindliche elektronische Schaltungen, z. B. CMOS-Schaltkreise (CMOS-ICs). Diese müssen mit besonderer Vorsicht behandelt werden. Das gilt sowohl bei Wartungs- und Instandsetzungsarbeiten als auch beim Transport und bei der Lagerung. Bereits das Berühren der Anschlüsse mit einem Finger kann zur Zerstörung des Schaltkreises führen. Die Ursache dafür sind elektrostatische Ladungen. Wie wirken sie?

4.2.1 Kräfte im elektrischen Feld

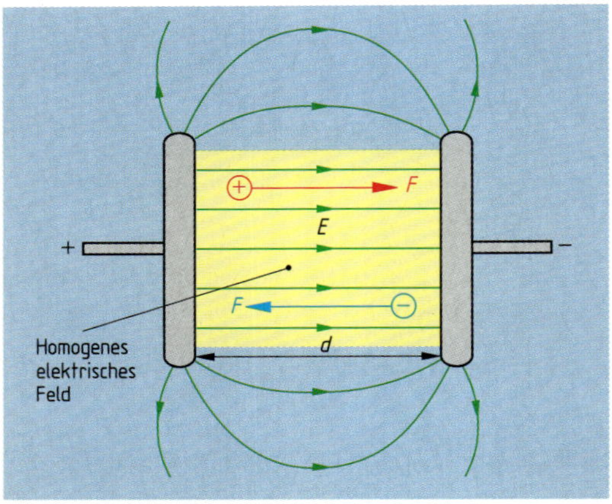

Abb. 4.32 Elektrisches Feld

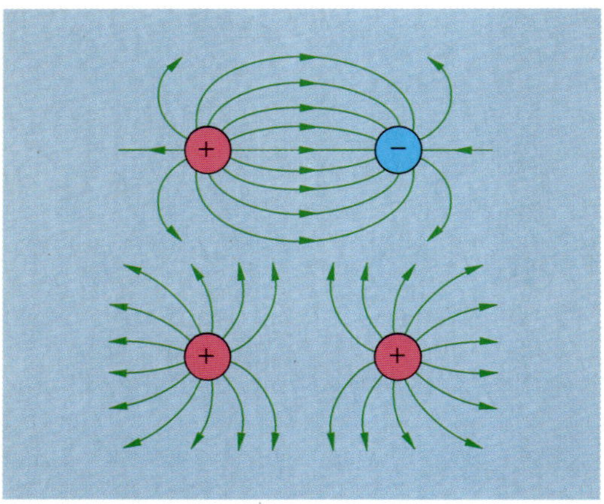

Abb. 4.33 Inhomogene elektrische Felder

$$F = E \cdot Q \quad \text{mit} \quad E = \frac{U}{d}$$

F	Kraft in N
E	elektrische Feldstärke in N/As = V/m
Q	elektrische Ladung in As
U	Spannung in V
d	Plattenabstand in m

Abb. 4.34 Berechnung der Kraft im elektrischen Feld

Um elektrische Ladungen herum bestehen elektrische Felder. In ihnen werden auf ruhende und bewegte Ladungen Kräfte ausgeübt. Abb. 4.32 zeigt ein Beispiel.

Zwei Metallplatten werden an eine Gleichspannung angeschlossen. Dadurch wird die mit dem Pluspol verbundene Platte positiv und die mit dem Minuspol verbundene Platte negativ geladen. Zwischen den Platten – genau betrachtet zwischen den ruhenden (statischen) Ladungen – besteht ein elektrisches Feld. Dessen Kräfte wirken längs bestimmter Linien, den so genannten Feldlinien. Dabei gilt:

> Elektrische Feldlinien stellen die Richtung der Kräfte dar, die im elektrischen Feld auf positive Ladungen einwirken.

Eine positive Ladung wird entsprechend Abb. 4.32 von der positiv geladenen Platte zur negativ geladenen Platte bewegt. Diese Kraftrichtung entspricht dem Feldlinienverlauf.

Die elektrischen Feldlinien (Abb. 4.32 und 4.33) treten nicht tatsächlich auf. Sie ermöglichen aber eine modellhafte Vorstellung des elektrischen Feldes, das mit menschlichen Sinnesorganen nicht direkt, sondern nur an seinen Wirkungen erkennbar ist. Deshalb wurden folgende Vereinbarungen getroffen:

Elektrische Feldlinien
- haben einen Anfang und ein Ende.
- verlaufen von der positiven zur negativen Ladung.
- treten senkrecht aus der Ladungsoberfläche aus oder ein.
- schneiden oder berühren sich nie.
- kennzeichnen die Stärke des Feldes; je dichter sie angeordnet sind, desto größer ist die Kraftwirkung.

Verlaufen die Feldlinien parallel und im gleichen Abstand, spricht man von einem **homogenen Feld** (Abb. 4.32), andernfalls von einem **inhomogenen Feld** (Abb. 4.33).

Die Kraft F in einem homogenen elektrischen Feld ist entsprechend Abb. 4.34 proportional von der elektrischen Feldstärke E und der Ladung Q abhängig. Dabei ist die elektrische Feldstärke E umso größer, je höher die anliegende Spannung U ist und umso geringer der Abstand d der Platten ist.

4.2.2 Die Durchschlagfestigkeit

Zwischen den Metallplatten in Abb. 4.35 befindet sich Luft, die im Normalfall wie ein Isolator wirkt. Überschreitet die elektrische Feldstärke E zwischen den Platten den der Luft entsprechenden Grenzwert, verliert diese ihre isolierende Eigenschaft und wird elektrisch leitend. Es kommt zu einem Durchschlag. Daher wird der Grenzwert als Durchschlagfestigkeit bezeichnet. Bei Luft beträgt der Grenzwert ca. 25 kV/cm.

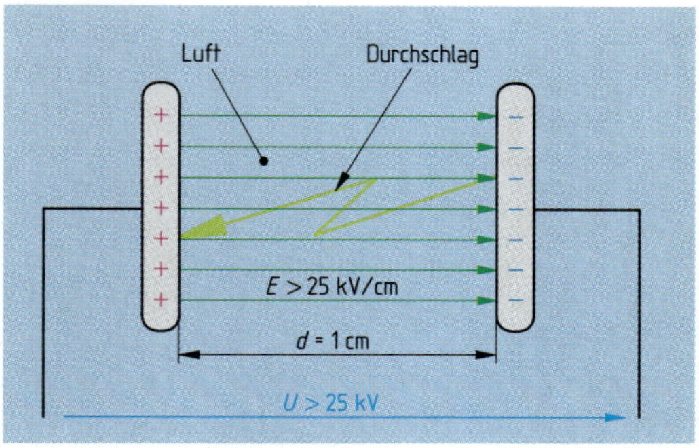

Abb. 4.35 Durchschlag bei Luft

Das bedeutet: Beträgt der Abstand d zwischen den Platten 1 cm und übersteigt die Spannung U 25 kV, kommt es zu einem Ladungsaustausch zwischen den Platten. Was geschieht bei einem Ladungsaustausch in Form eines Durchschlages?

Jeder Isolierstoff besitzt einige wenige freie Ladungsträger (Elektronen). Diese freien Elektronen werden innerhalb eines elektrischen Feldes beschleunigt bewegt. Dabei prallen sie auf Atome des Isolierstoffes. Bei einem Aufprall auf ein Atom werden Elektronen von diesem Atom gelöst, die wiederum auf andere Atome prallen usw. Diesen Vorgang nennt man Stoßionisation.

Die Durchschlagfestigkeit von Gasen (z. B. Luft) ist erheblich geringer als die von flüssigen und festen Isolierstoffen. So beträgt die Durchschlagfestigkeit von Papier etwa 40 kV/cm und die von Polystyrol bis zu 500 kV/cm. Warum beträgt sie bei Luft nur 25 kV/cm?

Die geringe Durchschlagfestigkeit von Gasen ergibt sich daraus, dass Gase nur eine geringe Dichte aufweisen. Dadurch sind die Abstände zwischen den Atomen größer. Also müssen die freien Elektronen längere Wege zurücklegen, bis sie auf ein Atom treffen. Dabei werden sie stärker beschleunigt und treffen somit mit einer höheren Aufprallgeschwindigkeit auf die Atome. Das wiederum verstärkt die Stoßionisation. Der Ladungsaustausch erfolgt bei niedrigeren Spannungswerten pro cm.

4.2.3 Zerstörung durch elektrostatische Ladungen

Abb. 4.36 links zeigt einen infolge eines Durchschlages zerstörten integrierten Schaltkreis (IC) in 400facher Vergrößerung. Die Zerstörung wurde durch eine leichte Berührung der Anschlüsse mit einem Finger hervorgerufen. Was ist dabei geschehen?

Abb. 4.36 Infolge eines Durchschlages zerstörtes IC (links), intaktes IC (rechts)

Wohl jeder hat schon einmal beim Berühren eines geerdeten Metallteils einen elektrischen „Schlag“ erhalten. Die Ursache dafür sind elektrostatische Aufladungen. Sie entstehen durch Reibung verschiedener Materialien gegeneinander, sofern kein sofortiger Ladungsaustausch erfolgen kann. So kann sich z. B. ein

Mensch beim Gehen über einen Teppichboden negativ aufladen, während sich der Teppich positiv auflädt (Abb. 4.37). Dabei können elektrische Felder entstehen, die Spannungswerte bis zu 30 000 V erreichen.

Die elektrostatische Entladung kann über einen Lichtbogen oder über einen leitenden Kontakt mit einem geerdeten Gegenstand erfolgen. Für den Menschen ist eine Entladung erst ab ca. 3500 V spürbar, ab ca. 4000 V hörbar und ab ca. 4500 V sichtbar. Dabei treten steile Stromimpulse mit Spitzenwerten von einigen 10 A auf. Bei beweglichen Möbeln (z. B. Laborwagen) können die Spitzenwerte sogar über 100 A betragen.

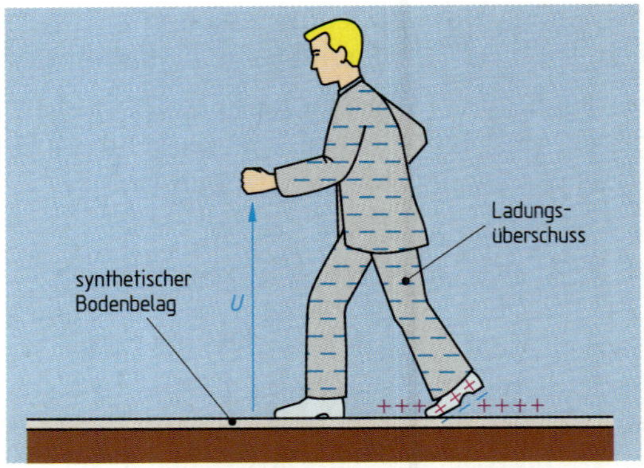

Abb. 4.37 Elektrostatische Aufladung eines Menschen

Die Zerstörung empfindlicher Halbleiterbauteile erfolgt mit erheblich geringeren Spannungswerten, z. B. bei

- ICs in P-FP (Plastic Flat Pack) und P-LCC (Plastic Leaded Chip Carrier) ab 20 V,
- Feldeffekttransistoren und EPROMs ab 100 V und
- Schottky-TTL-ICs ab 1000 V.

Häufig werden bei einer statischen Entladung Bauteile nicht vollständig zerstört, sondern nur beschädigt oder „gestresst". So geschädigte Bauteile versagen ihren Dienst oft erst nach Tagen, Wochen oder sogar Monaten. In den schlimmsten Fällen treten bei geschwächten Bauteilen z. B. durch Temperaturänderungen oder durch Erschütterungen vorübergehende Fehler auf. Diese sind nur schwer zu lokalisieren. Ihre Beseitigung erfordert viel Zeit und ist sehr teuer. Daher sollten beim Umgang mit elektrostatisch gefährdeten Bauteilen folgende Regeln beachtet werden:

- Gefährdete Bauteile sollten bis zur Verarbeitung in der Orginalpackung bleiben.
- Gefährdete Bauteile dürfen nur in hochohmig leitenden oder in antistatischen Behältnissen aufbewahrt und transportiert werden.
- Bei der Entnahme eines Bauteils aus der Verpackung sollte zuerst die Verpackung durch eine Berührung entladen werden. Erst dann darf das Bauteil herausgenommen werden.
- Beim Bestücken einer Platine sollte erst die Platine durch eine Berührung entladen werden. Erst dann darf das Bauteil eingesetzt werden.
- Die Bearbeitung der Bauteile darf nur an besonders eingerichteten Arbeitsplätzen erfolgen:
  - Die Lötkolbenspitzen müssen geerdet sein.
  - Die Arbeitstische und die Fußböden müssen antistatisch und ableitfähig sein.
  - Die Verarbeitung sollte auf Arbeitsmatten, die über ein Erdungsarmband fest mit der Haut verbunden sind, erfolgen.
  - Die Arbeitskleidung sollte aus Baumwolle sein und nicht aus aufladbaren Kunstfasern.
  - Die Schuhe sollten mit leitendem Material umhüllt werden.
- Zu Bildschirmen von Sichtgeräten sollte ein Mindestabstand von 10 cm eingehalten werden.

4.2.4 Abschirmung gegen elektrische Felder

Es ist hinreichend bekannt, dass bei einem Gewitter ein Kraftfahrzeug mit einer geschlossenen Metallkarosserie die Insassen gegen Blitzeinschlag schützt. Dieser Schutz besteht, weil das Fahrzeug wie ein „Faraday'scher Käfig" wirkt. Was bedeutet das?

Abb. 4.38 zeigt das Prinzip. Durch das elektrische Feld zwischen den Elektroden werden in der Käfigwand freie Elektronen in die Nähe der positiv geladenen Elektrode verschoben. Diese, als Influenz bezeichnete Ladungstrennung durch das elektrische Feld ist nur in leitenden Werkstoffen möglich.

Innerhalb des Käfigs hat sich durch die Influenz ebenfalls ein elektrisches Feld aufgebaut. Beide Felder sind gleich groß, jedoch entgegengesetzt gerichtet. Durch die Überlagerung dieser beiden Felder entsteht im Käfig ein feldfreier Raum. Das bedeutet:

Metallisch abgeschirmte Räume sind feldfrei.

Zur Abschirmung werden Metalle, wie z. B. Kupfer oder Aluminium, in Form von Geflechten, Bechern oder Gittern verwendet. Sie ermöglichen es, elektronische Schaltelemente sehr eng zusammenzubauen, da wegen der Abschirmung keine gegenseitige Beeinflussung erfolgen kann.

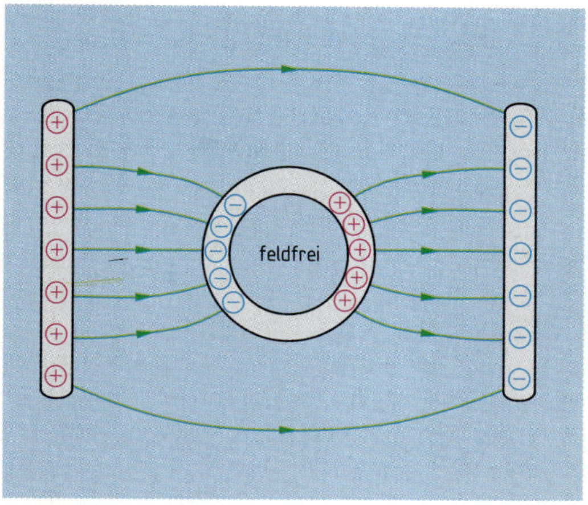

Abb. 4.38 Prinzip der Abschirmung gegen elektrische Felder

4.2.5 Der Kondensator

Die in Abb. 4.32 dargestellte Anordnung von zwei sich gegenüberliegenden, an eine Gleichspannung angeschlossenen Platten stellt im Prinzip den Aufbau eines Kondensators dar. In der Praxis entspricht der Aufbau Abb. 4.39. Zwei Metallfolien werden durch ein Dielektrikum, z. B. eine Kunststofffolie, voneinander isoliert zu einer Wickel aufgerollt. Die Wickel wird oft in einem mit Kunstharz vergossenem Becher oder einer Röhre untergebracht. Wie wirken Kondensatoren?

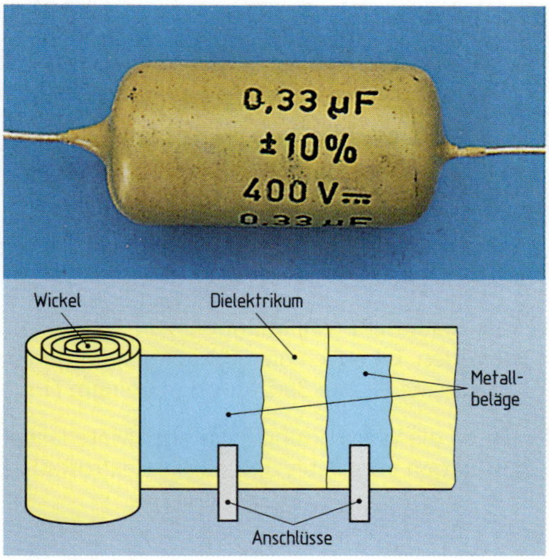

Abb. 4.39 Kondensator

Kondensatoren speichern Energie. Beim Laden wird sie aufgenommen, beim Entladen abgegeben.

Abb. 4.40 verdeutlicht das. Im ungeladenen Zustand sind die Platten neutral. An die Spannungsquelle angeschlossen, werden von der mit dem Pluspol verbundenen Platte Elektronen abgezogen und der mit dem Minuspol verbundenen Platte zugeführt. Die Platten erhalten unterschiedliche Ladungen. Diese Ladungstrennung erfolgt so lange, bis die Spannung am Kondensator gleich der an der Spannungsquelle ist.

Wird der Kondensator von der Spannungsquelle getrennt, behält er seine Ladung.

Wird z. B. eine den Kenndaten des Kondensators entsprechende Glühlampe an den Kondensator angeschlossen, entlädt er sich. Die Lampe leuchtet kurz.

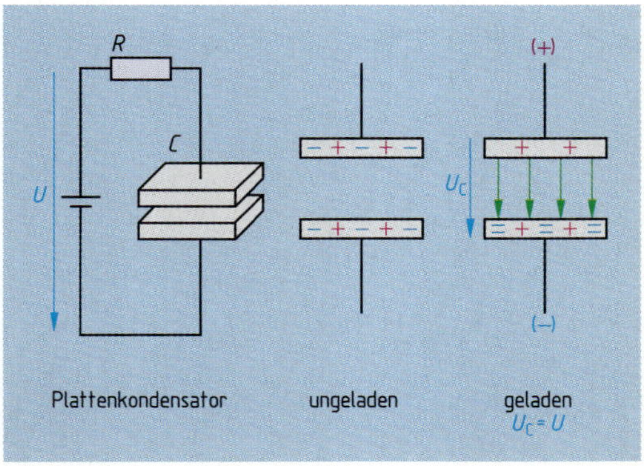

Abb. 4.40 Ungeladener und geladener Kondensator

Das Speichervermögen von Kondensatoren wird als **Kapazität** *C* bezeichnet. Die Einheit lautet **Farad (F)**. F gibt an, wie viele Ladungen ein Kondensator je Volt aufnimmt. Das bedeutet: Ein Kondensator mit $C = 1$ F nimmt an einer Spannung von 1 V die Ladung 1 As auf ($C = Q / U$; C in F = As/V). In der Praxis sind entsprechend Abb. 3.41 nur Teile von 1 F gebräuchlich.

Benennung		1 F	1 mF	1 µF	1 nF	1 pF
Farad	1 F =	1	10^{3}	10^{6}	10^{9}	10^{12}
Millifarad	1 mF =	10^{-3}	1	10^{3}	10^{6}	10^{9}
Mikrofarad	1 µF =	10^{-6}	10^{-3}	1	10^{3}	10^{6}
Nanofarad	1 nF =	10^{-9}	10^{-6}	10^{-3}	1	10^{3}
Picofarad	1 pF =	10^{-12}	10^{-9}	10^{-6}	10^{-3}	1

Abb. 4.41 Einheiten der Kapazität

Kondensatoren dienen u. a. dazu, die Informationen in dynamischen RAM-Bausteinen zu speichern. Ist der Kondensator aufgeladen, wird der Wert 1 gespeichert, beim ungeladenen Kondensator der Wert 0.

Eine andere Anwendung finden Kondensatoren bei der Spannungsversorgung von ICs. Bei einem kurzzeitigen Spannungseinbruch vonseiten des Netzteils erfolgt die Spannungsversorgung des ICs durch einen Kondensator.

Auf einen Blick

- Im Unterschied zu den bewegten Ladungen, die den elektrischen Strom bilden, handelt es sich bei elektrostatischen Ladungen um ruhende Ladungen.
- Für alle elektrischen Ladungen gilt: Um sie herum bestehen elektrische Felder. Diese üben auf elektrische Ladungen innerhalb der elektrischen Felder Kräfte aus.
- Die Ladungstrennungen erfolgen – gewünscht – in Kondensatoren, die in elektronischen Schaltungen als Energiespeicher wirken oder – ungewünscht – z. B. durch einen Menschen, der über einen nichtleitenden Teppich geht.
- Elektrostatische Aufladungen von Menschen oder Geräten können bis zu mehreren 10 000 V betragen. Erheblich niedrigere Aufladungen genügen, um empfindliche elektronische Bauteile z. B. durch eine leichte Berührung mit einem Finger zu zerstören.
- Durch die Verwendung leitfähiger Materialien, z. B. leitfähiger Kunststoffböden, werden elektrische Ladungen abgeleitet und damit elektrostatische Aufladungen verhindert.

4.3 Elektromagnetische Verträglichkeit (EMV)

Einstiegssituation Der Wunsch nach immer höheren Taktfrequenzen in der Computer-Welt hat zu immer kürzeren Schaltzeiten in digitalen Höchstgeschwindigkeitsschaltungen geführt. Verbunden damit ist, dass der Comuter ein in immer höherem Maße „strahlendes" Gerät wird und somit andere Geräte stören kann. Das wiederum verstößt gegen das EMV-Gesetz, nach dem diese – elektromagnetischen – Störungen weitgehend unterbunden werden müssen.

Was besagt das EMV-Gesetz? Wodurch werden Störungen verursacht und wie werden sie möglichst stark verringert oder sogar vermieden?

4.3.1 Das EMV-Gesetz

Von Elektromagnetischer Verträglichkeit (EMV) spricht man dann, wenn ein störungsfreier Betrieb von elektrischen Geräten nebeneinander möglich ist. Um dies zu erreichen, müssen bestimmte Anforderungen an das aktive und passive Störverhalten von Geräten gestellt werden. Daher hat bereits 1989 die Europäische Union eine EMV-Richtlinie herausgegeben. Auf ihr beruht das deutsche EMV-Gesetz (EMVG). Es legt fest:

> Elektrische Geräte müssen gegen elektromagnetische Störungen geschützt sein und sie dürfen selbst keine Störungen hervorrufen.

Weiterhin ist festgelegt, dass elektrische Geräte, die im Prinzip gegen Störungen empfindlich sein können oder Störungen hervorrufen können, mit dem CE-Kennzeichen (Abb. 4.42) versehen werden müssen. CE steht für Conformité Européenne.

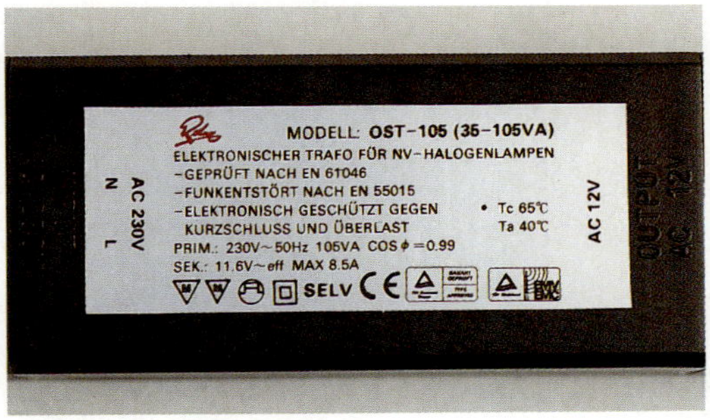

Abb. 4.42 CE-Kennzeichnung

Für diese Geräte gilt, dass sie nur in Verkehr gebracht werden dürfen, wenn der Hersteller die Übereinstimmung (Konformität) der Geräte mit den Vorschriften des EMVG durch

- eine EG-Konformitätserklärung bestätigt,
- die CE-Kennzeichnung auf dem Gerät anbringt und
- den Aussteller der Konformitätserklärung mit der Kennzeichnung oder in den Begleitpapieren angibt.

Abb. 4.43 zeigt die Wege zur Ausstellung der Konformitätserklärung auf. Dabei ist der Hersteller derjenige, der für den Entwurf und die Fertigung eines der EMV-Richtlinie unterliegenden Produktes verantwortlich ist oder aus bereits gefertigten Endprodukten ein neues Produkt erstellt oder ein Produkt verändert, umbaut oder anpasst. Dies gilt auch bei der Aufrüstung von PCs, z. B. beim Einbau einer anderen Festplatte, CPU usw. Was versteht man unter elektromagnetischen Störungen?

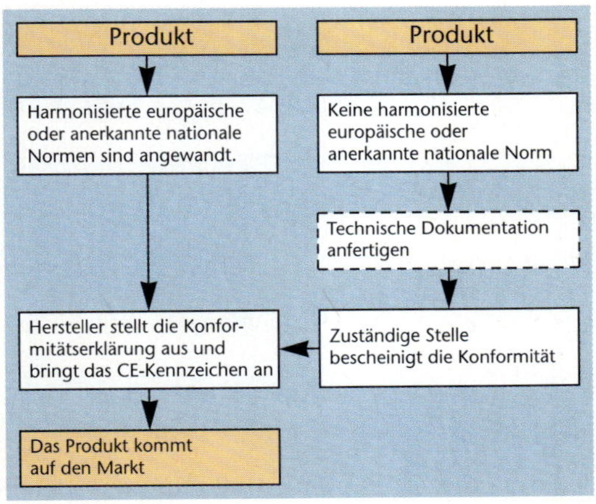

Abb. 4.43 Konformitätsbewertung nach dem EMV-Gesetz

Elektromagnetische Störungen sind Störungen durch elektrische und magnetische Felder. Elektrische Felder und mögliche Maßnahmen zur Verhinderung sind in Abschnitt 4.2 beschrieben. Wie wirken magnetische Felder?

Abb. 4.44 Versuchsaufbau

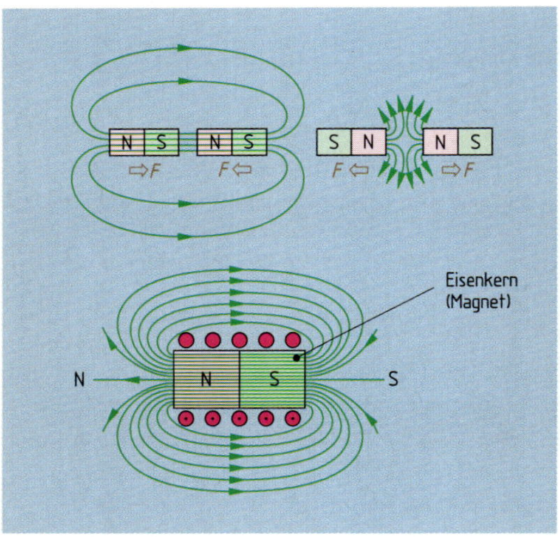

Abb. 4.45 Magnetische Feldlinien, Kraft im elektrischen Feld

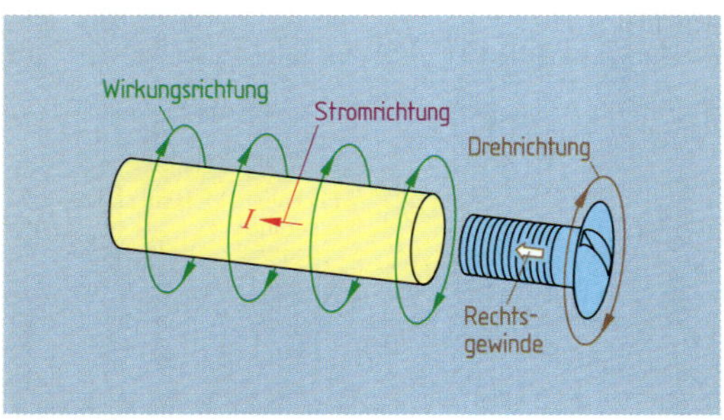

Abb. 4.46 Rechtsschraubenregel

4.3.2 Magnetische Felder

Fließt Strom durch einen Leiter, besteht um den Leiter ein Magnetfeld. Verdeutlichen lässt sich das mit einem Versuchsaufbau entsprechend Abb. 4.44. Dabei werden Magnetnadeln um einen Leiter herum angeordnet.

Fließt kein Strom, richten sich die Magnetnadeln entsprechend dem Erdmagnetfeld aus. Bei Stromfluss durch den Leiter richten sich die Magnetnadeln um den Leiter herum kreisförmig aus. Das bedeutet:

! Um einen stromdurchflossenen Leiter besteht ein Magnetfeld. Der Raum, in dem magnetische Kräfte wirken, wird als magnetisches Feld bezeichnet.

Die Wirkungsrichtungen der magnetischen Kräfte lassen sich an der Richtung der Magnetnadeln erkennen. Der kreisförmige Verlauf um den stromdurchflossenen Leiter wird durch magnetische Feldlinien anschaulich dargestellt.

Die magnetischen Feldlinien (Abb. 4.45) treten – wie die elektrischen Feldlinien – nicht tatsächlich auf. Sie ermöglichen aber eine modellhafte Vorstellung des magnetischen Feldes, das nur an seinen Wirkungen erkennbar ist. Deshalb wurden folgende Vereinbarungen getroffen:

Magnetische Feldlinien

- sind – im Unterschied zu elektrischen Feldlinien – in sich geschlossen.
- treten am Nordpol des Magneten aus und am Südpol des Magneten ein.
- verlaufen innerhalb des Magneten vom Südpol zum Nordpol.
- treten senkrecht aus oder ein.
- schneiden oder berühren sich nie.
- kennzeichnen die Stärke des Feldes; je dichter sie angeordnet sind, desto größer ist die Kraftwirkung.

Verlaufen die Feldlinien parallel und im gleichen Abstand, spricht man von einem homogenen Feld, andernfalls von einem inhomogenen Feld.

Ändert sich die Stromrichtung durch den Leiter in Abb. 4.44, drehen sich alle Magnetnadeln in die entgegengesetzte Richtung. Die Wirkungsrichtung der magnetischen Kräfte ist also von der Stromrichtung abhängig. Die Beziehung zwischen Stromrichtung und der Feldrichtung ist durch die Schraubenregel in Abb. 4.46 festgelegt: Wird eine rechtsgängige Schraube in Stromrichtung gedreht, dann gibt die Drehrichtung der Schraube die Richtung des magnetischen Feldes bzw. der Feldlinien an.

Die Stärke von Magnetfeldern wird mit der **magnetischen Flussdichte *B*** beschrieben. Die Einheit lautet **Tesla** (T = Vs / m²). In der Praxis wird meist µT (Mikrotesla) verwendet. Abb. 4.47 zeigt einige Beispiele. So beträgt z. B. das Magnetfeld eines Monitors im Abstand von 3 cm weniger als 10 µT, im Abstand von einem Meter nur noch maximal 0,03 µT. Das bedeutet: Mit zunehmendem Abstand vom Gerät nimmt das Magnetfeld ab.

Gerät	Stärke des Magnetfeldes im Abstand von	
	3 cm	1 m
Computer	< 3 µT	< 0,01 µT
Monitor	< 10 µT	< 0,03 µT
Fernsehgerät	< 50 µT	< 0,15 µT
Leuchtstofflampe	< 400 µT	< 0,25 µT
El. Bohrmaschine	< 800 µT	< 0,2 µT
El. Dosenöffner	< 2000 µT	< 1 µT

Abb. 4.47 Magnetische Felder von Elektrogeräten

In den Anschlussleitungen (Hin- und Rückleitung) eines Gerätes erzeugt der Wechselstrom in jeder Ader ebenfalls ein Magnetfeld. Da die Stromrichtungen in beiden Adern entgegengesetzt sind, heben sich die Magnetfelder – aufgrund des geringen Abstandes der Leitungen voneinander – weitgehend auf. Sind dagegen Hin- und Rückleitung in einem größeren Abstand montiert, wie z. B. bei Halogenlampen oder bei Hochspannungsfreileitungen, wirkt ein erheblich stärkeres Magnetfeld.

Das gesamte elektromagnetische Spektrum reicht vom Wechselstrom über Rundfunk- und Mikrowellen bis hin zur Infrarot- und UV-Strahlung und zur radioaktiven Gammastrahlung. Mit zunehmender Frequenz erfolgt eine enge Verbindung zwischen elektrischem und magnetischem Feld zum elektromagnetischen Feld.

4.3.3 Störungen durch elektromagnetische Felder

Beim Schalten von niederfrequenten Spannungen und von Gleichspannung, z. B. mit Schaltnetzteilen oder Thyristoren, treten hochfrequente Felder als elektromagnetische Störungen auf. Weiterhin bestehen störende hochfrequente Felder in der Funktechnik beim Erzeugen hochfrequenter Spannungen. Das heißt:

Elektrische Betriebsmittel zum Schalten und die Erzeuger hochfrequenter Spannungen sind elektromagnetische Störquellen.

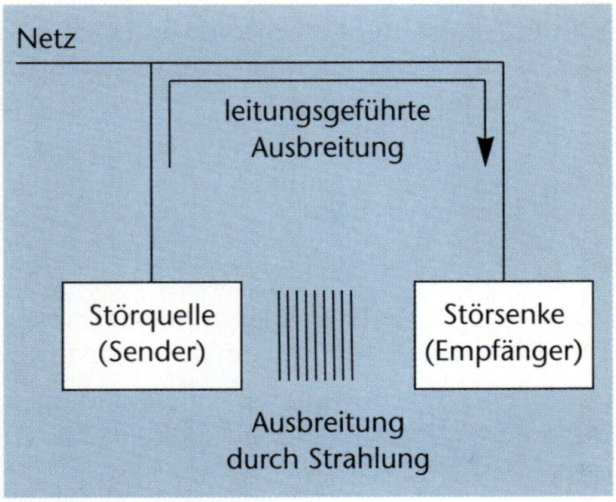

Abb. 4.48 Ausbreitung von Störungen

Störquellen bzw. Sender elektromagnetischer Störungen beeinflussen andere elektrische Geräte. Diese sind die Empfänger, die auch als Störsenken bezeichnet werden. Die Ausbreitung der Störfelder von der Quelle zur Senke kann entsprechend Abb 4.48 über Leitungen – als so genannte leitungsgeführte Ausbreitung – oder durch Strahlung erfolgen.

Über Leitungen oder durch Strahlung breiten sich Störfelder mit Frequenzen bis etwa

30 MHz aus. Störfelder mit höheren Frequenzen breiten sich ausschließlich als Strahlung bzw. elektromagnetische Wellen aus.

Bei der leitungsgeführten Ausbreitung unterscheidet man entsprechend Abb. 4.49 drei Kopplungsarten:

Die galvanische Kopplung	Die kapazitive Kopplung	Die induktive Kopplung
mit gemeinsamen Leitungswegen von Quellstromkreis und Senkenstromkreis	über elektrostatische Felder	über magnetische Felder
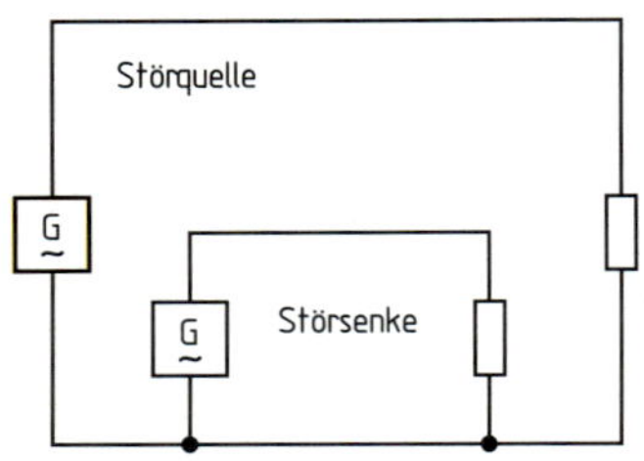	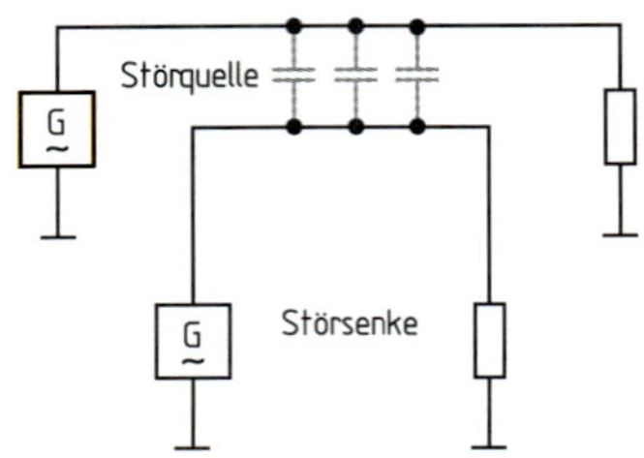	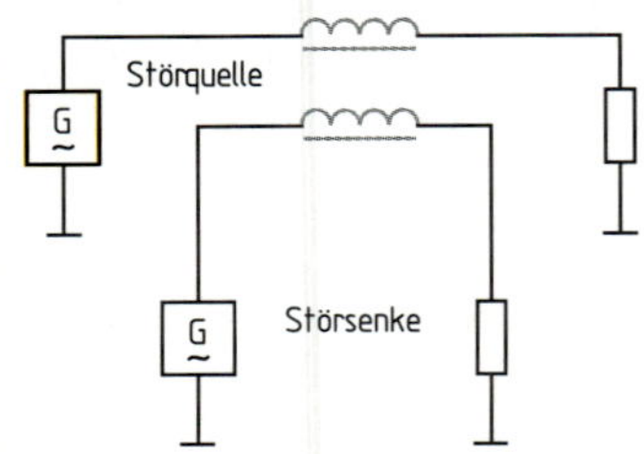
Verminderung durch • kurze gemeinsame Leitungen • galvanische Trennung der Leitungen • ausreichende Leitungsquerschnitte	Verminderung durch • kurze gemeinsame Leiterführung • große Abstände zwischen den Leitern • elektrische Abschirmung der Leiter	Verminderung durch • große Abstände zwischen den Leitern • Verdrillung und magnetische Abschirmung der Leiter • kleine Leiterschleifen

Abb. 4.49 Leitungsgeführte Kopplungsarten

Galvanische Kopplungen entstehen, wenn verschiedene Stromkreise über gemeinsame Leitungsabschnitte verlaufen. Das ist häufig bei Masse- und Erdleitungen sowie bei Stromversorgungsleitungen für mehrere Baugruppen der Fall. Die Intensität der Störung wird durch die Leitungsimpedanz und den störenden Strom bestimmt.

Kapazitive Kopplungen entstehen über Streukapazitäten, die praktisch zwischen allen Leitern bestehen. Die Intensität der Störung wird durch die Impedanz des Systems und die Höhe der Spannung zwischen der Störquelle und der Störsenke bestimmt.

Die induktive Kopplung erfolgt über die Gegeninduktivität zwischen Stromkreisen und ist wesentlich von der Anordnung der Leiter abhängig.

Strahlung entsteht durch Ströme und Spannungen, die sich mit hoher Frequenz verändern. Diese sich schnell verändernden Ströme und Spannungen erzeugen sich schnell verändernde elektrische und magnetische Felder, die senkrecht aufeinander stehen, sich gegenseitig aufbauen und im Raum ausbreiten.

Als Ursprung von Störgrößen – bzw. als potenzielle Störquellen – sind alle elektromagnetischen Vorgänge zu betrachten. Diese sind wie folgt eingeteilt:

Natürliche Störquellen: Atmosphärische Entladungen, Elektrostatische Entladungen, Rauschen.

Künstliche Störquellen: Elektromagnetische Vorgänge, die mit einem Energieumsatz verbunden sind. Dazu gehört auch der nukleare elektromagnetische Puls (NEMP) bei Kernexplosionen.

Schmalbandige Störquellen: Störspannungen mit einem schmalen Frequenzbereich, z. B. Rundfunksender, HF-Generatoren, Geräte für die HF-Chirurgie.

Breitbandige Störquellen: Störspannungen mit einem breiten Frequenzbereich, z. B. Blitzentladungen (LEMP) oder gemäß Abb. 4.50.

Breitbandige Störquellen (Beispiele)			
Leitungsgeführte Ausbreitung		Ausbreitung durch Strahlung	
Störquelle	Frequenzspektrum in MHz	Störquelle	Frequenzspektrum in MHz
Leuchtstofflampen	0,1 bis 3	Bistabile (Speicher-) Schaltungen	0,015 bis 400
EDV-Anlagen	0,05 bis 20	Thermostat-Kontakte	30 bis 1 000
Netzschalter	0,5 bis 25	Motor	0,01 bis 0,4
Leistungsschalter-kontakte	10 bis 20	Schaltlichtbogen	30 bis 200
Schütze, Relais	0,05 bis 20	Leistungs-Schaltkreise	0,1 bis 300

Abb. 4.50 Breitbandige Störquellen

Bei Hochfrequenzerzeugern treten oft große hochfrequente Leistungen auf. Typische Geräte sind u. a. Schaltnetzteile und Mikrowellenherde. Für sie wurden entsprechend Abb. 4.51 eigene Frequenzen reserviert, auf denen sie ohne Entstörung betrieben werden dürfen. Die Genehmigung erfolgt durch die Telekom.

Arbeitsfrequenz in MHz	Zulässige Abweichung in %	in MHz
13,56	± 0,05	± 0,0068
27,12	± 0,6	± 0,163
40,68	± 0,05	± 0,02
433,92	± 0,2	± 0,868
2450,00	± 2,04	± 50

Abb. 4.51 Arbeitsfrequenzen (Auswahl)

4.3.4 Maßnahmen zur Entstörung

Bei der Entstörung einer Störquelle oder einer Störsenke wird die Störspannung, die die Störung verursacht, verringert. Dabei wird die Entstörung bevorzugt an der Störquelle vorgenommen, da auf diese Weise weniger Störspannung durch Strahlung übertragen wird.

Die Entstörung erfolgt mit Kondensatoren. Um die zwischen den Netzleitern L1 und N bestehende symmetrische Störspannung, auch Gegentaktstörspannung genannt, kurzzuschließen, werden sie parallel an das Netz angeschlossen.

Zur Verringerung der symmetrischen Störspannung werden Kondensatoren parallel zur Störquelle oder zur Störsenke geschaltet.

Bei vielen Störquellen ist das Gehäuse z. B. über einen Schutzleiter mit der Erde verbunden. Wegen der Isolierung besteht häufig eine kapazitive Verbindung zwischen der Störquelle und dem Gehäuse. Deshalb kann zwischen den Netzleitern und der Erde eine weitere Stör-

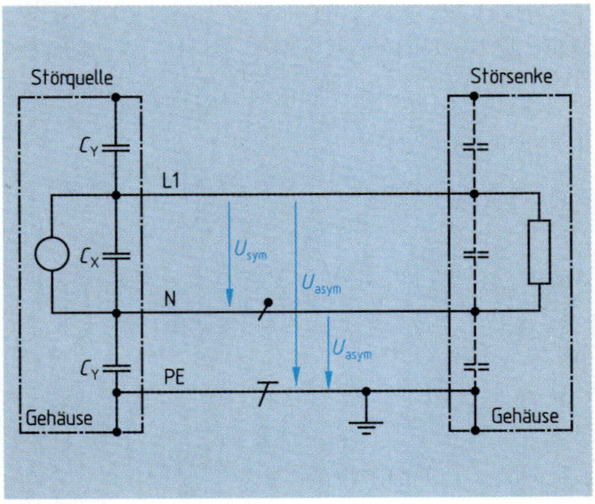

Abb. 4.52 Störspannungen

spannung auftreten. Diese wird als asymmetrische Störspannung oder Gleichtaktstörspannung bezeichnet. Kurzgeschlossen wird sie mit Kondensatoren, die entsprechend Abb. 4.52 zwischen die Netzleiter (L1 und N) und das Gehäuse (PE bzw. PEN) geschaltet werden.

Entstörkondensatoren

Zur Entstörung werden spezielle Entstörkondensatoren verwendet. Dabei unterscheidet man zwischen X-, Y- und XY-Kondensatoren:

X-Kondensatoren werden dort eingesetzt, wo ihr Ausfall durch Kurzschluss nicht zu einem gefährlichen elektrischen Schlag führen kann. Dabei werden zwei Klassen unterschieden:

- Klasse X1: Einsatz bei Spitzenspannungen über 1200 V (entspr. Herstellerangaben)
- Klasse X2: Einsatz bei Spitzenspannungen bis 1200 V.

Y-Kondensatoren sind meist für Wechselspannungen bis 250 V ausgelegt. Sie verfügen über eine erhöhte elektrische und mechanische Sicherheit, durch die Kurzschlüsse im Kondensator ausgeschlossen werden sollen.

XY-Kondensatoren sind eine Kombination von X-Kondensatoren und Y-Kondensatoren.

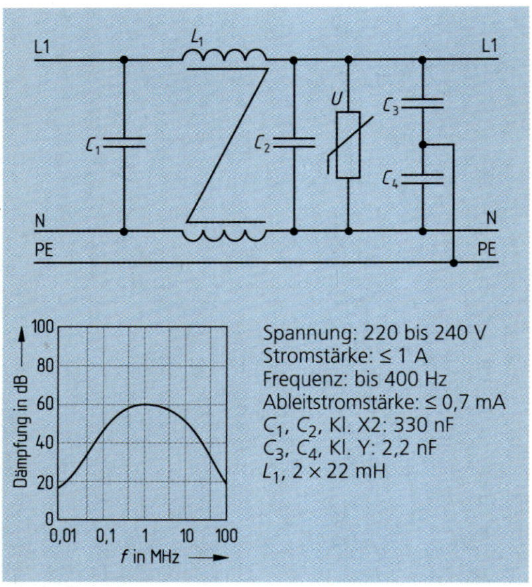

Abb. 4.53 Netzfilter

Filterschaltungen

Häufig werden zur Entstörung komplette Netzfilter verwendet, die z. B. bereits in ICE-Steckverbindern integriert sind oder so ausgelegt sind, dass sie direkt auf ein Chassis oder eine Leiterplatte montiert werden können. Allgemein gilt:

> Netzfilter werden am Netzanschluss der Störquelle und am Netzanschluss der Störsenke eingebaut.

Die Filterschaltungen weisen neben Kondensatoren häufig auch Widerstände und Induktivitäten auf. Abb. 4.53 zeigt den Stromlaufplan und die technischen Daten eines Einphasen-Netzfilters mit Schutz vor kurzzeitigen Überspannungen.

Neben Netzfiltern gibt es Filterschaltungen für Datenleitungen. Sie sind z. B. in D-Steckverbindern integriert. Die Filterung erfolgt dabei z. B. durch 1 nF-Kondensatoren, die von jedem Kontakt gegen Masse (Stecker- bzw. Kupplungsgehäuse) geschaltet sind. Abb. 4.54 zeigt ein Beispiel.

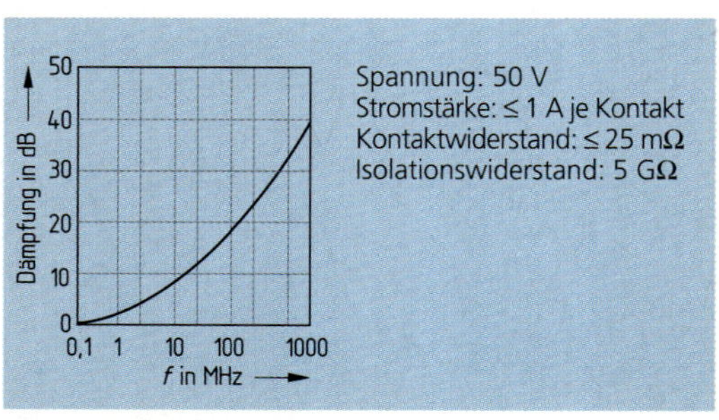

Abb. 4.54 Filter für Datenleitungen

EMV für Datenverarbeitungsanlagen

Datenverarbeitungsanlagen müssen – besonders zum Schutz der Daten – gegen elektromagnetische Felder und gegen Blitzeinschlag geschützt werden. Dabei werden Schutzzonen unterschieden:

Schutzzone 3: Diese Zone bietet Schutz gegen direkte Blitzeinschläge und elektromagnetische Felder. Hier sollte sich der Datenspeicher befinden.

Schutzzone 2: Diese Zone bietet Schutz gegen direkten Blitzeinschlag, elektromagnetische Felder sind stark abgeschwächt. In dieser Zone sollten daher wichtige Computer wie z. B. Server installiert sein.

Schutzzone 1: Diese Zone ist ebenfalls direkt gegen Blitzeinschlag geschützt und elektromagnetische Felder sind abgeschwächt. Dieser Schutz reicht z. B. für nachgeordnete Computer aus.

Normen

Normen sollen allgemein gültige und anerkannte Festlegungen treffen, deren Anwendung u. a. die Qualitätssicherung fördert. Als so genannte „anerkannte Regeln der Technik" bilden sie insbesondere bei sicherheitstechnischen Festlegungen einen Maßstab für einwandfreies technisches Verhalten. Wesentliche Normen zur EMV sind in der folgenden Liste aufgeführt.

DIN VDE 0787 enthält Vorschriften für Geräte der Fernmeldetechnik und für informationstechnische Einrichtungen.
DIN VDE 0838 enthält Ausführungen zu Netzrückwirkungen von Geräten mit einer Stromaufnahme bis zu 16 A.
DIN VDE 0839-10 enthält Festlegungen zur Störfestigkeit mit Ausführungen die bestimmungsgemäße Art des Einsatzes, den Anforderungsgrad an die Verfügbarkeit des Gerätes und die Folgen einer Fehlbedienung.
DIN VDE 843-4 enthält Ausführungen zur Störfestigkeit für Mess-, Steuer- und Regeleinrichtungen. Die Norm ist identisch mit IEC 801-4.
DIN VDE 0871 macht Angaben zu Grenzwerten der Emission, ihren Messungen und dem Genehmigungsverfahren für Hochfrequenzgeräte für industrielle, wissenschaftliche, medizinische und ähnliche Zwecke im Frequenzbereich von 10 kHz bis 1 GHz.
DIN VDE 0875 umfasst in drei Teilen Geräte und Anlagen für den Hausgebrauch, Leuchten und besondere elektrische Betriebsmitttel, die breitbandige Störungen im Frequenzbereich von 150 kHz bis 300 MHz erzeugen.
DIN VDE 0876 und 0877 enthalten Festlegungen zur Funkentstörung und zur Begrenzung der Störaussendung in Bereichen der Messtechnik.
IEC 555 enthält Angaben zu Netzrückwirkungen.
IEC 801 enthält Ausführungen über die Entladung statischer Elektrizität und die Störfestigkeit gegen elektromagnetische Felder.
EN 55024-4 enthält Festlegungen für Testspannungen von 1000 V für Netzleitungen und 500 V für Daten-, Signal- und Steuerleitungen.
EN 55082-1 enthält Ausführungen zur Störfestigkeitsuntersuchung für elektrische Geräte, Systeme und Einrichtungen.

Auf einen Blick

- Im EMV-Gesetz ist festgelegt, dass ein Gerät in der elektromagnetischen Umwelt zufrieden stellend arbeiten muss, ohne dabei selbst elektromagnetische Störungen zu verursachen. Alle elektrischen Geräte, die im Prinzip gegen Störungen empfindlich sein können oder Störungen hervorrufen können, müssen mit dem CE-Kennzeichen versehen werden.
- Elektromagnetische Störungen entstehen z. B. beim Schalten von Spannungen oder beim Erzeugen hochfrequenter Spannungen. Die Ausbreitung dieser Störungen kann über Leitungen oder durch Strahlung erfolgen.
- Die Entstörung erfolgt z. B. mithilfe spezieller Entstörkondensatoren oder durch Abschirmung. Vorzugsweise wird die Entstörung an der Störquelle vorgenommen, da auf diese Weise weniger Störspannung durch Strahlung übertragen wird.

4.4 Elektroinstallation im Wechselstromnetz

Einstiegssituation In IT-Betrieben erfolgt die elektrische Energieversorgung – ebenso wie in anderen Betrieben und in Haushalten – über das Wechselstromnetz. Dazu wird z. B. der PC direkt über die Steckdose an das Netz angeschlossen oder ein Akkumulator, der den Computer versorgt, muss immer wieder mithilfe des Wechselstromnetzes aufgeladen werden. Neben allen weiteren Anschlüssen über Steckdosen erfolgt auch die Beleuchtung über dieses Netz, jedoch in den meisten Fällen durch eine feste, nicht sichtbare Schaltung.

Wie sind 230-V-Netzsysteme aufgebaut? Wie lassen sich in diesen Systemen Lampen ein- und ausschalten, wie erfolgt die Verlegung der Leitungen und wie werden sie vor zu hohen Strömen geschützt?

4.4.1 Wechselspannung und Wechselstrom

In sehr vielen Bereichen der Elektrotechnik werden Wechselspannungen und Wechselströme eingesetzt. So erfolgt die elektrische Energieversorgung für Haushalte und für Betriebe über Wechselstromnetze. Welche Merkmale weisen Wechselspannungen und Wechselströme auf?

Die uns über das Energieversorgungsnetz zu Verfügung stehenden Wechselspannungen und Wechselströme entstehen prinzipiell durch eine gleichmäßige Drehung einer Leiterschleife in einem Magnetfeld. Praktisch alle Generatoren der Energieversorgung arbeiten nach diesem Prinzip und erzeugen so sinusförmige Wechselspannungen.

Abb. 4.55 zeigt, wie mithilfe des Zeigerdiagramms (links) und des Liniendiagramms (rechts) eine Wechselspannung dargestellt wird. Für Ströme gelten die gleichen, im Folgenden beschriebenen Regeln und Gesetzmäßigkeiten.

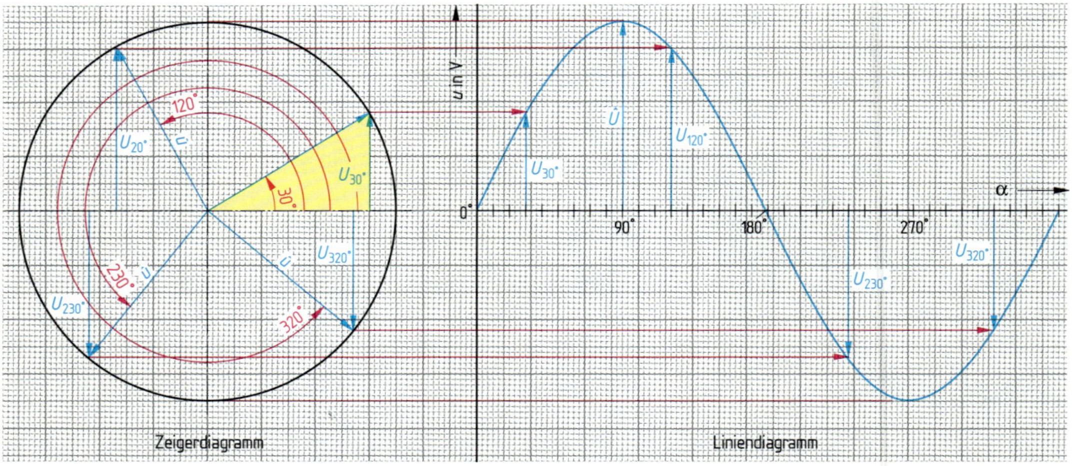

Abb. 4.55 Zeiger- und Liniendiagramm einer sinusförmigen Wechselspannung

Momentanwert und Maximalwert

Die sinusförmige Wechselspannung ändert ihre Größe und Richtung in Abhängigkeit vom Drehwinkel α periodisch, d. h. immer in der gleichen Weise. So gehört zu dem Drehwinkel von 30° ein ganz bestimmter Spannungswert $u_{30°}$. Dieser Wert wird als Momentanwert bezeichnet. Da die Abhängigkeit vom Drehwinkel auch die Abhängigkeit von der Zeit beinhaltet (Abb. 4.56), gilt:

> Der **Momentanwert** ist der Wert einer Spannung oder eines Stromes zu einem bestimmten Zeitpunkt.

Die Kennzeichnung zeitabhängiger Größen erfolgt mit Kleinbuchstaben (u, i). Der Momentanwert steigt zunächst mit zunehmendem Drehwinkel, bis bei 90° der Maximalwert $\hat{u}$ erreicht ist. Statt Maximalwert werden auch die Begriffe Scheitelwert oder Spitzenwert verwendet.

Nach Überschreiten des Maximalwertes verringern sich die Momentanwerte, bis sie bei 180° den Wert 0 erreicht haben. Die positive Halbwelle ist damit abgeschlossen. In der sich anschließenden negativen Halbwelle weisen die Spannungsvektoren in die entgegengesetzte Richtung, d. h. die Spannung ist umgepolt.

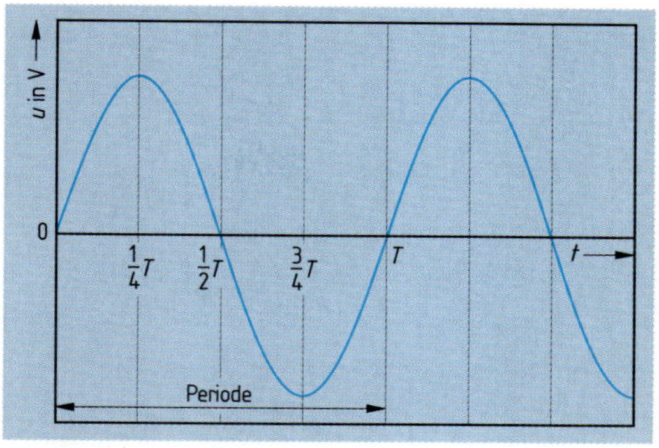

Abb. 4.56 Periodendauer T

Periodendauer, Frequenz

Nach 360° (Abb. 4.55) bzw. der Zeit 1 T (Abb. 4.56) ist eine Schwingung vollzogen.

> Die vollständige sinusförmige Schwingung einer Wechselspannung oder eines Wechselstromes bezeichnet man als Periode.

Bekannterweise arbeiten unsere Energieversorgungsunternehmen mit einer Frequenz von $f = 50$ Hz. Entsprechend Abb. 4.57 ergibt sich damit eine Periodendauer von $T = 20$ ms. Allgemein gilt:

$$f = \frac{1}{T}$$

f Frequenz in 1/s = Hz (Hertz)
T Periodendauer in s

Beispiel: Wie lange dauert eine Periode der 50-Hz-Netzwechselspannung?
Lösung: geg.: $f = 50$ Hz; ges.: T

$$T = \frac{1}{f} = \frac{1}{50\text{ Hz}}$$

$\mathbf{T = 20}$ **ms**

Abb. 4.57 Berechnung der Frequenz bzw. Periodendauer

> Als Frequenz bezeichnet man die Anzahl der Perioden pro Sekunde.

Die Einheit der Frequenz lautet Hertz (Hz). Abb. 4.58 zeigt Vielfache zur Handhabung großer Frequenzwerte.

Benennung	Hz	kHz	MHz	GHz
Hertz: 1 Hz =	1	10^{-3}	10^{-6}	10^{-9}
Kilohertz: 1 kHz =	10^{3}	1	10^{-3}	10^{-6}
Megahertz: 1 MHz =	10^{6}	10^{3}	1	10^{-3}
Gigahertz: 1 GHz =	10^{9}	10^{6}	10^{3}	1

Abb. 4.58 Vielfache der Einheit Hertz

Anwendungsbereiche sind:

- Bahnstromversorgung: 16 2/3 Hz
- Energieversorgung: 50 Hz
- Tonfreqenz: 15 Hz ... 20 kHz
- Rundfunk: 150 kHz ... 108 MHz
- Fernsehen (VHF, UHF): 47 MHz ... 606 MHz
- Richtfunk, Radar: ca. 300 MHz ... 300 GHz

Der Effektivwert

Die von den Energieversorgungsunternehmen zur Verfügung gestellte Wechselspannung wird mit 230 V angegeben. Dieser Wert ist der Effektivwert. Was heißt das?

$$U = \frac{\hat{u}}{\sqrt{2}} \qquad I = \frac{\hat{\imath}}{\sqrt{2}}$$

U Effektivwert der Spannung in V
$\hat{u}$ Maximalwert der Spannung in V
I Effektivwert des Stromes in A
$\hat{\imath}$ Maximalwert des Stromes in A

Beispiel: Wie groß ist der Maximalwert der 230-V-Wechselspannung?

Lösung: geg.: $U = 230$ V; ges.: $\hat{u}$

$\hat{u} = U \cdot \sqrt{2}$

$\hat{u} = 230\ V \cdot \sqrt{2}$

$\boldsymbol{\hat{u} = 325{,}27\ V}$

Abb. 4.59 Effektivwert

Der Effektivwert ist der Spannungswert, der bei Wechselspannung die gleiche Leistung bewirkt wie bei Gleichspannung.

Das bedeutet, dass z. B. eine Glühlampe mit der Aufschrift 100 W / 230 V an einer Wechselspannung mit dem Effektivwert $U = 230$ V die Leistung P = 100 W umsetzt – ebenso wie an einer Gleichspannung von 230 V.

Abb. 4.59 zeigt den Zusammenhang zwischen Effektivwert U und Maximalwert $\hat{u}$. Danach beträgt der Maximalwert unserer 230 V-Wechselspannung über 325 V.

Die Erzeugung von Wechselstrom

Die Erzeugung der Wechselspannung in den Energieversorgungsunternehmen erfolgt mit Drehstromgeneratoren. Abb. 4.60 zeigt den prinzipiellen Aufbau. Mit einem rotierenden Magneten wird in drei feststehenden Wicklungen eine Dreiphasenwechselspannung erzeugt.

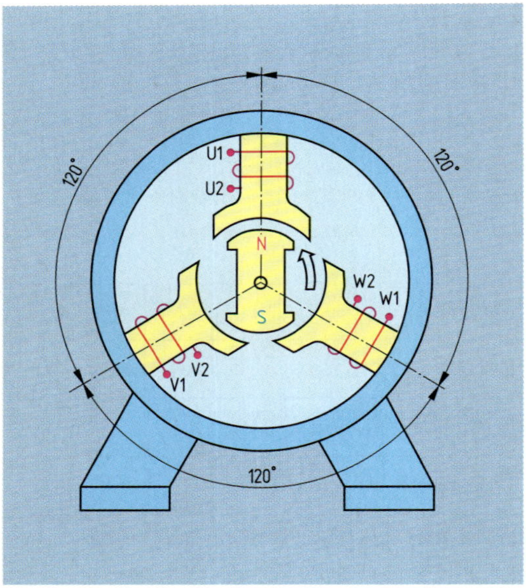

Abb. 4.60 Modell eines Drehstromgenerators

Abb. 4.61 zeigt das Zeigerdiagramm (links) und das Liniendiagramm (rechts) einer Dreiphasenwechselspannug. Dabei handelt es sich um drei Wechselspannungen U_{1N}, U_{2N} und U_{3N}. Alle drei Spannungen sind gleich groß und weisen die gleiche Frequenz auf. Allerdings sind die Spannungen um 120° phasenverschoben.

Dreiphasenwechselspannung besteht aus drei gleich großen, um 120° phasenverschobenen Wechselspannungen mit der gleichen Frequenz.

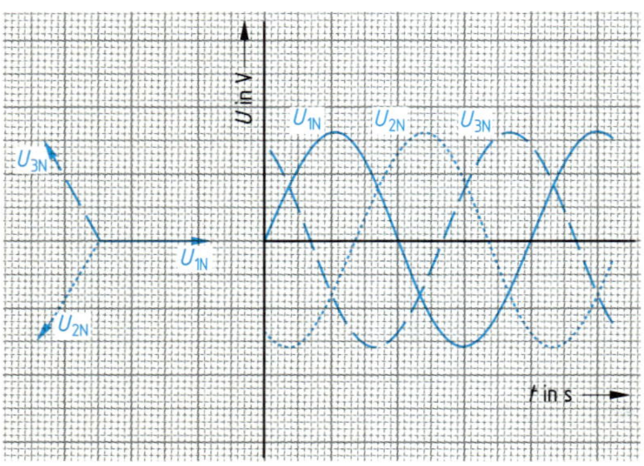

Abb. 4.61 Spannungsverlauf im Drehstromnetz

Die durch den Drehstromgenerator erzeugten Spannungen werden entsprechend Abb. 4.62 zu einem Dreiphasen-Vierleiter-Netz zusammengeschaltet. Das geschieht, wie die Darstellung links verdeutlicht, indem je eine Seite der Wicklungen zu einem Sternpunkt zusammengefasst wird. Dieser wird als Neutralleiter N weitergeführt. Die anderen Enden der Wicklungen bilden die Außenleiter mit den Bezeichnungen L1, L2 und L3. Das rechte Bild zeigt die übliche und im weiteren Verlauf verwendete Darstellung.

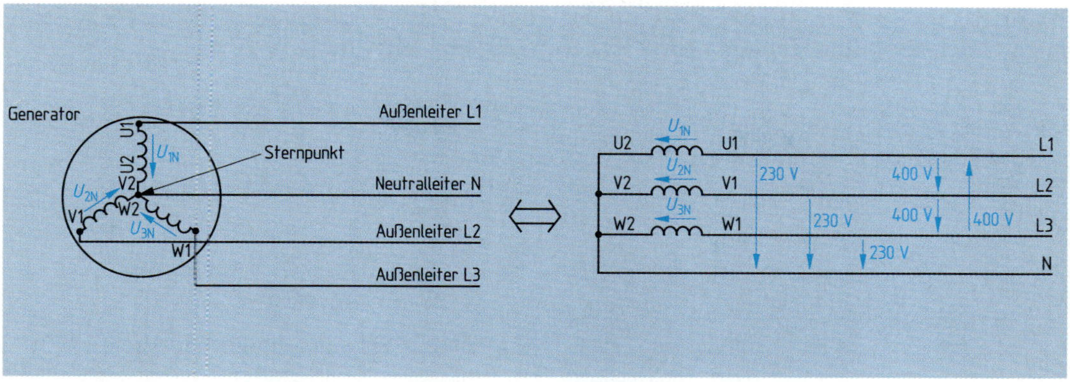

Abb. 4.62 Dreiphasen-Vierleiter-Netz

Die Spannungen U_{1N}, U_{2N} und U_{3N} bestehen zwischen einem Außenleiter L1, L2 und L3 und dem Neutralleiter N. Sie betragen jeweils 230 V.

Die Spannungen zwischen zwei Außenleitern, z. B. zwischen L1 und L2, betragen jeweils 400 V. Sie werden u. a. zum Betrieb von Elektromotoren verwendet.

4.4.2 Netzsysteme

Die Energieversorgung elektrischer Anlagen erfolgt über unterschiedliche Netzsysteme, die durch Buchstabenkombinationen gekennzeichnet sind. Abb. 4.63 gibt die Bedeutung der Buchstaben an. Folgende Systeme werden unterschieden:
- TN-C-S-System (TN-C-System, TN-S-System)
- TT-System
- IT-System

1. Buchstabe	2. Buchstabe	Weitere Buchstaben
Erdungsverhältnisse der Stromquelle	Erdungsverhältnisse der Körper	Anordnung von Neuralleiter und Schutzleiter im TN-System
T direkte Erdung I Isolierung gegenüber Erde oder Erdung über Impedanz	T Betriebsmittel direkt geerdet N Betriebsmittel mit dem Betriebserder verbunden	S N- und PE-Leiter getrennt C N- und PE-Leiter kombiniert (PEN-Leiter)

Abb. 4.63 Kennzeichnung der Stromversorgungssysteme

Das TN-C-S-System

Dieses System ist in Deutschland am weitesten verbreitet. Abb. 4.64 zeigt den Netzaufbau. Die Stromquelle ist über den Betriebserder R_B direkt geerdet. N- und PE-Leiter sind als PEN-Leiter zusammengefasst und bilden eine leitende Verbindung mit dem Sternpunkt. Die Körper aller Betriebsmittel sind mit dem PEN-Leiter verbunden.

Diesen Teil des TN-C-S-Systems bezeichnet man als TN-C-System. Es ist nur in Anlagen mit einem Leiterquerschnitt $\geq 10\ mm^2$ und bei fester Leitungsverlegung erlaubt.

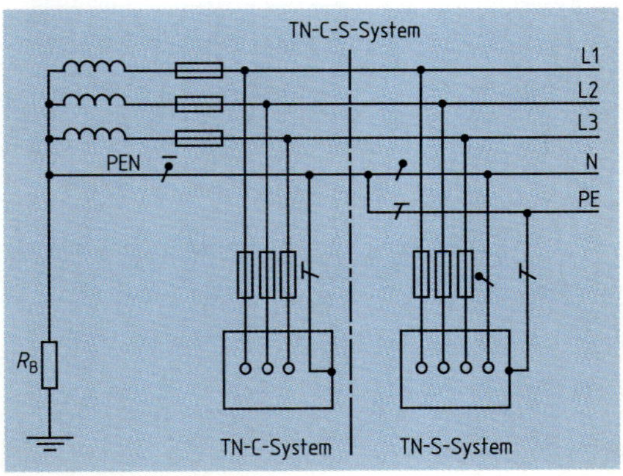

Abb. 4.64 TN-C-S-System

In Anlagen bis zu einem Leiterquerschnitt von 10 mm², z. B. in Haushalten, ist das TN-S-System vorgeschrieben. In ihm werden N- und PE-Leiter getrennt geführt.

! Die häufigste Netzform in Deutschland ist das TN-C-S-System.
Es ist bis zur Verbraucheranlage ein Drehstrom-Vierleiter-System (TN-C-System).
Innerhalb der Verbraucheranlage sind N- und PE-Leiter meist getrennt geführt (TN-S-System).

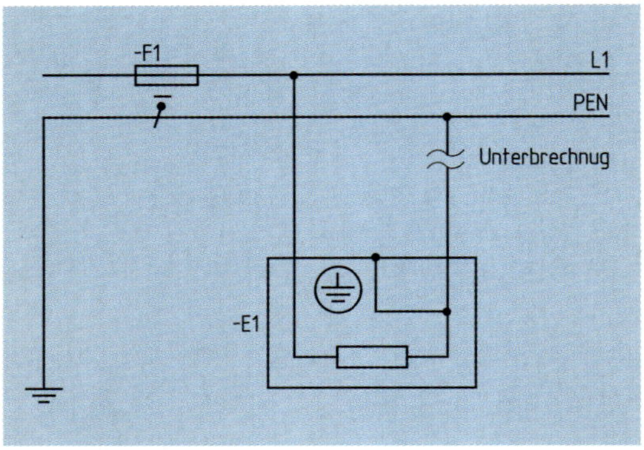

Abb. 4.65 Unterbrechung im TN-C-System

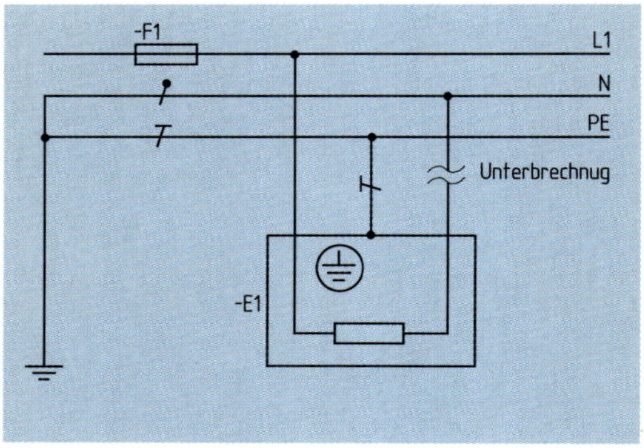

Abb. 4.66 Unterbrechung im TN-S-System

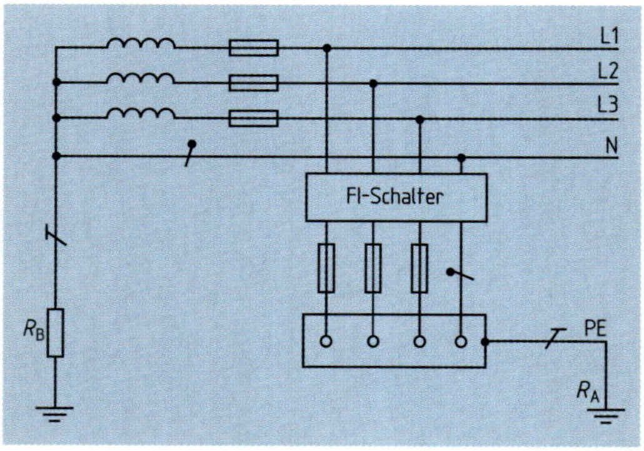

Abb. 4.67 TT-System (R_A: Erdungswiderstand)

■ Wodurch unterscheiden sich die Systeme in einem Fehlerfall?

In beiden Systemen trennt bei einem Körperschluss das vorgeschaltete Überstromschutzorgan das Betriebsmittel vom Netz. Bei einer Leitungsunterbrechung sieht das anders aus.

Abb. 4.65 verdeutlicht, was geschieht, wenn im TN-C-System der PEN-Leiter – z. B. durch das Lösen einer Klemme oder durch Drahtbruch – unterbrochen wird. Selbst bei einem fehlerfreien Betriebsmittel tritt die gesamte Netzspannung zwischen Betriebsmittel und Erde auf. Ergibt sich die gleiche Situation im TN-S-System (Abb. 4.66), so verhindert der PE-Leiter, dass eine gefährliche Spannung am Körper auftritt.

Zur Abschaltung werden Überstromschutzeinrichtungen und FI-Schalter eingesetzt. Schutzeinrichtungen und Leiterquerschnitte müssen so ausgelegt sein, dass die Abschaltung innerhalb der festgelegten Zeiten erfolgt.

■ Das TT-System

Dieses System wird auf Baustellen verwendet. Abb. 4.67 zeigt den prinzipiellen Aufbau. Wie im TN-System ist die Stromquelle geerdet. Die Körper sind jedoch über PE-Leiter direkt geerdet. Dabei ist zu beachten, dass gegenseitig berührbare Körper an denselben Erder angeschlossen werden müssen.

! Im TT-System werden die Betriebsmittel direkt geerdet.

Bei Körperschluss fließt ein Fehlerstrom über den PE-Leiter zur Erde und durch das Erdreich zur Stromquelle. Durch das vorgeschaltete Überstromschutzorgan wird das defekte Betriebsmittel vom Netz getrennt.

Auf Baustellen z. B. müssen schon sehr kleine Fehlerströme zum Abschalten führen. Für Stromkreise mit Steckdosen gilt:

- In Einphasen-Stromkreisen bis 16 A, in denen häufig Bohrmaschinen oder Winkelschleifer eingesetzt werden, darf ein Nennfehlerstrom von 30 mA nicht überschritten werden.
- Für alle anderen Stromkreise mit Steckdosen beträgt der maximale Fehlerstrom 0,5 A.

Neben Überstromschutzeinrichtungen werden meist zusätzlich FI-Schalter eingesetzt. Dabei kann auf die Überstromschutzeinrichtung jedoch nicht verzichtet werden, weil bei Kurzschluss der FI-Schalter den Stromkreis nicht unterbricht.

Das IT-System

In Operationsräumen ist es einerseits erforderlich, dass bei einem Körper- oder Erdschluss der Stromkreis, z. B. für ein Beatmungsgerät, nicht unterbrochen wird. Andererseits darf im Fehlerfall keine gefährliche Berührungsspannung auftreten. Beide Bedingungen erfüllt das IT-Netz (Abb. 4.68).

IT-Systeme können mit und ohne N-Leiter ausgeführt sein. Die Stromquelle ist nicht geerdet. Die Körper sind über PE-Leiter direkt geerdet. Die Erdung kann für jeden Körper einzeln erfolgen oder für mehrere Körper gemeinsam über einen PE-Leiter.

Da die Stromquelle nicht geerdet ist, kann bei einem Körperschluss (Abb. 4.69) nur ein sehr kleiner Strom gegen Erde fließen. Dadurch löst das vorgeschaltete Überstromschutzorgan nicht aus. Jedoch bemerkt die Isolationsüberwachungseinrichtung das Absinken des Isolationswiderstandes und meldet den Fehler akustisch und optisch.

Tritt ein zweiter Fehler auf, kann es zwischen den beiden Körpern zu gefährlichen Berührungsspannungen kommen. Jedoch fließt nun über die gemeinsame Erdverbindung ein so großer Strom, dass – wie im TN-System – das vorgeschaltete Überstromschutzorgan abschaltet.

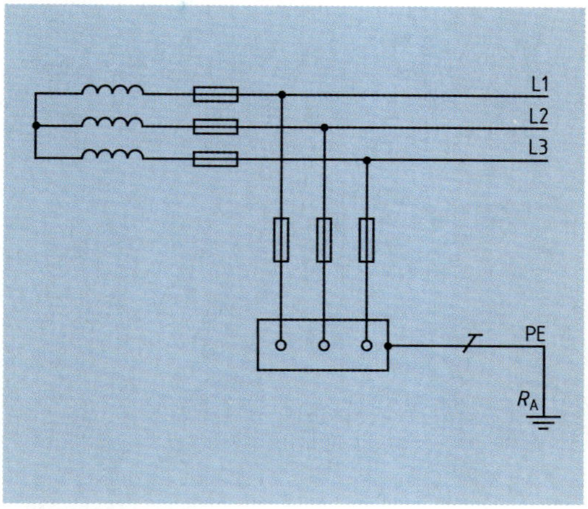

Abb. 4.68 IT-System

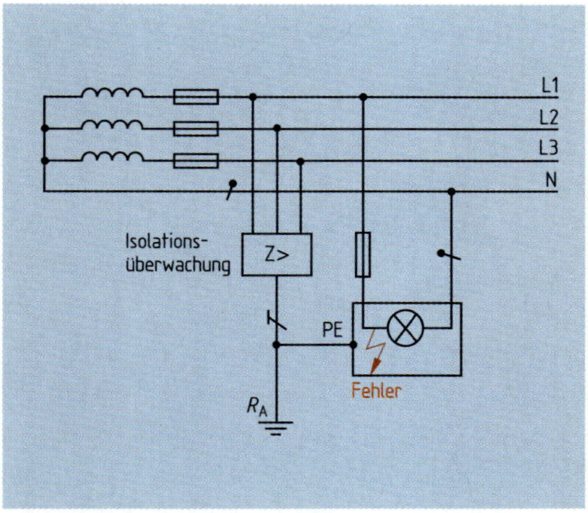

Abb. 4.69 Isolationsüberwachungseinrichtung

> Im IT-System erfolgt beim ersten Fehler eine optische und akustische Meldung. Beim zweiten Fehler wird abgeschaltet.

4.4.3 Leitungen

Elektrische Leitungen verbinden die Verbraucher mit den Stromquellen und ermöglichen dadurch den Transport der elektrischen Energie. Dazu muss jede Leitung so beschaffen sein, dass sie bei allen zu erwartenden Beanspruchungen, z. B. durch Zug, Wärme oder Feuchtigkeit, ihre Funktion erhält. Leitungen werden deshalb abhängig von der Anwendung, der Verlegungsart und der Art der elektrischen und mechanischen Belastung unterschiedlich ausgelegt.

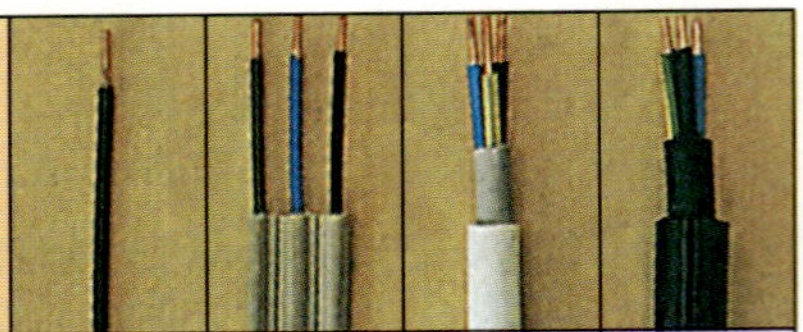

Kennzeichnung	H07V-U	NYIF NYIFY	NYM	NYY
Bezeichnung	PVC-Aderleitung	Stegleitung	Mantelleitung	Kunststoffkabel
Verlegeform	fest	fest	fest	fest
in trockenen Räumen	in Rohr auf, unter Putz*	in, unter Putz	in, auf, unter Putz	X
in feuchten und in nassen Räumen	in Kunststoffrohr auf, unter Putz**	–	in, auf, unter Putz	X
im Freien	–	–	X	X
im Erdreich	–	–	–	X
im Wasser	–	–	–	X

* In Bade- und Duschräumen nur in Kunststoffrohr.
** Verlegung so, dass sich kein Wasser im Kunststoffrohr sammeln kann.

Abb. 4.70 Leitungen für die Hausinstallation (Auswahl)

Leitungen für die Hausinstallation

Alle in der Hausinstallation verwendeten Leiter bestehen aus Kupfer. Abb. 4.70 zeigt einige häufig verwendete Leitungen und Kabel. Sie unterscheiden sich in ihrem Aufbau und durch ihre Isolierung. Für welche Anwendungen eignen sie sich?

- Alle in Abb. 4.70 aufgeführten Beispiele eignen sich für die Verlegung in trockenen Räumen. Dazu gehören auch Bade- und Duschräume in Wohnungen.
- Für die Verlegung in feuchten und nassen Räumen, das sind z. B. Großküchen und Waschküchen, eignen sich die Mantelleitung NYM und das Kunststoffkabel NYY.
- Für eine Verlegung im Erdreich oder im Wasser ist nur das Kunststoffkabel NYY zugelassen.

Was sagen die Kennzeichnungen der Leitungen, z. B. H07V-U und NYM aus?

Beispiel H 07 V N H U 3 G 25

Kennzeichnung der Bestimmung
- H harmonisierte Bestimmung
- A anerkannter nationaler Typ

Netzspannung
- 03 300/300 V
- 05 300/500 V
- 07 450/750 V

Isolierwerkstoff
- V PVC
- R Natur- und/oder synthetischer Kautschuk
- S Silikonkautschuk

Mantelwerkstoff
- V PVC
- R Natur- und/oder synthetischer Kautschuk
- N Chloroprenkautschuk
- J Glasfasergeflecht
- T Textilgeflecht

Besonderheiten im Aufbau
- H flache, aufteilbare Leitung
- H2 flache, nicht aufteilbare Leitung

Leiterart
- U eindrähtig
- R mehrdrähtig
- K feindrähtig bei Leitungen für feste Verlegung
- F feindrähtig bei flexiblen Leitungen
- H feindrähtig
- Y Lahnlitze

Aderzahl

Schutzleiter
- X ohne Schutzleiter
- G mit Schutzleiter

Leiterquerschnitt

Abb. 4.71 Kennzeichnung harmonisierter Leitungen

Kennzeichnung von Leitungen und Kabeln

Alle Leitungen und Kabel tragen eine Kurzbezeichnung, die Auskunft gibt über den Aufbau und den Anwendungsbereich. Ein großer Teil der Leitungen ist international harmonisiert. Das bedeutet: In den meisten westeuropäischen Ländern werden dieselben Bezeichnungen und Prüfbedingungen verwendet.

Abb. 4.71 zeigt die Kennzeichnung harmonisierter Leitungen. Danach wird mit H07V-U eine Leitung gekennzeichnet, die

- harmonisiert (H),
- für 450/750 V ausgelegt (07),
- eine PVC-Isolierung aufweist (V) und
- eindrähtig ist (U).

Für viele Leitungen und Kabel gelten jedoch noch nationale Kennzeichnungen. Abb. 4.72 zeigt eine Auswahl. Danach sagt die Kennzeichnung NYM aus, dass es sich um eine Leitung handelt, die

- genormt ist (N),
- eine PVC-Isolierung aufweist (Y) und
- als Mantelleitung (M)

ausgelegt ist.

Farbkennzeichnung der Adern

Die Isolierhüllen der Leiter sind unterschiedlich gefärbt. Abb. 4.73 zeigt, welche Farben in Leitungen und Kabeln **mit grün-gelber Ader** verwendet werden. Dabei ist festgelegt:

> Die grün-gelb gekennzeichnete Ader darf nur als Schutzleiter PE oder als Neutralleiter mit Schutzfunktion PEN verwendet werden.

Für andere Zwecke darf die grün-gelbe Ader auf keinen Fall verwendet werden. Auch nicht, wenn sie in einer Leitung oder einem Kabel vorhanden ist, aber nicht als PE- oder PEN-Leiter benötigt wird.

Die Farbe hellblau dient zur Kennzeichnung des Neutralleiters N. Nur wenn kein Neutralleiter vorhanden ist bzw. nicht benötigt wird, darf in mehradrigen Leitungen und Kabeln die blau gekennzeichnete Ader für andere Zwecke verwendet werden – nicht jedoch als Schutzleiter.

Die Außenleiter L1, L2 und L3 werden mit der Farbe schwarz oder – ersatzweise – braun gekennzeichnet.

Neben den in Abb. 4.73 aufgezeigten Leitungen gibt es Leitungen **ohne grün-gelb gekennzeichnete Ader.** Hier weisen z. B.

- dreiadrige Leitungen die Farben schwarz, hellblau, braun oder
- vieradrige Leitungen die Farben schwarz, hellblau, braun, schwarz auf.

Kennzeichen	Beispiel
N Norm	NXY
A Ader	N4GAF
F flach	NYIF
I Imputzleitung	NYIF
M Mantel	NYM
Y PVC-Isolierung PVC-Mantel	NYY NXY
G Gummi-Isolierung	HSGAF

Abb. 4.72 Nationale Kennzeichnung von Leitungen

Anzahl der Adern	Leitungen für feste Verlegung	Leitungen für ortsveränderliche Verlegung
2	grün-gelb, schwarz	–
3	grün-gelb, schwarz, hellblau	grün-gelb, braun, hellblau
4	grün-gelb, schwarz, hellblau, braun	grün-gelb, schwarz, hellblau, braun
5	grün-gelb, schwarz, hellblau, braun, schwarz	grün-gelb, schwarz, hellblau, braun, schwarz

Abb. 4.73 Farbkennzeichnung von Adern in mehradrigen Leitungen und Kabeln mit grün-gelber Ader

Strombelastbarkeit von Leitungen

Leitungen müssen nicht nur eine ausreichende mechanische Festigkeit aufweisen, sie müssen auch gegen unzulässig hohe Erwärmung durch die Strombelastung geschützt werden. Bei einer zu hohen Temperatur kann die Leitungsisolierung nicht nur zerstört werden, sie kann auch Brände verursachen. Daher sind für die genormten Leiterquerschnitte nach DIN höchstzulässige Stromstärken vorgeschrieben.

Die Tabelle in Abb. 4.74 gibt die Strombelastbarkeit für feste Verlegung mit zwei oder drei Strom führenden Adern aus Kupfer für eine Umgebungstemperatur von 30 °C in Abhängigkeit von der Verlegeart (Abb. 4.75) an.

Für Elektroinstallationen gilt, dass der Mindestquerschnitt für festverlegte Leitungen 1,5 mm^2 betragen muss.

Verlegeart	Gruppe A		Gruppe B1		Gruppe B2		Gruppe C		Gruppe E	
Belastete Aderzahl	2	3	2	3	2	3	2	3	2	3
Querschnitt	Strombelastbarkeit in A									
1,5 mm^2	15,5	13	17,5	15,5	15,5	14	19,5	17,5	20	18,5
2,5 mm^2	19,5	18	24	21	21	19	26	24	27	25
4 mm^2	26	24	32	28	28	26	35	32	37	34
6 mm^2	34	31	41	36	37	33	46	41	48	43
10 mm^2	46	42	57	50	50	46	63	57	66	60
16 mm^2	61	56	76	68	68	61	85	76	89	80
25 mm^2	80	73	101	89	90	77	112	96	118	101
35 mm^2	99	89	125	111	110	95	138	119	145	126

Abb. 4.74 Strombelastbarkeit von Kupferleitungen nach DIN VDE 0298-4

Gruppe A	Gruppe B1	Gruppe B2	Gruppe C	Gruppe E
In wärmedämmenden Wänden	Auf oder in Wänden unter Putz: in Elektroinstallationsrohren oder -kanälen		Auf oder in Wänden unter Putz: direkt verlegt	Frei in der Luft
• Aderleitungen im Elektroinstallationsrohr • Mehradrige Leitungen im Elektroinstallationsrohr • Mehradrige Leitungen in der Wand	• Aderleitungen im Elektroinstallationsrohr oder -kanal auf der Wand oder Decke • Aderleitungen, einadrige Mantelleitungen und mehradrige Leitungen im Elektroinstallationsrohr im Mauerwerk	• Mehradrige Leitungen im Elektroinstallationsrohr oder im geschlossenen Elektroinstallationskanal	• Mehradrige Leitungen auf der Wand oder auf dem Fußboden • Einadrige Mantelleitungen auf der Wand oder im Fußboden • Mehradrige Leitung, Stegleitung in der Wand oder unter Putz	• Mehradrige Leitung frei in der Luft bei einem Abstand von der Wand $\geq 0{,}3\,d$ (d: Leitungsdurchmesser)

Abb. 4.75 Verlegearten von Leitungen

4.4.4 Schutzorgane

Überstromschutzorgane

Überstromschutzorgane haben die Aufgabe, Leitungen vor Überlast und Kurzschluss zu schützen. Dabei muss gewährleistet sein, dass sie

- den Stromkreis sofort unterbrechen, wenn ein Kurzschluss auftritt (Kurzschlussschutz),
- den Stromkreis unterbrechen, wenn der Strom über längere Zeit den zugelassenen Wert des Nennstroms der Leitung übersteigt (Überlastschutz),
- den Stromkreis nicht abschalten, wenn betriebsbedingt kurzzeitig ein Überstrom auftritt, z. B. beim Anlauf eines Motors.

Diese Forderungen werden mit Schmelzsicherungen und Leitungsschutzschaltern realisiert.

▷ Schmelzsicherungssysteme

Schmelzsicherungen unterbrechen den Stromkreis bei Überschreiten der Nennstromstärke um einen vorgegebenen Wert. Abb. 4.76 zeigt den Aufbau einer Schmelzsicherung. Sie enthält einen Schmelzleiter. Dieser bildet bewusst die schwach dimensionierte Stelle im Stromkreis, die bei Überlastung schmilzt und so den Stromkreis unterbricht. Dabei springt ein Kennmelder ab und zeigt die Unterbrechung an. In jedem Fall gilt:

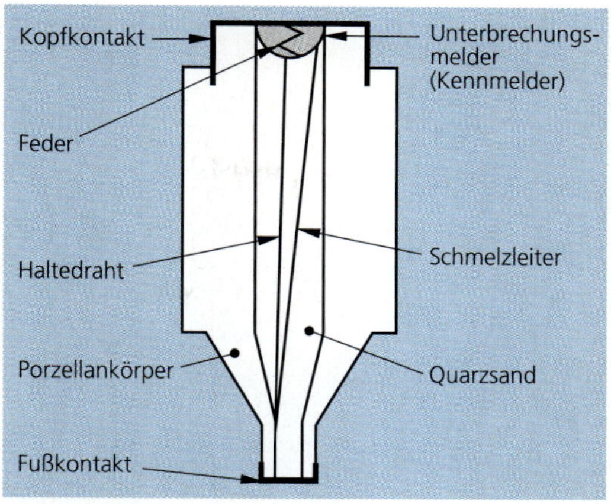

Abb. 4.76 Aufbau einer Schmelzsicherung

> Schmelzsicherungen mit durchgeschmolzenem Schmelzleiter müssen durch neue Sicherungen ersetzt werden; sie dürfen in keinem Fall geflickt oder überbrückt werden.

Die Schmelzsicherung ist Teil eines Sicherungssystems. Das besteht entsprechend Abb. 4.77 aus dem Sicherungssockel mit Berührungsschutz, dem Passeinsatz, der Schmelzsicherung (Schmelzeinsatz) und der Schraubkappe.

Jeder Sicherungs-Fußkontakt hat abhängig von der Nennstromstärke der Sicherung einen anderen Durchmesser. Und zu jedem Fußkontaktdurchmesser gibt es einen entsprechenden Passeinsatz. Diese sind – mit Ausnahme der 6 A- und 10 A-Sicherungen – so ausgelegt, dass eine Sicherung mit höherer Nennstromstärke nicht in einen Passeinsatz mit niedrigerer Stromstärke passt. Somit wird verhindert, dass irrtümlich oder auch fahrlässig eine Sicherung mit einer unzulässig hohen Nennstromstärke eingesetzt wird. Das bedeutet:

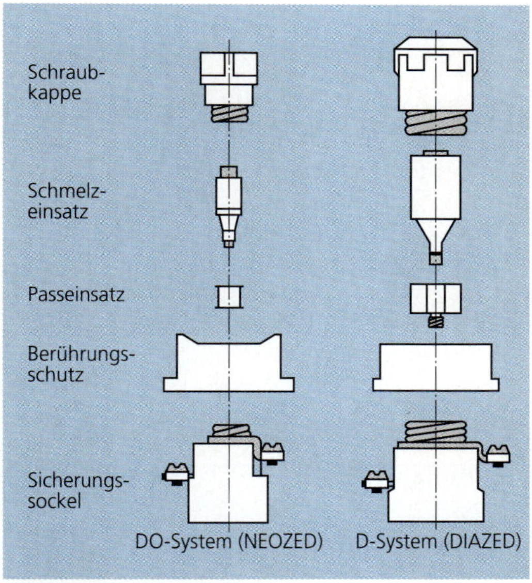

Abb. 4.77 Schmelzsicherungs-Systeme

> Die Passeinsätze von Schraubsicherungssystemen dürfen nicht entfernt oder durch Einsätze für Sicherungen mit höheren Nennstromstärken ersetzt werden.

Schraubsicherungssysteme gibt es in zwei Ausführungen:

dem D-System und
dem DO-System.

Das DO-System weist einen kleineren Aufbau auf und ersetzt zunehmend das ältere D-System. In beiden Systemen sind Sicherungen für alle genormten Nennstromstärkewerte entsprechend Abb. 4.78 erhältlich. Die Kennfarbe ist am Kennmelder angebracht.

Nennstrom in A	Kennfarbe	Nennstrom in A	Kennfarbe
2	Rosa	25	Gelb
4	Braun	35	Schwarz
6	Grün	50	Weiß
10	Rot	63	Kupfer
16	Grau	80	Silber
20	Blau	100	Rot

Abb. 4.78 Kennzeichnung von Schmelzsicherungen

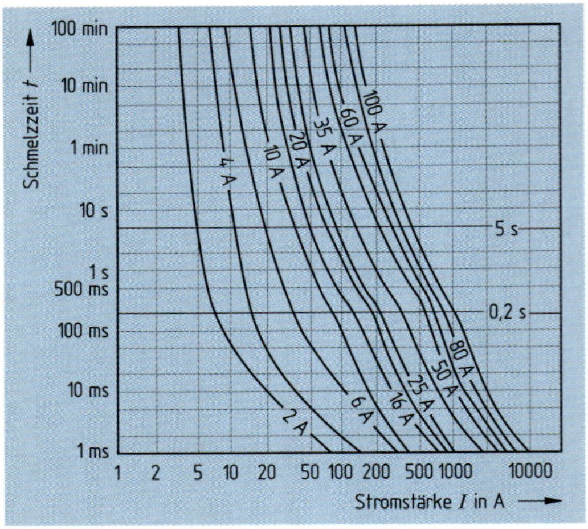

Abb. 4.79 Auslösecharakteristik von Schmelzsicherungen

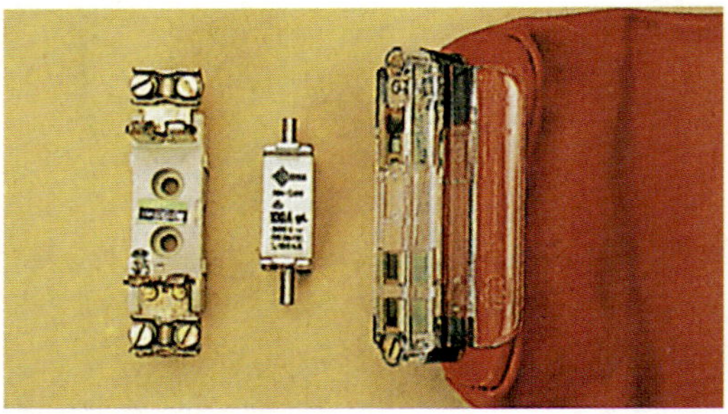

Abb. 4.80 NH-Sicherung

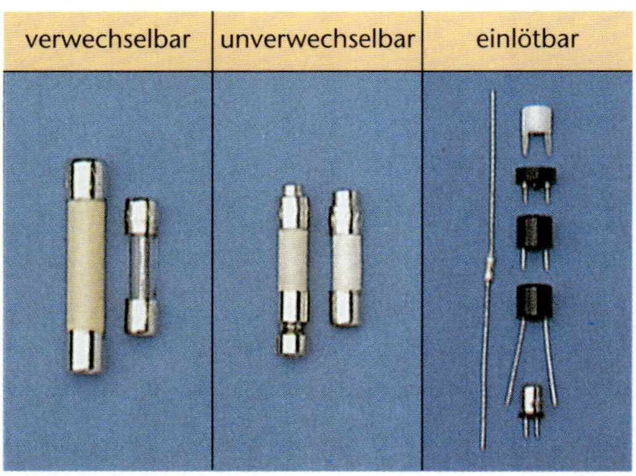

Abb. 4.81 Geräteschutzsicherungen

Durch die Sicherungen können Ströme bis zur Nennstromstärke dauernd fließen. Bei Überlastung unterbrechen sie den Stromkreis abhängig von der Höhe der Überlast-Stromstärke. Dabei gibt es flinke und träge Ausführungen.

Abb. 4.79 zeigt die Abschaltcharakteristik von Schmelzsicherungen der Klasse gL (Ganzbereichs-Leitungsschutz). Sie gewährleisten ein sicheres Abschalten bei Überlast und Kurzschluss.

NH-Sicherungen

Neben den genannten Systemen gibt es das NH-Sicherungssystem (Niederspannungs-Hochleistungssicherungen). NH-Sicherungen (Abb. 4.80) können sehr hohe Kurzschlussströme sicher abschalten. Sie werden daher in Anlagen mit großen Leiterquerschnitten bei Nennströmen bis 1000 A verwendet. Dabei ist zu beachten:

NH-Sicherungen dürfen unter Berücksichtigung der Unfallverhütungsvorschriften nur von Fachkräften ausgetauscht werden.

Geräteschutzsicherungen

Elektrogeräte werden durch so genannte Geräteschutzsicherungen, auch Feinsicherungen genannt, vor zu hohen Stromstärken geschützt. Abb. 4.81 zeigt Beispiele. Die Sicherungen bestehen meist aus einem Glasröhrchen, in dem der Schmelzdraht untergebracht ist. Geräteschutzsicherungen gibt es für Nennströme bis 10 A. Ihr Auslöseverhalten ist

- superflink: FF,
- flink: F,
- mittelträge: M,
- träge: T oder
- superträge: TT.

▷ Leitungsschutzschalter

In der modernen Installationstechnik werden Schmelzsicherungen zunehmend von Leitungsschutzschaltern (Abb. 4.82), auch kurz LS-Schalter genannt, ersetzt. LS-Schalter zeichnen sich gegenüber Schmelzsicherungen dadurch aus, dass sie

- im Kurzschlussfall schnell ansprechen,
- nach einer Auslösung erneut verwendbar sind und
- als Schalter eingesetzt werden können.

Bei Überlastung unterbricht ein Schlossschalter mit thermischem Bimetallauslöser den Stromkreis verzögert. Bei Kurzschluss unterbricht ein elektromagnetischer Schnellauslöser den Stromkreis sofort. Solange die Ursache für eine Stromkreisunterbrechung nicht beseitigt ist, kann der LS-Schalter nicht wieder eingeschaltet werden.

Abb. 4.83 zeigt das Auslöseverhalten von LS-Schaltern. Dabei wird zwischen Schaltern mit den Charakteristiken B und C unterschieden. Das Verhalten der verzögerten Bimetallauslöser ist bei Schaltern beider Charakteristiken gleich. Die Auslösewerte betragen $1{,}13 \cdot I_N$ bis $1{,}45 \cdot I_N$. Das bedeutet: Maximal eine Stunde lang kann die 1,13 bis 1,45fache Nennstromstärke fließen, ohne dass der LS-Schalter auslöst.

Bezüglich der unverzögerten elektromagnetischen Auslöser bestehen Unterschiede. LS-Schalter mit B-Charakteristik arbeiten im Toleranzband von $3 \cdot I_N$ bis $5 \cdot I_N$, die mit C-Charakteristik von $5 \cdot I_N$ bis $10 \cdot I_N$.

Schalter mit B-Charakteristik werden bei normalen Anforderungen verwendet. In Stromkreisen, in denen kurzzeitige Stromspitzen oberhalb der Nennstromstärke zu erwarten sind, eignen sich LS-Schalter mit C-Charakteristik besser. Für besondere Anforderungen, wie z. B. in Stromkreisen mit Motoren, gibt es weitere Charakteristiken.

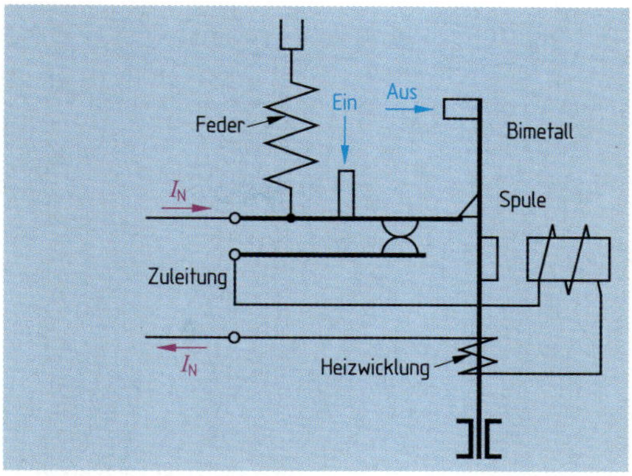

Abb. 4.82 Leitungsschutzschalter (LS-Schalter)

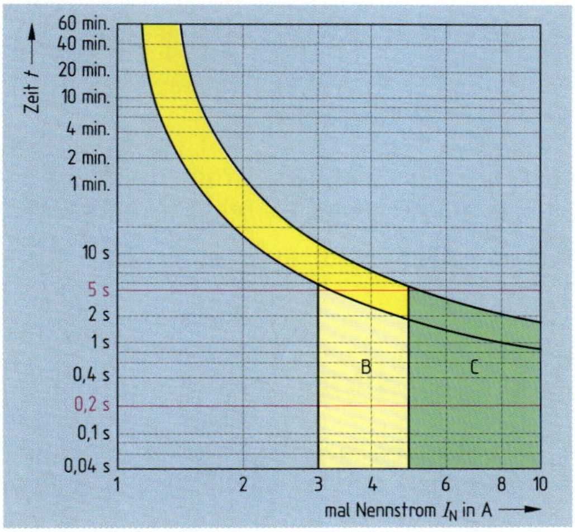

Abb. 4.83 Auslösecharakteristiken von LS-Schaltern

Selektivität

Unter Selektivität versteht man die gestufte Absicherung einer elektrischen Anlage, sodass in einem Fehlerfall ausschließlich das unmittelbar vorgeschaltete Überstromschutzorgan anspricht. Dazu müssen Überstromschutzorgane am Anfang eines jeden Stromkreises und an den Stellen eingebaut sein, an denen eine geringere Strombelastbarkeit einsetzt. Das ist z. B. bei einer Verringerung des Leiterquerschnittes der Fall.

Abb. 4.84 verdeutlicht das. Die Überstromschutzorgane sind in Reihe geschaltet. Im Fehlerfall spricht nur die Sicherung an, die dem fehlerhaften Stromkreis unmittelbar vorgeschaltet ist. So darf z. B. bei einem Kurzschluss am Schukostecker für das Fernsehgerät nur der vorgeschaltete LS-Schalter auslösen; alle anderen Sicherungselemente nicht.

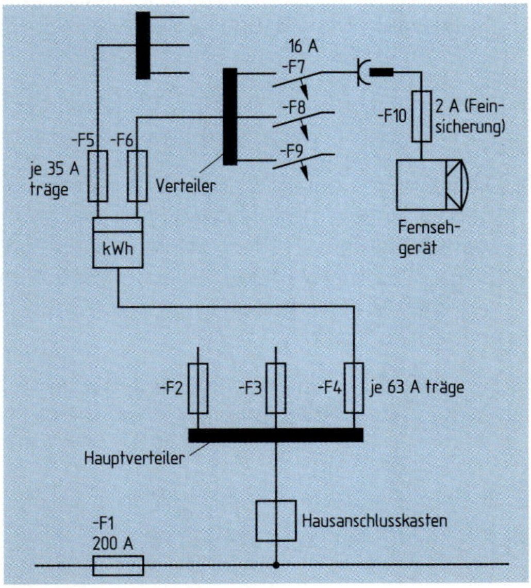

Abb. 4.84 Selektivität von Überstromschutzorganen

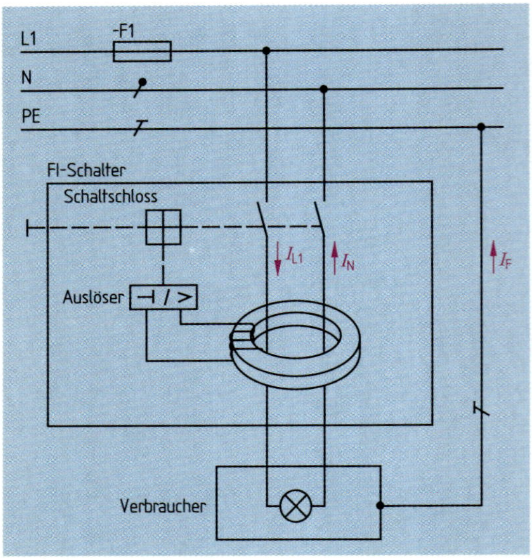

Abb. 4.85 FI-Schutzschalter

Fehlerstrom-Schutzschalter

Fehlerstrom-Schutzschalter, auch FI-Schutzschalter genannt, unterbrechen schon bei geringen Fehlerströmen von z. B. 30 mA den Stromkreis. Abb. 4.85 zeigt das Prinzip.

Der Strom I_{L1} fließt durch den FI-Schalter zum Verbraucher, der Strom I_N vom Verbraucher zurück, ebenfalls durch den FI-Schalter. Bei fehlerfreiem Betrieb sind I_{L1} und I_N gleich groß. Unterscheiden sich die beiden Stromstärken ($I_{L1} \neq I_N$), weil ein Teil des Stromes (Fehlerstrom I_F) über den Schutzleiter oder eine Erdverbindung fließt, spricht der Auslöser an. Dieser betätigt mechanisch das Schaltschloss und trennt den Verbraucher allpolig vom Netz.

Der Fehlerstrom, der den Auslöser zum Ansprechen bringt, wird als Nennfehlerstrom $I_{\Delta N}$ bezeichnet. Genormt sind FI-Schutzschalter mit folgenden Nennfehlerströmen: 1 A; 0,5 A; 0,3A; 0,03A und 0,01A. Die Auslösezeit beträgt abhängig von der Höhe des Fehlerstromes 200 ns bis 40 ns.

Vorgeschrieben sind FI-Schalter u. a. in Baderäumen, Labors, Baustellen und landwirtschaftlichen Stätten.

Auf einen Blick

- Die elektrische Energieversorgung der Haushalte und Betriebe erfolgt über das 230 V/400 V-Wechselstromnetz. Das in Deutschland am weitesten verbreitete Netz ist das TN-C-S-System.
- Beim TN-C-S-System handelt es sich bis in die Häuser (Haushalte) und in die meisten Betriebe hinein um ein Vierleitersystem (TN-C-System). Es besteht aus den Außenleitern L1, L2, L3 und dem Neutralleiter mit Schutzfunktion PEN. Innerhalb des Hauses (Hausanschlusskasten) wird der PEN-Leiter in den Neutralleiter N und den Schutzleiter PE aufgeteilt, es besteht somit ein Fünfleitersystem (TN-S-System).
- Weitere Netzsysteme sind das TT-System, das z. B. auf Baustellen angewendet wird, und das IT-System, das z. B. in Operationsräumen vorgeschrieben ist.
- Die Leitungen für Installationen müssen entsprechend ihrer Verwendung ausgewählt werden. Besonders zu beachten ist dabei, dass der grün-gelb gekennzeichnete Leiter nur als Schutzleiter PE oder als Neutralleiter mit Schutzfunktion PEN verwendet werden darf. Ebenfalls zu beachten ist, dass z. B. für Verlegungen in nassen Räumen oder im Erdreich die jeweils richtigen Leitungen bzw. die richtigen Kabel gewählt werden und dass die Strombelastbarkeit der Leitungen bzw. Kabel nicht überschritten wird.
- Zum Schutz der Leitungen vor Überlast und Kurzschluss dienen Überstromschutzorgane in der Ausführung als Schmelzsicherungssysteme oder Leitungsschutzschalter.

4.5 Einführung in die Schutzmaßnahmen

Einstiegssituation Bei Umräumarbeiten in einem Computerraum ist eine Steckdose beschädigt worden. Unter Spannung stehende Teile liegen frei und können berührt werden. Die Steckdose muss ausgewechselt werden.

Was ist beim Auswechseln der Steckdose zu beachten? Welche Gefahren bestehen durch elektrischen Strom?

4.5.1 Gefahren des elektrischen Stroms

Abb. 4.86 Körper- und Übergangswiderstände

Die Körper von Menschen und Tieren sind elektrisch leitfähig. Sie können von einem Strom durchflossen werden. Die Höhe des Stroms ist vom Körperwiderstand und von den Übergangswiderständen an der Stromeintrittsstelle und der Stromaustrittsstelle abhängig (Abb. 4.86).

Der Körperwiderstand kann – abhängig von Körperbau und Konstitution – Werte zwischen 500 Ω und 3000 Ω annehmen.

Die Übergangswiderstände sind von vielen Einflussgrößen abhängig. So hat z. B. feuchte Haut einen niedrigeren Widerstand als trockene Haut. Der Übergangswiderstand von den Füßen zur Erde ist abhängig von der Beschaffenheit der Schuhe und des Bodenbelages.

Als Mindestwert für den Gesamtwiderstand aus dem Körperwiderstand R_K und den Übergangswiderständen $R_{Ü1}$, $R_{Ü2}$ werden 1000 Ω angenommen. Da Menschen Stromstärken bis ca. 50 mA kurzzeitig ohne dauerhafte Schäden ertragen können, darf der menschliche Körper maximal eine Spannung von 50 V überbrücken. Man nennt diese Spannung die höchstzulässige Berührungsspannung.

- Die höchstzulässige Berührungsspannung beträgt beim Menschen 50 V.
- Spannungen höher als 50 V Wechselspannung und 120 V Gleichspannung gelten für den Menschen als gefährlich.

Der niedrigere Wert für Wechselspannung liegt darin begründet, dass es hier bei einer Berührung zu Muskelverkrampfungen kommen kann. Ein Krampf kann bewirken, dass man sich nicht selbstständig oder nur schwer von der Berührungsstelle löst. Diese Situationen sind besonders gefährlich, da die Einwirkdauer bei Wechselspannung einen großen Einfluss auf die Schwere des Unfalls hat. Abb. 4.87 zeigt die Wirkungen bei einer 50-Hz-Wechselspannung. Unter normalen Bedingungen gilt:

Bereich 1: Keine Wahrnehmbarkeit durch den Menschen.
Bereich 2: Leichtes Kribbeln, Krampf, Erschrecken.
Bereich 3: Starker Muskelkrampf, unregelmäßiger Herzschlag, Verbrennungen.
Bereich 4: Herzkammerflimmern, starke Verbrennungen, Herzstillstand und Tod.

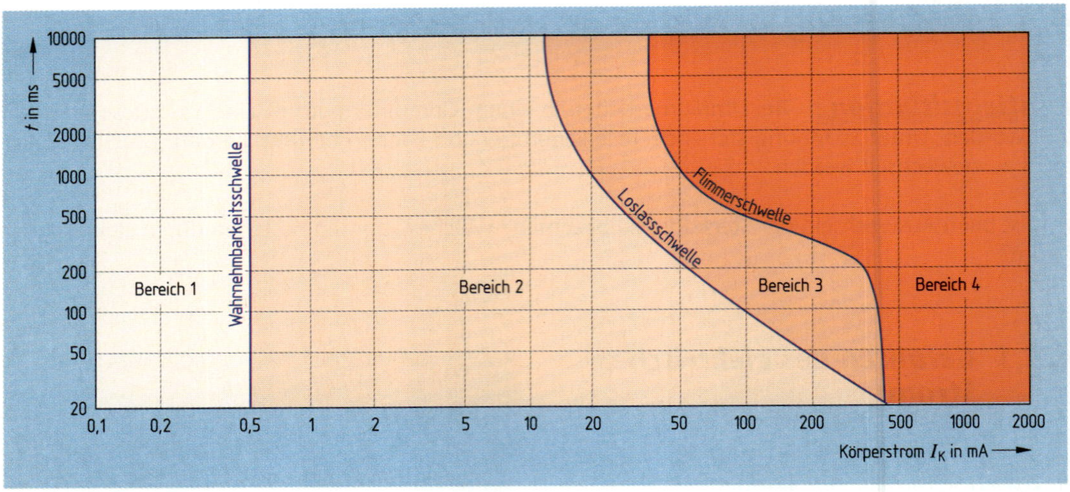

Abb. 4.87 Wirkungen des Wechselstroms auf Erwachsene

4.5.2 Sofortmaßnahmen bei Elektrounfällen

Leider lassen sich trotz aller Vorsichtsmaßnahmen Elektrounfälle nicht völlig vermeiden. Der Verunglückte ist dann zunächst auf die erste Hilfe angewiesen, die schnell und in der richtigen Reihenfolge durchgeführt werden muss.

1. Stromkreis sofort unterbrechen. Das kann durch Ausschalten, Stecker ziehen, Sicherung entfernen usw. erfolgen. Liegt der Verunglückte noch an Spannung und kann der Stromkreis nicht unverzüglich unterbrochen werden, muss der Verunglückte mit einem nichtleitenden Gegenstand, z. B. einer Holzlatte, von der Spannung getrennt werden. Dabei darf der Helfer – um sich nicht selbst zu gefährden – den Verletzten auf keinen Fall berühren.

2. Feststellen, ob Atemstillstand vorliegt. Atmet der Verunglückte nicht (z. B. keine Atemgeräusche, keine Brustkorbbewegung), muss sofort mit der Atemspende begonnen werden.

3. Feststellen, ob Kreislaufstillstand vorliegt. Ist der Puls nicht fühlbar und/oder sind die Pupillen geweitet und reaktionslos, dann ist zusätzlich zur Beatmung – durch ausgebildete Helfer! – eine äußere Herzmassage durchzuführen.

4. Feststellen, ob ein Schock vorliegt. Bei schwankendem Puls, Blässe, kalter Haut, Schweiß auf der Stirn und/oder auffallender Unruhe wird der Verunglückte in die Schocklage gebracht. Dabei ist darauf zu achten, dass keine Körperwärme verloren geht. Puls und Atmung müssen kontrolliert werden.

5. Feststellen, ob Verbrennungen vorliegen
Bei Verbrennungen ist das Auftragen von Öl, Salben, Puder usw. verboten. Der Verletzte muss keimfrei warm gehalten werden. Ansprechbaren Verletzten sollte zur Durststillung schluckweise Wasser oder Tee gegeben werden.

6. Liegt **kein Atem- oder Kreislaufstillstand oder Schock** vor, z. B. bei Bewusstlosigkeit und vorhandener Atmung, wird der Verunglückte in die stabile Seitenlage gebracht. Er sollte auf keinen Fall allein gelassen werden!

Arzt rufen. Viele Unfallärzte raten, den Arzt möglichst früh zu benachrichtigen – sogar schon vor Beginn der Atemspende. Eine bereits begonnene Wiederbelebung darf jedoch nicht unterbrochen werden.

4.5.3 Die fünf Sicherheitsregeln

Bei Arbeiten in und an elektrischen Anlagen – z. B. bei der Reparatur einer defekten Steckdose (Abb. 4.88) – gelten zur Verhütung von Unfällen sehr strenge Regeln. Jeder Mitarbeiter muss zu seiner eigenen Sicherheit und zur Sicherheit anderer Beschäftigter diese Vorschriften genau einhalten. Dabei gilt grundsätzlich:

Abb. 4.88 Gefahr durch eine defekte Steckdose

> Arbeiten an unter Spannung stehenden Teilen ist verboten.

Beim Herstellen der Spannungsfreiheit müssen die fünf Sicherheitsregeln nach VDE 0105 unbedingt eingehalten werden. Sie lauten:

> 1. Freischalten
> 2. Gegen Wiedereinschalten sichern
> 3. Spannungsfreiheit feststellen
> 4. Erden und Kurzschließen
> 5. Benachbarte, unter Spannung stehende Teile abdecken oder abschranken

1. Freischalten
An der Arbeitsstelle müssen vor Arbeitsbeginn alle Spannung führenden Leitungen zuverlässig abgeschaltet werden. Das kann durch das Betätigen von Schaltern, das fachgerechte Entfernen von Sicherungen, das Ziehen von Steckverbindungen usw. erfolgen.
Schaltet der Arbeitende nicht selber frei, darf mit der Arbeit erst begonnen werden, wenn die mündliche, fernmündliche, schriftliche oder fernschriftliche Bestätigung der Freischaltung vorliegt. Die Vereinbarung eines Zeitpunktes, zu dem freigeschaltet werden soll, ist nicht zulässig.

2. Gegen Wiedereinschalten sichern
Um zu vermeiden, dass eine Anlage, an der gerade gearbeitet wird, irrtümlich wieder eingeschaltet wird und somit unter Spannung steht, muss ein Wiedereinschalten zuverlässig verhindert werden. Dazu werden z. B. die herausgedrehten Sicherungen durch abschließbare Sperrelemente ersetzt oder Leitungsschutzschalter mit Klebefolien abgeklebt. Für die Dauer der Arbeit muss ein Verbotsschild gegen Wiedereinschalten angebracht sein.

3. Spannungsfreiheit feststellen
An der Arbeitsstelle muss die Spannungsfreiheit von einer Elektrofachkraft oder durch eine elektrotechnisch unterwiesene Person allpolig festgestellt werden. In Anlagen bis 1 kV kommen dazu nur zweipolige Spannungsprüfer (Abb. 4.89) in Betracht.

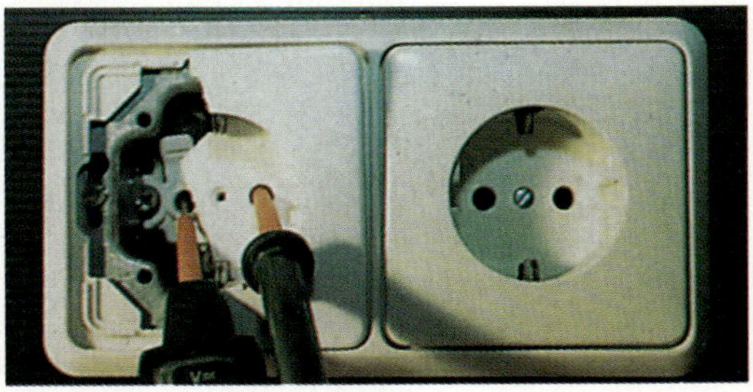

Abb. 4.89 Zweipoliger Spannungsprüfer

4. Erden und Kurzschließen
Diese Maßnahme bewirkt, dass bei irrtümlichem Einschalten die vorgeschalteten Überstromschutzorgane auslösen. Das Erden und Kurzschließen muss in Sichtweite der Arbeitsstelle durchgeführt werden. Zu beachten ist, dass zuerst geerdet und erst dann kurzgeschlossen wird. In Anlagen mit Nennspannungen bis 1000 V, mit Ausnahme von Freileitungen, darf das Erden und Kurzschließen unterbleiben, wenn die Regeln 1, 2 und 3 vorschriftsmäßig durchgeführt wurden.

5. Benachbarte, unter Spannung stehende Teile abdecken oder abschranken
Manchmal ist es aus zwingenden Gründen nicht möglich, benachbarte unter Spannung stehende Anlagenteile abzuschalten. In einem solchen Fall müssen diese Anlagenteile durch feste und zuverlässig angebrachte isolierende Abdeckungen (z. B. Gummi- oder Kunststoffmatten) gegen zufälliges Berühren gesichert werden.

4.5.4 Fehler in elektrischen Anlagen

Auch bei sorgfältigster Installation einer Anlage lassen sich Fehler nicht vollständig ausschließen. Grundsätzlich unterscheidet man entsprechend Abb. 4.90 vier Fehlerarten.

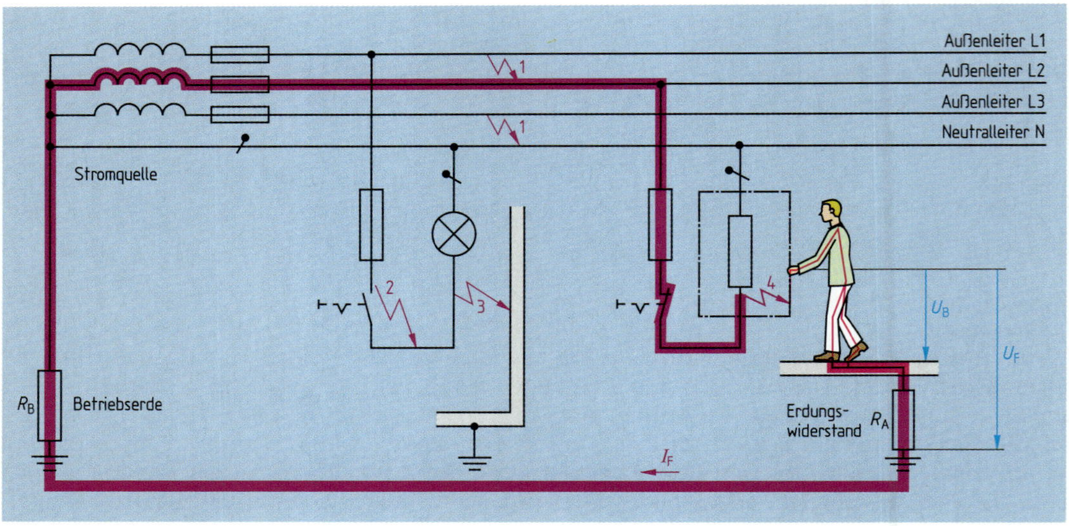

Abb. 4.90 Fehlerarten

Der **Kurzschluss** (1) ist die durch einen Fehler entstandene leitende Verbindung zwischen gegeneinander unter Spannung stehenden Leitern, ohne dass ein Nutzwiderstand, z. B. eine Lampe, im Fehlerstromkreis liegt. Der dabei fließende Strom ist der Kurzschlussstrom.

Der **Leiterschluss** (2) ist die durch einen Fehler entstandene Verbindung zwischen gegeneinander unter Spannung stehenden Leitern, wobei ein Nutzwiderstand, z. B. eine Lampe, im Fehlerstromkreis liegt.

Der **Erdschluss** (3) ist eine durch einen Fehler entstandene leitende Verbindung eines Außenleiters oder des Neutralleiters mit der Erde.

Der **Körperschluss** (4) ist eine durch einen Isolationsfehler entstandene leitende Verbindung zwischen aktiven Teilen des Betriebsmittels und dem Körper.
Dabei versteht man unter einem **aktiven Teil** jeden Leiter oder jedes leitfähige Teil, das dazu bestimmt ist, bei ungestörtem Betrieb unter Spannung zu stehen.
Ein **Körper** ist ein berührbares leitfähiges Teil eines elektrischen Betriebsmittels, das normalerweise nicht unter Spannung steht, das jedoch im Fehlerfall unter Spannung stehen kann, wie z. B. das Metallgehäuse eines elektrischen Gerätes.

In einem Fehlerfall tritt zwischen den Körpern oder zwischen einem Körper und Erde die **Fehlerspannung U_F** auf. Der aufgrund eines Fehlers fließende Strom ist der **Fehlerstrom I_F**.

Die **Berührungsspannung** U_B ist der Teil der Fehlerspannung, der vom Menschen überbrückt werden kann.

4.5.5 Schutzmaßnahmen

Beim Schutz gegen elektrischen Schlag unterscheidet man zwischen dem Schutz gegen direktes Berühren (Schutz unter normalen Bedingungen) und dem Schutz bei indirektem Berühren (Schutz unter Fehlerbedingungen).

Schutz gegen direktes Berühren

Beim direkten Berühren kommt man in Kontakt mit betriebsmäßig unter Spannung stehenden Teilen, den so genannten aktiven Teilen. Die Berührung kann direkt oder über ein Werkzeug erfolgen. Die elektrische Anlage braucht dabei keinen Fehler aufzuweisen. Maßnahmen sind:

Schutz durch Isolierung, z. B. bei isolierten Leitungen.
Schutz durch Abdeckungen und Umhüllungen, z. B. durch ein Gehäuse.
Schutz durch Hindernisse, die den Zugang zu aktiven Teilen verhindern.
Schutz durch Abstand, indem Mindestabstände eingehalten werden.

Schutz bei indirektem Berühren

Beim indirekten Berühren kommt man mit leitfähigen Teilen in Kontakt, die durch einen Fehler (Körperschluss) eine leitende Verbindung zu aktiven Teilen haben. Die folgenden Maßnahmen sollen vor einem elektrischen Schlag unter Fehlerbedingungen schützen.

Schutz durch Abschaltung

Im Fehlerfall wird eine gefährliche Berührungsspannung automatisch abgeschaltet, bevor sich dadurch eine Gefährdung ergeben könnte.

Die Realisierung ist von dem verwendeten Netzsystem abhängig. Abb. 4.91 zeigt ein Beispiel. Durch die Verbindung des Körpers mit dem Schutzleiter PE entsteht bei Körperschluss ein niederohmiger Fehlerstromkreis. Das Überstromschutzorgan F1 löst aus und öffnet den Stromkreis.

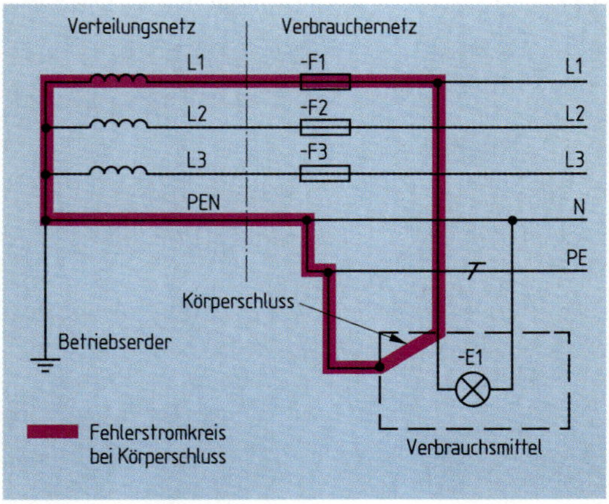

Abb. 4.91 Schutz durch Abschalten (TN-System)

Die Abschaltzeit beträgt

- für Endstromkreise, die über Steckdosen oder feste Anschlüsse Handgeräte oder ortsveränderliche Betriebsmittel der Schutzklasse I (Abb. 4.92) versorgen, maximal 0,4 s bei 230 V und 0,2 s bei 400 V.
- für Verteilerstromkreise von Gebäuden maximal 5 s.

Zum Abschalten dürfen Schmelzsicherungen, Leitungsschutzschalter, Leistungsschalter, Fehlerstromschutzschalter und in Sonderfällen Fehlerspannungsschutzschalter verwendet werden.

Schutzklasse I		**Schutz durch Erdung mit PE-Leiter.** Gefährliche Berührungsspannungen werden abgeschaltet. Merkmal: Anschlussstelle für Schutzleiter Anwendung: Geräte mit Metallgehäuse, z. B. Waschmaschinen, Leuchten
Schutzklasse II	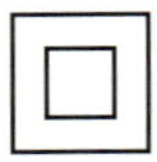	**Schutzisolierung.** Eine zusätzliche Isolierung verhindert das Auftreten gefährlicher Berührungsspannungen. Merkmal: Keine Anschlussstelle für Schutzleiter Anwendung: Geräte mit Kunststoffgehäuse, z. B. Küchengeräte, Handbohrmaschinen
Schutzklasse III (höchste Schutzklasse)		**Schutzkleinspannung.** Alle Betriebsmittel werden mit ungefährlichen Spannungen betrieben. Merkmal: Schutzkleinspannung Anwendung: z. B. Spielzeugeisenbahn

Abb. 4.92 Geräteschutzklassen

Schutz durch Meldung

Beim Auftreten eines Isolationsfehlers wird dieser gemeldet und kann, bevor eine gefährliche Situation auftritt, behoben werden. Ein gefährlicher Körperstrom kann erst dann auftreten, wenn ein Körperschluss mit einem anderen Außenleiter auftritt.
Anwendung: Im IT-Netz z. B. in Operationsräumen.

Schutz durch Potenzialausgleich

Leitfähige Anlagenteile und metallische Körper werden leitend miteinander verbunden. Durch diesen Potenzialausgleich können gleichzeitig berührbare Körper keine unterschiedlichen Potenziale annehmen. Ein typisches Beispiel ist der im Keller eines jeden Wohnhauses vorhandene Hauptpotenzialausgleich. Hier werden u. a. folgende leitfähigen Teile miteinander verbunden:

- Der Hauptschutzleiter, d. h. der Schutzleiter, der von der Stromquelle kommt oder vom Hausanschlusskasten abgeht.
- Die Haupterdungsleitung, d. h. die vom Erder (Fundamenterder) kommende Leitung.
- Alle metallenen Rohrleitungen wie Wasser-, Gas- und Heizungsrohre.
- Alle Metallteile der Gebäudekonstruktion.

Schutzisolierung

Durch eine zusätzliche oder verstärkte Isolierung zur Basisisolierung wird vermieden, dass aufgrund eines Fehlers in der Basisisolierung eine gefährliche Spannung auftritt.
Die Maßnahme Schutzisolierung entspricht der Schutzklasse II (Abb. 4.92).

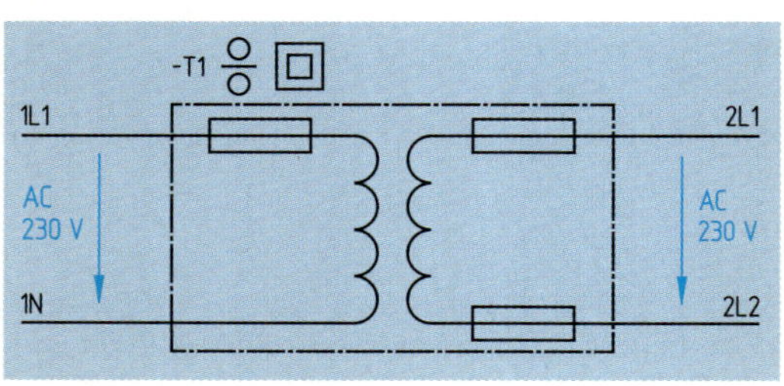

Abb. 4.93 Schutztrennung

Schutztrennung

Das elektrische Gerät wird durch einen Trenntransformator galvanisch vom Netz getrennt (Abb. 4.93). In dem so entstandenen erdfreien Verbrauchernetz kann bei einem Körperschluss keine gefährliche Berührungsspannung entstehen. Werden mehrere Verbraucher angeschlossen, muss zwischen ihnen ein ungeerdeter Potenzialausgleich erfolgen.

Anwendung: Handgeräte, die in leitfähigen Kesseln und Großbehältern eingesetzt werden, Experimentierplätze in Laborräumen.

Schutz durch nichtleitende Räume. Nicht das Betriebsmittel, sondern die Umgebung, die dem Menschen zugänglich ist, wird isoliert.

Schutz gegen direktes Berühren und Schutz bei indirektem Berühren

Schutzkleinspannung

Schutzkleinspannungen sind Nennspannungen bis 50 V Wechselspannung oder 120 V Gleichspannung. Eine gefährliche Berührungsspannung ist nicht gegeben.

Aus Sicherheitsgründen darf die Steckvorrichtung für Schutzkleinspannungen nicht in Steckdosen für höhere Spannungen passen.

Die Maßnahme Schutzkleinspannung entspricht der Schutzklasse III (s. Abb. 4.92).

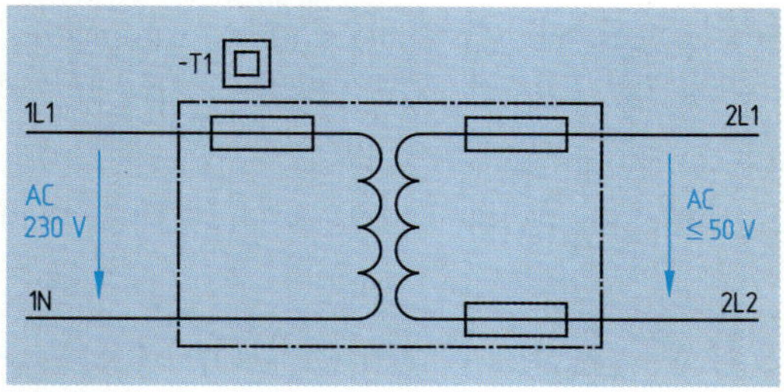

Abb. 4.94 Schutzkleinspannung

Auf einen Blick

- Berührungen mit elektrisch leitenden Teilen können zu bleibenden Schäden oder gar zum Tod führen. Die höchste, für Menschen noch ungefährliche Berührungsspannung beträgt 50 V.
- Um Menschen und Tiere davor zu schützen, mit betriebsmäßig spannungsführenden (aktiven) Teilen elektrischer Betriebsmittel direkt in Berührung zu kommen, sind folgende Maßnahmen zum Schutz gegen direktes Berühren (Schutz unter normalen Bedingungen) vorgeschrieben:
  - Schutz durch Isolierung
  - Schutz durch Abdeckung und Umhüllung
  - Schutz durch Hindernisse
  - Schutz durch Abstand
- Arbeiten an Teilen, die unter Spannung stehen, sind verboten. So muss z. B. vor dem Auswechseln einer Steckdose der zugehörige Stromkreis gemäß den fünf Sicherheitsregeln abgeschaltet und gegen Wiedereinschalten gesichert werden. Anschließend muss die Spannungsfreiheit der Steckdose überprüft werden usw.
- Durch Fehler in Anlagen und Geräten können Teile, die normalerweise nicht unter Spannung stehen, eine leitende Verbindung zu aktiven Teilen erhalten und somit ebenfalls unter Spannung stehen. Um bei einer Berührung einen elektrischen Schlag zu vermeiden, dienen folgende Maßnahmen zum Schutz bei indirektem Berühren (Schutz unter Fehlerbedingungen):
  - Schutz durch Abschaltung
  - Schutz durch Meldung
  - Schutz durch Potenzialausgleich
  - Schutzisolierung
  - Schutztrennung
  - Schutz durch nichtleitende Räume
- Bei Verwendung von Schutzkleinspannungen (max. 50 V Wechselspannung oder 120 V Gleichspannung) ist eine gefährliche Berührungsspannung nicht gegeben. Daher gewährleistet diese Maßnahme sowohl einen Schutz gegen direktes Berühren als auch einen Schutz bei indirektem Berühren.
- Kommt es trotzdem zu einem Elektrounfall, müssen sofort Maßnahmen ergriffen werden. Dazu gehören u. a., dass der den Unfall verursachende Stromkreis sofort abgeschaltet, erste Hilfe geleistet und ein Arzt gerufen wird.

4.6 Informationsverarbeitung in IT-Systemen

Einstiegssituation Computer verfügen zunehmend über die Möglichkeit der Spracherkennung. Dazu muss die menschliche Sprache analysiert werden. In einem Computer können jedoch nur digitale Signale verarbeitet werden. Also muss die Sprache in digitale Signale umgeformt werden. Das geschieht zunächst mithilfe eines Mikrofons, das die akustischen Sprachsignale in analoge elektrische Signale wandelt, und diese analogen Signale werden dann in digitale umgesetzt.

Wie erfolgt die Umsetzung in digitale Signale und nach welchen Prinzipien und Verfahren wird die Verarbeitung dieser Signale im Computer durchgeführt?

4.6.1 Analoge, digitale und binäre Signale

Analoge Größen sind physikalische Größen wie z. B. die Temperatur oder die elektrische Spannung. Diese Größen können innerhalb ihrer physikalischen Grenzen jeden beliebigen Wert annehmen.

Ein **analoges Signal** ist die Darstellung einer physikalischen Größe in Abhängigkeit von der Zeit. Der Zeitablauf und damit die Änderung der dargestellten physikalischen Größe erfolgt kontinuierlich (Abb. 4.95 links).

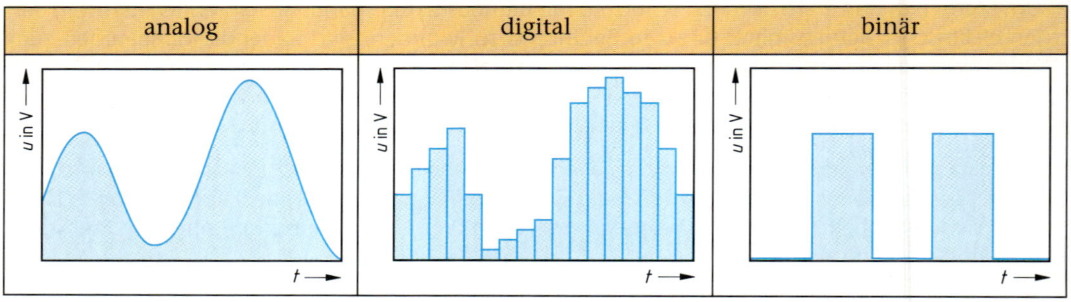

Abb. 4.95 Signale

Ein **digitales Signal** ist der Augenblickswert einer physikalischen Größe, gemessen und dargestellt als ganze Zahl in einem beliebigen Zahlensystem. Somit ist z. B. die Digitalisierung der Sprache die Aneinanderreihung von Augenblickswerten (Abb. 4.95 mitte).

Ein anschauliches Beispiel ist die Digitaluhr. Sie kann nur bestimmte Werte anzeigen, z. B. im Minutentakt. Im Unterschied zu einer analogen Uhr kann jedoch kein Ablesefehler entstehen, da die digitale Anzeige selbst in der letzten Stelle eindeutig ist. Eine Änderung kann nur stufig erfolgen.

Innerhalb des Computers werden die zu verarbeitenden Daten über Leitungen zu den unterschiedlichen Funktionseinheiten übertragen. Damit ein sicherer Datentransfer gewährleistet ist, dürfen die Leitungen nur zwei Zustände übertragen. Vereinfacht gesagt sind das die Zustände „keine Spannung" (0 V) und „Spannung vorhanden" (5 V).

Diese zweiwertigen Signale nennt man **binäre Signale** (Abb. 4.95 rechts). Ihr Informationsgehalt wird als **Bit** (**Bi**nary digi**t**) bezeichnet. Durch die Zusammenfassung mehrerer Bit entsteht ein digitales Signal. Die Zusammenfassung von acht Bit nennt man ein **Byte**.

Wie werden die uns gebräuchlichen Zahlen und Buchstaben in digitale Signale verschlüsselt?

4.6.2 Zahlensysteme und Codes

Zahlensysteme

Die im alltäglichen Leben genutzten Zahlen des dezimalen Zahlensystems werden, damit sie in einem Computer verarbeitet werden können, in das duale Zahlensystem umgerechnet. Die Umrechnung erfolgt automatisch durch entsprechende Programme. Wodurch unterscheiden sich die Zahlensysteme?

▷ Das dezimale Zahlensystem

Entsprechend Abb. 4.96 lässt sich die Zahl 4265 in 4000 + 200 + 60 + 5 zerlegen. Dabei nimmt jede Ziffer eine von ihrer Position abhängige Stelle ein. Jeder Stelle ist ein Vervielfachungsfaktor (10^3, 10^2, 10^1 und 10^0) zugeordnet. Die Basis dieses Faktors ist die **Basiszahl**. Sie kennzeichnet das Zahlensystem. Warum hat die Basiszahl den Wert 10?

Im dezimalen Zahlensystem stehen die Ziffern 0 bis 9 zur Verfügung. Das sind 10 Ziffern. Die Basiszahl hat daher den Wert 10.

Mit der Formel in Abb. 4.97 lässt sich der Aufbau des dezimalen Zahlensystems allgemein darstellen. Dazu wird die Basis mit b bezeichnet und die Ziffern entsprechend ihren Stellen a_0, a_1, a_2 usw. Die Formel gilt auch für die folgenden Zahlensysteme.

$$4265 = 4000 + 200 + 60 + 5$$
$$4265 = 4 \cdot 1000 + 2 \cdot 100 + 6 \cdot 10 + 5 \cdot 1$$
$$4265 = 4 \cdot 10^3 + 2 \cdot 10^2 + 2 \cdot 10^1 + 5 \cdot 10^0$$

Abb. 4.96 Dezimales Zahlensystem

$$Z = a_{n-1} \cdot b^{n-1} + a_2 \cdot b^2 + a_1 \cdot b^1 + a_0 \cdot b^0$$

Z	Zahl
$a_{n-1} \ldots a_0$	Ziffernfolge als Zahl
n	Anzahl der Ziffern der Zahl
$b^{n-1} \ldots b^0$	Vervielfachungsfaktoren
b	Basiszahl

Abb. 4.97 Allgemeine Darstellung

▷ Das duale Zahlensystem

Im dualen Zahlensystem (Abb. 4.98) wird jede Stelle einer Zahl durch die Ziffern 0 oder 1 dargestellt. Da nur zwei Ziffern zur Verfügung stehen, hat die Basiszahl den Wert 2. Statt Stelle wird häufig der Begriff Bit verwendet.

Zahlen wie z. B. 4265 werden innerhalb des Computers mit Leitungen übertragen. Eine Leitung kann nur die Zustände Low-Pegel (vereinfacht ausgedrückt „keine Spannung vorhanden“) oder High-Pegel („Spannung vorhanden“) führen. Wird jedem Low-Pegel die Ziffer 0 und jedem High-Pegel die Ziffer 1 zugeordnet, ergibt sich die Dualzahl 1000010101001. Sie entspricht der Dezimalzahl 4265. Um sie als Dualzahl zu verschlüsseln, werden 13 Stellen, d. h. 13 Bit bzw. 13 Leitungen benötigt. Wie viel unterschiedliche Dezimalzahlen können damit verschlüsselt werden?

Mit 13 Bit lassen sich 8192 Dualzahlen bilden (Abb. 4.99), mit denen die Dezimalzahlen 0 bis 8191 verschlüsselt werden.

$$Z = a_3 \cdot b^3 + a_2 \cdot b^2 + a_1 \cdot b^1 + a_0 \cdot b^0$$
$$1001 = 1 \cdot 2^3 + 0 \cdot 2^2 + 0 \cdot 2^1 + 1 \cdot 2^0$$
$$1001 = 1 \cdot 8 + 0 \cdot 4 + 0 \cdot 2 + 1 \cdot 1$$
$$1001 = 8 + 0 + 0 + 1$$
$$1001_2 = 9_{10}$$

Abb. 4.98 Duales Zahlensystem

$$X = 2^n$$

X	Anzahl der unterschiedlichen Dualzahlen
n	Anzahl der Bit

Beispiel: Wie viel unterschiedliche Dualzahlen lassen sich mit 13 Bit bilden?

Lösung: geg.: $n = 13$; ges.: X

$X = 2^n$

$X = 2^{13}$

$\mathbf{X = 8192}$

Abb. 4.99 Berechnung der Anzahl darstellbarer Dualzahlen

Häufig verwendete Bitblöcke sind 1 Byte und 2 Byte, d. h. 8 Bit und 16 Bit:

Mit 8 Bit (1 Byte) lassen sich 256 Dezimalzahlen von 0 bis 255 dual verschlüsseln.
Mit 16 Bit (2 Bytes) lassen sich 65536 Dezimalzahlen von 0 bis 65535 dual verschlüsseln.

Die Verschlüsselung mit Dualzahlen ist unübersichtlich, besonders wenn es sich um „lange" Dualzahlen handelt. Wie lassen sich lange Dualzahlen übersichtlich darstellen?

$$Z = a_3 \cdot b^3 + a_2 \cdot b^2 + a_1 \cdot b^1 + a_0 \cdot b^0$$
$$10A9 = 1 \cdot 16^3 + 0 \cdot 16^2 + A \cdot 16^1 + 9 \cdot 16^0$$
$$10A9 = 1 \cdot 4096 + 0 \cdot 256 + 10 \cdot 16 + 9 \cdot 1$$
$$10A9 = 4096 + 0 + 160 + 9$$
$$10A9_{16} = 4265_{10}$$

Abb. 4.100 Sedezimales Zahlensystem

▷ Das sedezimale Zahlensystem

Abb. 4.100 verdeutlicht das Sedezimalsystem. Es wird auch als **Hexadezimalsystem** bezeichnet. Zusätzlich zu den Ziffern 0 bis 9 werden entsprechend Abb. 4.110 die Buchstaben A bis F verwendet. Dabei entspricht der Buchstabe A der Dezimalzahl 10 und der Buchstabe F der Dezimalzahl 15. Somit stehen insgesamt 16 Zeichen (10 Ziffern und 6 Buchstaben) zur Verfügung. Die Basiszahl hat also den Wert 16.

Nach Abb. 4.100 entspricht die Dezimalzahl 4265 der Sedezimalzahl 10A9. Bei der Verwendung unterschiedlicher Zahlensysteme werden zur eindeutigen Unterscheidung z. B. die Basiszahlen angegeben:
10_{16} kennzeichnet 10 als Sedezimalzahl,
10_{10} eine Dezimalzahl und
10_2 eine Dualzahl.

Dualzahl				Dezimal-zahl	Sedezimal-zahl
2^3	2^2	2^1	2^0		
0	0	0	0	0	0
0	0	0	1	1	1
0	0	1	0	2	2
0	0	1	1	3	3
0	1	0	0	4	4
0	1	0	1	5	5
0	1	1	0	6	6
0	1	1	1	7	7
1	0	0	0	8	8
1	0	0	1	9	9
1	0	1	0	10	A
1	0	1	1	11	B
1	1	0	0	12	C
1	1	0	1	13	D
1	1	1	0	14	E
1	1	1	1	15	F

Abb. 4.101 Gegenüberstellung der Zahlensysteme

▷ Die Umrechnung von Dualzahlen in Sedezimalzahlen

Abb. 4.101 zeigt alle mit vier Bit darstellbaren Dualzahlen. Sie lassen sich mit dem Zeichenvorrat 0 bis F des sedezimalen Zahlensystems verschlüsseln.

Dualzahlen mit mehr als vier Bit werden, bei dem niederwertigsten Bit (rechts) beginnend, in 4-Bit-Blöcke aufgeteilt. Jedem Block wird das entsprechende Sedezimalzeichen zugeordnet.

Dualzahl:	0001	0000	1010	1001
Sedezimalzahl:	1	0	A	9

Die Dualzahl 1000010101001 entspricht der Sedezimalzahl 10A9. Die Umrechnung ist einfach. Deshalb nutzt man das sedezimale Zahlensystem um „lange" Dualzahlen übersichtlich darzustellen und leichter lesbar zu machen.

Mit dem dezimalen Zahlensystem ist eine solche Zuordnung nicht möglich, da mit dem Zeichenvorrat 0 bis 9 nur 10 der insgesamt mit vier Bit darstellbaren 16 Dualzahlen verschlüsselt werden können.

▷ Die Umrechnung von Sedezimalzahlen in Dualzahlen

Die Vorgehensweise ist umgekehrt wie bei der Umrechnung von Dualzahlen in Sedezimalzahlen. Jeder Sedezimalziffer wird die entsprechende Dualzahl – vierstellig – zugeordnet.

Sedezimalzahl:	1	0	A	9
Dualzahl:	0001	0000	1010	1001

▷ Die Umrechnung von Dezimalzahlen in Dualzahlen

Für die Umrechnung gibt es mehrere Verfahren. Das einfachste Verfahren für ganze positive Dezimalzahlen ist das Dividieren durch die Basiszahl 2 (Abb. 4.102). Das Ergebnis wird als ganze Zahl mit dem Rest aufgeschrieben. Auch der Rest 0 wird notiert. Die sich durch die Division ergebende ganze Zahl wird wieder durch 2 geteilt, der Rest notiert usw. Die Umrechnung ist beendet, wenn die ganze Zahl des Ergebnisses selbst 0 geworden ist. Die Reste bilden die umgerechnete Dualzahl.

Der zuerst gebildete Rest ist das **LSB** (**L**east **S**ignificant **B**it: niederwertigstes Bit) der Dualzahl, der zuletzt gebildete Rest das **MSB** (**M**ost **S**ignificant **B**it: höchstwertigstes Bit).

Beispiel: 114_{10} wird in eine Dualzahl umgerechnet:

114 : 2 = 57	Rest 0	LSB
57 : 2 = 28	Rest 1	
28 : 2 = 14	Rest 0	
14 : 2 = 7	Rest 0	
7 : 2 = 3	Rest 1	
3 : 2 = 1	Rest 1	
1 : 2 = 0	Rest 1	MSB

$\mathbf{114_{10} = 1110010_2}$

Abb. 4.102 Umrechnung in eine Dualzahl

Beispiel: 1999_{10} wird in eine Sedezimalzahl umgerechnet:

1999 : 16 = 124	Rest F
124 : 16 = 7	Rest C
7 : 16 = 0	Rest 7

$\mathbf{1999_{10} = 7CF_{16}}$

Abb. 4.103 Umrechnung in eine Sedezimalzahl

▷ Die Umrechnung von Dezimalzahlen in Sedezimalzahlen

Das Verfahren entspricht dem der Umrechnung von Dezimalzahlen in Dualzahlen. Die umzurechnende Zahl wird jedoch durch 16 geteilt (Abb. 4.103). Das Ergebnis wird als ganze Zahl mit dem Rest aufgeschrieben. Das Ergebnis wird wieder durch 16 geteilt usw. Die Umrechnung ist beendet, wenn das Ergebnis selbst 0 geworden ist. Die Reste bilden die umgerechnete Sedezimalzahl.

■ Codes

Ein Code ist eine eindeutige Zuordnung z. B. zwischen zwei Zahlensystemen. So stellt der schon vorgestellte Dualcode eine Zuordnung zwischen Dualzahlen und Dezimalzahlen dar. Neben dem Dualcode wurden weitere Codes entwickelt, die für bestimmte Aufgaben besser geeignet sind. Bedeutsam sind die BCD-Codes bei der binären Verschlüsselung von Dezimalzahlen und der Gray-Code bei der Weg- und Winkelmessung.

▷ BCD-Codes

Als BCD-Codes werden alle Codes bezeichnet, die zur Darstellung der zehn Ziffern des dezimalen Zahlensystems dienen (**BCD**: **B**inär **C**odierte **D**ezimalzahl). Im BCD-Code wird jede Dezimalziffer (0 bis 9) durch vier Bit verschlüsselt. Eine 4-Bit-Gruppe wird als **Tetrade** bezeichnet. Daher werden 4-Bit-Codes auch als tetradische Codes bezeichnet.

Dezimalzahl	BCD-Codes		Gray-Code
	8-4-2-1-Code	Aiken-Code, 2-4-2-1-Code	
	$2^3\ 2^2\ 2^1\ 2^0$	$2^1\ 2^2\ 2^1\ 2^0$	G R A Y
0	0 0 0 0	0 0 0 0	0 0 0 0
1	0 0 0 1	0 0 0 1	0 0 0 1
2	0 0 1 0	0 0 1 0	0 0 1 1
3	0 0 1 1	0 0 1 1	0 0 1 0
4	0 1 0 0	0 1 0 0	0 1 1 0
5	0 1 0 1	1 0 1 1	0 1 1 1
6	0 1 1 0	1 1 0 0	0 1 0 1
7	0 1 1 1	1 1 0 1	0 1 0 0
8	1 0 0 0	1 1 1 0	1 1 0 0
9	1 0 0 1	1 1 1 1	1 1 0 1
10			1 1 1 1
11			1 1 1 0
12			1 0 1 0
14			1 0 1 1
14			1 0 0 1
15			1 0 0 0

Abb. 4.104 BCD-Codes und Gray-Code

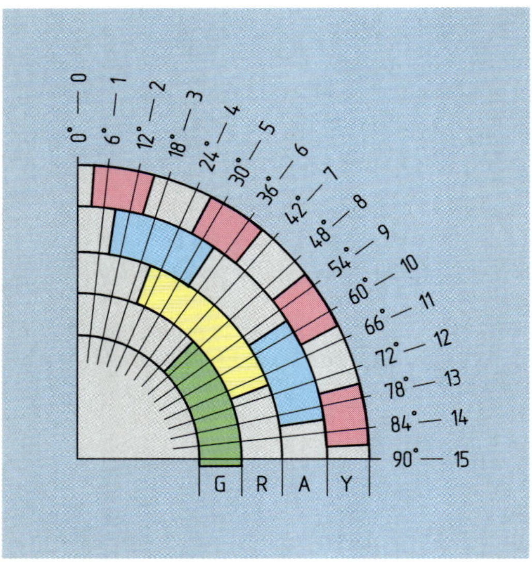

Abb. 4.105 Codierscheibe

Unter den BCD-Codes ist der **8-4-2-1-Code** der gebräuchlichste (Abb. 4.104). Bei diesem Code werden die Dualzahlen verwendet, die den Dezimalziffern 0 bis 9 entsprechen. In Anlehnung an die Bewertung der Stellen im dualen Zahlensystem (2^3, 2^2, 2^1, 2^0) lautet die Bezeichnung 8-4-2-1-Code.

Ein anderer BCD-Code ist z. B. der **Aiken-Code**. Dieser Code wird gemäß seiner Stellenbewertung (2^1, 2^2, 2^1, 2^0) auch als 2-4-2-1-Code bezeichnet.

Dezimalzahl:	4	8	9
8-4-2-1-Code:	0100	1000	1001
Aiken-Code:	0100	1110	1111

▷ Der Gray-Code

Ein Vergleich mit dem BCD-Code ergibt: Im Gray-Code ändert sich beim Übergang von einem Codewort auf das nächste immer nur ein Bit (Abb. 4.104). Ein Code mit dieser Eigenschaft wird als **einschrittiger Code** bezeichnet. Der BCD-Code dagegen ist ein **mehrschrittiger Code**. Beim Übergang von 0111 auf 1000 ändern sich sogar alle vier Bit. Welchen Vorteil bietet ein einschrittiger Code?

Der Gray-Code wird vorwiegend bei der Weg- und Winkelmessung angewendet. Die Abtastung der Wegstrecke vom Codelineal oder des Drehwinkels von der Codescheibe (Abb. 4.105) erfolgt mechanisch per Kontaktzungen oder optisch mittels Lichtschranken. Beim Übergang von einem Messschritt zum nächsten können bei mehrschrittigen Codes kurzzeitig falsche Messwerte entstehen, wenn der Wechsel aller sich ändernden Bit nicht exakt gleichzeitig erfolgt. Das ist bei einem einschrittigen Code nicht möglich, da sich immer nur ein Bit ändert.

Neben den numerischen Codes, die ausschließlich Zahlen verschlüsseln, gibt es alphanumerische Codes, die Ziffern, Buchstaben, Satzzeichen und Steuerzeichen verschlüsseln.

▷ Der ASCII-Code

In der Computertechnik werden Codes benötigt, die Buchstaben und Sonderzeichen darstellen können. Hierzu gibt es verschiedene Codes. Besondere Bedeutung hat der ASCII-Code (Abb. 4.106). **ASCII** steht für **A**merican **S**tandard **C**ode for **I**nformation **I**nterchange.

Dezimal	Zeichen	Sedezimal	Dezimal	Zeichen	Sedezimal	Dezimal	Zeichen	Sedezimal	Dezimal	Zeichen	Sedezimal	Dezimal	Zeichen	Sedezimal
0	**NUL**	00	26	**SUB**	1A	52	**4**	34	78	**N**	4E	104	**h**	68
1	**SOH**	01	27	**ESC**	1B	53	**5**	35	79	**O**	4F	105	**i**	69
2	**STX**	02	28	**FS**	1C	54	**6**	36	80	**P**	50	106	**j**	6A
3	**ETX**	03	29	**GS**	1D	55	**7**	37	81	**Q**	51	107	**k**	6B
4	**EOT**	04	30	**RS**	1E	56	**8**	38	82	**R**	52	108	**l**	6C
5	**ENQ**	05	31	**US**	1F	57	**9**	39	83	**S**	53	109	**m**	6D
6	**ACK**	06	32	**SP**	20	58	:	3A	84	**T**	54	110	**n**	6E
7	**BEL**	07	33	!	21	59	;	3B	85	**U**	55	111	**o**	6F
8	**BS**	08	34	“	22	60	<	3C	86	**V**	56	112	**p**	70
9	**HT**	09	35	#	23	61	=	3D	87	**W**	57	113	**q**	71
10	**LF**	0A	36	$	24	62	>	3E	88	**X**	58	114	**r**	72
11	**VT**	0B	37	%	25	63	?	3F	89	**Y**	59	115	**s**	73
12	**FF**	0C	38	&	26	64	@	40	90	**Z**	5A	116	**t**	74
13	**CR**	0D	39	‘	27	65	**A**	41	91	[	5B	117	**u**	75
14	**SO**	0E	40	(	28	66	**B**	42	92	\	5C	118	**v**	76
15	**SI**	0F	41	)	29	67	**C**	43	93	]	5D	119	**w**	77
16	**DLE**	10	42	*	2A	68	**D**	44	94	^	5E	120	**x**	78
17	**DC1**	11	43	+	2B	69	**E**	45	95	–	5F	121	**y**	79
18	**DC2**	12	44	,	2C	70	**F**	46	96	`	60	122	**z**	7A
19	**DC3**	13	45	-	2D	71	**G**	47	97	**a**	61	123	{	7B
20	**DC4**	14	46	.	2E	72	**H**	48	98	**b**	62	124	|	7C
21	**NAK**	15	47	/	2F	73	**I**	49	99	**c**	63	125	}	7D
22	**SYN**	16	48	**0**	30	74	**J**	4A	100	**d**	64	126	~	7E
23	**ETB**	17	49	**1**	31	75	**K**	4B	101	**e**	65	127	**DEL**	7F
24	**CAN**	18	50	**2**	32	76	**L**	4C	102	**f**	66			
25	**EM**	19	51	**3**	33	77	**M**	4D	103	**g**	67			

Abb. 4.106 7-Bit-ASCII-Code

Der ursprüngliche ASCII-Code ist ein 7-Bit-Code. Aus ihm haben sich zwei heute gebräuchliche Formen entwickelt: der von der ANSI-Normenkommission definierte ANSI-ASCII-Code und der Extended ASCII-Code. Beides sind 8-Bit-Codes und Erweiterungen des 7-Bit-Codes, sodass statt 128 (= 2^7) Zeichen heute 256 (= 2^8) Zeichen verschlüsselt sind. Die Erweiterungen wurden z. B. zur Darstellung grafischer Zeichen genutzt.

Die acht Zeichen-Bit der erweiterten ASCII-Codes werden häufig durch ein neuntes Bit, das als **Parity-Bit** bezeichnet wird, ergänzt. Mit dem Parity-Bit werden die logischen Zustände 1 in einem Zeichen so ergänzt, dass die Anzahl der logischen Einsen gerade (even) oder ungerade (odd) ist. Auf diese Weise ergibt sich eine einfache Möglichkeit der Fehlererkennung bei der Datenübertragung.
Wird z. B. der Buchstabe „a“ (61_{16} = 0110 0001_2) übertragen und sind Sender und Empfänger auf gerade Parität eingestellt, wird im Sender zu den drei Einsen im Codewort für „a“ eine vierte Eins als Paritätsbit gestellt, damit die Anzahl der Einsen geradzahlig wird. Ist die Anzahl der Einsen im Datenwort bereits geradzahlig, wie beim Buchstaben „c“ (63_{16} = 0110 0011_2), erhält das Paritätsbit den Wert 0.
Der Empfänger prüft die ankommenden Datenwörter nur darauf, ob sie – bei gewählter gerader Parität – eine gerade Anzahl von Einsen aufweisen. Ist das nicht der Fall, gibt er eine Fehlermeldung aus.
Bei ungerader Parität ergänzt der Sender die Datenwörter so, dass durch das Paritätsbit jeweils eine ungerade Anzahl von Einsen gebildet wird.

▷ Der EAN-Code

Der EAN-Code (Abb. 4.107) ist ein **Barcode**. Barcodes, auch Strichcodes genannt, sind Binärcodes für eine maschinelle Erkennung mittels Lesestift oder Laserscanner. Die Zeichen setzen sich aus Balken (Bars) und Lücken zusammen.

Der EAN-Code hat bei der Datenerfassung im Handel weite Verbreitung gefunden. **EAN** steht für **E**uropean **A**rticle **N**umbering: Europäische Artikel-Nummerierung).

Ziffer	Satz A	Satz B	Satz C
0	0001101	0100111	1110010
1	0011001	0110011	1100110
2	0010011	0011011	1101100
3	0111101	0100001	1000010
4	0100011	0011101	1011100
5	0110001	0111001	1001110
6	0101111	0000101	1010000
7	0111011	0010001	1000100
8	0110111	0001001	1001000
9	0001011	0010111	1110100

Abb. 4.107 EAN-Code

Die Codierung besteht aus zwei Hälften mit je sechs Ziffern und enthält verlängerte Randzeichen (101) und Trennzeichen (01010). Jede Ziffer besteht aus sieben binären Elementen, wobei ein Balken einer logischen 1 und eine Lücke einer logischen 0 entspricht.

Zur Codierung werden drei unterschiedliche Sätze A, B und C verwendet. Der Satz A weist rechts immer den Wert 1 auf und hat eine ungerade Parität (ungerade Anzahl von Einsen). Der Satz B weist rechts ebenfalls immer den Wert 1 auf und besitzt eine gerade Parität. Der Satz C hat stets links den Wert 1 und eine gerade Parität. Die linken sechs Ziffern werden abhängig von der Nationalität z. B. in der Satzfolge ABBABA verschlüsselt, die rechten sechs Ziffern immer mit dem Satz C.

4.6.3 Logische Grundverknüpfungen

Eine logische Verknüpfung beschreibt die Zuordnung zwischen einem oder mehreren Eingangszuständen und dem Ausgangszustand. Ändert sich der Zustand einer der Eingänge, hat dies je nach Zustand der anderen Eingänge Auswirkungen auf den Ausgangszustand. Der Ausgangszustand ist also eine Funktion der Eingangszustände.

Die Beschreibung der unterschiedlichen logischen Funktionen kann auf verschiedene Arten erfolgen. Die wichtigsten werden am Beispiel der UND-Verknüpfung dargestellt.

! Darstellungsmöglichkeiten für logische Verknüpfungen:
- Schaltzeichen
- Arbeitstabelle
- Wahrheitstabelle
- Funktionsgleichung
- Pulsdiagramm

UND-Verknüpfung

„Wenn es Samstag ist und regnet, erweitere ich meinen Computer.“ Dieser Satz enthält eine UND-Verknüpfung, auch Konjunktion genannt. Nur wenn beide Eingangsbedingungen „Samstag“ und „wenn es regnet“ gegeben sind, trifft die Aussage „erweitere ich meinen Computer“ zu. Wie wird dieser Zusammenhang in der Technik beschrieben?

Symbol	Arbeitstabelle			Wahrheitstabelle			Funktionsgleichung	Pulsdiagramm
	b	a	x	b	a	x		
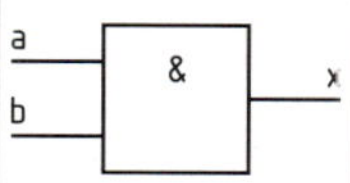	L	L	L	0	0	0	$x = a \wedge b$	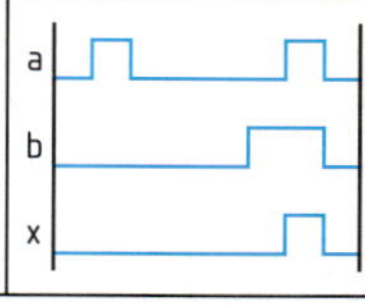
	L	H	L	0	1	0		
	H	L	L	1	0	0		
	H	H	H	1	1	1		

Abb. 4.108 Bescheibungsmöglichkeiten logischer Verknüpfungen

Beschreibung durch das Symbol
In Stromlaufplänen wird eine logische Funktion mithilfe eines Symbols beschrieben. Die Grundform des Symbols ist ein Rechteck (Abb. 4.108). Die Eingänge a und b und der Ausgang x befinden sich an gegenüberliegenden Seiten. Das Verknüpfungszeichen befindet sich vorzugsweise innerhalb des Rechtecks oben in der Mitte.

Beschreibung durch die Arbeitstabelle
Die Arbeitstabelle dient zur Beschreibung des physikalischen (z. B. elektrischen) Verhaltens von digitalen Schaltungen. Dabei wird die physikalische Größe der Ein- und Ausgangssignale entweder direkt durch ihre Werte (z. B. 0 V und 5 V) oder die zugeordneten Pegel L und H gekennzeichnet. Bei letzterem gilt:

> H-Pegel ⇒ High-Pegel: Der Pegelwert, der gegenüber dem anderen näher bei + ∞ ist.
> L-Pegel ⇒ Low-Pegel: Der Pegelwert, der gegenüber dem anderen näher bei – ∞ ist.

Die Arbeitstabelle zeigt die Pegelzustände am Ausgang x der logischen Verknüpfung in Abhängigkeit von Pegelkombinationen an den Eingängen a und b. Für die UND-Verknüpfung sagt die Arbeitstabelle aus: Der Ausgang x führt nur dann einen H-Pegel, wenn alle Eingänge einen H-Pegel aufweisen.

Beschreibung durch die Wahrheitstabelle
Die Wahrheitstabelle zeigt die Logikzustände am Ausgang x abhängig von allen möglichen Kombinationen der Eingangsvariablen a und b. Die Wahrheitstabelle sagt über UND-Verknüpfung aus:

> Bei der **UND-Verknüpfung** weist der Ausgang nur dann den logischen Zustand 1 auf, wenn alle Eingänge den logischen Zustand 1 aufweisen.

Mit einem UND-Glied können, abweichend von der Darstellung in Abb. 4.108, auch drei oder mehr Eingänge verknüpft werden.

Die Zuordnung der Logikzustände zu den elektrischen Pegeln bedarf einer Vereinbarung: Entspricht der logische Zustand 0 dem L-Pegel und der logische Zustand 1 dem H-Pegel, spricht man von der positiven Logik. Daneben gibt es die negative Logik. Hier wird der logische Zustand 0 dem H-Pegel und der logische Zustand 1 dem L-Pegel zugeordnet.

Beschreibung durch die Funktionsgleichung
Mit Formelzeichen lässt sich die Verknüpfung als Funktionsgleichung schreiben: „x = a und b“.
Formelzeichen: $\wedge$ = UND-Verknüpfung, $\vee$ = ODER-Verknüpfung

Beschreibung durch das Pulsdiagramm
Pulsdiagramme zeigen den zeitlichen Verlauf von Funktionen. Folgende Regeln gelten:
- Die Funktionen werden waagerecht im zeitgerechten Maßstab aufgetragen.
- Die Bezugslinie eines Signals ist der 0-Zustand.
- Der 1-Zustand wird nach oben aufgetragen.
- Die Bezeichnung der Signale erfolgt am linken Rand.
- Erläuternde Angaben können am rechten Rand erfolgen.

ODER-Verknüpfung

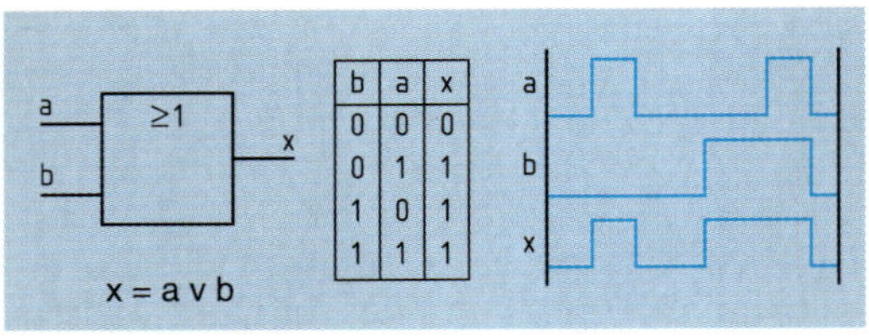

b	a	x
0	0	0
0	1	1
1	0	1
1	1	1

Abb. 4.109 ODER-Verknüpfung

Bei der ODER-Verknüpfung weist der Ausgang den logischen Zustand 1 auf, wenn sich mindestens ein Eingang im logischen Zustand 1 befindet.

Die ODER-Verknüpfung wird auch als Disjunktion bezeichnet. Ausgesprochen wird diese Verknüpfung entsprechend der Funktionsgleichung: „x gleich a oder b“. Wie beim UND-Glied können auch mehr als zwei Eingänge verknüpft werden.

Negation, NICHT-Funktion

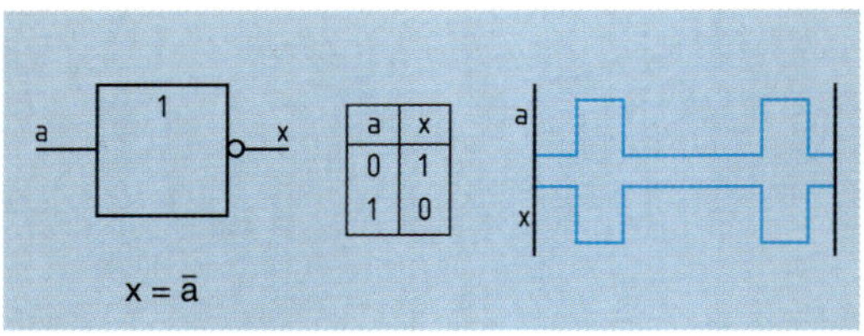

a	x
0	1
1	0

Abb. 4.110 Negation

Bei der Negation weist der Ausgang den logischen Zustand 1 auf, wenn sich der Eingang im logischen Zustand 0 befindet.

Der Ausgang weist somit stets den entgegengesetzten Zustand wie der Eingang auf. Die Negation wird am Ausgang des Symbols mit einem Kreis und in der Funktionsgleichung mit einem Strich über dem Buchstaben a gekennzeichnet. Die entsprechende Aussage lautet: „x gleich a Nicht“.

NAND-Verknüpfung

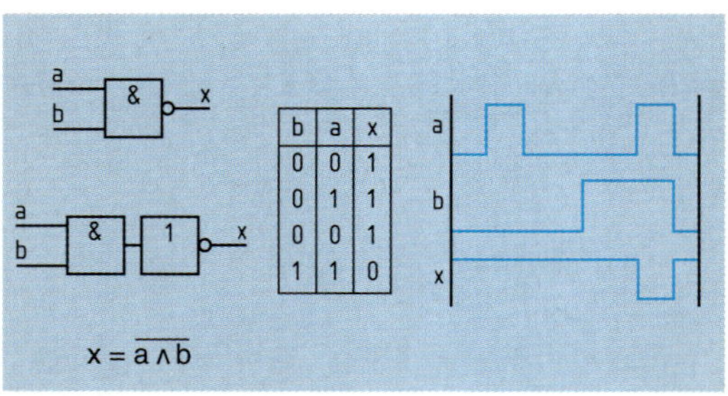

b	a	x
0	0	1
0	1	1
0	0	1
1	1	0

Abb. 4.111 NAND-Verknüpfung

Bei der NAND-Verknüpfung weist der Ausgang dann den logischen Zustand 1 auf, wenn sich mindestens ein Eingang im logischen Zustand 0 befindet.

Die NAND-Verknüpfung setzt sich aus einer UND-Verknüpfung und einer nachgeschalteten Negation zusammen. Die Negation wird am Symbol mit einem Kreis und in der Funktionsgleichung mit einem Strich gekennzeichnet.

NOR-Verknüpfung

Bei der NOR-Verknüpfung weist der Ausgang nur dann den logischen Zustand 1 auf, wenn sich alle Eingänge im logischen Zustand 0 befinden.

Die NOR-Verknüpfung setzt sich – analog zur NAND-Verknüpfung – aus einer ODER-Verknüpfung und einer nachgeschalteten Negation zusammen.

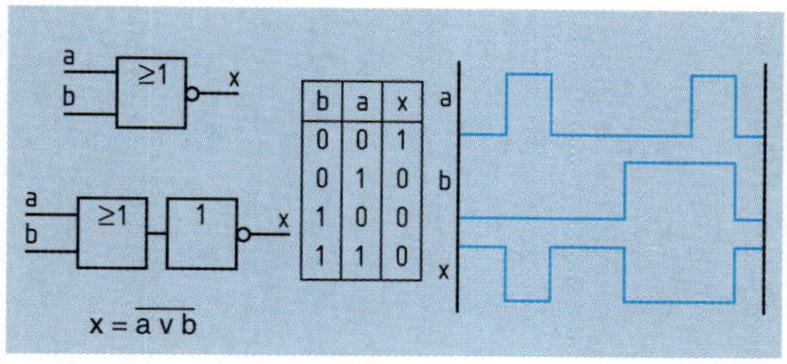

b	a	x
0	0	1
0	1	0
1	0	0
1	1	0

Abb. 4.112 NOR-Verknüpfung

Antivalenz-Verknüpfung

Bei der Antivalenz-Verknüpfung weist der Ausgang nur dann den logischen Zustand 1 auf, wenn sich beide Eingänge in unterschiedlichen Zuständen befinden.

Die Antivalenz-Verknüpfung (Antivalenz: Verschiedenwertigkeit) wird auch als Exklusiv-ODER-Verknüpfung bezeichnet.

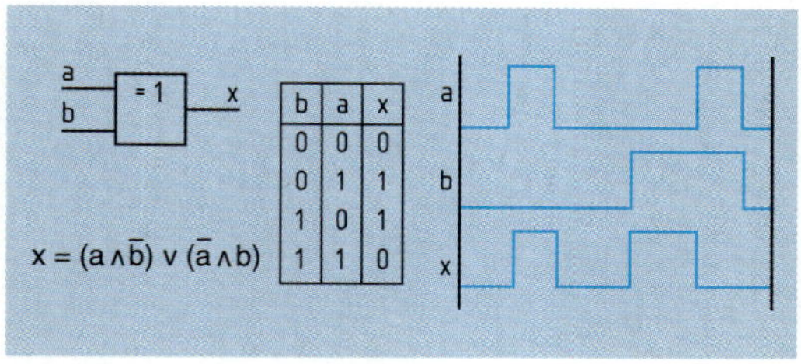

b	a	x
0	0	0
0	1	1
1	0	1
1	1	0

Abb. 4.113 Antivalenz-Verknüpfung

Äquivalenz-Verknüpfung

Bei der Äquivalenz-Verknüpfung weist der Ausgang nur dann den logischen Zustand 1 auf, wenn sich alle Eingänge in demselben Zustand befinden.

Die Äquivalenz-Verknüpfung (Äquivalenz: Gleichwertigkeit) wird auch als Exklusiv-NOR-Verknüpfung bezeichnet.

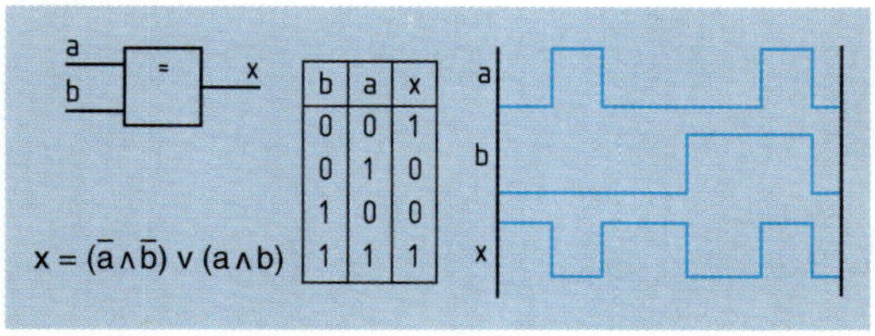

b	a	x
0	0	1
0	1	0
1	0	0
1	1	1

Abb. 4.114 Äquivalenz-Verknüpfung

4.6.4 Analyse und Entwicklung logischer Schaltungen

Analyse logischer Schaltungen

Innerhalb einer komplexen logischen Schaltung befindet sich die Teilschaltung entsprechend Abb. 4.115. Wie wirkt sie?

Zur Beantwortung der Frage wird die Schaltung analysiert. Dazu werden für alle möglichen Kombinationen der Eingangsvariablen die Zustände der Ausgangsvariablen ermittelt. Das geschieht mithilfe von Wahrheitstabellen, die die Ergebnisse jeder Einzelverknüpfung aufweisen.

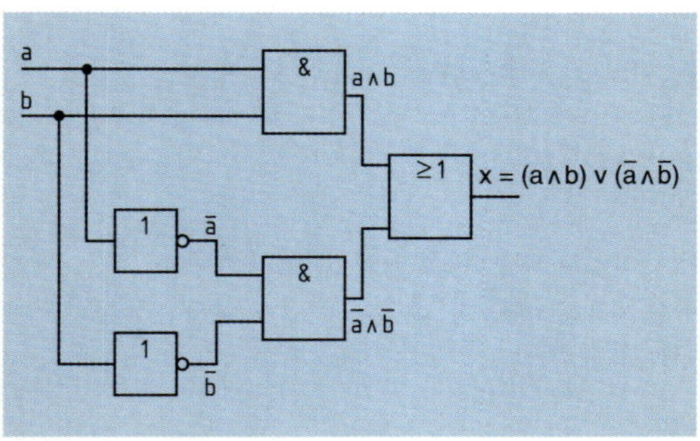

Abb. 4.115 Äquivalenz-Verknüpfung

a	b	$a \wedge b$	$\bar{a}$	$\bar{b}$	$\bar{a} \wedge \bar{b}$	$x = (a \wedge b) \vee (\bar{a} \wedge \bar{b})$
0	0	0	1	1	1	1
1	0	0	0	1	0	0
0	1	0	1	0	0	0
1	1	1	0	0	0	1

Abb. 4.116 Wahrheitstabelle

Die Spalte $a \wedge b$ der Tabelle zeigt die Ergebnisse der UND-Verknüpfung der Eingangsvariablen a und b. Die beiden folgenden Spalten $\bar{a}$ und $\bar{b}$ enthalten die logischen Zustände an den Ausgängen der NICHT-Glieder. In der Spalte $\bar{a} \wedge \bar{b}$ werden die Ergebnisse der UND-Verknüpfungen der zuvor negierten Eingangsvariablen $\bar{a}$ und $\bar{b}$ aufgeführt. Die rechte Spalte der Wahrheitstabelle zeigt die Zustände der Ausgangsvariablen x. Sie ergeben sich durch die ODER-Verknüpfung der Variablen $a \wedge b$ und $\bar{a} \wedge \bar{b}$. Die Funktionsgleichung lautet:
$x = (a \wedge b) \vee (\bar{a} \wedge \bar{b})$.

Die Analyse der Schaltung in Abb. 4.116 ist abgeschlossen. Der Ausgang x weist nur dann den Wert 1 auf, wenn beide Eingangsvariablen a und b denselben Wert haben. Es handelt sich um die Äquivalenz- bzw. Exklusiv-NOR-Verknüpfung.

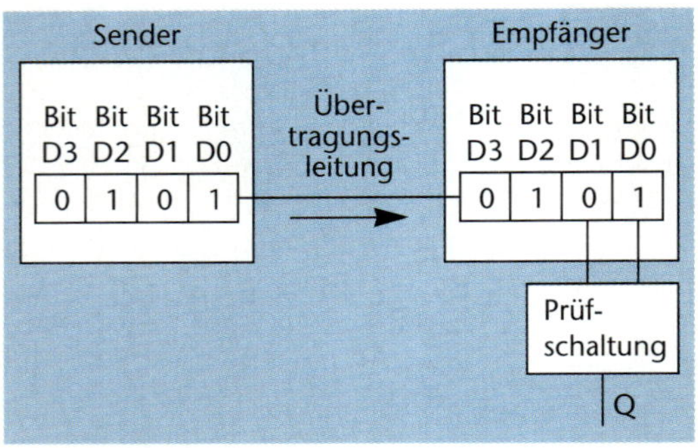

Abb. 4.117 Technologieschema

Die Entwicklung logischer Schaltungen

Bei der Datenverarbeitung ist der weitere Verarbeitungsverlauf häufig von bestimmten Bitkombinationen abhängig. Das Technologieschema in Abb. 4.117 zeigt ein Beispiel. Mithilfe einer Logikschaltung sollen die Zustände der übertragenen Bit D0 und D1 überprüft werden. Weisen die Bit unterschiedliche logische Zustände auf, soll der Ausgang Q den logischen Zustand 1 annehmen, ansonsten den Zustand 0. Wie wird die Schaltung entwickelt?

! Bei der Entwicklung logischer Schaltungen empfiehlt sich folgende Vorgehensweise:

1. Festlegung der Eingangsvariablen
2. Festlegung der Ausgangsvariablen
3. Erstellen der Wahrheitstabelle
4. Aufstellen der Funktionsgleichung
5. Erstellen der logischen Schaltung

Festlegung der Eingangsvariablen
Geprüft werden sollen die logischen Zustände der Bit D0 und D1. Jedes dieser Bit bildet eine Eingangsvariable für die logische Schaltung.

Festlegung der Ausgangsvariablen
Die Prüfschaltung hat laut Technologieschema nur einen Ausgang und somit auch nur eine Ausgangsvariable. Sie wird wie im Technologieschema mit Q bezeichnet.

Erstellen der Wahrheitstabelle
Mit der Wahrheitstabelle (Abb. 4.118) werden die Zustände der Ausgangsvariablen Q in Abhängigkeit von den Eingangsvariablen D0 und D1 dargestellt. Dabei wird jede mögliche Kombination der Eingangsvariablen gebildet. Die Ausgangsvariable Q erhält gemäß der Aufgabenbeschreibung nur dann den Wert 1, wenn die Eingangsvariablen D0 und D1 unterschiedliche Werte aufweisen. Bei gleichen Werten für D0 und D1 erhält die Variable Q den Wert 0.

Aufstellen der Funktionsgleichung

Die Ausgangsvariable Q weist den Wert 1 auf, wenn D0 = 1 **UND** D1 = 0 ist **ODER** D0 = 0 **UND** D1 = 1 ist. Dabei gilt: Hat eine Variable den Wert 0, wird sie negiert dargestellt, z. B. $\overline{D1}$ (Abb. 4.118). Die Funktionsgleichung lautet somit: $Q = (D0 \wedge \overline{D1}) \vee (\overline{D0} \wedge D1)$.

Das bedeutet: Hat die Ausgangsvariable Q den Wert 1, liegt eine UND-Verknüpfung der zugehörigen Eingangsvariablen vor. Hat die Ausgangsvariable Q mehrmals den Wert 1, werden die zugehörigen UND-Verknüpfungen miteinander ODER-verknüpft.

D1	D0	Q	Teil-Funktions-gleichungen
0	0	0	
0	1	1	$\Rightarrow D0 \wedge \overline{D1}$
1	0	1	$\Rightarrow \overline{D0} \wedge D1$
1	1	0	

Abb. 4.118 Wahrheitstabelle

Erstellen der logischen Schaltung

Abb. 4.119 zeigt den Stromlaufplan für die logische Schaltung. Die Negation der Eingangsvariablen erfolgt durch NICHT-Glieder. Für die UND-Verknüpfungen $(D0 \wedge \overline{D1})$ und $(\overline{D0} \wedge D1)$ werden zwei UND-Glieder benötigt. Die ODER-Verknüpfung der Ausgangsvariablen der UND-Verknüpfungen erfolgt mit einem entsprechenden ODER-Glied. Die Schaltung bildet eine Antivalenz- bzw. Exklusiv-ODER-Verknüpfung.

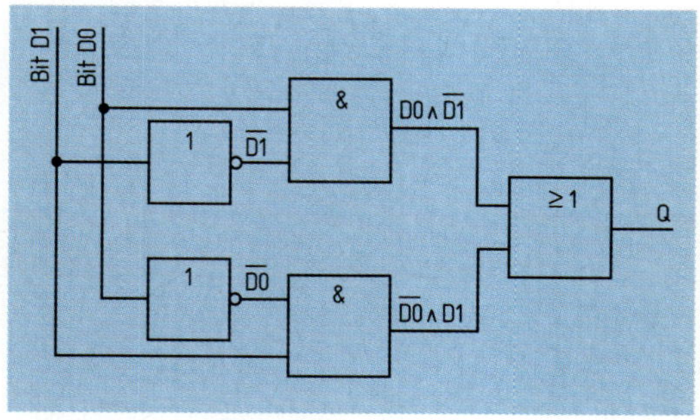

Abb. 4.119 Antivalenz-Verknüpfung

Die Minimierung logischer Schaltungen

Bei der Entwicklung logischer Schaltungen ergibt sich nicht immer die Minimalform. Häufig können Schaltungen mit wesentlich weniger Verknüpfungen realisiert werden. Diese Minimierung kann z. B. mithilfe der Schaltalgebra – auch **Boole'sche Algebra** genannt – erfolgen. Die folgenden Tabellen (Abb. 4.120 u. 4.121) zeigen wichtige Regeln und Gesetze.

UND-Funktion (Konjunktion)	ODER-Funktion (Disjunktion)	NICHT-Funktion (Negation)
$x = a \wedge 0 = 0$ 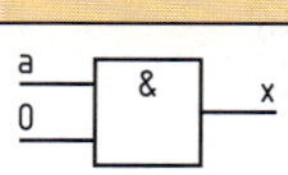	$x = a \vee 0 = a$ 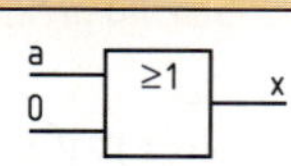	$x = \overline{a}$ 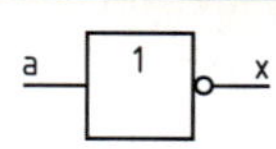
$x = a \wedge 1 = a$ 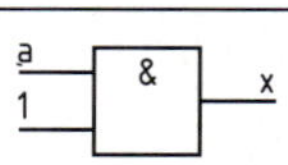	$x = a \vee 1 = 1$ 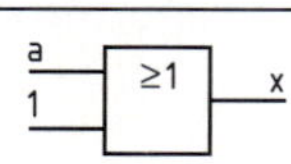	$x = \overline{\overline{a}} = a$ 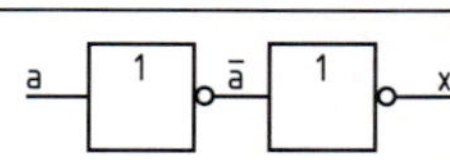
$x = a \wedge a = a$ 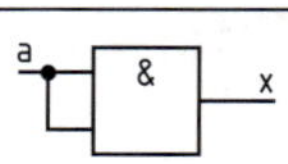	$x = a \vee a = a$ 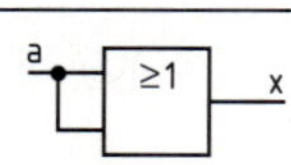	$x = \overline{\overline{\overline{a}}} = \overline{a}$
$x = a \wedge \overline{a} = 0$ 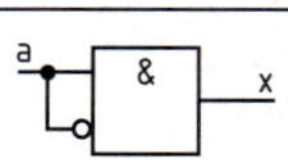	$x = a \vee \overline{a} = 1$ 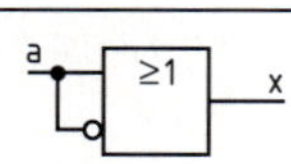	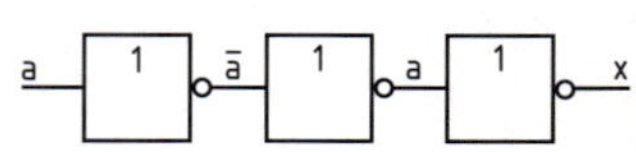

Abb. 4.120 Theoreme der Schaltalgebra

Die Rechenregeln für die Verknüpfung einer Variablen mit einer Konstanten oder einer Variablen mit sich selbst bzw. ihrer Negation nennt man Theorem. Weist z. B. ein Eingang den logischen Zustand 0 auf, führt bei der UND-Verknüpfung der Ausgang – unabhängig vom Zustand des anderen Eingangs – immer den Zustand 0 ($x = a \wedge 0 = 0$). Im Unterschied dazu führt bei einer ODER-Verknüpfung der Ausgang immer den Zustand, den der Eingang a aufweist ($x = a \vee 0 = a$).

Bei mehrfachen Negationen gilt: Eine doppelte Negation hebt sich auf.

Gleichung	Beispiel	Erläuterung
Vertauschungsgesetz (Kommutativgesetz)		
$x = a \wedge b \wedge c$ $= c \wedge b \wedge a$ $x = a \vee b \vee c$ $= c \vee b \vee a$	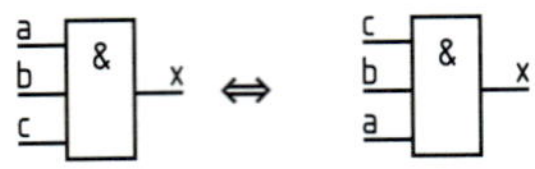	Die Reihenfolge, in der die Variablen einer UND- oder ODER-Verknüpfung angeordnet werden, ist beliebig.
Verbindungsgesetz (Assoziativgesetz)		
$x = a \wedge b \wedge c$ $= a \wedge (b \wedge c)$ $= b \wedge (a \wedge c)$ $= c \wedge (a \wedge b)$ $x = a \vee b \vee c$ $= a \vee (b \vee c)$ $= b \vee (a \vee c)$ $= c \vee (a \vee b)$	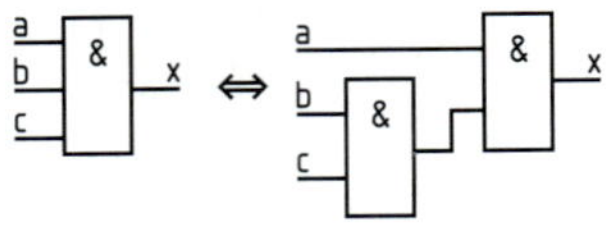	Die Reihenfolge der Zuordnung der Variablen bei der UND- oder ODER-Verknüpfung ist beliebig.
Verteilungsgesetz (Distributivgesetz)		
$x = (a \wedge b) \vee (a \wedge c)$ $= a \wedge (b \vee c)$ $x = (a \vee b) \wedge (a \vee c)$ $= a \vee (b \wedge c)$	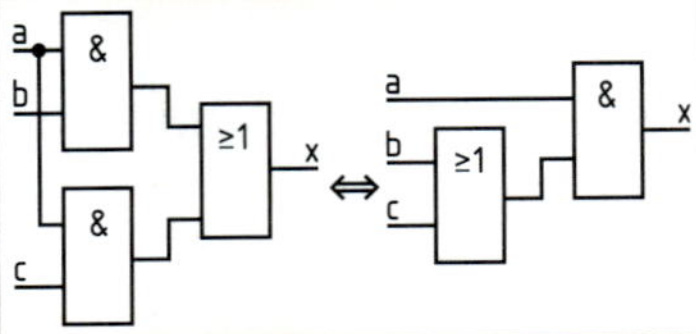	Das Verteilungsgesetz entspricht dem Multiplizieren und dem Ausklammern eines Faktors in der Algebra.
Bindungsregel (UND vor ODER)		
$x = a \vee b \wedge c$ $= a \vee (b \wedge c)$	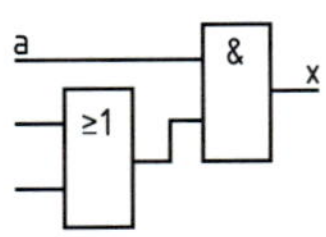	Entsprechend der „Punkt-vor-Strich-Regel" in der Algebra gilt: Eine UND-Verknüpfung bindet stärker als eine ODER-Verknüpfung.

Abb. 4.121 Wichtige Gesetze und Regeln der Schaltalgebra

Das Beispiel in Abb. 4.122 zeigt, wie sich mit den aufgezeigten Regeln und Gesetzen eine Funktionsgleichung verkürzen lässt. Der Aufwand zur Realisierung mit Logikgliedern verringert sich in diesem Falle erheblich.

Beispiel: Bei der Entwicklung einer logischen Schaltung wurde die folgende Funktionsgleichung aus der Wahrheitstabelle entnommen:

$$x = (a \wedge \bar{b} \wedge \bar{c}) \vee (a \wedge b \wedge \bar{c}) \vee (\bar{a} \wedge b \wedge c) \vee (a \wedge b \wedge c)$$

Die Gleichung lässt sich folgendermaßen vereinfachen:

$x = [a \wedge \bar{c} \wedge (\bar{b} \vee b)] \vee [b \wedge c \wedge (\bar{a} \vee a)]$ Anwendung des Verteilungsgesetzes

$x = (a \wedge \bar{c} \wedge 1) \vee (b \wedge c \wedge 1)$ Anwendung der Regel $a \vee \bar{a} = 1$

$x = (a \wedge \bar{c}) \vee (b \wedge c)$ Anwendung der Regel $a \wedge 1 = a$

Abb. 4.122 Minimierung mithilfe der Schaltalgebra

Die Umwandlung logischer Verknüpfungsglieder

Die Antivalenz-Verknüpfung in Abb. 4.119 besteht aus NICHT-, UND- und ODER-Gliedern. Die praktische Ausführung logischer Schaltungen erfolgt mit ICs. IC steht für Integrated Circuit (Integrierter Schaltkreis). Ein IC enthält meist mehrere Logikglieder mit derselben Verknüpfung, z. B. sechs NICHT-Glieder oder vier UND-Glieder mit je zwei Eingängen.

Um die Anzahl der ICs zu verringern, werden häufig alle logischen Verknüpfungen innerhalb der Schaltung mit derselben Art von Verknüpfungsgliedern realisiert. Dazu bieten sich die Verknüpfungsglieder NAND und NOR an. Sie sind universelle Verknüpfungsglieder und können die drei Grundverknüpfungen UND, ODER und NICHT vollständig ersetzen.

▷ NICHT – durch NAND und NOR ersetzt

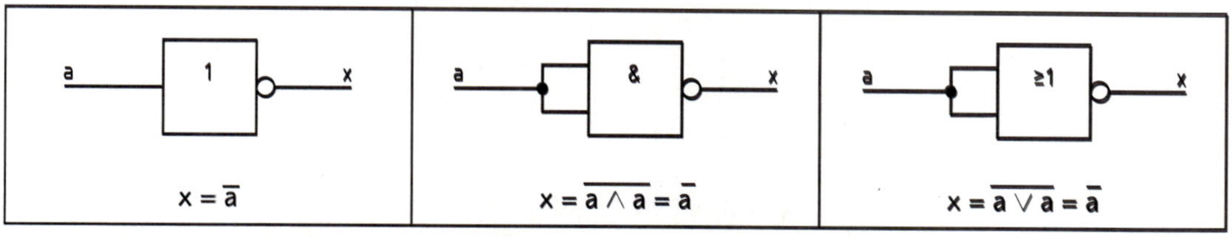

Abb. 4.123 NICHT-Funktion mit NAND und NOR

Wie Abb. 4.123 zeigt, werden durch die Zusammenschaltung der Eingänge jeweils dieselben logischen Zustände 0 oder 1 innerhalb des NAND- und NOR-Gliedes verarbeitet. Dadurch wirken in dieser Beschaltung beide Glieder wie NICHT-Glieder.

▷ UND – durch NAND und NOR ersetzt

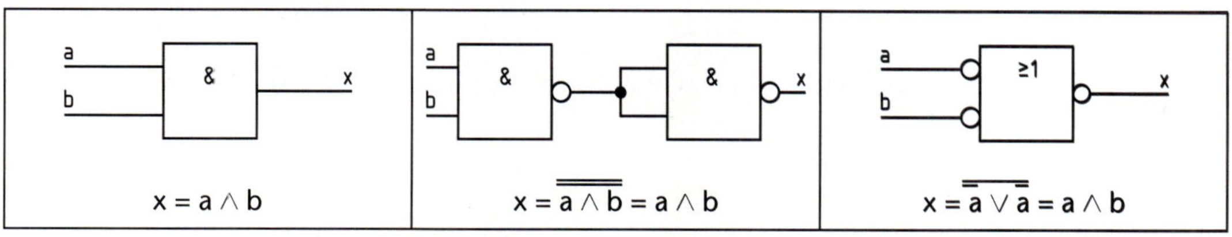

Abb. 4.124 UND-Verknüpfung mit NAND und NOR

Eine UND-Verknüpfung (Abb. 4.124) lässt sich durch zwei hintereinander geschaltete NAND-Glieder bilden, da sich eine doppelte Negationen aufhebt. Wie lässt sich die Umformung von UND in NOR erklären?

Das **1. De Morgan'sche Gesetz** (Abb. 4.125) zeigt die Lösung: Die Verknüpfung $\overline{A \wedge B}$ entspricht der Verknüpfung $\overline{A} \vee \overline{B}$. Durch die Wegnahme der Negation über dem Verknüpfungszeichen ändert sich das Verknüpfungszeichen $\wedge$ in $\vee$. Daraus ergibt sich:
$A \wedge B = \overline{\overline{A} \vee \overline{B}}$. Somit gilt:

> Eine UND-Verknüpfung entspricht einer NOR-Verknüpfung mit negierten Eingängen.

De Morgan'sche Gesetze	
1. Gesetz	2. Gesetz
$\overline{A \wedge B} = \overline{A} \vee \overline{B}$	$\overline{A \vee B} = \overline{A} \wedge \overline{B}$
$A \wedge B = \overline{\overline{A \wedge B}}$ $A \wedge B = \overline{\overline{A} \vee \overline{B}}$	$A \vee B = \overline{\overline{A \vee B}}$ $A \vee B = \overline{\overline{A} \wedge \overline{B}}$

Abb. 4.125 Die De Morgan'schen Gesetze

!

Wie lässt sich die Antivalenz-Verknüpfung in Abb. 4.119 mit NAND-Gliedern realisieren?

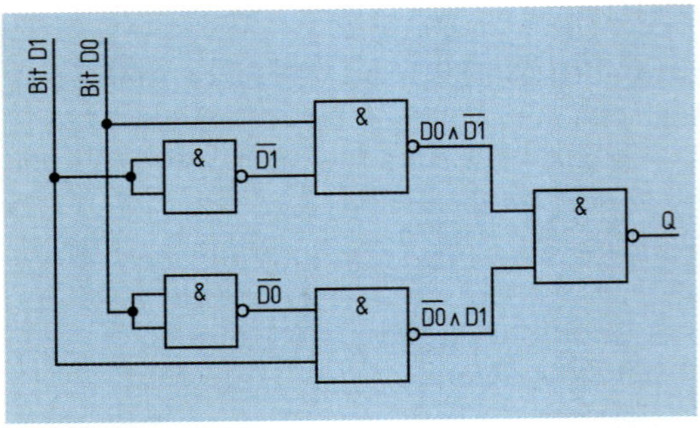

Abb. 4.126 Antivalenz-Verknüpfung aus NAND

Die Funktionsgleichung lautet:

$$Q = (D0 \wedge \overline{D1}) \vee (\overline{D0} \wedge D1)$$

Bei der Umformung in die NAND-Form muss das ODER-Verknüpfungszeichen „∨" in ein UND-Verknüpfungszeichen „∧" umgewandelt werden. Dazu wird die rechte Seite der Gleichung zweifach negiert:

$$Q = \overline{\overline{(D0 \wedge \overline{D1}) \vee (\overline{D0} \wedge D1)}}$$

Der Negationsstrich über dem ∨-Zeichen wird aufgehoben und das ∨-Zeichen durch ein ∧-Zeichen ersetzt:

$$Q = \overline{\overline{(D0 \wedge \overline{D1})} \wedge \overline{(\overline{D0} \wedge D1)}}$$

Abb. 4.126 zeigt die der umgewandelten Gleichung entsprechende Schaltung. Sie enthält nur NAND-Verknüpfungsglieder. Dadurch verringert sich die Anzahl der ICs. Statt drei ICs, die jeweils sechs NICHT-, vier UND- und vier ODER-Glieder enthalten, sind nur noch zwei ICs mit jeweils vier NAND-Gliedern erforderlich.

▷ **ODER – durch NAND und NOR ersetzt**

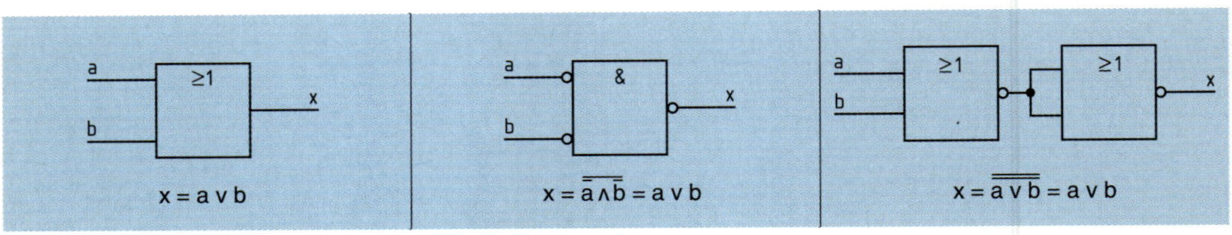

Abb. 4.127 ODER-Verknüpfung mit NAND und NOR

Abb. 4.127 zeigt, wie sich ODER-Verknüpfungen durch NAND und NOR ersetzen lassen. Die Umformung in NAND beschreibt das **2. De Morgan'sche Gesetz** (Abb. 4.125):

> **!** Eine ODER-Verknüpfung entspricht einer NAND-Verknüpfung mit negierten Eingängen.

4.6.5 Schaltkreisfamilien

Logische Verknüpfungsglieder werden in unterschiedlichen Techniken aufgebaut. Aus diesem unterschiedlichen Aufbau ergeben sich unterschiedliche Kenndaten. Logikglieder, die in derselben Technik aufgebaut sind, gehören zu einer Schaltkreisfamilie.

> **!** Wichtige Kenndaten von ICs:
> - Betriebsspannung
> - Ein- und Ausgangspegel
> - Statischer Störabstand
> - Signallaufzeit
> - Leistungsaufnahme

Die TTL-Schaltkreisfamilie

Abb. 4.128 zeigt ein IC (Integrated Circuit) mit der Kennzeichnung 74LS04. Dabei bedeutet:
74: Schaltkreisfamilie **TTL** (Transistor-Transistor-Logik)
LS: Bauart bzw. Unterfamilie **LS** (Low-Power-Schottky)
04: Schaltung des IC

Abb. 4.128 TTL-IC

Betriebsspannung

Wie das Anschlussschema in Abb. 4.129 zeigt, enthält das IC 74LS04 sechs NICHT-Glieder. Über die Anschlüsse 7 und 14 werden alle Glieder mit der Betriebsspannung (+U_B und 0 V) versorgt. Dabei ist unbedingt zu beachten:

> Die Betriebsspannung für TTL-ICs beträgt 5 V.

Gezählt werden die Anschlüsse – unterhalb der Kerbe beginnend – entgegen dem Uhrzeigersinn.

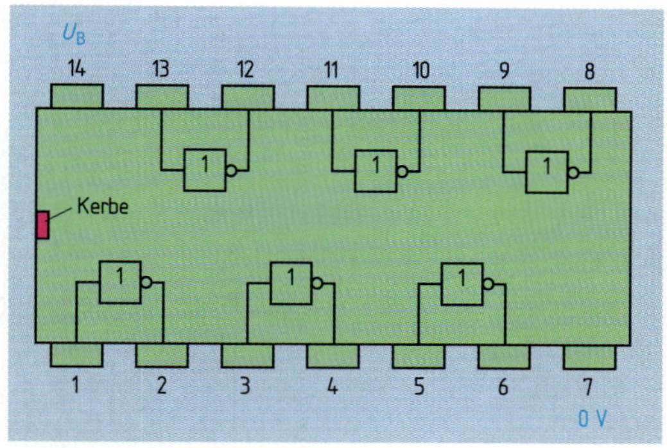

Abb. 4.129 Anschlussschema

Ein- und Ausgangspegel von TTL-Gliedern

Entsprechend Abb. 4.130 sind für L- und für H-Pegel am Eingang und am Ausgang eines Gliedes jeweils unterschiedliche Grenzwerte angegeben. Ein L-Pegel wird am Ausgang eines Gliedes mit einem Spannungswert zwischen 0 V und 0,5 V ausgegeben. Erkannt wird ein L-Pegel am Eingang eines Gliedes, wenn der Spannungswert im Bereich von 0 V bis 0,8 V liegt.

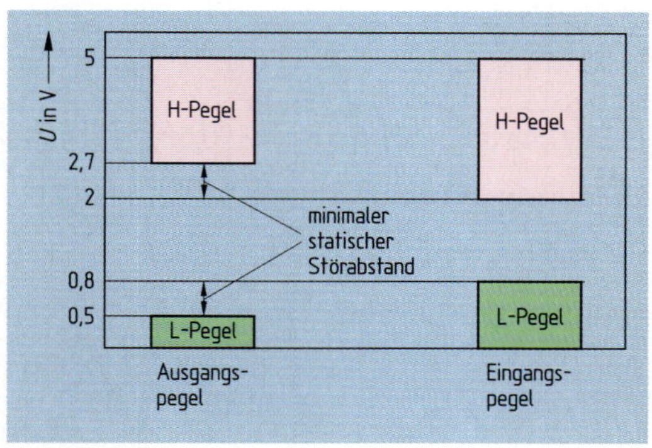

Abb. 4.130 TTL-Pegel

Der statische Störabstand

Sehr oft ist der Ausgangspegel eines Gliedes der Eingangspegel des nachfolgenden Gliedes. Auf dem Übertragungsweg können Störspannungen eingespeist werden, die das logische Verhalten verfälschen.

Wird z. B. ein L-Pegel mit seinem Maximalwert von 0,5 V ausgegeben, darf auf dem Übertragungsweg eine Störspannung von höchstens 0,3 V eingespeist werden. Denn ein Spannungswert, der höher als 0,8 V ist, wird vom Eingang des nachfolgenden Gliedes nicht mehr sicher als L-Pegel erkannt. In diesem ungünstigsten Fall (worst case) beträgt der statische Störabstand für L-Pegel 0,3 V. Wird dagegen der L-Pegel mit 0,2 V ausgegeben, erhöht sich der statische Störabstand auf 0,6 V. Für H-Pegel beträgt der statische Störabstand im ungünstigsten Fall 0,7 V.

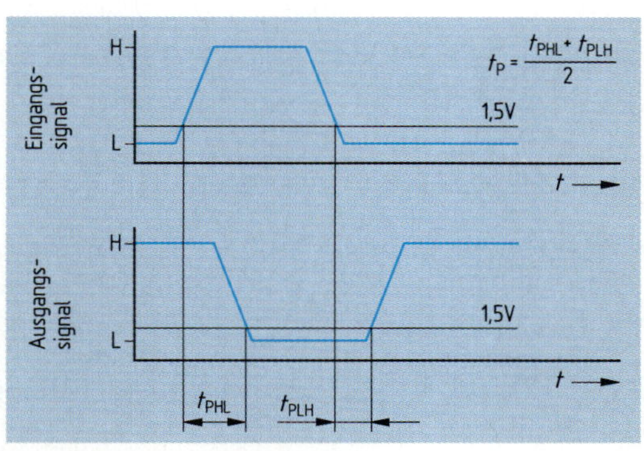

Abb. 4.131 Die mittlere Signallaufzeit

Signallaufzeit und Leistungsaufnahme

Die Signallaufzeit (Abb. 4.131) gibt die Verzögerungszeit an, die vergeht, bis ein Pegelwechsel am Eingang eines Gliedes am Ausgang wirksam wird. Für LS-TTL-Glieder beträgt die mittlere Signallaufzeit $t_P = (t_{PHL} + t_{PLH}) / 2$ etwa 9 ns. Damit können Schaltfrequenzen bis zu 30 MHz verarbeitet werden.

Die Leistungsaufnahme jedes LS-TTL-NICHT-Gliedes beträgt 2 mW (Abb. 4.132).

TTL-Schaltungen werden überwiegend dort eingesetzt, wo wegen hoher Arbeitsfrequenzen kurze Signallaufzeiten erforderlich sind – wie z. B. in schnellen Rechenanlagen. Hier eignen sich besonders ICs der TTL-Unterfamilie AS-TTL. Bei einer Leistungsaufnahme von 22 mW pro Glied weisen sie eine Signallaufzeit von nur 1,5 ns auf und können somit Schaltfrequenzen bis etwa 180 MHz verarbeiten.

Die CMOS-Schaltkreisfamilie

Neben TTL-Schaltkreisen werden oft CMOS-Schaltkreise eingesetzt. **CMOS** steht für **C**omplementary Symmetry **M**etal **O**xide **S**emiconductor. Abb. 4.132 stellt wichtige Kenndaten der CMOS-Schaltkreisfamilie den Kenndaten von TTL-Unterfamilien gegenüber.

Kenndaten	LS-TTL Low-Power-Schottky-TTL	ALS-TT Advanced-LS-TTL	AS-TTL Advanced-Schottky-TTL	CMOS		HCMOS High-Speed-CMOS
Betriebsspannung	4,75 V bis 5,25 V	4,75 V bis 5,25 V	4,75 V bis 5,25 V	3 V bis 15 V bei 5 V	bei 10 V	2 V bis 6 V bei 5 V
L-Eingangsspannung (max.)	0,8 V	0,8 V	0,8 V	1,5 V	3 V	0,9 V
H-Eingangsspannung (min.)	2 V	2 V	2 V	3,5 V	7 V	3,6 V
L-Ausgangsspannung (max.)	0,5 V	0,35 V	0,35 V	0,1 V	0,1 V	0,4 V
H-Ausgangsspannung (min.)	2,7 V	3,2 V	3,2 V	4,95 V	9,95 V	4,2 V
Signallaufzeit	9 ns	4 ns	1,5 ns	60 ns	30 ns	10 ns
Leistungsaufnahme je Glied	2 mW	1 mW	22 mW	1 µW[1)] 0,1 mW[2)]	1 µW[1)] 0,4 mW[2)]	10 nW[1)] 0,2 mW[2)]
[1)] In statischem Zustand. [2)] Bei 100 kHz.						

Abb. 4.132 TTL- und CMOS-Schaltkreisfamilien (Auswahl)

Aus der Tabelle lassen sich wesentliche Kennzeichen der CMOS-Schaltkreise ablesen:

- Die Betriebsspannung für CMOS-Glieder kann in weiten Grenzen schwanken. Somit ist nicht, wie bei TTL-Bausteinen, eine stabilisierte Spannungsversorgung erforderlich.
- Die Spannungsbereiche für die Ein- und Ausgangspegel sind von der Höhe der Betriebsspannung abhängig.
- Der statische Störabstand ist bei CMOS deutlich größer, er steigt mit der Höhe der Betriebsspannung.
- Die Signallaufzeiten von CMOS-Schaltungen sind erheblich länger als bei TTL-ICs.

- Die Leistungsaufnahme von CMOS-Gliedern ist im statischen Zustand und bei niedrigen Schaltfrequenzen sehr gering (1 µW). Mit steigender Arbeitsfrequenz steigt die Leistungsaufnahme entsprechend Abb. 4.133 z. B. bei 100 kHz auf 100 µW. Ab ca. 1 MHz Arbeitsfrequenz *f* übersteigt die Leistungsaufnahme von CMOS-Schaltungen die von TTL-Schaltungen.

CMOS-Schaltungen werden durch die Ziffer 4 gekennzeichnet, z. B. 4011. Die nachfolgende Zahl 011 gibt die Schaltung an.

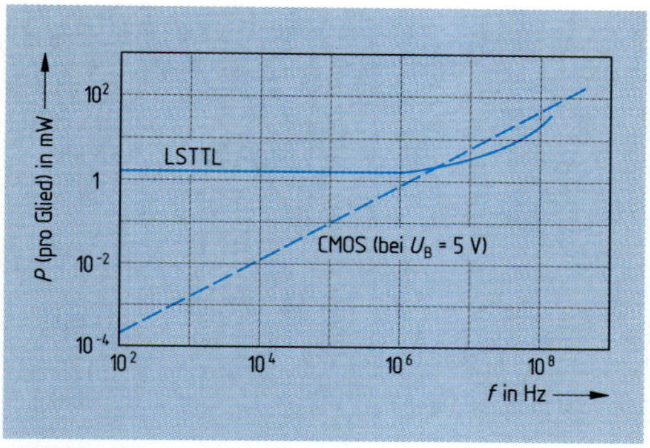

Abb. 4.133 Leistungsaufnahme von LS-TTL und CMOS

Wegen des hohen statischen Störabstandes weisen CMOS-Schaltungen gegenüber TTL-Bausteinen eine größere Betriebssicherheit auf. Sie eignen sich daher besonders für den Einsatz in industriellen Steuerungen. Allerdings können CMOS-Schaltkreise durch elektrostatische Aufladungen zerstört werden (vgl. Abschnitt 4.2).

Lassen sich ICs unterschiedlicher Schaltkreisfamilien austauschen?
TTL- und CMOS-Schaltkreise weisen unterschiedliche Anschlussbelegungen auf. Sie können daher nicht ausgetauscht werden. Jedoch können z. B. ICs der TTL-Familie durch HCMOS-ICs (Abb. 4.132) ausgetauscht bzw. ersetzt werden. HCMOS-Schaltkreise haben den Vorteil, dass sie annähernd die kurzen Signallaufzeiten von LS-TTL-Schaltungen mit der geringen Leistungsaufnahme von CMOS-Schaltkreisen vereinigen.

4.6.6 Analog-Digital-/Digital-Analog-Umsetzung

Erfolgt mittels Computer eine Spracherkennung, werden die akustischen Sprachsignale zunächst mit einem Mikrofon in analoge elektrische Signale gewandelt. Diese analogen Signale werden anschließend in digitale umgeformt, damit die Verarbeitung im Computer möglich wird. Die Umsetzung erfolgt mit **Analog-Digital-Umsetzern**.

Bei der Ausgabe digital gespeicherter Sprache erfolgt der umgekehrte Vorgang. Die digitalen Signale werden mithilfe von **Digital-Analog-Umsetzern** in analoge elektrische Signale umgesetzt, damit sie über einen Lautsprecher akustisch ausgegeben werden können.

Analog-Digital-Umsetzer setzen analoge Signale in digitale Signale um.

Digital-Analog-Umsetzer setzen digitale Signale in analoge Signale um.

Die Digital-Analog-Umsetzung

Abb. 4.134 zeigt einen Auszug aus dem Datenblatt für den 8-Bit-DA-Umsetzer AD558. Über die Eingänge B0 bis B7 werden die digitalen Signale an den Umsetzer übergeben. Das analoge Ausgangssignal wird am Anschluss U_{OUT} abgegriffen. Die Eingänge $\overline{CE}$ und $\overline{CS}$ dienen zur Steuerung des Bausteins: Liegt an beiden Eingängen ein L-Pegel, wird das anliegende digitale Eingangssignal umgesetzt. Mithilfe der Anschlüsse U_1 und U_2 kann zwischen den analogen Ausgangsspannungsbereichen 0 V bis 2,56 V oder 0 V bis 10 V gewählt werden.

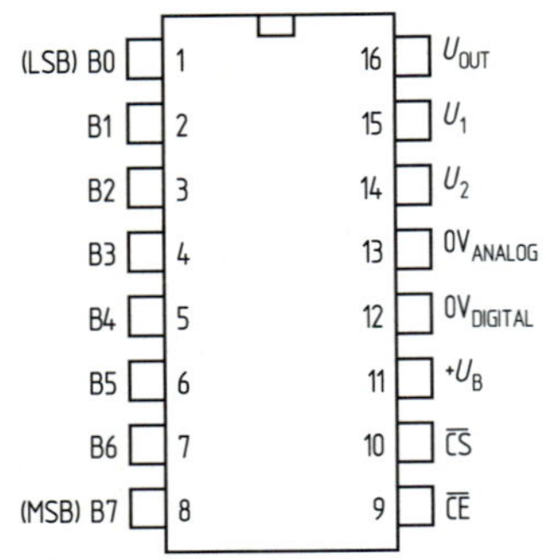

Digitales Eingangssignal B7	B0	Analoge Ausgangsspannung 0 V bis 2,56 V	0 V bis 10 V
0 0 0 0	0 0 0 0	0 V	0 V
0 0 0 0	0 0 0 1	0,010 V	0,039 V
0 0 0 0	0 0 1 0	0,020 V	0,078 V
0 0 0 0	1 1 1 1	0,150 V	0,586 V
0 0 0 1	0 0 0 0	0,160 V	0,635 V
1 0 0 0	0 0 0 0	1,280 V	5,000 V
1 1 0 0	0 0 0 0	1,920 V	7,500 V
1 1 1 1	1 1 1 1	2,550 V	9,961 V

$\overline{CE}$	$\overline{CS}$	Funktion
L	L	Anliegendes Eingangssignal wird umgesetzt.
L ↑	↑ L	Anliegendes Eingangssignal wird gespeichert und umgesetzt.
X H	H X	Gespeichertes Eingangssignal wird umgesetzt.

U_{OUT}	Brücken
0 V bis 2,56 V	$U_{OUT} - U_1$ $U_{OUT} - U_2$
0 V bis 10 V	$U_{OUT} - U_1$ $U_2 - 0\ V_{ANALOG}$

Abb. 4.134 Datenblattauszug Digital-Analog-Umsetzer AD 558

Liegt an den digitalen Eingängen das Signal 0000 0001 an, beträgt – bei einem analogen Spannungsbereich von 0 V bis 10 V – die Ausgangsspannung $U_{OUT} = 39$ mV. Diese Spannung entspricht dem LSB, also dem niederwertigen Bit B0 = Bit 2^0. Mit jeder Erhöhung am digitalen Eingang um eins erhöht sich die Ausgangsspannung um diesen Betrag. Das bedeutet: U_{OUT} erhöht sich nicht stetig, sondern stufig. Der höchste Spannungswert wird bei dem digitalen Signal 1111 1111 ausgegeben und beträgt 9,961 V.

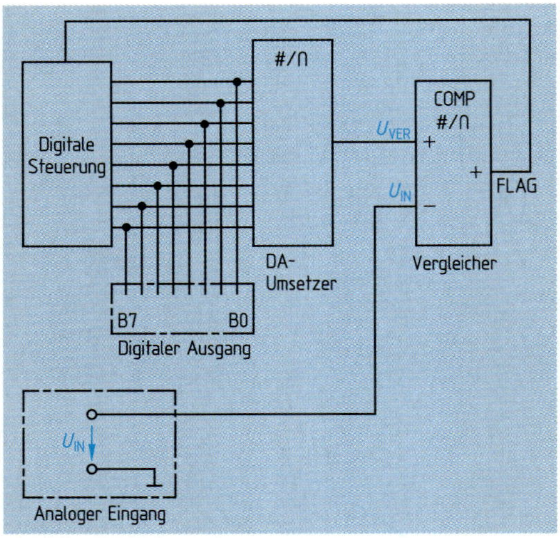

Abb. 4.135 Analog-Digital-Umsetzung

■ Die Analog-Digital-Umsetzung

Abb. 4.135 zeigt den prinzipiellen Aufbau eines Analog-Digital-Umsetzers nach dem Verfahren der **sukzessiven Approximation**. Von der digitalen Steuerung werden nacheinander digitale Signale ausgegeben und von dem Digital-Analog-Umsetzer in entsprechende analoge Vergleichssignale U_{VER} umgesetzt. Diese werden mit dem umzusetzenden analogen Signal U_{IN} verglichen. Bei annähernder Übereinstimmung ist das digitale Signal gefunden, das dem analogen Signal entspricht. Wie erfolgt die Umsetzung?

In einem Mess- bzw. Umsetzungsbereich von 0 V bis 5,12 V soll die analoge Spannung $U_{IN} = 3{,}51$ V umgesetzt werden. Ausgehend von der Überlegung, dass das Datenwort 1111 1111 dem Maximalwert der Spannung entspricht (genau betrachtet 5,12 V – 1 LSB) und jedem Bit ein bestimmter Spannungswert zugeordnet ist, wird zunächst das Datenwort 1000 0000 gebildet und an den DA-Umsetzer übergeben. Dieses Datenwort entspricht der Hälfte der maximalen analogen Spannung. Also gibt der DA-Umsetzter die analoge Vergleichsspannung U_{VER} = 5,12 V/2 = 2,56 V aus. Abb. 4.145 zeigt die den einzelnen Bit entsprechenden Spannungswerte.

B7	B6	B5	B4	B3	B2	B1	B0
$U_{MAX}/2$	$U_{MAX}/4$	$U_{MAX}/8$	$U_{MAX}/16$	$U_{MAX}/32$	$U_{MAX}/64$	$U_{MAX}/128$	$U_{MAX}/256$
2,56 V	1,28 V	0,64 V	0,32 V	0,16 V	0,08 V	0,04 V	0,02 V

Abb. 4.136 Jedem Bit entspricht ein Spannungswert

Mit dem Vergleicher (Abb. 4.136) werden die beiden analogen Spannungen U_{VER} und U_{IN} verglichen. Ist dabei die Spannung U_{VER} am nichtinvertierten Eingang „+" kleiner als die Spannung U_{IN} am invertierten Eingang „–", gibt der Ausgang einen L-Pegel aus, im umgekehrten Fall einen H-Pegel.

Da U_{VER} = 2,56 V kleiner ist als U_{IN} = 3,51 V, führt das FLAG L-Pegel. Das bedeutet: Bit B7 behält den Wert 1 (Abb. 4.137).

Im zweiten Schritt wird Bit B6 auf 1 gesetzt. Das digitale Signal lautet nun 1100 0000. Damit ergibt sich U_{VER} = 2,56 V + 1,28 V = 3,84 V. U_{VER} ist nun größer als U_{IN}. Das Flag weist H-Pegel auf. Und das bedeutet: Bit B6 wird auf den Wert 0 zurückgesetzt. Also lautet das digitale Signal weiterhin 1000 0000. Im dritten Schritt wird B5 auf den Wert 1 gesetzt. Abb. 4.137 zeigt den weiteren Verlauf.

Nach neun Schritten ist die Umsetzung abgeschlossen. U_{IN} = 3,51 V ist in das digitale Ausgangssignal 1010 1110 umgesetzt. Dieses entspricht jedoch genau U_{VER} = 3,50 V. Die Differenz zu 3,51 V beträgt 10 mV. Können höhere Abweichungen auftreten?

Schritt	Digitale Steuerung B B B B B B B B 7 6 5 4 3 2 1 0	Vergleichs-spannung U_{VER}	FLAG
1	1 0 0 0 0 0 0 0	2,56 V	L
2	1 1 0 0 0 0 0 0	3,84 V	H
3	1 0 1 0 0 0 0 0	3,20 V	L
4	1 0 1 1 0 0 0 0	3,52 V	H
5	1 0 1 0 1 0 0 0	3,36 V	L
6	1 0 1 0 1 1 0 0	3,44 V	L
7	1 0 1 0 1 1 1 0	3,48 V	L
8	1 0 1 0 1 1 1 1	3,52 V	H
9	1 0 1 0 1 1 1 0	3,50 V	L

Abb. 4.137 Sukzessive Approximation

Fehler bei der Umsetzung

Ein 8-Bit-AD-Umsetzer bildet 8 analoge Spannungsstufen. Durch Addition aller Stufen ergibt sich die maximale Vergleichsspannung 5,10 V. Sie entspricht dem digitalen Ausgangssignal 1111 1111. Die Differenz zu 5,12 V beträgt 20 mV. Das ist der maximale Fehler. Er entspricht genau der Spannung, die der geringsten Änderung entspricht – also dem LSB.

Bei einem AD-Umsetzer mit einer höheren Auflösung, z. B. 12-Bit, beträgt für den gleichen Messbereich der maximale Fehler 1,25 mV. Das bedeutet: Je höher die Auflösung eines AD-Umsetzers ist, umso höher ist seine Genauigkeit.

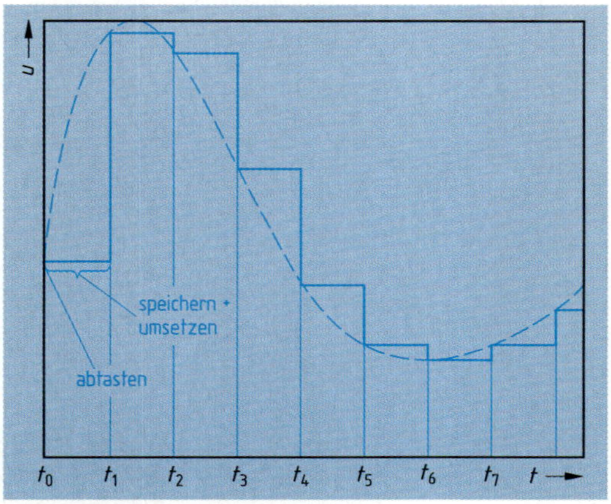

Abb. 4.138 Sample-&-Hold-Verfahren

Wie erfolgt die Umsetzung sich ändernder analoger Eingangssignale?

Das analoge Signal der Sprache ändert sich ständig. Eine Änderung während des Umsetzungsvorgangs führt meistens zu einem falschen digitalen Ausgangssignal. Deshalb wird das analoge Signal zu festgelegten Zeitpunkten abgetastet und jeweils so lange gespeichert, bis die Umsetzung abgeschlossen ist. Abb. 4.138 verdeutlicht das. Abgetastet und gespeichert werden die analogen Spannungswerte mit einer Sample-&-Hold-Schaltung.

Neben dem Verfahren der sukzessiven Approximation gibt es weitere, wie das Parallelverfahren (Flash-Verfahren), das besonders schnell umsetzt, und das Dual-Slope-Verfahren, das besonders genau umsetzt.

Auf einen Blick

- In einem Computer können nur digitale Signale verarbeitet werden. Analog vorliegende Signale müssen daher in digitale Signale umgesetzt werden.
- Digitale Signale bestehen aus binären Codes wie z. B. dem dualen Zahlensystem, dem BCD-Code oder dem ASCII-Code.
- Die Verarbeitung innerhalb des Computers erfolgt mithilfe logischer Verknüpfungen, die anhand von Schaltzeichen, Arbeitstabellen, Wahrheitstabellen, Funktionsgleichungen oder Zeitablaufdiagrammen beschrieben werden.
- Logische Grundfunktionen sind: UND, ODER, NICHT, NAND, NOR, Antivalenz (Exklusiv-ODER) und Äquivalenz (Exklusiv-NOR).
- Bei der Entwicklung logischer Verknüpfungen werden zunächst die Ein- und Ausgangsvariablen festgelegt. Anschließend wird aus der Wahrheitstabelle die Funktionsgleichung gebildet. Anhand der Funktionsgleichung lässt sich die logische Schaltung mithilfe der logischen Grundfunktionen erstellen.
- Aus der Wahrheitstabelle entnommene Funktionsgleichungen lassen sich meist vereinfachen, z. B. durch die Anwendung der Regeln und Gesetze der Schaltalgebra und durch die Realisierung der Schaltung mit NAND- oder NOR-Gliedern.
- Zur Realisierung logischer Verknüpfungen stehen integrierte Schaltkreise (IC) unterschiedlicher Schaltkreisfamilien zur Verfügung. Wichtige Familien sind TTL und CMOS.
- Die Umsetzung analoger Signale in digitale Signale erfolgt mit einem Analog-Digital-Umsetzer (AD-Umsetzer). Die Umsetzung digitaler Signale in analoge Signale erfolgt mit einem Digital-Analog-Umsetzer (DA-Umsetzer).

5 Einfache IT-Systeme

5.1 Funktionseinheiten eines Mikrocomputers

Einstiegssituation Für die Auszubildenden der Wittekind GmbH soll ein Raum eingerichtet werden, in dem Projektarbeiten erstellt und präsentiert werden können. Wichtiger Bestandteil der Ausstattung sind Personalcomputer (PC). Einige davon sollen einfachen Anforderungen genügen (Textverarbeitung, Tabellenkalkulation usw.), andere sollen zusätzliche Anforderungen erfüllen und z. B. den Anschluss an ein Computernetz oder den Zugang zum Internet ermöglichen.
Den Zusammenbau der Mikrocomputer sollen die IT-Auszubildenden vornehmen. Dazu müssen sie Funktionseinheiten auswählen und zu einem PC zusammensetzen. Welche Funktionseinheiten bilden die Grundausstattung, welche dienen speziellen Anforderungen?

Computer dienen der elektronischen Datenverarbeitung. Dabei werden Daten eingegeben, mithilfe eines Programmes verarbeitet und wieder ausgegeben. Die heute am weitesten verbreiteten Computer sind Mikrocomputer. Sie werden für industrielle Anwendungen (z. B. bei der Überwachung und Steuerung von Fertigungsprozessen), als PC am Arbeitsplatz oder im privaten Bereich zu Hause eingesetzt. Abb. 5.1 zeigt wichtige Funktionseinheiten eines PC.

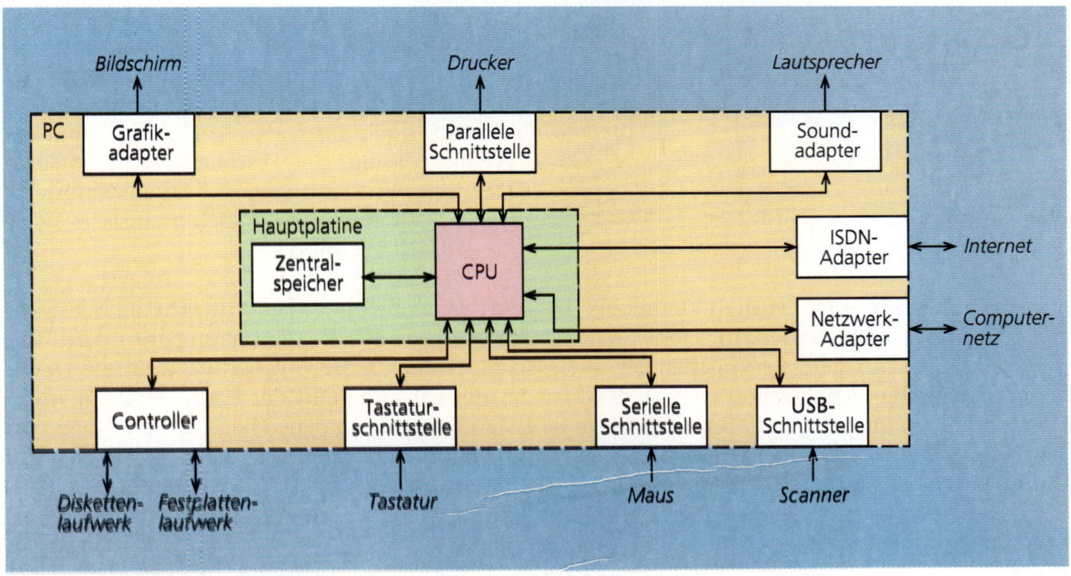

Abb. 5.1 Funktionseinheiten eines PC

Zentraler Bestandteil eines Mikrocomputers ist die **CPU** (Central Processing Unit: zentrale Verarbeitungseinheit oder kurz Zentraleinheit). In ihr finden alle Datenverarbeitungsvorgänge statt. Der CPU unmittelbar zugeordnet ist der **Zentralspeicher**, auch Hauptspeicher genannt, den die CPU zum Abspeichern und Lesen von Zwischenergebnissen der Datenverarbeitung oder von Programmen benötigt. CPU und Zentralspeicher sind die wichtigsten Funktionseinheiten der **Hauptplatine**.

Daten, die mithilfe der Tastatur eingegeben werden, übergibt die **Tastaturschnittstelle** an die CPU. Die Anzeige der eingegebenen wie der verarbeiteten Daten erfolgt auf dem Bildschirm. Dazu werden die von der CPU ausgegebenen Daten von dem **Grafikadapter** so aufbereitet, dass sie auf dem Bildschirm angezeigt werden können. Zur Eingabe und Speicherung größerer Datenmengen dienen u. a. Disketten- und Festplattenlaufwerke. Als Übergabestelle dient ein **Controller**, mit dem mehrere Laufwerke gesteuert werden können.

Die Übergabe der Daten von der Maus an die CPU (oder der Anschluss eines Modems) erfolgt mithilfe der **seriellen Schnittstelle**. Der Drucker wird an die **parallele Schnittstelle** angeschlossen. Ein Scanner wird ebenfalls über die parallele Schnittstelle angeschlossen oder - wie in Abb. 5.1 - über die **USB-Schnittstelle**. Weiterhin enthalten viele Computer einen **Netzwerkadapter**, über den der Computer mit einem lokalen Netzwerk (LAN) verbunden ist und so mit mehreren Computern Daten austauschen kann. Zusätzlich kann der Computer mit einem **Soundadapter** zur Ausgabe von Sprache und Musik und einem **ISDN-Adapter** für den Zugang zum Internet über eine ISDN-Leitung ausgestattet werden.

5.1.1 Hauptplatine

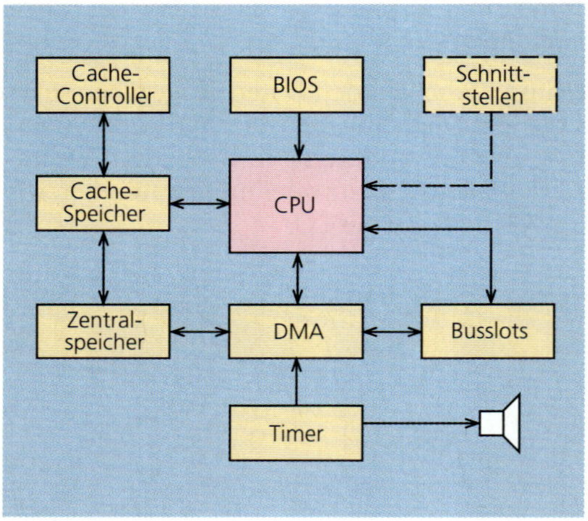

Abb. 5.2 Funktionseinheiten der Hauptplatine

Die Hauptplatine, auch **Mainboard** oder **Motherboard** genannt, ist die zentrale Platine eines Computers. Auf ihr befindet sich die CPU als Herzstück des Computers. Eine weitere wesentliche Komponente bildet der Zentralspeicher. In ihm legt die CPU Daten, Zwischenergebnisse und Programme ab. Die Größe des Zentralspeichers hat starken Einfluss auf die Schnelligkeit des Systems, da dort während der Arbeit mit dem Computer alle benötigten Programme und Daten abgelegt sind. Reicht die Speichergröße nicht aus, muss die CPU auch auf Daten und Programme zugreifen, die auf der Festplatte abgelegt sind. Dadurch verringert sich die Arbeitsgeschwindigkeit erheblich. Als Speicherbausteine werden DRAM verwendet.

Der **Cache-Speicher** ist deutlich kleiner als der Zentralspeicher, hat aber eine erheblich kürzere Zugriffszeit. Deshalb werden im Cache die Daten gespeichert, die die CPU häufig anfordert. Will die CPU Daten aus dem Zentralspeicher lesen, so prüft der **Cache-Controller**, ob diese Daten bereits im Cache-Speicher gespeichert sind. Ist das der Fall, übergibt der Cache-Controller die Daten direkt an die CPU, anderenfalls holt er sie erst aus dem Zentralspeicher. Das Schreiben von Daten aus der CPU in den Zentralspeicher erfolgt ebenfalls über den Cache. Dabei werden die Daten zunächst sehr schnell in den Cache-Speicher geschrieben und anschließend in den Zentralspeicher übertragen. Welche Daten im Cache gehalten werden, bestimmt der Cache-Controller.
Bei diesen Vorgängen „merkt" die CPU nicht, dass sich ein Cache zwischen ihr und dem Zentralspeicher befindet, d. h. die CPU arbeitet in der gleichen Weise, wie wenn kein Cache vorhanden ist.
In modernen CPUs sind Cache-Speicher und Cache-Controller zusammen mit der CPU in einem Baustein untergebracht. Befindet sich zusätzlich noch ein Cache-Speicher auf der Hauptplatine, wird der Cache in der CPU als **First-Level-Cache** bzw. L1-Cache bezeichnet und der Cache auf der Hauptplatine als **Second-Level-Cache** bzw. L2-Cache. Als Speicherbausteine werden SRAM verwendet.

Das **BIOS** (**B**asic **I**nput **O**utput **S**ystem) enthält die Programme und Daten, die der Computer nach dem Einschalten u. a. zum Ansprechen der Tastatur und der Grafikkarte benötigt. Ein wichtiges Programm ist der Urlader, der den Systemstart steuert. Gespeichert ist das BIOS meist in einem Flash-EEPROM.

DMA ist die Abkürzung für **D**irect **M**emory **A**ccess (direkter Speicherzugriff). Der DMA-Baustein steuert die schnelle Übertragung großer Datenmengen von der Diskette oder Festplatte in den

Zentralspeicher und umgekehrt. Dabei wird die CPU umgangen und mit der Übertragung nicht belastet.

Der **Timer** übernimmt die Steuerung zeitabhängiger Abläufe, wie z. B. die Speicherauffrischung, und die Ausgabe von Tönen über einen Lautsprecher. Die **Busslots** nehmen zusätzliche Steckkarten wie Grafikadapter-, Schnittstellen- und Controllerkarten auf. Abhängig vom Hersteller befinden sich z. B. die Schnittstellen auch auf der Hauptplatine.

Weitere auf der Hauptplatine angebrachte wichtige Funktionseinheiten sind der Taktgeber und der Chipsatz.

Der **Taktgeber** ist ein Schaltkreis, der mithilfe eines Quarzkristalls eine stetige Folge von rechteckförmigen Impulsen erzeugt. Diese Taktimpulse werden sowohl zur Verarbeitung der Daten wie zur Synchronisation aller im Computer ablaufenden Operationen benötigt. Dabei ist ein Takt die kürzeste Zeitspanne, in der ein Computer einen Vorgang ausführen kann.

Die Taktgebergeschwindigkeit wird als **Taktfrequenz** bezeichnet. Dabei gilt: Je kürzer die Zeitspanne für einen Takt (Periodendauer) ist, um so höher ist die Taktfrequenz. Die Taktfrequenz wird in Megahertz (MHz) oder Gigahertz (GHz) angegeben. Abb. 5.3 verdeutlicht das.

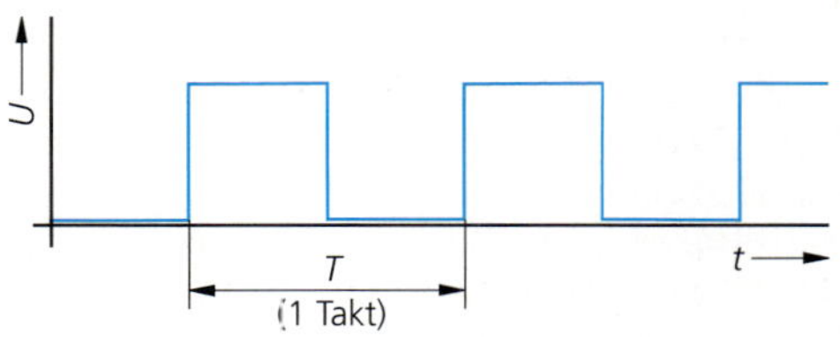

U Spannung in V

t Zeit in s

T Periodendauer in s

f Taktfrequenz in 1/s = 1 Hz

(1 MHz = 10^6 Hz; 1 GHz = 10^9 Hz)

$$f = \frac{1}{T}$$

Beispiel: Wie lang ist die Zeitspanne für einen Takt bei einer Taktfrequenz von 1 GHz?

Lösung: geg.: f = 1 GHz; ges.: T

$$f = \frac{1}{T}$$

$$T = \frac{1}{f} = \frac{1}{1\ \text{GHz}} = \frac{1}{1 \cdot 10^9\ 1/\text{s}} = 1 \cdot 10^{-9}\ \text{s}$$

T = 1 ns

Abb. 5.3 Taktfrequenz

Die an den Prozessor angeschlossenen Funktionseinheiten können i. d. R. die Daten nicht so schnell verarbeiten wie der Prozessor selbst. Also müssen verschiedene Funktionseinheiten mit unterschiedlichen Taktfrequenzen arbeiten. Diese Einstellung der Taktfrequenzen übernimmt unter anderem der Chipsatz.
Die Arbeitsgeschwindigkeit eines Computers ist also wesentlich von der Taktfrequenz abhängig. Die maximal verarbeitbare Taktfrequenz wiederum hängt von der Prozessorarchitektur und der Anordnung der Leitungen und Funktionseinheiten auf der Hauptplatine ab. Dabei gilt grundsätzlich: Je kürzer die Leitungen sind um so höher darf die Taktfrequenz sein.

Der **Chipsatz** besteht heute häufig nur noch aus einem IC. Er verwaltet und koordiniert den Datentransfer zwischen der CPU, dem Speicher und den verschiedenen Steckplätzen und Eingabe- und Ausgabeschnittstellen. Eine wesentliche Aufgabe ist dabei die Abstimmung der verschiedenen Taktfrequenzen und Übertragungsraten auf den unterschiedlichen Bussystemen. Aufgrund dieser Funktionen beeinflusst der Chipsatz ebenfalls die Leistungsfähigkeit eines Computersystems.

Abb. 5.4 Mikroprozessor

5.1.2 CPU

Statt CPU wird häufig der Begriff **Prozessor** verwendet. Befindet dieser sich in einem einzigen IC (Integrierter Schaltkreis), spricht man von einem **Mikroprozessor** (Abb. 5.4). Er bildet das Herzstück des Mikrocomputers. In ihm wird die Datenverarbeitung durchgeführt. Dazu liest er Daten aus dem Speicher, bearbeitet diese in der durch das Programm vorgegebenen Weise und speichert anschließend das Ergebnis ab. Abb. 5.5 zeigt die allgemeine Struktur eines Prozessors.

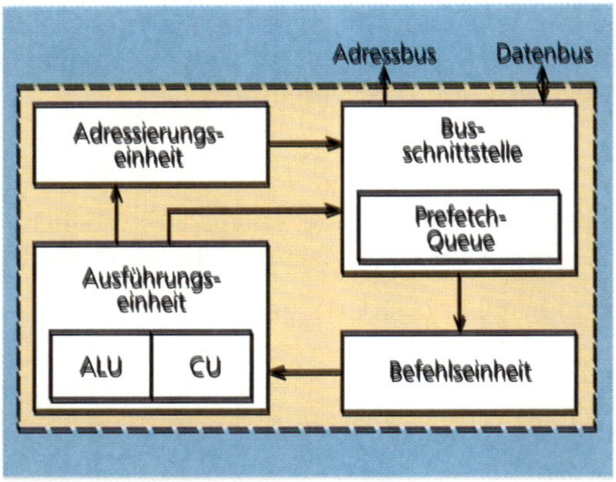

Abb. 5.5 Struktur eines Mikroprozessors

Die Busschnittstelle stellt die Verbindung zum externen Bus (Adressbus, Datenbus) her. Über sie werden die Programmbefehle aus dem Speicher in die Prefetch Queue zur Zwischenspeicherung übergeben und von dort aus an die Befehlseinheit weitergeleitet. Diese entschlüsselt die Befehle und steuert die Ausführungseinheit an, die die entsprechende Verarbeitung durchführt. Dazu enthält die Ausführungseinheit u. a. eine **ALU** (Arithmetical and Logical Unit: arithmetische und logische Einheit) und eine **CU** (Control Unit: Steuereinheit). Die ALU führt alle arithmetischen und logischen Verknüpfungen durch, die CU sorgt für den sicheren Ablauf der Verarbeitung.

Der Prozessor kann über den Datenbus Daten aus dem Speicher lesen oder in den Speicher schreiben. Die jeweilige Speicherstelle wird dabei über die Adresse angesprochen, die in der Adressierungseinheit berechnet und über den Adressbus an den Speicherbaustein übermittelt wird. Im Laufe der Prozessorentwicklung haben sich zwei Prinzipien herausgebildet: Das CISC- und das RISC-Prinzip.

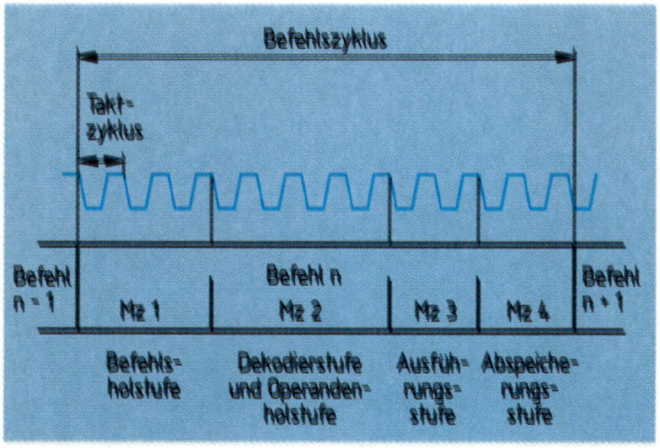

Abb. 5.6 CISC-Befehlsbearbeitung

CISC-Prozessor

CISC steht für Complex Instruction Set Computer (Computer mit einem komplexen Befehlssatz). Diese Prozessoren enthalten einen umfangreichen Befehlssatz von bis zu 400 leistungsfähigen, komplexen Maschinenbefehlen und eine Mikrocodierung dieser Befehle, d. h. ein Maschinenbefehl setzt sich aus mehreren Mikrobefehlen zusammen.

Bei der Befehlsbearbeitung wird gemäß Abb. 5.6 ein Befehl (Befehlszyklus) nach dem anderen bearbeitet. Ein Befehlszyklus besteht häufig aus vier Maschinenzyklen (Mz1 ... Mz4). Mit einem Maschinenzyklus wird eine Stufe, z. B. die Befehlsholstufe zum Einlesen des Befehlscodes in den Prozessor, bei der Bearbeitung des Befehls abgeschlossen.

RISC-Prozessor

RISC steht für **R**educed **I**nstruction **S**et **C**omputer (Computer mit einem reduzierten Befehlssatz). RISC-Prozessoren enthalten einen reduzierten Befehlssatz von typischerweise weniger als 100 Maschinenbefehlen und eine Befehls-Pipeline, in der mehrere Befehle gleichzeitig bearbeitet werden.
Abb. 5.7 zeigt das Prinzip der Befehlsbearbeitung in einer vierstufigen Pipeline. Gleichzeitig wird je ein Maschinenzyklus (Mz) von vier Befehlen bearbeitet. Dabei besteht ein Befehlszyklus aus vier Maschinenzyklen (siehe Abb. 5.6). Je Maschinenzyklus wird die Bearbeitung eines Befehls abgeschlossen.

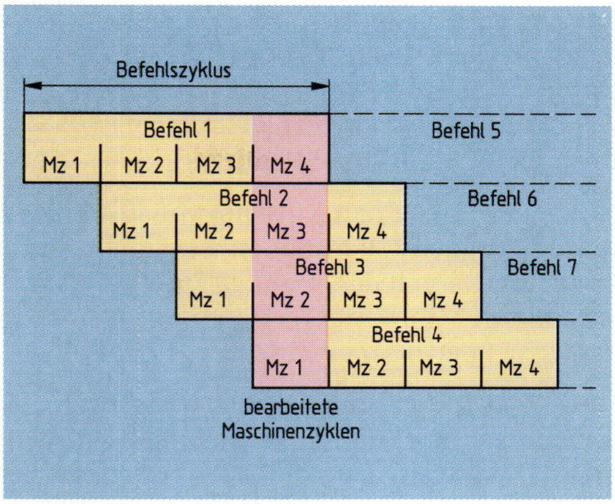

Abb. 5.7 RISC-Befehlsbearbeitung

Moderne Prozessoren enthalten Komponenten beider Architekturen, z. B. einen komplexen Befehlssatz und eine Befehls-Pipeline. Die Befehle werden z. B. in elf Maschinenzyklen unterteilt und in einer 11-stufigen Pipeline bearbeitet. Da ein Maschinenzyklus häufig einem Taktzyklus entspricht, wird i. d. R. pro Taktzyklus eine Befehlsbearbeitung abgeschlossen.
Ein wesentliches Leistungsmerkmal moderner Prozessoren ist die **Branc Prediction Logik** (Dynamische Verzweigungsvorhersage). Aufgrund der vorausgegangenen Befehlsbearbeitung sagt diese Logik voraus, welche Daten bzw. Befehle nach einer Programmverzweigung verarbeitet werden. Bei korrekter Vorhersage wird der Pipeline-Betrieb nicht verzögert, da sich die nach einer Verzweigung zu bearbeitenden Befehle bereits in der Pipeline befinden. Ein weiteres Merkmal ist die so genannte superskalare Architektur. Durch mehrere Befehlsausführungseinheiten können mehrere Befehle gleichzeitig mit einem Taktzyklus abgeschlossen werden.

5.1.3 Speicher

Auf der Hauptplatine befindet sich der **Zentralspeicher**, der auch als **Hauptspeicher**, **Arbeitsspeicher** oder als interner Speicher bezeichnet wird – im Gegensatz zu den externen Speichern, unter denen man Disketten-, Festplatten-, CD-ROM-Laufwerke usw. versteht.

Flüchtige Speicher (RAM)

Der Zentralspeicher besteht aus **DRAM**-Bausteinen. Das D steht für **D**ynamisch, RAM für **Ran**dom **A**ccess **M**emory (Speicher mit wahlfreiem Zugriff). In einen RAM können Daten geschrieben, dort verändert und wieder gelesen werden. Man nennt den Speicher daher auch Schreib-Lese-Speicher. Wird die Versorgungsspannung der Speicherbausteine abgeschaltet, geht der Inhalt verloren. Speicher mit diesem Verhalten werden als flüchtige Speicher bezeichnet.

Im DRAM entspricht die gespeicherte Information (ein Bit) dem Ladezustand eines Kondensators: Bei geladenem Kondensator ist der Wert 1 gespeichert, bei ungeladenem Kondensator der Wert 0. Kondensatoren haben die Eigenschaft, sich langsam zu entladen. Die gespeicherte Information geht also mit der Zeit verloren. Um das zu verhindern, muss die Information von Zeit zu Zeit – daher dynamisch – nachgeladen bzw. aufgefrischt werden. Diesen Vorgang bezeichnet man als Refreshing. Während des Auffrischens kann auf den DRAM nicht zugegriffen werden. Das wirkt sich negativ auf die Datenübertragungsrate aus.
Weiterentwicklungen wie z. B. das **EDO-RAM** (**E**xtended **D**ata **O**utput **RAM**, auch Hyper Page Mode DRAM genannt) und das **SDRAM** (**S**ynchronous **DRAM**) verfügen über merklich höhere Übertragungsraten. SDRAM bestehen intern aus zwei Bänken. Dadurch kann ein zweiter Speicherzugriff erfolgen, bevor der erste beendet ist. Nach außen arbeiten diese Speicher im Takt des Bussystems.

Der Zentralspeicher wird üblicherweise durch Speichermodule gebildet. Das sind Steckplatinen, auf denen jeweils eine Gruppe von Speicherbausteinen zusammengefasst ist. Die Speichermodule werden in spezielle Fassungen auf der Hauptplatine – so genannte Speicherbänke – gesteckt. Verwendet werden vorwiegend 72-polige PS/2-SIMM-Module und 168-polige DIMM-Module. **SIMM** steht für **S**ingle **I**nline **M**emory **M**odule, **DIMM** steht für **D**ual **I**nline **M**emory **M**odule.

Deutlich schneller als mit DRAM-Bausteinen kann mit dem **SRAM** (**S**tatisches **RAM**) gearbeitet werden. In diesen Bausteinen wird die Information in einer logischen Schaltung (Kippglied) gespeichert. Da sich der jeweilige Zustand dieser Schaltung von selbst nicht verändert, also statisch ist, müssen SRAM nicht aufgefrischt werden. Wegen der kurzen Zugriffszeit werden SRAM z. B. in Cache-Speichern eingesetzt.

Dual-Port-RAM. Diese Speicher besitzen zwei voneinander unabhängige Zugänge zu den Speicherzellen. Dadurch können zwei Einheiten gleichzeitig auf die Informationen im RAM zugreifen, ohne sich zu behindern. Eingesetzt werden diese Speicher vorwiegend für den **Video-RAM** (VRAM) von Grafikadaptern, wo CPU und Adapterlogik gleichzeitig auf den Speicher zugreifen.

Flüchtige Speicher		
Bezeichnung	Bedeutung	Eigenschaften
RAM	**R**andom **A**ccess **M**emory: Speicher mit wahlfreiem Zugriff	• Allgemeine Bezeichnung für Schreib-Lese-Speicher • Gespeicherte Daten gehen mit Abschalten der Versorgungsspannung verloren
SRAM	**S**tatic **RAM**: Statischer RAM	• Kurze Zugriffszeiten • Geringe Speicherkapazität
DRAM	**D**ynamic **RAM**: Dynamischer RAM	• Lange Zugriffszeiten • Große Speicherkapazität • Periodisches Auffrischen des Speichers erforderlich
EDO-RAM	**E**xtended **D**ata **O**utput **RAM**	• DRAM • Kürzere Zugriffszeiten gegenüber den Vorgängertypen • Einsatz vorwiegend auf PS/2-Modulen
SDRAM	**S**ynchronous **DRAM**	• DRAM mir kürzeren Zugriffszeiten als beim EDO-RAM • Arbeitet nach außen im Takt des Bussystems • Einsatz vorwiegend auf DIMM-Modulen
VRAM	**V**ideo **RAM**	• Dual-Port-DRAM • Kurze Zugriffszeiten • Einsatz zur Grafikbeschleunigung

Abb. 5.8 Flüchtige Speicher (Auswahl)

Festspeicher (ROM)

Neben den flüchtigen Speichern RAM gibt es Speicher, die ihre gespeicherten Daten auch ohne Versorgungsspannung behalten. Das ist z. B. für das BIOS erforderlich. Diese Speicher werden als **ROM** oder auch als Festspeicher bezeichnet. ROM steht für **R**ead **O**nly **M**emory (Nur-Lese-Speicher). Daten können – grundsätzlich – nur aus dem Speicher gelesen werden. Veränderungen sind je nach Ausführung des ROM nur mit zusätzlichem technischen Aufwand oder gar nicht möglich. Letzteres gilt entsprechend der folgenden Tabelle für die Ausführungen ROM und PROM. Das EPROM dagegen kann mit UV-Licht gelöscht werden. Das geschieht in einem Löschgerät innerhalb von ca. 20 Minuten. Zum Programmieren ist ein besonderes Programmiergerät erforderlich. Die weiterentwickelten Ausführungen EEPROM und FEEPROM können sowohl elektrisch programmiert wie gelöscht werden. Dabei kann der Speicherbaustein im Gerät verbleiben. Abb. 5. 9 zeigt eine Übersicht.

Festspeicher			
Bezeichnung	Bedeutung	Löschen	Programmieren
ROM	**R**ead **O**nly **M**emory: Nur-Lese-Speicher	nicht möglich	Masken beim Hersteller
PROM	**P**rogrammable **R**ead **O**nly **M**emory: Programmierbarer Nur-Lese-Speicher		elektrisch
EPROM	**E**rasable **PROM:** Löschbarer und programmierbarer Nur-Lese-Speicher	UV-Licht; gesamter Speicher	
EEPROM	**E**lectrically **E**rasable **PROM:** Elektrisch löschbarer und programmierbarer Nur-Lese-Speicher	elektrisch; bit-, byteweise oder insgesamt	
FEEPROM	**F**lash **EEPROM:** „Blitzschnell" elektrisch löschbarer und programmierbarer Nur-Lese-Speicher	elektrisch	

Abb. 5.9 Festspeicher

Eine Kombination aus flüchtigem und nicht flüchtigem Speicher bildet das **NVRAM** (**N**on **V**olatile **RAM**). Es enthält ein SRAM und ein EEPROM. Daten können vom SRAM in das EEPROM kopiert werden oder umgekehrt. Einsatz findet dieser Speicher u. a. dort, wo bei einem Ausfall der Versorgungsspannung die im RAM vorliegenden Daten nicht verloren gehen dürfen. Sie werden dann in das EEPROM geschrieben.

5.1.4 Bussystem

Mit dem Bussystem wird ein Leitungssystem bezeichnet, über das die Kommunikation zwischen der CPU und den anderen Funktionseinheiten im Computer erfolgt. Der Bus innerhalb der CPU wird als interner Bus bezeichnet, das übrige Bussystem als externer Bus oder Systembus. Entsprechend Abb. 5.10 werden drei Busarten unterschieden:

- Der **Datenbus**, auf dem die zu verarbeitenden Daten übertragen werden.
- Der **Adressbus**, über den die Adressierung der Speicherplätze erfolgt.
- Der **Steuerbus**, über den die Zugriffe auf die unterschiedlichen Funktionseinheiten des Computers gesteuert werden.

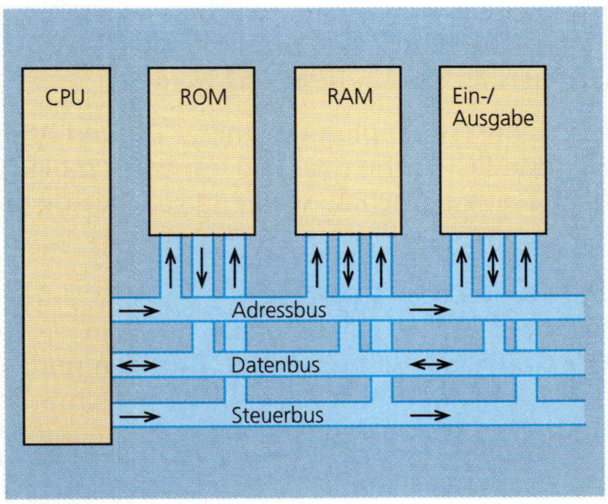

Abb. 5.10 Busprinzip

Die Anzahl der Busleitungen ist ein Maß für die Leistungsfähigkeit eines Computers. So kann mit 20 Adressleitungen ein Speicherraum von 1 MByte adressiert werden, mit 36 Adressleitungen dagegen ein Speicherraum von 64 GByte. Oder: Auf einem Datenbus, der 16 Datenleitungen enthält, können gleichzeitig 2 Byte übertragen werden, mit 32 Datenleitungen dagegen 4 Byte gleichzeitig. Ein weiteres Leistungsmerkmal ist die Taktfrequenz, mit der auf dem Bus gearbeitet werden darf.

In modernen Computern wird vorwiegend der **PCI-Bus** eingesetzt. PCI steht für **P**eripheral **C**omponent **I**nterconnect. Dieser Bus weist eine Busbreite von 64 Bit bzw. 64 Leitungen auf, die in einem Multiplexverfahren abwechselnd als Daten- und Adressleitungen genutzt werden.

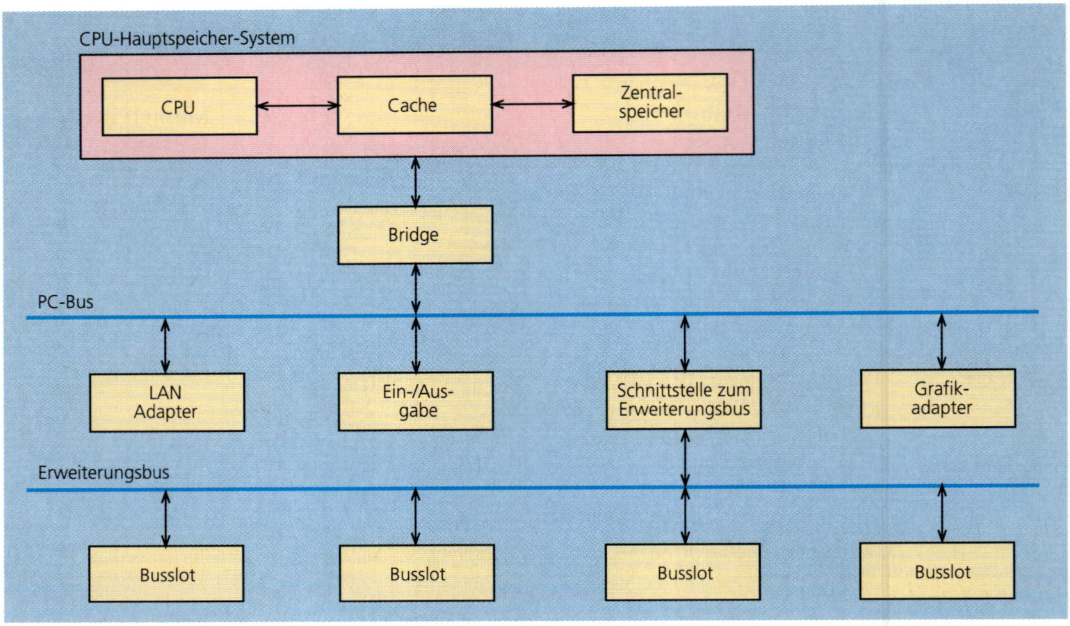

Abb. 5.11 PCI-Busstruktur

Der wesentliche Unterschied zu seinen Vorgängern, z. B. dem **VESA Local Bus** (VESA steht für **V**ideo **E**lectronics **S**tandards **A**ssociation) besteht darin, dass der PCI-Bus nicht direkt mit dem Prozessor gekoppelt ist (Abb. 5.11). Zwischen dem Prozessor-Zentralspeicher-System und dem PCI-Bus befindet sich ein als Bridge arbeitender Controller. Als Bridges bezeichnet man Schnittstellen zwischen zwei Bussystemen oder Netzwerken.

An den PCI-Bus ist neben den Funktionseinheiten Grafikadapter, Ein-/Ausgabeeinheit usw. eine Schnittstelle zum Erweiterungsbus angeschlossen. Das bedeutet, dass der Erweiterungsbus – egal um welches Bussystem es sich handelt – als PCI-Bus-Einheit betrachtet wird. Also kann im Prinzip jedes Bussystem integriert werden.

Durch die Entkopplung können CPU und Bridge parallel arbeiten – sofern die CPU nicht gerade auf eine PCI-Einheit zugreift. So ist es möglich, über die Bridge Daten zwischen zwei PCI-Einheiten auszutauschen, während gleichzeitig die CPU auf den Zentralspeicher zugreift.

5.1.5 Grafikadapter

Der Grafikadapter dient dazu, Grafiken und Texte auf dem Bildschirm auszugeben. Dazu ist er entsprechend Abb. 5.12 über eine Busschnittstelle mit dem Systembus verbunden. Über diesen kann die CPU auf den Grafiksteuerchip und den Video-RAM zugreifen.

Der Grafiksteuerchip ist die Zentrale des Grafikadapters: Er synchronisiert Zeilen und Seiten auf dem Bildschirm und steuert die Visualisierung der Texte, Grafiken und des Cursors.
Das Bild auf dem Monitor wird dabei ähnlich wie beim Fernseher durch einen Elektronenstrahl geschrieben, der den Bildschirm zeilenweise abtastet. Ist der Strahl unten rechts angekommen, beginnt er wieder oben links mit dem Aufbau einer neuen Seite.

Im Video-RAM werden die für die Anzeige auf dem Bildschirm erforderlichen Daten zwischengespeichert. Die Darstellungen auf dem Bildschirm können im Text- oder im Grafikmodus erfolgen.

Im Textmodus werden nur die Zeichen eines bestimmten Zeichensatzes auf dem Bildschirm dargestellt. Dazu wird dem Grafiksteuerchip der Code des anzuzeigenden Zeichens mitgeteilt. Im Video-RAM befinden sich die Daten, die der Zeichengenerator benötigt, um das dem Zeichen entsprechende Muster an Bildpunkten (Pixel) zu bilden. Die Übergabe an den Bildschirm erfolgt durch den Grafiksteuerchip.

Im Grafikmodus ist jeder Bildpunkt adressierbar. Dadurch ist die Darstellung nicht auf einen bestimmten Zeichensatz beschränkt. Es können beliebige Zeichen und Grafiken angezeigt werden, die direkt aus dem Video-RAM gelesen werden. Der Zeichengenerator ist in diesem Modus nicht aktiv.

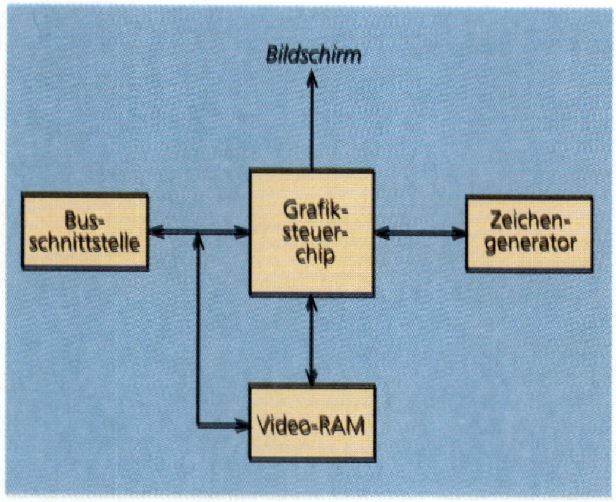

Abb. 5.12 Grafikadapter

Ausführungen über die Bildauflösung, VGA-Videomodi usw. befinden sich in Abschnitt 5.2.

5.1.6 Schnittstellen

Unter einer Schnittstelle versteht man - ganz allgemein - den Verbindungspunkt zwischen zwei Funktionseinheiten, damit diese miteinander arbeiten können. Statt Schnittstelle wird häufig der Begriff **Interface** verwendet. In einer standardisierten Ausführung ermöglichen Schnittstellen die herstellerunabhängige Verbindung zwischen dem PC und den angeschlossenen Peripheriegeräten wie z. B. Drucker, Maus oder Festplatte.
Die Überwachung der jeweiligen Schnittstelle und - in einem bestimmten Rahmen - die Ansteuerung der angeschlossenen Geräte übernimmt ein elektronischer Schaltkreis, der als **Schnittstellenbaustein** oder **Controller** bezeichnet wird.

Die parallele Schnittstelle

Praktisch alle Personal Computer besitzen eine parallele Schnittstelle. Sie befindet sich entweder auf der Hauptplatine oder auf einer separaten Schnittstellenkarte (meist zusammen mit einer seriellen Schnittstelle). Wesentlicher Bestandteil der Schnittstellenkarte ist der Schnittstellenbaustein. An die parallele Schnittstelle wird i. d. R. ein Drucker angeschlossen. Abb. 5.13 zeigt das Übertragungsprinzip. Mit acht Datenleitungen D1 bis D8 werden acht Bit (1 Byte) gleichzeitig übertragen.

Da die Bit gleichzeitig und nicht nacheinander übertragen werden, erfolgt die parallele Datenübertragung sehr schnell. So sind beim Anschluss von Druckern Übertragungsraten von 100 KByte pro Sekunde möglich. Allerdings treten wegen der gegenseitigen Beeinflussung der parallel geführten Datensignale bei längeren Übertragungswegen Störungen auf. Daher empfehlen viele Hersteller eine maximale Kabellänge von zwei Metern.

Acht Bit reichen aus, um jeweils ein Zeichen (Buchstabe, Ziffer oder Steuerzeichen) an den Drucker zu übergeben. Dabei muss allerdings sichergestellt sein, dass ein Zeichen immer erst

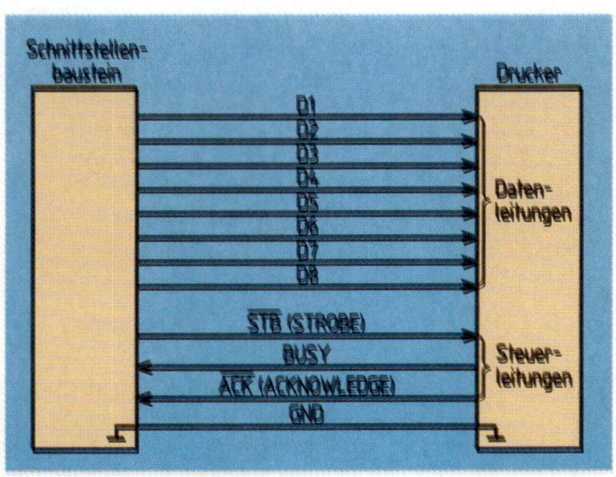

Abb. 5.13 Prinzip der parallelen Datenübertragung

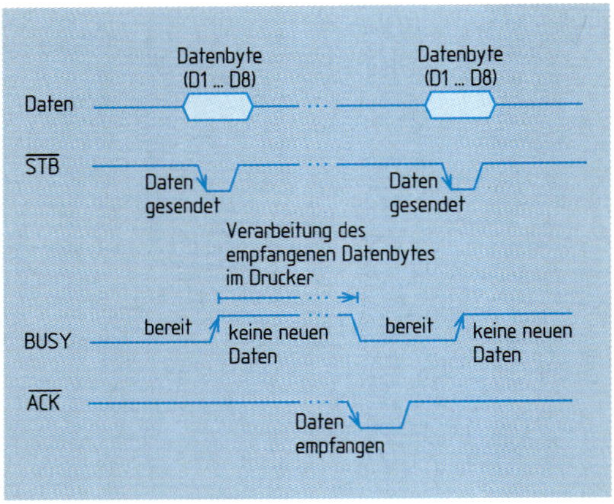

Abb. 5.14 Handshake-Verfahren

dann gesendet wird, wenn das vorherige vom Drucker bereits übernommen worden ist. Das geschieht mithilfe von Steuerleitungen, die auch als Handshake-Leitungen bezeichnet werden. Sie dienen der Übertragung von Steuersignalen. Abb. 5.14 zeigt den Ablauf für die Übertragung eines Zeichens:

Zunächst meldet der Schnittstellenbaustein dem Drucker, dass ein Zeichen an ihn übergeben wird ($\overline{\text{STB}}$-Signal = L-Pegel). Nach der Übernahme des Zeichens wird dieses im Drucker weiterverarbeitet. Während dieser Zeit meldet der Drucker, dass er beschäftigt ist (BUSY-Signal = H-Pegel). Ist der Drucker wieder bereit, ein Zeichen zu übernehmen, so wird das BUSY-Signal inaktiv (L-Pegel). Außerdem quittiert der Drucker den Empfang des Zeichens mit dem $\overline{\text{ACK}}$-Signal.

Die Verbindung zwischen Schnittstelle und Drucker erfolgt über ein Kabel mit Steckern. Häufig werden dabei ein 25-poliger Subminiatur-D-Stecker auf der Computerseite und ein 36-poliger AMP-Stecker auf der Druckerseite verwendet.

Die von dem Druckerhersteller Centronics entwickelte parallele Schnittstelle hat sich als Standard durchgesetzt, sie wird deshalb oft als **Centronics-Schnittstelle** bezeichnet. Im PC werden die parallelen Schnittstellen mit **LPT** (**L**ine **P**rin**T**er) bezeichnet: LPT1, LPT2 usw.

Die serielle Schnittstelle

Die Datenübertragung erfolgt mithilfe eines Schnittstellenbausteins. Wie bei der parallelen Schnittstelle werden die Daten jeweils in Form eines Bytes von der CPU über den Systembus und die Busschnittstelle parallel an den seriellen Schnittstellenbaustein übergeben. Dieser wandelt die parallel vorliegenden Daten in einen seriellen Strom einzelner Bit um (Abb. 5.15). Der Bitstrom wird über eine Leitung an den Empfänger, z. B. ein Modem, übertragen. Dabei werden von dem Schnittstellenbaustein noch weitere Bit hinzugefügt: ein Startbit, ein oder zwei Stopbit und eventuell ein Paritätsbit.

An dem Startbit erkennt der Empfänger den Anfang eines seriellen Datenwortes, an dem Stopbit das Ende. Mit dem Paritätsbit ist eine einfache Fehlererkennung möglich (vgl. Abschnitt 4.6, ASCII-Code). Seriell empfangene Daten werden von den zusätzlichen Bit befreit, in die parallele Form umgewandelt und als Daten-Byte an den Prozessor übergeben.

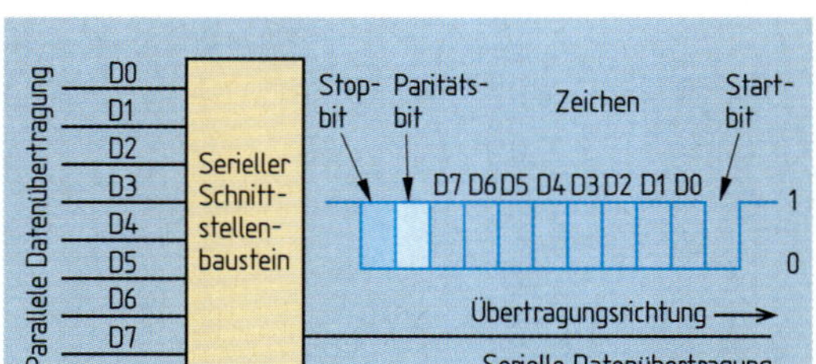

Abb. 5.15 Prinzip der seriellen Datenübertragung

Im Unterschied zur parallelen Schnittstelle sind mit der seriellen Schnittstelle erheblich längere Übertragungsdistanzen – von mehr als 100 Metern ohne Signalverstärkung – möglich. Die Übertragungsgeschwindigkeit wird häufig in **Baud** angegeben. Typische Werte sind 9600, 19200 und 28800 Baud. Dabei wird die Einheit Baud mit der Einheit Bit/s gleichgesetzt. Baud = 1/s ist aber die Einheit für die Schrittgeschwindigkeit v_S, z. B. v_S = 9600 Baud; Bit/s dagegen die Einheit für die Übertragungsgeschwindigkeit $v_Ü$, z. B. $v_Ü$ = 9600 Bit/s. Da ein Schritt mehrere Bit enthalten kann, ist eine Gleichsetzung von vornherein nicht möglich – außer wenn feststeht, dass jeder Schritt einem Bit entspricht. Und dies ist bei der seriellen Schnittstelle üblicherweise der Fall. Also trifft zu, dass bei der Angabe 9600 Baud tatsächlich 9600 Bit/s übertragen werden.

Von den insgesamt 25 zur Schnittstelle gehörenden Anschlüssen werden in der Praxis weniger benötigt, sodass z. B. die IBM-Version mit neun Anschlüssen auskommt. Entsprechend wird die Verbindung über 25-polige oder 9-polige Subminiatur-D-Stecker ausgeführt. Zur sicheren Steuerung der Datenübertragung werden unterschiedliche Handshake-Verfahren angewendet.

Für die serielle Schnittstelle werden häufig die Bezeichnungen **V.24** oder **RS-232C** verwendet. Unter V.24 versteht man die Empfehlungen des internationalen Ausschusses CCITT/ITU-T (Comité Consultatif International Télégraphique et Téléphonique/International Télécommunication Union – Telecommunications Standards), unter RS-232C die den V.24-Empfehlungen entsprechende amerikanische Norm (EIA: Electronics Industry Association). Die deutsche, den V.24-Empfehlungen entsprechende Norm lautet DIN 66 020. Im PC werden die seriellen Schnittstellen mit **COM** (**COM**munication) bezeichnet: COM1, COM2 usw.

IDE-Schnittstelle

Die IDE-Schnittstelle ist eine parallele Schnittstelle für Festplatten und Diskettenlaufwerke. **IDE** steht für **I**ntegrated **D**evice **E**lektronics. Statt IDE-Schnittstelle wird häufig der Begriff IDE-Controller verwendet. Die Schnittstellen- bzw. Controllerelektronik befindet sich in den Laufwerken und steuert die Schreib- und Lesevorgänge. An einen IDE-Controller können zwei Festplatten mit einer maximalen Kapazität von jeweils 504 MByte angeschlossen werden. Der Anschluss erfolgt über eine 40-polige Steckverbindung, die zur Vermeidung von Signalstörungen nicht länger als 46 cm sein sollte.

Die Weiterentwicklung der IDE-Schnittstelle ist die EIDE-Schnittstelle. **EIDE** steht für **E**nhanced (erweiterte) **IDE**-Schnittstelle. Dieser Controller kann Festplatten mit einer maximalen Kapazität von 7,8 GByte verwalten. Außerdem können an jeden Kanal zwei Festplatten angeschlossen werden. In diesem Fall arbeitet eine Festplatte als - steuernder - Master, die andere als - gesteuerter - Slave. Somit können insgesamt vier Festplatten verwaltet werden.

Neben IDE und EIDE wird in Anlehnung an den AT-Bus die Bezeichnung **ATA** (**AT**-**A**ttachment) verwendet. Entsprechend bezeichnet man EIDE-Festplatten auch als AT-Bus-Festplatten. Eine Weiterentwicklung der EIDE-Schnittstelle ermöglicht, neben Festplatten auch andere Geräte wie CD-ROM-Laufwerke oder CD-Brenner anzuschließen. Grundlage dafür ist das **ATAPI**-Protokoll (**AT** **A**ttachment **P**acked **I**nterface). Geräte, die diesen Standard unterstützen, können über eine EIDE-Schnittstelle betrieben werden.

SCSI-Schnittstelle

Für Laufwerke mit höheren Kapazitäten wird häufig die SCSI-Schnittstelle verwendet. **SCSI** (gesprochen „Skasi") ist die Abkürzung für **S**mall **C**omputer **S**ystem **I**nterface (Schnittstelle für Kleinrechnersysteme). Dabei handelt es sich um eine schnelle parallele Schnittstelle, über die viele unterschiedliche Peripheriegeräte wie Festplatten, CD-ROM-Laufwerke, Scanner, Drucker u.s.w. verwaltet werden können.

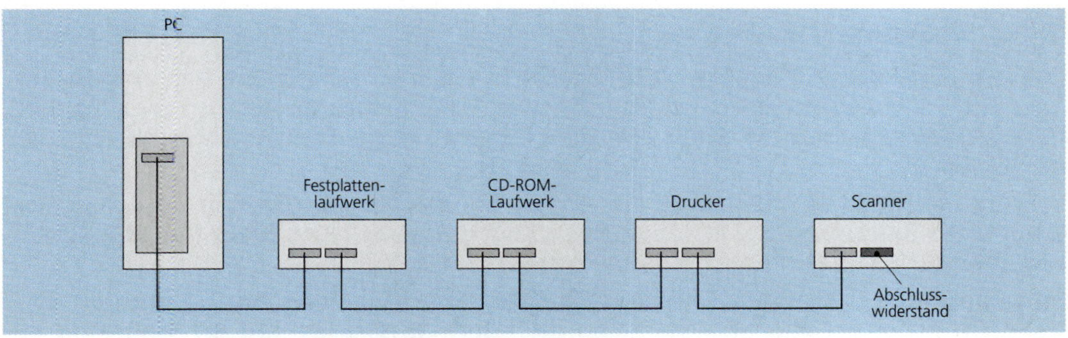

Abb. 5.16 Anwendungsbeispiel für eine SCSI-Schnittstelle

Allerdings lässt sich die SCSI-Schnittstelle nicht mit der klassischen parallelen Schnittstelle vergleichen. Vielmehr handelt es sich um einen systemunabhängigen Bus, an den bis zu sieben Geräte in einer Reihenschaltung (Daisy Chain genannt) angeschlossen werden können. Dabei ist zu beachten, dass der Bus zur Vermeidung von Reflexionen mit einem Abschlusswiderstand (auch Terminator genannt) abgeschlossen werden muss. Abb. 5.16 verdeutlicht das.

Bei Verwendung eines SCSI-Host-Adapters können sogar maximal 15 Geräte verwaltet werden. Der Host-Adapter ist entweder bereits auf dem Motherboard integriert oder steht als Steckkarte zur Verfügung. Durch den Host-Adapter ist der PC innerhalb des SCSI-Bussystems praktisch selbst zu einem SCSI-Gerät geworden, das ebenso wie jedes andere an den SCSI-Bus angeschlossene Gerät angesprochen werden kann. Im Gegensatz zur Master-Slave-Struktur der EIDE-Schnittstelle ist jedes Gerät gleichrangig und kann somit sowohl anforderndes Gerät (Initiator) wie ausführendes Gerät (Target) sein. Abb. 5.17 stellt unterschiedliche SCSI-Varianten gegenüber.

SCSI-Variante	Daten-Busbreite	max. Übertragungsrate	max. Kabellänge	Steckverbindung	anschließbare Gerätezahl
Standard SCSI (SCSI-1)	8 Bit	5 Mbyte/s	6 m	50-polig	8
Fast SCSI (SCSI 2)	8 Bit	10 Mbyte/s	3 m	50-polig	8
Wide-SCSI (SCSI 2)	16 Bit	20 Mbyte/s	3 m	68-polig	8
Ultra-SCSI (SCSI 3)	8 Bit	20 Mbyte/s	3 m	50-polig	8
Ultra-Wide-SCSI (SCSI 3 Different.)	16 Bit	40 Mbyte	25 m	68-polig	16
Ultra-2-SCSI (SCSI 3)	32 Bit	80 MByte	12 m	68-polig	16

Abb. 5.17 SCSI Varianten (Auswahl)

Jedes an den SCSI-Bus angeschlossene Gerät besitzt eine ID-Nummer von 0 ... 7 bzw. 0 ... 15. Dabei besitzt das Gerät mit der ID 0 die höchste Priorität, das Gerät mit ID 15 die niedrigste Priorität. Das bedeutet: Wollen zwei oder mehrere Geräte gleichzeitig den Bus benutzen, erhält das Gerät mit der höheren Priorität den Buszugriff.

Die ID-Nummern für die einzelnen Geräte können frei gewählt werden. Die Zuweisung erfolgt mittels Software oder mithilfe eines Jumpers. Dabei muss die Positionierung eines Gerätes am SCSI-Bus nicht mit der Reihenfolge der ID-Nummern übereinstimmen; sie erfolgt für jedes Gerät frei.

Die USB-Schnittstelle

USB steht für Universal Serial Bus. Dabei handelt es sich um ein Bussystem zum vereinfachten Anschluss von Peripheriegeräten wie z. B. Tastatur, Maus, Bildschirm und Drucker an den PC. Insgesamt können bis zu 127 Geräte über Hubs (Verteiler) angeschlossen werden. Das Bild zeigt ein Beispiel.

Voraussetzungen für die USB-Anwendung sind ein PC, der USB unterstützt, und Peripheriegeräte mit USB-Schnittstellen. Der PC ist mit einem Root Hub ausgestattet. Dieser Hub ist die Quelle bzw. „Wurzel" (Root) aller weiteren angeschlossenen Geräte und Hubs.

Im Beispiel (Abb. 5.18) sind an den Root Hub ein Scanner und eine Tastatur mit Hub angeschlossen. An diesen Hub wiederum sind die Maus, ein Drucker und der Bildschirm mit einem weiteren Hub angeschlossen.

Je nach Bauart der Hubs verstärken diese die eingehenden Signale und versorgen kleinere Geräte mit Spannung. Durch die Verschachtelung von Hubs dürfen maximal sieben Ebenen realisiert werden. Im dargestellten Beispiel bilden Scanner und Tastatur-Hub die Ebene eins, Bildschirm-Hub, Drucker und Maus die Ebene zwei und Lautsprecher, Modem und Webcam die Ebene drei.

Die Übertragung der Daten erfolgt nacheinander über einen seriellen Bus. Dieser wird mit einem vierpoligen Kabel realisiert: Zwei Leitungen dienen zur Datenübertragung, über die beiden weiteren Leitungen kann die Spannungsversorgung kleinerer Peripheriegeräte erfolgen. Die Übertragungsrate beträgt 1,5 Mbit/s oder 12 Mbit/s.

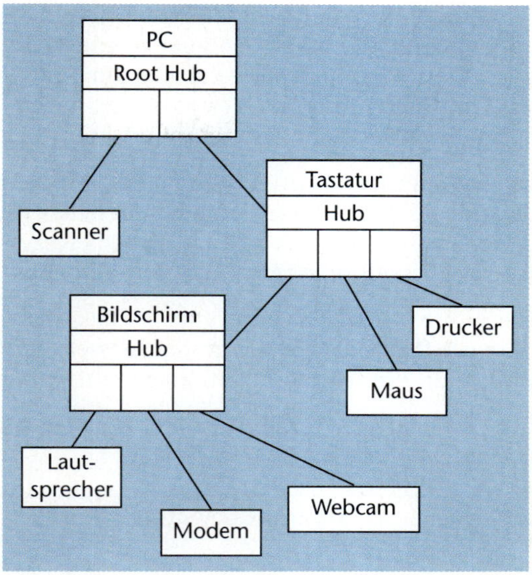

Abb. 5.18 Beispiel für den Anschluss von USB-Geräten

Die Kabellänge zwischen Hub und Gerät oder Hub und Hub darf abhängig von der Übertragungsrate und vom verwendeten Kabel unterschiedlich lang sein.

So beträgt bei 1,5 Mbit/s Übertragungsrate und Verwendung eines Unshielded twisted pair-Kabels die maximale Kabellänge 3 Meter.

Bei einer Übertragungsrate von 12 Mbit/s und einem Shielded twisted pair-Kabel darf die Länge des Kabels 5 Meter betragen.

Somit kann bei einem kaskadenförmigen Aufbau über sieben Ebenen eine maximale Kabellänge von 35 Metern gebildet werden.

USB-Schnittstellen sind mit einem Symbol entsprechend Abb. 5.19 gekennzeichnet.

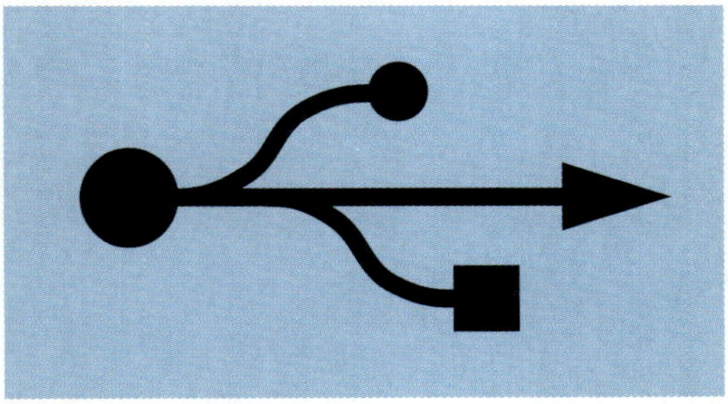

Abb. 5.19 Kennzeichnung der USB-Schnittstelle

Die USB-Schnittstelle erleichtert den Anschluss zusätzlicher Peripheriegeräte (USB-Geräte). Aufgrund der Hot Plugging-Funktion können Geräte direkt während des laufenden Betriebes hinzugefügt und entfernt werden. Das Betriebssystem erkennt ein zusätzlich angeschlossenes Gerät sofort und richtet die entsprechenden Treiber ein.

5.1.7 Zusammenwirken der Funktionseinheiten

Interrupts

Für die Zusammenarbeit der CPU mit bestimmten Funktionsgruppen, wie z. B. der seriellen Schnittstelle, ist eine Interruptleitung und eine Ein-/Ausgabe-Adresse erforderlich.

Interrupts dienen dazu, die CPU in ihrer Arbeit zu unterbrechen, damit sie kurzzeitig andere Aufgaben erledigen kann. Unterschieden werden Hardware-Interrupts und Software-Interrupts.

Ein **Hardware-Interrupt** wird über eine **IRQ**-Leitung (Interrupt **ReQ**uest: Interrupt-Anforderung) ausgelöst. Das geschieht z. B. bei einer Tastatureingabe, einem Mausklick oder der Eingabe von

Daten über die parallele oder serielle Schnittstelle. Dazu wird z. B. von der seriellen Schnittstelle über eine IRQ-Leitung ein Signal gesendet, um der CPU mitzuteilen, dass gerade ein Datenwort von einem Peripheriegerät empfangen worden ist und von der CPU gelesen werden kann. Die CPU unterbricht nun die Verarbeitung, mit der sie gerade beschäftigt ist, und liest das Datenwort aus der seriellen Schnittstelle ein und verarbeitet es.

Dieses Datenwort kann z. B. von einem Modem gesendet worden sein und soll abgespeichert werden oder es dient bei einer angeschlossenen Maus dazu, entsprechend den Bewegungen der Maus den Mauspfeil auf dem Bildschirm zu bewegen. Anschließend arbeitet die CPU an der Stelle weiter, an der sie ihre Verarbeitung unterbrochen hatte.

Der große Vorteil der Interrupts ist, dass die CPU nicht ständig abfragen muss, ob eine Funktionseinheit die CPU benötigt. Stattdessen melden die Funktionseinheiten der CPU, dass sie gefordert ist. Ein Interrupt kann dabei nur immer einer Funktionseinheit zugeordnet sein.

In einem PC stehen i. d. R. 15 Interruptleitungen zur Verfügung. In Abb. 5.20 ist die Standardbelegung aufgeführt.

IRQ	Standardbelegung	Rang
0	Systemtimer	1
1	Tastaturcontroller	2
2	Überleitung zum 2. IR-Controller (IRQ 8 ... 15)	
3	2. serielle Schnittstelle COM 2	11
4	1. serielle Schnittstelle COM 1	12
5	2. parallele Schnittstelle LPT 2	13
6	Diskettenlaufwerkscontroller	14
7	1. parallele Schnittstelle LPT 1	15
8	Echtzeituhr	3
9	frei	4
10	frei	5
11	frei	6
12	Mausanschluss	7
13	Mathematischer Coprozessor	8
14	1. Festplattencontroller IDE Kanal 1	9
15	2. Festplattencontroller IDE Kanal 2 (sofern vorhanden)	10

Abb. 5.20 Standardbelegung der Interruptleitungen

Damit die CPU feststellen kann, welche Funktionseinheit einen Interrupt anfordert, ist der Computer mit zwei **Interrupt-Controllern** (Abb. 5.21) ausgestattet.

Die beiden Interrupt-Controller sind in einer Kaskade hintereinander geschaltet. Dabei werden die IRQ 8 ... IRQ 15 über den IRQ-Controller 2 an den Anschluss IRQ 2 des IRQ-Controller 1 geschaltet. Wird z. B. eine Anforderung über IRQ 10 ausgelöst, entspricht das in dem mit der CPU verbundenen IRQ-Controller 1 einer Anforderung über IRQ 2.

Da von der CPU immer nur eine Interrupt-Anforderung verarbeitet werden kann, ist jedem Interrupt eine Priorität zugeordnet. Grundsätzlich gilt dabei, dass der Interrupt mit der niedrigeren Nummer die höhere Priorität aufweist. Aufgrund der Kaskadierung der Controller besitzen allerdings die Interrupts IRQ 8 ... IRQ 15 höhere Prioritäten als die Interrupts IRQ 3 ... IRQ 7.

Bei einer gleichzeitigen Anforderung von z. B. IRQ1 (Tastaturcontroller) und IRQ6 (Diskettenlaufwerkscontroller) wird der Interrupt mit der höheren Priorität IRQ1 bearbeitet.

Die Bearbeitung eines Interrupts (z. B. IRQ6) wird durch die Anforderung eines Interrupts mit höherer Priorität (z. B. IRQ1) unterbrochen.

Ein **Software-Interrupt** ist eine Unterbrechung, die aus einem Programm heraus durch einen Interrupt-Befehl (INT) ausgelöst wird.

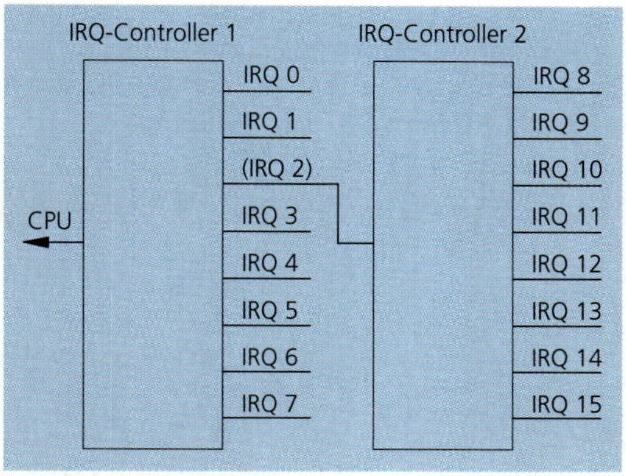

Abb. 5.21 Kaskadierung der Interrupt-Controller

I/O-Adressen

Jede Ein-/Ausgabeschnittstelle, über die ein Peripheriegerät angeschlossen ist, weist eine **I/O-Adresse** (Ein- und Ausgabeadresse), auch Port-Adresse genannt, auf. Diese Adresse ist erforderlich, damit die jeweilige Schnittstelle, mit der die CPU kommunizieren will, ausgewählt werden kann. Natürlich gilt auch hier, dass eine Adresse nicht an zwei Funktionseinheiten vergeben werden kann.

Häufig bieten die Hersteller der Schnittstellenkarten bestimmte Adressen zur Auswahl an. Abb. 5.22 zeigt die Adressbereiche, die den Ein-/Ausgabeschnittstellen typischerweise zugewiesen sind. Diese werden in der für die Darstellung von Speicheradressen üblichen Weise im sedezimalen Zahlensystem (auch hexadezimales Zahlensystem genannt) dargestellt.

Standardbelegung	I/O-Adresse
Tastaturcontroller	060 ... 06F
Diskettenlaufwerkscontroller	3F0 ... 3F7
Festplattencontroller	1F0 ... 1FF
1. serielle Schnittstelle COM 1	3F8 ... 3FF
2. serielle Schnittstelle COM 2	2F8 ... 2FF
1. parallele Schnittstelle LPT 1	378 ... 37F
2. parallele Schnittstelle LPT 2	278 ... 27F
VGA-Grafikkarte	3B0 ... 3BF
VGA-Grafikkarte	3C0 ... 3CF
VGA-Grafikkarte	3D0 ... 3DF
Gameport	200 ... 20F
Soundkarte	220 ... 24F
MIDI-Schnittstelle	330 ... 337

Abb. 5.22 Adressbereiche für I/O-Adresssen

DMA-Kanäle

Müssen große Datenmengen übertragen werden, so stehen für das Zusammenwirken der Funktionseinheiten zusätzlich DMA-Kanäle zur Verfügung (DMA: Direct Memory Access). Mithilfe dieser Kanäle kann von einer Peripherieeinheit direkt, d. h. unter Umgehung der CPU, auf den Zentralspeicher zugegriffen werden. Zur Verfügung stehen i. d. R. acht DMA-Kanäle. Dabei können sich zwei Geräte einen Kanal teilen, sofern sichergestellt ist, dass sie nicht gleichzeitig diesen Kanal benötigen. Zu den angeschlossenen Funktionseinheiten gehören u. a. Disketten- und Festplattencontroller und Soundadapter.

Abb. 5.23 zeigt die übliche Belegung der DMA-Kanäle. Die in praktisch allen PCs gleichermaßen verwendeten DMA-Kanäle sind die Kanäle 2 und 4: der Diskettenlaufwerkscontroller und der RAM-Controller. Im Unterschied zu den Kanälen 0 ... 3 sind die Kanäle 4 ... 7 für eine Datenübertragung mit 16 Bit ausgelegt.

Kanal	Belegung	Datenübertragung
0	frei	8 Bit
1	frei	8 Bit
2	Diskettenlaufwerkscontroller	8 Bit
3	Festplattencontroller (oder frei)	8 Bit
4	2. DMA-Controller (RAM-Controller)	16 Bit
5	frei	16 Bit
6	frei	16 Bit
7	Festplattencontroller (oder frei)	16 Bit

Abb. 5.23 Standardbelegung der DMA-Kanäle

Die Konfiguration der Hardware

Beim Zusammenbau eines Mikrocomputers ebenso wie bei der Erweiterung durch eine zusätzliche Funktionseinheit müssen die zu einer Einheit (Karte) gehörende IRQ-Leitung, die I/O-Adresse und der eventuell benötigte DMA-Kanal eingestellt werden. Grundsätzlich gilt dabei, dass eine IRQ-Leitung, eine I/O-Adresse oder ein DMA-Kanal niemals von mehreren Karten verwendet werden darf.

Die Konfiguration erfolgt i. d. R. nach den Angaben im Installationshandbuch der Funktionseinheit. Die Einstellung der Parameter wird abhängig von der Ausstattung der Karte mithilfe von Jumpern oder Software durchgeführt.
Jumper sind kleine, elektrisch leitende und mit Kunststoff ummantelte Steckbrücken, die wie Schalter wirken und Stromkreise unterbrechen oder schließen.
Bei softwarekonfigurierbaren Karten werden die Parameter für IRQ, I/O-Adresse und DMA mithilfe eines Programms eingestellt.

Bei der Verwendung von **Plug-and-Play**-Karten (Plug-and-Play: „Einschalten und Benutzen") entfällt die Konfiguration durch den Benutzer. Hier werden – nachdem die Karte eingesteckt und der Computer eingeschaltet ist – die Parameter durch ein im BIOS befindliches Programm selbstständig gesetzt und verwaltet.

Unter Windows gibt der Geräte-Manager Auskunft darüber, welche Hardware sich im Computer befindet und wie die einzelnen Funktionseinheiten konfiguriert sind. Änderungen können hier vom Anwender durchgeführt werden, z. B. dann, wenn trotz Plug-and-Play zwei Karten den selben IRQ beanspruchen.

5.1.8 Der Start des Computers

Nach dem Einschalten des Computers werden zunächst die Funktionseinheiten geprüft. Tritt ein Fehler auf, meldet das der Computer mit einer entsprechenden Anzeige auf dem Bildschirm oder mithilfe einer Reihe von Tönen. Dieser Selbsttest bildet den ersten Schritt eines Vorgangs, den man als Booten bezeichnet. Das Booten ist erforderlich, um alle Funktionseinheiten in den Zustand zu versetzen, der erforderlich ist um das Betriebssystem von der Festplatte in den Zentralspeicher zu laden. Das Boot-Programm ist Teil des **BIOS** (**B**asic **I**nput **O**utput **S**ystem) und befindet sich meist in einem Flash-EEPROM auf der Hauptplatine.

■ Der Selbsttest

Während des Selbsttests überprüft der Prozessor zunächst sich selbst, anschließend über den Systembus die daran angeschlossenen Funktionseinheiten. Dabei werden z. B. die Chips des Zentralspeichers mithilfe verschiedener Programmroutinen auf ihre Funktionstüchtigkeit hin untersucht und die aktuelle Speicherkapazität ermittelt.

Das Ergebnis des Selbsttests wird mit einem Datensatz verglichen, der sich in einem besonderen CMOS-Chip befindet. Dieser Datensatz enthält Informationen über die im Computer installierten Funktionseinheiten. Das bedeutet: alle Veränderungen der Konfiguration des Computers müssen hier abgespeichert werden. Wird also während des Selbsttests eine neue Funktionseinheit gefunden, so besteht nun die Möglichkeit die Konfiguration im Konfigurationsmenü zu aktualisieren.

■ Der Bootvorgang

Nach dem Selbsttest untersucht das Boot-Programm, ob sich im Laufwerk A eine Diskette mit den beiden Dateien IO.SYS und MSDOS.SYS befindet. Diese Systemdateien bilden den ersten Teil des Betriebssystems. Werden sie nicht im Laufwerk A gefunden wird die Festplatte C danach durchsucht. Befindet sich im Laufwerk A eine Diskette, die die gesuchten Dateien nicht enthält, gibt das Boot-Programm eine entsprechende Fehlermeldung aus.

Nach dem Auffinden der Systemdateien werden diese in den Zentralspeicher geladen. Die Datei IO.SYS steuert das Zusammenspiel aller Eingabe- und Ausgabevorgänge der Funktionseinheiten. MSDOS.SYS organisiert die Speicherverwaltung und kontrolliert die Verarbeitung sowie den Transfer der Daten im Computersystem.

Anschließend werden die Dateien CONFIG.SYS und COMMAND.COM in den Zentralspeicher geladen. Die Datei CONFIG.SYS ist eine vom Benutzer erstellte Datei. Sie enthält Anweisungen für das Betriebssystem, z. B. wie viele Dateien gleichzeitig geöffnet sein dürfen. COMMAND.COM enthält unter anderem die internen DOS-Befehle, z. B. DIR oder COPY.

Am Ende des Bootvorgangs wird die Datei AUTOEXEC.BAT geladen. Diese vom Anwender erstellte Datei enthält die Namen von den Programmen, die bei jedem Start des Computers aufgerufen bzw. ausgeführt werden sollen. Der Bootvorgang ist abgeschlossen, wenn sich der Computer mit dem Bereitschaftszeichen (Prompt) oder der Benutzeroberfläche des jeweiligen Betriebssystems meldet.

Auf einen Blick

- Die heute am häufigsten eingesetzten Computer sind Mikrocomputer. Sie werden in industriellen Anwendungen als PC am Arbeitsplatz oder im privaten Bereich zu Hause genutzt.
- Ein PC besitzt als Grundausstattung eine Hauptplatine und Schnittstellen für den Anschluss peripherer Geräte.
- Die wesentlichen Funktionseinheiten der Hauptplatine sind CPU, Cache-Speicher, Zentralspeicher, BIOS, DMA, Timer und die Busslots.
- Die Arbeitsgeschwindigkeit eines Computers hängt wesentlich von der Taktfrequenz ab, mit der der Prozessor und die Funktionseinheiten gesteuert werden.
- Im Cache-Speicher sind die Daten gespeichert, die von der CPU häufig angefordert werden. Um kurze Zugriffszeiten zu erlangen, werden SRAM (statische RAM) verwendet.
- Der Zentralspeicher, auch Haupt- oder Arbeitsspeicher genannt, dient zum Abspeichern und Lesen von Zwischenergebnissen. Als Speicher-Bausteine werden DRAM (dynamische RAM) verwendet. Speicherzugriffe dauern länger als beim SRAM.
- Zum Anschluss von Peripheriegeräten sind u. a. erforderlich für die
  – Eingabe eine Tastaturschnittstelle (Tastatur) und eine serielle Schnittstelle (Maus).
  – Ausgabe ein Grafikadapter (Bildschirm) und eine parallele Schnittstelle (Drucker).
  – externe Speicherung ein Controller (Disketten- und Festplattenlaufwerk).
- Disketten und Festplatten werden über IDE-, EIDE- oder SCSI-Schnittstellen- bzw. Controller angeschlossen.
- Die SCSI-Schnittstelle ist ein paralleler Bus zum Anschluss unterschiedlicher Peripheriegeräte wie Festplatte, CD-ROM-Laufwerk, Scanner, Drucker u.s.w.
- Bei Verwendung einer USB-Schnittstelle (Universal Serial Bus) können bis zu 127 Peripheriegeräte wie z. B. Tastatur, Maus, Bildschirm, Drucker usw. an den PC angeschlossen und verwaltet werden.
- Für den Anschluss an ein Computernetz oder für den Zugang zum Internet muss der PC mit zusätzlichen Schnittstellen (Netzwerkadapter, Internetadapter) ausgestattet werden.
- Bei der Hardwarekonfiguration muss darauf geachtet werden, dass grundsätzlich eine IRQ-Leitung, eine I/O-Adresse oder ein DMA-Kanal immer nur von einer Funktionseinheit genutzt werden darf.
- Beim Booten wird zunächst nach dem Einschalten des Computers ein Selbsttest durchgeführt. Anschließend werden die Laufwerke auf ein Betriebssystem hin untersucht. Dann werden die Betriebssystemdateien gelesen und in den Zentralspeicher geschrieben.

5.2 Peripheriegeräte

Als **Peripheriegeräte** bezeichnet man alle an die Zentraleinheit angeschlossenen Geräte, die zur Eingabe, Ausgabe oder externen Speicherung von Daten und Programmen eingesetzt werden.

In der nachstehenden Übersicht sind die wichtigsten Peripheriegeräte in einem Mikrocomputersystem genannt.

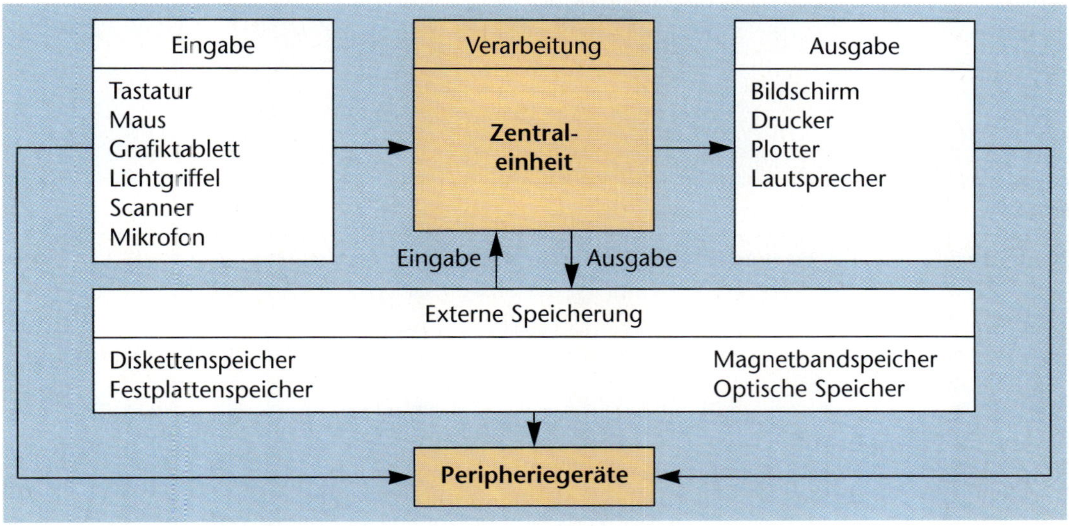

Abb. 5.24 Peripheriegeräte im Überblick

5.2.1 Eingabegeräte

Tastatur

Die **Tastatur** ist das wichtigste Eingabegeräte beim PC und dient zur Eingabe von Daten und Befehlen. Sie besteht aus dem alphanumerischen Tastenfeld, dem Funktionstastenfeld, dem numerischen Tastenfeld, dem Cursorsteuerblock und speziellen Sondertasten. Die heute gängigen Windows-Tastaturen, die über drei zusätzliche Tasten zur Programmsteuerung verfügen, haben die älteren MF-Tastaturen abgelöst.

- Das **alphanumerische Tastenfeld** enthält die Tasten für Buchstaben, Ziffern und Sonderzeichen und entspricht in der Tastenbelegung im Wesentlichen einer normalen Schreibmaschine. Wenn die erste Buchstabenreihe von links beginnend „QWERTZ" lautet, so handelt es sich um eine deutsche Normtastatur (DIN 2137). Bei englischen und amerikanischen Tastaturen befindet sich anstelle der Z-Taste die Y-Taste. Sie wird daher auch QWERTY-Tastatur (ASCII-Tastatur) genannt. Die meisten Tasten besitzen eine Dauerfunktion, d. h. das Zeichen wird so lange wiederholt, wie die Taste betätigt wird.
- Das **Funktionstastenfeld** besteht aus mindestens 12 Tasten. Diese Tasten können mit bestimmten Funktionen belegt werden. Viele Programme nutzen Funktionstasten zum Aufruf von häufig wiederkehrenden Kommandos.
- Das **numerische Tastenfeld** ist ein von der übrigen Tastatur abgesetzter, rechteckig angeordneter Ziffernblock, wie bei Rechenmaschinen, zur schnellen Eingabe von Zahlen. Die Tasten dieses Blocks sind zweifach belegt. Zum einen mit den Ziffern 0 bis 9 und dem Komma, zum anderen mit den Cursorsteuerfunktionen. Der Benutzer kann mit der NumLock-Taste von einer zur anderen Belegung umschalten. Durch einmaliges Betätigen der Taste NumLock wird von den Ziffern auf Cursorsteuerbelegung umgeschaltet, durch nochmaliges Betätigen wird die numerische Funktion wieder aktiviert.

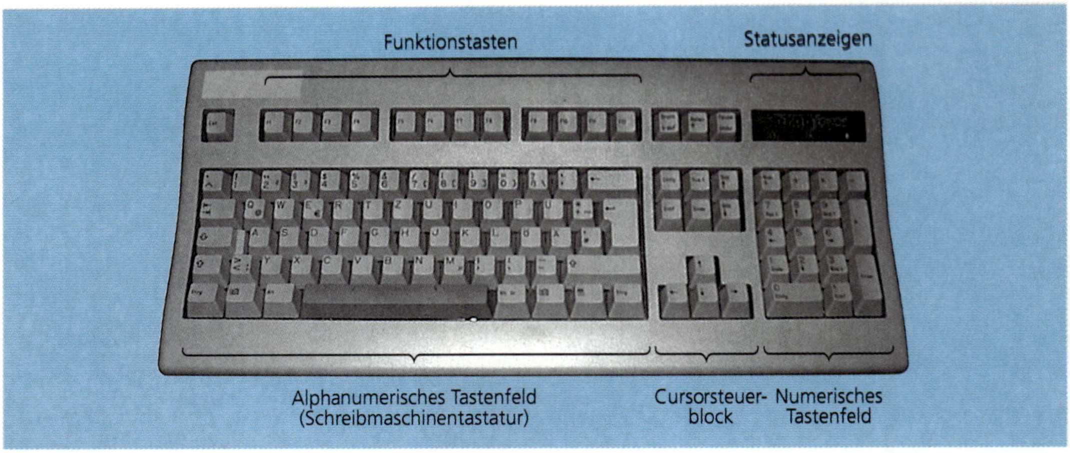

Abb. 5.25 Tastatur eines Mikrocomputers

Bedeutung der Cursorsteuertasten	
Taste	**Bedeutung**
Pos 1	**Pos 1-Taste:** bewegt den Cursor an den Anfang der Zeile oder in die obere rechte Bildschirmecke.
Ende	**Ende-Taste:** bewegt den Cursor an das Ende der Zeile oder in die untere linke Bildschirmecke
Bild ↑	**Bild ↑-Taste:** bewegt die Anzeige eine Bildschirmseite nach oben.
Bild ↓	**Bild ↓-Taste:** bewegt die Anzeige eine Bildschirmseite nach unten.
Druck	**Druck-Taste:** bewirkt einen Ausdruck des aktuellen Bildschirminhalts auf dem Drucker.
Rollen	**ScrollLock-Taste:** stoppt das Durchlaufen des Bildschirms. Anzeige im Statusfeld leuchtet auf.
← ↑ ↓ →	**Cursor-Tasten:** bewegen den Cursor an jede beliebige Stelle des Bildschirms.

Die PC spezifischen Sondertasten	
Taste	**Bedeutung**
↵	**Enter-Taste:** dient zur Bestätigung von Eingaben.
Strg	**Strg-Taste:** ermöglicht bei gleichzeitiger Betätigung anderer Tasten die Eingabe von Steuerbefehlen.
⇑	**Shift-Taste:** Umschalttaste für Großschreibung.
⇓	**CapsLock-Taste:** Feststelltaste für Großschreibung. Anzeige im Statusfeld leuchtet auf.
Alt	**Alt-Taste:** Umschalttaste für alternative Funktionen anderer Tasten.
Alt Gr	**Alt/Gr-Taste:** bildet eine Kombination von Alt- und Strg-Taste und dient zur Wahl der 3. Tastenbelegung.
⇆	**Tab-Taste:** bringt den Cursor in die nächste Tabulatorposition.
Esc	**Escape-Taste:** dient zum Löschen der letzten Befehlszeile oder zur Programmunterbrechung
←	**Rück-Taste:** löscht das Zeichen vor dem Cursor.
Entf	**Entf-Taste:** löscht das Zeichen an der Cursorposition.
Einfg	**Einfg-Taste:** aktiviert den Einfügemodus, d. h. man kann Zeichen in den laufenden Text einfügen.
Num ⇓	**Numlock-Taste:** aktiviert den Ziffernblock. Anzeige im Statusfeld leuchtet auf.
⊞	**Windows-Taste:** öffnet das Start-Menü und andere Windows-Programme bei gleichzeitiger Betätigung anderer Tasten (z. B. zusammen mit dem E den Explorer).
▤↖	**Windows-Kontextmenü:** Öffnet das zugehörige Kontextmenü.

Die Tasten des **Cursorsteuerblocks** werden zur Steuerung des **Cursors** (Positionsanzeigers) benutzt. Sie sind auf der Tastatur vom numerischen Block abgesetzt, haben aber die gleiche Bedeutung wie die Steuertasten der numerischen Tastatur. Eine Neuentwicklung ist die sprachgesteuerte Tastatur, die über ein eingebautes Mikrofon und einen **Voice-Chip** verfügt.

Maus

Neben der Tastatur hat sich die **Maus** zum zweitwichtigsten Eingabegerät entwickelt. Seit der weiten Verbreitung grafischer Benutzeroberflächen, insbesondere von Windows, ist ein Computer ohne Maus nicht mehr vollständig.

Die Maus besteht aus einem handgroßen Gehäuse, in dessen Innern sich eine frei bewegliche Gummikugel befindet, die aus der Öffnung an der Unterseite aus dem Gehäuse herausragt. Durch Bewegen der Maus auf einer Unterlage wird die Kugel gedreht. Diese Drehbewegung der Rollkugel wird dabei in Form von elektrischen Impulsen so auf den Bildschirm übertragen, dass der so genannte Mauszeiger bzw. Cursor präzise der Handbewegung folgt. Dadurch kann der Benutzer jeden beliebigen Punkt auf dem Bildschirm ansteuern.

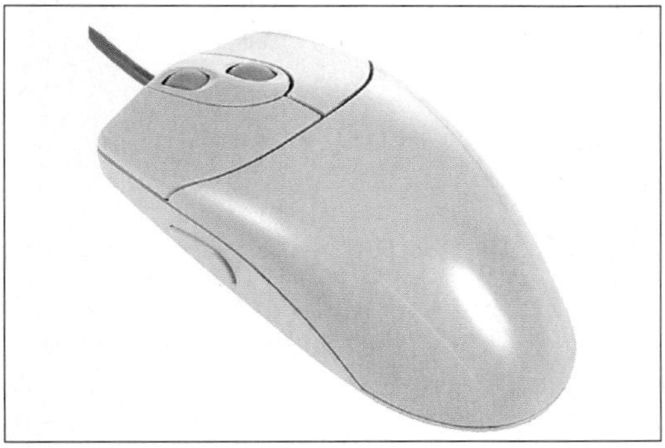

Abb. 5.26 Maus

Bei neueren Programmen und grafischen Benutzeroberflächen muss der Benutzer keine umständlichen Befehle mehr eingeben. Stattdessen werden die möglichen Anweisungen durch kleine Bildsymbole (**Icons**) dargestellt. Durch Bewegung des Mauszeigers auf ein derartiges Symbol und Betätigung der Maustaste kann die gewünschte Funktion ausgelöst werden. Die Maus kann somit als **Haupteingabegerät** zur Steuerung des Computers und als **Instrument zur Cursorsteuerung** (zum Beispiel in einer Tabellenkalkulation) verwendet werden.

Es werden Mäuse mit zwei oder drei Tasten angeboten. Die von der Firma Microsoft entwickelte Maus mit zwei Tasten gilt als Standard bei Personalcomputern. Daneben gibt es auch Mäuse, die mit einem Tastenrad ausgestattet sind und die eine funkgesteuerte (kabellose) Bewegung des Cursors erlauben. Die **Funk-Maus** eignet sich besonders gut für Präsentationen. Für die Arbeit mit der Maus muss eine zusätzliche Software, der **Maustreiber**, installiert werden.

Grafiktablett

Mal-, Zeichen- oder auch anspruchsvolle **CAD**-Programme (CAD = Computer Aided Design) sehen häufig anstelle der Maus das **Grafiktablett** als Eingabevorrichtung vor. Das Grafiktablett, auch **Digitalisiertablett** genannt, besteht aus einer rechteckigen Fläche, die mit zahlreichen Sensoren ausgestattet ist. Diese Sensoren werden über eine Fadenkreuzlupe oder einen Digitalisierstift angesprochen und ermöglichen über die empfangenen Impulse die Erzeugung grafischer Darstellungen. Fadenkreuzlupe bzw. Digitalisierstift sind durch Kabel mit dem Computersystem verbunden, in dem sich eine spezielle Steckkarte befindet. Das Digitalisiertablett selbst ist über eine serielle Schnittstelle mit dem Computer verbunden.

Durch Bewegen des Digitalisierstiftes oder der Fadenkreuzlupe auf dem Tablett wird deren Position oder der Weg nach dem Prinzip der elektrostatischen Kopplung digital vom Computer erfasst beziehungsweise verarbeitet. Zur Kontrolle erscheint das auf dem Grafiktablett eingegebene Bild gleichzeitig auf dem Bildschirm. Um die gesamte Bildschirmfläche für die Darstellung der Zeichnung oder Grafik zu nutzen, kann die Funktionalität der Software auch über eine Schablone gesteuert werden, die sich auf dem Grafiktablett befindet. Mithilfe dieser Schablone können spezielle Funktionen der eingesetzten Software aufgerufen werden.

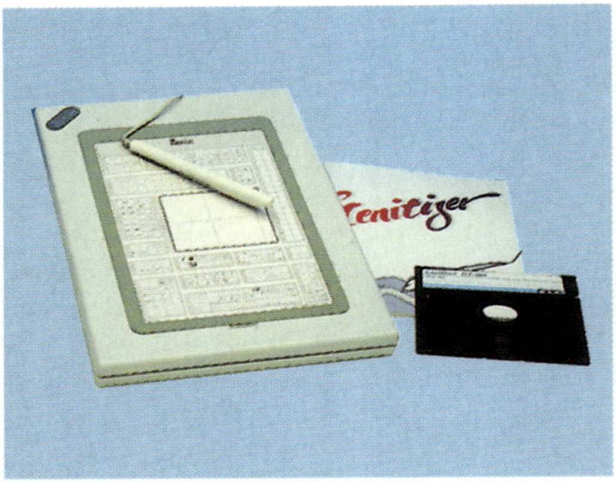

Abb. 5.27 Grafiktablett mit Digitalisierstift

Es gibt verschiedene Einsatzmöglichkeiten für diese elektronischen Arbeitsbretter. Da wäre zunächst ihre Verwendung zum Digitalisieren von Zeichenvorlagen und Entwürfen, die in der Regel mit der Fadenkreuzlupe abgenommen und in den Speicher des Computers gelesen werden. Und zum Zweiten gibt es noch den Einsatz des Tabletts in Verbindung mit dem Stift zum Freihandzeichnen. Außerdem kann das Tablett mithilfe einer Schablone zur Menüsteuerung verwendet werden. Immer sind die Einsatzmöglichkeiten des Grafiktabletts jedoch abhängig von der verwendeten Software, ihr ist also besonders viel Aufmerksamkeit zu widmen.

Scanner

Fertige Zeichnungen neu einzugeben, Bilder und Grafiken mühsam nachzuziehen, ist sehr zeitaufwendig. Mithilfe eines **Scanners** werden derartige Eingaben erheblich erleichtert. Es handelt sich dabei um ein optisches Lesegerät, das grafische Vorlagen abtastet und in Grafikformat umwandelt, um sie mit entsprechenden Programmen weiterzuverarbeiten. Vereinfacht ausgedrückt „fotokopiert" der Scanner die Vorlage in den PC-Speicher.

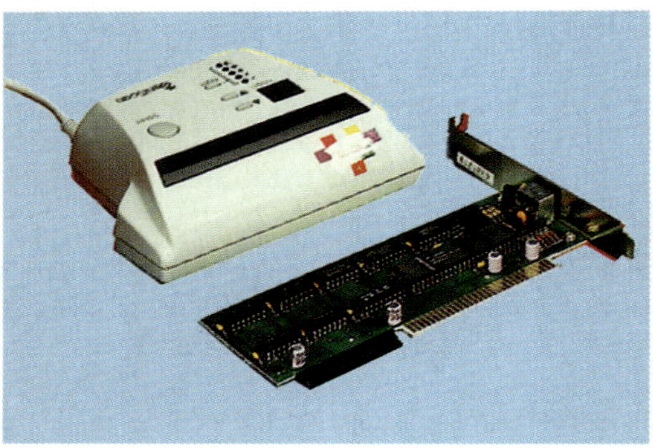

Abb. 5.28 Handscanner

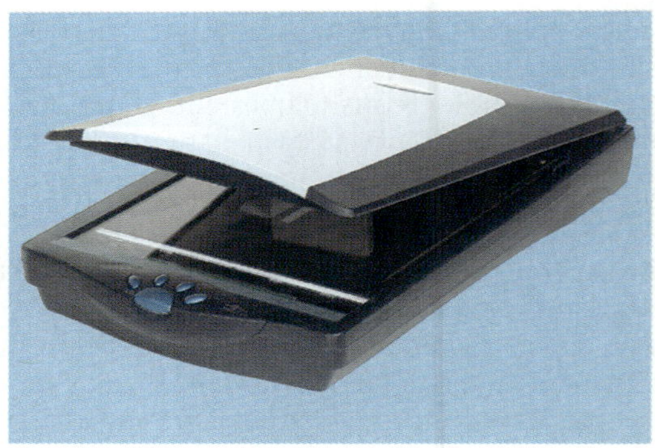

Abb. 5.29 Flachbettscanner

Generell muss man bei Scannern zwischen **Handscannern** und **Flachbettscannern** unterscheiden. Der Handscanner wird mit der Hand über die Vorlage geführt. Die Qualität des gescannten Bildes hängt u. a. auch von der Bewegung des Scanners ab. Ein Gefühl für das richtige Maß erhält man durch Testscans von kritischen Vorlagen (zum Beispiel Kreise). Sein Anwenderkreis dürfte sich vor allem aus Heim- und Hobby-Anwendern zusammensetzen.

Für professionelle Anwendungen vor allem im Bereich des **Desk-Top-Publishing** hat sich der Flachbettscanner mehr und mehr durchgesetzt. Hier wird die Scanvorlage auf eine flache Glasplatte gelegt und der Lesekopf fährt bei geregelter Abtastgeschwindigkeit über die Vorlage.

Ebenfalls als Scanner bezeichnet, jedoch von den bisher genannten zu unterscheiden, sind diejenigen, die bei der Erfassung von Schriftbelegen oder von Strichcodes eingesetzt werden. Bei diesen als **Belegleser** verwendeten Scannern können folgende Typen unterschieden werden: Barcodeleser, Markierungsleser, Magnetschriftleser und Klarschriftleser. Mit dem Barcodeleser werden beispielsweise im Einzelhandel Strichmarkierungen auf Verpackungen gelesen.

Auch bei den Scannern hängt der erfolgreiche Einsatz entscheidend von der verwendeten Software ab.

5.2.2 Ausgabegeräte

Bildschirm

Der **Bildschirm** dient zur vorübergehenden Darstellung von Daten aller Art (Text, Grafik). Man bezeichnet den Bildschirm auch als **Datensichtgerät, Display** oder **Monitor**. Ein Monitor ist im Prinzip nichts anderes als ein Fernsehgerät ohne Empfangsteil.

Bildschirme werden als **Dialoggeräte** in Verbindung mit einer Tastatur und Maus eingesetzt, wobei alle Eingaben unmittelbar auf dem Bildschirm angezeigt werden. Ein blinkender Punkt auf dem Bildschirm, der so genannte Cursor, markiert hierbei die nächste Schreibposition.

Die für den PC heute überwiegend eingesetzten Monitore erzeugen das Bild mithilfe einer Kathodenstrahlröhre, ähnlich wie bei einem Fernseher (**CRT-Monitore**, Cathode Ray Tute). Dazu wird ein Elektronenstrahl zeilenweise horizontal und vertikal über die Bildschirminnenfläche geführt und produziert so einzelne Bildpunkte, indem er die dort angebrachte Phosphorschicht zum Leuchten bringt.

Daneben gibt es vor allem bei Laptops und Notebooks so genannte **TFT**-Monitore (Thin-Film-Transistor), die mithilfe von selbst leuchtenden Flüssigkeitskristallen (**LCD** = Liquid Crystal Display) ein besonders brilliantes Bild liefern.

Abb. 5.30 Monitor

Bei den Farbbildschirmen werden die Bildpunkte durch die drei Farben, **R**ot, **G**rün und **B**lau dargestellt. Sie werden deshalb auch als **RGB**-Monitore bezeichnet. Diese Grundfarben werden durch drei gesonderte Elektronenstrahlen erzeugt, die durch eine **Lochmaske** ausgerichtet werden, bevor sie auf die Leuchtschicht des Scanners fallen. Dabei entsteht auf dem Bildschirm jeweils **ein** Bildpunkt mit einem Farbwert aus der Mischung der drei Grundfarben. Auf diese Weise können zahlreiche Farben und Farbnuancen dargestellt werden. Bei den Farbmonitoren gibt es allerdings erhebliche Qualitätsunterschiede. Man erkennt einen guten Farbmonitor unter anderem an einer exakten Farbdarstellung am äußeren Rand.

Die **Bildschirmgröße** wird durch die Länge seiner Diagonale bestimmt. Für kommerzielle Anwendungen unter WINDOWS sind Monitore mit Bildschirmdiagonalen von mindestens 17 Zoll (43,18 cm) sinnvoll. Bei speziellen Grafikanwendungen sowie im Dokumentationsbereich sollte man Monitore mit Diagonalen von mindestens 21 Zoll (53,34 cm) verwenden.

Ein weiteres Merkmal für die Qualität eines Bildschirms ist die **Bildwiederholfrequenz** (= Vertikalfrequenz). Sie gibt an, wie oft das Bild pro Sekunde wiederholt wird. Je höher die Bildwiederholfrequenz, desto weniger flimmert das Bild und desto ermüdungsfreier kann mit dem Monitor gearbeitet werden. Eine Bildwiederholfrequenz von ca. 70 Hertz gilt als flimmerfrei, 85 Hertz als ergonomischer Richtwert.

Bei der Auswahl des Monitors ist darauf zu achten, dass dieser nicht nur **strahlungsarm** (z. B. nach MPR II-Norm oder TCO 99) ist, sondern auch über eine Energiesparfunktion (**Power Management**) bzw. eine automatische Abschaltfunktion verfügt.

Wichtigstes Kriterium für die Darstellungsqualität auf dem Bildschirm ist die **Bildauflösung**, die üblicherweise in Bildpunkten angegeben wird. Da das Einzelbild aus zahlreichen einzelnen Punkten aufgebaut wird, ist ein Bild qualitativ umso besser und schärfer, je mehr Punkte abgebildet werden können. Die Auflösung von 1600 * 1200 Bildpunkten bedeutet, dass horizontal 1600 Bildpunkte pro Zeile und vertikal 1200 Bildpunkte dargestellt werden können.

Die heute gängigen Monitore erzeugen in Abhängigkeit von der Lochmaske Bildpunkte mit 0,25 bis 0,31 mm Durchmesser je nach Größe des Bildschirms. Die Anzahl der darstellbaren Punkte hängt also auch mit der Größe des Bildschirms zusammen. Für eine hohe Auflösung von 1024 * 768 Bildpunkten sollte mindestens ein 17-Zoll-Monitor zur Verfügung stehen.

Für die Auflösung der einzelnen Zeichen, die grafischen Darstellungsmöglichkeiten, die Anzahl der Farben und die Bildwiederholfrequenz ist allerdings nicht der Bildschirm allein zuständig, sondern insbesondere die verwendete **Grafikkarte.** Bildschirme und Grafikkarten müssen aufeinander abgestimmt sein.

Es gibt eine ganze Reihe von verschiedenen Grafikstandards. Am weitesten verbreitet ist der **VGA**-Videomodus (engl. **V**ideo **G**raphics **A**rray). Die VGA-Karte erlaubt standardmäßig eine Auflösung von 640 * 480 Bildpunkten. Die Besonderheit dieser Grafikkarte ist ihr enormes Farbspektrum von 262 144 Farbtönen. Auf dem Bildschirm lassen sich gleichzeitig maximal 256 Farbtöne darstellen.

Von der VGA-Karte gibt es mittlerweile einige Variationen und Verbesserungen. Viele Karten unterscheiden sich in der Größe ihres RAM-Speichers. Dieser Speicher variiert meist von mindestens 8 oder 16 MB bis 32 MB und darüber. Die Auflösung geht von 640 * 480 Bildpunkten bis zu 1600 * 1200 Bildpunkten mit einer unterschiedlichen Anzahl von Farben. Somit überschreiten viele Karten bereits die technischen Angaben des klassischen VGA-Standards. Diese Karten werden mit dem Begriff **Super-VGA** (SVGA) bezeichnet.

Beim VGA-Videomodus unterscheidet man die folgenden wichtigsten Variationen:

Videomodus	Auflösung	Anzahl der Farben
VGA (Standard)	640 * 480 Bildpunkte	16; 256
VGA (erweitert)	800 * 640 Bildpunkte 1024 * 768 Bildpunkte	16; 256; 65536; 16,7 Mio. 16; 256; 65536, 16,7 Mio. 16; 256; 65536, 16,7 Mio.
SVGA	1280 * 1024 Bildpunkte 1600 * 1200 Bildpunkte	16; 256; 65536, 16,7 Mio. 16; 256; 65536, 16,7 Mio.

Drucker

Der **Drucker** ist ein Peripheriegerät, um Daten aus dem Computer als Texte oder Grafiken auf Papier auszugeben. In der Regel werden Drucker über die parallele Schnittstelle mit dem Computer verbunden. Die Auswahl eines geeigneten Druckers ist für den Anwender nicht einfach, denn unterschiedliche Drucksysteme und ein breites Leistungs- und Preisspektrum kennzeichnen den Druckermarkt.

Folgende Kriterien sind – neben dem Preis – für die Drucker-Beschaffung von Bedeutung:

- die **Schriftarten** (z. B. Arial, Courier, Times New Roman)
- die **Geschwindigkeit** (Anzahl der Zeichen pro Sekunde)
- die **Druckgeräusche** (sehr leise – unter 50 Dezibel dB/A)
- die **Grafikfähigkeit** (Mehrfarbendruck, Sonderzeichendruck)
- die **Papierformate** (Endlospapier, Einzelblatt)

Grundsätzlich unterscheidet man nach der Art des Zeichendrucks zwischen Typendruckern (Ganzzeichen-Drucker), die das Schriftzeichen als Ganzes auf dem Schriftträger haben, und Matrixdruckern, die das Schriftzeichen aus einzelnen Punkten zusammensetzen.

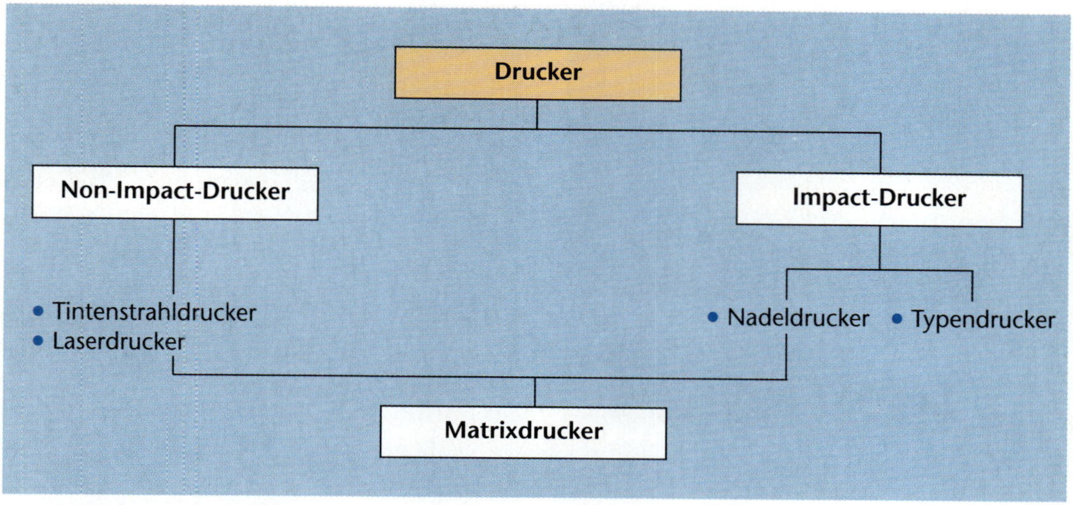

Abb. 5.31 Druckertypen im Überblick

Außerdem kann man die Drucker nach der Drucktechnik in Impact- und Non-Impact-Drucker einteilen. Unter **Impact-Druckern** (Anschlag-Drucker) versteht man Drucker, die mithilfe einer Mechanik, zum Beispiel einem Hammer oder einer Nadel, über ein Farbband ein Zeichen auf dem Papier erzeugen (Typenrad-, Nadeldrucker). **Non-Impact-Drucker** (anschlaglose Drucker) erzeugen das Schriftbild, ohne einen mechanischen Druck auf das Papier auszuüben. Sie bilden das Zeichen aus einer Punktmatrix nach verschiedenen Funktionsprinzipien auf dem Papier ab, zum Beispiel durch Hitze, kleine Tintentropfen oder mithilfe von Laserstrahlen.

Die **Typendrucker** funktionieren nach dem gleichen Prinzip wie entsprechende Schreibmaschinen mit Kugelkopf und Typenrad.

Der **Nadeldrucker** ist bei stetig wachsender Konkurrenz durch Tintenstrahl- und Laserdrucker nicht mehr so weit verbreitet. Bei dieser Druckerart setzt man jedes Zeichen aus einem matrixförmig angeordneten Punkteraster zusammen. Der Druckkopf enthält dazu in einer Matrix angeordnete Drucknadeln (z. B. 24 Nadeln), die gegen das Farbband gedrückt werden und somit das gewünschte Zeichen auf dem Papier abbilden. Je mehr Nadeln zum Aufbau des zu druckenden Zeichens vorhanden sind, desto höher ist die Schriftqualität. Die Druckgeschwindigkeit liegt im Bereich von 80 bis 300 Zeichen pro Sekunde. Mit den meisten Nadeldruckern können verschiedene Schriftarten (z. B. Pica, Elite usw.) und auch Grafiken gedruckt werden.

Ebenfalls nach dem Prinzip der Punktrasterung funktionieren die **Tintenstrahldrucker**, bei denen durch feine Düsen eine Spezialtinte punktförmig auf das Papier gesprüht wird. Die Tintendrucker arbeiten fast geräuschlos mit hoher Druckgeschwindigkeit (bis zu 10 Seiten pro Minute) und eignen sich auch sehr gut zu vollgrafischen, je nach Modell auch zu farbigen Darstellungen in hoher Auflösung. Ein wichtiger Nachteil besteht allerdings darin, dass nur Originale, keine Durchschläge erzeugt werden können.

Im Vergleich zu den bisher beschriebenen Druckertypen bietet der **Laserdrucker** die beste Schriftqualität und die größte Ausgabevielfalt. Grob betrachtet arbeitet der Laserdrucker nach dem Prinzip eines Trockenkopierers. Ein Laserstrahl bringt auf eine lichtempfindliche Trommel die Zeichen auf, wobei an den belichteten Stellen ein schwarzes Pulver (**Toner**) haften bleibt, das dann auf das Papier übertragen wird.

Im Gegensatz zu Matrix- und Typendruckern verarbeitet ein Laserdrucker immer eine ganze Seite auf einmal. Aus diesem Grunde ist für den Druckvorgang mehr Speicherplatz im RAM-Speicher erforderlich. Er arbeitet sehr leise mit hoher Druckgeschwindigkeit und bietet mit seiner hohen Auflösung eine sehr gute Druckqualität. Nachteilig ist wie beim Tintendrucker, dass keine Durchschläge erzeugt werden können.

Abb. 5.32 Tintenstrahldrucker

Abb. 5.33 Laserdrucker

Plotter

Plotter sind computergesteuerte Zeichensysteme, die auch im Zeitalter der Laserdrucker noch zum Einsatz kommen, wenn es um Zeichengenauigkeit, große Papierformate und farbige Darstellungen geht. Drei Typen sind am weitesten verbreitet: Flachbett-, Trommel- und Reibungsplotter. Diese Plottertypen gehören zur Gruppe der Stiftplotter.

Abb. 5.34 Flachbettplotter

Im Mikrocomputerbereich hat sich der Flachbettplotter weitgehend durchgesetzt. Die Zeichenstifte sind bei diesem Plottertyp an einem Schlitten befestigt, der in zwei senkrecht zueinander verlaufenden Richtungen, der x- und y-Richtung, bewegt werden kann. Für jede Bewegungsrichtung ist ein eigener Antriebsmotor zuständig, dessen Schnelligkeit und Genauigkeit die Qualität des Plotters ausmacht.

Alle arbeiten nach dem Vektorverfahren. Im Gegensatz zu Matrix- und Laserdruckern bestehen dabei die grafischen Darstellungen nicht aus einzelnen Punkten, sondern aus ununterbrochenen Linien. Vordefinierte Punkte werden mit Linien verbunden. Der Vorteil bei diesem Verfahren liegt darin, dass gerade Linien in einem Stück gekennzeichnet werden, dadurch werden die Zeichnungen sehr genau.

5.2.3 Externe Speichergeräte

Informationen und Daten sind flüchtiger Natur, wenn man sie nicht rechtzeitig speichert. Im Zentralspeicher der Zentraleinheit können Informationsbestände und Programme nicht über längere Zeit aufbewahrt werden.

Es ist daher erforderlich, **externe Speichergeräte** bereitzuhalten, um Programme und Daten dauerhaft zu speichern. Überwiegend werden heute vier verschiedene Gerätetypen verwendet: Diskettenspeicher, Plattenspeicher, Magnetbandspeicher und optische Speicher.

Durch die Wahl des richtigen Speichergerätes wird die Leistungsfähigkeit des Computersystems ganz entscheidend mitbestimmt. Bei der Auswahl der Speichereinheit sollte daher nicht nur der Preis berücksichtigt werden, sondern auch die Speicherkapazität und ihre Ausbaufähigkeit, die Schnelligkeit des Datenzugriffs und der Datenübertragung, die Austauschbarkeit und Kompatibilität sollten bedacht werden.

Diskettenlaufwerk

Das **Diskettenlaufwerk** gehört zur Mindestausstattung eines Personalcomputers. Als Speichermedium wird die 3,5-Zoll-Diskette verwendet.

Jedes Diskettenlaufwerk besitzt einen Schacht, in den die Diskette mit der Öffnung für den Schreib-/Lesekopf voraus hineingeschoben wird und über einen Motor mit hoher Geschwindigkeit in eine Rotation versetzt wird. Beim Schreiben und Lesen von Daten senken sich zwei Schreib-/Leseköpfe auf die Ober- und Unterseite der Kunststoffscheibe. Da die Köpfe direkt auf die Scheibe aufsetzen, unterliegt der Datenträger einem gewissen Verschleiß.

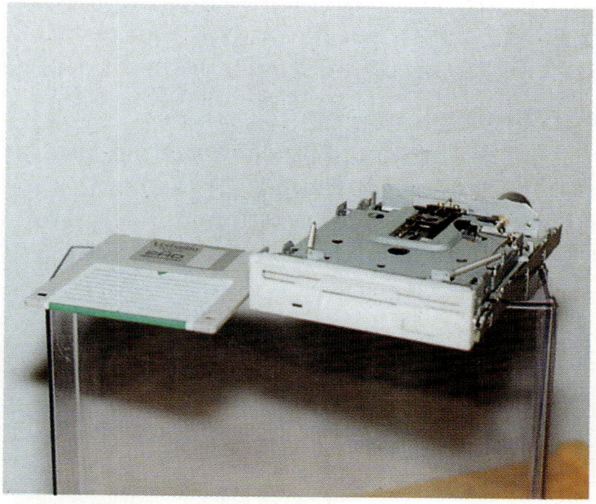

Abb. 5.35 3,5-Zoll-Diskettenlaufwerk

Neben der Standardausstattung eines 3,5-Zoll-Laufwerkes kann zusätzlich ein **ZIP-Laufwerk** für die Speicherung und Sicherung umfangreicher Datenbestände eingesetzt werden. ZIP-Laufwerke gibt es als internes Laufwerk für den festen Einbau in den PC oder als externes Laufwerk. Die Speicherkapazität der zugehörigen ZIP-Disketten liegt bei 100 MB/250 MB.

Festplattenlaufwerk

Ein weiterer externer Speicher, allerdings mit wesentlich größerer Speicherkapazität, ist die **Festplatte (Hard Disk)**, auf der das Betriebssystem, umfangreiche Anwendungsprogramme und Daten gespeichert werden. Die Festplatten bestehen aus einem starren unflexiblen Material (zum Beispiel Aluminium), das mit einer magnetisierbaren Schicht überzogen ist. Sie heißen Festplatten, weil sie nicht ausgetauscht werden können, sondern fest im Laufwerk montiert sind. Sie lassen sich Platz sparend und relativ einfach in den PC einbauen, natürlich auch nachträglich.

Beim **Festplattenlaufwerk** berühren die Schreib-/Leseköpfe im Gegensatz zum Disketten-Laufwerk nicht die Plattenoberfläche, sondern schweben auf einem Luftkissen, das durch die hohe Umdrehungszahl entsteht. Die Schreib-/Leseköpfe bewegen sich dann in einem Abstand von wenigen tausendstel Millimetern mit einer hohen Geschwindigkeit über der Plattenoberfläche. Aus diesem Grund darf eine laufende Platte keinen harten Stößen ausgesetzt werden, um einen mechanischen Kontakt der Schreib-/Leseköpfe mit der Plattenoberfläche zu vermeiden. Solche Kollisionen, die man als **Headcrash** bezeichnet, beschädigen die Magnetschicht und führen zu Datenverlust.

Abb. 5.36 Festplattenlaufwerk

Es gibt verschiedene Festplattentechnologien. Am weitesten verbreitet sind Enhanced-IDE-Platten. Die Abkürzung **IDE** steht für **I**ntegrated **D**isk **E**nvironment. Etwas teurer, dafür aber auch leistungsfähiger sind die **SCSI**-Festplatten (Abkürzung für **S**mall **C**omputer **S**ystem **I**nterface).

Wechselplattenlaufwerke, JAZ-Laufwerke

Neben den Festplattenlaufwerken können auch Wechselplattenlaufwerke verwendet werden (z. B. SYQUEST). Die Wechselplatten auch **Cartridges** genannt, verfügen über eine sehr hohe Speicherkapazität und werden insbesondere genutzt zur

- Datensicherung
- Speicherung umfangreicher Internet-Downloads
- Archivierung z. B. digitaler Fotoalben
- Einspielung von Applikationen für Desktop-Publishing
- Bearbeitung von Multimedia-Anwendungen (Animationen, Videosequenzen, Foto- und Audio-Speicherung)

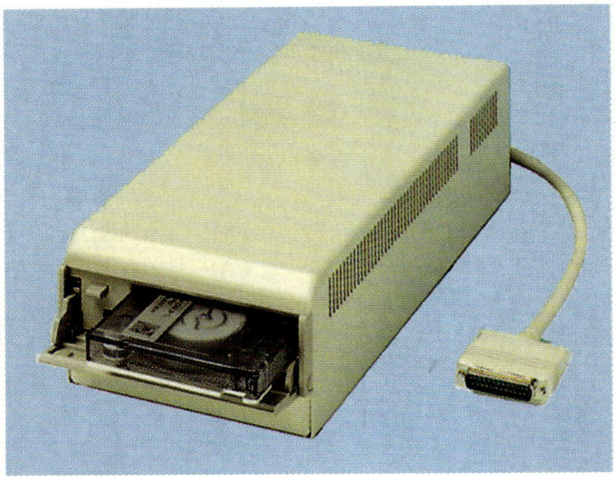

Abb. 5.37 Streamer

Magnetbandspeicher

Zur Sicherung von umfangreichen Datenbeständen bietet sich als preiswerte Möglichkeit der Einsatz von **Magnetbandspeichern (Streamer)** an. Das sind Geräte, die mit sehr hoher Geschwindigkeit die Daten von der Festplatte auf eine spezielle Magnetbandkassette schreiben. Das Band selbst ist 1/4 Zoll breit und in neun Spuren eingeteilt, die parallel zur Laufrichtung angeordnet sind.

Den Streamer gibt es zum festen Einbau in den PC oder als separates Laufwerk. Die Handhabung ist genauso einfach wie beim Kassettenrekorder.

Abb. 5.38 Optischer Speicher

Optische Speicher

Noch mehr Speicherkapazitäten bieten die optischen Speicher. Sie bestehen aus festen Kunststoff-Scheiben und einer speziellen Beschichtung, die auf optische Einwirkungen reagiert. Drei unterschiedliche Versionen sind derzeit auf dem Markt: die CD-ROM, die WORM und die MOD. Die **CD-ROM** (**C**ompact **D**isk – **R**ead **O**nly **M**emory) ist von der Anwendung her das elektronische Buch: Darauf gespeicherte Zahlen, Texte und Bilder sind nur zum Lesen gedacht.

Auf der **WORM** (**W**rite **O**nce **R**ead **M**ultiple) kann man nur einmal schreiben, aber beliebig oft lesen – sie eignet sich daher besonders für Archivzwecke. Die **MOD** (**M**agneto **O**ptical **D**isk) ist eine beliebig oft wieder beschreibbare optische Platte.

Für CD-ROMs, WORMs und MODs werden voll PC-kompatible Laufwerke angeboten. Sie sind in der Form und Abmessung ähnlich aufgebaut wie 5 1/4-Zoll-Diskettenlaufwerke und können in einen PC eingebaut oder als Beistellgerät verwendet werden. Der Hauptunterschied liegt darin, dass der Schreib-/Lesekopf statt einer Magneteinrichtung einen Laser plus Optik trägt. Beim CD-ROM-Laufwerk kann dieser Laser nur zum Lesen eingesetzt werden, beim WORM-Laufwerk hat er zwei Energiestufen, sodass er auch schreiben kann. Beim MOD-Laufwerk kommt zur Optik noch eine Magnetisiervorrichtung dazu.

Mit dem **CD-Writer** oder **CD-Recorder**, zu deutsch **CD-Brenner** können große Datenmengen in sogenannte **CD-Rohlinge** eingebrannt werden. Bei den verwendeten Speichermedien unterscheidet man zwischen einmal beschreibbaren (**CD-R**) und mehrfach beschreibbaren Scheiben (**CD-RW**). Beide Rohlinge können nach dem gegenwärtigen Stand der Technik bis zu einer sechzehnfachen Geschwindikgkeit gebrannt werden. Der CD-Writer kann nicht nur zum Brennen verwendet werden, sondern erfüllt wie das CD-ROM-Laufwerk zusätzlich auch eine Lesefunktion. Die beispielhafte Produktbeschreibung 16x10x40x (CD-R, CD-RW, lesen) gibt Auskunft über Geschwindigkeit und Format. Aufgrund der Doppelfunktion der Geräte ist davon auszugehen, dass CD-Brenner immer mehr die traditionellen CD-ROM-Laufwerke verdrängen.

DVD-Laufwerke (DVD = **D**igital **V**ersatile **D**isc) sind Laufwerke für wörtlich übersetzt: digitale, vielseitige Platten. Sie können mit ihrem sehr hohen Speichervolumen – sie besitzen etwa die 25fache Kapazität einer CD-ROM – ganze Spielfilme oder Multimedia-Produkte aufnehmen. In Verbindung mit einem guten Monitor, einen qualitativ hochwertigen Soundkarte und geeigneten Lautsprechern kann das DVD-Laufwerk als Heimkino dem traditionellen Fernseher durchaus schon Konkurrenz machen. Zum Abspielen von DVD-Filmen auf dem PC ist entweder ein DVD-Zusatzprogramm erforderlich oder eine zusätzliche Karte, die den **MPEG-II** Standard (MPEG = **M**oving **P**icture **E**xperts **G**roup unterstützt. MPEG-II ist die Bezeichnung eines Verfahrens für die digitale Speicherung und Übertragung von Bild und Ton. DVD-Laufwerke besitzen in der gegenwärtigen Entwicklungsstufe eine etwas langsamere Lesegeschwindigkeit als CD-ROM-Laufwerke. Neben Filmen sind bereits Musik-DVDs nach dem **DVD-A** Standard (A = Audio) auf dem Markt. Kombinationsgeräte (DVD-CDRW-Combo Laufwerk) unterstützen die Funktionen einzelner Laufwerke (z. B. CD-Brenner, CD-ROM, DVD) in einem Gehäuse.

Auf einen Blick

Peripheriegeräte im Überblick

Eingabegeräte	• Tastatur (DIN 2137) • Maus • Grafiktablett • Scanner (Handscanner, Flachbettscanner) • Mikrofon
Ausgabegeräte	• Bildschirm (Monitor) • Drucker (Impact-Drucker, Non-Impact-Drucker) • Plotter • Lautsprecher
Externe Speichergeräte	• Diskettenlaufwerk (Standardlaufwerk, ZIP-Laufwerk) • Festplattenlaufwerk (HD-Laufwerk) • Wechselplattenlaufwerke, JAZ-Laufwerke • Magnetbandspeicher • Optische Speicher • CD-ROM-Laufwerk • WORM-Laufwerk • MOD-Laufwerk • CD-Brenner • DVD-Laufwerk • DVD-CDRW-Combo Laufwerk

5.3 Datenträger

Als **Datenträger** bezeichnet man bei der computergestützten Informationsverarbeitung jedes maschinenlesbare Medium, auf dem Daten dauerhaft gespeichert werden können.

Nach der Art, wie die Daten aufgezeichnet und gelesen werden, unterscheidet man zwischen magnetischen, beschrifteten und optischen Datenträgern.

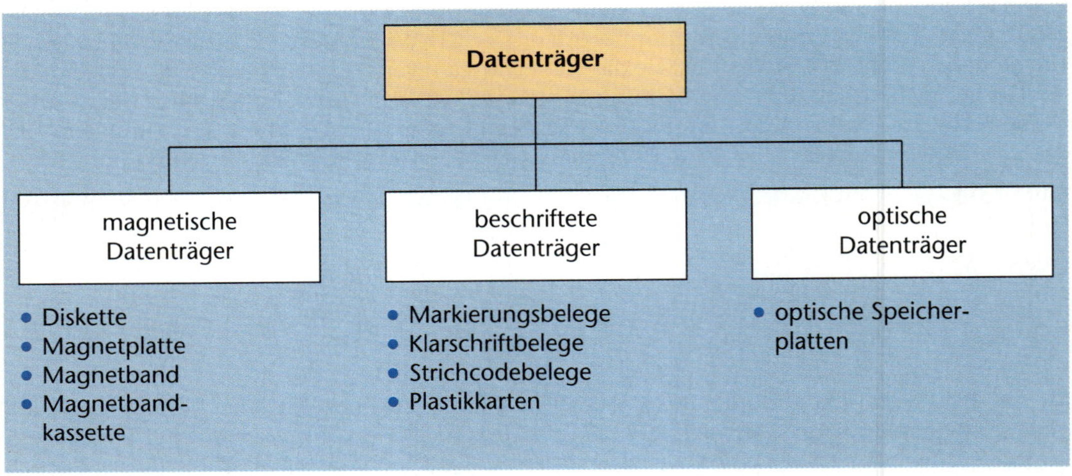

Abb. 5.39 Datenträger im Überblick

5.3.1 Magnetische Datenträger

Man unterscheidet bei den **magnetischen Datenträgern** nach der Art des Zugriffs auf die Daten zwischen direktem und sequenziellem Zugriff. Zur Gruppe mit direktem Zugriff gehören Disketten und Magnetplatten, zu der anderen Gruppe mit sequenziellem Zugriff zählen Magnetbandkassetten und Magnetbänder.

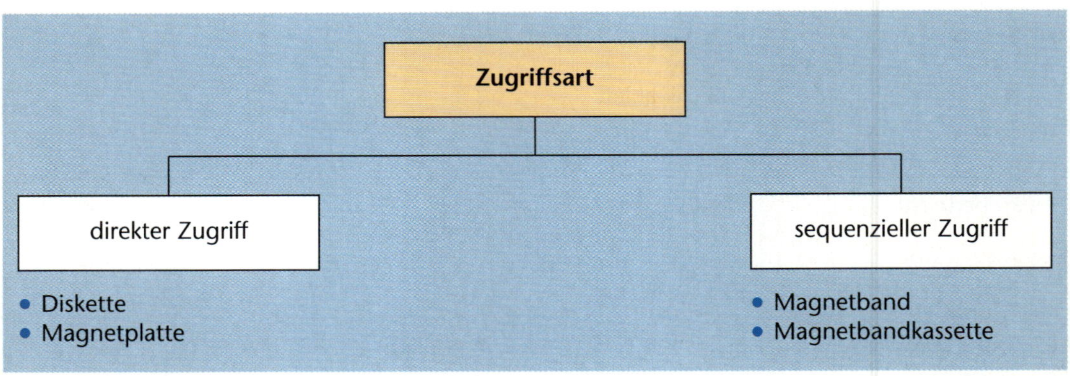

Abb. 5.40 Zugriffsarten

Die beiden Zugriffsarten können mit den Verfahren bei der Schallplatte und beim Tonband verglichen werden.

Beim sequenziellen Zugriff kann man wie beim Tonband eine gewünschte Information nur in der Reihenfolge erreichen (am Bildschirm zeigen), in der sie zuvor gespeichert wurde.

Beim direkten Zugriff kann der Speicherplatz von Daten wie bei der Schallplatte direkt (wahlfrei) angesteuert werden, unabhängig von der Anordnung der übrigen gespeicherten Daten.

Diskette

Für Personalcomputer werden in der Regel Disketten mit einem Durchmesser von **3,5 Zoll** (etwa 9 cm) eingesetzt.

Die Schreibdichte wird in **T**racks **p**er **I**nch **(tpi)** angegeben. Eine 3,5-Zoll-Diskette vom Typ **DS/HD** (DS = **d**ouble **S**ided = zweiseitig beschreibbar, HD = **H**igh **D**ensity = hohe Schreibdichte) hat z. B. eine Aufzeichnungsdichte von 135 tpi.

Jede Diskette lässt sich durch einen Mechanismus gegen versehentliches Beschreiben schützen. Bei der 3,5-Zoll-Diskette kann der Schreibschutz mit einem kleinen Schieber aktiviert werden.

Abb. 5.41 3,5-Zoll-Diskette

Bevor Disketten zur Speicherung von Daten verwendet werden können, müssen sie formatiert werden, d. h. in **Spuren** und **Sektoren** unterteilt werden. Diese **Formatierung** erfolgt durch ein spezielles Programm, das vom Betriebssystem bereitgestellt wird.

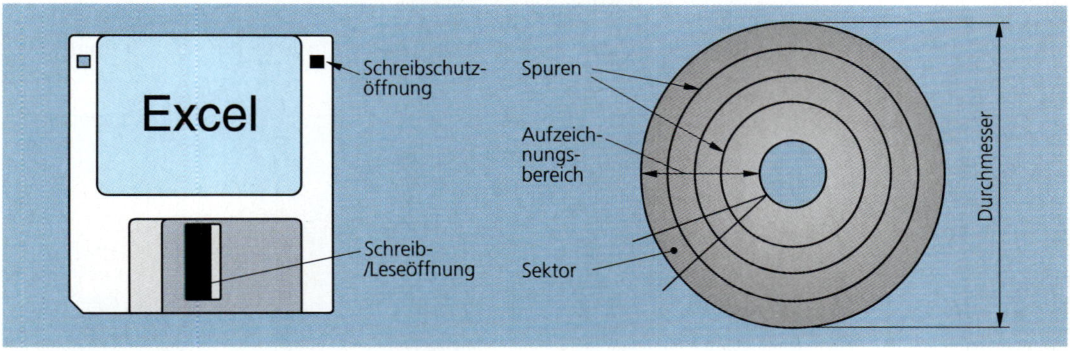

Abb. 5.42 3,5-Zoll-Diskette mit Diskettenangaben

Die Anzahl der Spuren und Sektoren und damit auch die Speicherkapazität einer Diskette hängt ab von ihrem Format und von der Schreibdichte. Nachstehende Abbildung verdeutlicht typische Merkmale einer 3,5-Zoll-Diskette.

Format	3,5 Zoll
Diskettentyp	DS/HD
Speicherkapazität **Spuren pro Seite** **Sektoren pro Spur** **Bytes pro Sektor**	1,44 MB 80 18 512

Abb. 5.43 Merkmale einer 3,5-Zoll-Diskette

Inzwischen gibt es bereits 3,5-Zoll-Disketten mit einer Speicherkapazität von 2,88 MB. Man erkennt sie an der Bezeichnung **ED** (**E**xtra **D**ensity). Sie konnten sich bisher allerdings noch nicht so richtig durchsetzen.

Magnetplatte

Magnetplatten bestehen aus runden Aluminiumscheiben, die beidseitig mit einem hoch empfindlichen magnetisierbaren Material beschichtet sind, auf dem die Daten gespeichert werden. Beim Personalcomputer sind die Magnetplatten fest mit dem Laufwerk verbunden und werden als **Festplatten** (Hard Disk) bezeichnet. Mehrere Platten, die auf einer Spindel übereinander angeordnet sind, werden **Plattenstapel** genannt. Festplatten, die nicht fest im Computer eingebaut werden, sondern in einer Art Schublade eingeschraubt sind, bezeichnet man als **Wechselplatten** (Data Pack). Für Personalcomputer verwendet man überwiegend 3,5-Zoll-Platten mit Speicherkapazitäten bis 80 GB und mehr.

Jede dieser Platten ist ähnlich wie die Diskette in Spuren und Sektoren aufgeteilt, allerdings ist die Schreibdichte erheblich höher als bei den Disketten, sodass bei gleichem Durchmesser erheblich mehr Spuren und Sektoren aufgezeichnet werden können. Festplatten können über 1000 Spuren aufweisen.

Für jede Magnetplattenseite ist ein separater Schreib-/Lesekopf vorgesehen. Alle Schreib-/Leseköpfe sind an einem horizontal beweglichen Arm (Zugriffskamm) befestigt. Durch konstante Drehung der Magnetplatte um ihre Achse kann jeder Sektor einer Spur äußert schnell im direkten Zugriff erreicht werden. Die Zugriffszeit auf die Daten liegt bereits unter 10 Millisekunden.

Beim Zugriff befinden sich immer alle Schreib-/Leseköpfe auf der gleichen Spur der untereinander liegenden Platten, wobei sich immer nur ein Schreib-/Lesekopf in Aktion befindet.

Die genau untereinander liegenden Spuren eines Plattenstapels mit der jeweils gleichen Spurnummer, die sich mit einer Einstellung des Zugriffskamms erreichen lassen, nennt man **Zylinder.**

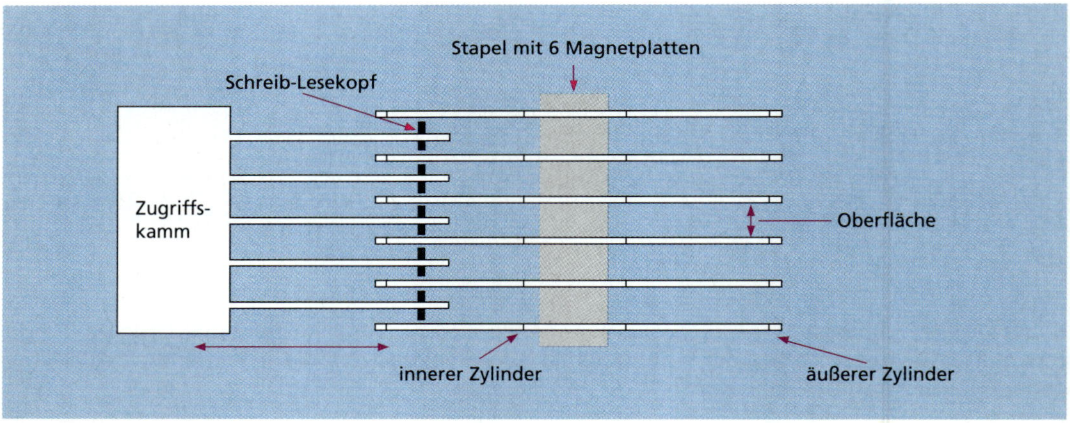

Abb. 5.44 Schematische Darstellung eines Magnetplattenspeichers

Magnetband

Magnetbänder bestehen aus einer Kunststofffolie von unterschiedlicher Breite mit einseitig aufgetragener Magnetschicht, auf der die Daten gespeichert werden. Sie werden ausschließlich zur Archivierung, zur Datensicherung und zum Datenaustausch eingesetzt, weil sie keinen direkten Zugriff auf bestimmte Datensätze zulassen. Der Zugriff auf die Daten erfolgt bei einem Magnetband sequenziell, das heißt, die Daten werden nacheinander in der Reihenfolge ihrer Aufzeichnung gelesen.

Nach der Art des Aufzeichnungsverfahrens unterscheidet man zwischen **analogen** und **digitalen** Magnetbändern. Bei der analogen Neuspuraufzeichnung werden 8 Bit (1 Byte) und ein Prüfbit gleichzeitig in einer Reihe quer zur Bandrichtung aufgezeichnet. Je nach Bandlänge kann auf diesen Halbzollbändern bereits über 600 MB gespeichert werden.

Eine ganz andere Technik verwendet der **DAT**-Streamer (**D**igital **A**udio **T**ape). Die Daten werden hier digital auf das Band geschrieben. Auf einer Kassette können bis zu 100 GB gespeichert werden.

Magnetbänder verwendet man hauptsächlich dann, wenn große Datenbestände langfristig archiviert oder komplette Festplatteninhalte gesichert werden sollen.

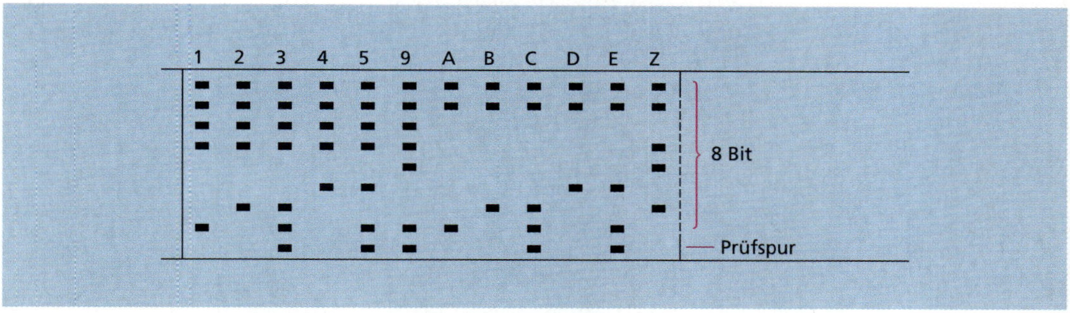

Abb. 5.45 Magnetband mit Neunspuraufzeichnung

5.3.2 Beschriftete Datenträger

Beschriftete Datenträger sind Belege, auf denen die Informationen in maschinenlesbarer Form dargestellt und gespeichert sind. Sie können zur direkten Belegverarbeitung im Computersystem verwendet werden.

In der folgenden Übersicht sind die wichtigsten Arten von beschrifteten Datenträgern zur direkten Beleglesung dargestellt.

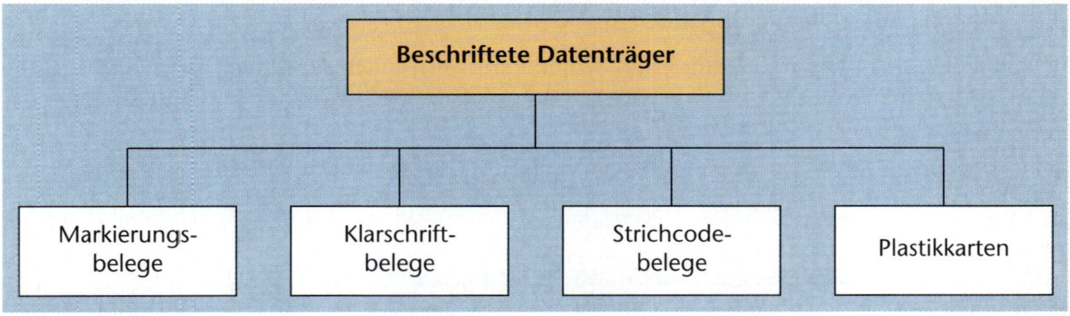

Abb. 5.46 Beschriftete Datenträger im Überblick

Markierungsbelege

Markierungsbelege sind Datenträger, bei denen die Daten von Hand durch Strichmarkierung oder Ankreuzen in vorgedruckte Felder eines Formulars eingetragen werden.

Markierungsbelege werden vor allem dort verwendet, wo aus einer Vielzahl gleichartiger Daten nur wenige durch Markierung ausgewählt werden sollen. Sie sind immer dann sinnvoll einsetzbar, wenn Daten direkt am Ort ihrer Entstehung maschinengerecht erfasst werden können. Einsatzgebiete sind beispielsweise: Inventurzettel, Bestellformulare im Groß- und Einzelhandel, Fragebögen für Meinungsumfragen oder Lottoscheine.

Mithilfe von Markierungslesern werden die Belege fotoelektrisch ausgewertet, wobei die Bedeutung der Markierung einzig aufgrund der festgelegten Markierungsposition auf dem Formular erkannt wird.

Klarschriftbelege

Klarschriftbelege sind Papierbelege mit genormten Schriften, die sowohl visuell erkennbar als auch maschinell lesbar sind. Die Schriftzeichen werden aufgrund ihrer optischen Eigenschaften maschinell erkannt.

Man unterscheidet heute im Wesentlichen zwischen Klarschriftbelegen mit Maschinenschrift und mit Handschrift. Die Klarschriftbelege mit Magnetschrift (CMC-7-Schrift) haben ihre ursprüngliche Bedeutung weitgehend verloren.

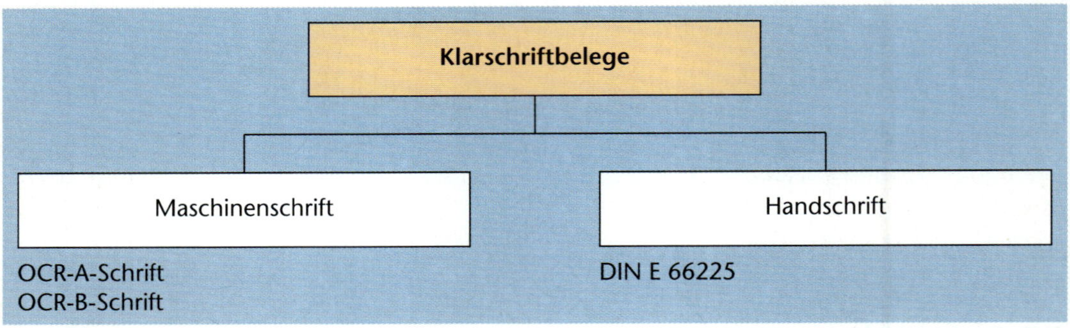

Abb. 5.47 Einteilung der Klarschriftbelege

Die gebräuchlichsten Schrifttypen für Klarschriftbelege mit Maschinenschrift sind die **OCR-A-Schrift** und die **OCR-B-Schrift.**

Bei den OCR-Schriften wird die optische Zeichenerkennung (OCR = **O**ptical **C**haracter **R**ecognition, deutsch: optische Zeichenerkennung) durch Normung von Schriften erreicht.

Der Lesevorgang beruht bei diesen Schriftarten auf dem Hell-Dunkel-Unterschied, den die Zeichen gegenüber dem Untergrund aufweisen.

Die OCR-A-Schrift besteht aus stilisierten Zeichen und verwendet nur Ziffern und Großbuchstaben. Klarschriftbelegte mit OCR-A-Schrift werden überwiegend bei Banken und Sparkassen eingesetzt.

Die OCR-B-Schrift ist weitgehend an die Normalschrift angepasst und enthält Groß- und Kleinbuchstaben. Klarschriftbelege mit OCR-B-Schrift werden beispielsweise von der Deutschen Post AG verwendet.

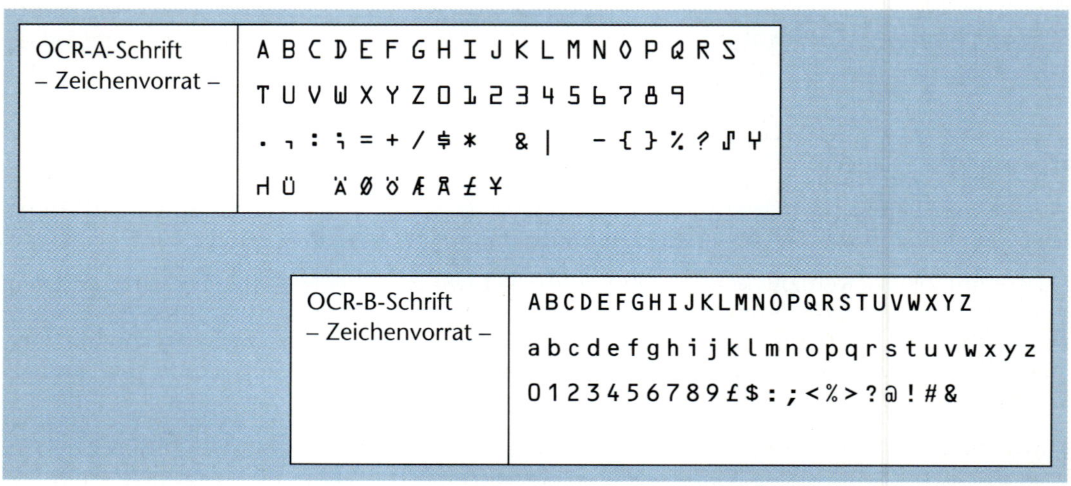

Abb. 5.48 Zeichenvorrat der OCR-A-Schrift *Zeichenvorrat der OCR-B-Schrift*

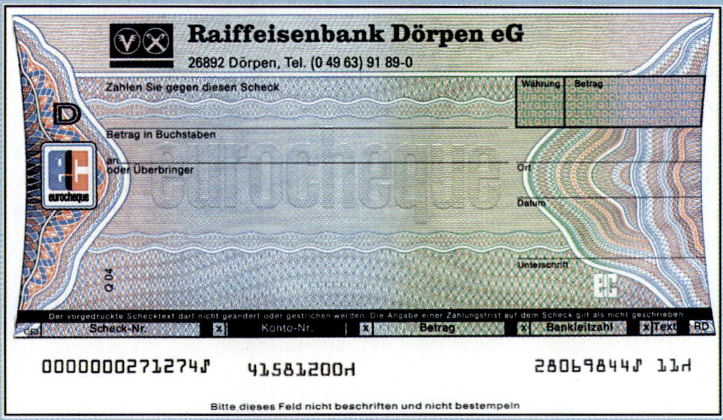

Raiffeisenbank Dörpen eG
26892 Dörpen, Tel. (0 49 63) 91 89-0
Zahlen Sie gegen diesen Scheck
Währung | Betrag
D
Betrag in Buchstaben
an oder Überbringer
eurocheque
Ort
Datum
Unterschrift
Der vorgedruckte Schecktext darf nicht geändert oder gestrichen werden. Die Angabe einer Zahlungsfrist auf dem Scheck gilt als nicht geschrieben
Scheck-Nr. X Konto-Nr. X Betrag X Bankleitzahl X Text
0000000271274⑆ 41581200⑈ 280698444⑆ 11⑈
Bitte dieses Feld nicht beschriften und nicht bestempeln

Abb. 5.49 Scheckformular mit OCR-A-Schriftzeile

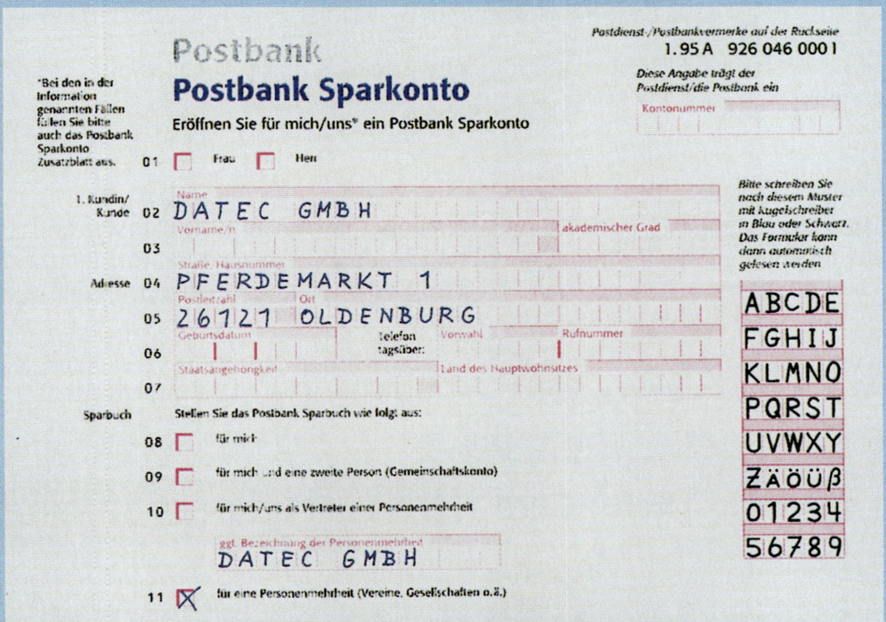

Postbank
Postbank Sparkonto
Eröffnen Sie für mich/uns* ein Postbank Sparkonto
Postdienst-/Postbankvermerke auf der Rückseite
1.95 A 926 046 000 1
Diese Angabe trägt der Postdienst/die Postbank ein
Kontonummer
*Bei den in der Information genannten Fällen füllen Sie bitte auch das Postbank Sparkonto Zusatzblatt aus.
01 Frau Herr
1. Kundin/Kunde
02 Name: DATEC GMBH
03 Vorname/n, akademischer Grad
Adresse
04 Straße, Hausnummer: PFERDEMARKT 1
05 Postleitzahl, Ort: 26121 OLDENBURG
06 Geburtsdatum, Telefon tagsüber: Vorwahl, Rufnummer
07 Staatsangehörigkeit, Land des Hauptwohnsitzes
Sparbuch
Stellen Sie das Postbank Sparbuch wie folgt aus:
08 für mich
09 für mich und eine zweite Person (Gemeinschaftskonto)
10 für mich/uns als Vertreter einer Personenmehrheit
ggf. Bezeichnung der Personenmehrheit: DATEC GMBH
11 X für eine Personenmehrheit (Vereine, Gesellschaften o.ä.)
Bitte schreiben Sie nach diesem Muster mit Kugelschreiber in Blau oder Schwarz. Das Formular kann dann automatisch gelesen werden
ABCDE
FGHIJ
KLMNO
PQRST
UVWXY
ZÄÖÜß
01234
56789

Abb. 5.50 Handschriftbeleg der Postbank

Außerdem werden von einigen wenigen Herstellern Klarschriftleser angeboten, mit denen man Handschriftbelege optisch lesen kann.

Dabei wird eine genormte **Handschrift** verwendet, deren Zeichen nach einer genauen Vorschrift (DIN E 66225) in vorgedruckte Felder eines Beleges eingetragen werden.

Dieses Verfahren kann nur nach einer entsprechenden Schulung der Benutzer erfolgreich angewendet werden. Es wird u. a. eingesetzt bei Zählerablesungen, bei Vertreterberichten, bei Meinungsumfragen oder statistischen Erhebungen.

Strichcode-Belege

Beim Strichcode werden die Informationen durch nebeneinander liegende genormte schwarze Striche bzw. Balken dargestellt. Er wird daher auch Balkencode oder nach der englischen Bedeutung Barcode genannt.

Der Strichcode wird vor allem im Handel zur Kennzeichnung von Waren verwendet. Die Strichmarkierungen werden auf Etiketten oder Verpackungen aufgedruckt. Das bekannteste Beispiel hierfür ist der **EAN-Strichcode**, zur Darstellung der 13-stelligen Europa-Artikel-Nummer (EAN, vgl. Abschnitt 3.6.1).

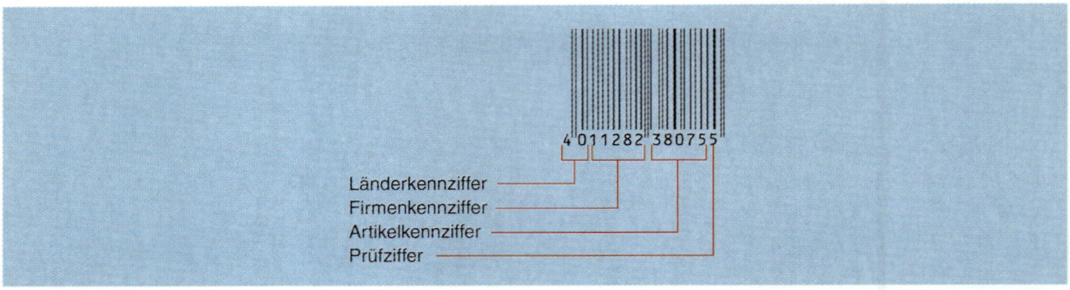

Abb. 5.51 EAN-Nummer

Die vorgedruckte Strichmarkierung wird maschinell gelesen durch Abtasten mit einem **Scanner** bzw. **Barcodeleser**.

Plastikkarten

Plastikkarten sind Datenträger aus Kunststoff, deren Maße genormt (DIN/ISO) sind. Die Speicherung der maschinenlesbaren Informationen kann durch Strichcodes, Schriften, Lochungen, magnetische und optische Speicherchips erfolgen. Sie können unabhängig von den gespeicherten Informationen beschriftet werden.

Man kann die Plastikkarten zur Identifikation und Berechtigungsprüfung verwenden. Sie dienen beispielsweise als Betriebsausweise, Scheck- und Kreditkarten oder als Kundenkarten.

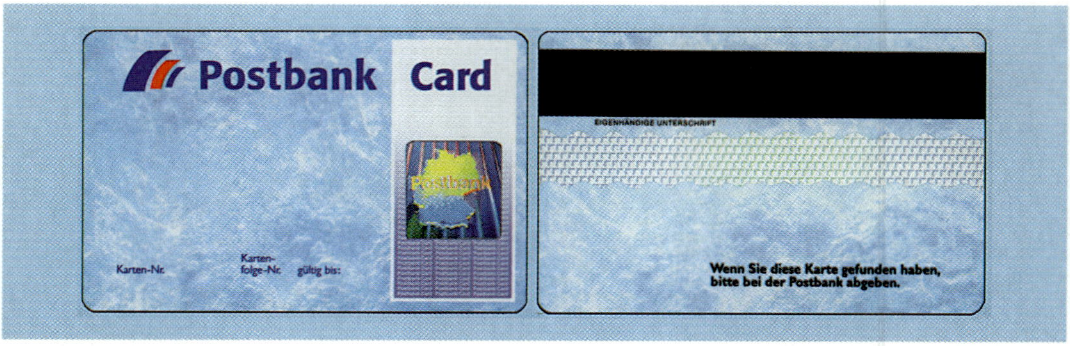

Abb. 5.52 Scheckkarte

5.3.3 Optische Datenträger

Optische Datenträger sind Massenspeicher aus beschichteten Kunststoffscheiben. Die Informationen werden in die lichtempfindliche Schicht der optischen Platte mithilfe von Laserstrahlen fest eingebrannt.

Das Speichermedium sieht aus wie eine vergrößerte Diskette. Es hat im Prinzip die gleiche Technik wie die Musik-CD (= Compact Disk). Man unterscheidet bei den optischen Speicherplatten die CD-ROM-, WORM-, MOD- oder DVD-Technologie.

Optische Speicherplatten		
Technologie	**deutsche Bedeutung**	**Verwendung**
CD-ROM = Compact-Disc Read Only Memory	Nur-lesbare Platte	Massenspeicher für Datenbanken, wie z. B. das Standardwerk „Wer liefert was?“
CD-R CD-RW	Einmal beschreibbare CD-ROM Mehrfach beschreibbare Platten	Massenspeicher für beliebige Zwecke, Daten oder Musik
WORM = Write Once Read Multiple	Einmal beschreibbar, beliebig oft lesbar	Massenspeicher für Archivzwecke. In Deutschland bei Finanzbehörden als juristisches Archivdokument anerkannt.
MOD = Magneto Optical Disc	Beliebig oft wieder beschreibbare optische Platte	Massenspeicher für beliebige Zwecke, allerdings noch relativ teuer.
DVD = Digital Versatile Disc DVD-R DVD-RW DVD-ROM DVD-RAM DVD-Plus DVD-Video	digitale, für vielseitige Zwecke einsetzbare Platte Einmal beschreibbare DVD Mehrfach beschreibbare DVD Nur lesbare DVD Mehrfach einseitig oder zweiseitig beschreibbare DVD Verbindung zwischen halbseitiger DVD (z. B. Film) und halbseitiger CD (z. B. mit Musik) ein- bzw. zweisitige Aufzeichnung von Spielfilmen bis zu 8 Stunden	Massenspeicher für Film, Musik und Multimedia

Die Vorteile der optischen Speicher liegen in der Datensicherheit aufgrund der langen Haltbarkeit (mindestens 10 Jahre garantiert) und in der hohen Speicherkapazität.

Die Entwicklung der optischen Speichertechnologie steht heute erst am Anfang und wird in Zukunft noch stärker an Bedeutung gewinnen.

Auf einen Blick

Datenträger im Überblick

Magnetische Datenträger	• Diskette (3,5 Zoll Standarddiskette, ZIP-Diskette) • Magnetplatte (Festplatte, Data Pack, Wechselplatten) • Magnetband • Streamer-Tape (DAT)
Beschriftete Datenträger	• Markierungsbelege • Klarschriftbelege (OCR-A, OCR-B, Handschriftbelege) • Strichcodebelege • Plastikkarten
Optische Datenträger	• CD (Compact Disc) • WORM (Write Once Read Multiple) Speicher • MOD-Platte (Magneto Optical Disc) • DVD-Platte (Digital Versatile Disc)

Speichereinheiten im Überblick

Bit	(= **bi**nary digi**t**) kleinste Speichereinheit, steht für binäre Ziffer bzw. Binärzahl. Ein Bit kann nur zwei Zustände annehmen: 0 oder 1.
Byte	kleinste, direkt adressierbare Speichereinheit, bestehend aus 8 Bit. Ein Byte wird benötigt, um ein Zeichen (Ziffer, Buchsteabe oder Sonderzeichen) zu speichern. Mit einem Byte lassen sich 256 verschiedene Zeichen codieren (2^8).
KB	(**K**ilo**b**yte) entspricht 1024 Byte (2^{10} Byte), dient z. B. zur Angabe der Speicherkapazität von Disketten.
MB	(**M**ega**b**yte) entspricht 1024 KB (2^{20} Byte), dient z. B. zur Angabe der Zentralspeichergröße oder Diskettenkapazität.
GB	(**G**iga**b**yte) entspricht 1024 MB (2^{30} Byte), dient z. B. zur Angabe der Speicherkapazität von Festplatte, Wechselplatte oder Streamer-Tape.
TB	(**T**erra**b**yte) entspricht 1024 GB (2^{40} Byte), dient z. B. zur Angabe der Speicherkapazität von Festplatten.

5.4 Software eines Computers

Damit ein Computer Datenverarbeitungsaufgaben erledigen kann, benötigt er eine Arbeitsanweisung. Eine derartige Arbeitsanweisung, die aus einer Folge von Befehlen zur Lösung einer Aufgabe besteht, bezeichnet man als **Programm.**

Für die wichtigsten Anwendungsbereiche im kaufmännischen Bereich sind mittlerweile zahlreiche Programme entwickelt worden, die man auf Diskette oder CD-ROM kaufen kann.

Zu einem Computersystem gehören also neben der Hardware auch die unterschiedlichsten Programme, mit denen der Computer erst zu einem benutzbaren Werkzeug wird.

Die Gesamtheit aller Programme und die zugehörigen Daten bezeichnet man als Software.

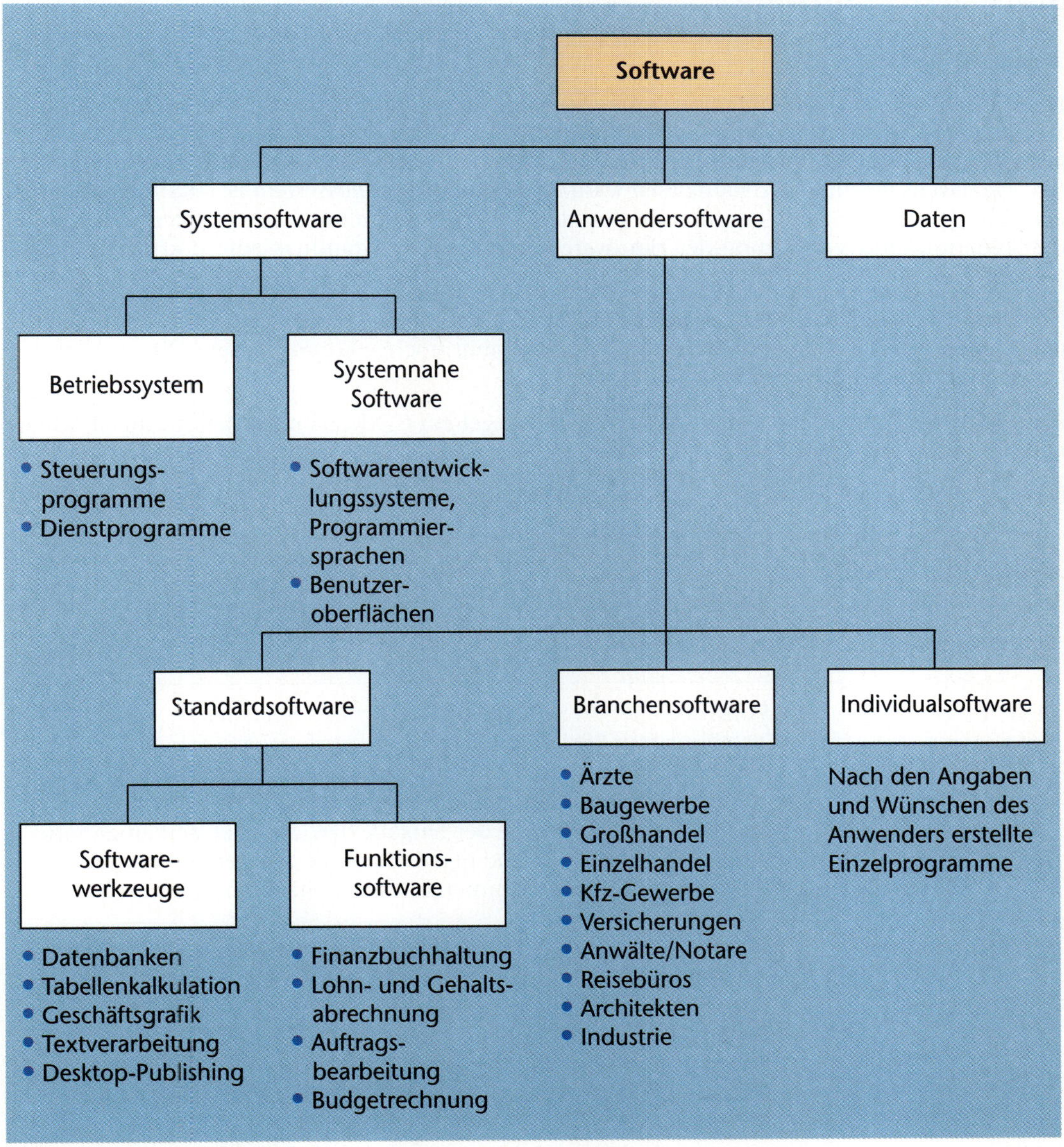

Abb. 5.53 Software im Überblick

Man kann die Software unterteilen in Systemsoftware, Anwendersoftware und Daten.

Software		
Systemsoftware	**Anwendersoftware**	**Daten**
Betriebssystem zur Steuerung und Organisation der Arbeitsabläufe im Computer und systemnahe Software, wie z. B. Programmiersprachen u. a.	Programme, die zur Lösung eines speziellen Anwenderproblems eingesetzt werden.	Informationen, die zum Zweck der Verarbeitung durch Zeichen (Ziffern, Buchstaben oder andere Symbole) dargestellt sind.

5.4.1 Systemsoftware

Betriebssystem

Das Betriebssystem könnte man auch als „Manager" des Computers bezeichnen. Es steuert die Vorgänge im Innern des Computers und sorgt dafür, dass alles reibungslos abläuft. Zur Bewältigung der vielfältigen Aufgaben verfügt das Betriebssystem über verschiedene Systemkomponenten, die jeweils bestimmte Teilaufgaben wahrnehmen. Das Betriebssystem ist somit die grundlegende Software für jeden Computer und besteht aus einer Sammlung von Programmen, die für die Steuerung und Verwaltung der Hardwarebestandteile, Programmabläufe und Dateien notwendig sind.

Bevor eine Anwendersoftware gestartet und Daten eingegeben werden können, muss zu Beginn einer jeden Arbeitssitzung als erstes das Betriebssystem hochgefahren werden. Diesen Vorgang bezeichnet man als **Booten**.

Beim Kauf des PC wird das Betriebssystem in der Regel auf CD-ROM mitgeliefert und ist oft bereits vorinstalliert.

Die drei wichtigsten Komponenten sind die Steuerungs-, Übertragungs- und Dienstprogramme.

Betriebssystem	
Komponenten	**Aufgaben**
Steuerungsprogramme	• Kontrolle aller im System vorkommenden Speicher, • Zuteilung von Speicherplätzen an Benutzerprogramme, • Organisation der Speicherung der Daten auf dem Datenträger, • Steuerung des Programmablaufs, • Steuerung und Kontrolle der Eingabe bzw. Ausgabe zu den geeigneten Geräten entsprechend den Anforderungen der Programme, • Koordinierung der Zusammenarbeit der einzelnen Geräteteile.
Dienstprogramme	Die Dienstprogramme (**Utilities**) stehen zur Verfügung für Aufgaben, die sich häufig wiederholen. Die typischen Aufgaben sind: • Programme und Daten kopieren, • Disketten formatieren, • Daten und Programme sichern (Backup), • Datenträger verwalten, z. B. über Defragmentierung, Scan Disk.

Zur Kommunikation mit dem Betriebssystem dient eine Kommandosprache. Mit ihrer Hilfe kann der Benutzer Aufträge an den Rechner formulieren.

Je nach ihrer Komplexität unterscheidet man Einbenutzer- und Mehrbenutzerbetriebssysteme mit Einaufgaben- oder Mehraufgabenbetrieb (Multi-Tasking).

Multitasking-fähige Betriebssysteme sind in der Lage, mehrere Teilaufgaben über eine Zeitscheiben- und Prioritätensteuerung scheinbar gleichzeitig auszuführen. Während beim **kooperativem Multitasking** die Prozesse selbst die benötigte CPU-Zeit anfordern, wird beim **preemptiven Multitasking** die Steuerung der Prozesse zentral vom Betriebssystem vorgenommen.

Die folgende Übersicht zeigt die bekanntesten Betriebssysteme für PC-Systeme:

Betriebssysteme für PC-Systeme			
Einbenutzersystem (Single-User)		**Mehrbenutzersystem (Multi-User)**	
Einaufgabenbetrieb (Single-Tasking)	Mehraufgabenbetrieb (Multi-Tasking)	Einaufgabenbetrieb (Single-Tasking)	Mehraufgabenbetrieb (Multi-Tasking)
MS-DOS/PC-DOS	WINDOWS	NOVELL, WINDOWS	UNIX, LINUX, OS/2, WINDOWS NT, 2000 WINDOWS XP

Das bekannteste und am weitesten verbreitete Betriebssystem ist Windows. Es wurde für kleinere und mittlere Personalcomputer entwickelt, die über einen 16-Bit-Prozessor verfügen. Mittlerweile wurden die Betriebssysteme auch auf die neueren 32-Bit-Prozessoren abgestimmt. Bei diesen so genannten hardwareunabhängigen Standard-Betriebssystemen können im Gegensatz zu den proprietären Betriebssystemen alle Anwenderprogramme, die unter dem Betriebssystem erstellt wurden, eingesetzt werden – unabhängig vom Hersteller der Hardware.

■ Programmiersprachen und Softwareentwicklungssysteme

Ähnlich wie die Menschen zur Verständigung die Sprache verwenden, benötigt man auch zur Verständigung mit dem Computer eine Sprache, um ihm mitzuteilen, welche Aufgabe er erfüllen soll.

Im Unterschied zu den von den Menschen gesprochenen natürlichen Sprachen handelt es sich um eine künstliche Sprache. Sie dient zur Formulierung von Befehlsfolgen in Form von Programmen, die vom Computer ausgeführt werden können. Diese Sprachen, durch die sich Mensch und Computer verständigen, werden als **Programmiersprachen** bezeichnet. Man unterscheidet maschinenorientierte und problemorientierte Programmiersprachen.

- **Maschinencode**
  In den Anfängen der DV war man gezwungen, in Maschinensprache, also in binär aufgebauten Befehlen zu codieren (**Maschinensprache** der 1. Generation).

- **Maschinenorientierte Programmiersprachen** sind auf die Technik einer bestimmten DV-Anlage ausgerichtet und orientieren sich in ihrer Struktur an den Möglichkeiten des verwendeten Prozessors (**Assemblersprachen** der 2. Generation). Sie sind in der Regel daher nicht auf Rechner mit anderen Prozessoren übertragbar.

Zur Darstellung der Maschinenbefehle und Speicheradressen werden einprägsame (mnemotechnische) Abkürzungen und Symbole verwendet. Die Sprachen ermöglichen eine optimale Speicherplatzausnutzung und schnelle Laufzeiten, sie sind allerdings schwer erlernbar und werden daher nur noch für besondere Anwendungen (z. B. Betriebssysteme) eingesetzt. Man bezeichnet sie, wie auch das zugehörige Übersetzungsprogramm, als **Assembler**.

- **Problemorientierte (höhere) Programmiersprachen** sind stärker an die menschliche Art, ein Problem zu strukturieren und als Lösungsweg (**Algorithmus**) zu formulieren, angelehnt.

Mit überwiegend englischen Befehlswörtern und eindeutig festgelegten Regeln ermöglichen sie es dem Benutzer, unabhängig vom Rechnertyp relativ einfach Programme zur Lösung vielfältiger Probleme zu entwickeln.

Ein solches in einer problemorientierten Programmiersprache erstelltes Programm wird als **Quellprogramm** bezeichnet. Durch ein **Übersetzungsprogramm** (Compiler oder Interpreter) werden die Befehle des Quellprogramms in ein ablauffähiges Maschinenprogramm (Objektprogramm) übertragen.

Man unterscheidet problemorientierte Programmiersprachen für kaufmännische, technisch-mathematische und universelle Anwendungen.

Die wichtigsten Programmiersprachen sind in der nachfolgenden Übersicht dargestellt.

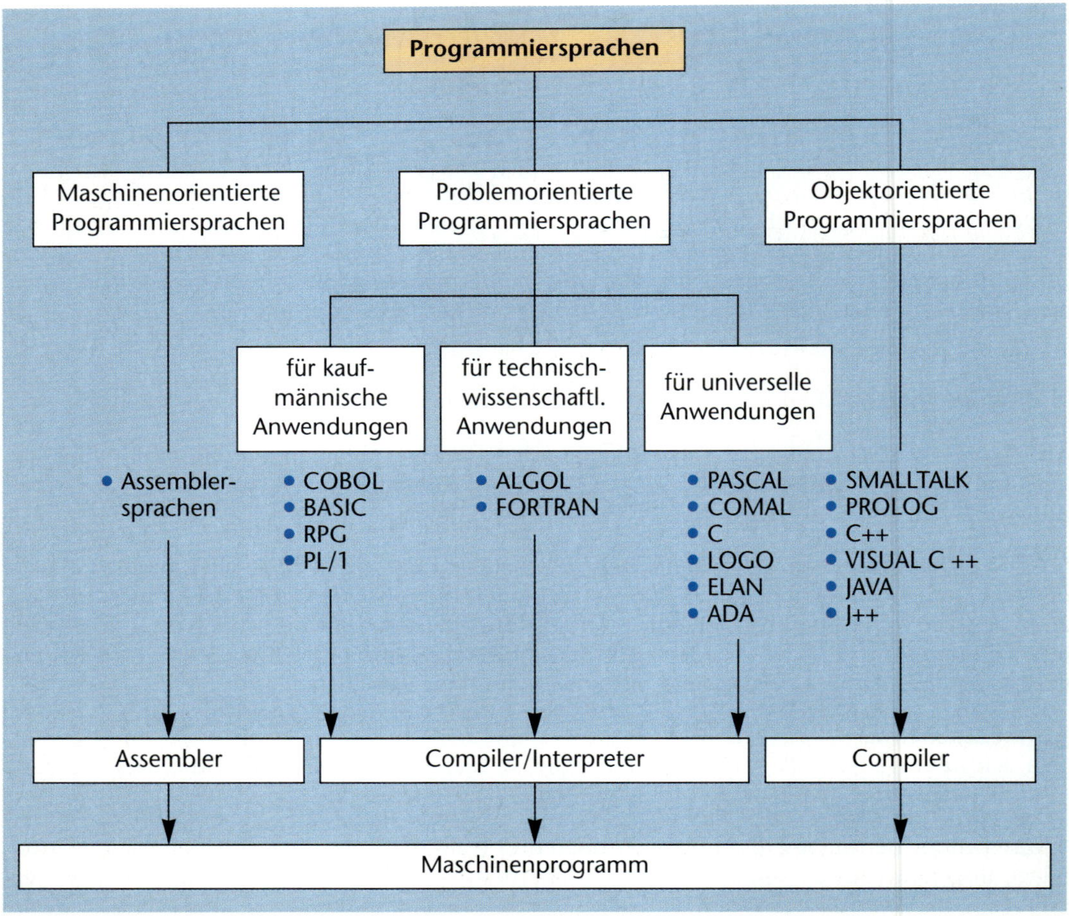

Abb. 5.54 Programmiersprachen im Überblick

Die problemorientierten, höheren Programmiersprachen können je nach Einsatzzweck und Entwicklungsorientierung in weitere Generationen unterteilt werden:

Sprachen der 3. Generation sind so genannte prozedurale oder imperative Sprachen, mit denen der Ablauf eines Programms durch die Reihenfolge der einzelnen Befehle Schritt für Schritt festgelegt wird. Typische Sprachen sind z. B. C, Cobol, Pascal, Basic.

- Objektorientierte Sprachen

Sprachen der 4. Generation (4GL-Sprachen, Fourth **G**eneration **L**anguage) sind nicht-prozedurale Sprachen, bei denen über eine Kommandosprache lediglich anzugeben ist, was das Programm tun soll, ohne die einzelnen Schritte zu beschreiben, wie dies geschehen soll („was" nicht „wie"). Sprachen der 4. Generation eignen sich zum Prototyping (siehe Abschnitt 7.3.4) und zur Entwicklung von Datenbanken (z. B. NATURAL, ORACLE usw.).
Zu den Sprachen der 5. Generation gehören Programmiersprachen für den Bereich der künstlichen Intelligenz (z. B. LISP, SMALLTALK, oder PROLOG) und Sprachen, die objektorientiertes Programmieren (siehe Abschnitt 7.8) unterstützen, z. B. C++, J++ oder Java.

Durch die rasante Entwicklung des Internet gewinnen neben den klassischen Programmiersprachen **Script- und Markup-Sprachen** wie HTML, DHTML, XML, JavaScript, Perl oder PHP zunehmend an Bedeutung.

■ Softwareentwicklungssysteme

Die meisten am Markt angebotenen Sprachsysteme bieten neben der reinen Programmiersprache und dem zugehörigen Interpreter bzw. Compiler zusätzlich weitere Software an, die den Softwareentwicklungsprozess effizient unterstützen kann. Dazu gehören beispielsweise Entwicklungs-Tools (z. B. Generatoren), Bibliotheken (z. B. Funktions- oder Klassenbibliotheken), Testprogramme (z. B. Debugger) und Schnittstellen (z. B. API = **A**pplication **P**rogramming **I**nterface). Derartige Softwarekomponenten bilden zusammen mit dem Sprachsystem ein leistungsfähiges Softwareentwicklungssystem, das den Anwendungsprogrammierer in die Lage versetzt, den heutigen Qualitätsanforderungen für Software gerecht zu werden.

■ Benutzeroberflächen

Computer werden heute von jedermann zur Lösung bestimmter Aufgaben eingesetzt, aber nicht jeder Computeranwender verfügt über detaillierte Betriebssystemkenntnisse. Um den Umgang mit dem Computer zu erleichtern, wurden benutzerfreundliche grafische Bildschirmoberflächen (GUI = **G**raphical **U**ser **I**nterface) entwickelt, die als **Benutzeroberfläche** bezeichnet werden.

Unter einer Benutzeroberfläche versteht man alle Eigenschaften und Möglichkeiten des Systems, die dem menschlichen Bediener zu dessen Benutzung zur Verfügung stehen. Durch einen benutzerfreundlichen Bildschirmaufbau erleichtern sie den Umgang und den Informationsaustausch mit dem System.

Windows ist die bekannteste grafische Benutzeroberfläche und wurde von der Firma Microsoft entwickelt. Gegenüber der kommandoorientierten Handhabung bei DOS bietet es dem Benutzer eine komfortable grafisch orientierte Bedienungsoberfläche, bei der die gewünschten Funktionen in verschiedenen Fenstern über Menüs oder grafische Symbole (Icons) durch Anklicken mit der Maus aktiviert werden.

Die bisherigen Betriebssysteme waren vorwiegend kommandoorientiert, d. h. der Benutzer muss bestimmte Kommandos eingeben, um die entsprechenden Leistungen des Systems zu erhalten. Demgegenüber bieten die komfortablen Benutzeroberflächen dem Benutzer auf dem Bildschirm die Auswahl aller möglichen Handlungsalternativen über vorgegebene Auswahltexte (Menüs) oder grafische Symbole. Der Benutzer wählt dann die gewünschte Funktion nur noch durch einfache Tasten- oder Mausbetätigung an.

5.4.2 Anwendersoftware

Als **Anwendersoftware** bezeichnet man alle Programme zur Lösung spezieller Probleme der Anwender. Dabei kann man die Individualsoftware, die Branchensoftware und die Standardsoftware unterscheiden.

Individualsoftware

Wenn ein Anwender betriebsspezifische Aufgabenstellungen lösen möchte, hat er die Möglichkeit, sich die Software selbst zu erstellen oder von einem Softwarehaus entwickeln zu lassen.

Diese **Individualsoftware** ist dann auf die besonderen Anforderungen des Anwenders zugeschnitten und im Regelfall auch nur von diesem Anwender benutzbar. Der Vorteil der Individualsoftware liegt darin, dass sie optimal auf die betrieblichen Abläufe abgestimmt werden kann. Individuell erstellte Software ist allerdings teuer, da sie in der Regel nur einmal erstellt bzw. verkauft wird.

Branchensoftware

Demgegenüber stehen die **branchenorientierten Programme**, die spezielle Lösungen für einzelne Branchen anbieten. Innerhalb einer Branche gibt es zahlreiche Aufgabenbereiche, wie zum Beispiel Terminplanung, Kalkulation oder Auftragsbearbeitung, die gleich sind.

Man kann davon ausgehen, dass zum Beispiel alle Kfz-Betriebe oder Druckereien ähnlich organisiert sind. Für derartige fachspezifische Anwendungsgebiete, die auf Anforderungen einer Branche abgestimmt sind, werden von den Softwarehäusern die so genannten Branchenpakete angeboten. Branchenpakete gibt es zum Beispiel für Ärzte, Steuerberater, Druckereien, Kfz-Betriebe usw.

Die Branchensoftware ist preiswerter als die Individualsoftware, da sich die Entwicklungkosten auf mehrere Anwender verteilen.

Standardsoftware

Daneben gibt es aber auch zahlreiche Aufgabenbereiche, die branchenunabhängig sind und in Industriebetrieben, Handwerksbetrieben und Versicherungen gleichermaßen anfallen.

Für derartige allgemein übliche Standardaufgaben wurde die **Standardsoftware** entwickelt, die problemorientiert und branchenunabhängig ist.

Diese Software kann man in zwei Gruppen unterteilen:

1. **Softwarewerkzeuge:** Diese Programme sind Werkzeuge (= **Tools**), mit denen man persönliche arbeitsplatzbezogene Problemlösungen entwickeln kann, wie zum Beispiel das Be- und Verarbeiten von Texten, das Verwalten von Datenbanken oder das Erstellen von Grafiken.
2. **Funktionssoftware:** Finanzbuchhaltung, Lohn- und Gehaltsabrechnung, Lagerverwaltung usw. Diese kommerziellen Programme kann man unverändert in verschiedenen Branchen einsetzen.

Die Standardsoftware lässt sich in großen Stückzahlen vermarkten und ist deshalb entsprechend preiswert.

Das breite Angebot von preiswerter Standardsoftware ist sicherlich ein Hauptgrund für die große Verbreitung der Personalcomputer.

Die Software-Tools können ebenfalls in verschiedene Aufgabengebiete eingeteilt werden. Die wesentlichen Gruppen sind:

1. Textverarbeitungsprogramme,
2. Datenbankverwaltungsprogramme,
3. Tabellenkalkulationsprogramme,
4. Geschäftsgrafikprogramme,
5. Desktop-Publishing-Programme,
6. Integrierte Pakete

Integrierte Pakete enthalten in der Regel alle oder zumindest einige der unter 1 bis 5 genannten Aufgabengebiete (z. B. WORKS, Office-Pakete unter Windows).

Darüber hinaus gibt es noch weitere Gruppierungen, deren Aufzählung hier jedoch zu weit führen würde. Heute gibt es kaum noch ein Problem oder Problemchen, für das nicht irgendwo die passende Software angeboten wird.

Auf einen Blick

- Als Software bezeichnet man die Gesamtheit aller Programme. Software lässt sich untergliedern in Systemsoftware, Anwendersoftware und Daten.
- Die Systemsoftware beinhaltet das Betriebssystem, welches sich aus Organisations- und Dienstprogrammen zusammensetzt, und die systemnahe Software. Das Betriebssystem dient zur Steuerung und Verwaltung aller Hardwarebestandteile sowie der Arbeitsabläufe im Computer. Das Betriebssystem muss zu Beginn einer Arbeitssitzung als Erstes gestartet werden, bevor mit der Anwendersoftware und den zugehörigen Daten gearbeitet werden kann. Verbreitete Betriebssysteme sind z. B. Windows, OS/2, UNIX, BS2000, OS400, LINUX.
- Steuerungsprogramme koordinieren die Speicherverwaltung, Programmverwaltung und Geräteverwaltung im Computer.
- Übersetzungsprogramme bezeichnet man als Compiler oder Interpreter, die Quellprogramme einer Programmiersprache in Maschinensprache übertragen.
- Dienstprogramme – auch Utilities genannt – stehen für Standardaufgaben innerhalb des Betriebssystems zur Verfügung, z. B. Kopieren oder Formatieren.
- Zur systemnahen Software gehören Programmiersprachen und Benutzeroberflächen.
- Programmiersprachen sind künstliche Sprachen zur Verständigung mit dem Computer. Maschinenorientierte Programmiersprachen (Assemblersprachen) sind auf die Technik eines bestimmten Computersystems ausgerichtet und orientieren sich in ihrer Struktur an dem verwendeten Prozessor. Problemorientierte Programmiersprachen ermöglichen die Entwicklung von Programmen unabhängig vom Rechnertyp auf der Grundlage von eindeutig festgelegten Sprachelementen und Regeln. Je nach Einsatzzweck und Anwendung können unterschiedliche Programmiersprachen genutzt werden.
- Unter einem Softwareentwicklungsprogramm versteht man ein Softwarepaket, das neben dem eigentlichen Sprachsystem zusätzliche Komponenten wie Entwicklungs-Tools, Bibliotheken, Testprogramme und Schnittstellen beinhaltet.
- Als Quellprogramm oder Sourcecode bezeichnet man ein Programm, das vom Programmierer in einer Programmiersprache erstellt ist.
- Benutzeroberflächen erleichtern durch einen benutzerfreundlichen Bildschirmaufbau den Umgang und den Informationsaustausch mit dem System. Man unterscheidet Benutzeroberflächen mit Menütechnik, mit Grafiksymbolen und mit Fenstertechnik.

- Unter Anwendersoftware versteht man alle Programme zur Lösung spezieller Probleme des Anwenders. Anwendersoftware kann als Standardsoftware, Branchensoftware oder Individualsoftware vorliegen.
- Bei Standardsoftware handelt es sich um problemorientierte Programme für branchenunabhängige Aufgabenbereiche, die von vielen Anwendern einheitlich verwendet werden.
- Branchensoftware bietet Programmlösungen für bestimmte Branchen an.
- Bei Individualsoftware handelt es sich um Einzelprogramme, die nach den individuellen Wünschen eines Anwenders entwickelt worden sind.
- Software-Tools sind Softwarewerkzeuge, mit denen man persönliche arbeitsplatzbezogene Problemlösungen entwickeln kann, wie z. B. das Be- und Verarbeiten von Texten, das Erstellen von Tabellen und Grafiken oder das Erstellen und Verwalten von Dateien bzw. Datenbanken.
- Integrierte Softwarepakete enthalten einige Software-Tools für verschiedene Aufgabengebiete mit einer meist einheitlichen Benutzeroberfläche.
- Funktionssoftware umfasst Programme für verschiedene Funktionsbereiche von Betrieben, wie z. B. Finanzbuchhaltung oder Lagerverwaltung, die unverändert in verschiedenen Branchen eingesetzt werden können.

5.5 Ergonomie und Umweltverträglichkeit

Ergonomie des Arbeitsplatzes

Unter einem ergonomischen Arbeitsplatz versteht man einen Arbeitsplatz, an dem die Benutzung des Arbeitsgerätes keine Gefährdung für die Arbeitnehmer mit sich bringt. Das heißt:

> Ein **ergonomischer Arbeitsplatz** ist ein an die Fähigkeiten und Bedürfnisse des Menschen angepasster Arbeitsplatz.

Auf einen Bildschirmarbeitsplatz bezogen bedeutet das, dass nicht nur der Bildschirm angepasst sein muss, sondern auch der Arbeitstisch und der Arbeitsstuhl. Welche Anforderungen müssen sie erfüllen?

Der **Arbeitstisch** muss eine reflexionsarme Oberfläche besitzen und so groß sein, dass eine flexible Anordnung von Bildschirm, Tastatur, Schreibgut und weiteren Arbeitsmitteln möglich ist.

Körpergröße	159 cm	171 cm	175 cm	187 cm
Tischhöhe	65 cm	71 cm	73 cm	79 cm

Ideal sind in der Höhe von 65 cm bis 79 cm verstellbare Tische, damit die Arbeitshöhe der Sitzhöhe bzw. der Körpergröße angepasst werden kann. Die nebenstehende Tabelle zeigt einige typische Werte. Die Höhe nicht verstellbarer Tische muss 72 cm betragen.

Der **Arbeitsstuhl** kann die Ursache für eine falsche Sitzhaltung sein und zu Rückenschmerzen, verspannten Muskeln und Ermüdungserscheinungen führen. Eine stark nach vorne gebeugte Sitzhaltung kann Schäden an der Wirbelsäule und den Bandscheiben verursachen.

Optimal ist eine Sitzhöhe, bei der die Ober- und Unterschenkel etwa einen 90°-Winkel bilden und die Fußsohlen ganzflächig auf dem Boden oder einer Fußstütze aufgestellt werden können. Deshalb muss bei Arbeitsstühlen die Sitzhöhe verstellbar sein.

Damit die Durchblutung der Oberschenkel durch die Vorderkante des Stuhles nicht gestört wird, muss die Sitzfläche waagerecht oder leicht nach vorne geneigt sein.

Weitere Forderungen sind, dass die Rückenlehne in der Höhe und in der Neigung verstellbar ist, dass der Stuhl selbstverständlich kippsicher ist und dem Benutzer eine bequeme Haltung ermöglicht.

Die Arbeit am **Bildschirm** kann zu einer starken Belastung der Augen führen. Um das weitgehend zu vermeiden, muss der Blick auf den Schirm leicht geneigt sein, etwa um 30° gegen die Horizontale. Dabei soll sich die oberste Zeile auf dem Bildschirm höchstens in Augenhöhe befinden.

Der Bildschirm selbst muss ausreichend groß sein: bei der Textverarbeitung mindestens 15 Zoll, für die Arbeit mit Konstruktionsprogrammen oder Desktoppublishing 17 Zoll oder 20 Zoll. Die günstigste Entfernung zum Bildschirm liegt – abhängig von der Bildschirmgröße – bei 50 cm bis 80 cm.

Die Bildschirmwiederholungsfrequenz, die ein wichtiges Merkmal für einen flimmerfreien Bildschirm ist, sollte mindestens 72 Hz betragen. Zu helle oder zu dunkle Einstellungen wirken ebenso ermüdend wie Blendungen oder Spiegelungen.

Weiterhin muss der Bildschirm zur Anpassung an die individuellen Bedürfnisse des Benutzers frei, leicht drehbar und neigbar sein. Das kann durch einen Bildschirmfuß gegeben sein oder mithilfe eines Bildschirmtisches mit neigbarer Monitorplatte erfolgen.

Damit die **Tastatur** eine bequeme Haltung des Benutzers ermöglicht und durch sie vermieden wird, dass Arme und Hände nicht einschlafen, muss sie geneigt, vom Bildschirm getrennt und genügend groß sein. Die Tastatur muss so aufgestellt werden können, dass eine ausreichende Handauflage mit einer Tiefe zwischen 50 und 100 mm verbleibt. Zur Vermeidung von Blendungen muss die Tastatur eine matte Oberfläche haben.

Umweltverträglichkeit

Jeder Elektronenstrahl-Bildschirm hat eine unerwünschte Nebenwirkung: die als elektromagnetische Strahlung bezeichneten elektromagnetischen Felder (vergl. dazu die Abschnitte 4.2 und 4.3). Da zu große elektromagnetische Felder zu gesundheitlichen Problemen führen können, wurden Grenzwerte festgelegt.

In der schwedischen MPR-II-Norm (MPR: Mess- und Prüfrat der schwedischen Regierung) sind zwei Frequenzbänder definiert und die jeweils erlaubten Höchstwerte für die magnetischen und elektrischen Felder festgelegt:

Feld	Frequenzband I: 5 Hz bis 2 kHz		Frequenzband II: 2 kHz bis 400 kHz	
	MPR-II	TCO 95/99	MPR-II	TCO 95/99
Magnetisches Feld	max. 250 nT[1)]	max. 200 nT[1)]	max. 25 nT[1)]	max. 25 nT[1)]
Elektrisches Feld	max. 25 V/m	max. 10 V/m	max. 2,5 V/m	max. 1 V/m
[1)] Nano-Tesla				

Abb. 5.55 Grenzwerte nach MPR und TCO

Im Jahre 1995 wurde ebenfalls in Schweden der Standard TCO 95 (TCO: Schwedisches Konsortium der industriellen Vertreter) festgelegt. Hier werden über verschärfte Anforderungen an den Bildschirm hinaus Anforderungen an den Computer bezüglich der Ergonomie, der ökologischen Verträglichkeit und des Herstellungsprozesses gestellt. Unter anderem gilt:

- Bei der Produktion ist der Gebrauch von FCKW und anderen ozonschädigenden Substanzen und chlorierten Lösungsmitteln verboten.
- Gehäuse dürfen keine Stoffe enthalten, die bei der Verbrennung Dioxine oder Furane bilden können.
- Bildschirme müssen mit einer Stromspareinrichtung ausgestattet sein, die den Bildschirm automatisch abschaltet, wenn er nicht benutzt wird.

Die letztgenannte Maßnahme verringert den Energieverbrauch erheblich, da ein Bildschirm im Betrieb bis zu 100 W (Watt), im Standby-Betrieb dagegen nur bis zu 10 W aufnimmt.

Aufgrund der rasanten Entwicklung in der Computerwelt ist die Gebrauchsdauer dieser Geräte entsprechend kurz. Daraus wiederum resultiert eine enorme Zunahme an Elektronikabfällen. Zu ihnen gehören neben wieder verwertbaren Stoffen wie Kunststoff, Glas, Kupfer, Aluminium und Eisen auch Schadstoffe, die entsorgt werden müssen. So enthalten z. B. Bildschirme umweltgefährdende Schwermetalle wie Blei, Cadmium und Barium.

Bei der Entsorgung werden die wieder verwertbaren Stoffe sortiert und zur Weiterverarbeitung gesammelt. Bauteile aus Verbundmaterialien, die manuell nicht trennbar sind, werden vor dem Material-Recycling durch mechanische – z. B. Schredderverfahren – oder chemische Trennverfahren aufgeschlüsselt. Die schadstoffhaltigen Bildröhren aus Fernsehern und Computerbildschirmen lassen sich in bariumhaltiges Schirmglas und bleihaltiges Konusglas trennen. Von dem Schirmglas wird die Leuchtschicht entfernt. Anschließend kann das Glas in einer Glashütte weiterverarbeitet werden. Das Konusglas kann ohne weitere Behandlung in der Buntmetallverhüttung verwertet werden.

Auf einen Blick

- Zu einem Bildschirmarbeitsplatz gehören im Wesentlichen Bildschirm, Tastatur, Arbeitstisch und Arbeitsstuhl.
- Um den ergonomischen Anforderungen zu entsprechen,
  - darf der Bildschirm die Augen nicht zu stark ermüden. Dazu muss er u. a. ausreichend groß sein und ein flimmerfreies, stabiles Bild liefern.
  - muss die Tastatur eine bequeme Haltung ermöglichen. Dazu muss sie u. a. ausreichend groß, geneigt und vom Bildschirm getrennt sein.
  - muss der Arbeitstisch eine bequeme Haltung ermöglichen. Dazu muss er u. a. eine ausreichend große und reflexionsarme Oberfläche besitzen und nach Möglichkeit in der Höhe verstellbar sein.
  - darf der Arbeitsstuhl keine gesundheitlichen Schäden verursachen. Dazu muss er u. a. durch Einstellung eine bequeme Sitzhaltung ermöglichen und kippsicher sein.
- Computerbildschirme müssen umweltverträglich sein. So dürfen bei der Herstellung z. B. keine ozonschädigenden Substanzen verwendet werden. Beim Betrieb darf die elektromagnetische Strahlung der Bildschirme die vorgegebenen Grenzen nicht überschreiten. Außerdem müssen sie eine Stromspareinrichtung (Stand-by-Betrieb) enthalten.

6 Vernetzte IT-Systeme

6.1 Wechselwirkung von betrieblicher Organisation und vernetzten IT-Systemen

Einstiegssituation In der Wittekind GmbH sind inzwischen alle PCs in ein Client-Server Netzwerk eingebunden worden. Auf einer Abteilungsleiterbesprechung wurden jetzt die Erfahrungen ausgetauscht, die man mit dem vernetzten System gemacht hat. Dabei sind auch die Auswirkungen der Vernetzung aus organisatorischer sowie aus IT-bezogener Sicht diskutiert worden.

Bevor das Netzwerk eingerichtet wurde, gab es in der Wittekind GmbH unterschiedliche Systemplattformen (Mehrplatzsystem und PCs als Single-User-Systeme) sowie unterschiedliche Software für teilweise gleichartige Aufgabenstellungen (z. B. zwei verschiedene Tabellenkalkulationsprogramme und drei verschiedene Textverarbeitungsprogramme). Einzelne Abteilungen und Mitarbeiter hatten ihre eigenen Vorlieben für bestimmte Programme, die zudem in unterschiedlichen Versionen vorlagen. Da diese Programme fortgeschrieben wurden, gestaltete sich die Pflege der Programme schwierig. Darüber hinaus kam es aufgrund von Inkompatibilitäten zu Problemen beim Datenaustausch. Für jedes System war eine getrennte Datensicherung erforderlich.

Mit dem Rechnerverbund wurde ein homogenes Netzwerk geschaffen, welches den standardisierten Einsatz von Anwendersoftware erlaubt und einen gleichen Versionsstand für alle angeschlossenen Benutzer sicherstellt. Da die Produkte untereinander kompatibel sind, wird über die Standardisierung auch der Datenaustausch zwischen den Anwendungen und den einzelnen Arbeitsstationen erleichtert. Die Beschaffung von Netzwerklizenzen ist erheblich preisgünstiger als die bislang übliche Beschaffung von Einzellizenzen. Die Installation neu beschaffter Produkte kann zentral für alle Benutzer in einem Arbeitsgang erfolgen. Auch die Datensicherung wird jetzt zentral vorgenommen durch Spiegelung des Servers. Nach einer gewissen Umstellungszeit haben die Mitarbeiter der Wittekind GmbH die Vorteile der Standardisierung erkannt und das Netzwerk akzeptiert.

Bereits im Abschnitt 1.2.3 wurde am Beispiel der Auftragsbearbeitung die Wechselwirkung zwischen der betrieblichen Organisation und dem Einsatz vernetzter IT-Systeme angesprochen. Ohne eine Vernetzung konnten nur wenige Sachbearbeiterfunktionen dezentral abgewickelt werden, der Datenzugriff war auf die lokal gespeicherten Datenbestände beschränkt. Mit der Vernetzung lassen sich jetzt mehr Aufgaben dezentral abwickeln, wobei die einzelnen Workstations nun auf zentralverwaltete Programme und auf alle erforderlichen Datenbestände aktuell zugreifen können. Die Vernetzung der Rechnersysteme hat auch die Ablauforganisation beeinflusst, da Informationen aus bestimmten Bereichen an mehreren Arbeitsplätzen verfügbar sind und für die Durchführung der unterschiedlichen Aufgaben genutzt werden können. Die Beschleunigung des Informationsflusses und der verbesserte Kommunikationsaustausch hat insgesamt zu einer flexibleren und effizienteren Ablauforganisation beigetragen.

Auch aufbauorganisatorisch kam es durch die Vernetzung der IT-Systeme zu Veränderungen in der Wittekind GmbH: Die gesamte Wartung und Pflege des Netzwerkes wurde im Zuge der Umstrukturierungsmaßnahmen einem externen IT-Systemhaus im Rahmen eines Outsourcing übertragen (vgl. Abschnitt 1.3.1). Durch diese Maßnahme wurde der sehr kostenintensive DV-Bereich verkleinert. Die betriebseigene DV-Abteilung ist jetzt im Wesentlichen für die Behebung kleinerer Störfälle, die Beschaffung von IT-Systemkomponenten sowie deren Pflege und für die Durchführung von DV-Projekten zuständig.

Aus dem verstärkten Engagement der Wittekind GmbH im weltweiten Markt haben sich vielfältige neue Aufgaben ergeben, vor allem im Bereich der Kommunikation. So hat der Zugang zum Internet zu einer Belebung des Informationsaustausches und der elektronischen Geschäftsabwicklung **(E-Business, E-Commerce)** geführt, beispielsweise über den Austausch von E-Mails.

Dies führte nicht nur zu Veränderungen der Aufgabenstruktur, sondern wirkte sich auch auf die Stellen- und Abteilungsbildung der Wittekind GmbH aus. Immer mehr Aufgaben müssen zeitnah und kundenorientiert im Team abgewickelt werden, die traditionellen hierarchischen Strukturen erweisen sich als nicht mehr zeitgemäß.

Die vernetzten Kommunikationsbeziehungen haben sich auch auf die Beschaffung und den Einsatz von Standardsoftware ausgewirkt, die jetzt über leistungsfähige Datenbank- und Kommunikationsschnittstellen verfügt.

Die Wechselwirkung von betrieblicher Organisation und vernetzten IT-Systemen wird auch bei der Umstrukturierung der traditionell funktionsorientierten Organisation zu einer prozessorientierten deutlich (vgl. Abschnitt 3.1.3 Geschäftsprozesse und IT-Struktur). Hier stellt sich die Forderung, bislang abteilungs- oder funktionsbezogene Softwarelösungen integrativ und abteilungsübergreifend zu betrachten. Um den Mitarbeiter in der Bearbeitung von computergestützten Prozessketten mit allen erforderlichen Informationen zu unterstützen, ist eine Vernetzung der IT-Systeme unverzichtbar. Die Modellierung von Workflows in vernetzten Systemen setzt dabei voraus, dass auf organisatorischer Seite die betrieblichen Geschäftsprozesse zuvor genau analysiert und optimiert wurden. Die Modellierung von Geschäftsprozessen zeigt nicht nur die Wechselwirkung zwischen Organisation und IT-Vernetzung, sondern auch die Notwendigkeit einer Integration von Organisations- und IT-Strukturen auf (vgl. Abschnitt 3.4.1).

Die Vernetzung von IT-Systemen ist darüber hinaus unter dem Aspekt der

- Marktentwicklungen (vgl. Abschnitt 2.2.)
- gestiegenen Kommunikationsbedürfnisse (vgl. Abschnitt 2.2.)
- technischen Entwicklungen in der Informations- und Telekommunikationstechnik (vgl. z. B. Abschnitt 7)
- zunehmenden Standardisierung der Übertragungsmedien und -protokolle (vgl. Abschnitt 6.7)

zu sehen.

Auf einen Blick

Wechselwirkung von betrieblicher Organisation und vernetzten IT-Systemen

Betriebliche Organisation		Vernetzte IT-Systeme
• Integrative Sachbearbeitung	⟷	• Vernetzung von Workstations
• Standardisierung der IT-gestützten Ablauforganisation	⟷	• Standardisierter Einsatz von Anwendersoftware
• Dezentralisierung der Sachbearbeitung	⟷	• Zentrale Datenhaltung mit verteilter Verfügbarkeit
• Beschleunigung der Arbeitsabläufe	⟷	• Verbesserung des Informationsaustausches
• Reorganisation der Organisationsstruktur	⟷	• Auslagerung von IT-Dienstleistungen (Outsourcing)
• Umstellung funktionsorientierter Abläufe auf Prozesse	⟷	• Einführung von Workflow-Systemen

6.2 Netzwerkplanung

6.2.1 Bestandsaufnahme und Lösungsalternativen

Bei der Suche nach „der Lösung", die ja optimal für den derzeitigen Einsatz, aber auch für spätere Veränderungen bzw. Erweiterungen offen sein soll, ist zunächst die jeweilige Ausgangssituation zu betrachten. Mögliche Ausgangssituationen können sein:

- Ein Großrechner (Mainframe bzw. Host) oder ein Mehrplatzsystem
- Mehrere PC-Stationen in einzelnen Abteilungen als Insellösung
- Ein Mehrplatzsystem und nicht vernetzte PC-Stationen arbeiten nebeneinander
- Ein Mehrplatzsystem und vernetzte PCs werden genutzt.

Je nach der Ausgangssituation könnten folgende Formen der innerbetrieblichen Vernetzung realisiert werden:

- Ablösung des Großrechners oder Mehrplatzsystems durch ein Client-Server-System (vgl. Rightsizing und Downsizing in Abschnitt 1.3.2)
- Kopplung des vorhandenen PC-Netzes mit dem Mehrplatzsystem
- Vernetzung der isoliert genutzten PCs zu einem innerbetrieblichen Netzwerk (LAN)

Darüber hinaus kann ein Internet-Zugang in Erwägung gezogen werden (vgl. Abschnitt 7.4.2)

Im Hinblick auf die Realisierung der vorgestellten Lösungsalternativen sind die betriebsinternen und marktbezogenen Zielsetzungen und die für eine Systemumstellung zur Verfügung stehenden Ressourcen zu berücksichtigen.

6.2.2 Anforderungsanalyse

Im Rahmen einer Analyse der betrieblichen Organisations- und IT-Strukturen können einerseits die Schwachstellen des bestehenden Systems, andererseits die Kommunikationsbedürfnisse ermittelt werden, um die Entscheidung für eine bestimmte Lösung zu begründen. In diesem Zusammenhang ist beispielsweise auch zu klären,

- wie viele Stationen an das Netz angeschlossen werden sollen
- welche Hardware- und Softwarestrategie mit der Vernetzung verfolgt werden soll (vgl. Abschnitt 1.3.2)
- welcher Kostenaufwand einzuplanen ist,
- welche Einsparungen und Nutzeffekte erzielt werden können (vgl. Abschnitt 8.1.3)
- welche Lizenzen weiter genutzt, welche zusätzlich zu erwerben sind (vgl. Kapitel 9)
- welche Sicherheitsvorkehrungen zu treffen sind (vgl. Kapitel 9)
- welcher Schulungsbedarf entsteht
- welche Räume zu vernetzen und welche Entfernungen dabei zu überbrücken sind
- wer für die Betreuung, Wartung, Pflege und Fehlerbehebung zuständig sein soll.

Die an das System zu stellenden Anforderungen sind in einem Pflichtenheft festzuhalten (vgl. Abschnitt 8.4.6). Die Anforderungen sollten sich dabei nicht nur auf die Hardware und Software für das Netz beschränken, sondern beispielsweise auch auf den Netzwerk-Lieferanten, der das Netz aufbauen und installieren soll.

Für die Leistungsfähigkeit, Betriebssicherheit und für die Wirtschaftlichkeit eines Netzwerkes sind

- die physikalische bzw. räumliche Verbindung zwischen den einzelnen Stationen im Netz, auch Topologie genannt,
- das Übertragungsmedium und die damit verbundene Übertragungsgeschwindigkeit und
- das Zugriffsverfahren

von ausschlaggebender Bedeutung.

6.3 Netzwerktopologien

Unter einer Topologie versteht man den physikalischen Aufbau eines Netzwerkes, durch den die Struktur des Netzes festgelegt ist.

Die Struktur eines Netzes wird repräsentiert durch die räumliche Anordnung und Verbindung der einzelnen Komponenten im Netzwerk. In diesem Zusammenhang wird die Topologie auch häufig mit dem Begriff Netzwerkarchitektur gleichgesetzt. Dabei geht es beispielsweise um die

- Anordnung und Verbindung der Server,
- Anordnung und Verbindung der Clients,
- Verbindungen eines Netzwerkes mit anderen Netzwerken im Netzverbund,
- Verkabelungstechnik im Netz.

Grundsätzlich unterscheidet man zwischen der Stern-, Ring- und Bus-Topologie. Alle drei Grundformen haben ihre speziellen Vor- und Nachteile. Daher haben sich zahlreiche Mischformen herausgebildet, die auf den drei grundlegenden Topologien aufbauen.

6.3.1 Stern-Topologie

Bei der Stern-Topologie wird die bereits für Großrechner, Mehrplatz- und Minicomputersysteme angewandte Vernetzung von Datenstationen auf die heute überwiegend im Einsatz befindlichen Personalcomputer bzw. Workstations übertragen (vgl. Abb. 1.8 sowie 1.14 bis 1.16). Charakteristisch für die Stern-Topologie ist, dass alle Stationen sternförmig an einen Netzwerkknoten angeschlossen sind. Da jede Workstation z. B. über einen Hub direkt mit dem zentralen Server verkabelt ist, laufen auch alle Informationen im Netz ausschließlich und zentral über den Server. Die Performance, also das Verhalten und die Leistungsfähigkeit des gesamten Netzwerkes, hängt daher sehr stark von der Anzahl der angeschlossenen Stationen sowie deren Ausstattung und der des Servers ab (Prozessor, Zentralspeicher, Bussystem und Netzwerkkarte).

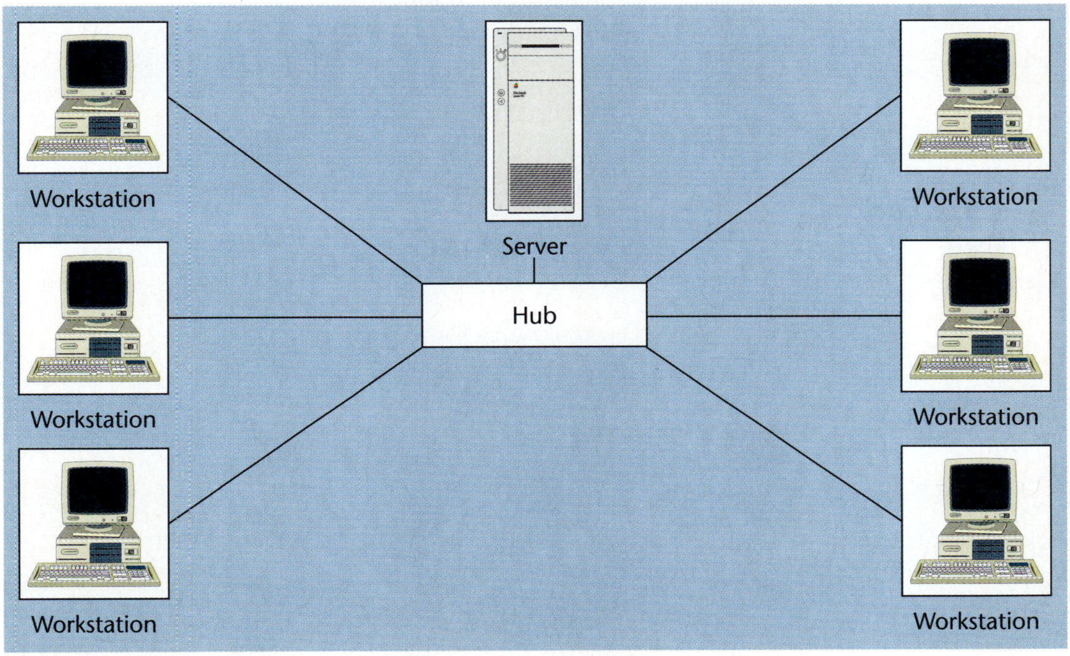

Abb. 6.1 Grundform einer Stern-Topologie

Stern-Topologie	
Vorteile:	**Nachteile:**
• Leicht durchzuführende Verkabelung • Leichte Erweiterbarkeit durch direkten Anschluss an den Hub bzw. den Switch • Hohe Übertragungsgeschwindigkeit zwischen jeder Workstation und dem Server • Gute zentrale Sicherungs- und Kontrollmaßnahmen möglich	• Bei Ausfall des zentralen Vermittlers kann keine Kommunikation mehr stattfinden • Teure Verkabelung, da jede Workstation über ein separates Kabel mit dem Netzwerkknoten verbunden werden muss • Relativ hoher Kabelaufwand bei nicht zentral gelegenem Server • Bestehende Leitungen können bei Erweiterung um neue Stationen nicht genutzt werden • Keine direkte Weiterleitung an benachbarte Stationen, daher häufig lange Übertragungswege zwischen zwei Stationen im Netz

6.3.2 Ring-Topologie

Bei der Ring-Topologie sind die Workstations untereinander zu einem Ring verbunden. Das Netzwerkkabel bildet einen in sich geschlossenen Ring, wobei jede am Ring angeschlossene Station einen eindeutigen Vorgänger und Nachfolger besitzt. Die Informationen werden in **einer** Richtung von der Quellstation zur Zielstation im Ring herumgeschickt, wobei jede Station prüft, ob die Informationen für sie bestimmt sind. Ist dies der Fall, nimmt die Station die Informationen auf, ansonsten werden sie wie ein Staffelstab an die nächste Station weitergeleitet. Ein Netzwerk, welches nach der Ring-Topologie aufgebaut ist, bezeichnet man als **Token-Ring** (**Token** = Bitmuster zur Steuerung des Zugriffsverfahrens).

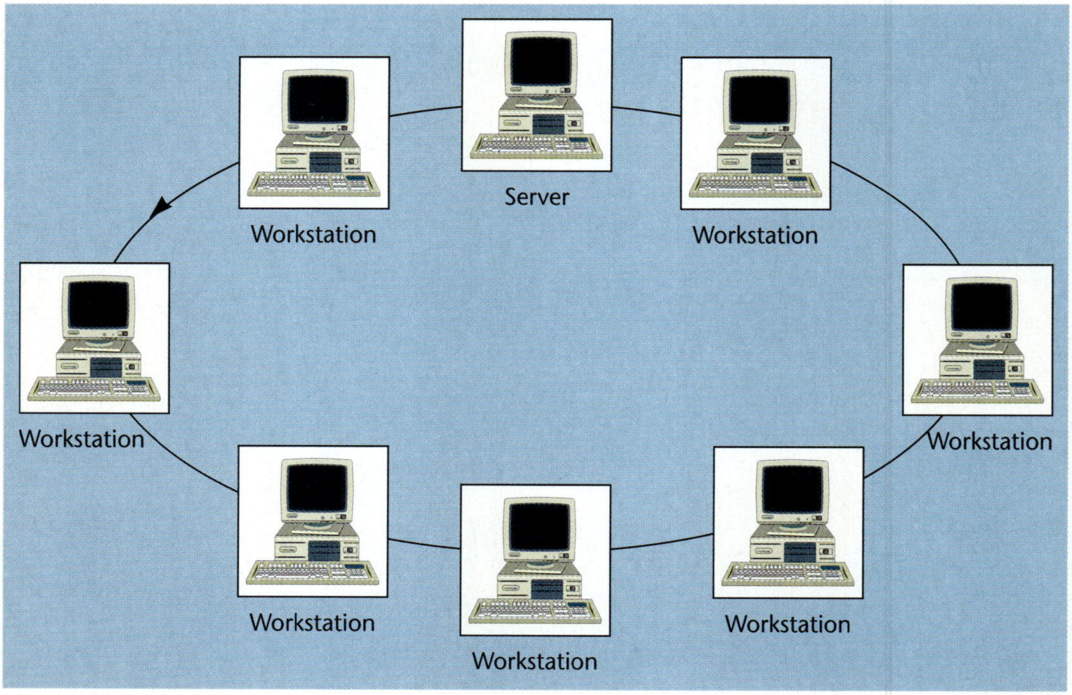

Abb. 6.2 Grundform einer Ringtopologie

Da jede Workstation im Token-Ring durch die Weitergabefunktion eine aktive Rolle spielt, sind für den Ausfall einer Station im Ring entsprechende Sicherheitsvorkehrungen zu treffen (vgl. Abschnitt 6.6.4).

Ring-Topologie	
Vorteile:	**Nachteile:**
• Alle Workstations sind gleichrangig, es gibt keine zentrale Vermittlungsstelle für die Netzkommunikation • Leichte Erweiterbarkeit • Geringer Kabelbedarf, daher preiswerter Ausbau des Netzes möglich • Fehler im Leitungsnetz sind gut zu lokalisieren	• Hohe Übertragungsdauer bei sehr vielen Netzstationen, da Übertragung immer nur in einer Richtung erfolgt • Bei Ausfall einer Workstation im Ring sind zur Aufrechterhaltung des Netzbetriebes entsprechende Sicherheitsvorkehrungen zu treffen, ansonsten besteht ein hohes Ausfallrisiko

Ein Token-Ring-Netzwerk arbeitet mit dem standardisierten Zugriffsverfahren **Token Passing** (vgl. Abschnitt 6.6.2).

6.3.3 Bus-Topologie

In der Bus-Topologie sind Server und Workstations an einem Kabelstrang, dem so genannten **Bus**, angeschlossen. Dieser Bus wird als eine Art Hauptleitung von allen Stationen gemeinsam für die Übertragung ihrer Informationen im Netz genutzt. Jede Workstation kann mit jeder anderen Workstation kommunizieren, ohne dass ein Server unbedingt erforderlich ist (z. B. Peer-to-Peer-Netz). Die Informationen können im Gegensatz zur Ring-Topologie in **beide** Richtungen fließen, um die Zielstation auf kürzestem Wege zu erreichen. Allerdings kann immer nur eine Station den gemeinsamen Bus in Anspruch nehmen. Dadurch kann es zu Kollisionen kommen.

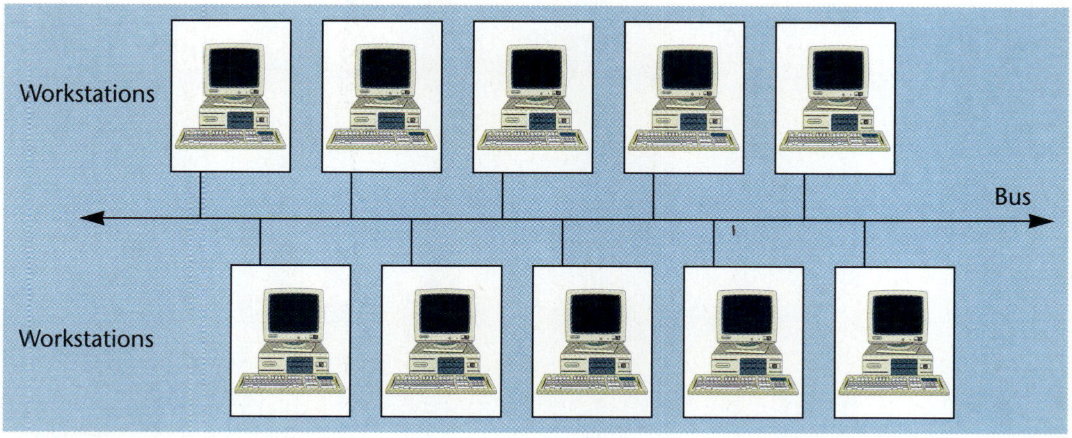

Abb. 6.3 Grundform einer Bus-Topologie

Die Performance in einer Bus-Topologie hängt sehr stark von der Anzahl der angeschlossenen Stationen und deren Übertragungsaufkommen ab. Je mehr Stationen im Netz ihre Informationen übertragen, desto höher ist die Kollisionsgefahr. Da bei jeder Kollision die laufende Übertragung abgebrochen und dann wiederholt werden muss, können bei einer hohen Netzauslastung längere Wartezeiten entstehen. Daher eignet sich die Grundform der Bus-Topologie besonders gut für kleinere Netzwerke, in denen die Anforderungen an den Datendurchsatz nicht zu hoch sind.

Bus-Topologie	
Vorteile:	**Nachteile:**
• Relativ preiswerte Vernetzung • Leichte Erweiterbarkeit ohne Unterbrechung des Netzbetriebes mit relativ geringem Kabelaufwand • Unabhängige Arbeitsweise. Der Ausfall einer Station beeinträchtigt nicht die Arbeit der anderen Stationen	• Kollisionsgefahr bei hoher Netzauslastung, dadurch Verschlechterung der Performance möglich • Wegen ständiger Zugriffsmöglichkeit komplizierte Zugriffsmethode • Kabelfehler, Unterbrechungen und Störungen in der Hauptleitung können zum Ausfall des Busses führen. • Kabelfehler lassen sich schwer lokalisieren

Um bei der Realisierung von größeren Netzwerken, die über mehrere Etagen und Räume gehen, zu große Entfernungen zwischen Station und der gemeinsamen Hauptleitung zu vermeiden, kann die Bus-Topologie auch zu einer Baumstruktur erweitert werden. Eine Baumstruktur besitzt eine hierarchische Anordnung einzelner Busstrukturen, die über Koppelelemente miteinander verbunden sind (vgl. LAN-Schnittstellen, Abschnitt 6.7.2).

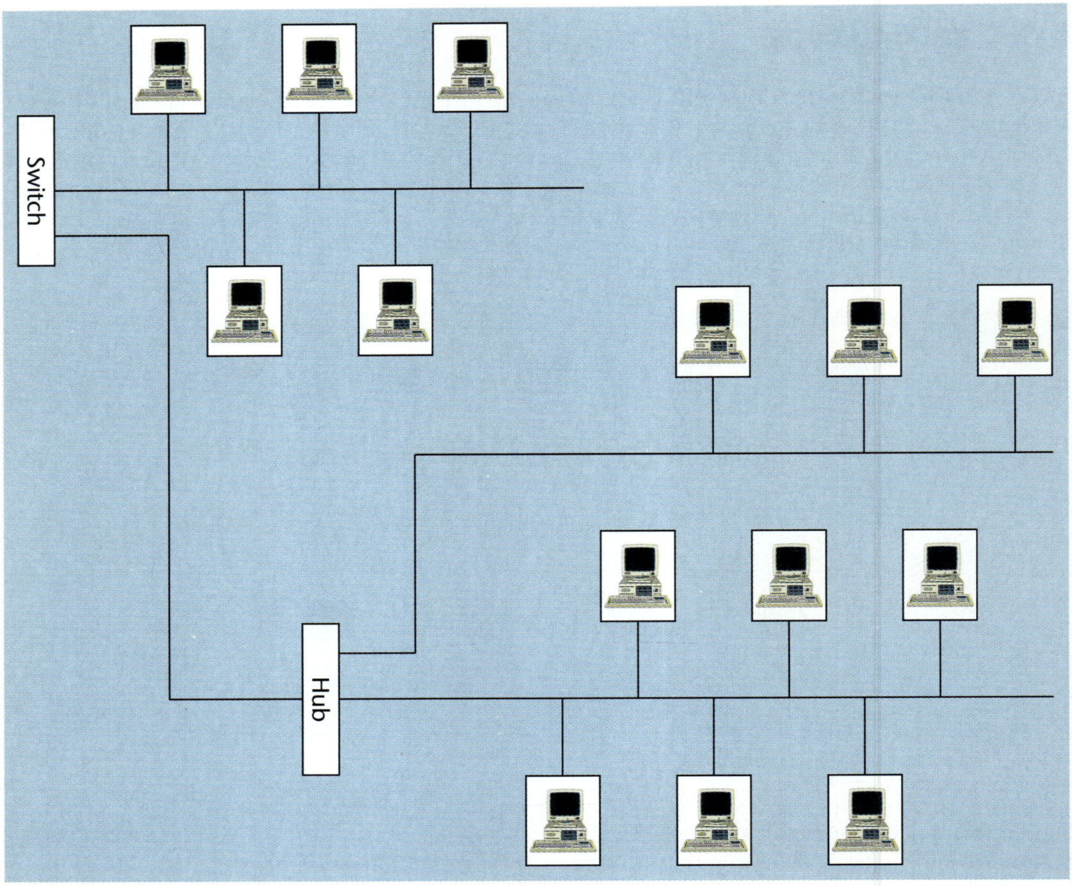

Abb. 6.4 Erweiterung der Bustopologie zu einer Baumstruktur

Netzwerke mit einer Bus-Topologie arbeiten mit dem standardisierten Zugriffsverfahren **CSMA/CD** (vgl. Abschnitt 6.6.1).

Auf einen Blick

- Die Topologie beschreibt den physikalischen Aufbau und damit die Struktur eines Netzwerkes. Man unterscheidet zwischen der Stern-, Ring- und Bus-Topologie. Neben diesen drei Grundtopologien gibt es zahlreiche Mischformen, z. B. Baumstrukturen.
- Bei der Stern-Topologie sind alle Stationen sternförmig an einen Netzwerkknoten, z. B. einen Switch oder einen Hub angeschlossen, der direkt mit dem Server verbunden ist. Alle Informationen im Netz laufen ausschließlich und zentral über den Server.
- Bei der Ring-Topologie sind alle Workstations untereinander zu einem Ring verbunden, in dem die Informationen in einer Richtung vom Sender zum Empfänger transportiert werden. Ein Netzwerk, das nach der Ring-Topologie aufgebaut ist, bezeichnet man als Token-Ring. Dieses arbeitet mit dem standardisierten Zugriffsverfahren Token-Passing.
- Bei der Bus-Topologie sind Server und Workstations an einem Kabelstrang, dem so genannten Bus, angeschlossen. Dieser Bus wird als eine Art Hauptleitung von allen Stationen gemeinsam für die Übertragung ihrer Informationen im Netz genutzt. Netzwerke mit einer Bus-Topologie arbeiten mit dem standardisierten Zugriffsverfahren CSMA/CD.
- Ein Hub ist ein zentraler Verteiler, der als Verbindungselement zwischen den Workstations in einem Netzwerk der Stern- oder Bustopologie eingesetzt wird.
- Switches sind zentrale Schaltelemente, die die Verbindung zwischen den Teilnetzen oder Netzwerksegmenten in einem größeren Netzwerk ermöglichen.
  Im Vergleich zum Hub erlaubt der Switch eine individuelle Adressierung der Teilnetze und damit eine schnellere Verteilung der Daten im Netzwerk, wodurch die Performance verbessert werden kann.

6.4 Übertragungsmedien

Für die Verbindung der Stationen im Netz stehen verschiedene Übertragungsmedien zur Verfügung, deren physikalische Eigenschaften zu unterschiedlichen Leistungen führen. Als Übertragungsmedien werden heute überwiegend Kabel eingesetzt, wobei die Kabelarten Koaxialkabel, Twisted-Pair (**TP**) und **L**icht**w**ellen**l**eiter (**LWL**) zu unterscheiden sind. Für die Beurteilung dieser Übertragungsmedien können folgende Kriterien herangezogen werden:

- Übertragungsgeschwindigkeit
- Übertragungssicherheit und Störanfälligkeit
- maximale Kabellänge
- Installationsaufwand
- Anschaffungskosten

6.4.1 Koaxialkabel

Koaxialkabel, als Verbindungskabel zwischen Fernsehantenne und Fernsehgerät jedem geläufig, sind auch für die Vernetzung von Workstations sehr verbreitet. Für die Verkabelung eines Computernetzes werden jedoch andere elektrische Eigenschaften vorausgesetzt als in der Fernsehtechnik. Koaxialkabel für eine Thin-Ethernet-Verbindung besitzen beispielsweise einen Wellenwiderstand von 50 Ohm und benötigen Abschlusswiderstände, um elektrische Störungen auf dem Kabel zu vermeiden.

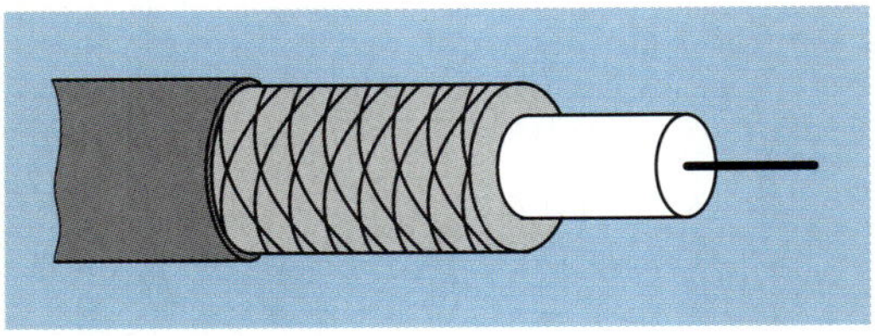

Abb. 6.5 Koaxialkabel

Koaxialkabel bestehen aus Kupferleitungen, die nicht nebeneinander, sondern ineinander (koaxial) angeordnet sind. Der innere Leiter, über den mittels elektrischer Impulse die Datenübertragung erfolgt, wird vom äußeren Leiter, einem Geflecht aus Draht, abgeschirmt. Das Kabel ist zum Schutz vor äußeren Einflüssen mit einer Kunststoffummantelung versehen.

Koaxialkabel sind gegen Störeinflüsse gut abgeschirmt und eignen sich daher auch für große Entfernungsstrecken. Hinsichtlich der Übertragungsart ist zwischen der Basisband- und der Breitbandübertragung zu unterscheiden, die sich allerdings wegen der hohen Kosten bislang nicht durchsetzen konnte.

6.4.2 Twisted-Pair-Kabel

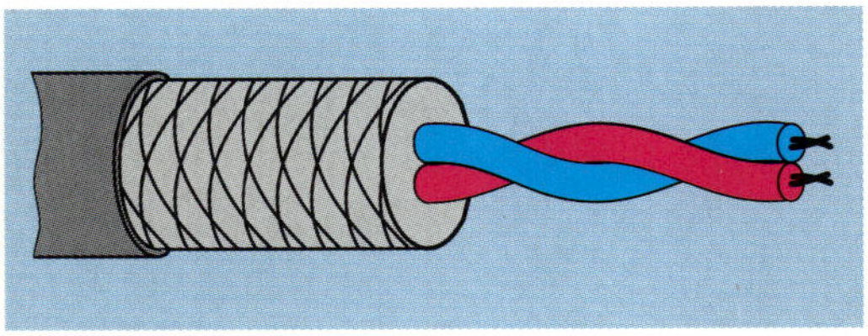

Abb. 6.6 Twisted-Pair-Kabel

Bei einem Twisted-Pair-Kabel sind zwei- oder mehrpaarige Kupferdrähte spiralförmig zu einem Kabelstrang verdrillt (Twisted), der mit einer Kunststoffhülle ummantelt ist.

Durch die Verdrillung des Kabels erreicht man eine Abschirmwirkung und damit eine Erhöhung der Übertragungsgeschwindigkeit.

Diese – in Kurzform auch einfach als **TP-Kabel** bezeichneten – Kupferkabel bestehen im praktischen Einsatz meist aus mehreren Adernpaaren, beispielsweise aus 4 oder 6 verdrillten Paaren, die zur Verbesserung der Datenübertragung beitragen können.

Man unterscheidet grundsätzlich zwei Gruppen von Twisted-Pair-Kabeln: zum einen die so genannten nicht abgeschirmten bzw. ungeschirmten Kabel, zum anderen Twisted-Pair-Kabel, die über eine Abschirmung verfügen. Entweder besitzen diese Kabel einen Gesamtschirm (S/UTP-

Kabel) oder zusätzlich eine Abschirmung für jede Ader und jedes Adernpaar (STP-Kabel). Die einzelnen Varianten sind in der folgenden Tabelle festgehalten:

UTP	Unshielded-Twisted-Pair = ungeschirmtes Kabel	UTP-Kabel besitzen einen Wellenwiderstand von 100 Ohm. Die maximale Kabellänge beträgt 100 Meter.
S/UTP	Screened-Unshielded-Twisted-Pair	UTP-Kabel, die aus Gründen der elektromagnetischen Verträglichkeit (EMV) mit einem Wellenwiderstand von 100 Ohm eingesetzt werden. Diese Kabel besitzen einen Gesamtschirm.
STP	Shielded-Twisted-Pair = geschirmtes Kabel	STP-Kabel besitzen eine Abschirmung für jedes Adernpaar und zusätzlich einen Gesamtschirm. Der Wellenwiderstand beträgt 150 Ohm.

Aufgrund ihrer Übertragungseigenschaften werden die UTP-Kabel in bestimmte Kategorien (CAT 3 bis CAT 7) eingeteilt. In der höchsten Kategorie können bei vierpaarigen gedrillten Kupferadern Datenübertragungsraten von bis zu 1 Gbit erreicht werden. Für die Übertragung sensibler Daten empfiehlt sich aus Datenschutzgründen in jedem Fall die Verwendung von abgeschirmten Kabeln, da ungeschirmte nicht abhörsicher sind. Twisted-Pair-Kabel sind relativ preisgünstig, leicht zu verlegen und lassen hohe Übertragungsraten zu.

6.4.3 Lichtwellenleiterkabel

Der innere Aufbau eines Lichtwellenleiterkabels, auch Glasfaserkabel oder optisches Kabel genannt, ist dem eines Koaxialkabels ähnlich. Sie bestehen aus einem oder aus mehreren Glas- oder Kunststofffasern und sind mit verschiedenen Schichten ummantelt (vgl. Abb. 6.7).

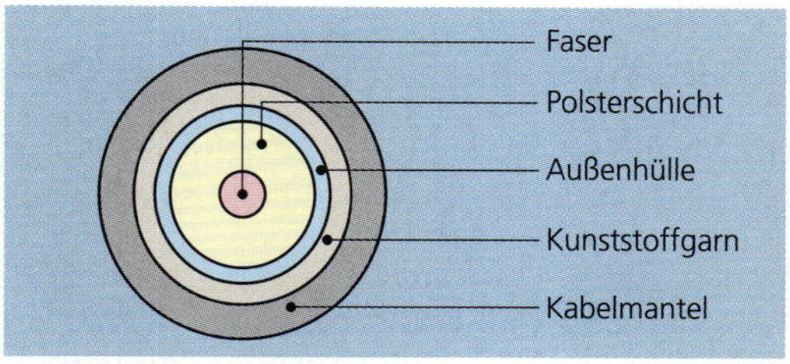

Abb. 6.7 Lichtwellenleiter

Lichtwellenleiter (LWL) erlauben sehr hohe Datenübertragungsraten, die im Gigabit-Bereich pro Sekunde liegen. Lichtwellenleiter können die Signale ohne erneute Verstärkung über weite Strecken übertragen und sind gegen elektromagnetische Störungen unempfindlich. Besonders zu empfehlen ist daher ihr Einsatz in stark störempfindlicher Umgebung mit elektromagnetischen Störeinflüssen wie z. B. in Werkshallen. Außerdem lassen sich Lichtwellenleiter nicht abhören.

Nachteilig ist jedoch, dass Lichtwellenleiter immer noch sehr teuer sind und zusätzliche Hardware benötigen, um die optischen Signale des Lichtwellenleiters in elektrische Impulse für den Computer umzuwandeln. Diese Funktion übernehmen spezielle Sende- und Empfangseinrichtungen, die sich jeweils an den Kabelenden des Lichtwellenleiters befinden. Die Lichtimpulse werden beim Sender entweder über eine **Leuchtdiode** (**LED**=**L**ight **E**mitting **D**iode) oder über eine **Laserdiode** erzeugt und dann auf den Lichtwellenleiter übertragen. Beim Empfänger werden die Impulse mittels einer Fotodiode oder eines Fototransistors erkannt und in elektrische Impulse umgewandelt.

Neben den traditionellen Kabelverbindungen werden auch kabellose Übertragungsmedien eingesetzt. Die Datenübertragung per Richtfunk erfolgt jedoch im Vergleich zu verkabelten Netzen langsamer. Außerdem ist die Verbindungsart atmosphärischen Störungen (Regen, Schnee) ausgesetzt.

6.5 Aufbau und Verkabelung von Netzwerken

6.5.1 Thin-Ethernet

Was ist Ethernet?

Für die Vernetzung von lokalen Netzwerken hat sich die **Ethernet**-Verkabelungstechnik (Ethernet = ätherisches, himmlisches Netz) neben dem Token Ring als Standard mit der Bezeichnung **IEEE 802.3** weltweit durchgesetzt. IEEE steht für das amerikanische Standardisierungsgremium **I**nstitute of **E**lectrical and **E**lectronics **E**ngineers, die Kennzeichnung 802.3 ist eine Kurzbezeichnung für das mit der Standardisierung beauftragte Komitee „Local Network Standard Comitee" des IEEE. Ethernet ist eine Anschluss- bzw. Verkabelungstechnik für ein lokales Netzwerk, welches nach der Bus-Topologie aufgebaut ist und mit dem Zugriffsverfahren CSMA/CD arbeitet. Mit der Ethernet-Verbindung sind standardmäßig Übertragungsgeschwindigkeiten von 10 Mbit/s üblich, im so genannten **Fast-Ethernet** sogar 100 Mbit/s.

In Abhängigkeit von den Gegebenheiten vor Ort und den spezifischen Anforderungen an das zu installierende Netzwerk kann Ethernet in folgenden Verkabelungsvarianten realisiert werden:

- Thin-Ethernet,
- Thick-Ethernet und
- Twisted-Pair-Ethernet.

Vernetzung von zwei Stationen mit Thin-Ethernet

Die Vernetzung von zwei PCs stellt die Minimalkonfiguration eines Netzwerkes dar und bietet sich beispielsweise für folgende Einsatzgebiete an:

- Überspielen von Daten von einem zum anderen PC
- Gemeinsame Nutzung von Geräten, z. B. Drucker
- Gemeinsame Nutzung von Programmen, die auf einem der beiden PCs gespeichert sind
- Gemeinsame Nutzung von Daten, die auf den beteiligten PCs gespeichert sind
- Gegenseitiger Austausch von Programmen und Dokumenten
- Sicherung von Daten und Programmen
- Schulung und Demonstration
- Austesten der Funktionsfähigkeit einer einfachen Netzverbindung und der Netzwerkkarten

Bei einer Verbindung unter Thin-Ethernet wird ein dünnes, abgeschirmtes Ethernet-Koaxialkabel verwendet, welches nicht nur sehr preiswert ist, sondern sich auch leicht verlegen lässt. Thin-Ethernet-Kabel entsprechen dem Kabeltyp RG-58 für die Basisband-Übertragung. Für diesen Koaxial-Kabeltyp sind auch Bezeichnungen wie Thinnet, RG-58-Kabel, 10 Base-2-Kabel, Cheapernet oder einfach Thin-Ethernet-Kabel üblich. In Bezug auf die Hardware wird für eine Thin-Ethernet-Vernetzung von lediglich zwei Stationen im Einzelnen Folgendes benötigt:

- Ethernet-Netzwerkkarten für jeden PC (16-Bit oder 32-Bit-Karten für PCI-Bus) mit entsprechender Treiber- bzw. Konfigurationssoftware
- Ethernet-Kabel nach dem Standard IEEE 802.3 (z. B. 10 Base-2; RG-58-Kabel, Thin Ethernet-Kabel, meist in schwarzer Farbe) mit zwei **BNC**-Verbindungssteckern (BNC = **B**ayonet **N**ut **C**oupling = Bajonett-Gewinde-Verschluss)
- zwei BNC-Abschlusswiderstände (50 Ohm)
- zwei BNC-T-Verbindungsstücke (sofern nicht bereits bei Kauf der Netzwerkkarte mitgeliefert)

Die hardwaremäßige Verbindung von zwei PC-Systemen kann in folgenden Schritten durchgeführt werden:

1. Einsetzen der Netzwerkkarte in einen freien **Slot** (= Steckplatz)
2. Aufstecken der T-Verbindungsstücke auf die Karte
   (Aufstecken + Rechtsdrehung des Verbindungsstückes bis zum Einrasten)
3. Abschlusswiderstände an je einer Buchse des T-Verbindungsstückes anbringen
4. Ethernet-Kabel an die beiden noch freien Buchsen des T-Verbindungsstückes anschließen.

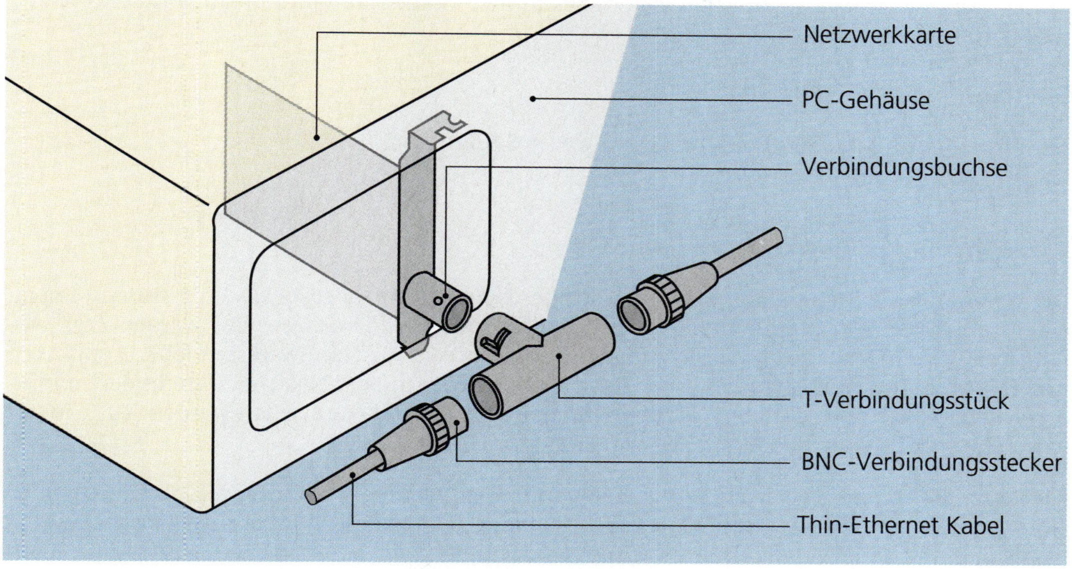

Abb. 6.8 Grundprinzip der Thin-Ethernet Verkabelung

Das Ergebnis ist ein Mini-Netzwerk mit zwei PC-Stationen, die über ein gemeinsames Kabel (Bus) miteinander verbunden sind. Die Widerstände an beiden Enden des Ethernet-Kabels werden benötigt, um elektrische Störungen auf dem Kabel zu verhindern.

Abb. 6.9 Vernetzung von PCs nach Thin-Ethernet

Nach der Hardwareinstallation ist das Netzwerk softwaremäßig einzurichten. Im Falle einer **Plug-And-Play**-Netzwerkkarte (Plug and Play = englische Bezeichnung für einstecken und loslegen) erkennen Betriebssysteme wie z. B. Windows 95/98 die Netzwerkkarte automatisch. Daraufhin ist die Netzwerkkarte zu installieren und das Netz zu konfigurieren. Dabei werden die erforderlichen Treiber, Protokolle und Dienstprogramme installiert.

Link-Netze

Als Alternative zu der oben beschriebenen Vernetzung wird die Verbindung von zwei PCs (oder auch mehr) häufig auch über spezielle Softwareprodukte bewerkstelligt (**Link-Netz**). Da hierbei keine Netzwerkkarte benötigt wird, sondern lediglich eine Verbindung über die serielle oder parallele Schnittstelle erfolgt, ist diese Verbindungsart sehr preiswert und einfach durchzuführen. Nachteilig sind allerdings die nur mäßigen Übertragungsraten, die hierdurch verursachten oft langen Wartezeiten bei der Übertragung umfangreicher Daten oder Programme sowie nicht bedarfsgerechte Zugriffsschutzmechanismen. Bekannte Produkte für den Aufbau von Link-Netzen sind beispielsweise:

- LapLink
- Kirschbaum PC-Link
- Interlnk (Bestandteil des Betriebssystems ab DOS 6.x)

Erweiterung zu einem Peer-to-Peer-Netz

Die Verbindung zwischen zwei PCs kann mit der Ethernet-Verkabelungstechnik stufenweise zu einem aus mehreren Stationen bestehenden Peer-to-Peer-Netz ausgeweitet werden (vgl. Abschnitt 1.3.3). Bei kleineren Vernetzungen, beispielsweise für Handwerksbetriebe, Arztpraxen und Einzelhandelsgeschäfte bieten sich beispielsweise Peer-to-Peer-Netzwerke an, in denen mindestens zwei gleichberechtigte PCs zu einem kleinen Netzwerk verbunden werden. Der Einsatz eines Servers ist möglich, aber nicht zwingend erforderlich.

Für jeden PC, der zusätzlich in das Netz aufgenommen werden soll, ist jeweils eine zusätzliche Netzwerkkarte, ein T-Verbindungsstück sowie ein ausreichend langes Kabel zu besorgen. Der neu in das Netz aufzunehmende Rechner wird mit einem der beiden Rechner verbunden, die einen Abschlusswiderstand an ihrem T-Verbindungsstück tragen, wobei der Abschlusswiderstand jetzt auf das T-Verbindungsstück des neu eingebundenen Rechners aufgesteckt wird.

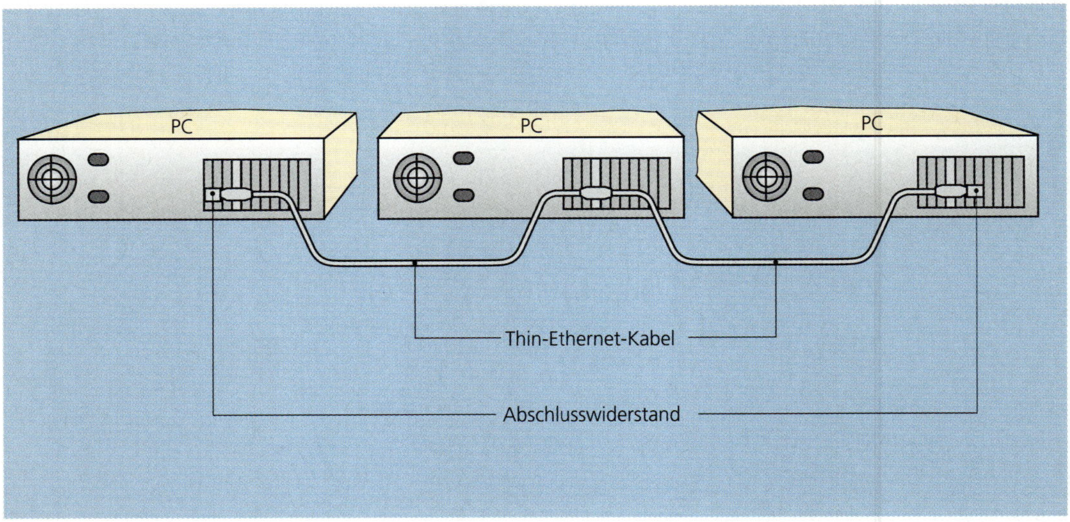

Abb. 6.10 Erweiterung des Ethernet-Netzes

Peer-to-Peer-Netzwerke sollten nicht mehr als zehn Rechner umfassen, da ansonsten bei einer hohen Netzbelastung mit erheblichen Einschränkungen in der Performance gerechnet werden muss. Mit der Einrichtung eines Servers können die Nachteile von nicht serverbasierten Peer-to-Peer-Netzen ausgeglichen werden (z. B. hinsichtlich Ressourcenfreigabe, Datensicherung).

Aus der Kabelbezeichnung 10 Base-2 können Rückschlüsse auf

- die maximale Übertragungsrate (10 Mbit/s),
- die Übertragungsart (Base = Basisband) und
- die Kabellänge (2 = 200 Meter)

gezogen werden: Die Länge des Thin-Ethernet-Kabels sollte aber wegen der nachlassenden Signalstärke möglichst 186 Meter nicht überschreiten. Eine Verkabelung mit Thin-Ethernet gestattet die Vernetzung von maximal 30 Workstations. Besteht ein Vernetzungsbedarf von mehr als 30 Stationen, kann statt der Thin-Ethernet-Verbindung die Thick-Ethernet- oder Twisted-Pair-Ethernet Technik eingesetzt werden, wobei Thick-Ethernet in den letzten Jahren ihre ursprüngliche Bedeutung weitgehend verloren hat.

6.5.2 Twisted-Pair-Ethernet

Charakteristisch für eine Twisted-Pair-Ethernet Verkabelungstechnik ist der Einsatz von so genannten Switches oder Hubs. Ein **Hub** ist ein zentraler Verteiler im Netz, an den einzelne Workstations angeschlossen werden können. Dabei ist zu unterscheiden zwischen einem passiven Hub, der lediglich als Verteiler fungiert, und einem aktiven Hub, der über die Verteilerfunktion zusätzlich eine Verstärkerfunktion besitzt. Ein aktiver Hub – häufig auch als **Konzentrator** bezeichnet – lässt im Allgemeinen 12, 16, 24 oder 32 Anschlüsse zu. Die der Twisted-Pair-Ethernet Verkabelungstechnik zugrunde liegende Netzwerkarchitektur ist die Bus-Topologie mit sternförmiger physikalischer Struktur.

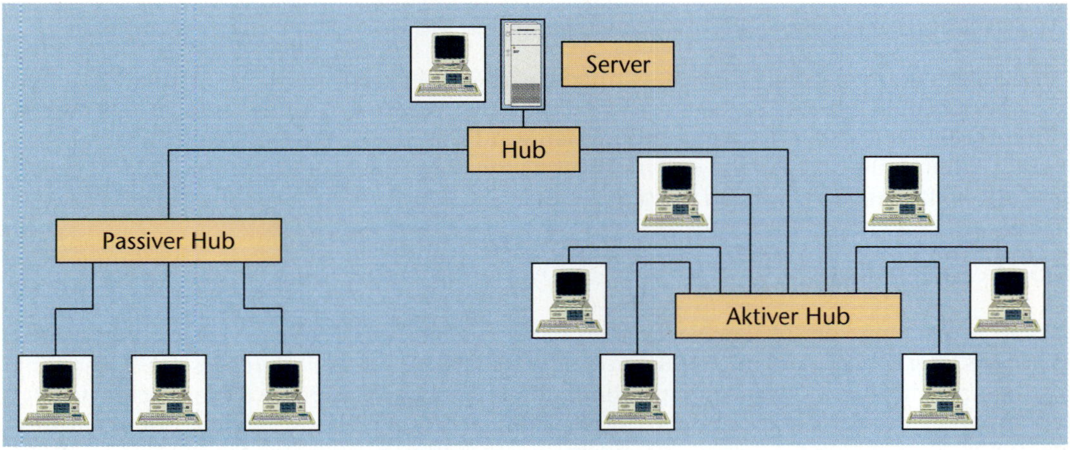

Abb. 6.11 Twisted-Pair-Ethernet-Verkabelung

Als Kabel – meist in blauer Farbe – kann ein verdrilltes Kupferkabel (UTP/STP) mit RJ-45-Stecker (**RJ** = **R**egistered **J**ack, frei übersetzt: genormter Stecker) dienen. Die Kurzbezeichnung für die Twisted-Pair-Kabelart ist 10-Base T, 100 Base T bzw. 100 Base TX. Zum Anschluss einer Workstation an das Netz wird das eine Ende des Kabels in die RJ-45 Buchse der Netzwerkkarte, das andere Ende in einen Port des Hub gesteckt. Die Verbindung zwischen dem Hub und der Ethernet-Netzwerkkarte im Server erfolgt analog. Bei der Verkabelung ist hinsichtlich der Adernpaarzuordnung zwischen **Straight-Kabel** und **Crossover-Kabel** (für eine Direktverbindung von PC's ohne Hub) zu unterscheiden.

Die Vernetzung nach Twisted-Pair ist zwar wegen der zusätzlichen Beschaffung von Hubs oder Switches etwas kostspieliger, aber aufgrund der flexiblen Vernetzungsmöglichkeiten in der Praxis sehr häufig anzutreffen. Die Vernetzung von mehreren Räumen kann über den Einsatz von Hubs gut gelöst werden, wie das Vernetzungsbeispiel in Abb. 6.12 veranschaulicht.

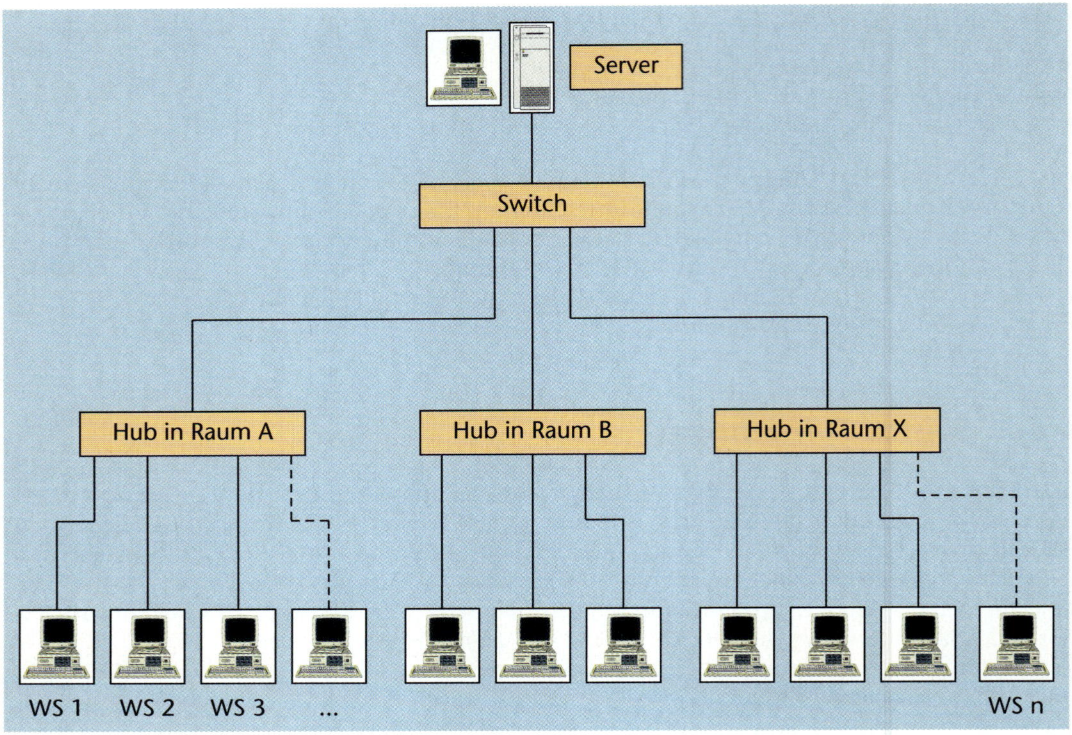

Abb. 6.12 Twisted-Pair-Ethernet-Verkabelung für die Vernetzung mehrerer Räume

Um den Datendurchsatz zu erhöhen, wird bei größeren Netzwerken für die „kritische" Verbindung zwischen dem Server und dem zentralen Verteiler ein extrem schnelles Lichtwellenleiterkabel eingesetzt in Verbindung mit leistungsfähigen Hubs, die Übertragungsgeschwindigkeiten von 100 Mbit/s zulassen. Für die weitere Übertragung vom Hub zum Client sind Übertragungsgeschwindigkeiten von 10 Mbit/s meist ausreichend.

6.5.3 Token Ring

Für die Vernetzung von lokalen Netzwerken hat sich neben der Ethernet-Verkabelungstechnik das Token Ring als Standard mit der Bezeichnung **IEEE 802.5** weltweit durchgesetzt. Token Ring ist eine Anschluss- bzw. Verkabelungstechnik für ein lokales Netzwerk, welches nach der Ring-Topologie aufgebaut ist und mit dem Zugriffsverfahren Token Passing arbeitet. Mit der Token-Ring-Verbindung können Übertragungsgeschwindigkeiten von 4 Mbit/s oder 16 Mbit/s erreicht werden.

Das Token-Ring-Netz gilt topologisch als Ring, wird aber sternförmig verkabelt. Die Stationen werden mit zweipaarigen Kabeln (Lobe-Kabel) oder STP-Kabeln an einen **R**ing**l**eitungs**v**erteiler **(RLV)** angeschlossen, der als Netzwerkknoten dient. Dieser Ringleitungsverteiler wird häufig auch als **MAU** (**M**ultistation **A**ccess **U**nit bzw. **M**edium **A**ttachement **U**nit) bezeichnet. Die MAU übernimmt eine vergleichbare Funktion wie ein Hub in einem Twisted-Pair-Ethernet-Netzwerk. An diesen Netzwerkknoten können bis zu acht Stationen angeschlossen werden. Sollen mehr als acht Stationen miteinander vernetzt werden, sind weitere MAUs mit dem Ring zu verbinden, wobei bis zu 33 MAUs angeschlossen werden können.

Die Verbindung der Ringleitungsverteiler untereinander kann über Lichtwellenleiter erfolgen, um die Geschwindigkeit der Übertragung zu erhöhen. Abb. 6.13 zeigt ein Token-Ring-Netzwerk in seiner topologischen Struktur (gestrichelte Linie) und mit seiner sternförmigen Verkabelungstechnik.

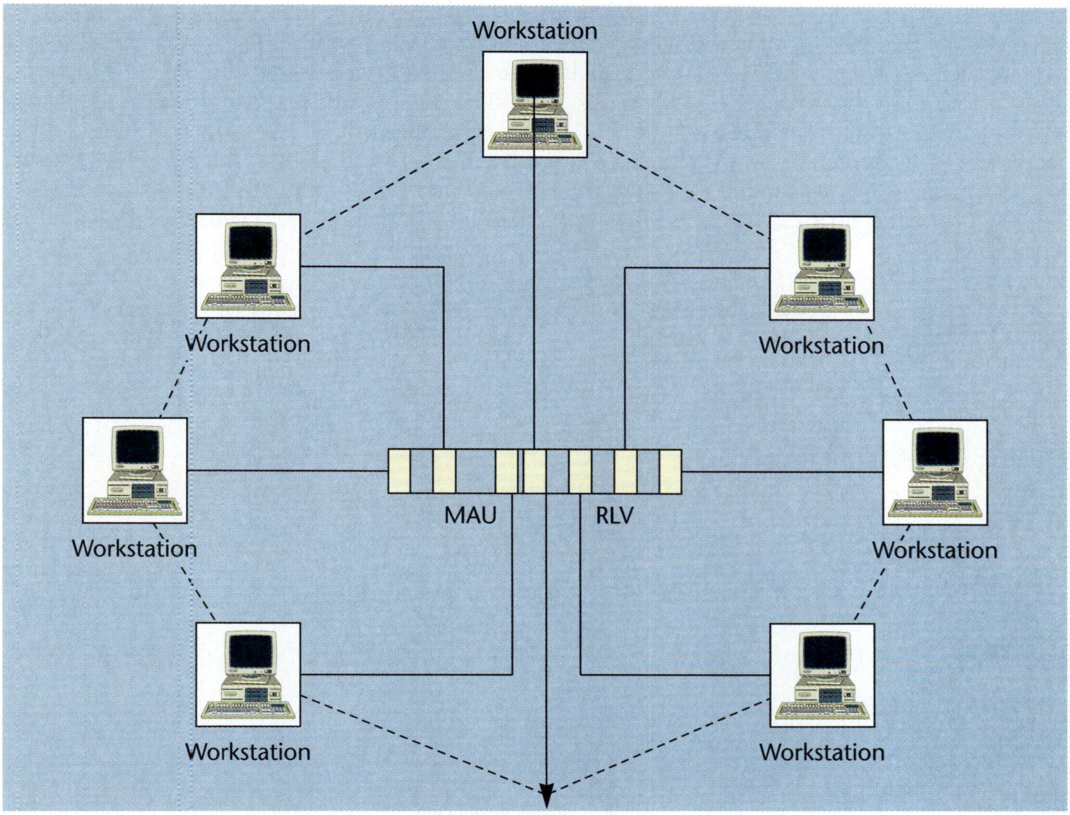

Abb. 6.13 Ring-Topologie. Verkabelung über Ringleitungsverteiler (RLV) bzw. MAU

Über die MAU kann jede Station in das Ring-Netz eingekoppelt bzw. ausgekoppelt werden. Beim Anschalten einer PC-Station wird ein Relais im Ringleitungsverteiler über die Stromversorgung der Station eingeschaltet und koppelt die Station in das Netz ein. Liegt eine Störung vor oder wird die Station abgeschaltet, wird das Relais nicht mehr mit Strom versorgt. Da der Ring in diesem Fall geschlossen bleibt, gibt es keine Ringunterbrechung zu der betroffenen Station. Folglich ist die Verbindung zu der Station unterbrochen, sie ist aus dem Ring ausgekoppelt. Die Funktionsweise des Ringleitungsverteilers veranschaulicht Abb. 6.14.

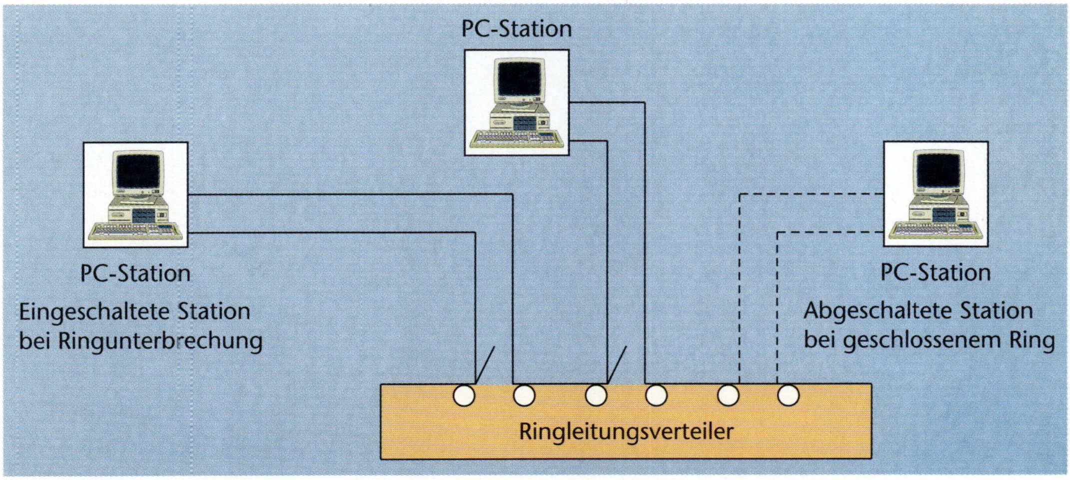

Abb. 6.14 Funktionsweise eines Ringverteilers

Damit bei einer Leitungsstörung oder bei Ausfall einer Workstation nicht das gesamte Netz zusammenbricht, gibt es im Wesentlichen zwei Sicherheitsvorkehrungen, die das Ausfallrisiko entscheidend reduzieren. Eine Alternative besteht darin, neben der Hauptleitung (Primärring) eine zusätzliche zweite Leitung als Ersatzleitung (Sekundärring) zu verlegen, die im Falle einer Leitungsstörung automatisch die Funktion der Hauptleitung übernimmt. Eine andere Alternative ist die so genannte **Bypass**-Lösung, bei der die ausgefallene Station über eine Umgehungsschaltung auf der Ersatzleitung umgangen wird und die Betriebsbereitschaft der Hauptleitung sicherstellt. Voraussetzung hierfür ist, dass die Workstations direkt mit beiden Ringen verbunden sind.

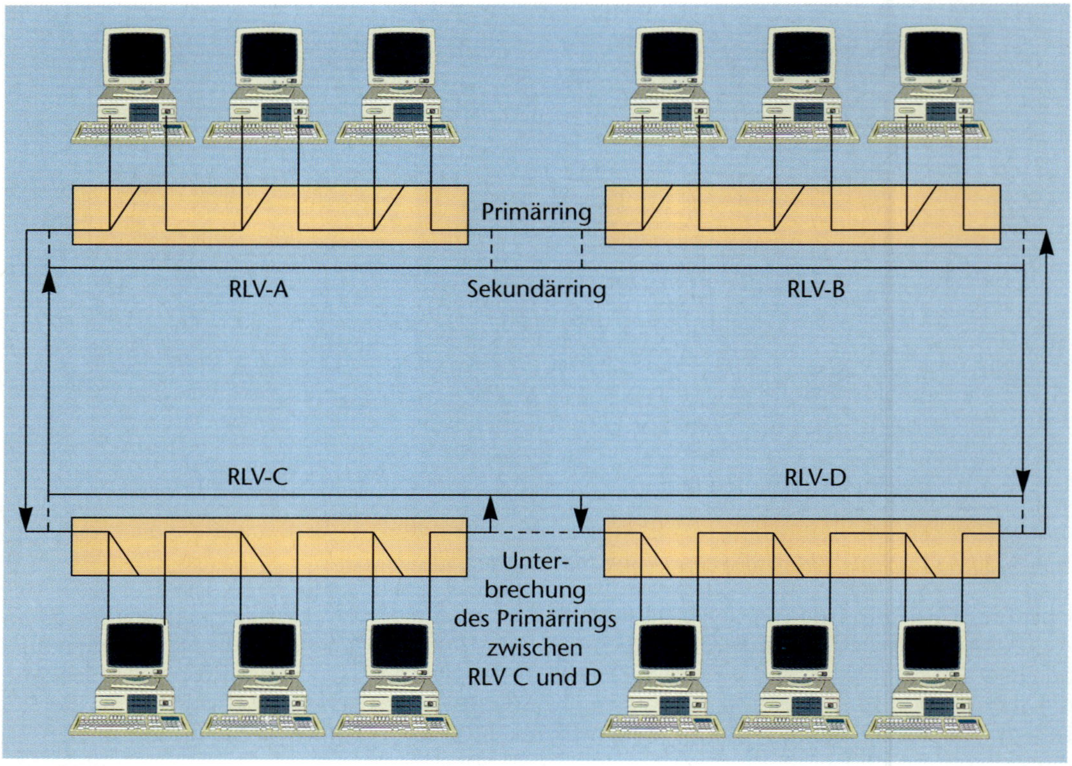

Abb. 6.15 Verbindung von Primär- und Sekundärring bei Leitungsunterbrechung zwischen RLV-C und RLV-D

Auf einen Blick

- Für die Vernetzung von lokalen Netzwerken haben sich die Verkabelungstechniken Ethernet und Token Ring als Standard weltweit durchgesetzt.
- Ethernet kann in folgenden Verkabelungsvarianten realisiert werden:

Verkabelung nach: / Merkmale	Thin-Ethernet	Thick-Ethernet	Twisted-Pair-Ethernet	Glasfaser-Ethernet
IEEE-Standard	IEEE 802.3	IEEE 802.3	IEEE 802.3	IEEE 802.3
Topologie	Bus	Bus	Bus, Ring, Stern	Bus, Ring
Kabeltyp	RG-58, 10 Base-2 Koax-Kabel	RG-11, 10 Base-5 Koax-Kabel	10 Base T 100 Base TX/VG 1000 Base CX Kupfer-Kabel	10 Base F/FL/FB/FP 100 Base FX/SX 1000 Base SX/LX Glasfaser-Kabel
Datenrate	10 Mbit/s	10 Mbit/s 100 Mbit/s (Fast Ethernet)	10 Mbit/s/Cat 3 100 Mbit/s/Cat 5 1000 Mbit/s/Cat 7	10 Mbit/s 100 Mbit/s 10000 Mbit/s ≙ 10 Gbit/s
max. Anzahl der Stationen im Netz, Mindestabstand	bis zu 30 0,5 Meter	bis zu 100 2,5 Meter	keine Spezifikation keine Spezifikation	keine Spezifikation keine Spezifikation
max. Kabellänge, Segmentlänge	ca. 185 Meter	ca. 500 Meter	100 Meter zwischen Verteiler und Station	bis zu 550 Meter zwischen Verteiler und Station, insgesamt bis zu 40 km
zusätzliche Hardware	keine	Transceiver	Hub oder Switch	Hub, Switches und ggf. Medienkonverter

- Token Ring ist eine Anschluss- bzw. Verkabelungstechnik für ein lokales Netzwerk, welches nach der Ring-Topologie aufgebaut ist und mit dem Zugriffsverfahren Token Passing arbeitet. Mit der Token-Ring-Verbindung können Übertragungsgeschwindigkeiten von 4 Mbit/s oder 16 Mbit/s erreicht werden. Das Token-Ring-Netz gilt topologisch als Ring, wird aber sternförmig verkabelt. Die Stationen werden an einen oder mehrere Ringleitungsverteiler (RLV) angeschlossen, die als Netzwerkknoten dienen. Ringleitungsverteiler werden auch als MAU (Multistation Access Unit bzw. Medium Attachement Unit) bezeichnet.
- Als Sicherheitsvorkehrung für den Ausfall einer Station oder einer Leitungsstörung im Netz kann neben der Hauptleitung eine Ersatzleitung verlegt werden, die im Falle einer Leitungsstörung automatisch die Funktion der Hauptleitung übernimmt. Eine andere Alternative ist die sogenannte Bypass-Lösung, bei der eine Umgehungsschaltung die Betriebsbereitschaft der Hauptleitung sicherstellt. Voraussetzung hierfür ist, dass die Workstations direkt mit beiden Ringen verbunden sind.
- Bei der Vernetzung von Netzwerken können auch verschiedene Kabeltypen in kombinierter Form (z. B. STP-Kabel und Lichtwellenleiterkabel) über den Einsatz von **Medienkonvertern** verwendet werden, um die Ausdehnung des Netzes, die Übertragungsgeschwindigkeit oder den Datendurchsatz zu erhöhen.

6.6 Zugriffsverfahren

Unter einem **Zugriffsverfahren** versteht man standardisierte Vereinbarungen für den Zugriff und die Übertragung in einem Netzwerk

Wenn mehrere Netzteilnehmer für ihre Kommunikation gemeinsam Leitungen benutzen, muss es eindeutige und einheitliche Vereinbarungen geben, die den Zugriff auf das Netz regeln. Diese Vereinbarungen werden in einem Zugriffsverfahren festgelegt. Dabei wird beispielsweise bestimmt, auf welche Art und Weise die Benutzer auf das Netzwerk zugreifen können und in welcher Reihenfolge Informationen über das Netz übertragen werden.

Ein Beispiel aus dem Straßenverkehr, in dem mehrere Verkehrsteilnehmer gemeinsam Straßenverkehrswege benutzen, veranschaulicht zwei grundsätzlich verschiedene Verfahren der Zugriffsregelung: Aus einer Nebenstraße möchte ein Fahrzeug nach rechts auf eine viel befahrene Bundesstraße abbiegen. Der Fahrer könnte eine von zwei Möglichkeiten vorfinden. Die erste ist eine Ampelsteuerung, die über festgelegte Zeitintervalle das Abbiegen erlaubt. Bei der zweiten Möglichkeit (ohne Ampelsteuerung) wartet der Fahrer, bis seine Fahrtrichtung frei ist. Im Gegensatz zur Ampelsteuerung hat dieses Verfahren keinen festen Zeitrahmen, sondern es basiert auf dem Zufallsprinzip.

Die beiden Alternativen werden – bezogen auf die Zugriffsregelung in einem Netzwerk – durch zwei Zugriffsverfahren repräsentiert, die sich weltweit zum Standard entwickelt haben:

- **CSMA/CD** (Carrier Sense Multiple Access with Collision Detection) und
- **Token Passing** (Weiterleitung eines Token).

6.6.1 CSMA/CD-Verfahren

In dem CSMA/CD-Verfahren, das überwiegend in der Bus-Topologie mit einer Ethernet-Verbindung eingesetzt wird, können grundsätzlich alle angeschlossenen Workstations gleichzeitig auf das Netz zugreifen. Die sendewillige Station prüft zunächst, ob die Leitung für eine Übertragung frei ist. Das Abhören der Leitung wird als „Carrier Sense" bezeichnet. Ist die Leitung nicht frei, weil diese durch die Datenübertragung einer anderen Station belegt ist, muss die sendewillige Station warten und dabei immer wieder die Leitung abhören. Sobald die Station die Leitung als frei erkannt hat, wird die Nachricht gesendet. Die Nachricht wird ergänzt durch die Adresse des Absenders und des Empfängers, sodass jede Station im Netz durch Abgleich mit der eigenen Adresse überprüfen kann, ob sie zum Empfang der Information berechtigt ist oder nicht. Beginnen jedoch zwei Stationen gleichzeitig mit der Übertragung (Multiple Access), weil sie die Leitung als frei erkannt haben, kommt es zu einem Zusammenstoß der Nachrichten (Collision), da diese zum gleichen Zeitpunkt die Übertragungsleitung beanspruchen.

Um festzustellen, ob die Nachricht nach dem Aussenden den Empfänger erreicht hat oder kollidiert ist, muss jede Station auch während der Übertragung weiterhin die Leitung abhören. Im Falle der festgestellten Kollision wird die Übertragung unmittelbar darauf abgebrochen und ein Störsignal (**Jamming-Signal**, Kurzform: Jam-Signal = Blockiersignal) gesendet. Beide Stationen warten danach eine durch einen Zufallsgenerator vorgegebene Zeit ab, um ihre Nachrichten zum wiederholten Male auszusenden. Die Methode, nach der die Wartezeit berechnet wird, bezeichnet man auch als sogenannte Backoff-Strategie. Bei hoher Netzauslastung und großen Datenübertragungsraten kann es wegen der sehr häufigen Kollisionen zu einer Verschlechterung der Performance kommen.

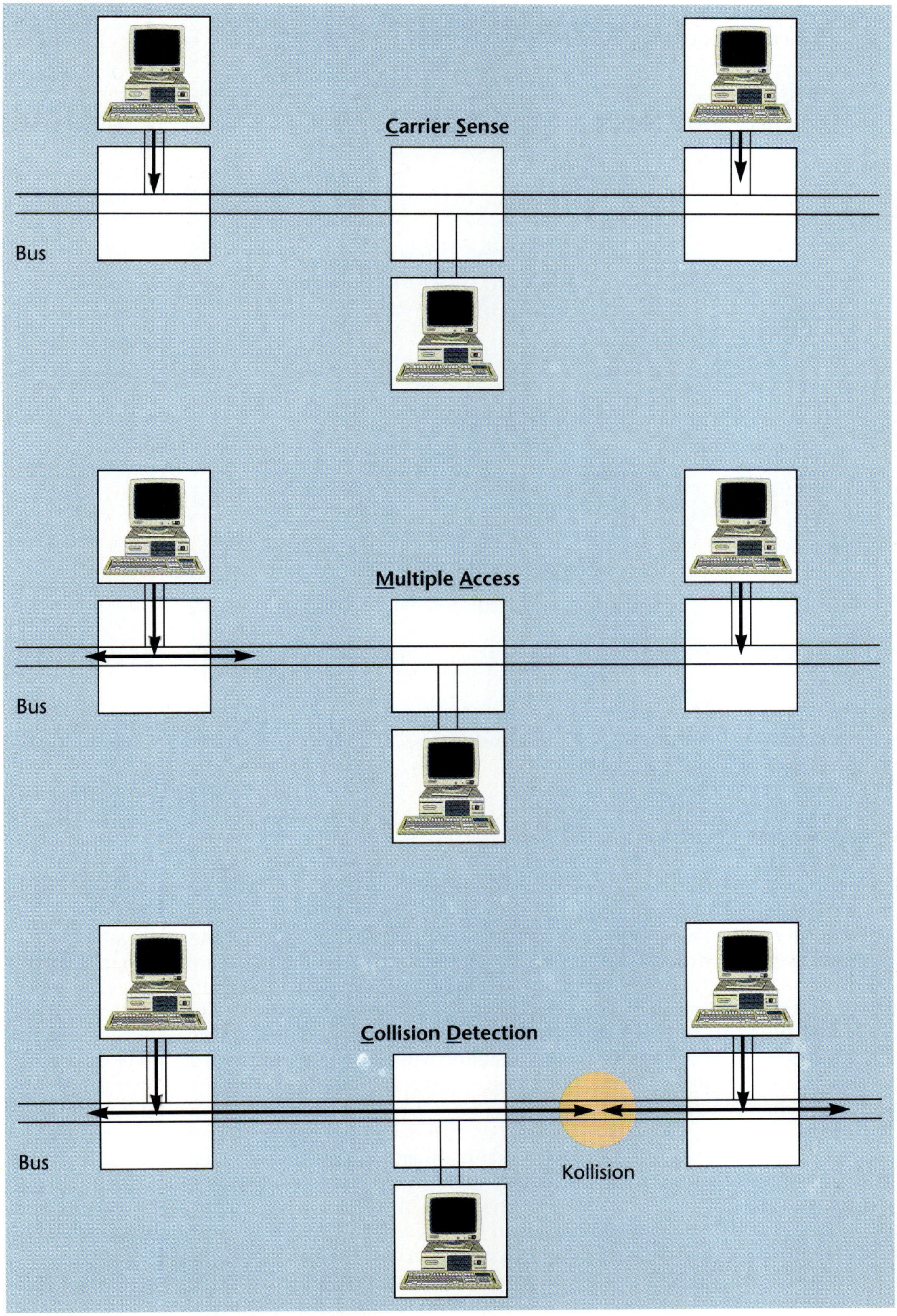

Abb. 6.16 Funktionsweise des CSMA/CD-Verfahrens

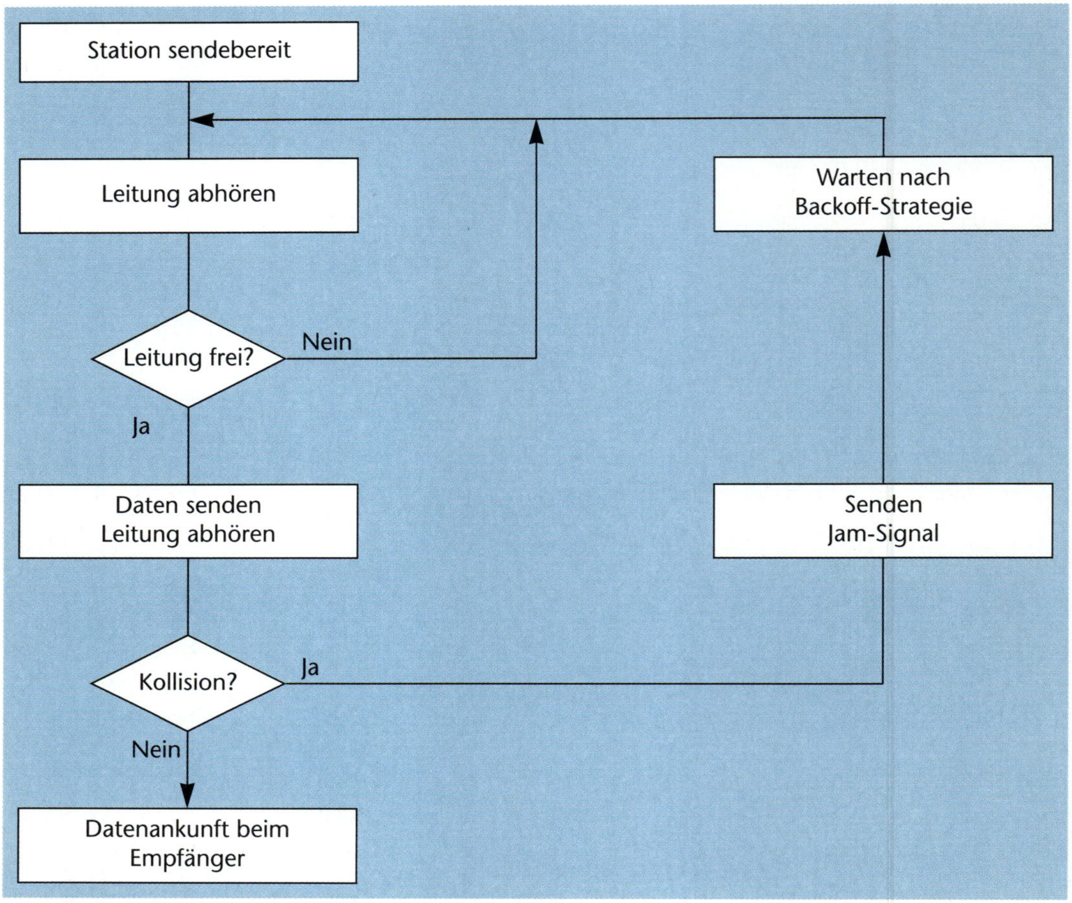

Abb. 6.17 Ablauflogik zum CSMA/CD-Verfahren

6.6.2 Token-Passing-Verfahren

Beim Token-Passing-Verfahren, das in der Ring-Topologie eingesetzt wird, kann eine Workstation nur senden, wenn sie ein so genanntes Token erhält. Ein Token besteht aus einem bestimmten Bitmuster und ist vergleichbar mit einem Staffelstab, der ständig im Netz von Station zu Station weitergegeben wird. Die Station, die gerade das freie Token besitzt, kann senden (z. B. Workstation A in Abb. 6.18 oben). Sie übergibt dem Token die Adresse der Zielstation, die eigene Adresse sowie die zu übertragenen Daten und gibt es an die nächste Station weiter. Jede Station kontrolliert bei der Staffelübergabe über einen Adressenvergleich, ob die Nachricht für sie bestimmt ist. Falls dies nicht der Fall ist (z. B. bei Workstation B in der Abbildung), wird das Token zur nächsten Station weitergegeben. Ist die Zielstation – in diesem Fall die Workstation C – erreicht, werden die Informationen gelesen und der Erhalt durch Setzen eines bestimmten Bit im Bitmuster des Token bestätigt (vgl. Abb. 6.18 mitte). Das Token wird so lange weitergegeben, bis es wieder zur Quellstation zurückkehrt. Die Station kann anhand des Bitmusters erkennen, ob die Daten beim Empfänger angekommen sind. Erst daraufhin wird das Token wieder freigegeben und zur nächsten Station mit Sendeerlaubnis weitergegeben (Abb. 6.18 unten). Beim Token-Passing-Verfahren kann es deshalb nicht zu Kollisionen kommen. Eine Variante des ursprünglichen Token-Ring ist der **Early-Token-Release Token-Ring**, in dem unmittelbar nach dem Absenden eines Datenpaketes bereits ein neues Token mit Sendeberechtigung generiert wird. Auf diese Weise können mehrere Token zu gleicher Zeit den Ring belegen, was den Datendurchsatz im Netz erhöht und Wartezeiten reduziert.

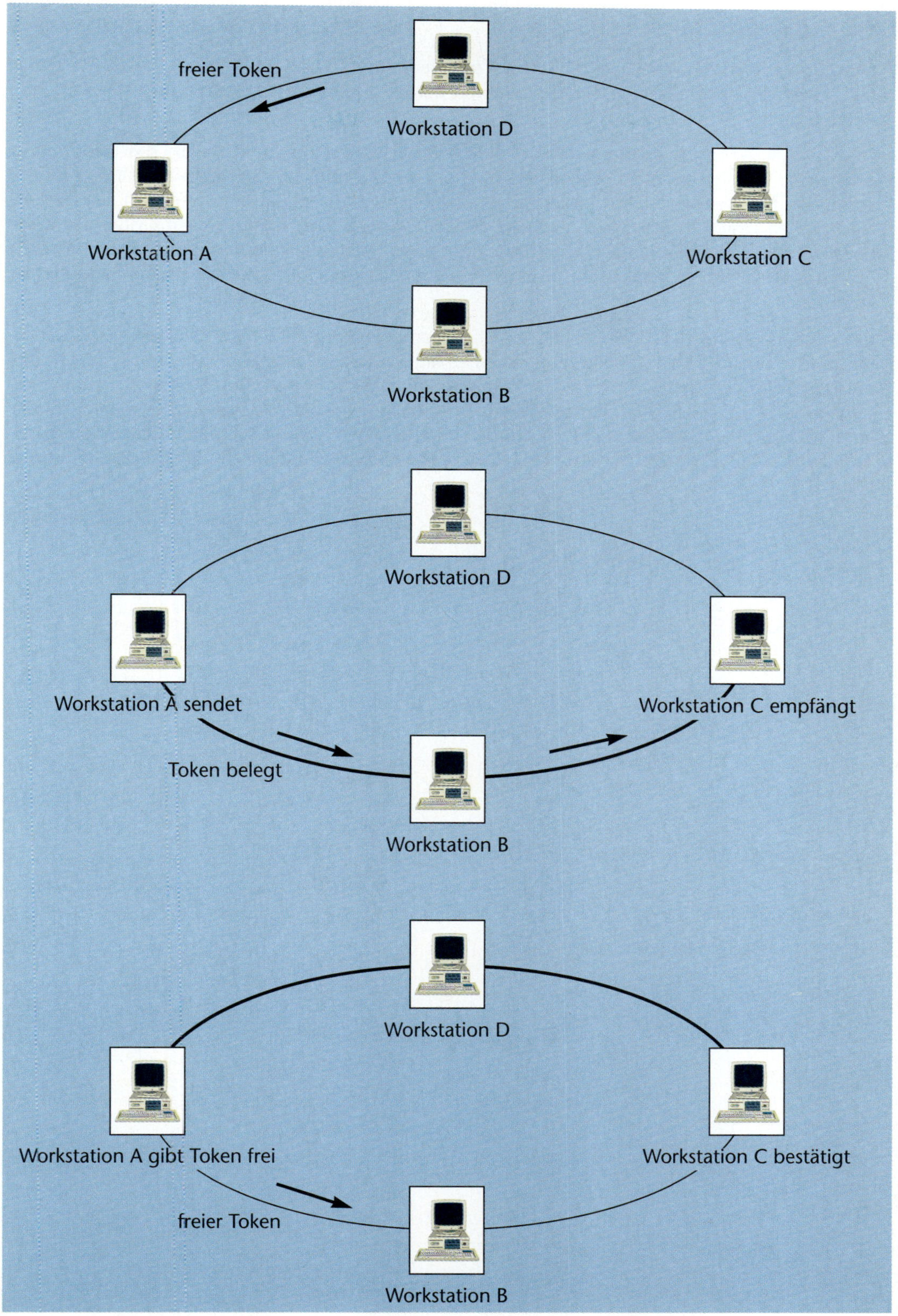

Abb. 6.18 Token-Passing-Verfahren

Auf einen Blick

- Das Zugriffsverfahren regelt den Zugriff auf das Netz und die Art und Weise der Übertragung im Netz. Weltweit haben sich die Zugriffsverfahren CSMA/CD und Token Passing zum Standard entwickelt.
- Das CSMA/CD-Zugriffsverfahren wird überwiegend in der Bus-Topologie mit Ethernet-Verbindung eingesetzt. Da alle angeschlossenen Workstations gleichzeitig auf das Netz zugreifen können, kommt es bei gleichzeitigem Versenden von Nachrichten zu Kollisionen. In diesem Fall müssen Nachrichten erneut auf das Netz geschickt werden, was bei einer hohen Netzauslastung zu einer Verlängerung von Antwortzeiten führt. Bei einer hohen Netzauslastung und großen Datenübertragungsraten kann es wegen der sehr häufigen Kollisionen zu einer Verschlechterung der Performance kommen.
- Beim Token-Passing-Verfahren, das in der Ring-Topologie eingesetzt wird, kann eine Workstation nur senden, wenn sie ein so genanntes Token erhält. Ein Token besteht aus einem bestimmten Bitmuster und ist vergleichbar mit einem Staffelstab, der ständig im Netz von Station zu Station weitergegeben wird. Die Station, die gerade das freie Token besitzt, kann senden. Die Freigabe für ein erneutes Versenden von Nachrichten kann erst dann erfolgen, wenn die Empfangsbestätigung der Zielstation die Quellstation erreicht hat. Beim Token-Passing-Verfahren kann es nicht zu Kollisionen kommen.

6.7 Datenübertragung in vernetzten IT-Systemen

6.7.1 Übertragungsprotokolle

Unter einem **Protokoll** versteht man standardisierte Vereinbarungen und Regeln für die Kommunikation sowie für die Nutzung von Diensten in Netzwerken.

Protokolle – häufig auch Transport- oder Übertragungsprotokolle genannt – sind nicht nur für die Nutzung lokaler Netzwerke (LAN) erforderlich (z. B. für die gemeinsame Nutzung von Laufwerken und Druckern), sondern auch und gerade für den Kommunikationsaustausch zwischen den Netzwerken.

Vergleicht man einzelne Netzwerke miteinander, so kann man feststellen, dass diese hinsichtlich ihrer Systemplattform, der eingesetzten Betriebssoftware, der Topologie und des Zugriffsverfahrens sehr unterschiedlich sein können. Man spricht in diesem Zusammenhang von vernetzten heterogenen Systemen. Eine Kommunikation in und zwischen heterogenen Systemen setzt standardisierte Vereinbarungen voraus, um die Arbeitsfähigkeit **(Operabilität)** in diesen Netzen überhaupt zu ermöglichen. Häufig verwendete Netzwerkprotokolle sind in folgender Tabelle kurz beschrieben:

Protokolle	Erläuterung
IPX/SPX	**I**nternet **P**ackage **E**xchange/**S**equenced **P**ackage **E**xchange Dieses Protokoll wird als Kommunikationsgrundlage in Netzwerken eingesetzt, die mit Novell Netware ausgestattet sind.
NetBIOS **NetBEUI**	**N**etwork **B**asic **I**nput **O**utput **S**ystem, hardwareunabhängige Softwareschnittstelle **NetB**ios **E**xtended **U**ser **I**nterface NetBIOS und NetBEUI sind von dem Computerhersteller IBM entwickelt worden. NetBIOS vewendet NetBEUI als Transportprotokoll, das überwiegend in deren Client-Server-Systemen (LAN-Manager, OS/2), aber auch unter anderen Betriebssystemplattformen (Win95, NT) eingesetzt wird. NetBEUI ist nicht routingfähig.
Apple Talk	Apple Talk wird als Protokoll in Netzwerken, die mit Apple Macintosh Stationen ausgestattet sind, eingesetzt. Hierzu gibt es eine Reihe von Varianten, z. B. das **Local Talk** für Peer-to-Peer-Netze und **Ether Talk** für die Ethernet-Vernetzung.
TCP/IP	**T**ransmission **C**ontrol **P**rotocol/**I**nternet **P**rotocol Dieses bereits in den 70er Jahren entwickelte Protokoll ist integraler Bestandteil des Betriebssystems UNIX und hat sich bei der Vernetzung heterogener Systeme zum Industriestandard entwickelt. TCP/IP ist auch das Übertragungsprotokoll im Internet. Auf der Basis von TCP/IP können weitere Protokolle zur Nutzung bestimmter Internet-Dienste eingesetzt werden (vgl. Abschnitt 7.4.2).
ATM	**A**synchronous **T**ransfer **M**ode ATM gilt für die LAN-WAN Kommunikation als Technik der Zukunft. ATM ist von der **ITU** (**I**nternational **T**elecommunications **U**nion) als Übertragungsprotokoll für das Breitband ISDN (B-ISDN) ausgewählt worden. ATM ist mit 155 Mbit/s ein sehr schnelles, asynchrones Übertragungsprotokoll und eignet sich besonders für den Einsatz von Multimedia in Netzwerken.

Sollen Netzwerke im Netzverbund miteinander kommunizieren, stellt sich die Frage, ob die zu verbindenden Teilnetze mit demselben Protokoll oder mit unterschiedlichen Protokollen arbeiten. Die Frage beeinflusst auch Auswahl und Einsatz der LAN-Schnittstellen, die als Bindeglied zwischen Teilnetzen fungieren.

6.7.2 LAN-Schnittstellen

Repeater

Ein **Repeater** ist ein Gerät, welches gesendete Signale verstärkt und weiterleitet. Repeater kommen dann zum Einsatz, wenn in Netzwerken größere Entfernungen verkabelt werden müssen und zu befürchten ist, dass aufgrund der nachlassenden Signalstärke im Übertragungsmedium der Datentransport im Netz zusammenzubrechen droht. Deshalb kopiert ein Repeater (to repeat = wiederholen) alle empfangenen Signale und verstärkt sie, bevor diese weitergeleitet werden. Über den Einsatz von Repeatern können zwei Teile ein und desselben Netzwerkes, die das gleiche Netzwerkprotokoll benutzen, verbunden werden, was zugleich eine Erweiterung der kabelspezifischen Entfernungsbegrenzung (z. B. max. 200 Meter bei Thin-Ethernet) bedeutet.

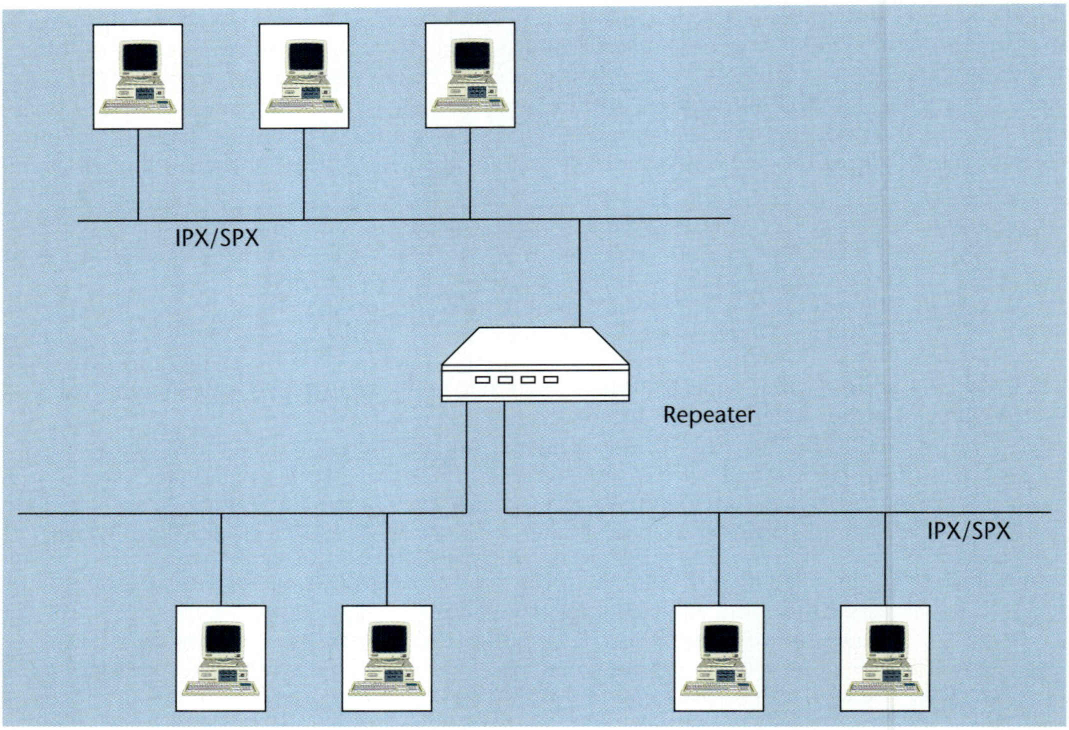

Abb. 6.19 Repeater als Kopplungselement von Netzsegmenten

Sollen mehrere Teilsegmente – beispielsweise für die Verbindung von Workstations in mehreren Gebäudekomplexen – an einen Repeater angeschlossen werden, werden **Multi-Port-Repeater** eingesetzt. Repeater sind auch in der Lage, Netzsegmente mit unterschiedlichen Verkabelungstechniken zu verbinden, beispielsweise ein nach Thin-Ethernet mit 10-Base 2 Kabel vernetztes Segment mit einem nach Twisted-Pair-Ethernet verkabelten Teilsegment.

Bridge

Eine **Bridge** (= Brücke) verbindet lokale Netzwerke, die mit dem gleichen Protokoll arbeiten. Bridges sind in der Lage, zwischen lokaler Kommunikation in einem Netzwerk und der Datenübertragung von einem Netz ins andere zu unterscheiden, d. h. sie erkennen die Zieladresse und entscheiden auf dieser Grundlage, ob Daten in das andere Netz weitergereicht werden oder nicht. Bridges werden überwiegend in kleinen Netzwerksystemen zur Verbindung von Teilnetzen eingesetzt.

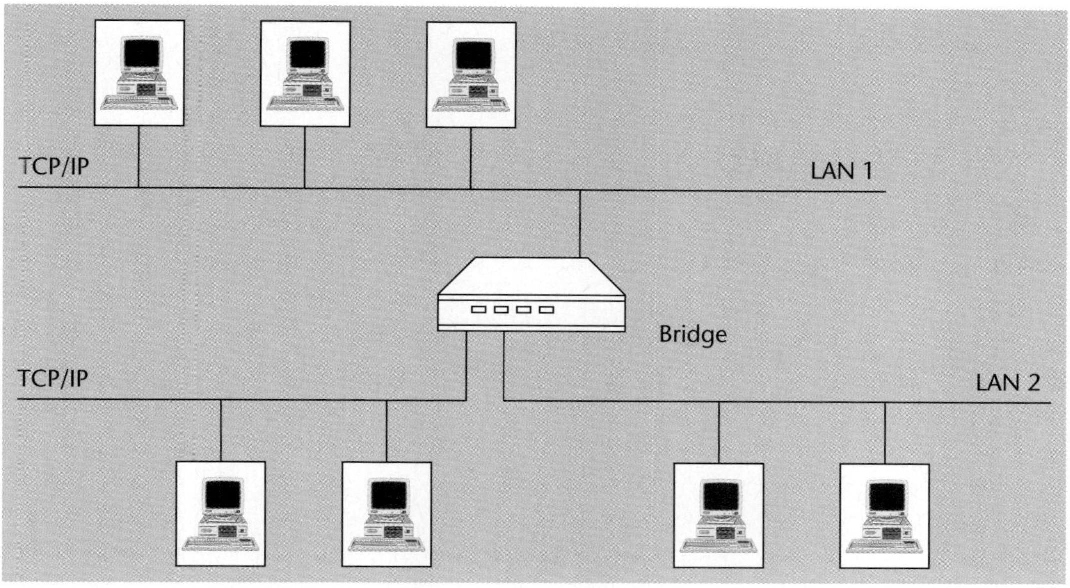

Abb. 6.20 Bridge als lokales Kopplungselement von Teilnetzen

Über so genannte **Remote-Bridges** (remote bridge = eine Brücke, um Datenendstationen im Fernbetrieb zu erreichen) können lokale Netzwerke über eine Datenfernübertragung mit dem Weitverkehrsnetz **WAN** (**W**ide **A**rea **N**etwork) verbunden werden.

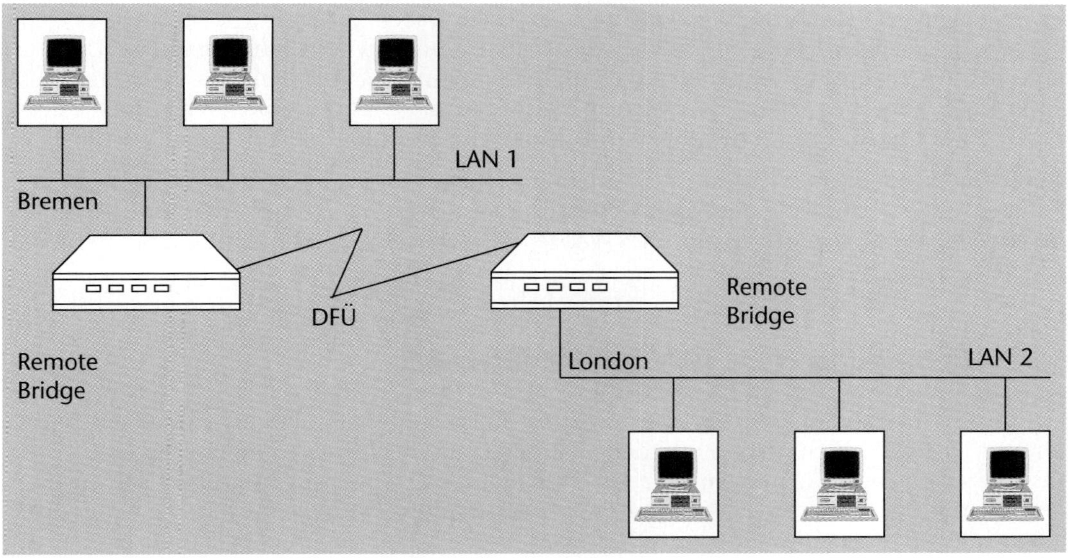

Abb. 6.21 Remote Bridge als Kopplungselement von Teilnetzen im WAN

■ Gateway

Gateways (gateway = Torweg, Einfahrt) verbinden Netzwerke, die aufgrund ihrer unterschiedlichen Systemarchitektur (z. B. PC-LAN und Großrechnersystem) auch mit unterschiedlichen Protokollen arbeiten. Daten, die von einem der beiden Netze in den Gateway geschickt werden, gelangen durch diese „Tür" in das andere Netz über eine Protokollumwandlung bzw. -anpassung. Somit ist der Gateway eine Art Dolmetscher, der die Datenkommunikation sowohl auf der Hardware- als auch auf der Softwareseite ermöglicht.

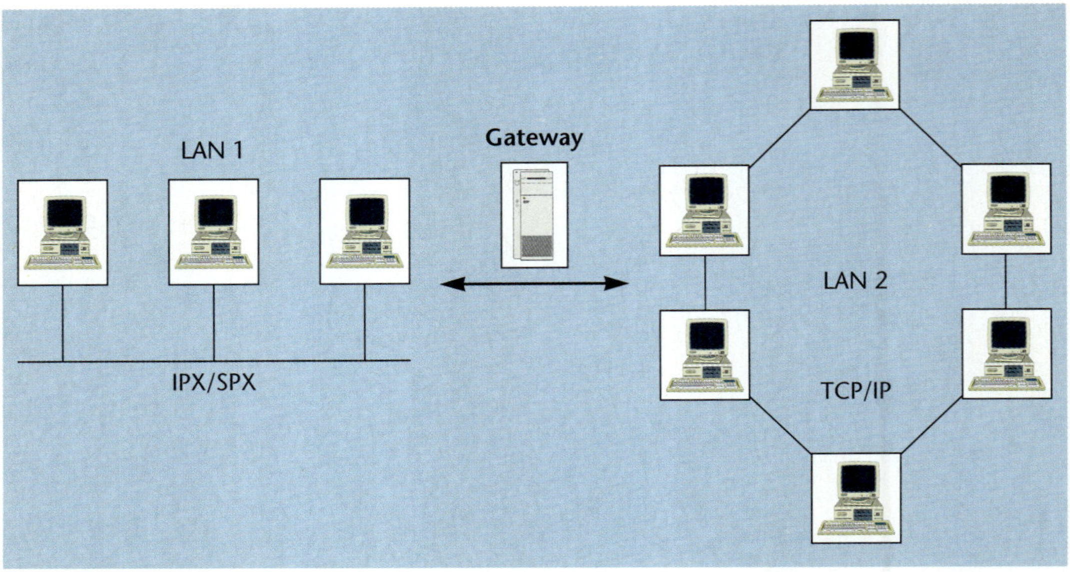

Abb. 6.22 LAN-Kopplung über Gateway

Router

Ein **Router** ist eine LAN-Schnittstelle, die – ähnlich wie eine Bridge – eine Verbindung zwischen Netzwerken herstellen kann. Router können auch eingesetzt werden, um ein lokales Netzwerk in mehrere kleinere Netze bzw. Netzsegmente aufzuteilen. Dabei erhält jedes Teilnetz seine eigene Netzadresse und jeder Teilnehmer in einem der Teilnetze eine eigene Teilnehmeradresse. Der Router ist selbst Teilnehmer. Er überträgt nur dann Daten, wenn diese eine ihm bekannte Netzadresse enthalten. Bei der Übertragung der Daten an die Zieladresse wählt der Router den zeitlich kürzesten Weg, auch wenn weitere Netzwerke zwischengeschaltet sind.

Durch ein ausgeklügeltes Wegeauswahlverfahren werden Daten so über das Netzwerk geleitet, dass Engpässe wirkungsvoll umgangen werden. Router werden häufig zur Verbindung eines LAN mit anderen Netzwerken innerhalb eines WAN eingesetzt (z. B. zur Anbindung eines LAN an das Internet).

6.7.3 Anbindung eines LAN an das Internet

Eine immer größere Zahl von Betrieben nutzt das Internet als Präsentations- und Kommunikationsmittel (siehe Abschnitt 7.4 Internet). Voraussetzung für die Nutzung des Internet ist der Anschluss bzw. Zugang zu diesem Netz. Die Verbindung kann beispielsweise über den Direktanschluss einer einzelnen nicht lokal vernetzten PC-Station erfolgen, die über Modem oder ISDN an das Internet angeschlossen wird (vgl. Abschnitt 7.4.2). Eine andere Möglichkeit besteht darin, ein lokales Netzwerk an das Internet zu koppeln, in dem entweder eine Station oder mehrere im LAN den Zugang zum Internet (WAN) erhalten. Kopplungselement ist ein Router, der als Schnittstelle zwischen dem LAN und dem Internet die Verbindung zwischen den Netzen herstellt. So leitet der Router die aus dem Internet übertragenen Datenpakete an die ihm bekannten Netzadressen im LAN weiter und umgekehrt (vgl. Abschnitt 7.4.4). Im Vergleich zur Bridge arbeitet der Router protokollabhängig. Da für die Datenübertragung im Internet das Übertragungsprotokoll TCP/IP eingesetzt wird, ist auf den Rechnern im LAN – soweit es noch nicht im Betriebssystem integriert sein sollte – das Protokoll TCP/IP nachträglich zu installieren. Eine mögliche Hardwarekonfiguration zur Anbindung eines LAN an das Internet veranschaulicht Abb. 6.23.

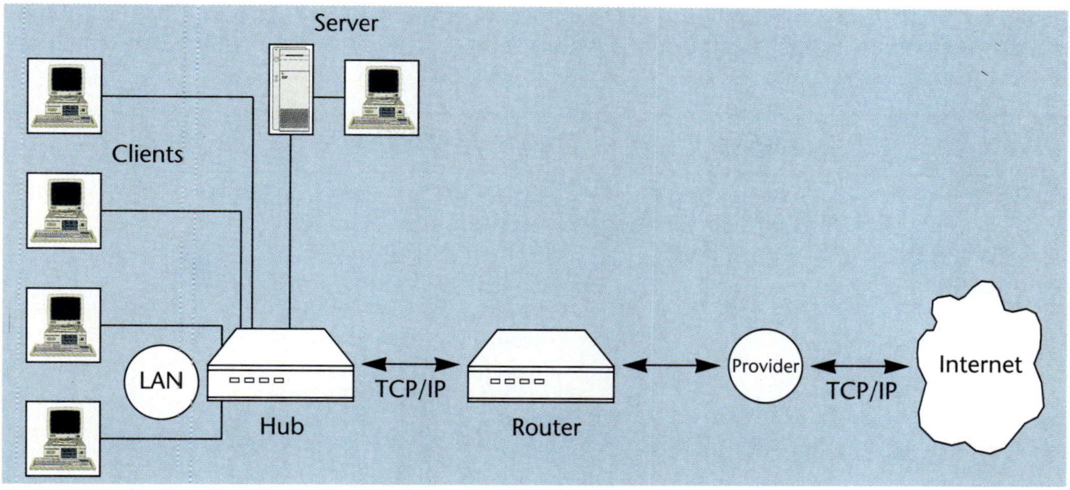

Abb. 6.23 Kopplung eines lokalen Netzwerkes an das Internet über einen Router

Bei der vorgestellten Netzkopplung sind aufgrund von Sicherheitsrisiken geeignete Schutzmaßnahmen zu treffen (vgl. Abschnitt 9.5 Sicherheit im Internet).

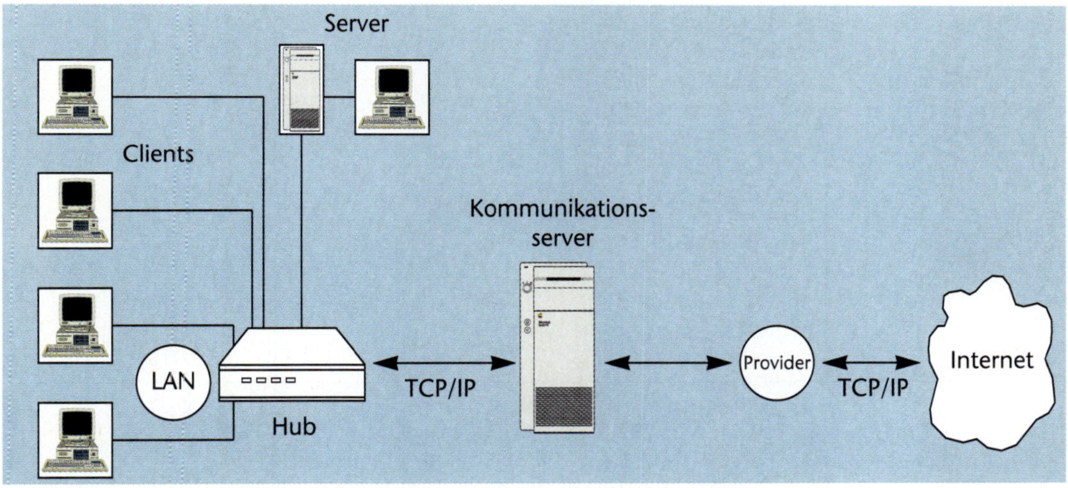

Abb. 6.24 Kopplung eines lokalen Netzwerkes an das Internet über einen Kommunikations-Server

6.7.4 OSI-Schichtenmodell

Um eine herstellerunabhängige Datenkommunikation auch zwischen den Netzen zu gewährleisten, sind international gültige Vereinbarungen und Regeln erforderlich. Von internationalen Normungsgremien wie der IEEE (Institute of Electrical and Electronic Engineers) und der **ISO** (**I**nternational **S**tandard **O**rganization) wurden und werden Normungsvorschläge für die Datenübertragung und den Kommunikationsablauf erarbeitet. Die ISO hat in einem OSI-Schichtenmodell (**OSI** = **O**pen **S**ystem **I**nterconnection, zu deutsch: offenes Kommunikationssystem) grundsätzlich die Architektur aller möglichen Netze, unabhängig von der Art der Endgeräte und Anwendungen, aber auch unabhängig von der Art der technischen Vernetzung beschrieben. Das OSI-Schichtenmodell wird häufig auch als Ebenen-Modell bezeichnet. Die Abwicklung der Kommunikation soll nach dem OSI-Modell über sieben Arbeitsebenen bzw. Schichten erfolgen, die genau festgelegte Dienste der nächsthöheren Ebene zur Verfügung stellen bzw. die Fähigkeiten der nächstniedrigeren Schicht nutzen. Grob lassen sich die Schichten in transportorientierte

(Schicht 1 bis 4) und anwendungsorientierte Ebenen (Schicht 5 bis 7) gliedern. Bei der Datensendung werden die Schichten in der Reihenfolge 7 bis 1, beim Datenempfang in der Reihenfolge 1 bis 7 durchlaufen.

OSI-Schicht	Aufgabe	LAN-Schnittstelle	TCP/IP-Schicht
7. Schicht Anwendungsschicht **Application Layer**	Verarbeitung von Programmanwendungen im Netzbetrieb	**Gateways** müssen Verbindungen auf allen 7 Ebenen bereitstellen, da die Kommunikation zwischen Geräten völlig unterschiedlicher Systemarchitekturen und Protokollen erfolgt.	(vgl. Abschnitt 7.4.2)
6. Schicht Darstellungsschicht **Presentation Layer**	Programmabhängige Anpassung von Daten für die Datenübertragung (Formatanpassung, Codetransformation)		**4.** Anwendungsschicht
5. Schicht Kommunikationssteuerungsschicht **Session Layer**	Steuerung der Kommunikation im Netz über Software, die für die Aufnahme, Durchführung und Beendigung einer Sitzung (Session) sorgt		Telnet, FTP, SMTP http
4. Schicht Transportschicht **Transport Layer**	Durchführung einer fehlerfreien Datenübertragung durch Fehlererkennung und -korrektur		**3.** Rechner-zu-Rechner Transportschicht TCP/UDP
3. Schicht Vermittlungsschicht **Network Layer**	Verwaltung der Verbindungen im Netz. Aufbau und Abbau der Verbindung im Netz und Netzwerksteuerung	Information über Netzwerkadresse und Pfaden zwischen allen Punkten des Netzes stehen auf dieser Ebene zur Verfügung, die von **Routern** zur Datenweiterleitung genutzt werden	**2.** Internet-Schicht IP, ICMP
2. Schicht Datenverbindungsschicht **Data Link Layer**	Herstellen der Verbindung von Netzkarte zu Netzkarte und Datenübertragung zum Netz	**Bridges und Switches** arbeiten auf der zweiten Ebene und werden zur Kopplung gleichartiger LANs eingesetzt	**1.** Netzzugangsschicht
1. Schicht Bitübertragungsschicht **Physical Layer**	Physikalischer Anschluss und Steuerung der Hardware. Steuerung des Zugriffes auf die Übertragungswege	Auf der ersten Schicht erfolgt die Kopplung von LAN-Segmenten über **Repeater.**	Ethernet Token Ring ATM, FDDI

Das Schaubild enthält in den ersten beiden Spalten die jeweiligen Bezeichnungen und Aufgaben der einzelnen Schichten. Da auch die Geräte zur LAN-Verknüpfung (vgl. Abschnitt 6.7.2) dem OSI-Standard unterliegen, wird in der dritten Spalte der Tabelle aufgezeigt, über welche Schichten jeweils die Geräte zur Realisierung von LAN-Verknüpfungen (LAN-Schnittstellen) die Datenkommunikation abwickeln. Das OSI-Schichtenmodell ist, wie aus der Bezeichnung hervorgeht, ein Modell. Es dient als Richtschnur zur Vergleichbarkeit und Zuordnung bestehender Netzwerke, deren Dienste sowie deren Protokolle. Ein physikalisches ISO-Schichtenmodell gibt es nicht. Daher ist in der vierten Spalte die TCP/IP-Protokollfamilie, die sich als Standard weltweit durchgesetzt hat, den Schichten des OSI-Modells zugeordnet. Wie zu erkennen ist, sind die TCP/IP-Schichten nicht völlig identisch mit dem 7-Schichten-Modell des OSI-Standards.

Auf einen Blick

- Protokolle, auch Transport- oder Übertragungsprotokolle genannt, sind standardisierte Vereinbarungen und Regeln für die Kommunikation sowie für die Nutzung von Diensten in Netzwerken. Protokolle werden sowohl für die Kommunikation in einem lokalen Netzwerk (LAN) als auch für die weltweite Kommunikation benötigt (LAN-WAN-Kommunikation).
- Häufig verwendete Netzwerkprotokolle sind beispielsweise IPX/SPX, NetBIOS in Verbindung mit NetBEUI, Apple Talk und TCP/IP.
- LAN-Verbindungen können über folgende LAN-Schnittstellen realisiert werden:
  - Repeater: Ein Repeater ist ein Gerät, das gesendete Signale verstärkt und weiterleitet. Über den Einsatz von Repeatern können zwei Teile ein und desselben Netzwerkes verbunden werden, was zu einer Ausdehnung des Netzwerkes führt.
  - Eine Bridge verbindet lokale Netzwerke, die mit dem gleichen Protokoll arbeiten. Bridges sind in der Lage, zwischen lokalem Verkehr auf einem Netz und Verkehr von einem ins andere Netz zu unterscheiden.
  - Gateways verbinden Netzwerke, die aufgrund ihrer unterschiedlichen Systemarchitektur (z. B. PC-LAN und Großrechnersystem) auch mit unterschiedlichen Protokollen arbeiten. Gateways ermöglichen sowohl auf der Hardware- als auch auf der Softwareseite die Interoperabilität zwischen heterogenen Netzwerken.
  - Ein Router ist eine LAN-Schnittstelle, die – ähnlich wie eine Bridge – eine Verbindung zwischen lokalen Netzwerken herstellen kann. Router können auch eingesetzt werden, um ein lokales Netzwerk in mehrere kleinere Netze bzw. Netzsegmente aufzuteilen. Bei der Datenübertragung ist ein Router im Gegensatz zu einer Bridge in der Lage, den optimalen Weg zwischen zwei Netzwerken zu ermitteln.
- Router werden häufig zur Verbindung eines LAN mit anderen Netzwerken, z. B. mit dem Internet innerhalb des WAN eingesetzt. Voraussetzung für die Kopplung zweier Netze mit einem Router ist die Verwendung desselben Protokolls (z. B. TCP/IP), da Router protokollabhängig arbeiten.
- Das OSI-Schichtenmodell ist eine Standardbeschreibung für eine herstellerunabhängige Datenkommunikation zwischen heterogenen Netzen. Die Abwicklung der Kommunikation soll nach dem OSI-Modell über sieben Arbeitsebenen bzw. Schichten erfolgen. Grob lassen sich die Schichten in transportorientierte (Schicht 1 bis 4) und anwendungsorientierte Ebenen (Schicht 5 bis 7) gliedern. Bei der Datensendung werden die Schichten in der Reihenfolge 7 bis 1, beim Datenempfang in der Reihenfolge 1 bis 7 durchlaufen. Das TCP/IP-Übertragungsprotokoll, welches sich weltweit als Standard durchgesetzt hat, unterscheidet sich jedoch vom OSI-Schichtenmodell. TCP/IP arbeitet mit vier Schichten und fasst mit seiner Protokollfamilie einzelne Schichten des OSI-Schichtenmodells zusammen.

7 Öffentliche Netze und Dienste

7.1 Grundlagen der Kommunikation

Informationen sind die Basis allen Handelns. Jeder am betrieblichen Leistungsprozess beteiligte Mitarbeiter verarbeitet Informationen zur Erfüllung seiner Aufgabe. Diese kann er von anderen Mitarbeitern, Kunden oder Lieferanten empfangen, bearbeiten und weitergeben. Die Information kann durch ein direktes Gespräch, durch eine schriftliche Mitteilung, eine grafische Darstellung, durch Gesten oder durch Computerlisten übermittelt werden.

Informationen in Form von Sprache, Bild, Text oder Daten werden

- zwischen Menschen,
- zwischen Menschen und Maschinen und
- zwischen Maschinen

ausgetauscht.

Dieser Austausch von Informationen wird als Kommunikation bezeichnet.

Sollen Informationen über größere Entfernungen einem Kommunikationspartner übermittelt werden, so sind für ihren Transport technische Hilfsmittel erforderlich. Die Technik, die eingesetzt wird, um Kommunikation zu betreiben, bezeichnet man als **Kommunikationstechnik.** Sie stellt den Kommunikationspartnern Leitungen und Vermittlungseinrichtungen zur Verfügung, um Informationen übertragen zu können.

Dem Benutzer bleibt diese Technik weitgehend verborgen. Er sieht nur die Endgeräte, die der Ein- und Ausgabe von Informationen dienen.

Je nach Art der Kommunikation (Sprache, Bild, Text oder Daten) sind verschiedene Endgeräte notwendig.

Kommunikationsendegeräte sind beispielsweise für die

Sprachkommunikation:	Telefonapparate, Radio- und Fernsehgeräte, Sprachein- und Sprachausgabegeräte,
Textkommunikation:	Fernkopierer (Telefaxgerät), Bildschirmtextgeräte, Fernschreiber (Telexgeräte),
Bildkommunikation:	Fernsehgeräte, Bildschirmtextgeräte, Fernkopierer (Telefaxgeräte),
Datenkommunikation:	Datenstationen (Terminals), Personalcomputer, Großrechner.

Ist mindestens ein Kommunikationspartner ein Computer, so ist Datenkommunikation gegeben.

7.2 Überbetriebliche Netze

Sollen zentrale Datenbestände nicht nur Mitarbeitern am bisherigen Standort (z. B. in Hamburg) über das LAN zur Verfügung stehen, sondern auch vom Vertriebsbüro (z. B. in München) aus genutzt werden, so ist ein unternehmensweites Netzwerk zu errichten. Aus der Nahkommunikation innerhalb eines LANs wird ein Weitverkehrsnetz **WAN** (**W**ide **A**rea **N**etwork). Dabei liegt die Datenverarbeitung im Verantwortungsbereich des Anwenders. Für die Datenübertragung zum räumlich entfernten Kommunikationspartnern **DFÜ** (Datenfernübertragung) muss man sich der Dienste eines Telekommunikations-Netzbetreibers bedienen. Alleiniger Netzbetreiber war bis 1. Januar 1998 die Deutsche Telekom AG. Mit der Aufhebung des Netzmonopols steigt die Zahl der Netzanbieter (z. B. Mobil COM, Viag Interkom, Otelo, Arcor, EWE TEL u. a.) stetig.

Um eine Verbindung zwischen räumlich entfernten Punkten herzustellen, verwenden Netzbetreiber als Übertragungsmedium Kabelverbindungen, Funkstrecken (Richtfunk) oder Satellitenfunk. Mit der Verwendung von Satelliten gibt es praktisch keine räumlichen Begrenzungen mehr. Dadurch entsteht ein globales Netz **GAN** (**G**lobal **A**rea **N**etwork).

Für den Informationsaustausch (Sprache, Texte, Bilder, Daten) bieten die Netzbetreiber verschiedene Kommunikationsdienste an.

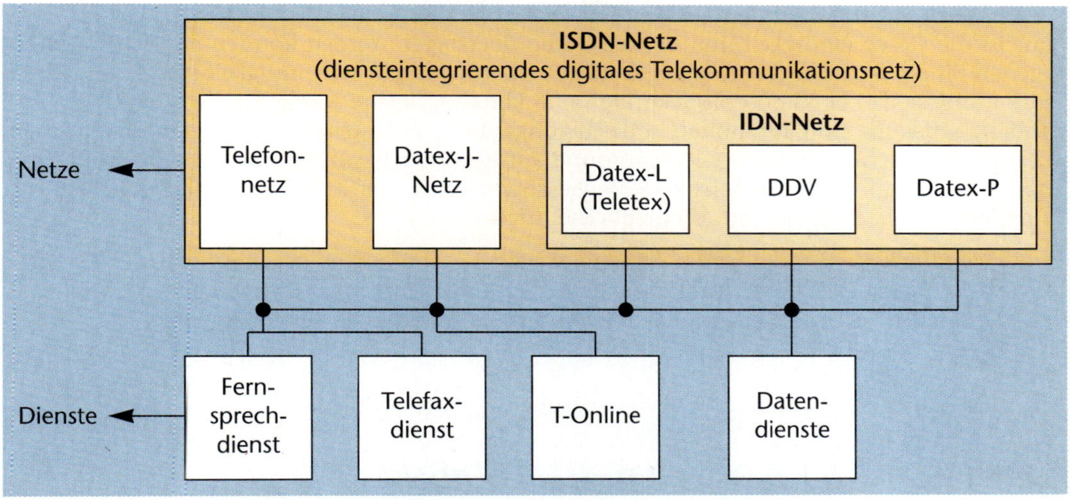

Abb. 7.1 Ausgewählte Telekommunikationsnetze und Telekommunikationsdienste der Deutschen Telekom AG

Aus der verfügbaren Technik ergeben sich für den Endanwender typische Nutzungsformen, d. h. je nachdem, ob ein Telefongespräch zu führen ist, eine schriftliche Nachricht versandt werden muss oder Daten vom Computer oder einem LAN zu einem räumlich entfernten Partner übertragen werden müssen, sind verschiedene Dienste zu nutzen.

Welcher Datenkommunikationsdienst zu wählen ist, hängt u. a. ab

- von der vorhandenen Hardware,
- von der zu übertragenden Informationsmenge,
- vom zeitlichen Anfall der zu übertragenden Informationen (gelegentlich, regelmäßig oder ständig),
- von der geforderten Übertragungssicherheit,
- von der akzeptierbaren Zeit für Verbindungsaufbau und Übertragung,
- von der Tageszeit und Entfernung,
- von den Kommunikationspartnern, ob gleiche oder wechselnde.

Jeder Benutzer hat zur Lösung seines Kommunikationsproblems eine Auswahl unter Beachtung der technischen und kostenmäßigen Aspekte durchzuführen.

Technisch wird die Datenübertragung zurzeit noch durch folgende Netze realisiert, nämlich durch

- das analoge Telefonnetz,
- das digitale integrierte Text- und Datennetz **(IDN)**, in dem mehrere Dienste für Text- und Datenübertragung zusammengefasst sind, und
- das diensteintegrierende digitale Telekommunikationsnetz **(ISDN)**.

7.2.1 Telefonnetz

Dieses analoge Netz ist in erster Linie für die Sprachkommunikation konzipiert. Analog kommt aus dem Griechischen und bedeutet „ähnlich, entsprechend". Bei der analogen Übertragung werden die ursprünglichen Schallschwingungen in entsprechende elektrische Impulse umgesetzt und übertragen.

Zur Datenfernübertragung von Computer zu Computer benötigt man eine Art „Vermittler" zwischen Computer und Telefonnetz. Dieser „Vermittler" wird als **Modem** bezeichnet. Die Bezeichnung ist aus den beiden Begriffen „**Mo**dulator" und „**Dem**odulator" zusammengesetzt. Sie weist darauf hin, dass das Modem digitale Computersignale zur Übertragung über das Telefonnetz in analoge Signale umwandelt (moduliert) bzw. beim Datenempfang diese wieder in Computersignale umsetzt (demoduliert). Hauptkriterium zur Beurteilung der Leistungsfähigkeit eines Modems ist die Geschwindigkeit, mit der die Daten übertragen werden können. Sie wird in übertragenen Bit pro Sekunde (bit/s) angegeben. Die Übertragungsgeschwindigkeit bei Modems liegt heute mindestens bei 33.600 bit/Sekunde (33.6 kbits/s). Neuere Modems, die nach dem V. 90 Standard arbeiten, sind für höhere Übertragungsgeschwindigkeiten ausgelegt und erreichen 56 kbit/s.Vergleichbar mit einer Autokolonne auf einer Straße mit Überholverbot, in der das langsame Auto an der Kolonnenspitze die Geschwindigkeit der Kolonne bestimmt, erfolgt die Datenübertragung zwischen unterschiedlich schnellen Modems.

Die Störanfälligkeit und die starke Abhängigkeit der Gebühr von der Tageszeit, der Übertragungsentfernung und dem Zeitraum, in dem die gewünschte Informationsmenge übertragen wird, weisen die Datenübertragung im Telefonnetz als betriebliche Sondernutzung aus.

7.2.2 Integriertes Text- und Datennetz (IDN)

Die Entscheidung, welcher Datenübermittlungsdienst im IDN benutzt werden kann, ist zunächst einmal davon abhängig, ob immer die gleichen oder verschiedene Kommunikationspartner gegeben sind.

Wechselnde Kommunikationspartner sind nur über Wählnetze erreichbar. Sind Daten auszutauschen, so muss erst eine Verbindung hergestellt werden, die nach der Datenübertragung wieder getrennt wird **(sog. Wählleitung)**.

Bei gleichen Kommunikationspartnern kann das Übermittlungsnetz automatisch eine Verbindung aufbauen. Nachteilig kann sich je nach Aufgabe auswirken, dass der angewählte Kommunikationspartner gerade belegt ist oder das Netz wegen momentaner Überlastung keine Verbindung erlaubt.

Ist jedoch sofortige Kommunikation unbedingt erforderlich, so ist diese Verbindungsart nicht geeignet. Für derartige Aufgaben ist eine dauernd bereitgestellte Verbindung zu wählen. Die Datenübertragung zwischen den Kommunikationspartnern erfolgt über eine festgeschaltete Leitung, auch als **Standverbindung**, Standleitung oder Datendirektverbindungen **(DDV)** bezeichnet. Praktische Anwendungsbeispiele sind Platzbuchungen bei Reiseunternehmen, Bahn und Fluggesellschaften oder Kontenabfrage bei einem Kreditinstitut.

Um Daten zu wechselnden Kommunikationspartnern zu übertragen, hat der Benutzer die Wahl zwischen dem leitungs- **(DATEX-L)** und dem paketvermittelten **(DATEX-P)** Datex-Netz (abgeleitet aus englisch: <u>Da</u>ta <u>Ex</u>change). Speziell auf die Anforderungen für die Vernetzung von LANs sowie Großrechnersysteme auf regionaler und nationaler Ebene ist das neue **Datex-M**-Netz (**M** steht nicht nur für Multimegabit, sondern auch für Multimedia und Metropolen) als vermitteltes Hochgeschwindigkeitsnetz zugeschnitten. Es wird nur in den Regionen verfügbar werden, die durch entsprechende Kundennachfrage Wirtschaftlichkeit gewährleisten.

Datex-L

Das Datex-L-Netz ist speziell für die Datenkommunikation entwickelt worden. L steht für Leitungsvermittlung und bedeutet, dass zwischen zwei Datex-L-Anschlüssen eine feste Verbindung aufgebaut wird, die bis zur Trennung der Verbindung ausschließlich für die Benutzer reserviert ist. Da die Verbindung fest geschaltet wird, sind Datenübertragungen nur zwischen Anschlüssen mit gleicher Datenübertragungsgeschwindigkeit möglich. DATEX-L eignet sich besonders für zeitkritische dialogorientierte Anwendungen und Stapelübertragungen. Die Gebühren werden nach der Verbindungsdauer, der Übertragungsgeschwindigkeit, der Tageszeit und dem Wochentag und der Entfernung (Tarifzonen) berechnet.

Datex-P

Die Datenkommunikation im Dialogbetrieb über größere Entfernungen, auch Ausland, an gleiche oder wechselnde Partner mit unterschiedlichen Geräteausstattungen (vom PC bis zum Großrechner), sollte über Datex-P realisiert werden.

P steht für Paketvermittlung. Bei der Paketvermittlung wird die zu übertragende Nachricht in genormte Teile (Pakete) zerlegt. Mit der Zieladresse, einer Laufnummer (Reihenfolge der Pakete) und einem Absender versehen, werden sie anhand ihrer Adresse über untereinander verbundenen Datenvermittlungsstellen mit hoher Geschwindigkeit an ihr Ziel übertragen. Der Informationsfluss zwischen den einzelnen Vermittlungsstellen muss dabei nicht über den kürzesten Weg erfolgen.

Datex-P ist auch von anderen Netzen zugänglich. Dies erfordert eine Anpassung an die Übertragungsart im Datex-P-Netz. Eine derartige Anpassungseinrichtung, bei der Telekom **PAD** (engl: **P**acket **A**ssembly/**D**isassembly) genannt, digitalisiert z. B. zunächst die über das Telefonnetz ankommenden analogen Daten und zerlegt sie in sog. Pakete bzw. „schnürt" die über DATEX-L ankommenden digitalen Zeichen zu Paketen. Die letzte Vermittlungsstelle vor dem Ziel nimmt eine Geschwindigkeitsanpassung an das jeweilige Datenempfangsgerät vor. Dies geschieht technisch durch kurzfristige Zwischenspeicherung in der Vermittlungsstelle. Die Datenübertragung wird über eine sog. virtuelle Verbindung abgewickelt. Der Unterschied zwischen einer physikalischen und einer virtuellen Verbindung ist, dass bei letzterer nur für die Dauer der Übertragung der Pakete eine physikalische Verbindung besteht.

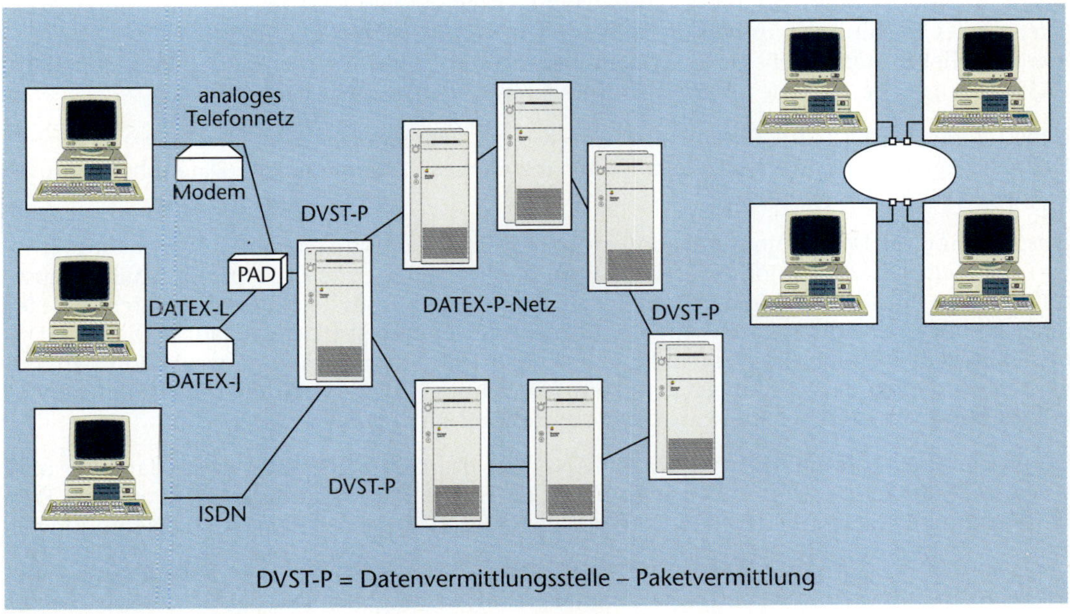

Abb. 7.2 Struktur des Datex-P-Netzes

Im Gegensatz zu DATEX-L, wo die Leitung während der gesamten Verbindungsdauer für andere Teilnehmer gesperrt ist, kann bei der Paketvermittlung die Leitung gleichzeitig mehrfach benutzt werden.

Gebühren richten sich nach der übertragenen Datenmenge und der Tageszeit und dem Wochentag der Übertragung.

7.2.3 ISDN

Während bisher für die Kommunikationsarten Sprache, Text, Bild und Daten unterschiedliche Dienst und i.d.R. getrennte Netze mit eigenen Anschlussleitungen erforderlich sind, führt das ISDN das Fernsprechnetz und das IDN-Netz zusammen. Ermöglicht wird dies durch digitale Übertragung aller Informationen.

Das **ISDN** (= das diensteintegrierende digitale Netz – **I**ntegrated **S**ervices **D**igital **N**etwork) baut auf dem größten der vorhandenen Netze, dem Fernsprechnetz, auf. Durch Umstellung von analoger auf digitale Vermittlungs- und Übertragungstechnik ist für alle Kommunikationsarten nur eine Anschlussleitung erforderlich, d. h. jeder Teilnehmer ist für alle Dienste über eine einheitliche Rufnummer erreichbar. Durch ISDN wird der bisherige Telefonanschluss zum Universalanschluss für alle Dienste.

Durch die Integration verschiedener Kommunikationsarten im ISDN ergeben sich folgende Vorteile:

- hohe Übertragungsgeschwindigkeit von 64 kbit/s für alle Kommunikationsdienste (dies entspricht in etwa einer Übertragungsrate von 7500 Zeichen pro Sekunde),
- alle im ISDN angebotenen Dienste sind unter einer Rufnummer erreichbar,
- erhöhter Komfort durch Rufnummernanzeige, automatischer Rückruf, verschiedene Klingelsignale, Notizfunktion, Rausrufsperre und Stummschaltung unerwünschter Anrufer,
- bessere Übertragungsqualität und damit geringere Fehlerquote bei der Datenübertragung als im analogen Netz,
- mehrere Endgeräte sind parallel anschließbar,
- PCs sind als multifunktionale Endgeräte einsetzbar (z. B. als elektronische Post von Computer zu Computer (E-Mail), für Teletex, für Datenübertragung von LAN zu LAN, für computerunterstütztes Telefonieren und für die Nutzung von Online-Diensten),
- erheblicher Kostenvorteile bei der Datenübertragung, da für die Übertragung im „schnellen" ISDN der gleiche Tarif wie im analogen Fernsprechnetz berechnet wird.

Neben den „klassischen" Datenübertragungswegen wie Modem (Fernsprechnetz), Datex-L, Datex-P oder Datendirektverbindungen wird inzwischen zunehmend die Datenübertragungsmöglichkeit im ISDN genutzt.

Beispiele sind die Datenkommunikation zwischen Hersteller und Lieferant aufgrund eines Just-In-Time-Liefersystems (Automobilproduktion), die Kopplung eines Laptops von Außendienstmitarbeitern mit dem LAN in der Zentrale, die Fernwartung eines Rechnernetzes durch den Lieferanten oder Telearbeitsplätze – auch elektronische Heimarbeitsplätze genannt. Die im ISDN beim Zustandekommen einer Verbindung verfügbare Rufnummer des Kommunikationspartners wird neben einem Passwort als Zugangskontrolle benutzt. Zugang erhalten nur diejenigen, deren Rufnummern als Berechtigte im Rechnersystem geführt werden.

Die Verbindung von räumlich verteilten LANs über das ISDN (z. B. Zentrale in Hamburg und Filiale in München) ist also ebenso sinnvoll, da Datendirektverbindungen bei großen Entfernungen und Datex-P bei großen Datenmengen teurer als vergleichbare ISDN-Verbindungen sind.

Dieses Netz ist aufgrund seiner hohen digitalen Übertragungsgeschwindigkeit bestens für die Kommunikation mit Online-Diensten geeignet.

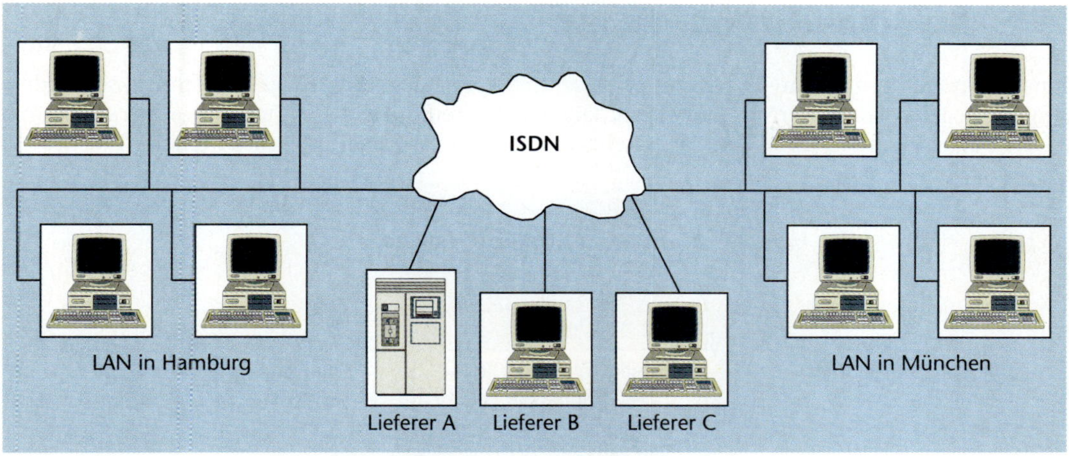

Abb. 7.3 Verbindung von LANs und anderer DV-Systeme zu einem WAN

Auf einen Blick

- **Modem:** Abkürzung für Modulator/Demodulator: Es ermöglicht Datenübertragungen zwischen Computern über das Telefonnetz. Setzt beim Datenversand digitale Computersignale in über das Telefonnetz übertragbare analoge Signale um und verfährt beim Datenempfang entsprechend umgekehrt.
- **Datex:** Aus dem Begriff „Data Exchange" abgeleitete Sammelbezeichnung für die speziellen digitalen Datenübertragungsdienste der Telekom. Diese umfassen die Netze Datex-P, Datex-L und Datex-M. Während Datex-P die Paketvermittlungstechnik verwendet, basiert Datex-L auf der Leitungsvermittlung. Datex-M ist ein neues auf internationalen Standards basierendes Hochgeschwindigkeitsnetz.
- **Unterscheidung: Datex-L – Datex-P**

Datex-L	Datex-P
Es wird eine Verbindung zwischen zwei Datex-L-Anschlüssen aufgebaut. Die Leitung ist während der gesamten Verbindungsdauer für andere Teilnehmer blockiert, unabhängig davon, ob Daten übertragen werden oder nicht. Die Gebühren werden nach der Verbindungsdauer, der Übertragungsgeschwindigkeit, der Tageszeit und dem Wochentag und der Entfernung (Tarifzonen) berechnet.	Nur für die Dauer der Übertragung eines Datenpaketes erfolgt ein Verbindungsaufbau. Dadurch können gleichzeitig von einem Anschluss mehrere Verbindungen bestehen. Gebühren richten sich nach der übertragenden Datenmenge und der Tageszeit und dem Wochentag der Übertragung.

- **ISDN:** Integrated Services Digital Netzwork. Digitalnetz der Telekom AG. Wichtigstes Merkmal von ISDN ist die gleichzeitige Nutzungsmöglichkeit für alle Formen der Telekommunikation (Telefonieren, Datenübertragung, Btx, Telefax usw.) bei ausschließlicher digitaler Übertragung mit hohen Geschwindigkeiten.
- **DFÜ:** Datenfernübertragung. DFÜ meint vorwiegend den technischen Vorgang der Übermittlung von Daten über Weitverkehrsnetze.
- **WAN:** Abkürzung für Wide Area Network. Verbindungsnetz für räumlich getrennte Computersysteme.

7.3 Kommunikationsdienste

Zur Übertragung von Daten, Texten, Bildern und Sprache über größere Entfernungen werden zahlreiche Dienste zur Verfügung gestellt. Die wichtigsten Dienste der Telekommunikation sind in der nachstehenden Übersicht dargestellt und werden im Folgenden näher erläutert.

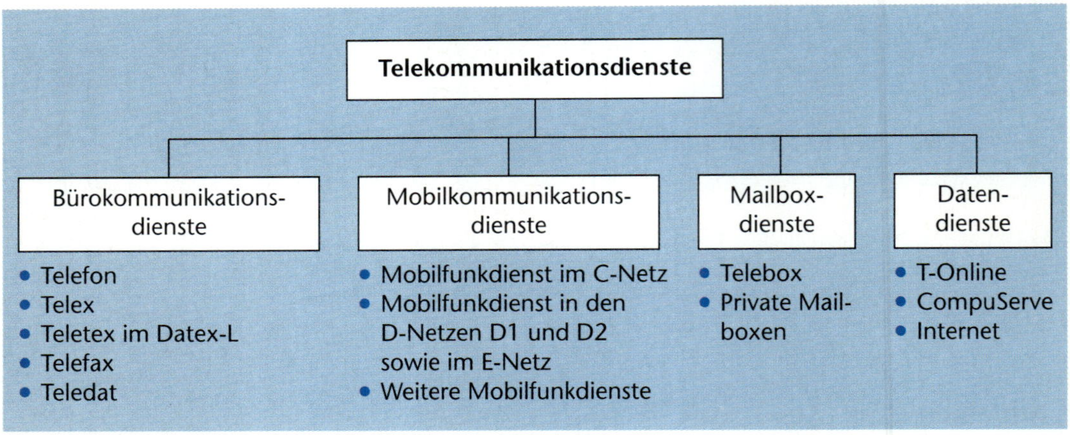

Abb. 7.4 Telekommunikationsdienste

7.3.1 Bürokommunikationsdienste

Telefon

Das wichtigste Instrument für die sprachliche Kommunikation über weite Entfernungen ist das **Telefon.** In Deutschland ist das Fernsprechnetz mit etwa 40 Millionen Teilnehmern das dichteste Netz für die Individualkommunikation. Telefon und Telefonieren gehören zu unserem täglichen Leben. Jeder weiß wie es geht – ein Alltagsprodukt. Doch es wird ständig weiterentwickelt. Sichtbarer Ausdruck der fortschreitenden Entwicklung sind die schnurlosen Telefone, mit denen mehr Mobilität beim Telefonieren im Büro und an wechselnden Arbeitsplätzen ermöglicht wird.

Die meisten Büroarbeitsplätze in den Betrieben und Verwaltungen sind heute mit Telefonen ausgestattet, die über komfortable **Telefonanlagen** miteinander verbunden sind. Die Anrufe können über eine zentrale Stelle geleitet werden oder kommen direkt per Durchwahl oder per Sammelanschluss zur **Nebenstelle.** Durch die Vergabe entsprechender Berechtigungen kann geregelt werden, ob ein Telefon international, national, nahbereichs-, ortsberechtigt oder nur intern benutzt werden kann.

An derartige Telefonanlagen können auch Fax-Geräte, Personalcomputer und andere Endgeräte angeschlossen werden. Den höchsten Komfort bieten ISDN-Telekommunikationsanlagen, mit denen die schnelle direkte Übertragung von Sprache, Text, Daten und Bildern über die entsprechenden Geräte in digitaler Form erfolgt.

Im ISDN lassen sich viele verschiedene Funktionen in einem Endgerät integrieren. Mit einem entsprechend aufgerüsteten PC kann man Telefonieren, Telefaxe verschicken, Daten und Bilder übertragen.

Die modernen Telefonanlagen verfügen über professionelle Leistungsmerkmale. Das **Anklopfen** signalisiert einem telefonierenden Teilnehmer, dass ein weiterer Gesprächspartner ihn zu erreichen versucht. Jetzt kann er durch das Leistungsmerkmal **Makeln** bzw. **Rückfrage** mit der bestehenden Verbindung und mit dem zweiten Anrufer abwechselnd sprechen. Ein Telefongespräch mit drei Teilnehmern, die gleichzeitig miteinander sprechen können, wird durch das

Leistungsmerkmal **Dreierkonferenz** ermöglicht. Mit der **Anrufweiterschaltung** können Anrufe auf einen beliebigen anderen Anschluss weltweit weitergeleitet werden, auch zu Funktelefonen.

Darüber hinaus wird der Bedienungskomfort der Telefone ständig verbessert. Dazu einige Beispiele in Stichworten: Anzeigenfeld, Direktruf, Einheitenanzeige, Freisprechen, Kurzwahl, Lauthören, Notizblock, Konferenzschaltung, automatischer Rückruf, Wahlwiederholung sowie Zielwahltaste.

Mit **Service 0130** oder **Service 0180** ist man bundesweit unter einer einzigen Rufnummer zu erreichen, beim Service 0130 sogar ohne Telefongebühren. Dieser Telefonservice wird von Versandhäusern, Fluggesellschaften, Autovermietern u. a. als kundenfreundliche werbewirksame Marketingmaßnahme genutzt. Der **Service 0190** ist ein Dienst für private Informationsanbieter. Die Merkmale dieser Service-Dienste sind in der folgenden Übersicht dargestellt:

Service 130	Service 180	Service 190
Der **Service 130** macht einen Teilnehmer für seine Kunden mit der standortunabhängigen Vorwahlnummer 0130 zum Nulltarif erreichbar. Die Kosten trägt der Angerufene. Mit diesem Service können sich Kunden kostenlos informieren oder zum Nulltarif bestellen.	Mit dem **Service 180** ist der Teilnehmer unter einer Rufnummer von überall erreichbar. Damit können Anrufe automatisch an die richtige Stelle geleitet werden, z. B. zum Kundendienst vor Ort, oder zur Auftragsannahme in der Zentrale.	Der **Service 190** ist der Tele-Info-Service für private Informationsanbieter. Dieser Dienst verbindet Anrufer automatisch mit elektronischen Ansagediensten privater Anbieter.

■ Telex

Die Anzahl der Telexanschlüsse ist seit einigen Jahren rückläufig. Heute sind in der Bundesrepublik Deutschland noch etwa 40 000 Teilnehmer an das Telexnetz angeschlossen.

Mit **Telex** (engl. Abkürzung für **Tel**graph **Ex**change) können schriftliche Nachrichten (Anfragen, Angebote, Bestellungen usw.) zwischen Sender und Empfänger weltweit minutenschnell rund um die Uhr ausgetauscht werden.

Die Teilnehmer am Telexverkehr müssen über ein Telex-Gerät verfügen. Es sind eine Vielzahl von Geräten und Anlagen zugelassen. Neben den modernen Telex-Endgeräten mit Textspeicher, Bildschirm, Tastatur, Drucker und Diskettenlaufwerk, werden auch Fernschreiber mit PC-Schnittstelle bzw. Telex-PCs eingesetzt.

Über eine Nummer, die im amtlichen Telexverzeichnis aufgeführt ist, kann der gewünschte Adressat angewählt werden. Der Text wird über die Tastatur eingegeben (bzw. von einer Diskette gelesen) und mit einer Geschwindigkeit von 50 bit/s übermittelt, d. h. in einer Minute werden etwa 400 Zeichen übertragen.

Der Telex-Dienst verliert aufgrund abnehmender Anschlusszahlen immer mehr an Bedeutung und wird vor allem durch das Telefax und die Dienste im ISDN abgelöst.

■ Teletex im Datex-L

Seit dem 1. Juli 1993 wird der Teletex-Dienst wegen rückläufiger Anschlusszahlen als eigenständige Dienstleistung im IDN-Netz nicht mehr angeboten. Die bestehenden Teletexanschlüsse sind technisch unverändert in Datex-L-Anschlüsse umgewandelt worden.

Bei Datex-L (vgl. Abschnitt 7.2.2) werden die Daten leitungsvermittelt übertragen. Bei der Leitungsvermittlung wird zwischen dem Sende- und Empfangsdatenendgerät für die gesamte Übertragungsdauer eine Leitung durchgeschaltet. Bei der Übertragung erfolgt keine Geschwindigkeitsanpassung, daher können nur Endgeräte mit gleicher Übertragungsgeschwindigkeit kommunizieren.

Mit Datex-L können im Stapelbetrieb relativ große, bei Bedarf aber auch sehr kleine Datenmengen preisgünstig übertragen werden.

Datex-L wird vorwiegend von Kunden im Handel, im Kredit- und Versicherungsgewerbe, in der Nachrichtenübermittlung und bei Behörden genutzt. Aufgrund preisgünstigerer Alternativen vollzieht sich allerdings ein Wechsel der Anwendungen in Richtung ISDN und Datex-P (vgl. Abschnitt 7.2.2 und 7.2.3).

Telefax

Telefax ist ein Dienst mit dem man kopierfähige Vorlagen schwarz auf weiß, originalgetreu und sekundenschnell per Telefax-Gerät über das Telefonnetz als Kopien an einen Empfänger senden kann.

Man legt die Vorlagen wie z. B. handgeschriebene oder maschinell erstellte Texte, Grafiken, Fotos oder technische Zeichnungen auf das Telefax-Gerät, wählt die Telefax-Nummer des Empfängers und drückt die Sendetaste bzw. Starttaste.

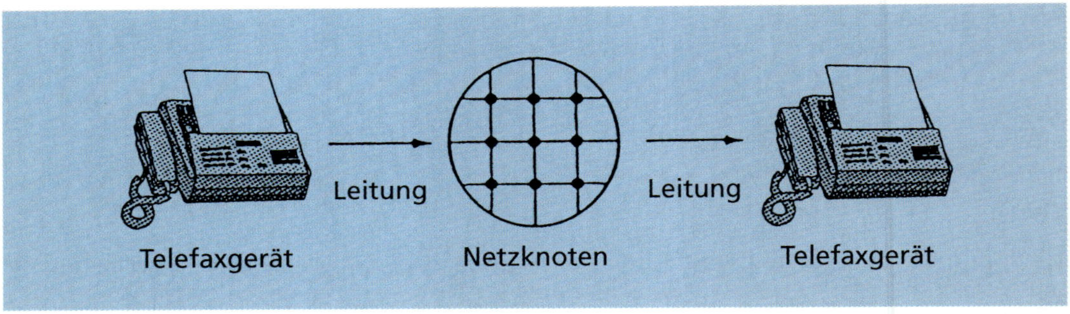

Abb. 7.5 Funktionsprinzip des Telefax-Dienstes

Zum Senden und Empfangen von Fernkopien können verschiedene Arten von Telefax-Geräten verwendet werden. Mit einer zusätzlichen Fax-Karte kann auch der PC in einen komfortablen Fernkopierer verwandelt werden.

Der Telefax-Dienst hat im Vergleich zu anderen Telekommunikationsdiensten in den letzten Jahren die höchsten Zuwachsraten zu verzeichnen. In Deutschland sind heute etwa zwei Millionen Fax-Geräte im Betrieb.

Teledat

Teledat ist die Komplettlösung der Telekom AG für die Datenkommunikation mittels Modem und PC. Die Übertragung der Daten erfolgt über das Telefonnetz oder über das digitale ISDN.

Man wählt den Kommunikationspartner an wie beim Telefongespräch und erhält mit kompatiblen Modems an beiden Enden eine Datenverbindung. Die übermittelten Daten können direkt im PC oder EDV-System weiterverarbeitet werden. Die Übertragungsgeschwindigkeit reicht von 300 bit/s bis über 70 000 bit/s.

Für die Datenkommunikation mit Teledat benötigt man einen PC bzw. eine DV-Anlage, Modems oder ISDN-Karten und die Teledat-Software. Die Datenübermittlung mit Modem im Telefonnetz eignet sich besonders, wenn nur von Fall zu Fall geringere Datenmengen übertragen werden sollen.

7.3.2 Mobilkommunikationsdienste

Das **Funktelefon** ist in vielen Berufen zum unentbehrlichen Arbeitsmittel geworden. Immer mehr Unternehmen erkennen die Vorteile der mobilen Datenkommunikation. Die Deutsche Telekom AG rechnet mit etwa 18 Millionen Mobiltelefonanschlüssen im Jahr 2003 in Europa, allein 6 Millionen davon in Deutschland.

Funktelefonverbindungen werden über **Funkfeststationen** von Telekom und privaten Betreibern aufgebaut. Jede Funkfeststation versorgt ein bestimmtes Gebiet, das als **Funkzelle** bezeichnet wird. Die Reichweite einer Funkfeststation hängt von den örtlichen Geländeverhältnissen ab. Von einem Funktelefon können über diese Netze Telefonverbindungen hergestellt werden, und zwar sowohl zu einem ortsfesten Teilnehmer im Telefonnetz als auch zu einem anderen Mobiltelefon.

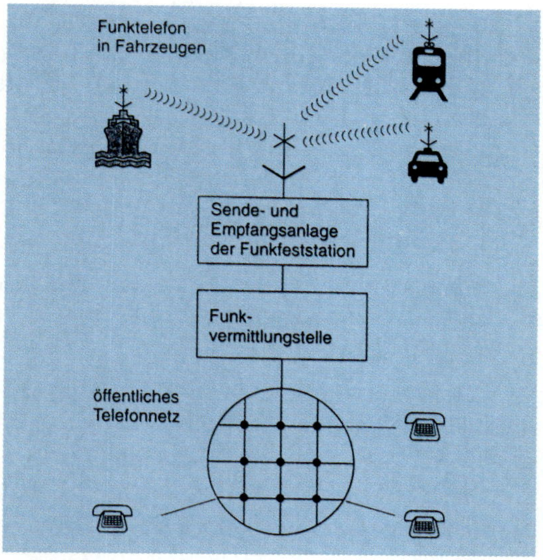

Abb. 7.6 Prinzip einer Funktelefonverbindung

Mobilfunkdienst im C-Netz

Im Mobilfunkdienst C der Telekom kann man in Deutschland flächendeckend telefonieren, wie von einem stationären Anschluss. Im Ausland ist der Gebrauch der C-Funktelefone allerdings nicht zulässig. Der Teilnehmer am analogen Mobilfunkdienst C erhält eine auf seinen Namen ausgestellte und mit seiner Funkrufnummer versehene **Telekarte.** Diese Telekarte schaltet das Telefon betriebsbereit.

Im C-Netz werden die Verbindungen innerhalb von Funkzellen aufgebaut. Das System stellt selbstständig fest, in welcher Funkzelle sich ein bestimmtes Mobiltelefon gerade befindet. Auf diese Weise kann jedes Gerät ohne Kenntnis des Aufenthaltsortes bundesweit erreicht werden. Den jeweiligen Verbindungswunsch nimmt die nächstgelegene Funkfeststation auf und leitet ihn im Telefonnetz über die Funkvermittlungsstelle zum gewünschten Anschluss weiter.

Für das C-Netz werden überwiegend leichte Handtelefone (**Handys**) verwendet, die überall mitgeführt werden können. Sie verfügen in der Regel über folgende Leistungsmerkmale:

- Menüführung im Klartext auf Display
- Einheitenanzeige
- diverse Speicherplätze für Telefonnummern und Namen
- elektronisches Schloss.

Mobilfunkdienst in den D-Netzen (D1 und D2) sowie im E-Netz (E1 und E2)

Der Mobilfunk in den D-Netzen erfolgt mithilfe der Digitaltechnik. D1 ist das digitale Funktelefonnetz der Telekom. Das digitale D2-Netz wird von Vodafone betrieben. Die digitale Übertragungstechnik gewährleistet hohe Qualität und Sicherheit in der Sprach- und Datenübertragung auf dem Funkweg.

Die Funktelefonnetze D1 und D2 basieren auf dem europaweit einheitlichen **GSM**-Standard (**G**lobal **S**ystem for **M**obile Communications) und bieten somit die Möglichkeit, auch grenzüberschreitend in zahlreichen europäischen Ländern mobil zu telefonieren.

Die Zugangsberechtigung zu den D1- und D2-Netzen erfolgt wie beim C-Netz mithilfe einer Telekarte, auf der die persönliche Rufnummer und die Identifizierungsdaten gespeichert sind. Mit einer verschlüsselten Zugangsberechtigung (**PIN**) im Chip wird die Karte fälschungssicher gemacht.

Aufgrund der digitalen Übertragungstechnik garantieren die D-Netze eine hohe Abhörsicherheit und bieten außerdem folgende komfortable Leistungsmerkmale:

- Gebühren- und Rufnummeranzeige
- Rufumleitung zu einer Mobilbox, ähnlich wie beim Anrufbeantworter
- Automatischer Rückruf bei besetztem Anschluss, Rufsperre
- Konferenzschaltung
- Anklopfen, d. h. während eines Gesprächs ankommende Gespräche werden akustisch signalisiert
- europaweit einheitliche Notrufnummer
- Senden und Empfangen von Fax, E-Mail und Dateien

Außerdem werden von beiden Netzbetreibern so genannte Mehrwertdienste angeboten, wie z. B. der Verkehrsinformationsservice (ADAC) oder der Travel-Service (VARTA) zur Reiseplanung und -buchung.

Als viertes Mobilfunknetz wurde im Jahre 1994 das **E-Netz** gestartet. E-Plus (E1) wird nach der Übernahme der Anteile von RWE und Veba seit 1999 von dem französischen Konzern France Telekom betrieben. Der Netzausbau soll in ganz Europa zügig durchgeführt werden. E2 ist das Mobilfunknetz der Viag Interkom.

Für die jeweiligen Netze gibt es Mobiltelefone in verschiedenen Ausführungen, als Autotelefone zum Festeinbau, als Portable oder als Handy. Durch die Technik des **Wireless Application Protocol (WAP)** ist für Handys auch der mobile Internetzugang möglich. Der neue **UMTS**-Standard (**U**niversal **M**obile **T**elecommunications **S**ystem) ermöglicht WAP-fähigen Handys mit einer Übermittlungsrate von zwei Megabit/Sekunde einen bis zu 30mal schnelleren drahtlosen Zugriff auf das Internet als ISDN.

Weitere Mobilfunkdienste

Der **Cityruf** ist ein Funkrufdienst und bietet dem Nutzer die Sicherheit der ständigen Erreichbarkeit. Die kleinen Empfängergeräte dienen zum Empfang der per Funk übermittelten Tonsignale, Texte oder Ziffern – je nach Gerätetyp. Das Versorgungsgebiet ist in Rufzonen aufgeteilt. Man unterscheidet zwischen Cityruf „regional“, „überregional“ und „international“. Die Nachricht wird per Telefon übermittelt.

Eurosignal ist ein Funkrufsystem im Westen der Bundesrepublik Deutschland, in der Schweiz und in Frankreich. Über diesen Dienst können von jedem Telefon bis zu vier Signale an einen Funkrufempfänger übertragen werden. Jedem Signal kann dabei eine bestimmte Bedeutung zugeordnet werden.

Chekker ist das betriebliche Mobilfunksystem, das speziell für regional tätige Unternehmen gedacht ist. Zum Beispiel für Baufirmen, Kurierdienste, Handwerksbetriebe, Transportunternehmen oder Wachdienste. Chekker stellt in den 20 wichtigsten Wirtschaftsräumen Deutschlands mit moderner Bündelfunk-Technologie Mobilfunknetze zur Verfügung. Die Übertragung ist abhörsicher und bietet gute Sende- und Empfangsqualitäten. Die Funktionsweise von Chekker ist einfach. Per Kurzwahl kann die Zentrale jeden Mitarbeiter anrufen, der ein Chekker-Gerät hat. Auch ein Gruppenruf mehrerer Teilnehmer ist möglich.

7.3.3 Mailbox-Dienste

Eine **Mailbox** („elektronischer Briefkasten“) ist eine elektronische, personenbezogene Mitteilungsdienstleistung, mit der man einem Empfänger jederzeit Nachrichten hinterlassen kann.

Man muss sie sich vorstellen als eine Art Schließfach, in das jeder, der Zugang zu dem System hat, Nachrichten in Textform ablegen kann. Den Schlüssel zu dem Fach besitzt jedoch nur der Mieter des Faches. Den Verkehr zwischen den Schließfächern – in manchen Mailbox-Systemen sind es viele Tausende – besorgt das System.

Für das Einliefern und Abholen der elektronischen Post benötigt der Mailboxteilnehmer einen gängigen Mikrocomputer mit einer seriellen Schnittstelle, ein Modem oder einen Datex-P-Hauptanschluss und ein Kommunikationsprogramm. Als Modem sind auch die preiswerten Akustikkoppler (Dataphone) geeignet, die man überall hin mitnehmen kann.

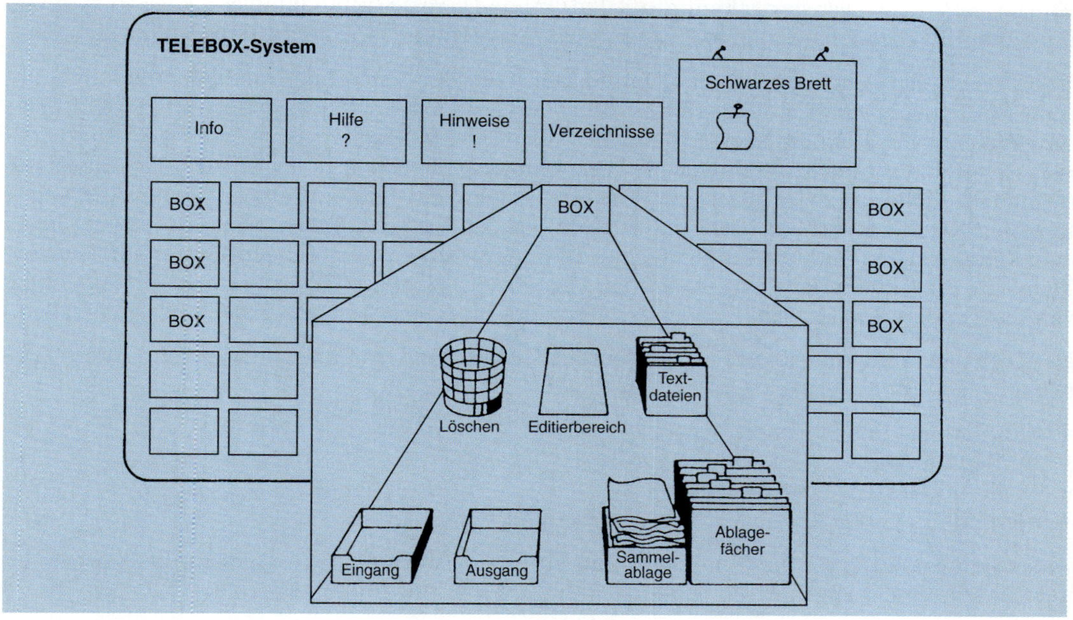

Abb. 7.7 Telebox-System

Ein Journalist kann beispielsweise seinen Bericht vom Hotelzimmer aus zur Redaktion übermitteln, indem er ihn per Telefon mithilfe von Akustikkoppler und tragbarem Computer **(Laptop)** in die Mailbox ablegt.

Mailboxen werden von Firmen, Institutionen oder Einzelpersonen betrieben. In der Bundesrepublik Deutschland gibt es davon einige hundert. Wie oben bereits dargestellt enthält der T-Online-Dienst ein Mailbox-System mit etwa einer Million Nutzern.

Die Deutsche Telekom bietet unter dem Namen **Telebox 400 IPM** (IPM = **I**nter**p**ersonal **M**essaging) ein Mailbox-System für den individuellen Mitteilungs- und Datenaustausch an. Mit diesem System kann man Mailboxen in 50 Ländern erreichen.

Zugang mit Mailbox-System bekommt nur, wer als Teilnehmer registriert ist und sich mit einem **Passwort** als berechtigter Nutzer ausweist. Neben der Weitergabe von speziellen Mitteilungen über die Schließfächer können die Teilnehmer und der Betreiber der Mailbox auch über so genannte „schwarze Bretter" Informationen austauschen, die als allgemeine Bekanntmachungen allen Teilnehmern zugänglich sind.

Für geschlossene Benutzergruppen **(GBG)** gibt es als weiteren Service noch so genannte Box-in-Box-Systeme. Die dort in den internen Fächern hinterlegten Informationen sind nur den Teilnehmern der GBG zugänglich.

Diese Möglichkeit wird im kommerziellen Bereich immer häufiger genutzt. Eine Firmenzentrale könnte so ihren Filialen und Mitarbeitern im Außendienst schnell und kostengünstig Informationen zukommen lassen.

Neben diesen Standardleistungen bieten Mailboxen noch weitere Anwendungsmöglichkeiten, wie z. B. den Zugang zu externen Datenbanken, zum Telex- und Telefaxdienst sowie zu T-Online.

7.3.4 Datendienste

Datendienste sind Online-Dienstleistungen, die von einer zentralen Organisation (z. B. Telekom, Compuserve, America Online) in einem geschlossenem Rechnerverbund angeboten werden.

Um die vielfältigen Dienste der kommerziellen Online-Dienstleistungsanbieter nutzen zu können, muss man sich bei der jeweiligen Organisation anmelden und eine bestimmte Gebühr bezahlen.

T-Online ist die Bezeichnung für den Online-Dienst der Deutschen Telekom AG, der mit mehr als zehn Millionen Nutzern als der größte Online-Dienst Europas gilt. Das gegenwärtige Dienstleistungsangebot von T-Online ist eine Weiterentwicklung der Informationsangebote von Btx und Btx-plus (Btx=Bildschirmtext). Während die herkömmlichen Btx-Dienste nach dem **CEPT-Standard** (**C**onférence **E**uropéene des Administrations des **P**ostes et des **T**élécommunications) lediglich eine textorientierte Oberflächendarstellung zulassen, werden diese Informationsangebote heute nach dem **KIT-Standard** (**K**ernsystem **I**ntelligenter **T**erminals) über eine grafische Benutzeroberfläche mit Maussteuerung präsentiert. Das zugehörige Datennetz, das für den Zugang zu T-Online benutzt wird, ist **Datex-J.** Die Einwahl ist über ISDN bzw. per Modem (V.34+ bzw. V.90 Standard) möglich.

Das Dienstleistungsangebot umfasst neben zahlreichen Sonderfunktionen folgende Grundfunktionen:

- Informations- und Angebotsdienst
- Online-Banking
- eMail und Messenger sowie
- Internet

Die jeweiligen Dienste können im Startbildschirm von T-Online, dem so genannten Startcenter über Anklicken der zugehörigen Schaltflächen (buttons) aufgerufen werden.

Abb. 7.8 Startbildschirm von T-Online

■ T-Online-Homepage

Der Informations- und Angebotsdienst von T-Online wird über die Anwahl der Homepage www.-t-online.de aufgerufen. Eine Navigationsleiste bietet dem Anwender eine Liste vorgegebener Portale und Rubriken (z. B. Nachrichten, Business, Finanzen, Computer, Bildung & Beruf, Shopping usw.), unter denen aktuelle Informationen abgerufen werden können.

■ Online-Banking

Mit Hilfe des im T-Online-Paket enthaltenen Online-Banking-Programms kann der Anwender zu beliebiger Zeit seine Bankgeschäfte bequem aus der Firma oder von zu Hause aus per PC abwickeln. Typische Funktionen sind:

- Kontostand abfragen
- Umsätze über Kontoauszüge kontrollieren
- Überweisungen durchführen
- Daueraufräge verwalten

Die überwiegende Zahl der Geldinstitute setzt das traditionelle **PIN/TAN-Verfahren** ein. Voraussetzung für den Zugriff ist hierfür neben einem onlinefähigen Konto die von dem jeweiligen Geldinstitut vergebene **PIN** und **TAN.** Die PIN(= **P**ersonal **I**dentification **N**umber) ist eine kontenbezogene, geheime Zugangsnummer, die der Identifizierung des Kontoinhabers dient und bei der Anmeldung zusammen mit der Kontonummer und dem Paßwort anzugeben ist. Bei wiederholter Falscheingabe wird das angegebene Konto automatisch gesperrt. Neben der PIN erhält der Anwender von seinem Geldinstitut eine Liste von TAN-Nummern (TAN= **T**rans-**A**ktions-**N**ummer), die ebenfalls vor unberechtigtem Zugriff auf das eigene Konto schützen sollen. Jede Transaktion, z. B. ein Überweisungsauftrag, ist zusammen mit einer Transaktionsnummer zu „unterschreiben", wobei jeder Transaktion genau eine Transaktionsnummer zugeordnet wird.

T-Online unterstützt auch den neuen **HBCI-Sicherheitsstandard** (**H**ome-**B**anking **C**omputer **I**nterface), das gegenwärtig als das sicherste Onlinebanking-Verfahren gilt. Für die Nutzung dieses Verfahrens ist ein kleines Chipkartenlesegerät erforderlich, das die Banken dem Online-Bankkunden auf Antrag zur Verfügung stellen. Dieses Lesegerät dient als Schnittstelle zwischen Computer und Tastatur. Jeder Bankauftrag wird mit dem Einlesen der persönlichen Chipkartendaten bestätigt, woraufhin die Daten kryptografisch verschlüsselt werden, bevor sie den PC verlassen. Entsprechende Kontrollroutinen bei der Bank prüfen die empfangenen Daten auf Fehler und Manipulationen. Es ist davon auszugehen, dass in Kürze das HBCI-Verfahren das traditionelle PIN/TAN-Verfahren ablösen wird.

■ eMail und Messenger

eMail (=elektronische Post) ist ein Kommunikationsdienst im Rahmen von T-Online, über den Texte, Grafiken, Bilder und Videosequenzen mit hoher Geschwindigkeit weltweit ausgetauscht werden können. Voraussetzung für die Kommunikation ist eine e-Mail-Adresse, die der T-Online-Kunde automatisch mit der Anmeldung erhält. Für die Nutzung von e-Mail kann der Anwender zwischen dem T-Online-eMail-Programm und den e-Mail-Programmen der Internet-Browser von Netscape (Communicator) oder Microsoft (Internet Explorer) wählen.

Neben dem eMail-Dienst kann der Anwender in der Version 4.0 über Anklicken der Schaltfläche Messenger (Schaltfläche Produkte in der Version 3.0) weitere interaktive Service-Seiten aufrufen, die den direkten Informationsaustausch mit anderen Nutzern (Webmail) bzw. die Nachrichtenübertragung an Handys im **SMS**-Dienst (**S**hort **M**essage **S**ervice) ermöglichen.

■ Zugang zum Internet

Seit der Einführung von T-Online öffnet die Telekom den Übergang ins weltumspannende Datennetz Internet.

Auf einen Blick

- **Telekommunikation:** Jede Form der Übertragung von Daten, Texten, Bildern und Sprache über größere Entfernungen in öffentlichen und privaten Netzen.
- **Telekommunikationsdienst:** Bereitstellung von Dienstleistungen durch unterschiedliche Betreiber zum Zwecke der Telekommunikation.
- **Telefon:** Wichtigstes Instrument für sprachliche Kommunikation über weite Entfernungen.
- **Service 130:** Dienstleistung im Telefonnetz, bei der jeder Teilnehmer von jedem beliebigen Telefonanschluss für seine Kunden zum Nulltarif erreichbar ist.
- **Service 180:** Dienstleistung im Telefonnetz, bei der ein Teilnehmer unter einer Rufnummer von überall erreichbar ist.
- **Service 190:** Tele-Info-Service für private Informationsanbieter.
- **Telex:** International standardisierter Fernschreibdienst zur Übertragung von Texten mit eingeschränktem Zeichenvorrat mit einer Geschwindigkeit von 50 bit/s. Telex und Teletex haben durch Telefax und ISDN ihre ursprüngliche Bedeutung weitgehend verloren.
- **Telefax:** Fernkopierdienst der Deutschen Telekom zur originalgetreuen Übertragung von Texten, Grafiken und Dokumenten über das Telefonnetz.
- **Mobilfunkdienst:** Mobile Datenkommunikation per Funktelefon oder andere Endgeräte über verschiedene Funknetze. Zu unterscheiden ist zwischen dem analogen C-Funknetz der Telekom und den digitalen Funknetzen D1 (Telekom), D2 (Vodafone) und dem E-Netz (E-plus von France Telekom und E2 von Viag Interkom). Durch die Technik des **Wireless Application Protocol (WAP)** ist für Handys auch der mobile Internetzugang möglich.
- **Mailbox:** Eine Mailbox (elektronischer Briefkasten) ist eine elektronische personenbezogene Mitteilungsdienstleistung, mit der man einem Partner jederzeit und von jedem Ort Nachrichten hinterlassen kann.
- **Telebox:** Mailboxdienst der Telekom AG.
- Datendienste sind Online-Dienstleistungen die von bestimmten Organisationen (Telekom, AOL, Compuserve) in einem geschlossenen Rechnerverbund angeboten werden.
- T-Online ist der Online-Dienst der Deutschen Telekom-AG (früher Btx/Datex-J). Die ursprünglich textorientierte Oberflächendarstellung nach dem CEPT-Standard wird heute durch den neuen Bildschirmdarstellungsstandard für Btx mit der Bezeichnung KIT ergänzt.
- Das Dienstleistungsangebot von T-Online umfasst die Grundfunktionen Informations- und Angebotsdienst, Onlinebanking, eMail und Internetzugang.
- Onlinebanking bietet dem Anwender die Möglichkeit, zahlreiche Bankgeschäfte über eine Online-Verbindung abzuwickeln. Um eine sichere Übertragung der Daten zu gewährleisten, wird das traditionelle PIN/TAN-Verfahren zunehmend durch den neuen Sicherheitsstandard HBCI ergänzt. Bei diesem Verfahren werden die persönlichen Chipkartendaten über ein Lesegerät zwischen Computer und Tastatur gelesen und anschließend kryptografisch verschlüsselt.
- **E-Mail:** Kommunikationssystem zwischen Computern zur Erstellung, Verwaltung und Versendung von Informationen für innerbetriebliche und öffentliche Netze.

7.4 Internet

7.4.1 Entstehung und Entwicklung

Das **Internet** (= **Inter**national **Net**work) ist der Name für ein weltumspannendes Netzwerk, in dem mehrere Millionen Computersysteme miteinander kommunizieren. Man schätzt, dass weltweit mehr als 150 Millionen Anwender das Internet nutzen, Tendenz stark ansteigend. Das Internet hat sich mit seinen vielfältigen Möglichkeiten der Informationsbeschaffung und -bereitstellung sowie des Kommunikationsaustausches zum größten globalen Informations- und Kommunikationsmedium entwickelt. Es gehört damit zu den technischen Entwicklungen, die unsere Informationsgesellschaft in vielen Bereichen bereits beeinflusst und auch zukünftig prägen wird.

Die Entstehung des Internet geht zurück auf das Jahr 1969, in dem die **A**dvanced **R**esearch **P**rojects **A**gency (**ARPA**) des US-Verteidigungsministeriums die Entwicklung eines Netzwerkes in Auftrag gab, um für den Fall eines nuklearen Angriffs die Funktionsfähigkeit der militärischen Computersysteme über ihre Vernetzung aufrechterhalten zu können. Das ursprünglich für rein militärische Zwecke konzipierte Netz (ARPAnet) wurde in den Folgejahren zunehmend von Universitäten zu Forschungszwecken, aber auch für zivile Zwecke genutzt und weiterentwickelt. Beispielsweise wurden die Netzfunktionen um die Möglichkeit der Dateiübertragung und der elektronischen Nachrichtenübermittlung erweitert.

So kam es im Jahre 1983 zu einer Teilung zwischen dem militärisch orientierten MILnet und dem ARPAnet für zivile Zwecke, auch unter der offiziellen Bezeichnung **NSFNET** (**N**ational **S**cience **F**oundation **Net**work) bekannt. Parallel zu dieser Entwicklung wurde an zahlreichen amerikanischen Hochschulen das wissenschaftliche Forschungsnetz **CSNET** (**C**omputer **S**cience Research **Net**work) aufgebaut.

Aus beiden Netzen entstand schließlich das Internet, dessen Entwicklung zu Beginn der neunziger Jahre durch die Erfindung des Online-Dienstes **W**orld **W**ide **W**eb (**WWW**) einerseits und durch die zunehmende Verbreitung von Personalcomputern andererseits entscheidend vorangetrieben wurde, vor allem auch im privaten Bereich.

Neben den Online-Diensten (z. B. CompuServe, AOL = American Online, T-Online usw.) ermöglicht heute eine stetig wachsende Zahl von kommerziellen Internet-Anbietern (**ISP** = **I**nternet-**S**ervice-**P**rovider), die im Gegensatz zu einem Online-Dienst keine eigenen Daten- und Informationsdienste unterhalten, den Zugang zum Internet. Der Nutzerkreis erstreckt sich über den privaten und universitären Einsatz hinaus zunehmend auch auf Unternehmen, die das Internet als Präsentations- und Kommunikationsmittel nutzen, um beispielsweise ihre Produktpalette vorzustellen, Bestellungen abzuwickeln oder Informationen auszutauschen.

7.4.2 Zugang zum Internet

Um das Internet nutzen zu können, sollten i. d. R. folgende Voraussetzungen vorliegen:

- PC mit einer bestimmten Mindestausstattung
- Modem oder ISDN-Ausstattung
- Zugangssoftware
- Zugangsberechtigung durch Lizenzvertrag

Neben den rein hardware- und softwarebezogenen Voraussetzungen bzw. Möglichkeiten, die im Folgenden näher beschrieben werden, sollte im Hinblick auf die betriebliche Nutzung des Internet als weitere Voraussetzung ein genehmigtes Internetkonzept vorliegen. In diesem Konzept können u. a. die Kommunikationsbedürfnisse, Nutzungsanforderungen und -berechtigungen, die zu nutzenden Dienste, die Schnittstellen zu betriebsinternen Hardware- und Softwarelösungen, die Ergebnisse einer Risikoanalyse sowie Sicherheitsanforderungen (vgl. Abschnitt 9.5) dokumentiert werden.

PC-Ausstattung

Für den Anschluss an das Internet eignen sich alle heute im Handel erhältlichen PC-Systeme. Aber auch mit älteren Systemen kann der Einstieg in das Internet realisiert werden, allerdings müssen u. U. Nachteile hinsichtlich der Geschwindigkeit und damit der Kostenbelastung in Kauf genommen werden. Als Mindestausstattung sollte z. B. folgende Konfiguration vorhanden sein:

- **Prozessor:** Pentium II mit 256 Mhz, AMD K6, MAC 68030 oder höher
- **Zentralspeicher:** 32 MB, zu empfehlen 64 MB oder mehr
- **Monitor/Grafikkarte:** SVGA-Monitor, Grafikkarte mit 800x600 Pixel Auflösung, 256 Farben
- **Externe Speicher:** Festplatte ab 10 GB, CD-ROM-Laufwerk
- **Betriebssystem:** Windows 95, 98, 2000 und Windows NT; OS/2; MAC OS

Modem oder ISDN-Ausstattung

Die Verbindung des PC zum Netz erfolgt über die Telefonleitung. Für den Anschluss kommen zwei Alternativen infrage: Modem- oder ISDN-Ausstattung.

Ein **Modem** (Abk. für **Mo**dulation und **Dem**odulation) setzt digitale Signale des Computers in analoge Signale (elektrische Schwingungen bzw. Töne) um, damit sie über eine Fernsprechleitung übertragen werden können. Diesen Vorgang bezeichnet man als Modulation. Das Modem beim Empfänger demoduliert die analog übertragenen Signale in die für den Computer verständlichen digitalen Signale. Da ein Modem beide Funktionen gleichzeitig ausführen kann, ist zu einer bestimmten Zeit Sendung und Empfang zugleich möglich. Diese Übertragungsart wird auch als **Vollduplexbetrieb** bezeichnet. Ältere Geräte arbeiten teilweise noch im **Halbduplexbetrieb**, bei dem das Modem zu einer bestimmten Zeit entweder nur senden oder nur empfangen kann.

Modems sind überwiegend als externe Geräte im Einsatz, können aber auch als Steckkartenmodems bereits in den PC eingebaut sein. Der Anschluss eines externen Modems an den Computer erfolgt über ein serielles Kabel, dessen 9- oder 25-poliger Stecker mit der com1- oder – falls diese bereits belegt ist – mit der com2-Schnittstelle verbunden wird. Über ein meist beim Kauf mitgeliefertes Anschlusskabel wird das Modem an die **TAE**-Telefondose (**T**elekommunikations-**A**nschluss-**E**inheit) angeschlossen. Diese Dose ist NFN-kodiert, womit die Reihenfolge der möglichen Anschlüsse wie folgt festgelegt ist: links N = Nebenstelle (Anrufbeantworter, Fax, Modem), Mitte F = Fernsprecher (Telefon), rechts N.

Herkömmliche Modems arbeiten mit einer Geschwindigkeit von 33.600 bit/Sekunden (33.6 Kbit/s). Neuere Modems sind mit dem V.90 Standard für höhere Übertragungsgeschwindigkeiten ausgelegt (56 Kbit/s). Grundsätzlich gilt: Je langsamer das Modem, umso länger auch die Übertragungszeiten, was wiederum die Kosten in die Höhe treibt. Deshalb sollte man beim Kauf trotz erhöhten Preises immer dem schnelleren Modem den Vorzug geben.

Der Einsatz von Modems ist im Allgemeinen mit zwei Nachteilen verbunden:

- während einer Internet-Sitzung ist der Teilnehmer telefonisch nicht erreichbar, da die Leitung – sofern nur eine Leitung vorhanden ist – belegt ist
- Modems sind im Vergleich zur ISDN-Ausstattung langsamer.

ISDN ermöglicht eine digitale Übertragung der Signale, sodass auf ein Modem verzichtet werden kann. Voraussetzung für den ISDN-Betrieb ist ein ISDN-Anschluss oder eine ISDN-Nebenstellenanlage von der Deutschen Telekom AG, die eine **NTBA**-Netzanschlusseinheit (**N**etwork **T**erminator **B**asis-**A**nschluss) bereitstellt. Diese wird mit der vorhandenen TAE-Steckdose verbunden. Hieran kann eine ISDN-Box als externes Gerät angeschlossen werden, die mit dem Computer zu verbinden ist. Der Anschluss des externen ISDN-Gerätes erfolgt wie der Anschluss eines externes Modems (vgl. Abb. 7.9).

Statt einer externen ISDN-Box kann auch eine Steckkarte in den Computer eingebaut werden. Diese wird häufig auch als ISDN-Karte, ISDN-Adapter oder ISDN-Controller bezeichnet. Die Kar-

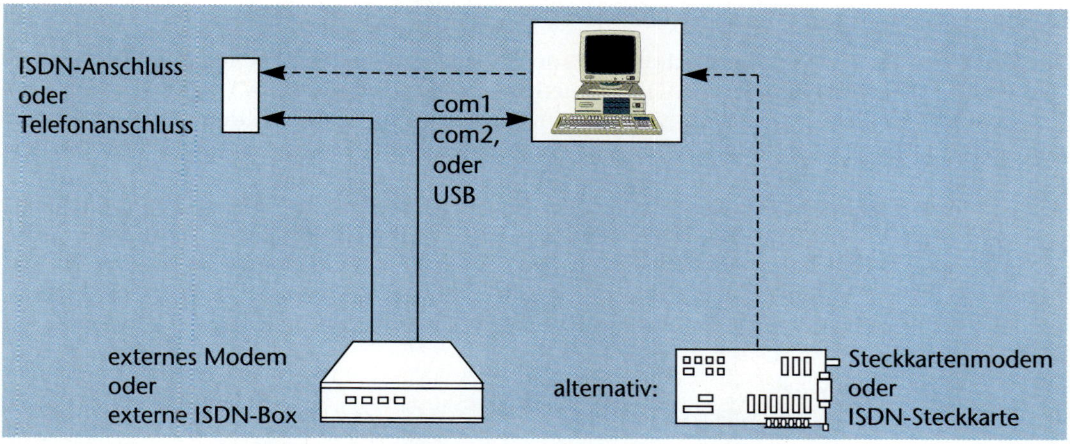

Abb. 7.9 Anschluss von Modem oder ISDN-Komponenten

te sollte plug-and-play-fähig sein, wodurch dem Laien meist eine eigenhändige Konfiguration erspart bleibt. Die Verbindung zwischen der Buchse an der Rückseite der ISDN-Karte und dem ISDN-Anschluss wird über das beim Kauf mitgelieferte Kabel hergestellt (gestrichelte Linie in Abb. 7.9). Die Verbindung, zwischen PC und NTBA kann auch kabellos über Funk hergestellt werden.

Gegenüber der Modem-Lösung bietet die allerdings auch teurere Alternative ISDN folgende Vorteile (vgl. auch Abschnitt 7.2.3):

- Es können zwei Leitungen zeitgleich genutzt werden; Telefonieren und Internetsurfen kann unabhängig voneinander und zeitgleich erfolgen,
- schnellerer Verbindungs- und Seitenaufbau,
- höhere Übertragungsgeschwindigkeit von mindestens 64 Kbit/s für alle Kommunikationsdienste,
- Möglichkeit der Kanalbündelung, zur Erhöhung der Übertragungsgeschwindigkeit auf 128 Kbit/s,
- bessere Übertragungsqualität und
- hohe Betriebssicherheit.

Mithilfe der neuen Übertragungstechnik **ADSL** (**A**symmetric **D**igital **S**ubscriber **L**ine = Asynchrone digitale Teilnehmeranschlussleitung) können ab 1999 erheblich schnellere Übertragungszeiten erzielt werden (Übertragung von Daten ins Netz mit 128 Kbit/s, Herunterladen von Daten aus dem Netz mit 768 Kbit/s).

Zugangssoftware

Software für den Zugang zum Internet kann man auf den zahlreichen CD-ROMs finden, die den Computerzeitschriften oder Veröffentlichungen der Online-Dienste oder Online-Service-Anbieter beigefügt sind. Sie enthalten **Treiber**, also Programme zur Steuerung des Modems oder der ISDN-Einrichtungen, **Terminal- oder Kommunikationsprogramme** zum Aufbau der Verbindung und so genannte Internet-**Browser** (Web-Browser). Ein Browser (to browse = durchblättern, schmökern) ist ein Programm, das den Zugang zum Internet und das Surfen durch das WWW erst ermöglicht. Ein Browser ist notwendig, um WWW-Seiten, z. B. eine **Homepage** (Start- oder Leitseite von Personen, Unternehmen, Schulen usw.) auf dem Bildschirm überhaupt darstellen zu können. Die am häufigsten eingesetzten Browser sind der Netscape Communicator und der Microsoft Internet Explorer, der bereits im Betriebssystem Windows 98 integriert ist. Die von den Online-Diensten herausgegebenen CD-ROMs enthalten neben Browsern und Treiberprogrammen auch eine Fülle zusätzlicher Programme, beispielsweise **Web-Tools, HTML-Editoren** sowie Programme für **Online-Banking** bzw. **Tele-Banking** und E-Mail.

Zugangsberechtigung durch Lizenzvertrag

Die beschriebenen CD-ROMs enthalten auch den Lizenzvertrag, der zwischen dem Nutzer und dem Online-Dienst (CompuServe, AOL = American Online, T-Online usw.) abgeschlossen werden kann, um die Zugangsberechtigung zum Internet zu erhalten. Neben den Online-Diensten kann die Zugangsberechtigung alternativ über so genannte Online-Service-Anbieter erworben werden, die als Provider bezeichnet werden. Ein Provider ist ein Dienstleister, der Privatkunden und Unternehmen gegen Gebühren den Zugang zum Internet ermöglicht (z. B. 1&1, TalkNet, Cybernet, topnet, EWE TEL). Der Provider baut für den Nutzer die Verbindung auf, über die er sich ins Internet einwählen kann. Er sorgt dafür, dass die eingehenden Datenpakete in das Internet und zurück an den Nutzer transportiert werden. Darüber hinaus hält der Provider auf seinem Internet-Server die E-Mails bereit, die von den Nutzern abgerufen werden können.

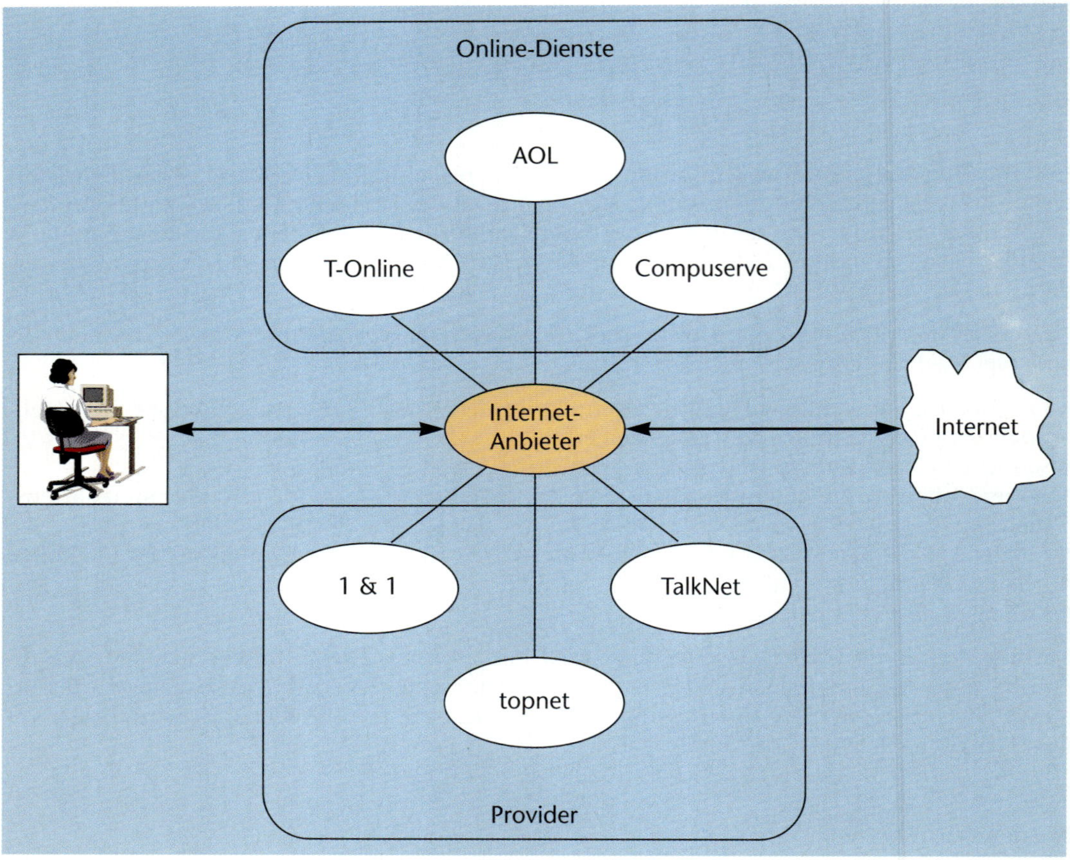

Abb. 7.10 Zugang zum Internet über Online-Dienste und Provider

Kriterien für die Auswahl von Internet-Anbietern

Bei einem Angebotsvergleich sollte darauf geachtet werden, dass der Provider einen Einwahlknoten, den so genannten **PoP** (**P**oint **o**f **P**resence) im Ortsbereich besitzt, damit man sich zum Ortstarif einwählen und somit Gebühren sparen kann. Darüber hinaus können folgende Kriterien die Auswahl beeinflussen:

- Grundgebühr pro Monat
- Pauschalgebühren (Flatrate)
- Freistunden pro Monat
- Online-Kosten pro Minute bzw. Stunde
- Reservierter Speicher für eine eigene Homepage

■ **Übertragungsprotokolle**

Um Daten zwischen Computersystemen mit heterogenen Systemplattformen (Großrechner, Mehrplatzsysteme, Einplatzsysteme) und unterschiedlichen Betriebssystemen (z. B. Macintosh OS, DOS, Windows sowie zahlreichen proprietären Betriebssystemen) austauschen zu können, sind standardisierte Vereinbarungen und Regeln für den Informationsaustausch und -transport in Rechnernetzen erforderlich. Diese werden als Protokolle bezeichnet.

Das bereits 1974 vorgestellte systemunabhängige Protokoll **TCP** (**T**ransmission **C**ontrol **P**rotocol) wird seit 1982 zusammen mit dem Protokoll **IP** (**I**nternet **P**rotocol) als Standardprotokoll unter der Bezeichnung **TCP/IP** für die Datenübertragung in Netzwerken eingesetzt und ist auch das Übertragungsprotokoll im Internet. TCP zerlegt die für die Übertragung bestimmten Daten in kleine Pakete, IP transportiert diese durch das Netz, wobei TCP dafür sorgt, dass diese Pakete beim Empfänger sicher ankommen und wieder zusammenfügt werden. (vgl. Abschnitt 7.4.4). TCP/IP ist bereits in einigen Betriebssystemen (z. B. UNIX) fest integriert. Werden Betriebssysteme eingesetzt, bei denen TCP/IP noch nicht integriert ist (z. B. Windows 3.11), kann TCP/IP nachträglich installiert und eingerichtet werden.

Um Datenpakete mit der zugehörigen IP-Adresse vom PC über die Telefonleitung seriell an den Server des Internet-Anbieters (PoP) übertragen zu können, wird in der OSI-Schicht 2 das **PPP-Protokoll** (**P**oint-to-**P**oint-**P**rotocol) oder das Protokoll **SLIP** (**S**erial **L**ine **I**nternet **P**rotocol) verwendet, das von den meisten Betriebssystemen und Providern unterstützt wird. Im Gegensatz zu SLIP verfügt PPP über eine Datenflusskontrolle und kann eine Prüfung auf mögliche Übertragungsfehler durchführen. Das Protokoll PPP kann neben IP-Daten auch andere Protokolle unterstützen, z. B. **IPX/SPX** (**I**nternet **P**ackage e**X**change/**S**equenced **P**ackage e**X**change) von Novell Netware.

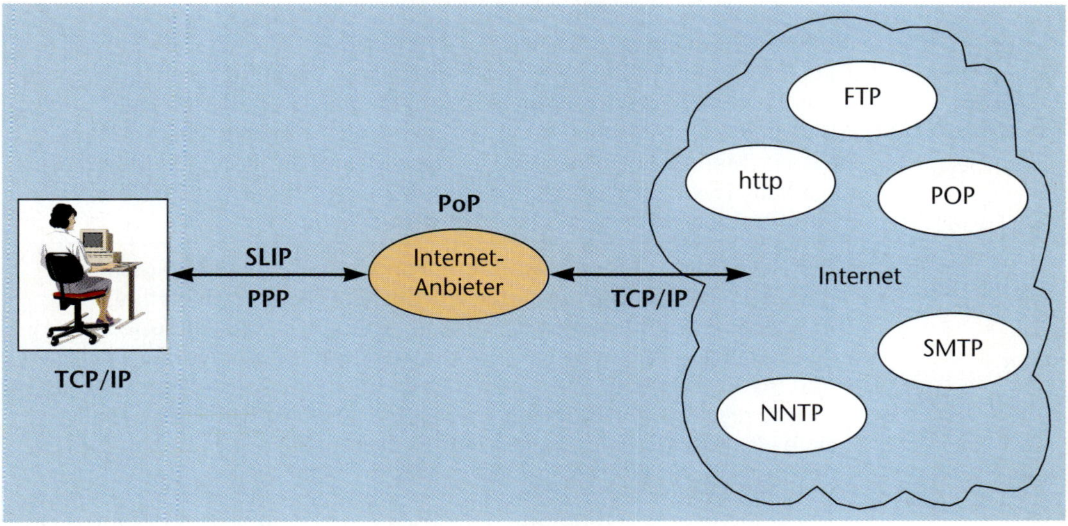

Abb. 7.11 Protokolle im Internet

Neben dem TCP/IP Übertragungsprotokoll werden für die Abwicklung bestimmter Dienste im Internet eine Reihe zusätzlicher Protokolle eingesetzt, von denen einige in der Übersicht des nachfolgenden Abschnitts mit aufgeführt sind.

7.4.3 Internet-Dienste

Mit der Zugangsberechtigung stehen dem Nutzer zahlreiche Internet-Dienste (Internet-Services) zur Verfügung, von denen einige nachfolgend beschrieben werden.

Dienst	Erläuterung
World Wide Web (WWW)	WWW ist der jüngste und zugleich auch der populärste Dienst des Internet. Er gestattet über die Angabe von WWW-Adressen den Zugriff auf die verfügbaren Web-Seiten. Web-Seiten sind multimediale Seiten im so genannten **Hypertext.** Hypertext ist ein Dokument, das über **Links** (Verweise) auf andere Seiten, Texte oder Bilder verweist. Web-Seiten sind in **HTML** (Hypertext Markup Language) geschrieben, einer Sprache zur Erstellung von Hypertext. Die Übertragung von Hypertexten zwischen den Rechnern im Netz erfolgt über das **http-Protokoll** (hypertext transport protocol). Zur Betrachtung von Web-Seiten ist ein Browser erforderlich. Rechner, die Web-Seiten zur Verfügung stellen, bezeichnet man als **Web-Server**.
File Transfer Protocol (FTP)	FTP gehört zu den älteren, aber immer noch sehr beliebten Diensten, weil man sich über diesen Dienst (auch kostenlose) Software auf den eigenen Rechner laden kann (**Download**). FTP erlaubt die Übertragung von Dateien (Files) zwischen zwei Rechnern. Dateien können Programme, Datensammlungen, Bildsequenzen usw. sein. FTP wird häufig benutzt, um Freeware, Shareware, Treiber oder Updates zur bereits eingesetzten Software zu bekommen. Zu unterscheiden ist zwischen öffentlich zugänglichen und anonymen FTP-Servern, die eine Zugangsberechtigung erfordern. FTP ist die Bezeichnung sowohl für ein Programm zum Übertragen von Dateien innerhalb des Internet als auch für das hierfür verwendete Protokoll (**FTP-Protokoll**).
E-Mail (Electronic Mail)	E-Mail ist zusammen mit FTP eine der ersten Nutzungsmöglichkeiten des Internet und war ursprünglich im FTP integriert. Über E-Mail können Dokumente und Dateien weltweit von einem Computer zum anderen gesendet werden (elektronische Post). Zu diesem Zweck besitzt jeder Nutzer im Internet eine eigene E-Mail-Adresse und einen elektronischen Briefkasten (**Mailbox**). Für den E-Mail-Versand wird das Protokoll **SMTP** (Simple Mail Transfer Protocol), für das E-Mail -Download das **POP3**-Protokoll (Post-Office-Protocol) bzw. **IMAP4** verwendet.
News	Der News-Dienst ist eine Sammlung von vielen Tausend Diskussionsgruppen (**Newsgroups**) zu unterschiedlichen Themengebieten, die in gebündelter Form interessierten Nutzern zugänglich sind. Diese können zu den jeweiligen Themen eigene Mitteilungen und Kommentare abgeben und ins Netz senden. Über die wechselseitigen Rückantworten kann sich so eine regelrechte Diskussion entwickeln. Insofern wird dieser Dienst auch als Diskussionsforum bezeichnet. Das zugehörige Protokoll für Usenet-News ist **NNTP** (Network News Transfer Protocol).
Telnet	Telnet dient zum Verbindungsaufbau zwischen dem eigenen Rechner und einem bestimmten Zielrechner (Zentralrechner, Host), um an diesen Daten zu übermitteln oder um dessen Bibliotheken zu nutzen. Hierzu muss der Nutzer die Zugangskennung, den Login-Namen und das erforderliche Passwort kennen. Das zugehörige Protokoll **Telnet** (Remote Terminal Login) entspricht dem gleichnamigen Internet-Dienst.
Gopher	Gopher ist ein verzeichnisorientiertes Dokumentensystem, das die Möglichkeit bietet, in speziellen Computersystemen nach Informationen zu suchen (Recherchesystem). Dabei handelt es sich überwiegend um Textinformationen, die in Menüs und Untermenüs übersichtlich dargestellt sind und abgerufen werden können.

7.4.4 Adressierung im Internet

IP-Adresse

Um Daten zwischen den im Internet angeschlossenen Rechnern austauschen zu können, muss jeder Rechner über eine eindeutige Adresse verfügen, über die er identifiziert werden kann. Auf der Grundlage des TCP/IP-Protokolls ist dies die so genannte IP-Adresse. Diese gliedert sich nach der **Dotted Quad Notation** in vier, je 8 Bit große Adressbereiche (Oktetts), die durch einen Punkt voneinander getrennt sind. Die Informationen in den Adressbereichen lassen Rückschlüsse auf die Größe eines Netzwerkes und die daran angeschlossenen Rechner zu. Abbildung 7.12 veranschaulicht beispielhaft den Aufbau der IP-Adresse 194.49.143.114 nach dem Internet Protokoll, Version 4 (**IPv4**).

	IP-Adresse			
Dezimalzahl	194.	49.	143.	114
IP-Adresse	11000010	00110001	10001111	01110010
32-Bit-Format	8 Bit	8 Bit	8 Bit	8 Bit

Abb. 7.12 Aufbau einer IP-Adresse

IP-Header

Da TCP/IP die zu übertragenden Daten in Pakete (Datagramme) aufteilt, die auf ganz unterschiedlichen Wegen durch das weltweite Netz zum Empfänger geschickt werden können, muss gewährleistet sein, dass diese Pakete auch tatsächlich beim Empfänger richtig und vollständig ankommen. Deshalb enthält jedes der Pakete in seinem **Header**, also im Kopf des Datenpaketes, die hierfür erforderlichen Angaben, z. B. die IP-Adresse des Empfangsrechners im 32-Bit-Format (= 4 Byte) und die Nummer des jeweiligen Datenfragments. Router berechnen anhand der Informationen in der Adresse die jeweils günstigste Verbindung zwischen Sender und Empfänger. Die Abbildung 7.13 zeigt den Aufbau eines IP-Paketes mit den zugehörigen Header-Informationen.

<table>
<tr><td colspan="8">32 Bit</td></tr>
<tr><td>4</td><td>4</td><td colspan="2">8</td><td>4</td><td>4</td><td>4</td><td>4</td></tr>
<tr><td>Version</td><td>IHL</td><td>Pri.</td><td>TOS</td><td colspan="4">Total Length</td></tr>
<tr><td colspan="4">Identification</td><td>Flags</td><td colspan="3">Fragment Offset</td></tr>
<tr><td colspan="2">Time-to-live</td><td colspan="2">Protocol</td><td colspan="4">Header-Checksum</td></tr>
<tr><td colspan="8">Source-Address</td></tr>
<tr><td colspan="8">Destination-Address</td></tr>
</table>

Abb. 7.13 IP-Header

Begriff	Erkärung
Version	Versionsnummer des IP-Protokolls
IHL	Internet Header Lengths, Länge des Protokollkopfes in 32-Bit-Worten
Pri.	Priorität des Datagramms
TOS	Type of Service, Angabe zur Verbindung (Datendurchsatz, Verzögerungsrate)
Total Length	Gesamtlänge des Datagramms
Identification	Kennung der Fragmente eines Datagramms
Flags	Flags dienen zur Steuerung der Fragmentierung des Datenpaketes
Fragment Offset	Angabe der Position des Fragmentes im Datagramm
Time-to-Live	Angabe zur Lebensdauer eines Datagramms im Netz
Protocol	Angabe des Protokolls der Transportschicht für das Datagramm
Header-Checksum	Prüfsumme des IP-Protokollkopfes
Source-Address	Absender IP-Adresse
Destination-Address	Empfänger IP-Adresse

IP-Adressvergabe

Damit eine bestimmte Adresse nicht ein zweites Mal zugewiesen wird, muss die Vergabe und Zuordnung der IP-Adressen an Netzwerke zentral verwaltet werden. Diese Aufgabe erfüllt international die **NIC** (**N**etwork **I**nformation **C**enter), die auch in Deutschland mit der **DENIC** bzw. **NICDE** (**N**etwork **I**nformation **C**enter **D**eutschland) eine Nebenstelle unterhält.

Adressklassen und Adressaufbau

Die Vergabe der IP-Adressen erfolgt auf der Grundlage einer Klassifizierung der IP-Adressen in sogenannte Klassenstufen. Diese Klassen gliedern den Adressraum in festgelegte Adressbereiche und legen damit die maximal möglichen Netze zusammen mit den je Netz maximal adressierbaren Rechnern für jede Klasse fest. Die bislang vergebenen Adressen stammen aus den Klassen A bis C. Während die Klasse A lediglich für große Netzwerke mit sehr vielen Rechnern in Frage kommt, werden Klasse B-Adressen für mittelgroße Netzwerke, Klasse C-Adressen vorwiegend für kleinere Netzwerke mit relativ wenigen Rechnern vergeben. Darüberhinaus gibt es in den Klassen D und E reservierte Adressräume.

Klasse	Netzwerk-Host Aufgliederung	Adressraum	Maximal mögliche Netze	Maximale Anzahl der Rechner pro Netz
A	N. H. H. H	1.0.0.0 - 127.0.0.0	126	16.777.214
B	N. N. H. H	128.0.0.0 - 191.255.255.255	16384	65.534
C	N. N. N. H	192.0.0.0 - 223.255.255.255	2.097.150	254

Abb. 7.14 Klassifizierung der IP-Adressen

Jede IP-Adresse gliedert sich in zwei Teile: die **Netzwerk-Adresse** und die **Host-Adresse**, die einen Rechner innerhalb des zugehörigen Netzwerkes repräsentiert. In der Klasse A steht die Zahl des ersten Blockes für das Netzwerk, während die verbleibenden drei Zahlenblöcke die Hostadresse darstellen. In der Klasse B stehen die ersten beiden Blöcke für ein bestimmtes Netzwerk, in der Klasse C die ersten drei. Dementsprechend reduziert sich die Zahl der pro Netzwerk zur Verfügung stehenden Rechneradressen. Bei der Ermittlung der maximalen Anzahl von adressierbaren Rechnern pro Netz wird jeweils die erste und letzte Adresse des jeweiligen Adressraumes einer Klasse nicht vergeben. Diese sind zur Identifikation des Netzwerkes (**Netzwerk-ID**) und für ein so genanntes **Braoadcast**, d.h. ein Senden an alle Teilnehmer in einem Netz, reserviert (z. B. 194.49.143.255 in einem Klasse C-Netz mit der beispielhaften Adresse aus Abb. 7.12).

Subnetzmaske

Mit der Zugehörigkeit einer IP-Adresse zu einer Adressklasse ist auch eine so genannte **Subnetzmaske** vorgegeben, die den gleichen Aufbau wie die IP-Adresse besitzt und eine Verzweigung in weitere Teilnetze eines Netzwerkes erlaubt. Sollen beispielsweise in einem Netzwerk einer Klasse C-Adresse weitere Teilnetze eingerichtet werden, so sind die Teilnetze über eine Aufgliederung der Host-Adresse anzusteuern, während die Netzwerk-Adresse identisch bleibt. Daher werden in der Subnetzmaske die zur Netzwerk-Adresse gehörigen Bit - sozusagen als Filter - durchgängig auf 1 gesetzt (Wert 255 für jedes Oktett), die zur Host-Adresse gehörigen Bit auf 0.

Standard-Subnetzmasken im klassenorientierten Adressierungsschema:

Klasse	Subnetzmaske (binär)	Subnetzmaske (dezimal)
A	11111111.00000000.00000000.00000000	255.0.0.0
B	11111111.11111111.00000000.00000000	255.255.0.0
C	11111111.11111111.11111111.00000000	255.255.255.0

Soll ein Netzwerk mit einer Klasse C-Adresse beispielsweise in zwei Teilnetze bzw. Segmente aufgeteilt werden, kann dies über die Subnetzmaske 255.255.255.128 geschehen.

Zuweisung von IP-Adressen

Für den Datenaustausch in einem Netzwerk muss jeder Rechner über eine eigene IP-Adresse verfügen. Diese kann entweder bei der Einrichtung des Clients im Netzwerk **fest** zugewiesen werden (z. B. 194.49.143.114) oder auch **dynamisch** erfolgen. Bei der dynamischen Vergabe auf der Grundlage des **DHCP-Protokolls** (**D**ynamic **H**ost **C**onfiguration **P**rotocol) wird jedem Client aus einem festgelegten Pool von IP-Adressen bei jeder Anmeldung eine andere IP-Adresse zugewiesen (z. B. bei der Einwahl in das Internet über den DHCP-Server des Providers).

Von IPv4 zu IPv6

Das schnelle Wachstum des Internet hat dazu geführt, dass IP-Adresskontingente mittlerweile knapp geworden sind. Daher soll das bisher eingesetzte, vor ca. 20 Jahren entwickelte Internet Protokoll in der Version 4 (IPv4) bis zum Jahre 2005 durch das Nachfolgeprotokoll **IPv6** ersetzt werden.

Über die Erweiterung des Adressformats von bisher 32 Bit auf 128 Bit wird es zukünftig praktisch keine Adressbegrenzungen mehr geben (ca. 1500 IP-Adressen pro Quadratmeter der Erde). Darüber hinaus bietet das neue Protokoll durch eine Vereinfachung des Header-Formats verbesserte Routing-Strukturen sowie durch neue Funktionen eine höhere Sicherheit.

<table>
<tr><th colspan="3">IPv6-128 Bit-Adresse</th></tr>
<tr><td colspan="2">Routing-Adresse: 64 Bit
zum Aufbau von hierarchischen Routing-Strukturen</td><td>Interface-ID: 64 Bit
zur Identifikation eines Hosts im lokalen Netzwerk</td></tr>
<tr><td>48 Bit-Adress-Präfix
für öffentliches Routing,
z. B. ISP-Stukturen</td><td>16 Bit Site
Routing für
Subnetze</td><td>Host-Adresse nach Vergabe des Netzbetreibers
bzw. DHCPv6</td></tr>
</table>

◄── Adressvorgabe vom ISP ──►◄── Adressvergabe und -verwaltung durch den Netzbetreiber ──►

Abb. 7.15 Grundstruktur einer IPv6-Adresse

Domain Name

IP-Adressen mit ihren langen Zahlenkolonnen haben zwei Nachteile: Sie sind einerseits schwer zu merken, andererseits lassen sie keine Rückschlüsse auf den zugehörigen Teilnehmer oder auf ein bestimmtes Dokument im Netz zu. Deshalb werden für die Adressierung parallel zu den IP-Adressen so genannte Domain-Namen verwendet. Wer beispielsweise die Nachrichten der Tagesschau lieber im Internet lesen möchte, gibt im Adressfeld seines Browsers die Adresse ein:

http://www.tagesschau.de

Unter **Domain** (engl. Begriff für Bereich bzw. Gebiet) ist die Adresse einer weltweit zu erreichenden Homepage bzw. eines aufrufbaren Dokumentes zu verstehen. Die Domain wird hinter der Angabe des Protokolls (http) und des Internet-Dienstes (www) eingetragen. Der Domain-Name kann auch aus mehreren Angaben bestehen, wie das folgende Beispiel einer frei erfundenen Domain zeigt:

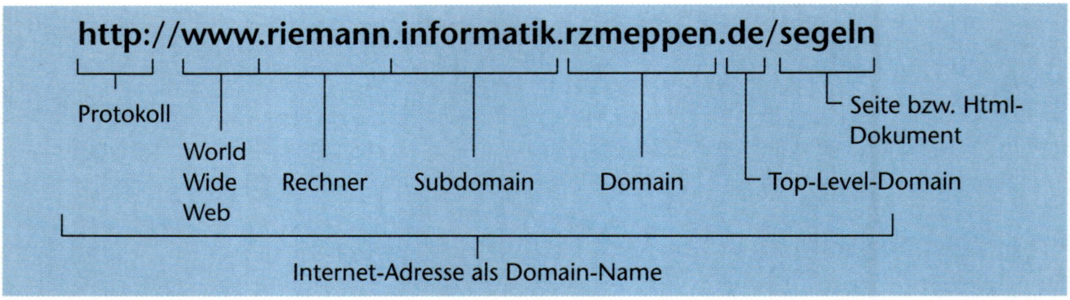

Abb. 7.16 Struktur von Domain-Namen

Das Adressierungssystem mit der oben dargestellten Struktur wird als **DNS** (**D**omain **N**ame **S**ystem bzw. **D**omain **N**ame **S**ervice) bezeichnet. Domain-Namen sind durch Punkte getrennt in Teilsegmente gegliedert, wobei der Domain-Name von rechts nach links gelesen wird. Bezogen auf unser Beispiel in Abb. 7.16. ist *segeln* der Dateiname für ein aufzurufendes Dokument, *der* stellt die Länderkennung für Deutschland dar und *rzmeppen* als Domain weist auf den Betreiber des Servers hin. An dem Server können verschiedene Teilnetze für bestimmte Bereiche angeschlossen sein, beispielsweise ein Teilnetz für den Bereich Informatik. Dieser wird hier durch die Subdomain (den Unter-Namen) zur Domain repräsentiert. Der Name *riemann* stellt hier eine weitere Subdomain dar, falls für diesen ein Teilnetz bzw. ein Rechner eingerichtet ist. *WWW* gibt den Internet-Dienst an und *http* das Protokoll, in dem die Daten übertragen werden. Es wird deutlich, dass Domain-Namen eine höhere Aussagekraft besitzen als IP-Adressen. Beide Formen der Adressierung, die IP-Adresse und die DNS-Adresse, sind jedoch vollkommen gleichwertig und können alternativ eingesetzt werden.

Domain-Namen und die zugehörigen IP-Adressen werden in einer Datenbank auf speziellen Rechnern, den so genannten **DNS-Servern** gespeichert. Diese Server übernehmen die Verwaltung dieser Adressen sowie die Umwandlung der Domain-Namen in die für den Verbindungsaufbau erforderlichen IP-Adressen.

7.4.5 Suchen im Internet

Suchen über Links

Bestimmte Homepages oder zugehörige Referenzseiten, die über Links miteinander verbunden sind, können immer leicht aufgerufen werden, wenn man die zugehörige Adressen kennt. Eine Fülle von Adressen zu allen möglichen Themengebieten sind zunächst in einschlägigen Fachzeitschriften oder Medien erhältlich. Die jeweilige Adresse, unter der eine Web-Seite weltweit zu finden ist, bezeichnet man auch als **URL** (**U**niform **R**esource **L**ocator). Diese kann im Adressfeld des eingesetzten Browsers eingegeben werden.

Beispielsweise gibt ein Sammler von Modelleisenbahnen folgende URL im Adressfeld seines Browsers ein:

Adresse: **http://www.maerklin.de**

Über einen entsprechenden Link oder Verweis auf der Homepage kann er zu den Angeboten im Screen-Shop gelangen. Er kann aber auch direkt auf diese Seite verzweigen, wenn folgende Adresse als bekannt eingegeben wird:

Adresse: **http://www.maerklin.de/mhi/screen-shop/index.php**

Einmal eingegebene Adressen von Internet-Seiten kann der Browser speichern und als so genannte **Bookmarks** (Lesezeichen) bzw. **Favoriten** ablegen. Der erneute Aufruf der URL-Adresse ist dann bequem über Mausklick möglich, auf eine wiederholte Eingabe der Domain kann verzichtet werden.

Suchen über Suchmaschinen und Kataloge

Sind Adressen nicht bekannt, beginnt die Suche nach den gewünschten Internetseiten. Spätestens in diesem Moment wird deutlich, welche Datenflut den Internet-Nutzer förmlich erschlagen kann. Hier kommt es darauf an, schnell genau das Gewünschte zu bekommen. Dabei sind so genannte **Suchmaschinen** und **Kataloge** behilflich. Suchmaschinen sind Web-Server, die in umfangreichen Datenbanken Informationen über die Inhalte anderer Web-Server besitzen. Nach Angabe eines Schlüsselbegriffes werden alle Web-Seiten angezeigt, in denen der Schlüsselbegriff vorkommt. Die Suchmaschinen verfügen über Robotprogramme, die sehr schnell Web-Seiten mit sämtlichen Links durchforsten und mit dem Schlüsselbegriff vergleichen. Typische Suchmaschinen sind beispielsweise Crawler, Lycos, AltaVista, Aladin und Robots. Es ist durchaus möglich, dass die Fülle der angezeigten Hinweise im Einzelfall das Suchproblem noch verschärfen kann, statt es zu lösen.

Kataloge sind dagegen übersichtlicher und führen aufgrund ihrer Strukturierung in Stichworten und Kategorien häufig schneller zum gewünschten Ergebnis. Die Eintragung von Seiten in das Katalogregister übernimmt eine Redaktion und nicht eine Maschine, die lediglich Links mit Schlüsselbegriffen vergleicht. Dadurch ist eine sorgfältigere Prüfung möglich, sowohl nach Inhalt als auch nach der Bedeutung der Web-Seiten. Typische Kataloge sind Yahoo und Web. Es gibt auch Kombinationen von Suchmaschinen und Katalogen, z. B. Dino und Excite.

Suchmaschine	**Adresse**	**Bemerkungen**
Crawler	http://www.crawler.de	Suchmaschinen mit zahlreichen Suchoptionen
Metacrawler	http://www.metacrawler.de	Meta-Suchmaschine mit Suche in Dateien oder in Newsgroups
Lycos	http://www.lycos.de	Suchmaschine mit sehr großem Datenbestand und vielen Suchfunktionen
Altavista	http://www.altavista.digital.com	Internationale Suchmaschine mit zahlreichen Suchoptionen
Katalog	**Adresse**	**Bemerkungen**
Yahoo	http://www.yahoo.com	Nach Rubriken sortierter Web-Katalog
Web	http://www.web.de	Verzeichnis überwiegend deutscher Homepages

Kombinationen	Adresse	Bemerkungen
Dino	http://www.dino-online.de	Umfangreicher Web-Katalog und Suchmaschine mit vielfältigen Suchoptionen
Excite	http://www.excite.de	Große Datenbank mit mehr als 60 Millionen Webseiten mit Suche nach Begriffen, die mit dem Suchbegriff verwandt sind.

Auf einen Blick

- Das Internet ist weltweit das größte Informations- und Kommunikationsmedium. Den Zugang zum Internet ermöglichen Online-Dienste, die darüber hinaus weitere Datendienste wie Btx, Btx plus oder E-Mail anbieten, und Provider.
- Voraussetzung für den Zugang ist ein PC mit einer bestimmten Mindestausstattung, ein Modem oder eine ISDN-Ausstattung, die Zugangssoftware und eine Zugangsberechtigung.
- Bei der Auswahl geeigneter Online-Dienste oder Provider spielen Einwahlknoten (PoP), die Grundgebühr und die Freistunden pro Monat, die Online-Kosten pro Minute bzw. Stunde, aber auch der für die eigene Homepage reservierte Speicher eine Rolle.
- Das Übertragungsprotokoll im Internet ist TCP/IP. Für die serielle Übertragung zwischen dem Nutzer und dem Internet-Anbieter werden die Protokolle PPP und SLIP verwendet. Die Abwicklung bestimmter Internet-Dienste erfordern zusätzliche Protokolle wie http, FTP, POP, SMTP und NNTP.
- Wichtige Internet-Dienste sind World Wide Web (www), File Transfer Protocol (FTP), E-Mail, News, Telnet und Gopher.
- Die Adressierung im Internet erfolgt über IP-Adressen, die einen angeschlossenen Rechner eindeutig identifizieren. Die IP-Adresse wird nach IPv4 dezimal über vier durch Punkte getrennte Zahlen angegeben, die jeweils 8 Bit großen Adressen in binärer Form entsprechen.
- Die Zuweisung von IP-Adressen kann entweder über eine feste Adressvergabe oder auch dynamisch aus der Grundlage des DHCP-Protokolls erfolgen.
- Mit der IP-Adresse vergibt der Provider auch eine Subnetzmaske, die eine Adressierung von Teilnetzen eines Netzwerkes erlaubt.
- Mit dem neuen Internet Protokoll in der Version 6 IPv6 stehen 128 Bit statt bisher 32 Bit für die Adressierung zur Verfügung. IPv6 ist das Nachfolgeprotokoll von IPv4. Es bietet fast unbegrenzten Adressraum, eine verbesserte Routing-Strukturierung sowie eine höhere Sicherheit beim Datentransport.
- Eine Internet-Adresse wird vom Nutzer in der Regel über den Domain-Namen beschrieben, da er leichter zu merken und einzugeben ist. Die Umwandlung in die für den Verbindungsaufbau erforderlichen IP-Adressen übernehmen DNS-Server. Beide Formen der Adressierung sind gleichwertig und können alternativ eingesetzt werden.
- Die Adresse, unter der eine Web-Seite weltweit im Internet zu finden ist, bezeichnet man auch als URL (Universal bzw. Uniform Resource Locator). Häufig genutzte URLs können über Lesezeichen, die man Bookmarks bzw. Favoriten nennt, abgelegt und bei Bedarf erneut aufgerufen werden.
- Die Suche nach bestimmten Web-Seiten kann über Suchmaschinen oder Kataloge erleichtert werden.

8 Entwicklung und Bereitstellung von IT-Systemen

8.1 Projektorganisation

8.1.1 Projektdefinition

Was ist ein Projekt?

Angesichts der Vielzahl unterschiedlicher Definitionen zum Begriff Projekt gibt es bis heute noch keine allgemein gültige Begriffsbestimmung. Als Grundlage für eine Begriffsklärung kann die Definition nach der DIN-Norm 69 901 dienen.

Ein **Projekt** ist ein Vorhaben, das im Wesentlichen durch die Einmaligkeit der Bedingungen in ihrer Gesamtheit gekennzeichnet ist.

Diese recht allgemein gehaltene Definition bedarf einer näheren Umschreibung durch charakteristische Eigenschaften und Merkmale. Die Einmaligkeit der Bedingungen für ein Vorhaben drückt sich beispielsweise in folgenden Eigenschaften und Merkmalen aus:

- Einmaligkeit der Aufgabenstellung und der Zielvorgabe für Projekte
- Komplexität der mit einem Projekt verbundenen Aufgabenstellung
- Zeitliche Befristung mit einem genau festgelegten Start- und Endtermin für das Projekt
- Kostenbegrenzung durch ein festgelegtes Budget
- Wirtschaftliche, technische und terminliche Unsicherheiten und Risiken
- Bildung einer Projektgruppe ausschließlich für das geplante Vorhaben
- Einrichtung einer auf das Vorhaben abgestimmten Organisation

Beispiele für Projekte im IT-Bereich

Projekte sind in allen Gesellschaftsbereichen und Wirtschaftszweigen üblich (z. B. Verkehrswirtschaft, Handel, Versicherungswirtschaft). Für den IT-Bereich kommen beispielsweise folgende Projekte in Betracht:

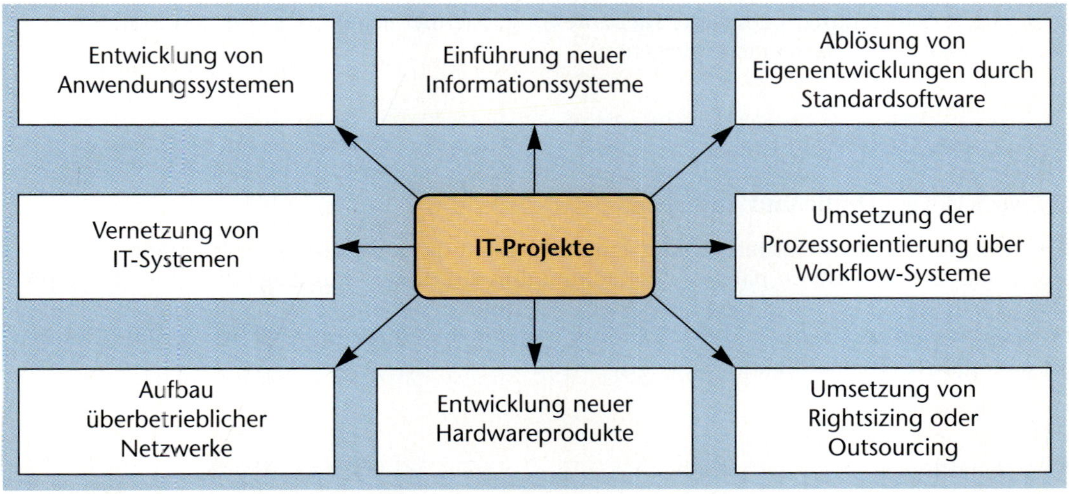

Abb. 8.1 Beispiele für Projekte im IT-Bereich

8.1.2 Projektauslösung

Projekte im IT-Bereich können durch erkannte Probleme, durch äußere Rahmenbedingungen oder auch durch innovative Ideen ausgelöst werden. Die Abb. 8.2 veranschaulicht typische Gründe für eine Projektauslösung.

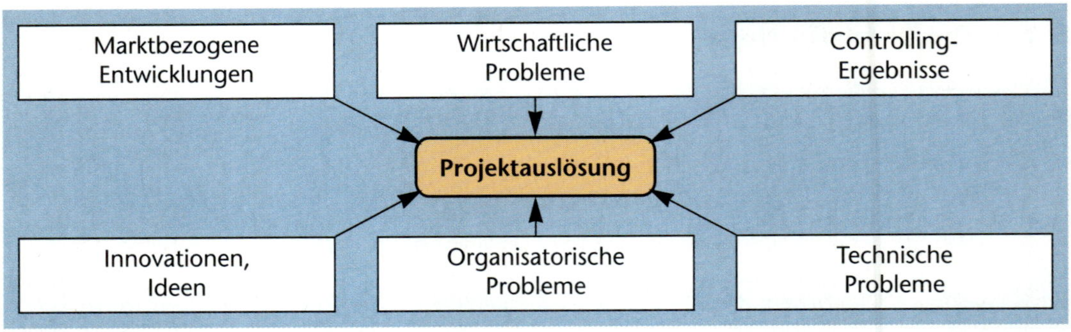

Abb. 8.2 Gründe für eine Projektauslösung

Beispiele für ...

... organisatorische Probleme	Brüche im innerbetrieblichen Informationsfluss
... technische Probleme	zu hoher Wartungsaufwand, störanfällige Systemkomponenten
... wirtschaftliche Probleme	sinkende Umsätze, hoher Kostendruck, Rationalisierungszwang
... marktbezogene Entwicklungen	verschärfte Konkurrenz, Wettbewerbsdruck
... Innovationen, Ideen	Aufbau neuer Kommunikationsbeziehungen, neue Produktideen
... Controlling-Ergebnisse	fehlerhafte, ineffiziente IT-Systeme, zu hohe Kosten im IT-Bereich

Der Anstoß für ein Projekt kann von einzelnen Personen (z. B. Sachbearbeiter, Controller, Systemanalytiker oder externe Berater), von einzelnen betrieblichen Organisationseinheiten (z. B. Org./DV-Abteilung, betroffene Fachabteilung, Fachbereiche) oder von den Märkten (z. B. Beschaffungs- oder Absatzmarkt) ausgehen.

8.1.3 Vorstudie

Zweck der Vorstudie und Aufgaben

Die Vorstudie – auch Voruntersuchung genannt – dient dazu, die projektauslösenden Probleme, Ideen oder Entwicklungen näher zu betrachten, um auf dieser Grundlage die Berechtigung für ein Projekt zu prüfen. Dabei sind die Ziele zu bestimmen, die mit der Durchführung des Projektes erreicht werden sollen. In diesem Zusammenhang wird auch untersucht, ob und inwieweit die angestrebte Zielsetzung in

- organisatorischer
- IT-bezogener und
- wirtschaftlicher

Hinsicht realisiert werden kann.

Im Hinblick auf die Umsetzung der Ziele sind Lösungsalternativen zu betrachten, wobei die technischen und organisatorischen Möglichkeiten der Informationsverarbeitung einzubeziehen sind. Wichtige Aufgaben der Vorstudie veranschaulicht die Abbildung 8.3.

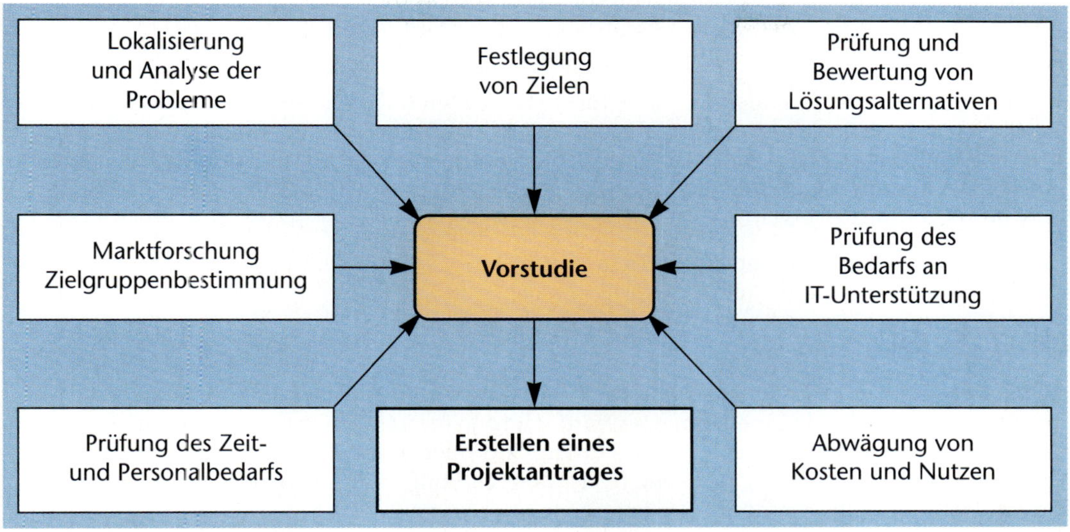

Abb. 8.3 Kernaufgaben in der Vorstudie

Vorgeschlagene Lösungen – seien sie noch so gut und überzeugend – finden häufig nur dann Zustimmung, wenn diese durch Wirtschaftlichkeitsberechnungen untermauert werden. Folglich sind Zeit- und Kostenaspekte zu berücksichtigen.

Die Ergebnisse der in der Vorstudie behandelten Aspekte, von denen hier nachfolgend nur einige dargestellt werden können, sind abschließend in einem Projektantrag zusammenzufassen und zur Genehmigung vorzulegen. Sie bilden die Entscheidungsgrundlage für den Projektauftrag und damit für die Durchführung des Projektes.

Um einerseits die Zustimmung für ein Projekt zu gewinnen, andererseits das Risiko von Fehleinschätzungen und notwendigen Änderungen während des Projektes möglichst gering zu halten, sollten Vorstudien sorgfältig und systematisch durchgeführt werden. Angesichts des ständig steigenden Zeit- und Kostendrucks kann sich eine Vorstudie aber auch auf die wichtigsten Punkte beschränken und im kleinen Kreis der betroffenen und fachkompetenten Personen relativ zügig abgewickelt werden. Vorgehensweise und Schwerpunktsetzung sind daher stets auf die jeweils vorliegenden Gegebenheiten vor Ort abzustimmen.

Problemanalyse

Im Rahmen der Vorstudie sind die bestehenden Probleme genau zu definieren und zu lokalisieren. Es ist zu prüfen, ob lediglich ein isolierter Teilbereich oder mehrere Organisationseinheiten von der Projektauslösung berührt sind, um Umfang und Komplexität des angestrebten Projektes einschätzen zu können. Ferner ist zu analysieren, inwieweit technische, organisatorische oder personelle Schwachstellen vorliegen, damit die Anforderungen für das Projekt festgelegt werden können. Deshalb müssen auch die Ursachen der festgestellten Probleme erforscht und die Auswirkungen dieser Probleme auf die betrieblichen Organisationseinheiten, auf die vorhandenen IT-Systeme und das Marktgefüge analysiert werden. Typische Fragestellungen in der Problemanalyse sind:

- **Welche** Probleme gibt es ?
- **Wo** liegt das Problem ?
- **Wodurch** ist das Problem verursacht worden ?

- **Wer** ist von den Problemen betroffen ?
- **Wie lange** gibt es die festgestellten Probleme ?
- Gibt es **Folgeprobleme** ?
- Welche **Auswirkungen** ergeben sich aus den erkannten Problemen ?

Ziele

Die Analyse projektauslösender Probleme führt zu konkreten Zielsetzungen, die über Projekte zu realisieren sind. Da Projekte aufgrund ihrer strategischen Bedeutung im zunehmenden Maße die Unternehmensentwicklung und damit den Unternehmenserfolg beeinflussen, werden die Ziele in der Regel von der Geschäftsleitung festgelegt oder eng mit ihr abgestimmt. Bei der Beschreibung der Ziele sind

- aufbau- und ablauforganisatorische Ziele
- wirtschaftlich orientierte Ziele
- marktbezogene Ziele und
- IT-bezogene Zielsetzungen

zu konkretisieren und zu einem **Zielsystem** zusammenzufassen (vgl. z. B. Abschnitt 1.1, Abschnitt 3.1.1). Der Erfolg eines Projektes wird daran gemessen, inwieweit die definierten Ziele nach Abschluss des Vorhabens erreicht worden sind oder nicht. Um Missverständnisse auszuschließen und die Einhaltung der Ziele überprüfen zu können, sollte bereits bei der Zielformulierung darauf geachtet werden, dass sie

- realisierbar,
- messbar und kontrollierbar,
- vollständig, verständlich und
- widerspruchsfrei sind.

Lösungsalternativen

Unter Berücksichtigung der festgelegten Ziele sollen über Projekte die erkannten Probleme gelöst und innovative Entwicklungen realisiert werden. Die Vorstudie dient auch dazu, Lösungsalternativen zu diskutieren und mit ihren Vor- und Nachteilen abzuwägen. Die meisten Projekte berühren Organisationsstrukturen als auch IT-Strukturen gleichermaßen. Daher stellen sich bereits in der Vorstudie oft heikle Entscheidungsprobleme, die die Ausrichtung des späteren Projektablaufes maßgeblich beeinflussen. Für den IT-Bereich können sich beispielhaft folgende Alternativen ergeben, die für eine Projektlösung von Bedeutung sind, ja häufig selbst Gegenstand von Projekten sein können (vgl. Abb. 8.1):

Lösungsalternativen		
Weiterführung proprietärer Systeme	◄──► (vgl. Abschnitt 1.2)	Ablösung durch offene, standardisierte Systeme
dezentrale Single-User-Systeme	◄──► (vgl. Abschnitt 1.2)	Aufbau vernetzter Systeme bzw. Integration in vernetzte Systeme
Downsizing von IT-Systemen	◄──► (vgl. Abschnitt 1.3.2)	Upsizing von IT-Systemen
Weiterentwicklung der Funktionsorientierung	◄──► (vgl. Abschnitt 3)	Ablösung der Funktionsorientierung durch die Prozessorientierung
IT im eigenen Hause	◄──► (vgl. Abschnitt 1.3.1)	IT außer Haus (Outsourcing)
Individualsoftware	◄──► (vgl. Seite 249, 250)	Standardsoftware

Da die Problematik der vorgenannten Lösungsalternativen bis auf die Alternative **Make or Buy** bereits in vorhergehenden Kapiteln angesprochen wurde, soll im Folgenden näher hierzu auf die Softwarealternativen mit ihren Vor- und Nachteilen eingegangen werden.

Grundsätzlich bieten sich für die Realisierung von Problemlösungen folgende Softwarestrategien an:

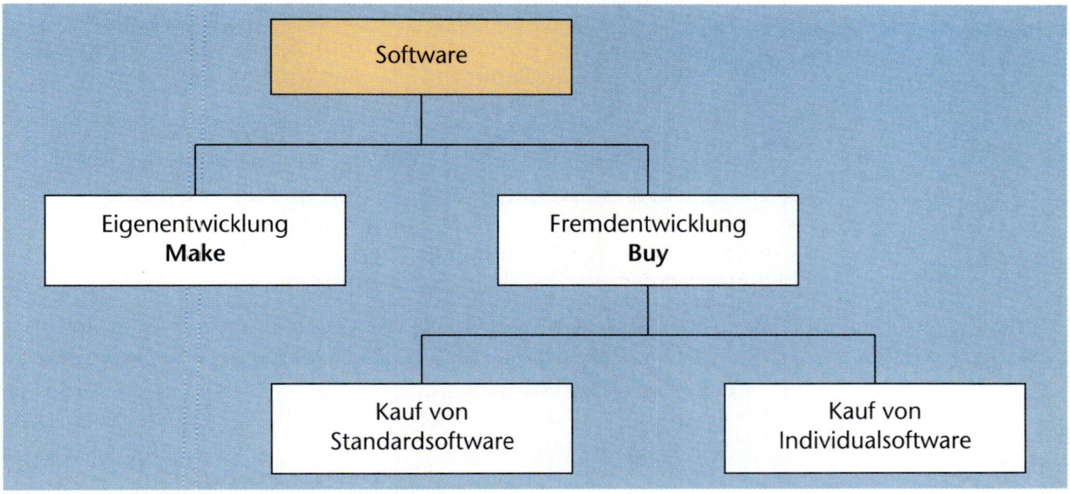

Abb. 8.4 Softwarestrategien

Bereits in der Vorstudie kann auf der Grundlage der langfristig angelegten Unternehmens- und IT-Zielsetzung einerseits sowie der bereits bestehenden Systemumgebung andererseits eine Softwarestrategie aus den vorgestellten Alternativen entwickelt werden. Zur Beurteilung der einzelnen Alternativen kann für softwarerelevante Projekte folgende Tabelle dienen.

Alternative	Vorteile	Nachteile
1. Eigenentwicklung	• Sehr gute Anpassungsfähigkeit an die jeweiligen betrieblichen Bedürfnisse und Wünsche • Chance, eigene Entwicklungen als Marktvorteil zu nutzen • Softwareumfang deckt sich genau mit den gestellten Anforderungen • Unabhängigkeit vom Softwarelieferanten, der Betrieb muss sich nicht fest vorgegebenen Organisationsformen anpassen • Größere Flexibilität bei Programmänderungen; Up-Dates bestimmt der Betrieb, nicht der Softwarelieferant • Preiswerte Wartung im eigenen Hause sichert kontinuierliche Weiterentwicklung • Erwerb und Weiterentwicklung von Programmier-Know-how	• Relativ lange Entwicklungszeiten • Aufblähung des IT-Budgets durch personalkostenintensive Entwicklung und Pflege • Volle Auslastung der vorhandenen Programmierer nicht immer gewährleistet • Abhängigkeit von den Programmierern und deren Vorlieben für bestimmte Programmiersprachen • Die Qualität der Software erreicht nicht immer die von professioneller und ausgereifter Standardsoftware • Programmdokumentation ist nicht immer vollständig oder aktuell

Alternative	Vorteile	Nachteile
2. Fremdentwicklung: Kauf von Standardsoftware	• Relativ preiswerte Beschaffung • Sofortige Verfügbarkeit • Einsparung von Personalkosten • Ausgereifte, im praktischen Einsatz bewährte Programme • Hohe Qualität und Benutzerfreundlichkeit der Software • Garantierte fortlaufende Pflege der Software • Möglichkeit individueller Programmanpassungen • Umfassende Programmdokumentation	• Abhängigkeit vom Hersteller und von dessen Produktstrategie • Der Funktionsumfang ist oft größer als der tatsächlich erforderliche, sodass ungenutzte Funktionen mitfinanziert werden • Änderungen, Erweiterungen oder Fehlerbereinigungen liegen in der Hand des Softwareherstellers • Softwarewartungsvertrag erhöht die Softwarekosten
Kauf von Individualsoftware, z. B. über ein Systemhaus	• Sehr gute Anpassungsfähigkeit an die jeweiligen betrieblichen Bedürfnisse und Wünsche • Softwareumfang deckt sich genau mit den gestellten Anforderungen • Flexibilität bei Programmänderungen • Kosten sind i. d. R. niedriger als bei Eigenentwicklung, da kostenintensive Ressourcen eingespart werden können	• Kosten im Allgemeinen höher als bei Kauf von Standardsoftware • Relativ lange Entwicklungsdauer • Abhängigkeit vom Softwarehersteller • Risiko, wenn die Wettbewerbsfähigkeit kleinerer Softwarehersteller nachlässt (z. B. Firmenaufgabe)

Zeitplanung

In der Vorstudie sind darüber hinaus zeitliche Aspekte anzusprechen. Der zeitliche Aspekt ist insbesondere dann von Bedeutung, wenn die Ergebnisse eines Projektes

- termingebunden sind (z. B. Präsentation von Produkten auf einer Messe),
- am Projekt mitwirkende Personen nur zeitlich begrenzt zur Verfügung stehen,
- saisonale Aspekte eine Rolle spielen (z. B. in der Spielzeugindustrie) oder
- finanzielle Mittel zeitlich gebunden sind (z. B. Jahresbudgets).

In diesem Zusammenhang stellen sich folgende Fragen:

- Welcher **Zeitbedarf** ist für das Projekt zu veranschlagen ?
- Zu welchem **Zeitpunkt** kann mit dem Projekt begonnen werden, wann sollte es abgeschlossen sein (**Start- und Endtermin**)?
- Gibt es **zeitliche Begrenzungen** oder **Vorgaben**?

Eine detaillierte Zeitplanung und -kontrolle mithilfe spezieller Methoden und Techniken (z.B. Netzplantechnik) kann durch das Projektmanagement softwaregestützt erfolgen (vgl. Abschnitt 8.1.5).

Prüfung des Personalbedarfs und der IT-Unterstützung

Für jedes Projekt stellt sich die Grundsatzfrage, ob und inwieweit die eigenen personellen Ressourcen hinsichtlich Anzahl und Qualifikation des Personals eine erfolgreiche Durchführung des Projektes gewährleisten können. Besonderes Augenmerk ist dabei auf den Grad der IT-Unterstützung zu legen, wobei zu fragen ist, ob das betriebseigene Know-how für das Erreichen der angestrebten Lösung ausreicht. Im Hinblick auf die spätere Bildung einer Projektgruppe können zunächst unter Abwägung der jeweiligen Vor- und Nachteile folgende Alternativen betrachtet werden.

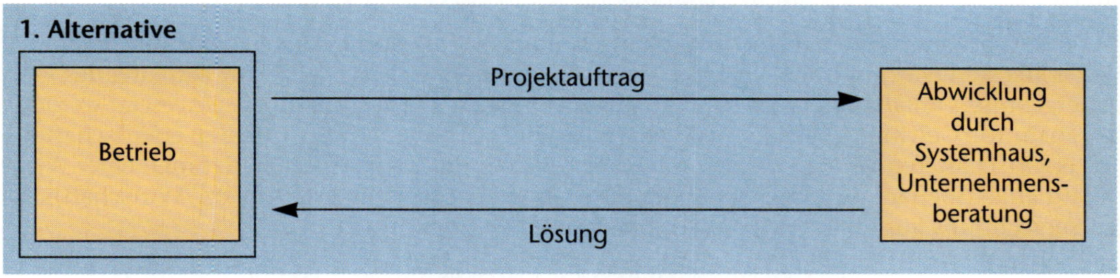

Abb. 8.5 Komplette Abwicklung des Projektes über eine externe Projektgruppe (Outsourcing)

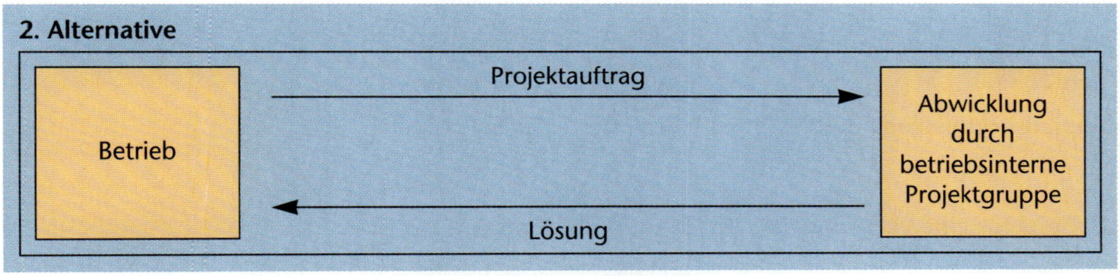

Abb. 8.6 Komplette Abwicklung des Projektes über eine interne Projektgruppe

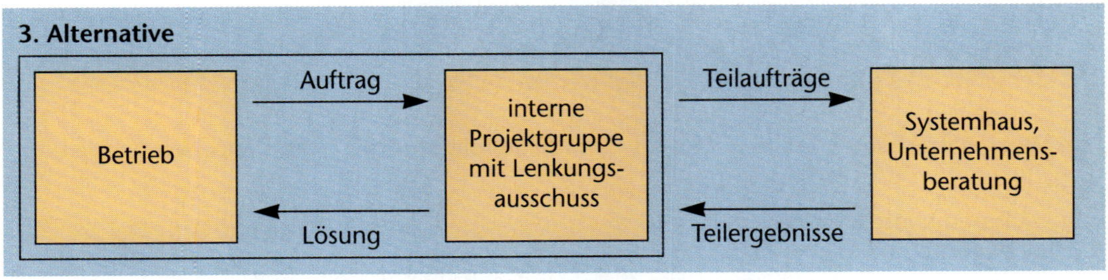

Abb. 8.7 Teilabwicklung bestimmter Projektaufgaben über eine externe Projektgruppe

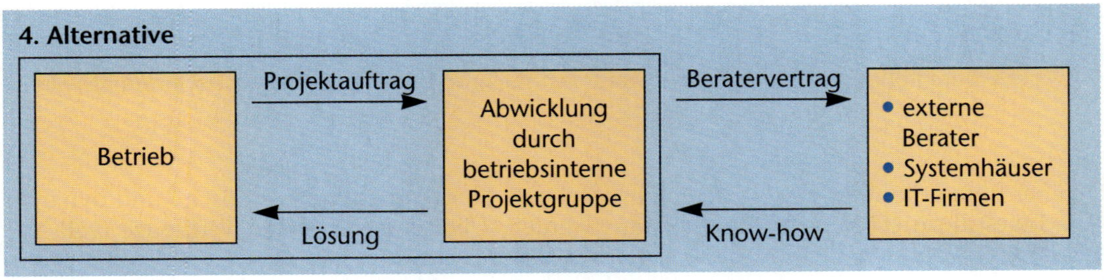

Abb. 8.8 Komplette Abwicklung des Projektes über eine interne Projektgruppe mit Beratungsunterstützung

Die für die Durchführung des Projektes geeignete Alternative ist auszuwählen und im Projektantrag zu begründen. Die spätere Auswahl der Gruppe (z. B. Auswahl eines Outsourcers) und deren Zusammensetzung bei Abwicklung durch eine interne Gruppe kann über das Projektmanagement erfolgen (vgl. Abschnitt 8.1.5).

Wirtschaftlichkeitsbetrachtung

Im Rahmen einer Voruntersuchung sind Kosten und Nutzen abzuwägen, um die Wirtschaftlichkeit eines Projektes begründen zu können. Da die Kosten eines Projektes erst nach Abschluss des Vorhabens genau feststehen, beruhen Wirtschaftlichkeitsberechnungen im Rahmen einer Vorstudie entweder auf Erfahrungswerten oder auf Schätzungen.

Für eine Wirtschaftlichkeitsberechnung können zunächst die Kostenarten (Hardware-, Software, Materialkosten usw.) mit den zugehörigen Kosten erfasst werden. Die bis zur Nutzung des Projektergebnisses anfallenden Kosten sind einmalige Kosten, die als Investition eingesetzt werden, um zukünftig Gewinne, messbare Produktivitätssteigerungen oder Ersparnisse zu erwirtschaften. Die erwirtschafteten Beträge aus den genannten Erfolgsindikatoren sind im Rahmen einer Wirtschaftlichkeitsbetrachtung den getätigten Investitionen gegenüberzustellen (vgl. Wirtschaftlichkeitsberechnung zur Kontrolle von Geschäftsprozessen Abschnitt 3.5.1).

Folgende Berechnungen lassen Aussagen über die Wirtschaftlichkeit von Projekten zu:

Ersparnis	= jährliche IST-Kosten – jährliche SOLL-Kosten
Amortisationsdauer	= Investition / jährliche Ersparnis
Rentabilität	= Ersparnis * 100 / Investition
Kapitalrückflusszeit	= Investition / (Ersparnis + jährliche Abschreibung)

Beispiel für eine vereinfachte Wirtschaftlichkeitsberechnung:

Ein Systemhaus hat für ein IT-Projekt Projektkosten von 112.500,- Euro errechnet. Die lfd. IST-Kosten betragen für den betroffenen Bereich 39.000,- Euro/Jahr. Diese können bei Nutzung der neuen Software, die zum Abschluss des Projektes zur Verfügung stehen soll, auf 14.000,- Euro/Jahr (SOLL-Kosten) gesenkt werden. Die Projektdauer beträgt ein Jahr, die Nutzungsdauer wird auf 5 Jahre geschätzt. An Abschreibungen können von Beginn der Nutzungsdauer jährlich 12.500,- Euro berücksichtigt werden.

Zur Wirtschaftlichkeit können auf dieser Grundlage folgende Aussagen getroffen werden:

Ersparnis	= 25000,- Euro/Jahr
Amortisationsdauer	= 4,5 Jahre
Rentabilität	= 22,22 %
Amortisationsdauer	< geschätzte Nutzungsdauer
Kapitalrückflusszeit	= 3 Jahre

Ergebnis:

Die Durchführung des Projektes erweist sich nach den vorliegenden Schätzwerten als wirtschaftlich.

Darüber hinaus können weitere Berechnungen (z. B. Nutzwertanalysen, statische und dynamische Investitionsrechnungen) durchgeführt werden. Über entsprechende Werkzeuge (vgl. Abschnitt 8.2.5) können Kosten erfasst und im Verlauf des Projektes verfolgt und kontrolliert werden. Der Nutzen einer Projektlösung lässt sich nicht ausschließlich durch wertmäßig berechenbare Größen erfassen. Daher sollten auch qualitative, nicht messbare Kriterien in eine Wirtschaftlichkeitsbetrachtung einfließen, beispielsweise

- Art und Umfang der Herstellerunterstützung
- die Anwenderakzeptanz
- integrierte Hilfsfunktionen.

8.1.4 Projektantrag

Die Ergebnisse aus der Vorstudie fließen in einen Projektantrag ein. Dieser bildet den Abschluss der Voruntersuchung und ist die Grundlage für die Entscheidung, ob für den untersuchten Bereich ein Projektauftrag erteilt wird oder nicht.

Projektantrag

Projekt:	Antragsteller/Abteilung:
Projektbeschreibung:	Betroffene Organisationseinheiten:
Projektziele:	
Begründung:	
Anforderungen hinsichtlich: • Zeit: • Personal: • Budget:	
Anlagen:	Datum und Unterschrift

Abb. 8.9 Muster eines Projektantrages

Ein Projekt kann auch als EDV- oder IT-Anforderung beantragt werden.

An		Anfordernde Abteilung:	
IT-Anforderung			
Fachbereich:			
Hardware:	☐	Software:	☐
Neuinstallation:	☐	Änderung:	☐
Fertigstellungstermin:			
Beschreibung:			
Datum:	Bearbeiter:	Fachbereichsleiter:	

Abb. 8.10 Muster einer IT-Anforderung

8.1.5 Projektmanagement

Projektauftrag

Für den Fall, dass der Projektantrag genehmigt wird, ist ein Projektauftrag zu erteilen, der die Grundlage für die Durchführung des Vorhabens bildet. Der meist von der Geschäftsleitung erteilte Projektauftrag orientiert sich an den Inhalten des Projektantrages und sollte folgende Punkte enthalten:

Projektauftrag	
Auftraggeber:	
• Projektbezeichnung: • Projektbeschreibung/ Aufgaben: • Projektziele: • Betroffene Organisationseinheiten: • Dokumentationsform und Zeitpunkt:	• Projektleitung: • Projektgruppe (interne /externe Gruppe): • Start- und Endtermin: • Budget: • Auftragsdatum:

Was ist Projektmanagement?

In Auftrag gegebene Projekte können zu einschneidenden Veränderungen in den bestehenden betrieblichen Organisations- und IT-Strukturen (Weiterentwicklung von Software, Auslagerung von IT-Funktionen, Ablösung von veralteten Systemen usw.) führen. Aufgrund der Bedeutung sind besondere Anforderungen an die Leitung, Koordination und Kontrolle von Projekten zu stellen. Diese Aufgaben sind Gegenstand des Projektmanagements, für das die Projektleitung verantwortlich ist. In Anlehnung an die Definition nach DIN kann Projektmanagement wie folgt beschrieben werden.

> Unter **Projektmanagement** versteht man die Gesamtheit aller Führungsaufgaben für die Abwicklung des gesamten Projektes. Projektmanagement umfasst auch den organisierten Einsatz von Menschen, Techniken sowie Methoden und von Werkzeugen.

Aufgaben des Projektmanagements

Die nachfolgende Abbildung veranschaulicht beispielhaft typische Aufgaben des Projektmanagements.

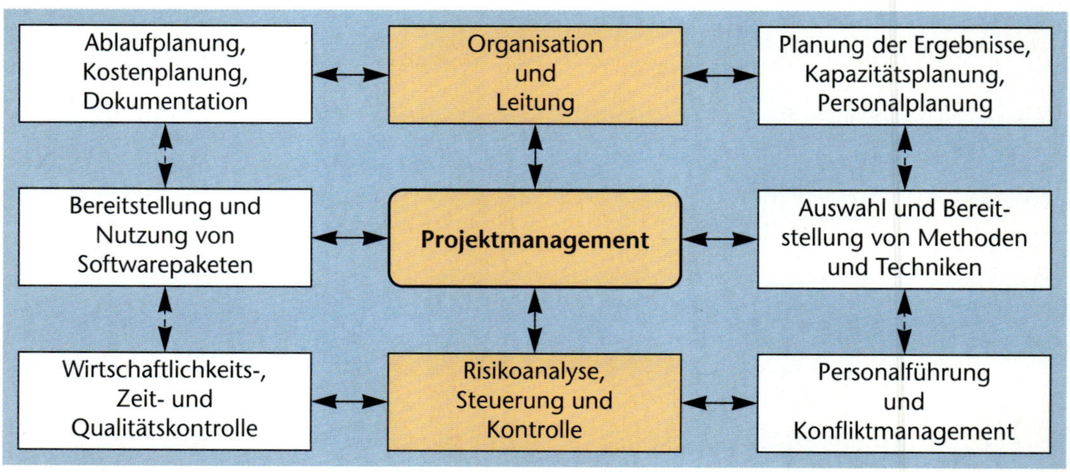

Abb. 8.11 Aufgaben des Projektmanagements

Projektleitung

Zur Erfüllung der Aufgaben ist die Projektleitung mit entsprechenden Befugnissen und Kompetenzen auszustatten. Projektmanagement ist eine Leitungs- und Führungsaufgabe, die spezielle Kenntnisse und Fertigkeiten voraussetzt. Die Projektleitung sollte neben betriebswirtschaftlichen Kenntnissen auch Erfahrungen im IT-Bereich besitzen, da zahlreiche Aufgaben des Projektmanagements – insbesondere hinsichtlich Planung, Kontrolle und Dokumentation von Vorgängen, Terminen und Kosten – mit geeigneten Werkzeugen schnell und effizient unterstützt werden können. Die Projektleitung trägt letztlich die Verantwortung für den Erfolg oder Misserfolg eines Projektes. Da der Erfolg nicht unerheblich von den beteiligten Personen abhängt, sind auch soziale und psychologische Kompetenzen der Projektleitung gefordert. Diese Kompetenzen sind nicht nur während des Projektablaufes, beispielsweise im Führungsstil oder in Situationen der Konfliktbewältigung, sondern bereits im Rahmen der Projektplanung, z. B. bei der Bildung der Projektgruppe, gefordert.

Einrichtung der Projektgruppe

Projekte können aufgrund ihrer Komplexität und der zunehmenden Spezialisierung in einzelnen Teilbereichen nur im Team erfolgreich bewältigt werden. Für die Dauer des Projektes ist eine Projektgruppe einzurichten, deren Mitglieder nach folgenden Kriterien ausgewählt werden können:

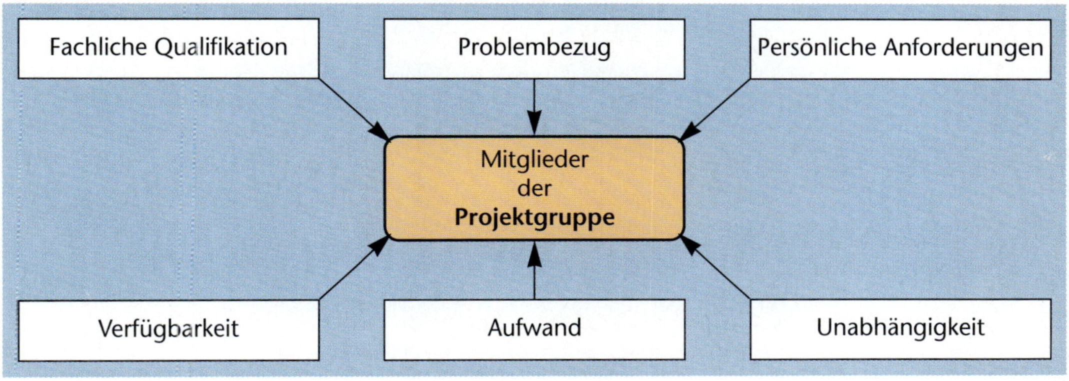

Abb. 8.12 Kriterien zur Bildung der Projektgruppe

Auswahlkriterium	Erläuterung
Problembezug	Im Hinblick auf die Transparenz und spätere Akzeptanz der Ergebnisse können Mitglieder aus den vom Projekt betroffenen Organisationseinheiten beteiligt werden.
Fachliche Qualifikation	Es sind die Mitglieder auszuwählen, die in fachlicher Hinsicht den Anforderungen gerecht werden können und spezielle betriebswirtschaftliche und/oder informatikbezogene Kenntnisse einbringen können.
Persönliche Anforderungen	Bestimmte Projektaufgaben sind von Mitarbeitern zu erledigen, die über langjährige Erfahrung verfügen und Eigenschaften wie Motivation, Leistungsbereitschaft und Teamfähigkeit besitzen.
Verfügbarkeit	Bei der Besetzung der Projektgruppe ist zu klären, ob ein Mitarbeiter aus seiner bestehenden Arbeitsumgebung überhaupt ausgegliedert werden kann. Die Freistellung bzw. Vertretung ist zu regeln.
Unabhängigkeit	Es sind Mitarbeiter auszuwählen, die unabhängig von ihrem jetzigen Aufgabenbereich, ihren sozialen Beziehungen oder bestehenden Weisungs- und Entscheidungsstrukturen Aufgaben ausführen können.
Aufwand	Bei der Auswahl der Projektmitglieder sind die Kosten zu berücksichtigen, da sie das Budget belasten (z. B. bei Beauftragung von externen Firmen oder Mitarbeitern).

Projektplanung

Vor der eigentlichen Durchführung des Projektes ist das Vorhaben zu planen. Die Projektplanung ist eine gedankliche Vorausschau auf das zukünftige Handeln im Projekt. Die Planung orientiert sich an den festgelegten Leistungszielen, Terminen und Geldmitteln und beschäftigt sich beispielsweise mit dem Fragenkomplex

- wer erledigt
- welche Aufgaben
- in welchem Zeitraum
- mit welchen Methoden und Techniken
- mit welchen Ressourcen (z. B. Kapital, Sachmittel, Software)?

Die Ergebnisse der Planung stellen die Rahmenbedingungen für die Abwicklung des Projektes dar. Die Realisierung der gesetzten Ziele hängt maßgeblich von den drei Faktoren Qualität, Termin und Kosten ab. Der Faktor Qualität umfasst die Leistungsziele der zu erfüllenden Funktionen oder zu erbringenden Leistungen (z. B. Funktionsumfang, Benutzerfreundlichkeit, Fehlerfreiheit von Software). Da Qualität, Termin und Kosten in einer wechselseitigen Abhängigkeit zueinander stehen, bilden diese Faktoren das so genannte magische Zieldreieck für die Projektdurchführung.

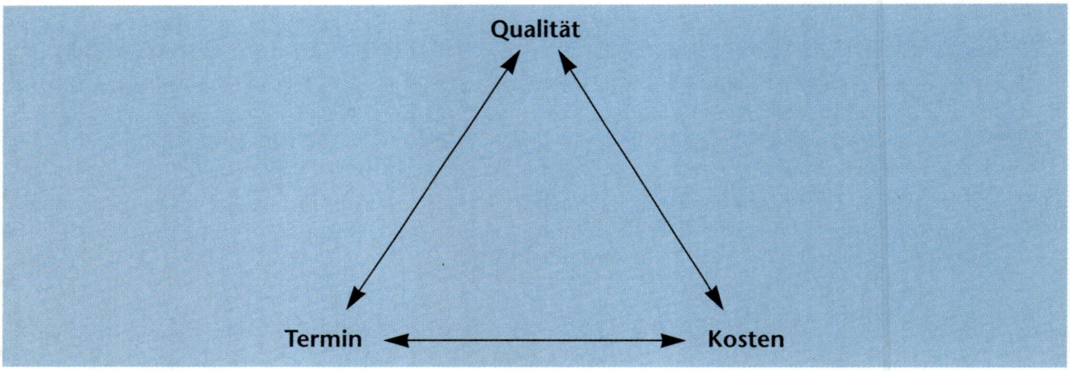

Abb. 8.13 Zieldreieck

Der Fertigstellungstermin und die Kosten hängen direkt von den Qualitätsanforderungen ab, aber auch vom Umfang und von der Komplexität eines Projektes. Je länger ein Projekt dauert, umso höhere Kosten sind zu veranschlagen. Ein festes Kostenlimit kann die Projektdauer und die Qualität beeinflussen. Mit Qualitätseinbußen ist immer dann zu rechnen, wenn der Projektendtermin zu kurzfristig anberaumt wird oder die Kostenentwicklung zu Einschränkungen zwingt. Endtermin und Projektbudget sind vor Beginn des Projektes festzulegen, ebenso die Prioritätenausrichtung hinsichtlich Zeit und Kosten, damit bei Abweichungen vom geplanten Projektverlauf die erforderlichen Entscheidungen schnell getroffen werden können.

> **!** Ein Projekt gilt als erfolgreich, wenn die festgelegten Ziele in der geforderten Qualität termingerecht und unter Einhaltung des vorgesehenen Kostenrahmens realisiert werden.

Projektstruktur

Ein Projektstrukturplan (**PSP**) gibt Auskunft darüber, was in einem Projekt zu tun ist. Der Projektstrukturplan wird in Listenform oder als grafische Darstellung erstellt und enthält alle Aktivitäten, die für die Realisierung des Projektziels notwendig sind. Er wird von der Projektgruppe erarbeitet und dient als Planungsübersicht oder Checkliste. Projektstrukturpläne können funktionsorientiert, phasenorientiert, objektorientiert oder prozessorientiert ausgerichtet sein. Auch Mischformen sind denkbar, ebenso Erweiterungen (z. B. um die zuständigen Personen).

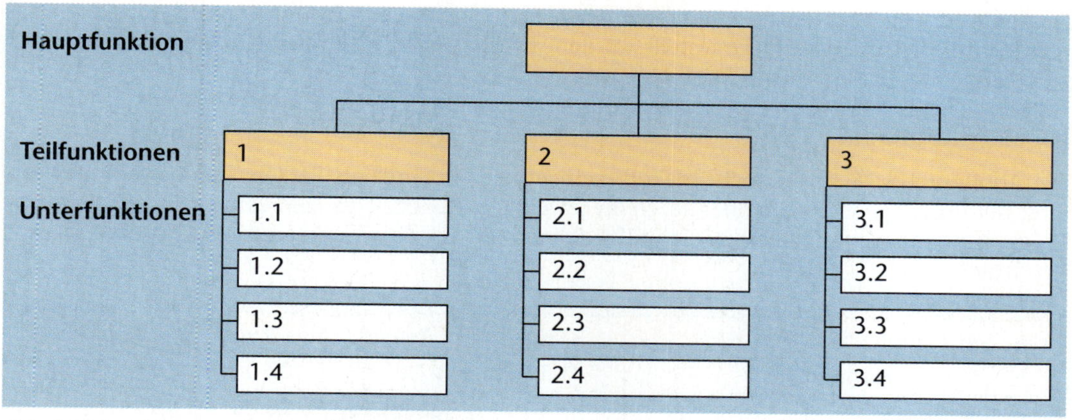

Abb. 8.14 Projektstrukturplan in grafischer Darstellung

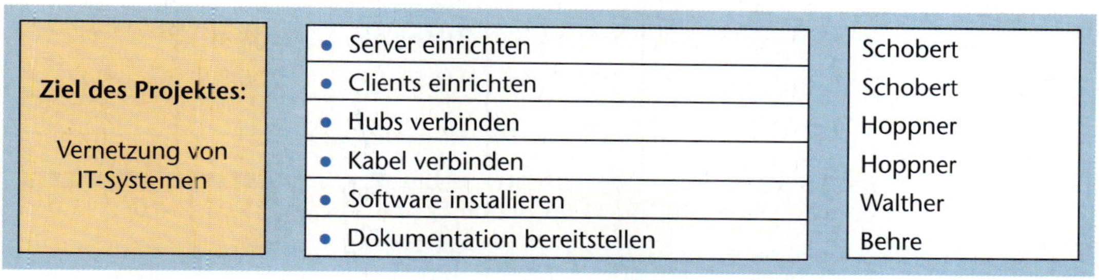

Abb. 8.15 objektorientierter Projektstrukturplan

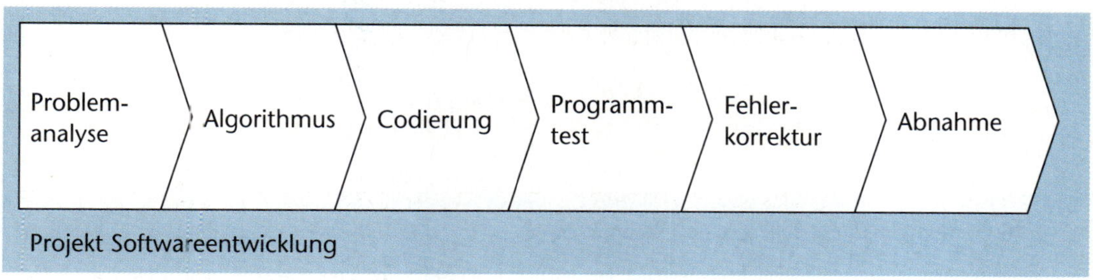

Abb. 8.16 prozessorientierter Projektstrukturplan

Zeitplanung und -kontrolle

Nachdem bereits in der Vorstudie die zeitlichen Rahmenbedingungen (Zeitbedarf, Start- und Endtermin des Projektes) abgeklärt worden sind, besteht die Aufgabe des Projektmanagements zunächst darin, die Reihenfolge der einzelnen Tätigkeiten und ihre Dauer festzulegen. Bei der Zeitplanung von Projekten ist zwischen Strukturanalyse und Zeitanalyse zu unterscheiden.

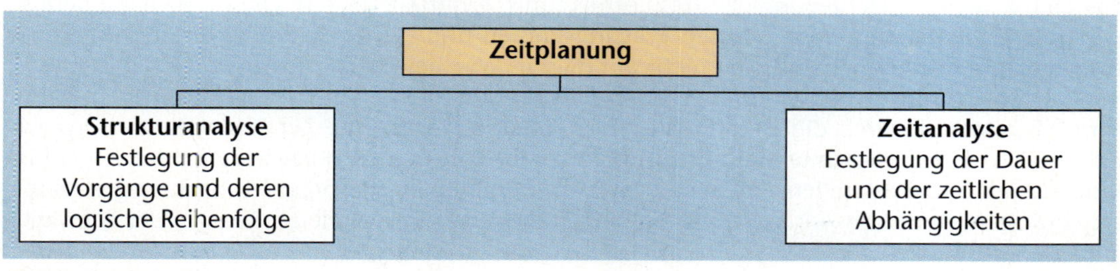

Abb. 8.17 Zeitplanung

Das Ergebnis der Struktur- und Zeitanalyse kann mithilfe eines Balkendiagramms oder der Netzplantechnik (**NPT**) grafisch dargestellt werden. Es ist zweckmäßig, hierzu geeignete Werkzeuge zu benutzen (z. B. MS-Project, Time Line usw.).

Balkendiagramm

Die Abbildung 8.18 verdeutlicht, dass die einzelnen Vorgänge als Balken, die logische Reihenfolge der Vorgänge untereinander durch die jeweiligen Pfeilbeziehungen dargestellt sind. Termin, Dauer, zeitliche Abhängigkeit und parallel ablaufende Vorgänge sind aus dem Balkendiagramm ersichtlich.

Nr.	Vorgang	Dauer	Anfang	Ende	Vorgänger
1	Vorbesprechung	1 Tg	07.06.99	07.06.99	–
2	Vorstudie	3 Tg	08.06.99	10.06.99	1
3	Projektantrag	1 Tg	11.06.99	11.06.99	2
4	Ablaufanalyse	2 Tg	14.06.99	15.06.99	3
5	Interview	1 Tg	14.06.99	14.06.99	3
6	Entwicklungsentscheidung	1 Tg	16.06.99	16.06.99	4, 5
	usw.				

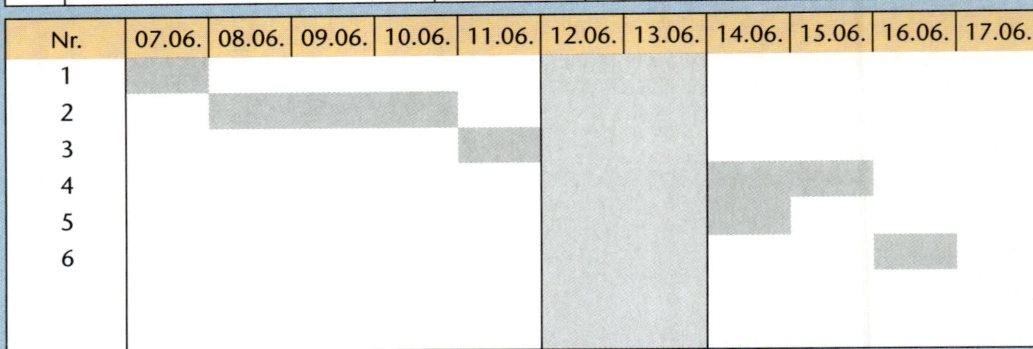

Abb. 8.18 Vorgangsliste und zugehöriges Balkendiagramm

Netzplantechnik

Die Netzplantechnik (NPT) ist ein Verfahren, Arbeitsabläufe in Projekten zu planen, zu steuern und zu überwachen. Unter einem Netzplan versteht man in Anlehnung an die DIN-Norm 69 900 die grafische Darstellung von Ablaufstrukturen, die die zeitliche und logische Aufeinanderfolge von Vorgängen und deren Abhängigkeit untereinander veranschaulicht. Die Netzplantechnik umfasst sowohl Techniken der Planung und Kontrolle als auch Darstellungstechniken. Neben der Strukturanalyse können im Rahmen der Zeitanalyse auch kritische Vorgänge, deren Verzögerung zugleich zu einer Verschiebung des Endtermins führt, ermittelt werden. Diese liegen auf dem so genannten **„Kritischen Weg"**, dessen Vorgangsknoten und Pfeilbeziehungen in der Abbildung 8.19 fett gekennzeichnet sind. Die nicht auf diesem Weg liegenden Vorgänge weisen Zeitreserven auf, so genannte **Puffer**. Puffer geben die Zeit an, um die sich ein Vorgang verzögern kann, ohne dass sich dadurch die Gesamtdauer des Projektes verlängert. Zur Kontrolle des Projektablaufes werden so genannte **Meilensteine** gesetzt, die ein wichtiges Ereignis oder den Abschluss einer Projektphase darstellen. Sie dienen dazu, die zu einem bestimmten Zeitpunkt angestrebten Ergebnisse zu prüfen, bevor die nächsten Vorgänge eingeleitet werden. „Analyse der Schwachstellen", „Test abgeschlossen" sind typische Beispiele für Meilensteine (in Abb. 8.19 als kleines graues Kästchen dargestellt).

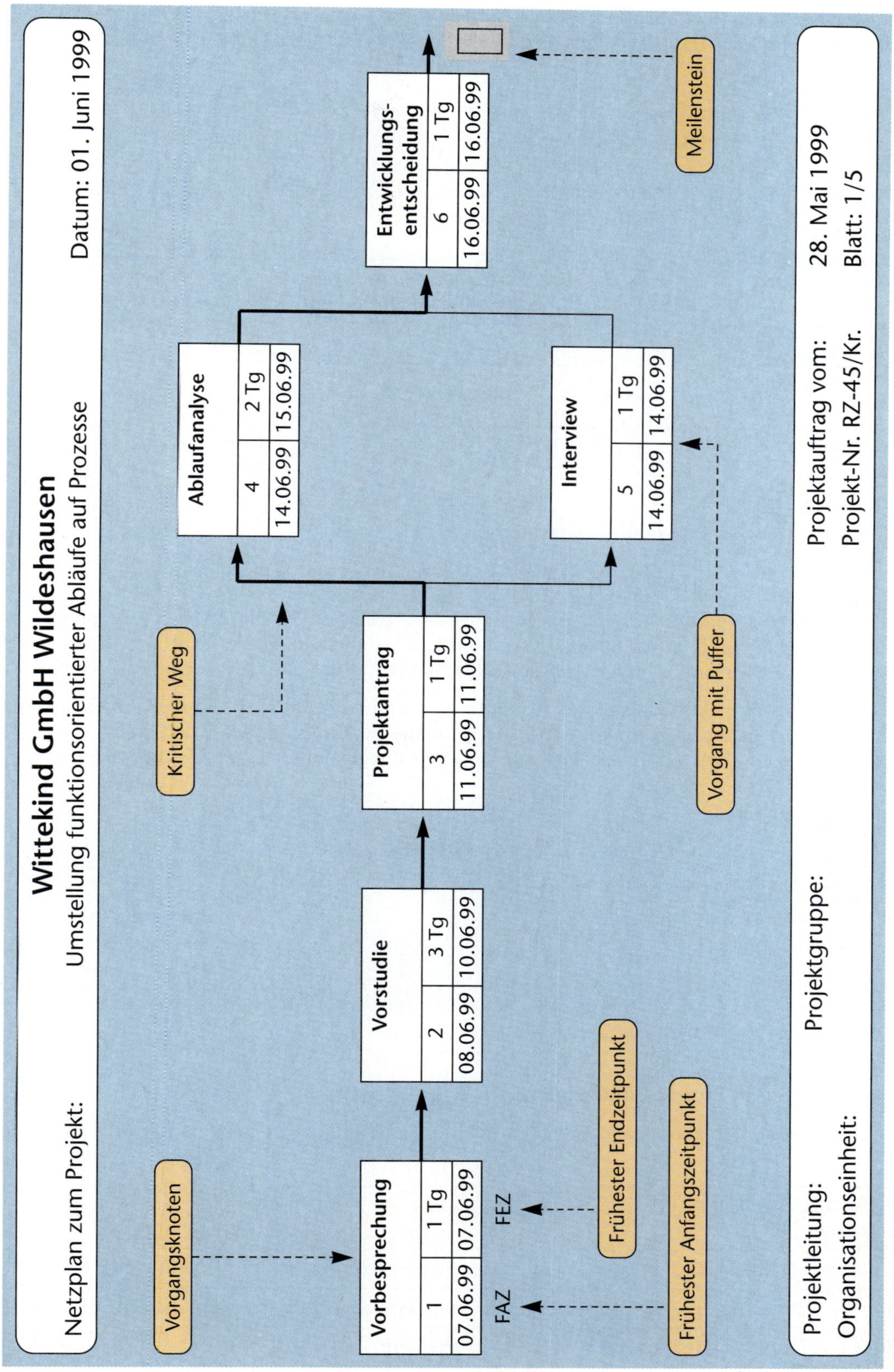

Abb. 8.19 Netzplan

Mithilfe der Netzplantechnik können neben der Zeitplanung auch Aufgaben der Kosten- und Kapazitätsplanung durchgeführt werden.

Risikoanalyse

Angesichts der Einmaligkeit der Bedingungen für ein Projekt (vgl. Projekteigenschaften in Abschnitt 8.1.1) und der unterschiedlichen Zusammensetzung der Projektgruppe (vgl. Abb. 8.12) ist der Projektablauf und das Erreichen des gewünschten Ergebnisses mit zahlreichen Risiken behaftet. Typische Risiken verdeutlicht Abbildung 8.20.

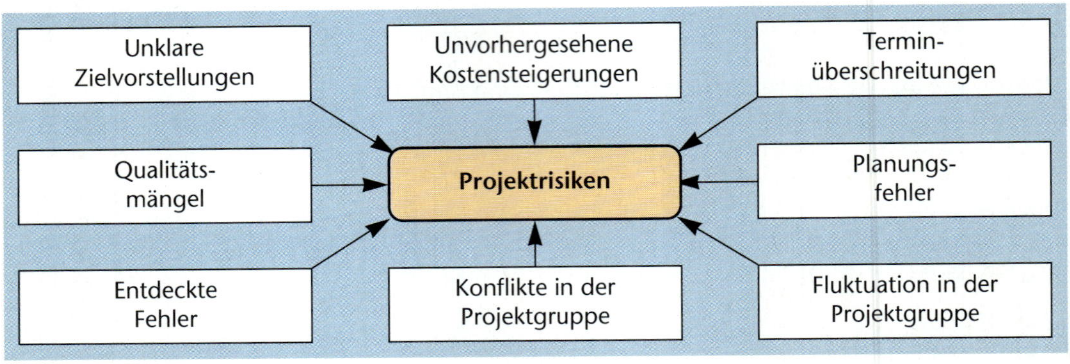

Abb. 8.20 Projektrisiken

Bewahrheiten sich die Risiken während des Projektes, können die Folgen schwerwiegend sein: radikale Änderungen im Projektablauf, Austausch von Mitgliedern der Projektgruppe, hohe Korrekturkosten bis hin zum Scheitern des Projektes sind einige der möglichen Konsequenzen.

Im Rahmen des Projektmanagements ist daher zu prüfen, welche Faktoren den Projektverlauf oder das Erreichen des angestrebten Projektergebnisses gefährden können und welche Gegenmaßnahmen sich anbieten, den erkannten Risiken entgegenzuwirken. Dies sind Aufgaben der Risikoanalyse.

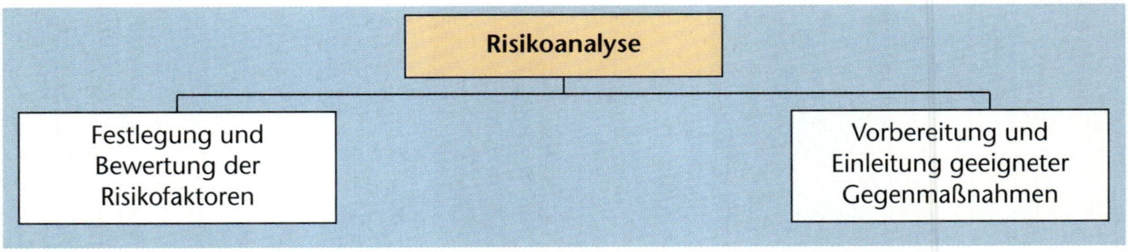

Abb. 8.21 Aufgaben im Rahmen der Risikoanalyse

Werkzeuge zum Projektmanagement

Alle Aufgaben des Projektmanagements können durch geeignete Werkzeuge unterstützt werden, z. B.

Werkzeuge des Projektmanagements	Funktionen
MS-Project (Microsoft)	Vorgangs- und Zeitplanung, Ressourcenkontrolle, Berichte
Time-Line (Symantec)	Vorgangs- und Zeitplanung, Ressourcenkontrolle, Berichte
Project Scheduler (Scitor GmbH)	Projektmanagement

Alle im Zusammenhang mit dem Projekt stehenden Tätigkeiten und Ergebnisse sind zu dokumentieren. Die Werkzeuge zum Projektmanagement unterstützen diese Aufgabe.

Auf einen Blick

Projektanbahnung und -organisation

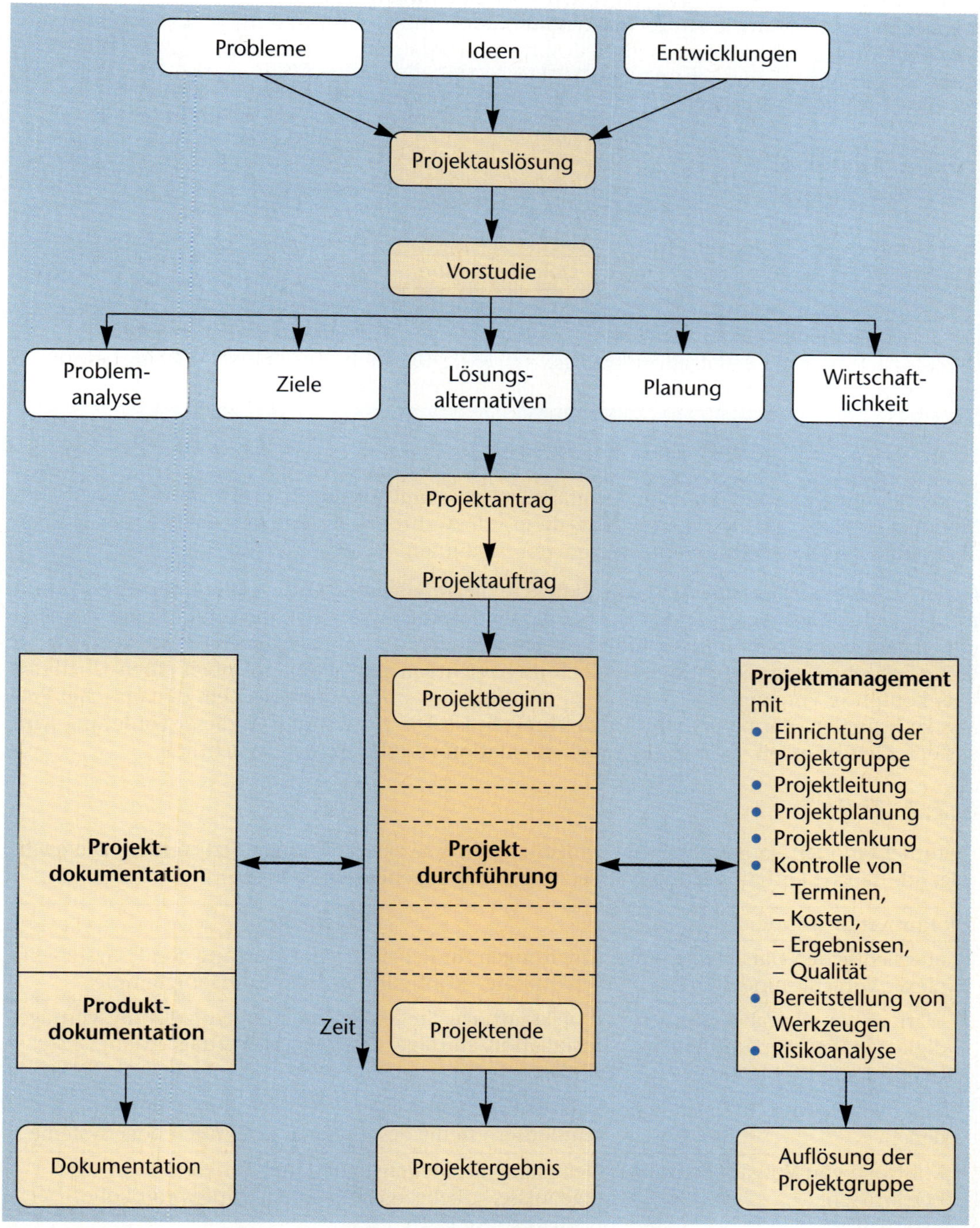

Abb. 8.22 Elemente und Funktionen der Projektorganisation im Überblick

8.2 Dokumentation

8.2.1 Aufgabe der Dokumentation

Zu Beginn eines Projektes liegt der Projektleitung bereits mit dem Projektauftrag ein Schriftstück vor, in dem wichtige Rahmenbedingungen für die Durchführung eines Vorhabens dokumentiert sind (vgl. Abschnitt 8.1.5). Der Projektauftrag enthält beispielsweise Aufgaben und Ziele des Vorhabens, die in den einzelnen Phasen schrittweise zu erfüllen sind. Die Beschreibung der phasenbezogenen Aktivitäten, die mit geeigneten Methoden und Techniken festgestellten Sachverhalte oder Ergebnisse sind typische Bestandteile einer projektbegleitenden Dokumentation. Unter Dokumentation ist also einerseits die beschreibende Tätigkeit zu verstehen, andererseits aber auch das Ergebnis dieser Tätigkeit.

Unter **Dokumentation** versteht man die Beschreibung von Sachverhalten, Abläufen und Zusammenhängen sowie die bei dieser Tätigkeit erstellten Unterlagen.

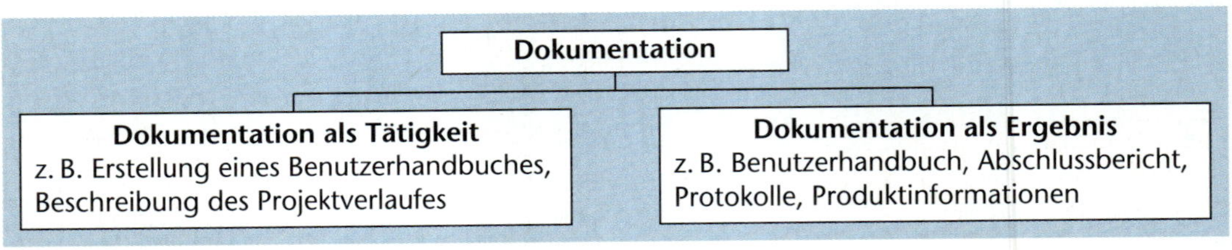

Abb. 8.23 Dokumentation als Tätigkeit und als Ergebnis

Dokumentationen werden in verbaler, grafischer oder multimedialer Form erstellt. Ein typisches Merkmal von Dokumentationen ist, dass diese aufbewahrt bzw. gespeichert werden, um sie auch über einen längeren Zeitraum hinweg nutzen zu können.

Dokumentationen zu erstellen ist eine Tätigkeit, die im Allgemeinen zwar als notwendig erkannt, jedoch auch als lästig empfunden wird und daher oft unsystematisch, lückenhaft oder verspätet erfolgt. Vor dem Hintergrund ständiger Veränderungen und immer kürzerer Produktzyklen im IT-Bereich sind Dokumentationen jedoch unverzichtbar, um überhaupt noch einen Überblick über komplexe Vorgänge und Systeme zu erhalten. Dokumentation ist als ein dynamischer Prozess zu begreifen, der permanent fortzuschreiben ist. Die Notwendigkeit dieser Forderung wird aus den Zielsetzungen, die mit einer Dokumentation verfolgt werden, ersichtlich.

8.2.2 Ziele

Dokumentationen können für unterschiedliche Zwecke erstellt und genutzt werden. Die nachfolgende Tabelle enthält wichtige Zielsetzungen mit zugehörigen Beispielen.

Dokumentation dient der ...	Beispiele
• übersichtlichen Darstellung komplexer Vorgänge und Systeme	Anleitungen für Reparatur und Wartung von IT-Systemen, Schaltpläne, Konfigurationspläne, Organigramme
• Klärung von Aufgaben, Zuständigkeiten, Rechten und Pflichten und von Problemen	Projektaufträge, Stellenbeschreibungen, Wartungsverträge, Installationsaufträge, Outsourcing-Verträge, Mängelliste, Fehlerprotokolle
• Einarbeitung von Außenstehenden	Einarbeitung von Anwendern in ein Programm, von Systemhäusern in die bestehenden Strukturen oder Systeme
• Kontrolle von Vorgängen und Ergebnissen	Netzpläne mit Meilensteinen und Zeitkontrollen, Testergebnisse, Arbeitsergebnisse, Maschinenprotokolle
• Hilfestellung	bei Problemlösungen, Programmhandling, Fehlerkorrektur

8.2.3 IT-Dokumentationen

Bestimmte Dokumentationen können von verschiedenen Personen und Unternehmen sowohl erstellt als auch genutzt werden. Ebenso können bestimmte Personen und Unternehmen für unterschiedliche Zwecke verschiedenartige Dokumentationen erstellen oder nutzen. Folgende Abbildung veranschaulicht beispielhaft eine mögliche Dokumentationsvernetzung aus unterschiedlichen Blickwinkeln des IT-Bereiches.

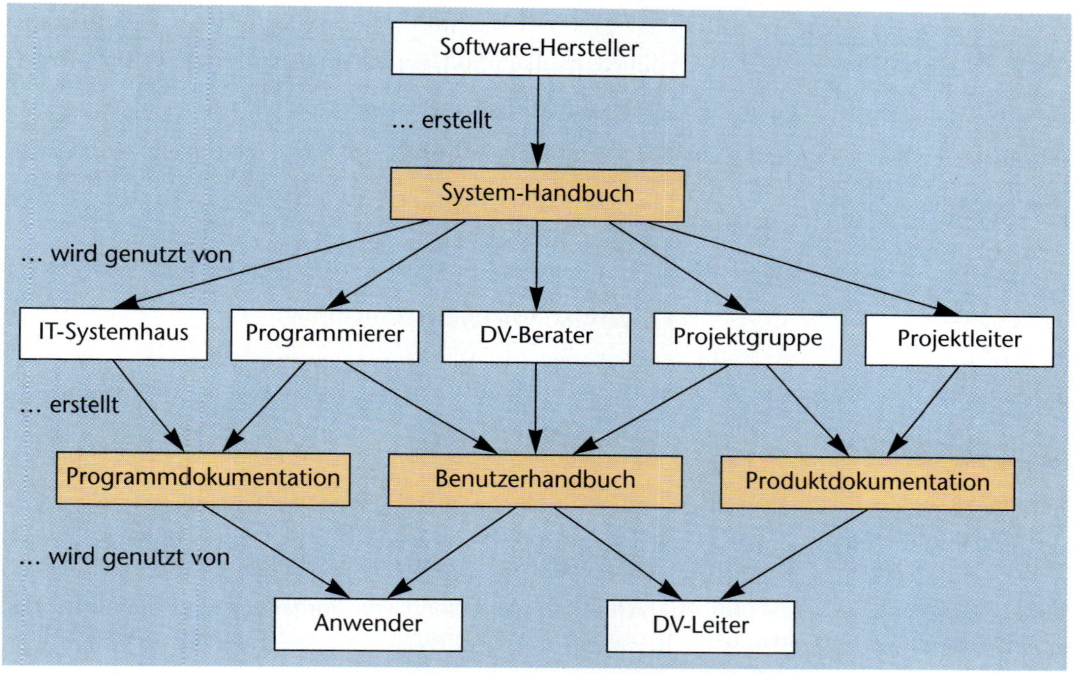

Abb. 8.24 Erstellung und Nutzung von IT-Dokumentationen für unterschiedliche Zwecke

8.2.4 Anforderungen

Da IT-Dokumentationen unterschiedlichen Zielgruppen für verschiedenartige Aufgaben dienen können, lassen sich nur schwer alle Anforderungen erfüllen, die an eine Dokumentation gestellt werden. Wichtige Anforderungen sind in folgender Tabelle zusammengefasst:

Anforderungen	Erläuterung
• **Aktualität**	Dokumentationen sollten stets auf dem neuesten Stand sein. Aufbau und Struktur der Dokumentation sollten eine schnelle Anpassung auf Veränderungen ermöglichen
• **Vollständigkeit**	Unter Berücksichtigung der Zielgruppen sind alle wichtigen Aspekte zu erfassen. Die Dokumentation darf keine Lücken oder Brüche aufweisen
• **Übersichtlichkeit**	Dokumentationen sollten übersichtlich und gut gegliedert sein. Die Komplexität ist auf das notwendige Maß zu beschränken. Grafische Darstellungen können die Übersichtlichkeit erhöhen.
• **Verständlichkeit**	Unter Berücksichtigung der jeweiligen Zielgruppe muss die Dokumentation verständlich und nachvollziehbar sein. Allgemein gültige Darstellungen und Begriffe sind zu benutzen.
• **Fehlerfreiheit**	Dokumentationen sollten keine Fehler enthalten.

8.2.5 Werkzeuge

Die Erstellung und Pflege von Dokumentationen kann durch zahlreiche am Markt erhältliche Werkzeuge unterstützt werden. Die nachfolgende Tabelle enthält ausgewählte Funktionen und Werkzeuge.

Werkzeuge	Typische Dokumentationsfunktionen
Word, Word Perfect usw.	Textverarbeitung, kleinere Zeichnungen
Excel, Works usw.	Tabellenkalkulation, Datenbankfunktionen, Grafik
Access, Paradox usw.	Datenbankfunktionen und -strukturen
FlowCharter, SnapGraphics, Visio	Diagrammdarstellungen, Ablaufdarstellungen, Workflows
Project, Time-Line usw.	Projektmanagement, Zeit- und Kostenplanung, Berichte
Power Point	Präsentation von Dokumentationen
Sisy	Geschäftsprozessmodellierung, Organisations- und IT-Strukturen

Auf einen Blick

- Dokumentation als Tätigkeit ist die verbale, grafische oder multimediale Beschreibung von Sachverhalten, Aktivitäten und Ergebnissen. Dokumentation als Ergebnis sind schriftlich vorliegende Unterlagen wie Benutzer- und Programmierhandbuch, Projektberichte, Protokolle usw.
- Die Dokumentation dient der übersichtlichen Darstellung von Vorgängen und Systemen, der Klärung von Sachverhalten, der Einarbeitung von Außenstehenden, der Kontrolle sowie der Hilfestellung bei der Lösung von Problemen.
- Dokumentationen können von unterschiedlichen Personen oder Unternehmen für verschiedenartige Aufgaben im IT-Bereich sowohl erstellt als auch genutzt werden.
- Dokumentationen sollten aktuell, vollständig, übersichtlich, verständlich und fehlerfrei sein.
- Bei der Erstellung und Pflege von Dokumentationen ist der Einsatz geeigneter Werkzeuge, z. B. für die Textverarbeitung, Grafikdarstellung, Tabellenkalkulation, Ressourcenplanung, Geschäftsprozessmodellierung sowie für die Beschreibung der Organisations- und IT-Struktur usw. sinnvoll.

8.3 Entwicklungsstrategien

8.3.1 Phasenmodelle

Was ist ein Phasenmodell?

Der Softwareentwicklungsprozess vollzieht sich sowohl in der Softwaretechnik als auch in der Projektorganisation in Phasen. Alle Phasen, die von Beginn eines Projektes bis zum Einsatz des fertigen Produktes in einer zeitlichen und logischen Ablauffolge durchlaufen werden, bilden zusammen das **Phasenmodell** bzw. **Phasenkonzept**. In der Softwareentwicklung wird das Phasenmodell durch den **Software Lebenszyklus** (Software-Life-Cycle) repräsentiert. In der Literatur wie auch in der betrieblichen Praxis gibt es eine Fülle von verschiedenen Phasenmodellen, die sich in bestimmten Phasen und in ihren Bezeichnungen unterscheiden, inhaltlich häufig aber viele Gemeinsamkeiten aufweisen.

Unter einem **Phasenmodell** versteht man die zeitliche Gliederung des Projektverlaufes in bestimmte Teilabschnitte.

Grundprinzip des Phasenmodells (Life-Cycle-Modell, Wasserfall-Modell)

Eine Vielzahl der eingesetzten Phasenmodelle basieren auf den Grundphasen:

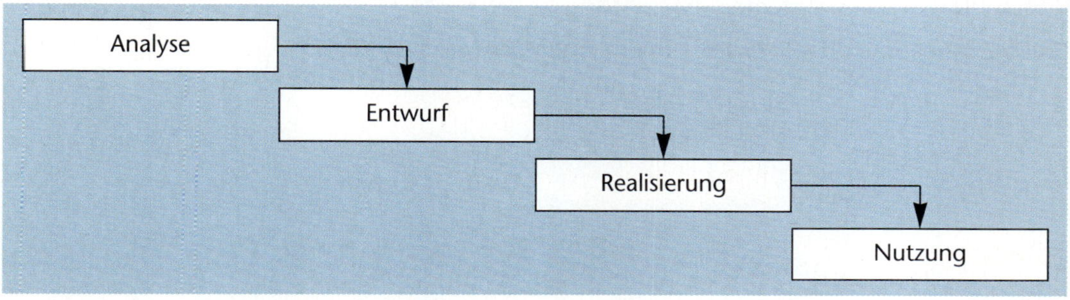

Abb. 8.25 Phasenmodell mit den Grundphasen

Traditionelle Phasenmodelle besitzen folgende Merkmale:

- Jede Phase im Modell beinhaltet bestimmte Ziele, Aufgaben und Ergebnisse.
- Die Phasen werden streng sequenziell, also nacheinander durchlaufen. Es besteht eine klare inhaltliche und zeitliche Trennung zu den anderen Phasen. Rückkopplungen zu bereits abgeschlossenen Phasen werden teilweise nicht mehr zugelassen.
- Jede Phase ist durch den Einsatz bestimmter Methoden und Dokumentationen gekennzeichnet, die für den Beginn der folgenden Phase vorausgesetzt werden.

Die Grundphasen können je nach der Orientierung in der Systementwicklung unterschiedlich ausgerichtet sein (z. B. funktionsorientierter oder datenorientierter Entwurf).

Phasenmodell der Systemanalyse

Da die Entwicklung von Anwendungssystemen in einem engen Zusammenhang mit dem späteren Einsatz im Betrieb gesehen werden muss und dabei sowohl Elemente der betrieblichen Organisationsstruktur (z. B. Organisationseinheiten, Abläufe, Mitarbeiter) als auch der IT-Strukturen (z. B. Hardware, Software) berührt werden, treten neben der rein programmtechnischen Lösung des Problems weitere wichtige Fragen in der Vordergrund, z. B.:

- Welche Organisationseinheiten werden von der Softwarelösung berührt?
- Welche Arbeitsabläufe sind von der Anwendungsentwicklung betroffen?
- Welche personellen Konsequenzen sind mit der Einführung neuer Systeme verbunden?
- Kann die Problemlösung in bereits bestehende Anwendungen integriert werden?
- Ist Kauf von Standardsoftware der Eigenentwicklung vorzuziehen?

Diese Fragen begründen die Notwendigkeit, die Entwicklung von Anwendungssystemen aus der isolierten Betrachtung der Programmiertätigkeit in einen ganzheitlichen betrieblichen Gesamtzusammenhang zu stellen. Daher wird das Projektmanagement häufig Systemanalytikern übertragen, deren Aufgabe darin besteht, komplexe betriebliche Problemstellungen zu analysieren und im Rahmen von Projekten neue Informationssysteme einzuführen oder bestehende weiterzuentwickeln.

!

Unter **Systemanalyse** versteht man die Untersuchung von komplexen betrieblichen Problemstellungen im Hinblick auf die Einführung neuer oder Weiterentwicklung bestehender Informationssysteme.

In der Systemanalyse geht es folglich darum, den Systementwicklungsprozess nicht nur unter informatikbezogenen, sondern auch unter organisatorischen und wirtschaftlichen Aspekten zu betrachten.

Phasenmodell der Systemanalyse

Projekte im Rahmen der Systemanalyse können beispielsweise nach folgendem Phasenmodell durchgeführt werden:

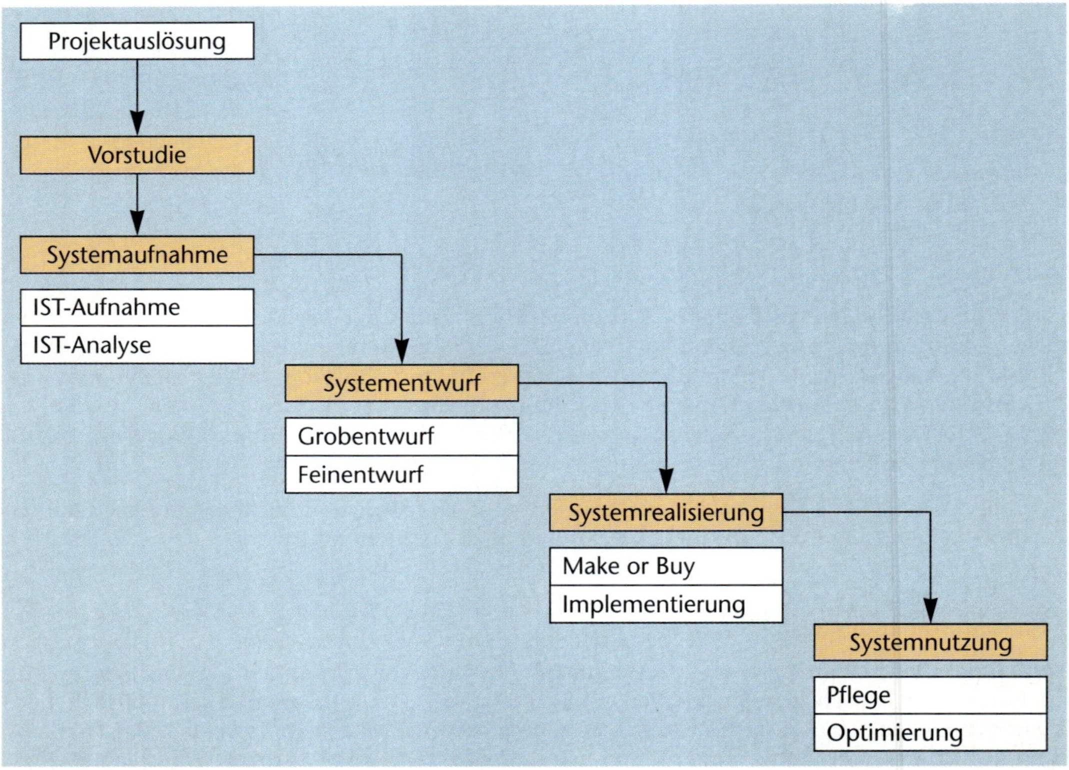

Abb. 8.26 Phasenmodell der Systemanalyse mit Teilphasen

Traditionelle Phasenmodelle erweisen sich in der Praxis immer dann als unzweckmäßig und unwirtschaftlich, wenn die strenge Einhaltung der einzelnen Phasen Rückkopplungen zu bereits abgeschlossenen Phasen nicht mehr zulässt. Fehler und Mängel, die aus den vorherigen Phasen resultieren, werden zwangsläufig mitgeschleppt, sodass im Ergebnis die erwartete Qualität nicht immer erreicht wird.

8.3.2 Simultaneous Engineering

Um einerseits die Flexibilität zu erhöhen, andererseits Fehlentwicklungen rechtzeitig vorzubeugen, können bestimmte Aktivitäten einzelner Phasen auch ineinander verzahnt oder parallel zueinander durchgeführt werden. Dies ist der Ansatz des **Simultaneous Engineering**.

Unter **Simultaneous Engineering** versteht man die zeitlich ineinander verzahnte Durchführung phasenbezogener Aufgaben während des gesamten Softwareentwicklungsprozesses.

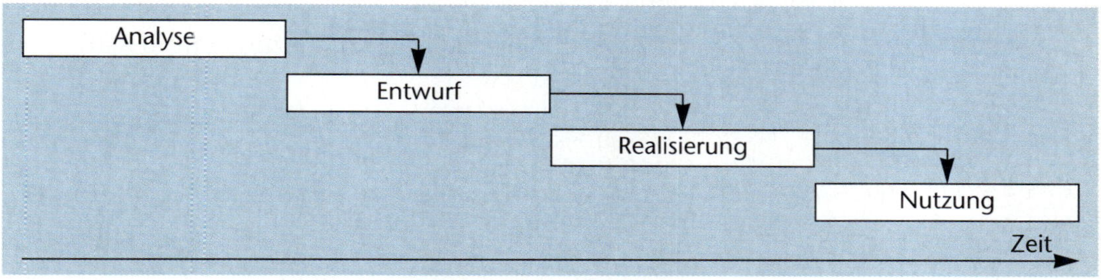

Abb. 8.27 Traditioneller Ansatz mit sukzessivem Entwicklungsprozess

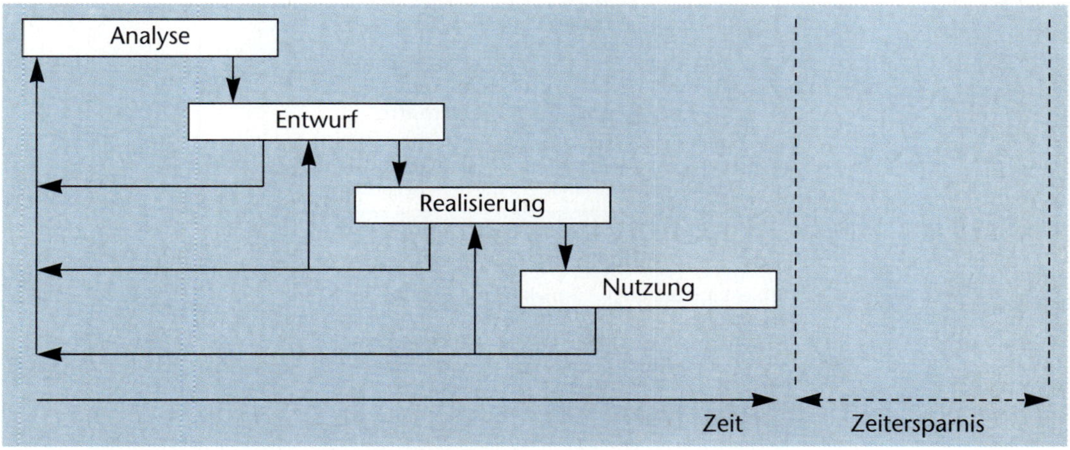

Abb. 8.28 Neuer Ansatz mit simultanem Entwicklungsprozess

Die obigen Abbildungen verdeutlichen, dass die ineinander verzahnte oder parallele Ausführung von Teilaufgaben in den Phasen zu einer Verkürzung der Entwicklungszeiten führen kann. Vor dem Hintergrund der in Abschnitt 2 beschriebenen Marktentwicklungen kann die Wettbewerbsfähigkeit des Betriebes am Markt hierdurch verbessert werden, da die Entwicklung von IT-Produkten schneller und kostengünstiger erfolgt. Voraussetzung für Simultaneous Engineering ist nicht nur eine gute organisatorische Vorbereitung des Projektes, sondern auch eine effiziente Kommunikation zwischen allen Beteiligten während des Projektverlaufes. So ist sicherzustellen, dass die Teilergebnisse einzelner Projektgruppenmitglieder unmittelbar nach deren Fertigstellung direkt für nachfolgende Aufgaben bereitgestellt werden und die Entwickler direkten Zugriff auf alle benötigten Daten erhalten. Dieser Forderung kann beispielsweise durch einheitliche Schnittstellen, durch den Einsatz standardisierter Methoden und Techniken sowie durch vernetzte Kommunikationsmöglichkeiten (z. B. Intranet) Rechnung getragen werden.

8.3.3 V-Modell

Neuere Modelle beschränken sich nicht nur auf den Prozess der reinen Softwareentwicklung, sondern verfolgen eine ganzheitliche Betrachtung und beziehen dabei die gesamte Softwareentwicklungsumgebung mit ein. Das **V-Modell** – auch Vorgehensmodell genannt – berücksichtigt auf der einen Seite den gesamten Projektverlauf von der Planung der Aktivitäten und Produkte bis hin zur Integration des zu entwickelnden Systems in die vorhandene Systemumgebung. Andererseits beinhaltet dieses Modell auch Funktionen der **Qualitätssicherung** und des Projektmanagements. Dieses im Auftrag des Verteidigungsministeriums zur Vereinheitlichung der Software entwickelte Modell wird seit Jahren für zahlreiche Softwareprojekte und Ausschreibungen zugrunde gelegt, überwiegend in der öffentlichen Verwaltung. In jüngster Zeit kommt das V-Modell auch im kommerziellen Bereich zur Anwendung.

Das V-Modell erstreckt sich auf folgende Bereiche (Submodelle), die mit zugehörigen Aktivitäten in Abbildung 8.29 dargestellt sind:

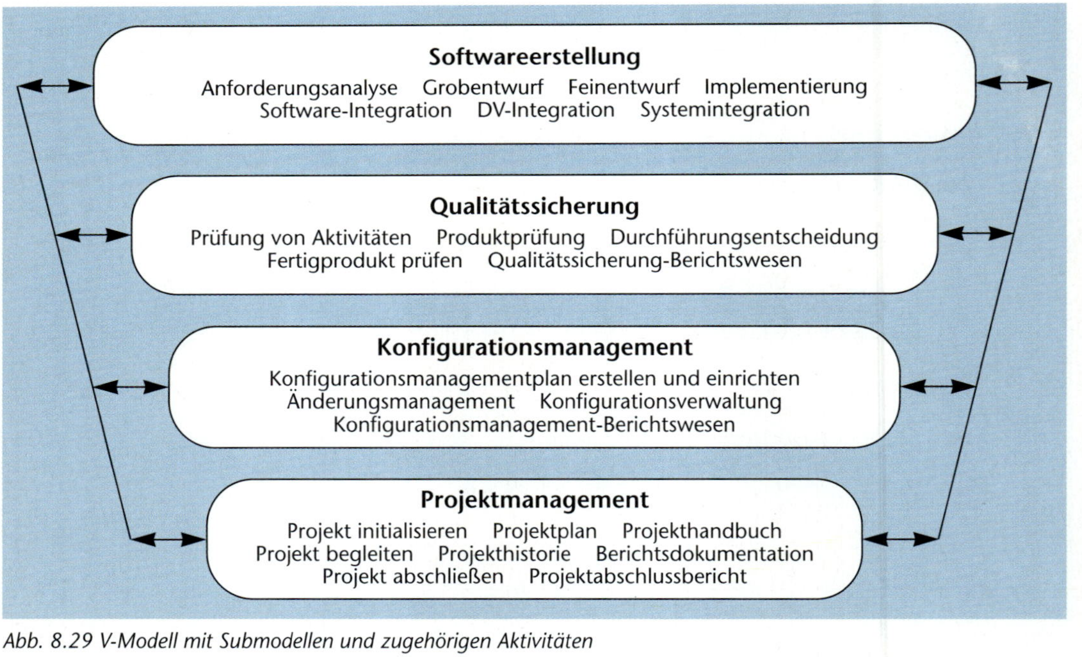

Abb. 8.29 V-Modell mit Submodellen und zugehörigen Aktivitäten

Die erste Ebene beinhaltet die Vorgehensweise zur Softwareerstellung bis zur Integration der Software in das bestehende Gesamtsystem. Anforderungen, z. B. Zeit- und Produktvorgaben, werden festgelegt. Im Submodell Qualitätssicherung wird die Einhaltung der Qualitätsanforderungen überprüft und dokumentiert. Hierzu sind Prüfmethoden und Prüfkriterien festzulegen. Anhand der Prüfspezifikation können Produkte inhaltlich geprüft werden, Prüfprotokolle geben Auskunft über die Prüfergebnisse. Im Submodell Konfigurationsmanagement werden Anforderungen an Werkzeuge definiert, die den Softwareentwicklungsprozess unterstützen. Zur Projektabwicklung dienen ein Projektplan und ein Projekthandbuch, das die zwischen Auftraggeber und Auftragnehmer getroffenen Vereinbarungen enthält und einen Leitfaden für die durchzuführenden Aktivitäten im Projektmanagement darstellt.

Die Hauptintention des V-Modells liegt in der Standardisierung der Softwareentwicklung. Die standardisierte Vorgehensweise ermöglicht insbesondere eine

- bessere Vergleichbarkeit und objektivere Bewertung von Projekten (z. B. bei Ausschreibungen),
- größere Transparenz bei der Durchführung von Projekten,
- verbesserte Kontrolle der Softwarequalität durch einheitliche Prüfkriterien,
- frühzeitige Fehlererkennung,
- schnelle Einarbeitung und eine
- wirtschaftliche Softwareentwicklung.

8.3.4 Prototyping

Im herkömmlichen Entwicklungsprozess (vgl. Abb. 8.26 und Abb. 8.27) spielt der Benutzer in der Regel eine eher untergeordnete Rolle. Die Projektleitung und das Entwicklerteam bestimmen weitgehend die Vorgehensweise und die Struktur des zu entwickelnden Systems. Nachdem der Benutzer sich bei der Aufnahme des IST-Zustandes (z. B. über einen Fragebogen) zu bestimmten Sachverhalten in begrenztem, meist vom Entwickler vorstrukturierten Rahmen noch einbringen kann, wird er häufig mit einem von den „Fachleuten" bereits abgesegneten Konzept konfrontiert. Auch wenn die Projektgruppe das zum Abschluss einer Analyse ausgearbeitete Anforderungsprofil noch einmal mit den betroffenen Benutzern abstimmen sollte, ist nicht auszuschließen, dass der Benutzer letztlich eine ganz andere Vorstellung von dem geplanten Anwendungssystem besitzt als die Entwickler. Wird dem Benutzer dann ein fertiges Endprodukt vorgesetzt, an dem er selbst nur unzureichend mitgewirkt hat, sind Probleme bereits vorprogrammiert.

Differenzen zwischen Anwender und Entwicklungsteam können beispielsweise schon durch unterschiedliche Denkansätze (z. B. abstrahierende Entwicklersicht versus praxisbezogene Anwendersicht) und Ausdrucksweisen (z. B. unverständliches EDV-Fachchinesisch) leicht entstehen. Werden Differenzen nicht rechtzeitig ausgeräumt, besteht die Gefahr, dass das Anwendungssystem nicht die gewünschte Akzeptanz beim Benutzer findet, teure Nachbesserungen vorgenommen werden müssen und Terminprobleme auftreten.

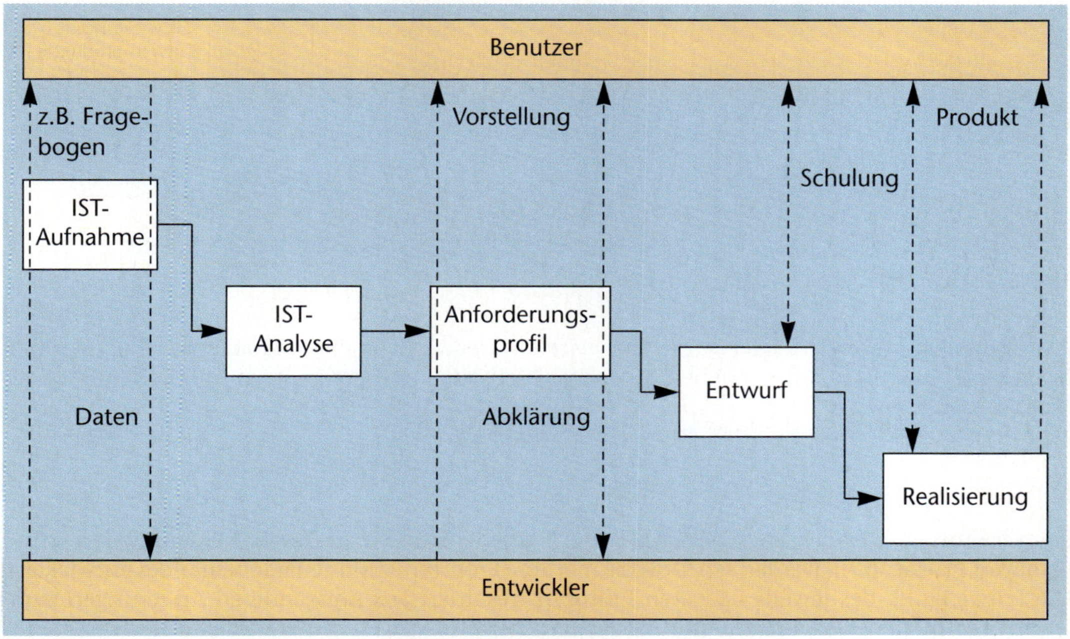

Abb. 8.30 Benutzerschnittstellen im traditionellen phasenbezogenen Vorgehen

Aus den genannten Risiken resultiert die Forderung, den Benutzer stärker in den gesamten Entwicklungsprozess einzubeziehen. Das so genannte **Prototyping** kommt dieser Forderung entgegen.

> Unter **Prototyping** versteht man den Prozess, ein vorläufiges Anwendungssystem zu entwickeln, das bereits die wesentlichen Eigenschaften des endgültigen Systems aufweist.

Bereits bei der Analyse wird der Benutzer aktiv am Entwicklungsprozess beteiligt. Er stimmt Funktionen, Objekte, Benutzeroberflächen, Datenfolgen in Erfassungs- und Druckmasken eng mit dem Entwicklungsteam ab, welches daraufhin das vorläufige Programm, also einen Prototypen entwickelt. Der Benutzer gewinnt mit der Vorstellung des Prototypen zumindest optisch den Eindruck eines bereits fertigen Endproduktes. Auch beim Entwurf und bei der Realisierung der Software wird der Benutzer einbezogen: Er kann aus seiner praktischen Erfahrung heraus wichtige Hinweise zur Funktionalität und Ablaufsteuerung der Software geben. Unter Beteiligung der Benutzer werden die Programme ausgiebig getestet und schrittweise bis zum endgültigen Anwendersystem fertig gestellt.

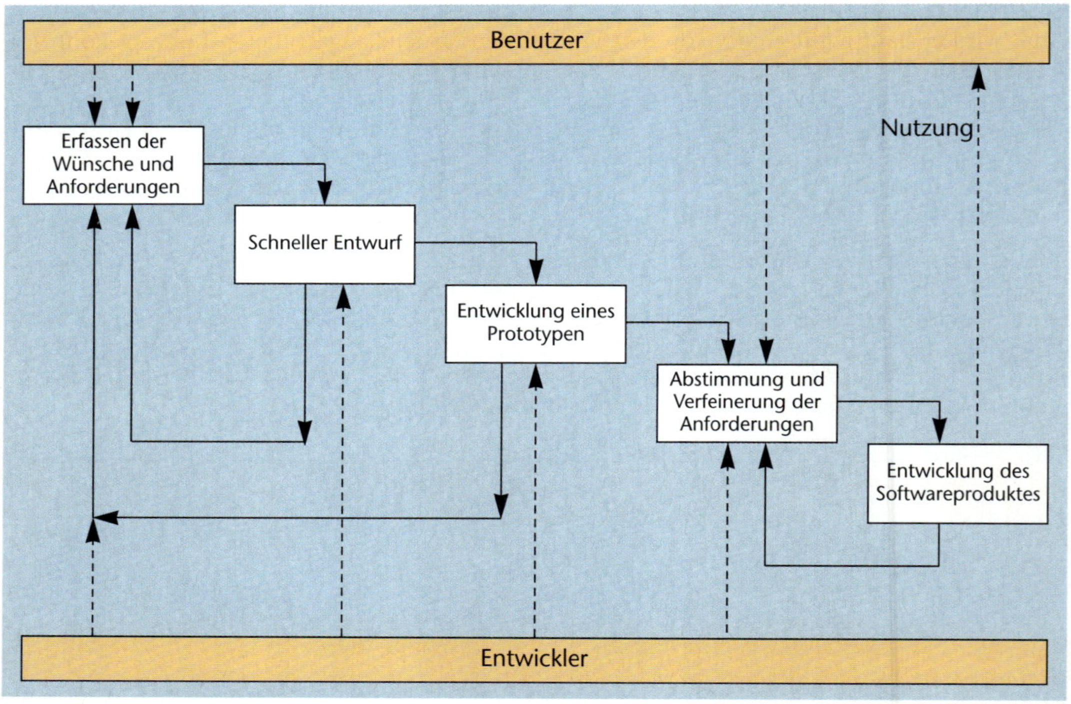

Abb. 8.31 Ablaufschema und Benutzerschnittstellen im Prototyping

Prototyping durchbricht in der Vorgehensweise das traditionelle Phasenkonzept, bei dem genau festgelegte Phasen mit vorgegebenen Aufgaben, Methoden und Ergebnissen zu durchlaufen sind (vgl. Abschnitt 8.3.1).

Prototyping-Strategien

Beim Prototyping ist zwischen verschiedenen Vorgehensweisen zu unterscheiden. Beim **evolutionären Prototyping** werden schrittweise mehrere Prototypversionen nacheinander entwickelt. Die Entwicklung des jeweils nächsten Prototyps resultiert aus notwendigen Änderungen zum letzten Prototypen. Das **inkrementelle Prototyping** sieht vor, einzelne Teile des Gesamtsystems getrennt als Prototypen zu entwickeln und vom Benutzer testen zu lassen. Vergleichbar mit einem Puzzle werden so lange Teile hinzugefügt, bis der komplette Prototyp fertig gestellt ist. Um nicht bei jeder Entwicklung stets neue Prototypen erzeugen zu müssen, werden bei **wieder verwendbaren Prototypen** bereits entwickelte Prototypen genutzt. Eine Wiederverwendung erstellter Prototypen ist beim **Rapid Prototyping** (schnelle Prototypentwicklung) nicht vorgesehen: Bei dieser Vorgehensweise wird in besonders kurzer Zeit ein Prototyp erstellt, der ausschließlich Testzwecken dient. Nach dem Test wird der Prototyp „weggeworfen" und das geplante Programmsystem völlig neu entwickelt.

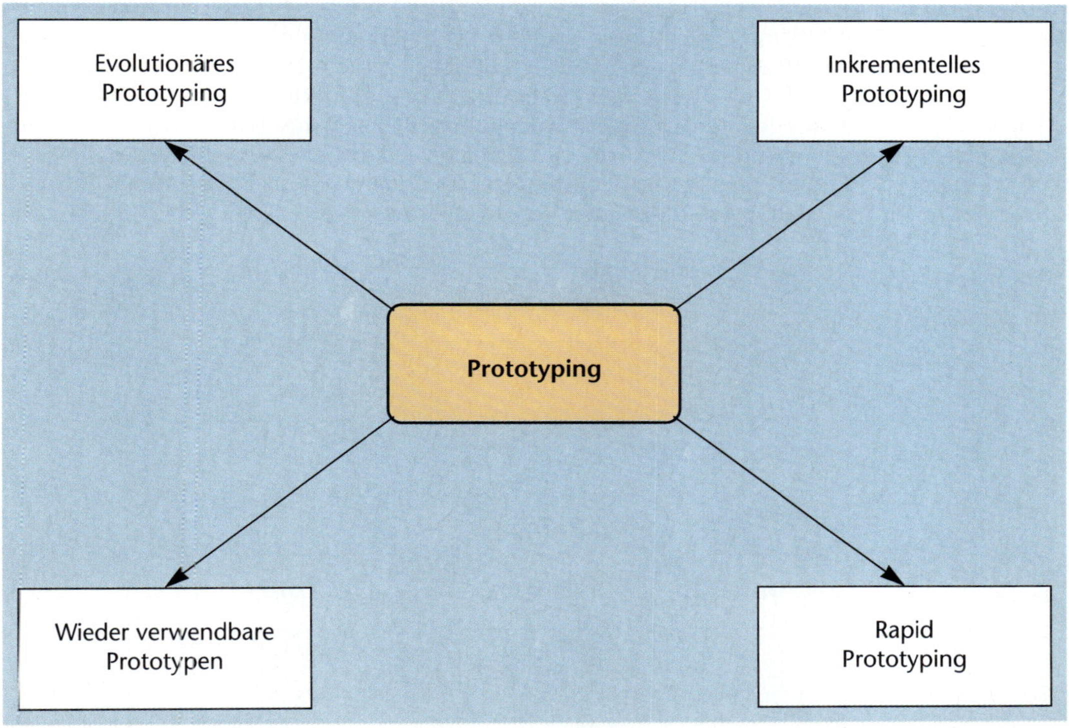

Abb. 8.32 Prototyping-Strategien

Prototyping kann mit folgenden Vorteilen verbunden sein:

- Hoher Deckungsgrad zwischen den Benutzeranforderungen und der Funktionalität der Software
- Frühzeitige Fehlererkennung bei Analyse, Entwurf und Realisierung
- Große Akzeptanz der Benutzer mit der Software aufgrund eigener Mitwirkung
- Softwareentwicklungszeiten können reduziert werden
- Schulung erfolgt bereits mit der Analyse und nicht erst bei Einführung der Software

Prototyping kann aber auch zu Problemen und Schwierigkeiten führen, da

- noch zu wenig Erfahrungen und ausgereifte Werkzeuge zum Prototyping vorliegen
- die Gefahr einer unsauberen Softwareentwicklung (Trial-and-Error-Programmierung) besteht, wenn aufgrund des Prototypings auf ein schriftlich fixiertes Anforderungsprofil verzichtet wird
- die Akzeptanz schwinden kann,
  - wenn Entwickler und Anwender traditionelle Entwicklungsstrategien bevorzugen oder
  - der erste Prototyp nicht den Vorstellungen der Benutzer entspricht
- der Entwicklungsaufwand durch Prototyping und anschließender Entwicklung höher sein kann als bei herkömmlicher Entwicklung
- die Gefahr einer endlosen Softwareentwicklung durch permanenten Wechsel zwischen ständigen Änderungswünschen und Erstellung eines neuen Prototypen besteht.

8.3.5 Entwicklungsrichtungen

Top-down-Strategie

Bei der Top-down-Strategie wird die Gesamtaufgabe „von oben nach unten" schrittweise in Teilaufgaben zerlegt, die ihrerseits weiter aufgegliedert werden können. Das Ergebnis ist ein Hierarchiebaum von Aufgaben, die anschließend von einzelnen Programmierern oder Programmierteams als Software-Module entwickelt werden können. Durch die Strategie der schrittweisen Verfeinerung können auch komplexere Aufgabenstellungen systematisch bearbeitet und strukturelle Zusammenhänge einzelner Teilaufgaben im Gesamtgefüge verdeutlicht werden. Dieser Aspekt ist insbesondere wichtig für die Mehrfachverwendung einzelner Module in der Gesamtlösung. So kann beispielsweise die Teilaufgabe oder Prozedur „Ausgabe einzelner Datensätze" sowohl für das Anzeigen, das Ändern und Löschen von Datensätzen wiederverwendet werden. Da die Top-down-Strategie die Entwicklungsprinzipien Wiederverwendbarkeit und Strukturierung unterstützen kann, wird diese Strategie in der Praxis bevorzugt eingesetzt.

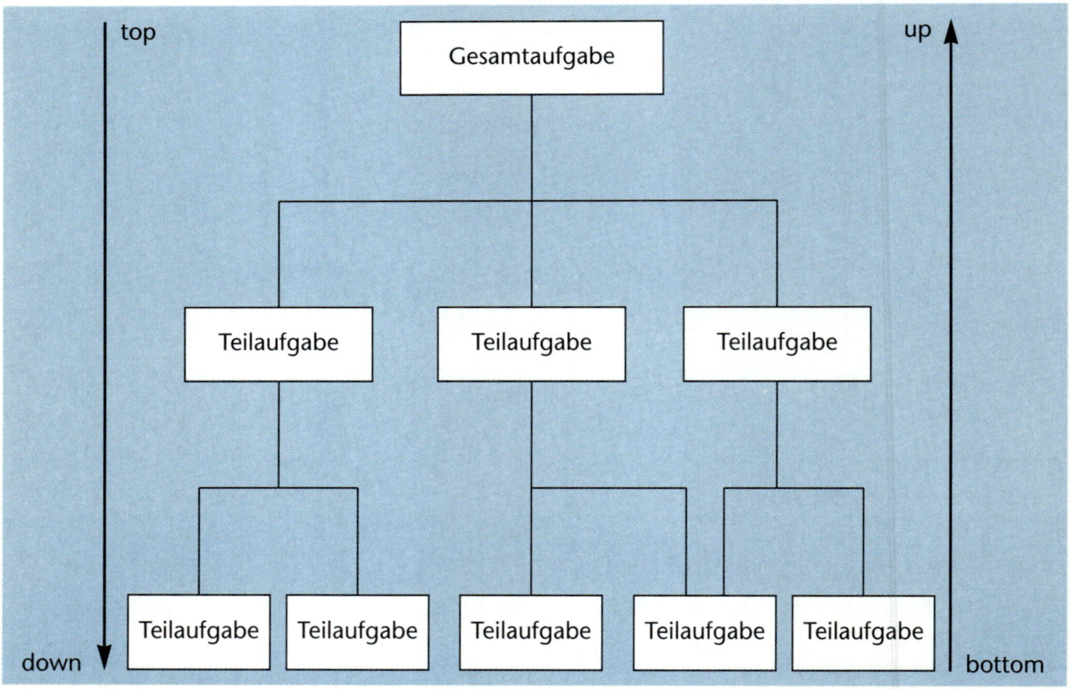

Abb. 8.33 Entwicklungsrichtungen

Bottom-up-Strategie

Im Gegensatz zur Top-down-Strategie werden bei der Bottom-up-Strategie zunächst einzelne Teilaufgaben der unteren Ebene entwickelt, ausgetestet und dann miteinander verbunden. Die Module der unteren Ebene ergeben in der Zusammenfassung übergeordnete Module, die miteinander verknüpft schließlich ein komplettes Programm zur gestellten Gesamtaufgabe bilden.

Für den konkreten Entwicklungsprozess empfiehlt es sich, die Gesamtaufgabe zunächst zu strukturieren und die Teilaufgaben mit den infrage kommenden Lösungsmöglichkeiten zu betrachten. Die Entscheidung für die eine oder andere Strategie sollte zusammen mit den Softwareentwicklern getroffen werden, da auch die Möglichkeiten und Grenzen der gewählten Sprache oder des gewählten Werkzeuges zu berücksichtigen sind. In der betrieblichen Praxis sind auch Mischformen beider Strategien zu finden (Middle-up-down-Strategie).

Auf einen Blick

- Ein Phasenmodell oder Phasenkonzept ist die zeitliche Gliederung des Projektverlaufes in bestimmte Teilabschnitte.

- Hinsichtlich der Phasenkonzepte ist zu unterscheiden zwischen
  - traditionellen Phasenmodellen, die eine strikte inhaltliche und zeitliche Trennung der einzelnen Phasen mit phasenbezogenen Endprodukten vorsehen, die die Voraussetzung für den Beginn der jeweils folgenden Phase darstellen. Rückkopplungen zu zurückliegenden Phasen sind häufig nicht zugelassen.
  - verzahnten Phasenmodellen, bei denen phasenbezogene Aufgaben während des gesamten Softwareentwicklungsprozesses ineinander verzahnt durchgeführt werden (Simultaneous Engineering). Rückkopplungen zu zurückliegenden Phasen sind beabsichtigt.
  - ganzheitlichen Modellen, die sich nicht nur auf den reinen Softwareentwicklungsprozess, sondern auch auf die gesamte Entwicklungsumgebung, z. B. Qualitätssicherung, Konfigurationsmanagement und Projektmanagement, beziehen (z. B. V-Modell).

- Ganzheitliche Modelle unterstützen den systemanalytischen Ansatz in der Softwareentwicklung. Die Systemanalyse beschäftigt sich mit der Untersuchung komplexer betrieblicher Problemstellungen im Hinblick auf die Einführung neuer oder Weiterentwicklung bestehender Informationssysteme. In der Systemanalyse wird der Softwareentwicklungsprozess nicht nur unter informatikbezogenen, sondern auch unter organisatorischen und wirtschaftlichen Aspekten betrachtet.

- Prototyping ist der Prozess, ein vorläufiges Anwendungssystem zu entwickeln, das bereits die wesentlichen Elemente des endgültigen Systems aufweist. Prototyping zielt darauf ab, den Benutzer stärker in den Entwicklungsprozess einzubeziehen. Prototyping kann als
  - evolutionäres,
  - inkrementelles,
  - rapid Prototyping oder mithilfe von
  - wieder verwendbaren Prototypen

  realisiert werden.

- In den Entwicklungsrichtungen unterscheidet man zwischen der Top-down und Bottom-up-Strategie. Bei der Top-down-Strategie wird die Gesamtaufgabe schrittweise in Teilaufgaben zerlegt mit einer zunehmenden Verfeinerung der zu lösenden Aufgaben. Das Ergebnis ist ein Hierarchiebaum von Aufgaben, die von den Softwareentwicklern als Software-Module bearbeitet werden.
  Im Gegensatz zur Top-down-Strategie werden bei der Bottom-up-Strategie einzelne Teilaufgaben der unteren Ebene zu übergeordneten Aufgaben zusammengefasst. Dieser Prozess wird wiederholt, bis die Verknüpfung dieser einzelnen Module zu der Gesamtaufgabe hinführt. In der Praxis gibt es auch Mischformen dieser beiden Strategien (Middle-up-down-Strategie).

8.4 Analyse

8.4.1 Aufgaben und Ziele

Die Analyse des von der Softwareentwicklung betroffenen Systems setzt zunächst eine Erfassung und Beschreibung des IST-Zustandes voraus. Unter dem Begriff **System** ist dabei eine komplexe Kombination von einzelnen Elementen zu verstehen, die

- miteinander in Beziehung stehen,
- ein gemeinsames Ganzes bilden und
- ein gemeinsames Ziel verfolgen.

Der Betrieb ist ein typisches Beispiel für ein derartiges komplexes System. Typische Elemente des betrieblichen Systems sind die eingerichteten Organisationseinheiten und Stellen. Diese stehen miteinander in Beziehung, sei es über Funktionen, Programme, Kommunikationsgeräte oder Belege. Systemelemente können einerseits zu übergeordneten Strukturen zusammengefasst werden und bilden somit ein gemeinsames Ganzes (z. B. der kaufmännische oder der technische Bereich, Filialen, usw.). Sie können andererseits aber auch selbst Systeme darstellen (z. B. Informationssystem, Belegsystem, Vertriebssystem, IT-System) und sind Untersysteme oder Substeme von übergeordneten Systemen. Ein Softwaresystem kann beispielsweise als Subsystem eines IT-Systems betrachtet werden, welches wiederum ein Subsystem des Betriebes als Gesamtsystem ist. Systeme und deren Elemente orientieren sich an den betrieblichen Zielen, wobei die Ressourcen Rahmenbedingungen für die Realisierung der Ziele setzen.

Als Grundlage für die Analyse kann ein Unternehmensmodell dienen, in dem die für den Softwareentwicklungsprozess relevanten Elemente der Organisationsstruktur und IT-Struktur eines Betriebes dargestellt sind (vgl. Kap. 1). Diese sind im Zusammenhang mit den betrieblichen Zielen und Ressourcen zu betrachten.

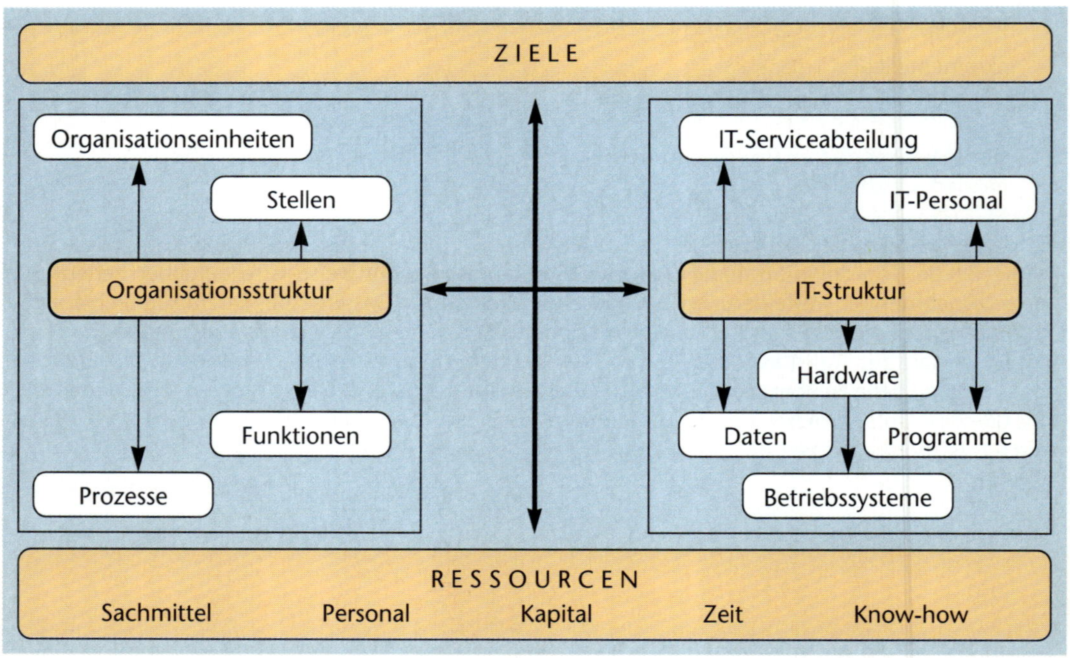

Abb. 8.34 Unternehmensmodellierung mit Organisations- und IT-Struktur

Bei der Erfassung des IST-Zustandes geht es darum, den Problemkreis zu lokalisieren, zu definieren und zu beschreiben. Dabei können beispielsweise folgende Tätigkeiten anfallen:

- Beschreibung des Problems bzw. der Aufgabenstellung
- Erfassung der relevanten Systemelemente und ihrer Beziehungen zueinander
- Erfassung und Beschreibung von Abläufen und Prozessen
- Beschreibung von IT-Systemen (Hardware, Software, Datenmengengerüst usw.)
- Erfassung von Schnittstellen hinsichtlich Funktionen, Software- und Hardwarebausteinen
- Ermittlung von Benutzerwünschen

Der mithilfe geeigneter Erhebungs- und Beschreibungstechniken erfasste IST-Zustand ist anschließend auf Schwachstellen hin zu untersuchen, sodass konkrete Anforderungen für den Softwareentwicklungsprozess beschrieben werden können. Diese werden in einem Pflichtenheft dokumentiert (vgl. Abschnitt 8.4.6).

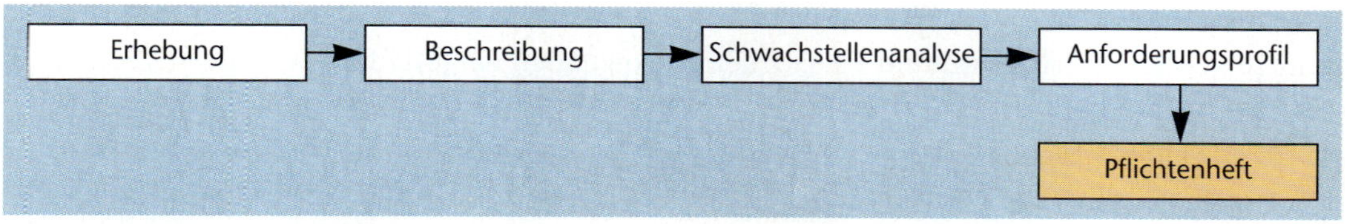

Abb. 8.35 Ablaufschema in der Analyse

8.4.2 Erhebungstechniken

Zu den Erhebungstechniken zählen diejenigen Methoden und Techniken, die eingesetzt werden können, um die zum Problemkreis erforderlichen Informationen zu gewinnen, z. B.:

Methode/ Technik	Anwendung, wenn ...	Vorteile	Nachteile
Interview	• die Zahl der Befragten klein ist • statistische Auswertungen nicht erforderlich sind • Wünsche der Anwender zu ermitteln sind	• große Flexibilität, bei Unklarheiten kann nachgefragt werden • Möglichkeit der Vertiefung • praxisnahe Informationsgewinnung	• zeitaufwendig • Unterbrechung der Arbeit der Befragten
Fragebogen	• statistische Auswertungen erwartet werden • gezielt ausgewählte Informationen gewonnen werden sollen	• gute Auswertungsmöglichkeiten • statistisch gesicherte Ergebnisse • dokumentierte Ergebnisse	• zeitaufwendige Vorbereitung • wichtige Informationen können unentdeckt bleiben
Konferenz	• Abklärungsbedarf im betroffenen Teilnehmerkreis besteht • hoher Zeitdruck herrscht • komplexe Systeme vorliegen	• Probleme können schnell erkannt und abgeklärt werden • Streitpunkte können unter den Betroffenen direkt angesprochen werden • Es können Abstimmungen durchgeführt werden	• zeitaufwendige Vorbereitung und Durchführung • erfahrener Konferenzleiter erforderlich • anschließende Auswertung unumgänglich
Dokumentenanalyse	• zum Problemkreis bereits Dokumente vorliegen • zur Einarbeitung erste Informationen gesammelt werden müssen • belegorientierte Systeme untersucht werden	• Dokumentation liegt bereits vor, muss nicht erst erstellt werden • relativ geringer Arbeitsaufwand, dadurch Zeitersparnis • gezielte Suche nach den gewünschten Informationen möglich • unauffällige Informationsgewinnung	• Aktualität der vorliegenden Dokumentationen ist nicht immer gewährleistet, daher • unsichere Bewertung der Ergebnisse • Dokumentationen sind häufig unvollständig
Beobachtung	• die direkte Mitwirkung der betroffenen Mitarbeiter nicht erforderlich ist • mengenbezogene Betrachtungen im Vordergrund stehen	• unauffällige Erfassung von Informationsmaterial zum Zeitpunkt des Geschehens • objektive Informationsgewinnung	• nicht immer repräsentative Ergebnisse bei zu kurzer Beobachtung • keine Mitwirkungsmöglichkeit der betroffenen Stellen
Selbstaufschreibung	• arbeitsplatzbezogene Tätigkeiten oder Aspekte zu analysieren sind • Erfahrungen und Wünsche der Mitarbeiter verstärkt zu berücksichtigen sind	• individuelle Berücksichtigung der Bedürfnisse des Mitarbeiters • Ergebnisse können statistisch ausgewertet werden	• Gefahr der Verfälschung oder Manipulation durch subjektiv gefärbte Angaben • große zeitliche Belastung für den Mitarbeiter

Darüber hinaus können auch andere Techniken zum Einsatz kommen, z. B. die Multimomentaufnahme oder die Schätzmethode. Letztere Technik kann verwendet werden, wenn Zahlenmaterial nicht durch andere Techniken gewonnen werden kann und man daher auf Schätzwerte angewiesen ist.

Das bei der IST-Analyse mithilfe von Erhebungstechniken gesammelte Datenmaterial ist zu sichten, zu systematisieren und in strukturierter und übersichtlicher Form darzustellen. Für die Beschreibung und Darstellung verwendet man so genannte Beschreibungstechniken, die auch phasenübergreifend für

- die Analyse und
- den Entwurf sowie
- für Zwecke der Dokumentation

genutzt werden. Bei Auswahl und Einsatz der im Folgenden dargestellten Techniken sind die in Abschnitt 8.3 angesprochenen Aspekte sowie die Gegebenheiten vor Ort zugrunde zu legen.

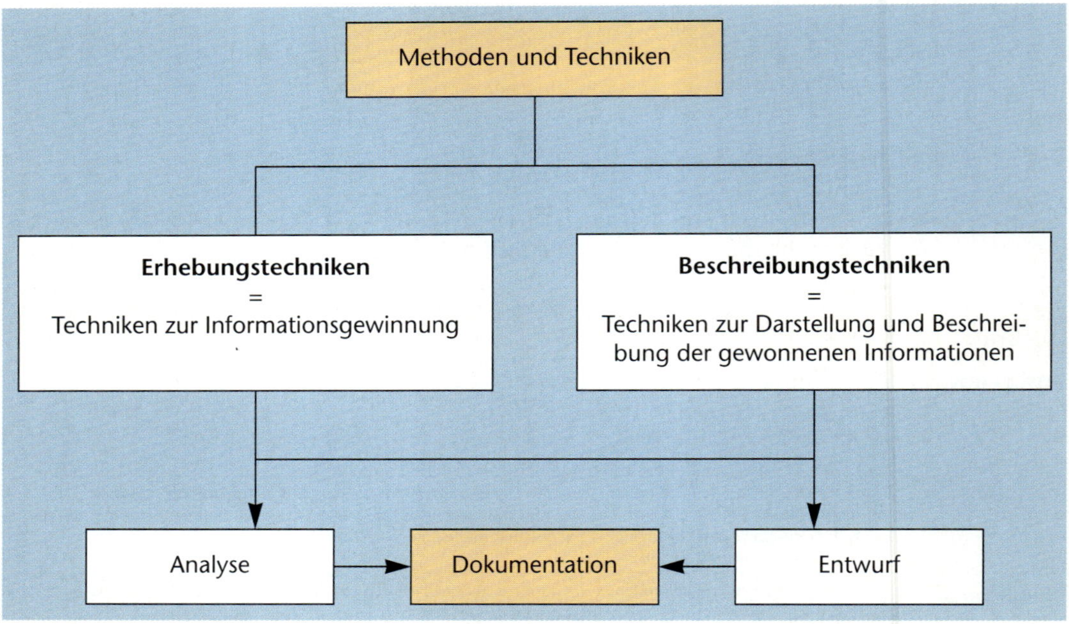

Abb. 8.36 Techniken der Systemaufnahme als Grundlage für Analyse und Entwurf

8.4.3 Analyse der Organisationsstruktur

Analyse und Beschreibung betrieblicher Problemkreise

Zunächst ist festzustellen, welche Organisationseinheiten von der Anwendungsentwicklung betroffen sind. In hierarchisch organisierten Betrieben kann das Organigramm (vgl. Abb. 1.6) zugrunde gelegt werden. Das zugehörige Funktionsdiagramm stellt die Gliederung aller Funktionen nach software- und informationstechnischen Gesichtspunkten und Kriterien dar. Markierte Organisationseinheiten oder Funktionen sind von der Anwendungsentwicklung betroffen, die übrigen nicht.

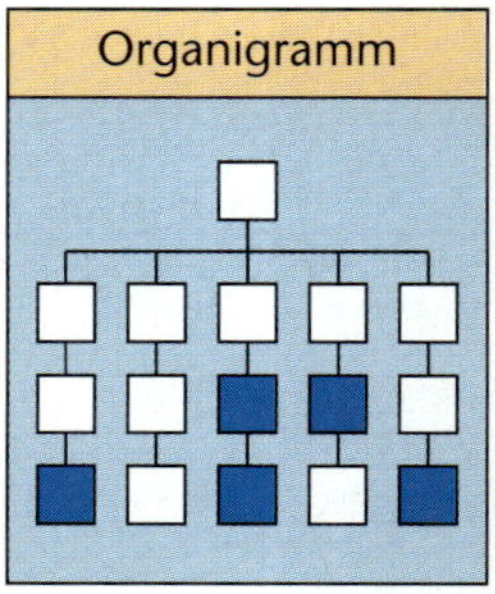

Abb. 8.37 Organigramm

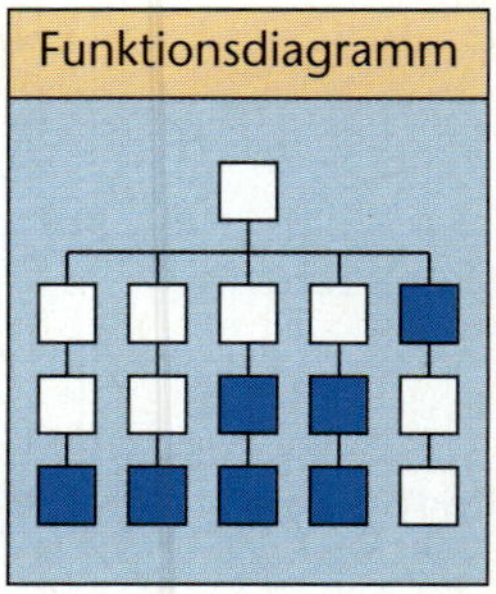

Abb. 8.38 Funktionsdiagramm

Analyse und Beschreibung betroffener Stellen

Mit der Festlegung der relevanten Organisationseinheiten sind in diesen Bereichen zugleich auch Stellen (Mitarbeiter) von den Problemen oder von geplanten Änderungen betroffen. Welche Personen und wie viele Mitarbeiter betroffen sind, lässt sich entweder aus einem Organigramm oder dem Stellenplan im Rahmen einer Dokumentenanalyse erkennen oder mithilfe eben dieser Beschreibungstechniken darstellen. Die vorliegenden Darstellungen können auch als Grundlage für Umstrukturierungsmaßnahmen oder Schulungen im Rahmen der Einführung von Anwendungssystemen dienen.

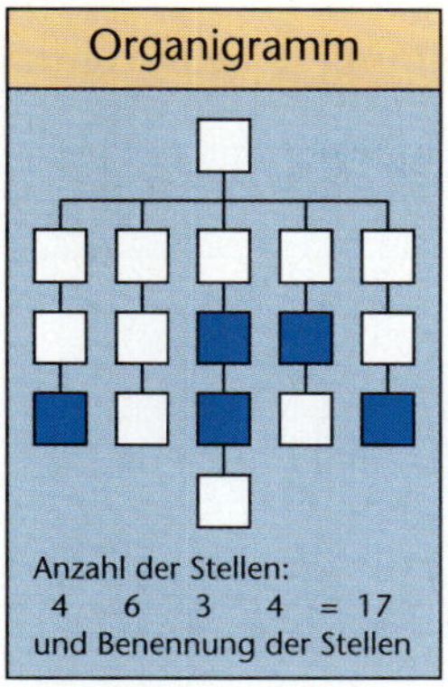

Abb. 8.39 Organigramm mit integriertem Stellenplan

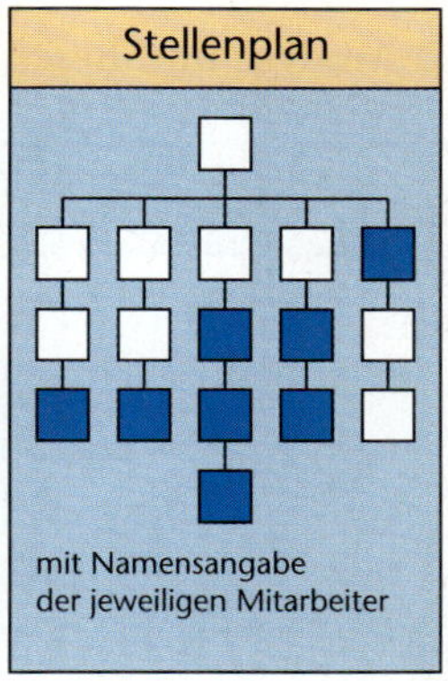

Abb. 8.40 Stellenplan

Analyse und Beschreibung von Beziehungen zwischen den Systemelementen

In den betroffenen Organisationseinheiten können die für den Problemkreis relevanten Systemelemente (z. B. Lieferant, Einkauf usw.) beschrieben und die Beziehungen zwischen den Systemelementen analysiert werden. Dies kann über einen Güter- und Belegflussplan erfolgen oder über die Beschreibung aller mit dem Problemkreis in Zusammenhang stehenden Beziehungen, z. B. Daten- und Informationsflüsse, Geldflüsse u. a. in einem Kontextdiagramm.

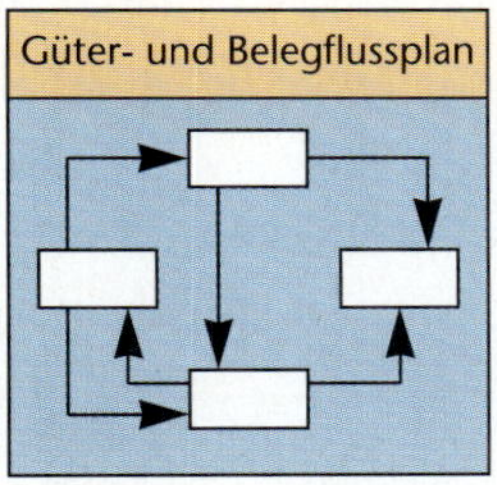

Abb. 8.41 Grundschema eines Güter- und Belegflussplanes

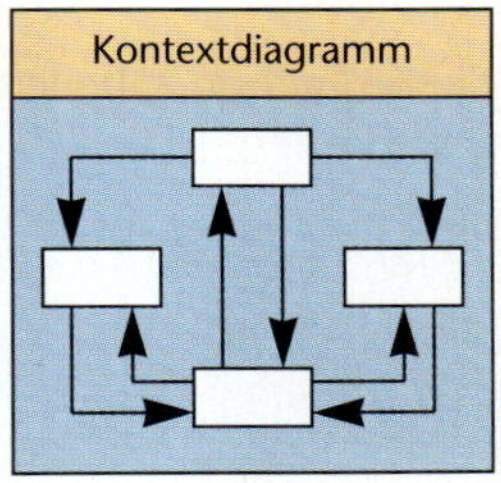

Abb. 8.42 Grundschema eines Kontextdiagramms

Analyse und Beschreibung von Arbeitsabläufen

SADT (**S**tructured **A**nalysis and **D**esign **T**echnique) ist ein Verfahren zur grafischen Beschreibung und Analyse von Arbeitsabläufen. SADT ist zugleich ein Hilfsmittel für den funktionsorienten Entwurf (vgl. Abschnitt 8.5). Funktionen werden durch Rechtecke dargestellt. Die Pfeile an der linken Seite stehen für Eingabeinformationen, die über die im Rechteck angegebene Tätigkeit zu bestimmten Ausgabeinformationen verarbeitet werden, die an der rechten Seite darzustellen sind. Pfeile, die von oben zum Rechteck führen, repräsentieren Steuerungsinformationen, die die Verarbeitung beeinflussen. Pfeile von unten stehen für Hilfsmittel, die zur Verarbeitung erforderlich sind. Durch Kombination mehrerer SADT-Rechtecke können Funktionen schrittweise verfeinert werden. Abb. 8.44 zeigt das Ablaufdiagramm als eine weitere Möglichkeit der Beschreibung von Abläufen (vgl. Abb. 1.4).

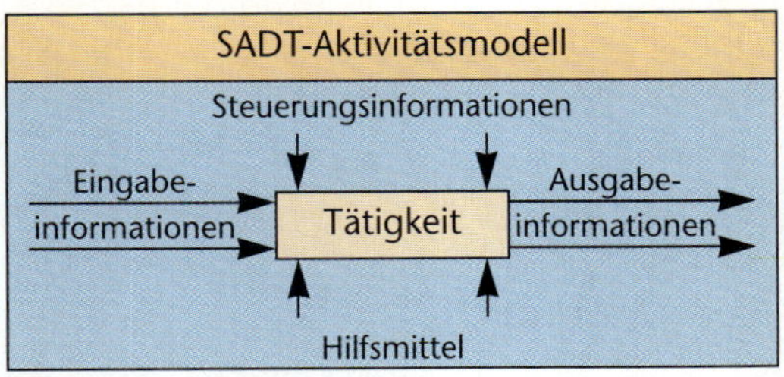

Abb. 8.43 SADT-Diagramm

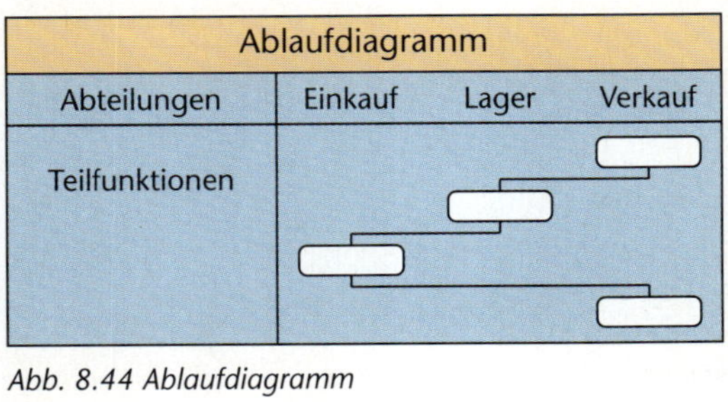

Abb. 8.44 Ablaufdiagramm

8.4.4 Analyse der IT-Struktur

Analyse und Beschreibung der Konfiguration

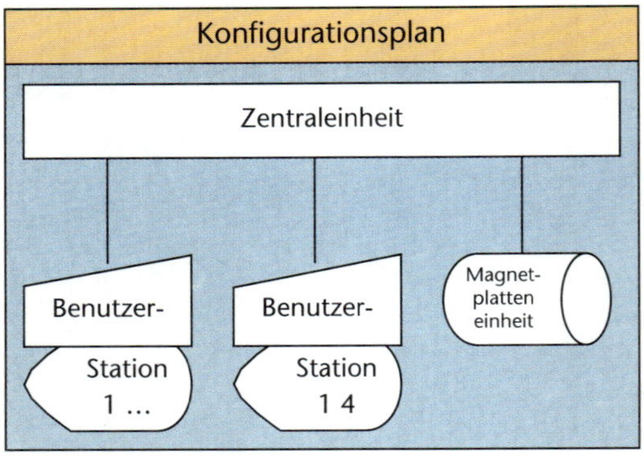

Abb. 8.45 Konfigurationsplan nach DIN 66 001

Im Konfigurationsplan (**KP**) werden Verarbeitungseinheiten, Ein- und Ausgabeeinheiten, Speichereinheiten mit den zugehörigen Verbindungen dargestellt. Die Verbindungen können die Übertragungswege zwischen einzelnen Einheiten oder zu externen Einheiten im Rahmen der Datenfernübertragung aufzeigen.

Zur Darstellung werden einerseits Sinnbilder verwendet, die in der DIN-Norm 66 001 aufgeführt sind. Andererseits benutzt man zur Beschreibung der Konfiguration häufig Icons aus vorgegebenen Symbolpalletten geeigneter Werkzeuge (z. B. Visio, Micrograf x-Produkte).

Symbole für Konfigurationspläne nach DIN

Nachfolgende Tabelle enthält wichtige Symbole der DIN 66 001 zur Darstellung von Konfigurationsplänen:

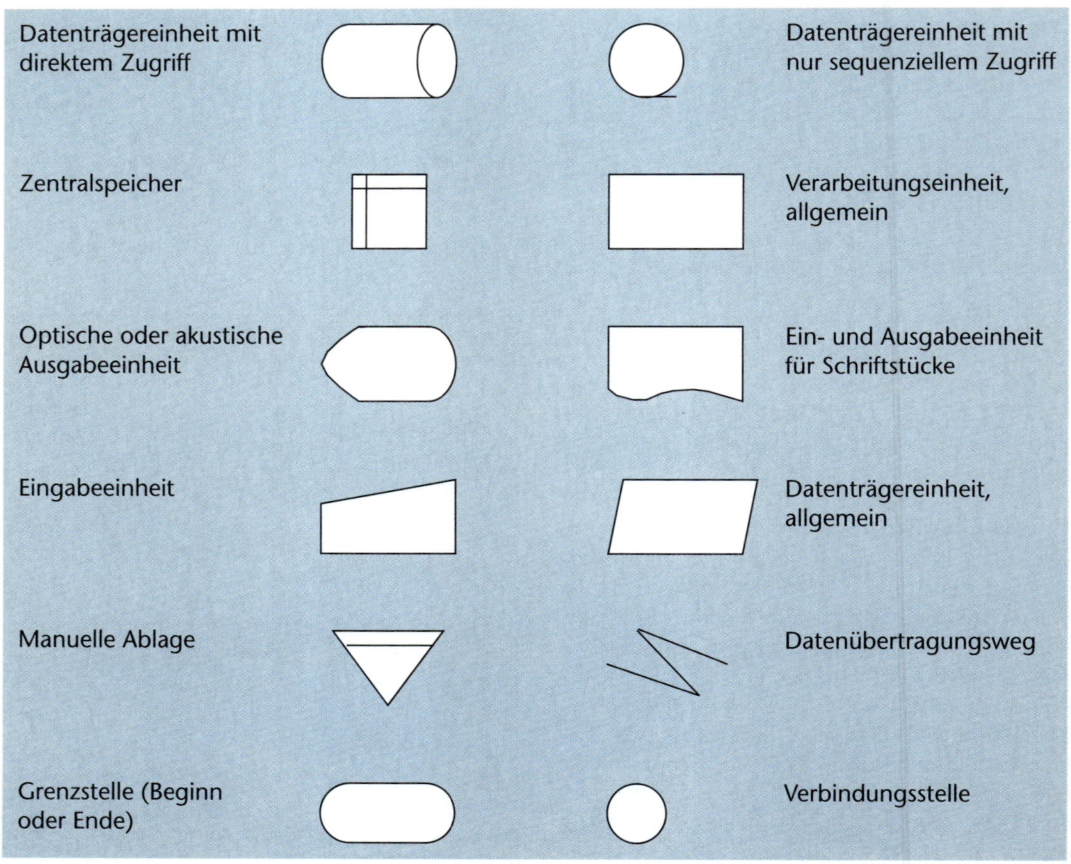

Abb. 8.46 Ausgewählte Sinnbilder für Konfigurationspläne nach DIN 66 001

Analyse und Beschreibung von IT-Systemen: Verarbeitung und Daten

Der **Datenflussplan (DF)** – im Englischen data flowchart genannt – veranschaulicht den Fluss der Daten in Verarbeitungsabläufen mit den zugehörigen Daten und der am Programmablauf beteiligten Geräte bzw. Datenträger. Im Datenflussplan wird der Zusammenhang eines Verarbeitungsablaufes von Beginn bis zum Ende systematisch dargestellt. Der Datenflussplan legt im Einzelnen fest, welche Eingabe-, Speicher- und Ausgabegeräte eines IT-Systems an der Durchführung einer datenverarbeitungsbezogenen Funktion beteiligt sind. Hierbei werden auch die zugehörigen Datenträger (z. B. Magnetplatte, Beleg, Liste) berücksichtigt.

Zur Darstellung werden Sinnbilder verwendet, die in der DIN-Norm 66001 aufgeführt sind. Die Bedeutung der hier im Beispiel verwendeten Symbole lässt sich aus der für den Konfigurationsplan dargestellten Beschreibung ableiten (vgl. Abb. 8.46).

Der Datenflussplan kann sowohl im Rahmen der Analyse bestehender Verarbeitungsabläufe eingesetzt werden als auch bei der Entwicklung neuer Anwendungssysteme in der Entwurfsphase.

Zur Beschreibung der Programmabläufe und der Verarbeitungsstrukturen können ergänzend zum Datenflussplan auch Programmablaufpläne (**PA**) bzw. Struktogramme herangezogen und analysiert werden. Diese Techniken werden jedoch bevorzugt für den Entwurf einer prozeduralen Programmentwicklung eingesetzt (vgl. Abschnitt 8.5).

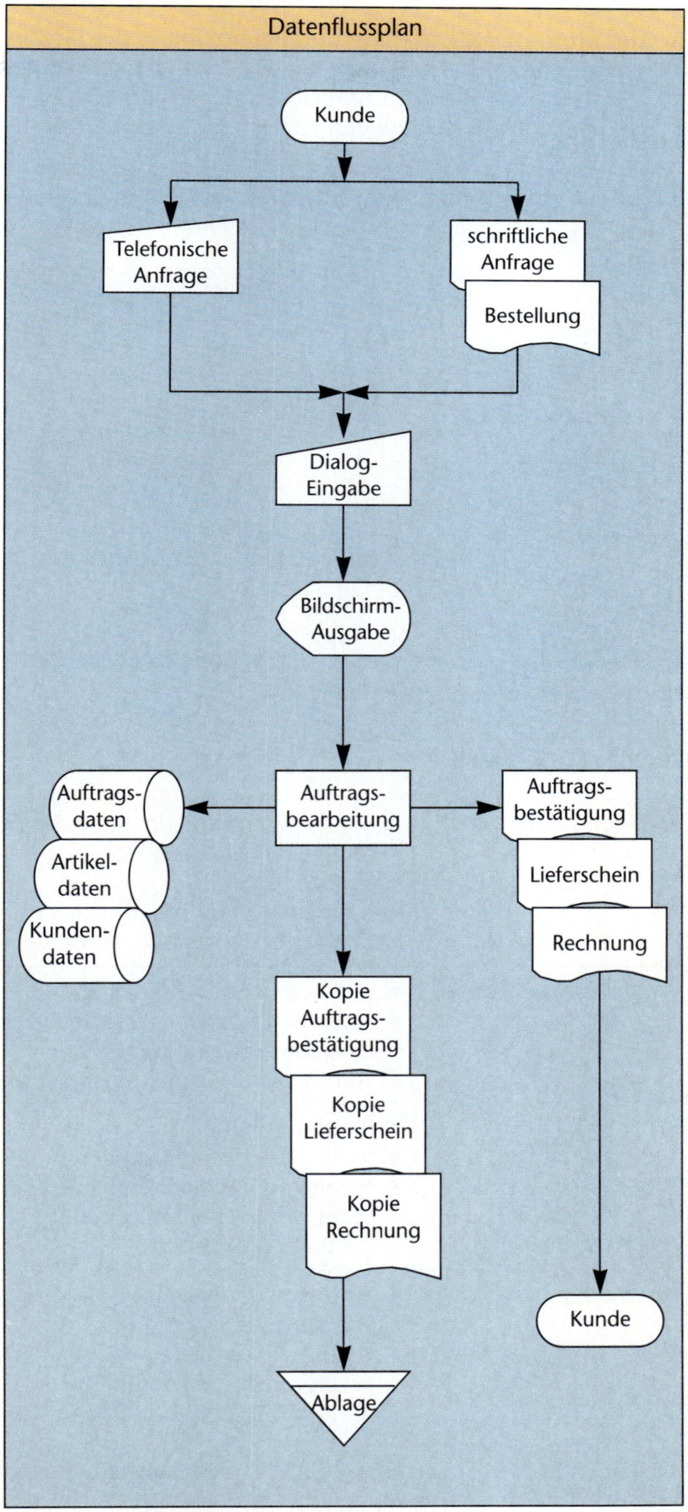

Abb. 8.47 Datenflussplan einer Auftragsbearbeitung

8.4.5 Schwachstellenanalyse

Im Anschluss an die Erfassung und Beschreibung des IST-Zustandes folgt eine Schwachstellenanalyse für den relevanten Problemkreis. Hierbei wird das gesamte Datenmaterial aus der Erhebung kritisch analysiert, um Schwachpunkte und deren Ursachen herauszufinden. Schwachstellen können aus unterschiedlicher Sichtweise betrachtet werden:

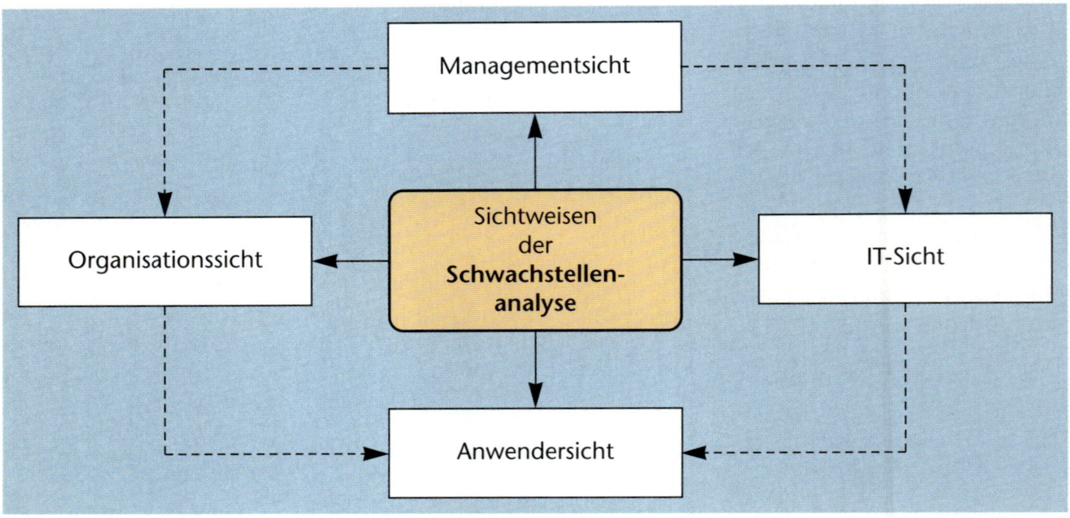

Abb. 8.48 Sichtweisen der Schwachstellenanalyse

Beispiele für Schwachstellen aus ...

Managementsicht	• Störungen im Informationsfluss, Kommunikationsprobleme • Mangel an Fachpersonal • zu hohe Kosten • fehlende Kommunikationstechnologie • Kundenbeschwerden, Abwanderungen
Organisationssicht	• unzureichende Auslastung • Störungen in den Arbeitsabläufen • zu hohes Belegaufkommen • zu hohe Liege- und Transportzeiten
IT-Sicht	• Programmfehler, Technische Probleme • fehlende Softwarelösungen • Mängel in der Performance • Mängel in der Datensicherung • veraltete IT-Systeme
Anwendersicht	• Probleme im Programmhandling • Schulungsdefizite • veraltete Hilfsmittel • zu geringe IT-Unterstützung

Aus den erkannten Schwachstellen heraus sind konkrete Anforderungen zu formulieren, die die Grundlage für die Modellierung eines neuen Systems bzw. für den Softwareentwicklungsprozess bilden. Diese Leistungsanforderungen werden in einem Pflichtenheft zusammengefasst.

8.4.6 Pflichtenheft und Lastenheft

Was ist ein Pflichtenheft und ein Lastenheft?

Unter einem **Pflichtenheft** versteht man eine ausführliche Beschreibung der Anforderungen an bereitzustellende Produkte oder zu erbringende Leistungen im Bereich der Informations- und Telekommunikationstechnik (IT) durch den Auftragnehmer.

!

Die Erstellung eines **Pflichtenheftes** sollte immer dann vereinbart werden, wenn externe Vertragspartner die Lieferung komplexer IT-Systeme (z. B. Ausstattung von IT-Räumen) oder die Erstellung umfangreicher IT-Leistungen (z. B. Entwicklung einer Software) übernehmen sollen.

Voraussetzung für ein Pflichtenheft ist eine **Leistungsbeschreibung** oder ein so genanntes **Lastenheft**, in dem der Auftraggeber seine Anforderungen an die Lieferungen und Leistungen des Auftagnehmers genau festlegt. Diese Kundenanforderungen werden anschließend in ein Pflichtenheft überführt. Die im Pflichtenheft beschriebenen Anforderungen sind vom Auftragnehmer zu erfüllen.

Bei Softwareentwicklungen, die intern, also im eigenen Hause durchgeführt werden sollen, sind auch die Begriffe **Programmvorgabe** bzw. **Programmspezifikation** gebräuchlich. Pflichtenhefte können sowohl im Anschluss an die Analyse als auch nach dem Entwurf erstellt werden.

Funktionen und Ziele

Das Pflichtenheft kann unterschiedlichen Aufgaben und Zielen dienen:

Funktionen des Pflichtenheftes mit Zielsetzungen:

Informationsfunktion und Hilfsfunktion	Auftraggeber und Auftragnehmer können sich anhand des Pflichtenheftes genau informieren, welche Leistungen im Detail gefordert werden und zu erfüllen sind. Das Pflichtenheft dient somit als Arbeitsgrundlage für den Auftragnehmer (IT-Systemhaus, DV-Hersteller, Programmierteam, Projektteam usw.). Bei Ausschreibungen dient das Pflichtenheft als Entscheidungsgrundlage, um die Auswahl auf die Anbieter zu begrenzen, die das Pflichtenheft erfüllen. Das Pflichtenheft wird auch als Grundlage für Vertragsverhandlungen herangezogen, wenn im Ausschreibungsverfahren Gespräche mit Lieferanten und Anbietern zu führen sind. Sind mehrere Personengruppen oder Mitarbeiter (Softwareentwickler, Anwender, Wartungstechniker, Outsourcing-Betriebe) betroffen, kann die Einsicht in das Pflichtenheft die Einarbeitung erleichtern.
Prüffunktion	Anhand des Pflichtenheftes lässt sich abprüfen, welche Punkte bzw. Leistungen bereits erledigt sind und welche noch ausstehen. In diesem Fall wird das Pflichtenheft als Checkliste oder Prüfliste genutzt. Im Rahmen von Wirtschaftlichkeitsbetrachtungen können die im Pflichtenheft aufgeführten Eigenschaften und Kennzahlen herangezogen werden. Neben der quantitativen Prüfung sind auch qualitative Prüfungen über entsprechende Anforderungen im Pflichtenheft möglich (Qualitätskontrolle).
Dokumentations- und Beweisfunktion	Das Pflichtenheft dokumentiert das Verhältnis zwischen Anforderungen einerseits und erbrachter Leistung andererseits. Wird es Vertragsbestandteil zwischen Auftraggeber und Auftragnehmer, erhält das Pflichtenheft auch eine juristische Relevanz. Es wird bei rechtlichen Auseinandersetzungen (z. B. wegen Mängel in der Software, wegen gewünschter Nachbesserungen oder Fristversäumnissen, Garantieverpflichtungen) häufig zur Beweisführung herangezogen.

Aufbau eines Pflichtenheftes

Aufbau und Umfang eines Pflichtenheftes gestalten sich in der Praxis sehr unterschiedlich. Aus den oben genannten Aspekten empfiehlt sich einerseits eine sehr sorgfältige Beschreibung aller Anforderungen, andererseits erschwert eine zu gründliche Aufzeichnung aller Details die Vergleichbarkeit von Angeboten und erfordert einen sehr hohen Zeitbedarf für Erstellung und Kontrolle. Je nach dem Komplexitätsgrad des Projektes, den Risikofaktoren, der finanziellen Größenordnung sowie den jeweiligen Gegebenheiten vor Ort kann das im Folgenden beschriebene Gliederungsschema erweitert oder eingeschränkt werden.

Gliederungspunkt	Inhalt bzw. Anforderung
Unternehmenscharakteristik	• Branche • Geschäftsfeld • Mitarbeiterzahl • Jahresumsatz • Unternehmensentwicklung • Organisations- und IT-Struktur im IST-Zustand
Problembeschreibung	• Schwachstellen in der Organisationsstruktur • Schwachstellen in der IT-Struktur • Schnittstellen zum Problemkreis
Zielsetzungen	• Organisatorische Ziele • IT-bezogene Ziele • wirtschaftliche Ziele • marktbezogene Ziele
Produktanforderungen Hardware	• Einplatzsysteme mit Konfiguration • Mehrplatzsysteme mit Konfiguration • Vernetzte bzw. verteilte Systeme mit Konfiguration • Heterogene Systemplattformen • Hardwareschnittstellen • Servertyp und Serveranforderungen • Anforderungen der Clients • Eingabegeräte mit Anforderungen • Ausgabegeräte mit Anforderungen • Datenübertragungseinheiten (Kommunikationsrechner, Steuereinheiten) • Speichergeräte mit Anforderungen
Software	• Betriebssystemplattform • Programmiersysteme, Datenbanksysteme • Oberflächen, Informationsstrukturen • Werkzeuge (Tools), Utilities • Anwenderfunktionen • Hilfefunktionen • Sicherungs- und Schutzfunktionen • Schnittstellen (Kompatibilitäts-, Portabilitätsanforderungen)
Ressourcen	• Finanzielle Aspekte • Personelle Aspekte • Zeitliche Aspekte • Organisatorische Aspekte
Modalitäten	• Vereinbarungen zur Produktübergabe, zu den Abnahmebedingungen sowie hinsichtlich Test, Installation und Wartung • Schulung

Auf einen Blick

- ▷ Die Analysephase umfasst die IST-Aufnahme, die IST-Analyse sowie die Erstellung eines Anforderungsprofils. Die festgelegten Anforderungen fließen in ein Pflichtenheft ein, sofern externe Vertragspartner am Softwareentwicklungsprozess oder beim Kauf eines Systems beteiligt sind. Bei internen, also im eigenen Hause zu entwickelnden Anwendungssystemen stellen die Anforderungen Programmvorgaben dar und werden als Programmspezifikation bezeichnet.
- ▷ Die Analyse bezieht sich auf ein System, das dadurch charakterisiert ist, dass es aus einzelnen Elementen besteht, die miteinander in Beziehung stehen, ein gemeinsamens Ganzes bilden und ein gemeinsames Ziel verfolgen.
  In diesem System sind auf der Grundlage der Zielsetzungen sowie der vorhandenen Ressourcen Elemente der betrieblichen Organisationsstruktur und IT-Struktur zu analysieren und zu beschreiben.
- ▷ Erhebungstechniken dienen zur Gewinnung von Informationsmaterial zu den betrachteten Systemen oder Systemelementen. Typische Erhebungstechniken sind: Interview, Fragebogen, Konferenz, Dokumentenanalyse, Beobachtung, Selbstaufschreibung, Schätzung.
- ▷ Beschreibungstechniken sind Techniken zur Darstellung und Beschreibung des mithilfe der Erhebungstechniken gewonnenen Datenmaterials.
- ▷ Zusammenfassung einsetzbarer Techniken ...

• ... zur Analyse und Beschreibung von Organisationsstrukturen	Organigramm, Funktionsdiagramm, Stellenplan, Güter- und Belegflussplan, Kontextdiagramme, SADT
• ... zur Analyse und Beschreibung von IT-Strukturen	Konfigurationsplan (KP), Datenflussplan (DF), Programmablaufplan (PA)

- ▷ Die Schwachstellenanalyse kann unter verschiedenen Sichtweisen erfolgen. Zu unterscheiden sind die Managementsicht, die Organisationssicht, die IT-Sicht und die Anwendersicht.
- ▷ Die aus der Schwachstellenanalyse zu beschreibenden Anforderungen sind in ein Pflichtenheft aufzunehmen, welches eine ausführliche Leistungsbeschreibung darstellt. Das Pflichtenheft dient als Information, Hilfestellung, Dokumentation sowie als Beweismittel gegenüber den Vertragspartnern. Das Pflichtenheft enthält konkrete Angaben zur Unternehmenscharakteristik, zu den Problemen und Zielen sowie Anforderungen zur angestrebten Hard- und Softwarelösung. Darüber hinaus kann das Pflichtenheft Angaben zu den Ressourcen und Modalitäten zur Produktübergabe enthalten.

8.5 Softwareentwicklung

8.5.1 Aufgabe und Ziel

Softwareentwicklung ist der Prozess, auf der Grundlage des Pflichtenheftes oder der Anforderungsspezifikation umfangreiche Softwaresysteme für den Anwender bereitzustellen.

Dieser Prozess verfolgt das Ziel, qualitativ hochwertige Programme zu entwickeln, die an folgenden Kriterien gemessen werden:

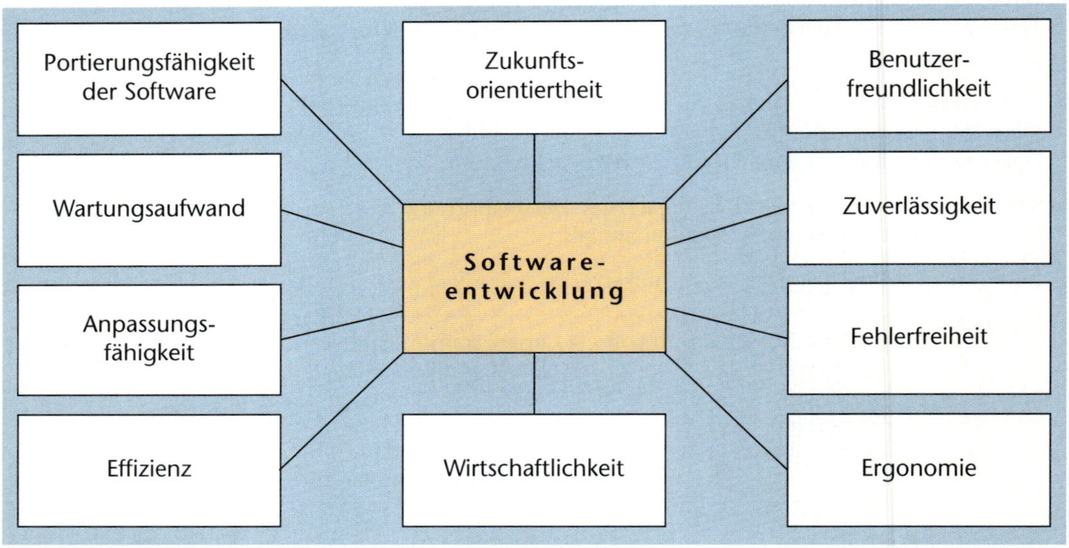

Abb. 8.49 Qualitätskriterien für Software

Bei der Entwicklung von Software sind bestimmte Grundsätze zu beachten, die nachfolgend kurz vorgestellt werden.

- Die Entwicklung ist ziel- und ergebnisorientiert durchzuführen, z. B. auf der Grundlage der Anforderungsspezifikation, des Pflichtenheftes, der Programmvorgaben (vgl. Abschnitt 8.4.6). Ziel ist es, eine den Anforderungen entsprechende Softwarelösung zu entwickeln.
- Die Entwicklung ist nach dem Grundsatz der Durchgängigkeit durchzuführen. Analyse, Entwurf und Realisierung sind aufeinander abzustimmen, Brüche zwischen den Phasen zu vermeiden. (z. B. ist die einzusetzende Programmiersprache bereits bei der Analyse zu berücksichtigen)
- Die Entwicklung ist ingenieurmäßig durchzuführen unter Verwendung von geeigneten Methoden und Techniken (vgl. Abschnitt 1.3.4, 8.3, 8.6 – 8.8)
- Die Entwicklung ist im Rahmen der gewählten Entwicklungsstrategie zu planen, zu begleiten, zu kontrollieren und zu dokumentieren (vgl. Abschnitt 8.1.5, 8.2 und Abschnitt 8.3)
- Die Entwicklung ist durch geeignete Qualitätssicherungsmaßnahmen zu begleiten
- Die Entwicklung ist unter Beachtung grundlegender Prinzipien durchzuführen.

8.5.2 Prinzipien

Der Softwareentwicklungsprozess erfordert eine systematische Vorgehensweise (Strategie), wobei bestimmte Prinzipien zu beachten sind. Wichtige Prinzipien sind in nachstehender Tabelle zusammengefasst:

Strukturierung	Das zu entwickelnde System ist über die Aufgliederung in seine Bestandteile und der wechselseitigen Beziehungen zu strukturieren. Im Rahmen der strukturierten Programmierung (vgl. Abschnitt 8.6) können Programmieraufgaben so in Teilprobleme zerlegt und bearbeitet werden. Über die Strukturierung können einzelne, isolierte Programmteile durch Programmierteams leichter entwickelt und gewartet werden, wobei allerdings die Schnittstellen zu anderen Teilen zu beachten sind. Strukturierung zielt darauf ab, die Komplexität zu reduzieren und die Transparenz des Gesamtsystems zu erhöhen.
Modularisierung	Das Prinzip der Modularisierung besagt, dass das Softwaresystem über in sich abgeschlossene Teilsysteme (Module) entwickelt wird. Diese Module erfüllen bestimmte Aufgaben, die als Unterprogramm, Prozedur oder Funktion isoliert entwickelt, aber auch integrativ genutzt werden können. Beispielsweise kann ein Unterprogramm Lesen und Anzeige einzelner Datensätze aus einer Datei sowohl für die Änderungsfunktion wie für die Löschfunktion genutzt werden. Die Vorteile der Modularisierung liegen darin, dass einzelne Module leichter erstellt, getestet und ausgetauscht sowie in anderen Modulen wieder verwendet werden können.
Mehrfachverwendung	Das Prinzip der Mehrfachverwendung beinhaltet die Forderung, bereits erstellte Software oder Teile daraus (Module, Funktionen) im laufenden oder zukünftigen Softwareentwicklungsprozess wieder zu verwenden (vgl. auch Klassenbildung in der objektorientierten Programmierung). Darüber hinaus kann es sinnvoll sein, auch auf bereits erstellte Spezifikationen (Pflichtenhefte, Lösungsentwürfe, Datenstrukturen usw.) oder Dokumentationen zurückzugreifen. Ziel ist es, Entwicklungszeiten zu verkürzen und damit eine wirtschaftlichere Softwareerstellung zu ermöglichen. Problematisch ist dabei die Frage • der Funktionalität (erfüllen die Softwaremodule die Anforderungen der gestellten Aufgabe?), • des Verwaltungsaufwands (Änderungsaufwand größer als Neuentwicklung?) sowie • des Urheberrechtes (Nutzungsrecht bei Einbindung von extern erstellten Modulen?) vgl. Abschnitt 9.6.4.
Standardisierung	Die Einhaltung allgemein anerkannter Regeln, Richtlinien und Normen ist ein grundlegendes Prinzip in der Softwareentwicklung, z.B. in der Verwendung von einheitlichen • Sprachstandards (z. B. ANSI-C, COBOL ANS bzw. DIN 66 028), • Gestaltungsstandards (z. B. Software-Ergonomie nach DIN 66 234), • Benutzeroberfächenstandards (z. B. **SAA** von IBM, **S**ystems **A**pplication **A**rchitecture), • Entwurfstandards, z. B.: Darstellung von Algorithmen nach DIN 66 261 (Struktogramm) bzw. 66 001 (Programmablaufplan) **ERM**, **E**ntity-**R**elationship-**M**odell als standardisiertes Verfahren zum Entwurf betrieblicher Daten- und Informationsstrukturen, insbesondere bei der Datenbankmodellierung. Als Entwurfsstandard für objektorientierte Modellierungen hat sich **UML** = **U**nified **M**odeling **L**anguage der Rational Software Corporation entwickelt (vgl. Abschnitt 8.8.2). Auch wenn eine Standardisierung zwangsläufig die Kreativität und Fantasie der Softwareentwickler einschränkt, sind die Vorteile durch eine verbesserte Akzeptanz, Pflege und Nachvollziehbarkeit unbestritten.

8.5.3 Modellierungsansätze

Der Computer stellt ein Werkzeug dar, welches den Anwender bei der Erfüllung seiner Aufgaben schnell und effizient unterstützen soll. Voraussetzung hierfür ist, dass bestimmte Arbeitsabläufe der betrieblichen Realität mit den zugehörigen Angaben oder Sachverhalten auf den Computer übertragen bzw. abgebildet werden können. Arbeitsabläufe werden dabei durch **Programme** repräsentiert, die den Computer veranlassen, bestimmte Funktionen zu einem Arbeitsablauf auszuführen (z. B. Programme zur Auftragsbearbeitung). Die zur Bearbeitung der Arbeitsabläufe notwendigen Angaben oder Sachverhalte sind durch **Daten** zu beschreiben (z. B. Artikel- oder Kundendaten). Das Grundprinzip der Datenverarbeitung besteht darin, Daten mithilfe der bereitgestellten Programme zu Informationen zu verarbeiten (**EVA-Prinzip**). **Informationen** sind Daten, die einem ganz bestimmten Zweck oder Ziel dienen. Die nachfolgende Abbildung (vgl. auch Abb. 1.12 im Abschnitt 1.2.3) veranschaulicht diese Zusammenhänge am Beispiel der Auftragsbearbeitung.

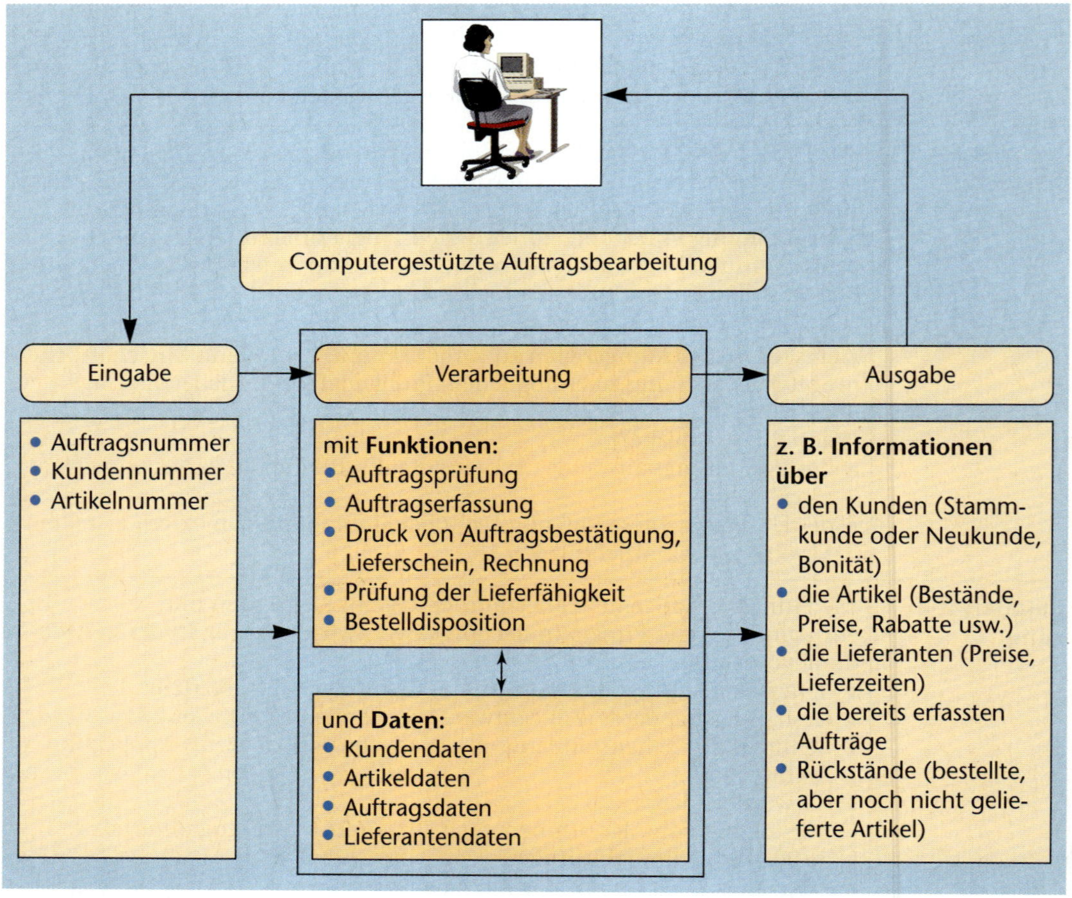

Abb. 8.50 Abbildung betrieblicher Funktionen und Daten am Beispiel der Auftragsbearbeitung

Das dargestellte Beispiel macht deutlich, dass der Softwareentwicklungsprozess stets eine Modellierung von Funktionen **und** Daten erfordert. Zwischen der Funktions- und Datenmodellierung besteht eine wechselseitige und untrennbare Abhängigkeit, da die vom Sachbearbeiter gewünschten Informationen weder über die Daten noch über Programme allein gewonnen werden können, sondern nur über die integrative Wechselwirkung von Funktionen und Daten. In der Softwareentwicklung haben sich drei unterschiedliche Ansätze herausgebildet, die in den folgenden Abschnitten näher betrachtet werden sollen:

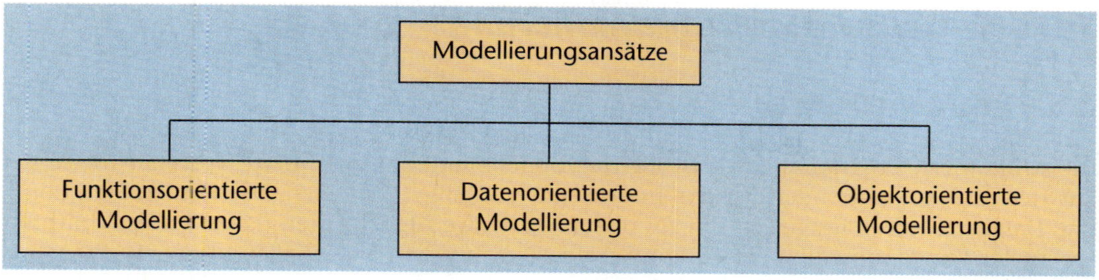

Abb. 8.51 Modellierungsansätze

Die funktionsorientierte Modellierung wird traditionell repräsentiert durch die Vorgehensweise der strukturierten Programmierung, die im Abschnitt 8.6 näher beschrieben wird. Die datenorientierte Modellierung ist im Zusammenhang mit dem zunehmenden Einsatz von Datenbanksystemen zu sehen (vgl. Abschnitt 8.7), die die herkömmlichen Dateiverarbeitungssysteme immer mehr verdrängen. Neuere Entwicklungen verfolgen im Rahmen der objektorientierten Programmierung den objektorientierten Ansatz (vgl. Abschnitt 8.8). Die datenorientierte wie auch die objektorientierte Modellierung führen zu datenbankbasierten Systemen hin, daher gibt es auch gemeinsame Merkmale in der Modellierung. Der Zusammenhang wird auch in der Realisierung deutlich, wenn objektorientierte Programmierlösungen auf relationale Datenbanken zugreifen.

Auf einen Blick

- Softwareentwicklung ist der Prozess, auf der Grundlage des Pflichtenheftes oder der Anforderungsspezifikation umfangreiche Softwaresysteme für den Anwender bereitzustellen.
- Softwareentwicklung verfolgt das Ziel, qualitativ hochwertige Programme bereitzustellen, die allgemein anerkannten Qualitätskriterien gerecht werden sollten.
- Softwareentwicklung unterliegt allgemein anerkannten Grundsätzen. Zu diesen gehören insbesondere der Grundsatz der
  - ziel- und ergebnisorientierten Entwicklung auf der Grundlage des Pflichtenheftes oder der Anforderungsspezifikation
  - Durchgängigkeit in den Phasen des Softwareentwicklungsprozesses
  - Verwendung geeigneter Methoden und Techniken
  - Qualitätssicherung im Softwareentwicklungsprozess
  - Einhaltung grundlegender Prinzipien der Softwareentwicklung
- Wichtige Prinzipien in der Softwareentwicklung sind
  - Strukturierung
  - Modularisierung
  - Mehrfachverwendung und
  - Standardisierung
- Bei der Entwicklung von Software sind Arbeitsabläufe über Programme, Sachverhalte durch Daten zu beschreiben und auf den Computer zu übertragen. Das Grundprinzip der Datenverarbeitung besteht darin, Daten mithilfe der bereitgestellten Programme zu Informationen zu verarbeiten. Dieses Prinzip ist als EVA-Prinzip bekannt. Informationen sind Daten, die einem ganz bestimmten Zweck oder Ziel dienen.
- Der Softwareentwicklungsprozess erfordert eine Modellierung von Funktionen und Daten, da die Funktionalität der Software nur über die integrative Wechselwirkung dieser Elemente gewährleistet ist.
- In den Modellierungsansätzen ist zwischen funktionsorientierter, datenorientierter und objektorientierter Modellierung zu unterscheiden.

8.6 Strukturierte Programmierung

8.6.1 Vorgehensweise

Die strukturierte Programmierung ist die traditionelle funktionsorientierte Vorgehensweise zur Entwicklung von Anwendersoftware. Im Anschluss an eine Problemanalyse werden Funktions- und Datenstrukturen festgelegt, um auf dieser Grundlage **Algorithmen** (Lösungswege) mithilfe geeigneter Programmstrukturen zu entwickeln. Diese werden anschließend über ein Programmiersystem in ein Programm umgesetzt. Diese Schritte sind im Zusammenhang mit der zeitlichen Gliederung des Projektverlaufes zu betrachten, wobei die Grenzen zwischen den Phasen Analyse, Entwurf und Realisierung fließend sind.

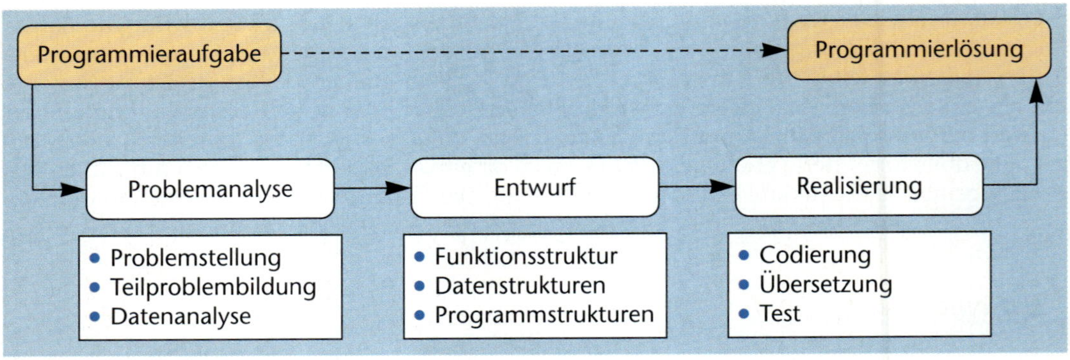

Abb. 8.52 Vom Problem zum Programm

8.6.2 Problemanalyse

Problemstellung

Aus der Anforderungsspezifikation bzw. dem Pflichtenheft ergibt sich die Problemstellung für den Softwareentwickler (z. B. eigene Programmierer, IT-Systemhaus). Das zu lösende Problem muss eindeutig und vollständig beschrieben werden.

Diese Forderung ergibt sich aus der Notwendigkeit, die Vorstellungen des Anwenders, für den die Software schließlich erstellt werden soll, mit denen der Softwareentwickler in Einklang zu bringen (vgl. Abschnitt 7.3.4 Prototyping). Unklar formulierte Problemstellungen gehen häufig zu Lasten der Akzeptanz und können zu teuren Nachbesserungen der Software führen.

Teilproblembildung

Wie bereits in Abschnitt 8.5.1 beschrieben, ist die Strukturierung ein wichtiges Grundprinzip in der Softwareentwicklung. Die Vorgehensweise bei der strukturierten Programmierung besteht darin, die gestellte Programmieraufgabe in Teilprobleme bzw. Funktionen aufzugliedern, die ihrerseits wiederum in einzelne Teilfunktionen zerlegt werden können, soweit dies sinnvoll erscheint. Jede Funktion bildet dabei einen Teilbaustein im gesamten Entwicklungsprozess. Die Strukturierung in einzelne Teilprobleme und Teilfunktionen ermöglicht nicht nur eine Reduktion der Komplexität und eine Erhöhung der Transparenz, sondern erleichtert durch die zunehmende Verfeinerung auch die Aufteilung einzelner Programmieraufgaben auf bestimmte Entwickler oder Programmierteams. In komplexeren Systemen kann sich dagegen die Schnittstellenbeschreibung als problematisch erweisen, wenn mehrere Funktionen in wechselseitiger Beziehung zueinander stehen.

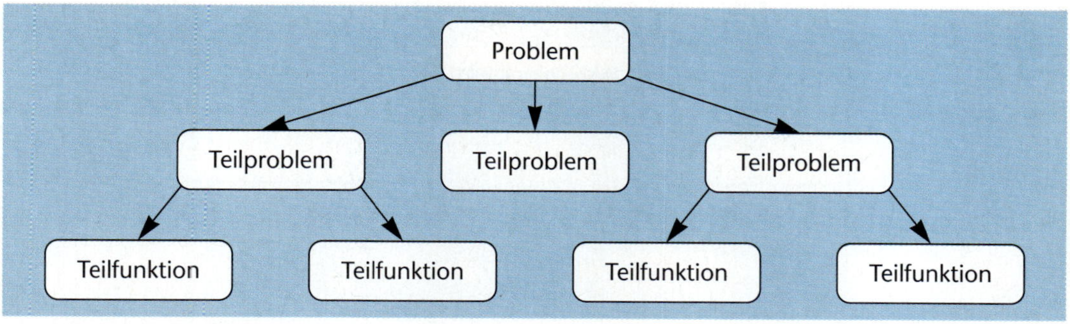

Abb. 8.53 Teilproblembildung

Datenanalyse

In der Datenanalyse geht es darum festzustellen, welche Daten für die Bearbeitung der Funktionen und Teilfunktionen relevant sind. Dabei sind u. a. folgende Fragen zu klären:

- Welche Daten sollen ausgegeben werden (Ausgabedaten, gewünschte Ergebnisse)?
- Welche Daten oder Dateien werden benötigt, um die Ausgabedaten erzeugen zu können (Eingabedaten)?
- Welche Verarbeitungsregeln (Rechenformeln) werden benötigt, um die Eingabedaten zu den gewünschten Ausgabedaten bzw. Ergebnissen zu verarbeiten?

Im Zusammenhang mit der Datenanalyse sind die Datenstrukturen zu bestimmen (vgl. Abschnitt 8.6.4).

8.6.3 Funktionsorientierter Entwurf

Im Rahmen der strukturierten Programmierung können grundsätzlich für den Entwurf sowohl datenorientierte (z. B. Jackson-Verfahren), als auch funktionsorientierte Entwurfsverfahren herangezogen werden. Zu den letzteren zählen beispielsweise die SADT-Methode, die für die Analyse (vgl. Abschnitt 8.4.3) wie auch für den Entwurf verwendet werden kann, und die HIPO-Methode, welche das Prinzip der Strukturierung durch die hierarchische Ordnung der Programmfunktionen unterstützt. Die Funktionsstruktur gibt Auskunft darüber, welche Programmfunktionen zu entwickeln sind und in welchem Zusammenhang diese zueinander stehen.

Funktionsstruktur nach HIPO

HIPO (Hierarchy Plus Input Process Output) ist ein grafisches Entwurfs- und Beschreibungsverfahren, welches im Allgemeinen aus drei Diagrammen besteht, nämlich

- Strukturübersicht
- Übersichtsdiagramm und
- Detaildiagramm

1. Strukturübersicht

In der Strukturübersicht wird die Gesamtaufgabe des Softwaresystems (Systemfunktion) hierarchisch in Teilaufgaben (Funktionen) untergliedert. Jede Funktion in der hierarchischen Ordnung kann einen Programmbaustein, ein Modul, ein Unterprogramm oder eine Programmfunktion repräsentieren. Die Struktur des Softwaresystems wird folglich durch ein Baumdiagramm dargestellt, wobei die Funktionskästen in der Strukturübersicht namentlich bezeichnet und durch eine Identifizierungsnummer gekennzeichnet werden. Die erste Ziffer der Identifizierungsnummer weist auf die Ebene in der Strukturübersicht hin, die weiteren Ziffern entsprechen der dekadischen Gliederung und bestimmen die Stellung der Funktion in der hierarchischen Programmstruktur.

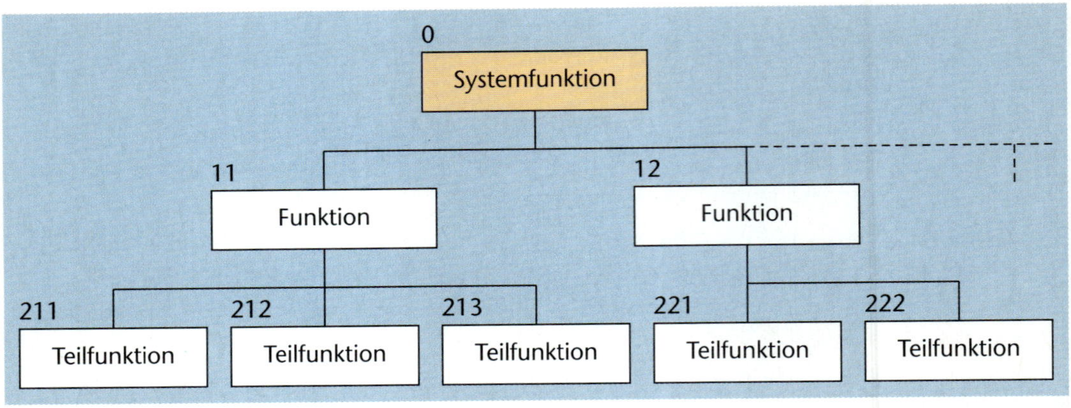

Abb. 8.54 Strukturübersicht

2. Übersichtsdiagramme

Während die Strukturübersicht sich auf die hierarchische Struktur der Funktionen beschränkt, beschreiben Übersichtsdiagramme die Programmfunktionen einer bestimmten Ebene der Strukturübersicht mit den zugehörigen Ein- und Ausgabedaten im Zusammenhang. Der Verarbeitungsblock enthält die Angabe der Teilfunktionen einer Ebene, nicht aber die Verarbeitungsregeln zur Lösung der einzelnen Funktionen. Der Zusammenhang wird auch durch Kennzeichnung des Quell- und Zielblocks deutlich. Nachfolgende Abbildung zeigt ein Übersichtsdiagramm zur Funktion 11:

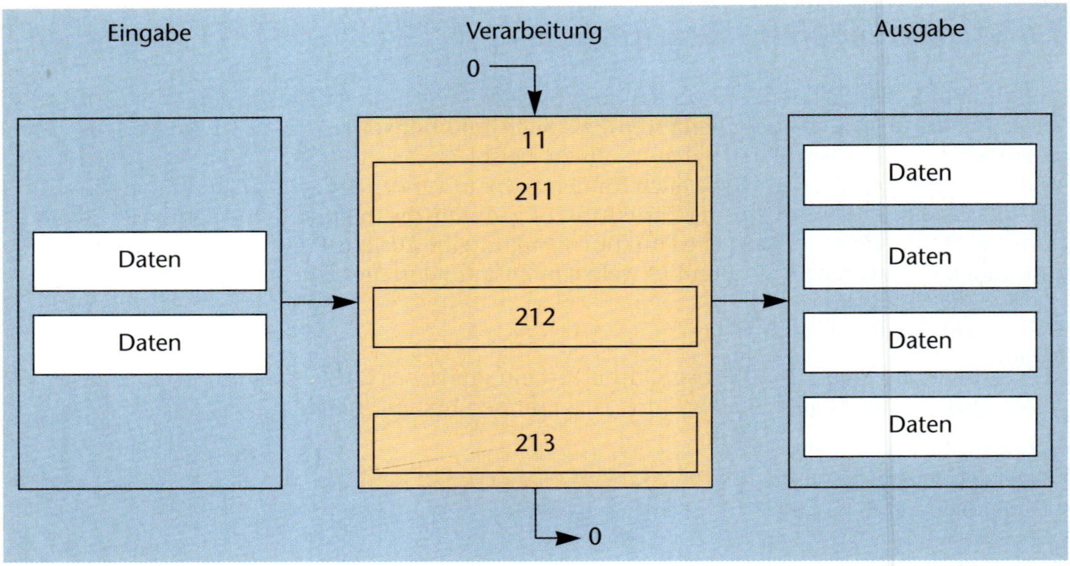

Abb. 8.55 Übersichtsdiagramm zur Funktion 11

3. Detaildiagramme

Detaildiagramme enthalten konkrete Angaben sowohl zur Ein- und Ausgabe als auch zur Verarbeitung einzelner Teilfunktionen. Unter Verwendung der in der DIN-Norm 66 001 festgelegten Symbole werden Geräte, Datenträger und Dateien spezifiziert, über die eine Eingabe oder Ausgabe erfolgt. Diese werden über Pfeilverbindungen den jeweiligen Verarbeitungsschritten einer Funktion direkt zugeordnet. Detaildiagramme stellen eine Verfeinerung der Übersichtsdiagramme, aber auch von Datenflussdiagrammen dar (vgl. Abschnitt 8.3.4).

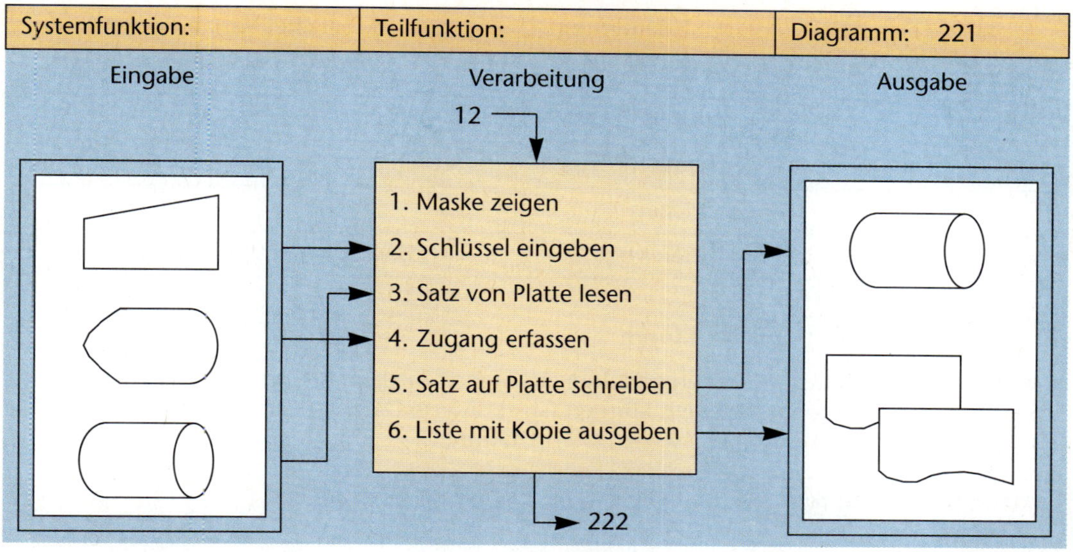

Abb. 8.56 Detaildiagramm zur Funktion 221 mit beispielhaften Verarbeitungsschritten

Die HIPO-Methode unterstützt die Top-down-Entwicklung sowie die Strukturierung komplexer Softwaresysteme. Sie ist durch die einfache Darstellung relativ leicht zu erlernen. Die zugelassenen Freiheiten in der grafischen Notation können jedoch zu unterschiedlichen Interpretationen von Pfeilbeziehungen oder Symbolen führen. Nachteilig ist der relativ hohe Aufwand zur Erstellung, Änderung und Verwaltung der Dokumente. Die HIPO-Diagramme sind Bestandteil der phasenbegleitenden Dokumentation.

8.6.4 Datenstrukturen

Neben den Funktionen sind die Daten zu strukturieren, wobei zu klären ist,

- welche Daten logisch zusammengehören **(logische Struktur)**,
- in welcher Form und in welchem Format Daten zu behandeln sind **(formale Struktur)**,
- wie viel Speicherplatz Daten intern oder auf externen Speichermedien beanspruchen **(physische Struktur)**.

Die Strukturierung von Daten ist für alle Funktionen der Datenorganisation wie Speichern, Suchen, Sortieren und Ausgeben sowie für die Informationsverarbeitung von Bedeutung. Daten werden durch Namen bezeichnet, die Speicherplätze repräsentieren (z. B. ANR für die Artikelnummer, EP für Einzelpreis). Man unterscheidet **Variablen** und **Konstanten**. Variablen sind Daten, deren Werte sich im Verlauf der Verarbeitung verändern lassen (z. B. Einzelpreis). Der Name wird als **Variablenname**, der zugehörige Inhalt als **Variablenwert** bzw. Variableninhalt bezeichnet. Konstanten sind Daten, deren Werte dauerhaft gleich bleiben und durch den Verarbeitungsprozess i. d. R. nicht verändert werden (z. B. Mehrwertsteuersatz). Man unterscheidet elementare und zusammengesetzte Datenstrukturen.

Elementare Datenstrukturen

Elementare Datenstrukturen bestehen aus einfachen Datentypen, d. h. eine Variable oder Konstante dieses Typs darf jeweils nur einen Wert annehmen. Dies kann eine Zahl, ein Zeichen oder ein Wahrheitswert sein. Datentypen sind durch ihre Wertebereiche charakterisiert (z. B. Integer: Eine Ganzzahl, die in 2 Bytes gespeichert wird, besitzt z. B. einen Wertebereich von -32768 bis 32767).

Einfacher Datentyp	Erläuterung	Möglicher Variablenwert
Integer	ganze Zahl	2
Real	gebrochene Zahl	2.45
String	Zeichenkette	Computer
Char	ein Zeichen	C
Boolean	Wahrheitswert	1 (für wahr/true) 0 (für falsch/false)

Zusammengesetzte Datenstrukturen

Zusammengesetzte Datenstrukturen bestehen aus mehreren elementaren Datentypen, die unter einem Namen angesprochen werden können (strukturierte Datentypen). Die nachfolgende Tabelle veranschaulicht zusammengesetzte Datenstrukturen.

<table>
<tr><th>Strukturierter Datentyp</th><th>Beispiel</th></tr>
<tr><td>Feld (Array)
als Folge von Elementen, die alle den gleichen Datentyp (z. B. Integer) besitzen. Der Zugriff auf die Feldelemente erfolgt über Indizes (Tabellenverarbeitung).</td><td>Tabelle als Datenstruktur
</td></tr>
<tr><td>Satz (Record)
als Kombination von Datenfeldern unterschiedlichen Datentyps, die in einem logischen Zusammenhang stehen (z. B. Artikelsatz, Kundensatz)</td><td>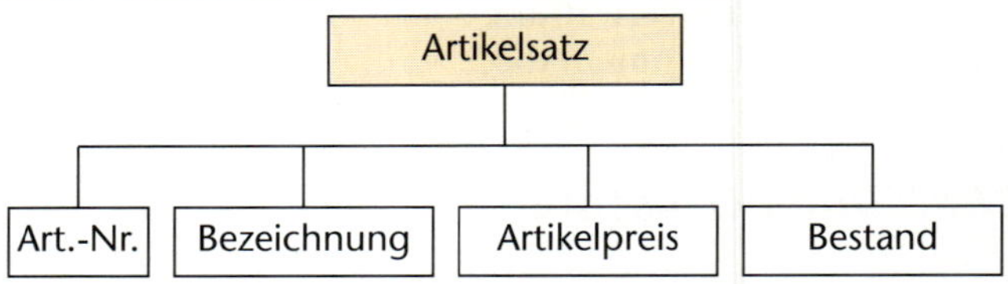
</td></tr>
<tr><td>Datei (File)
als Zusammenfassung einer variablen Anzahl von gleichartig strukturierten Sätzen (z. B. Artikeldatei, Kundendatei). Der Zugriff auf die Datei erfolgt über den Dateinamen, auf die Sätze i. d. R. über einen Ordnungsbegriff, z. B. die Artikelnummer (Primärschlüssel).</td><td>Artikeldatei
<table>
<tr><th>Art.-Nr.</th><th>Bezeichnung</th><th>Artikelpreis</th><th>Bestand</th></tr>
<tr><td>2345</td><td>Festplatte</td><td>256</td><td>12</td></tr>
<tr><td>2348</td><td>Monitor</td><td>444</td><td>8</td></tr>
<tr><td>2351</td><td>Scanner</td><td>199</td><td>4</td></tr>
<tr><td>2357</td><td>Drucker</td><td>333</td><td>6</td></tr>
<tr><td></td><td></td><td></td><td></td></tr>
</table></td></tr>
</table>

Hierarchische Datenstruktur

Die strukturierte Programmierung ist in der Vergangenheit überwiegend zur Entwicklung von komplexen Dateiverarbeitungssystemen (z. B. KHK 8.0) eingesetzt worden. Beim Entwurf von Dateiverarbeitungsprogrammen kann die hierarchische Datenstrukturierung sinnvoll sein, um auf der Grundlage der betrieblichen Datenbasis die Schnittstellen im Funktions- und Datenentwurf beschreiben zu können. Ausgangspunkt für eine hierarchische Datenstrukturierung kann ein Dateiensystem sein, in dem mehrere Dateien über wechselseitige Zugriffsmechanismen und Datenelemente in Beziehung zueinander stehen.

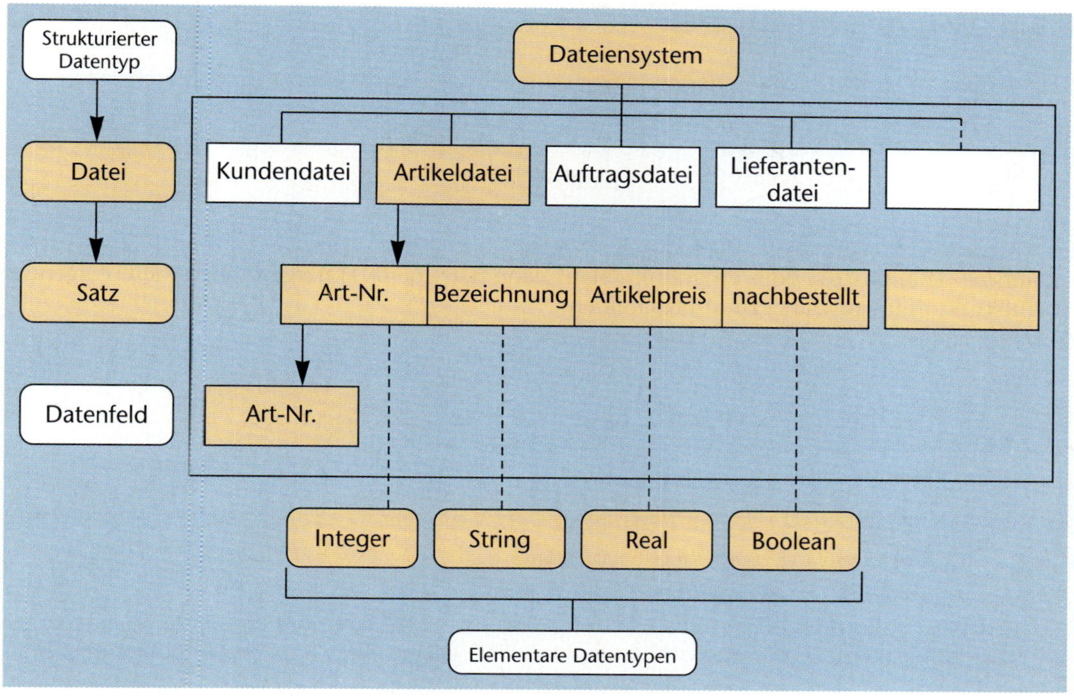

Abb. 8.57 Hierarchische Datenstruktur

■ Verarbeitungsbezogene Strukturierungsmerkmale

Daten können zudem nach ihrer Aufgabe und Stellung im Verarbeitungsprozess sowie nach der Häufigkeit der Änderung unterteilt werden.

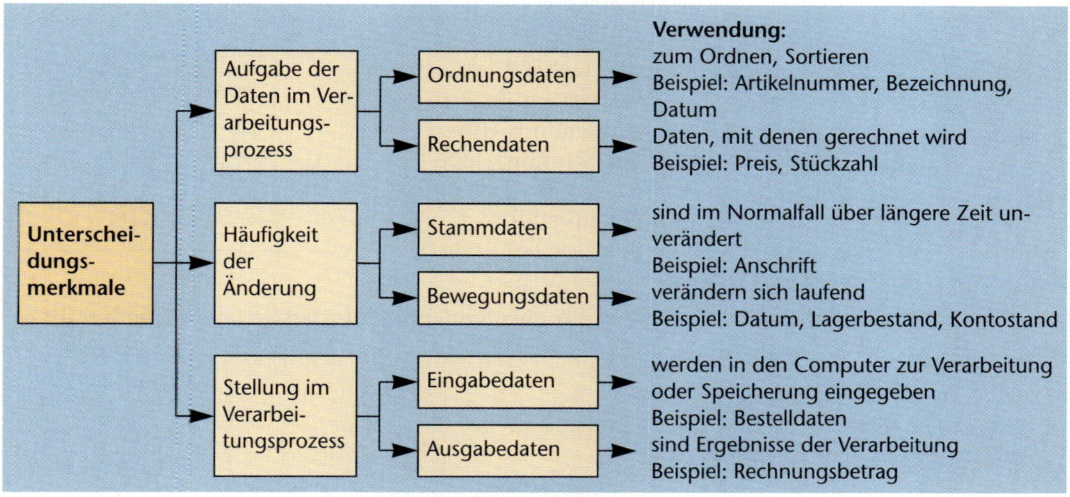

Abb. 8.58 Verarbeitungsbezogene Strukturierungsmerkmale

Während die Funktionsstruktur Auskunft über die zu entwickelnden **Funktionen** gibt, wird aus der festgelegten Datenstruktur deutlich, welche **Daten** in den Funktionen zu verarbeiten sind. Im nächsten Entwurfsschritt sind die Lösungswege für die beschriebenen Funktionen darzustellen, um die Funktionen über geeignete Programmstrukturen abbilden zu können. Die Programmstrukturen bilden den Kern der strukturierten Programmierung herkömmlicher Softwaresysteme.

8.6.5 Programmstrukturen

Der logische Ablauf zur Lösung der gestellten Aufgaben wird über Algorithmen beschrieben.

> Unter einem **Algorithmus** versteht man die eindeutige und vollständige Beschreibung der Lösungsschritte und deren zeitliche Verarbeitungsfolge.

Der Algorithmus wird abgebildet durch Programmstrukturen, die in der Regel über Struktogramme (DIN 66 261) oder Programmablaufpläne (DIN 66 001) dargestellt werden. Folgende Ablaufstrukturen sind dabei zu unterscheiden:

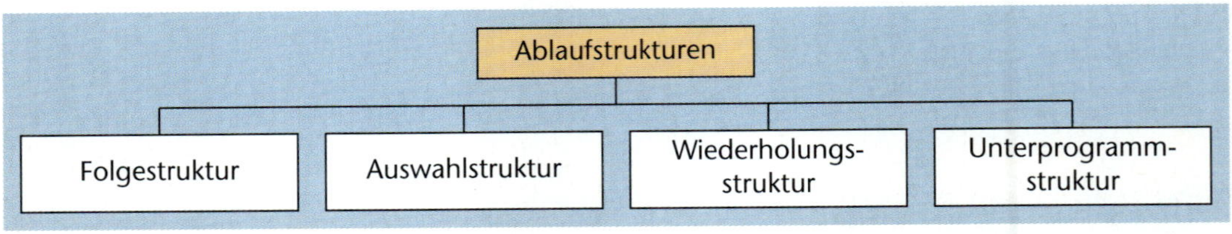

Abb. 8.59 Ablaufstrukturen für die Darstellung von Algorithmen

Diese Strukturen können bei der Beschreibung der Lösung hintereinander oder auch geschachtelt angeordnet werden. Die nachstehenden Tabellen geben einen kurzen Überblick über Ablaufstrukturen.

■ Folgestruktur

Struktogramm nach DIN 66 261	Beschreibung	PA nach DIN 66 001
Anweisung 1 Anweisung 2 Anweisung 3	Die Folgestruktur ist gekennzeichnet durch aufeinander folgende Anweisungen, wobei Anweisung für Anweisung der Reihe nach ausgeführt wird (lineare Struktur). Jede Anweisung wird genau einmal ausgeführt.	Anweisung 1 Anweisung 2 Anweisung 3

Die Folgestruktur eignet sich beispielsweise für die algorithmische Darstellung folgender Aufgabestellungen:

- Drucken eines Verkaufsbeleges
- Fakturierung eines Artikels
- Ausdruck einer Dokumentation usw.

Auswahlstrukturen dienen dazu, unterschiedliche Anweisungen oder Anweisungsblöcke in Abhängigkeit von einer oder von mehreren Bedingungen zu durchlaufen. Man unterscheidet zwischen einseitiger, zweiseitiger und geschachtelter Auswahlstruktur, auch Mehrfachauswahl genannt. Über Auswahlstrukturen können beispielsweise Rabattstaffeln oder umsatzabhängige Provisionsberechnungen dargestellt werden.

Wiederholungsstrukturen dienen dazu, bestimmte Anweisungen oder Anweisungsblöcke in Abhängigkeit von einer Bedingung wiederholt auszuführen.

Einseitige Auswahlstruktur

Struktogramm nach DIN 66 261	Beschreibung	PA nach DIN 66 001
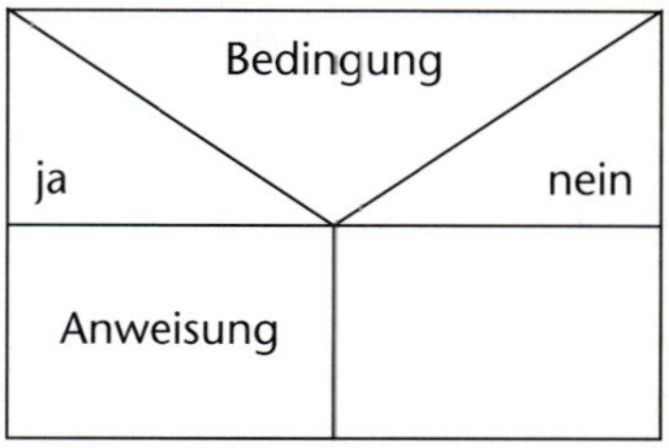	Bei der einseitigen Auswahlstruktur wird in Abhängigkeit von einer Bedingung eine Anweisung bzw. ein Anweisungsblock durchlaufen (z. B. wenn die Bedingung erfüllt ist). Im anderen Fall ist keine Anweisung vorgesehen. Der zugehörige Block bleibt leer.	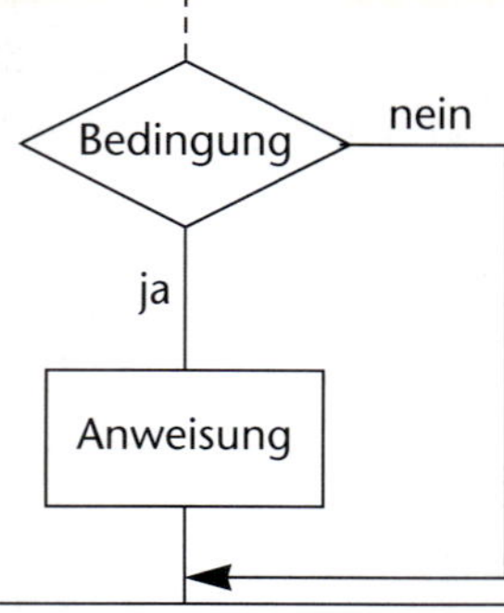

Zweiseitige Auswahlstruktur

Struktogramm nach DIN 66 261	Beschreibung	PA nach DIN 66 001
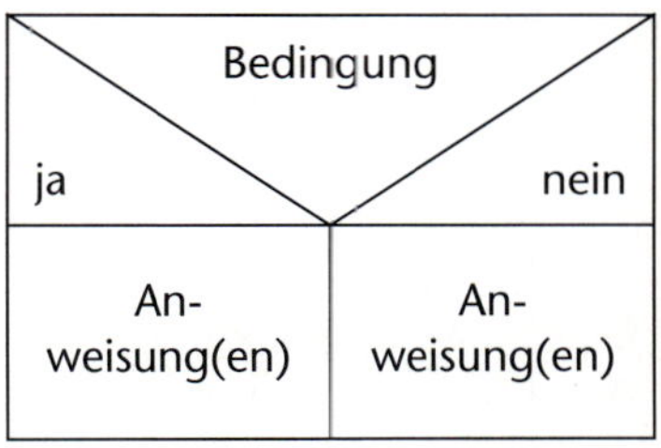	Die zweiseitige Auswahl ermöglicht es, in Abhängigkeit von einer Bedingung zwischen zwei Anweisungen bzw. Anweisungsblöcken zu wählen. Je nach Zutreffen der Bedingung wird entweder der Ja-Zweig oder der Nein-Zweig durchlaufen.	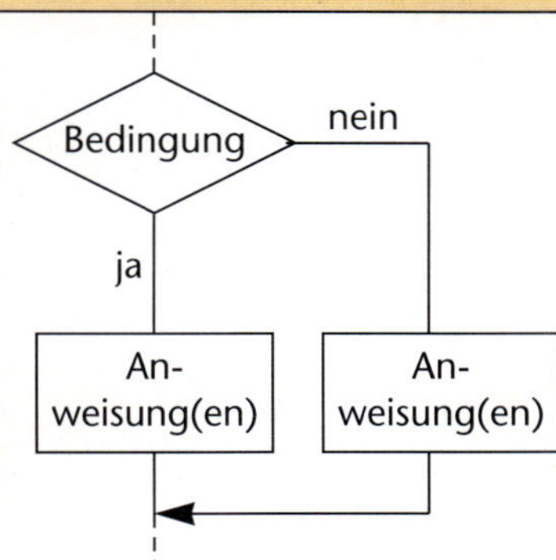

Mehrfachauswahl

Struktogramm nach DIN 66 261	Beschreibung	PA nach DIN 66 001
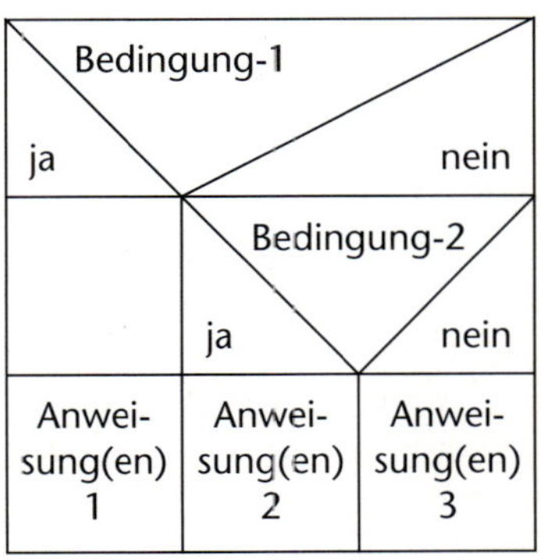	Bei der Mehrfachauswahl sind Auswahlstrukturen geschachtelt angeordnet.	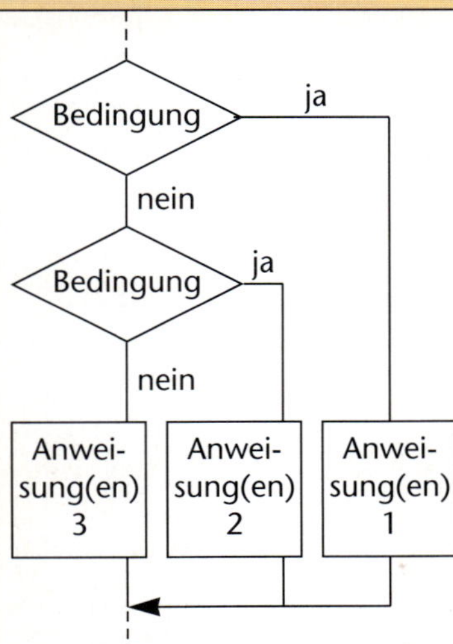

Fallabfrage

Struktogramm nach DIN 66 261	Beschreibung	PA nach DIN 66 001
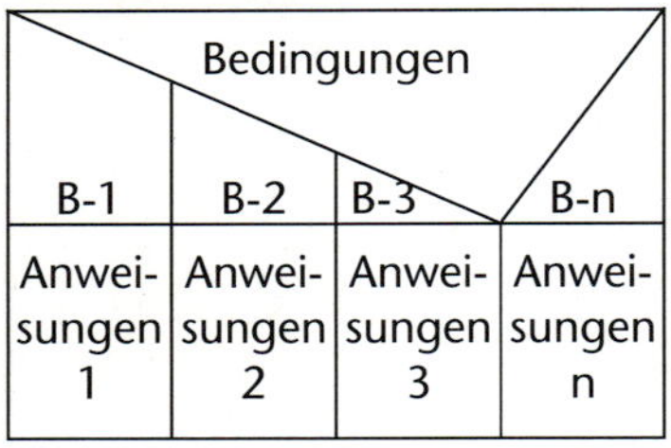	Die Fallabfrage – auch Fallunterscheidung genannt – stellt eine vereinfachte Form der mehrseitigen Auswahl dar. Sie bietet sich insbesondere für die Menütechnik an.	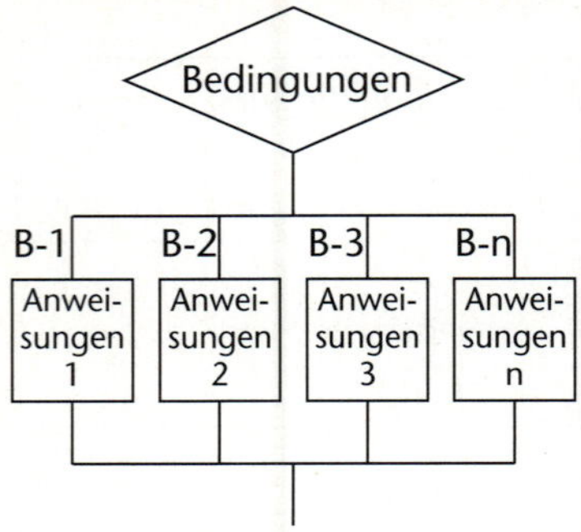

Wiederholungsstrukturen

Struktogramm nach DIN 66 261	Beschreibung	PA nach DIN 66 001
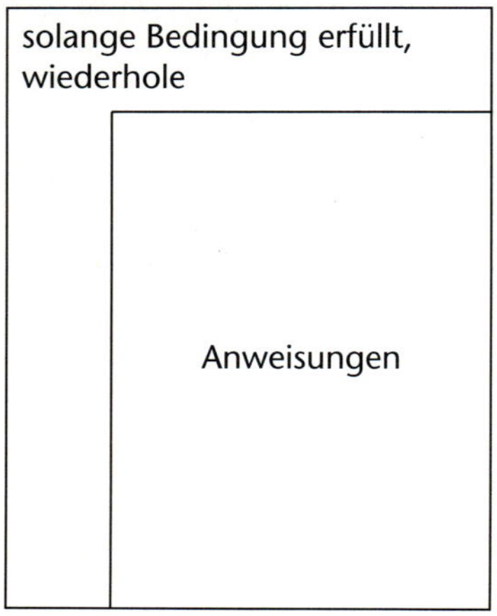	Wiederholungsstruktur mit vorausgehender Bedingungsprüfung (abweisende Schleife). Vor dem erstmaligen und allen weiteren Durchläufen des Schleifenkörpers erfolgt die Bedingungsprüfung. Ist die Bedingung erfüllt, werden die Anweisungen des Schleifenkörpers ausgeführt.	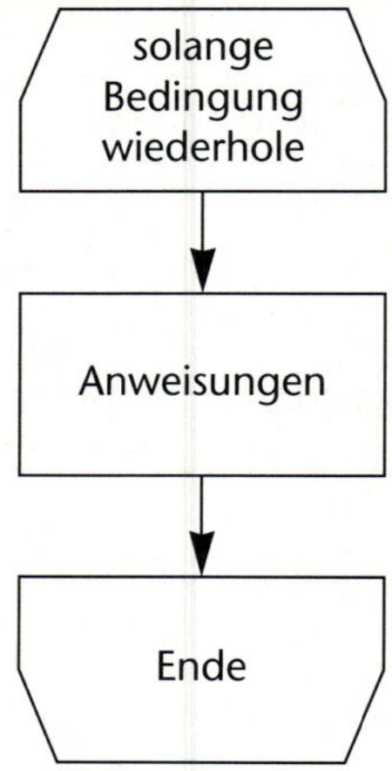

Struktogramm nach DIN 66 261	Beschreibung	PA nach DIN 66 001
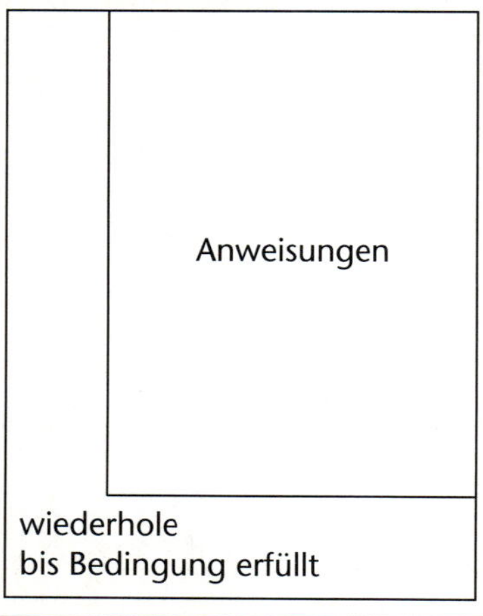	Wiederholungsstruktur mit nachfolgender Bedingungsprüfung (nichtabweisende Schleife). Die Anweisungen im Schleifenkörper werden so lange wiederholt, bis die gesetzte Abbruchbedingung erfüllt ist. Im Gegensatz zur abweisenden Schleife wird der Schleifenkörper mindestens einmal durchlaufen.	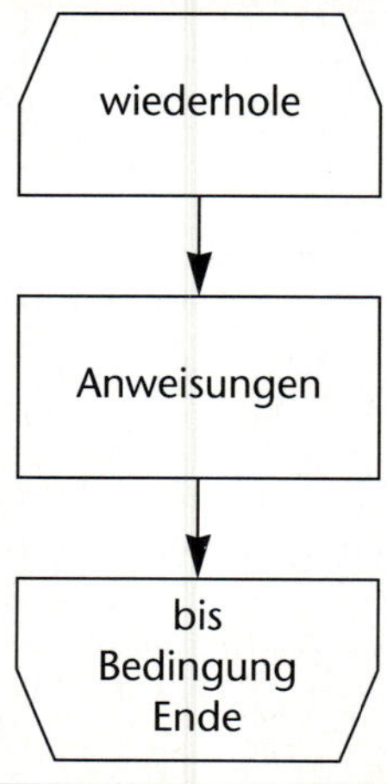

Struktogramm nach DIN 66 261	Beschreibung	PA nach DIN 66 001
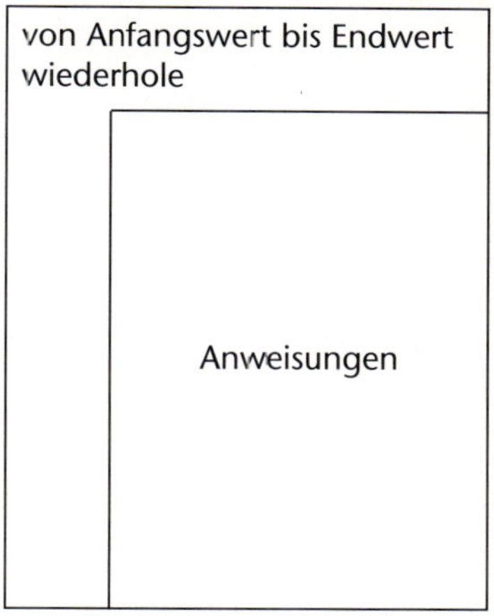	Geschlossene, zählergesteuerte Schleife. Bei dieser Schleifenstruktur ist die Anzahl der Schleifendurchläufe festgelegt und wird durch einen Zähler kontrolliert. Die Anzahl der Durchläufe kann durch den Benutzer festgelegt oder durch das Programm gesteuert werden.	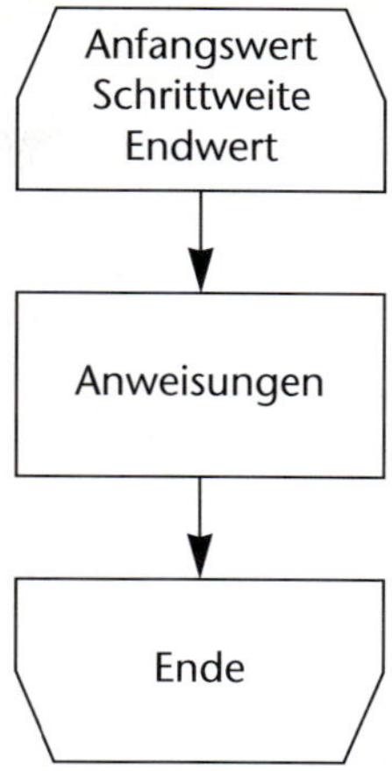

Unterprogrammstrukturen

Unterprogramme werden dann eingesetzt, wenn sich die darin enthaltenen Anweisungen während des Programmablaufes häufig wiederholen (z. B. Anzeige von Bildschirmmasken, gleichartige Berechnungen usw.). Das Unterprogramm braucht nur einmal codiert zu werden, kann aber an mehreren Stellen des Programms aufgerufen werden. Das Hauptprogramm wird dadurch übersichtlicher, die Pflege und Wartung erleichtert. Die Unterprogrammtechnik unterstützt die Prinzipien der Strukturierung, Modularisierung und Mehrfachverwendung.

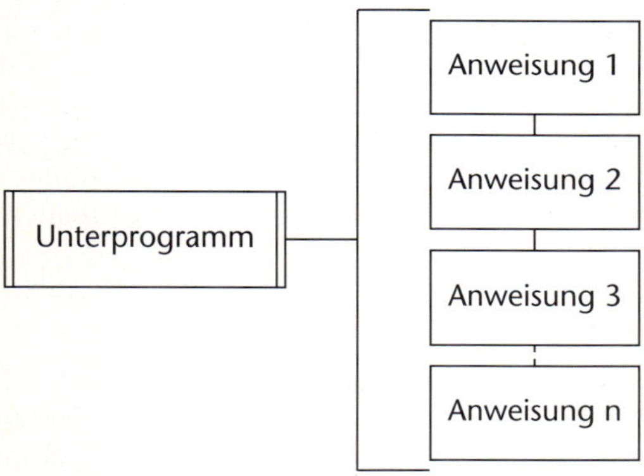

Auswahl wichtiger Sinnbilder des Programmablaufplanes nach DIN 66 001:

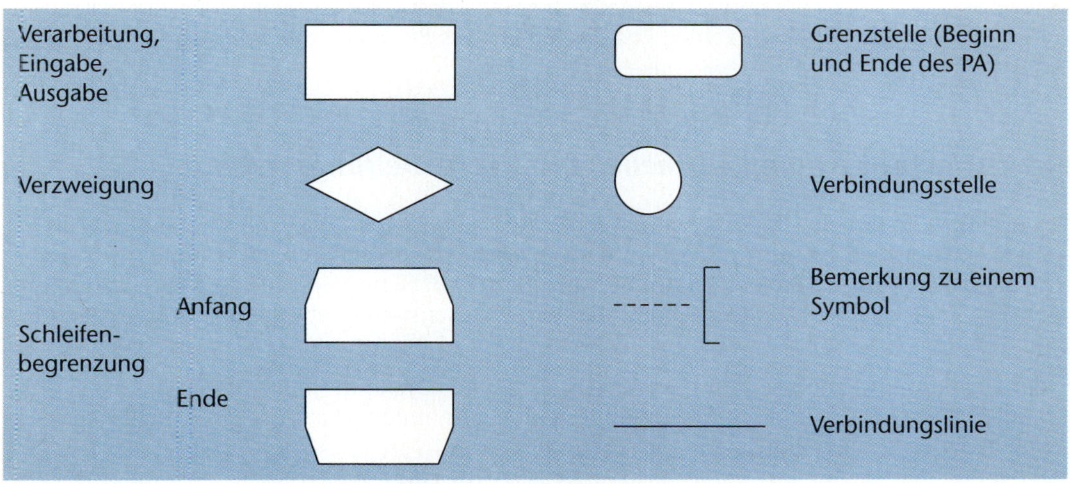

Abb. 8.60

8.6.6 Codierung und Test

Codierung

! Unter der **Codierung** versteht man die Umsetzung des Algorithmus in die Befehle einer geeigneten Programmiersprache.

In der konsequenten Fortführung der strukturierten Programmierung eignen sich für die Umsetzung von Algorithmen insbesondere Programmiersprachen der dritten Generation, also prozedurale Sprachen (vgl. Abschnitt 5.1.4). Beispielsweise können die dargestellten Ablaufstrukturen in den Sprachen **C**, **Pascal**, **Cobol** oder **Basic** codiert werden. Wichtig ist, dass die Programmiersprache bereits bei der Beschreibung der Algorithmen feststeht, um bereits im Entwurf die sprachspezifischen Besonderheiten berücksichtigen zu können. Dies entspricht dem Prinzip der durchgängigen Softwareentwicklung.

Die Codierung erfolgt mithilfe eines **Editors**, mit dem das Programm erfasst und bearbeitet werden kann. Das Ergebnis der Codierung ist das **Quellprogramm** (Sourceprogramm). Die Programmerstellung kann durch den Einsatz von **Generatoren** beschleunigt werden, z. B. bei der Erstellung von Masken (Maskengenerator), Menüs (Menügenerator) oder bei der Generierung von Dateien (Dateiaufbereiter).

Übersetzung

Das Quellprogramm kann mithilfe eines Übersetzungsprogramms (**Compiler, Interpreter**) in ein ausführbares Maschinenprogramm übersetzt werden. Dabei können über den **Linker** auch andere Module aus bestehenden Programmbibliotheken in das Programm eingebunden werden. Das übersetzte Maschinenprogramm wird auch als **Objektprogramm** bezeichnet.

Test

Bereits in der Entwurfsphase kann über einen **Schreibtischtest** untersucht werden, ob der entwickelte Algorithmus auch das gewünschte Ergebnis liefert. Bei der Übersetzung überprüft der Compiler bzw. der Interpreter, ob jeder Programmbefehl den Vorschriften der verwendeten Programmiersprache entspricht. Syntaxfehler sind im Editor zu korrigieren, es folgt eine erneute Übersetzung, bis das Programm den Regeln der Programmiersprache entspricht. Logische Fehler lassen sich anhand von praxisgerechten Testdaten feststellen. Hierzu wird häufig ein **Testdatengenerator**, der zur Erzeugung von Testdaten benutzt wird, oder ein **Debugger** eingesetzt, ein Werkzeug zur Suche logischer Fehler. Erst ein fehlerfreies Produkt kann dem Anwender übergeben werden.

8.6.7 Nachteile konventioneller Dateiverarbeitungssysteme

Die strukturierte Programmierung wurde in der Vergangenheit vorwiegend für die Entwicklung komplexer Dateiverarbeitungssysteme (z. B. KHK-Classic-Line V.8.0, Nixdorf-Comet usw.) eingesetzt, die mithilfe prozeduraler Programmiersprachen der 3. Generation erstellt worden sind. Herkömmliche Dateiverarbeitungssysteme sind dadurch gekennzeichnet, dass einzelne Anwendungen entweder

- auf programmintegrierte Dateien zugreifen, d. h. Datenbestände sind mit den auf sie zugreifenden Programmfunktionen in einem Programm zusammengefasst (eher bei nicht-kommerziellen Anwendungen) oder
- auf eine oder mehrere Dateien zugreifen, die getrennt von der Anwendung verwaltet werden (separate Dateiverarbeitung, überwiegend im kommerziellen Bereich).

Dateiverarbeitungssysteme können im Einplatzbetrieb oder im Mehrplatz- bzw. Netzwerkbetrieb genutzt werden. Die Abbildung 1.12 im Abschnitt 1.2.3 zeigt am Beispiel der Auftragsbearbeitung eine vernetzte Informationsverarbeitung, der z.B. ein Dateiensystem zugrunde liegen kann. Hieraus ist ersichtlich, dass für die Auftragsbearbeitung beispielsweise die Kundendatei, Artikeldatei und Auftragsdatei genutzt werden. Diese Dateien stehen aber auch – häufig zeitgleich – für Sachbearbeiterfunktionen anderer Organisationseinheiten zur Verfügung, z. B. die Kundendatei für gezielte Werbemaßnahmen, die Artikeldatei für die Lagerverwaltung oder für die Bestellabwicklung im Einkauf. Typische Dateiverarbeitungsfunktionen sind Erfassen, Ändern, Ausgeben und Löschen von Daten und Dateien.

An diesem Beispiel können häufig auftretende Probleme und Nachteile herkömmlicher Dateiverarbeitungssysteme verdeutlicht werden, z. B. hinsichtlich der

- **Redundanz** (= Mehrfachspeicherung)
  Redundanz von Dateien oder einzelner Daten liegt vor, wenn bestimmte Dateien sowohl als Eingabe- und Ausgabedateien dienen oder Daten gleichzeitig in mehreren Dateien gehalten werden müssen. So können bestimmte Artikeldaten sowohl in der Artikeldatei als auch in der Bestelldatei oder Auftragsdatei gespeichert sein.

- **Aktualisierung von Daten**
  Ändern sich Daten (z. B. Preise, Namen, Adressen), müssen gleichzeitig alle Dateien mit dem entsprechenden Datenfeld geändert werden. Gelingt dies nicht, kommt es zu so genannten Dateninkonsistenzen.

- **Dateninkonsistenz**
  Dateninkonsistenz liegt vor, wenn gleichnamige Variablen unterschiedliche Variablenwerte annehmen. Wird beispielsweise eine Namensänderung oder Adressenänderung zu einem Kunden nicht in allen zugehörigen Dateien vorgenommen, führt dies in der Regel zu falschen Informationen bzw. Ergebnissen bei der Verarbeitung.

- **Abhängigkeit zwischen Datenstruktur und Anwenderprogramm**
  Änderungen in der Datenstruktur sind nur über das entsprechende Programm oder gesonderte Dateiverwaltungsprogramme möglich. Folglich sind bei jeder Änderung der Datenstruktur auch die zugehörigen Programme zu modifizieren. Änderungen in Anwenderprogrammen beziehen sich nicht nur auf Datenstrukturen, sondern häufig auch auf Änderungen in den Programmstrukturen.

- **Abhängigkeit zwischen Datenverwaltung und eingesetzter Programmiersprache**
  Da die Datenverwaltung von der zugehörigen Anwendung abhängig ist, ergibt sich auch eine Abhängigkeit zum eingesetzten Sprachsystem. Bei einem Wechsel des Sprachsystems sind die Datenbestände anzupassen bzw. zu konvertieren.

- **Datenschutzmaßnahmen**
  Zugriffssperren und weitere Maßnahmen zum Datenschutz sind gesondert in jeder einzelnen Anwendung vorzunehmen, da nur über das Programm der Zugriff zu den Daten erfolgt.

- **Zugriffseinschränkung im Netzbetrieb**
  Der berechtigte Zugriff auf Dateien kann zeitweise durch eine Zugriffssperre eingeschränkt sein, wenn mehrere Benutzer im Netz auf die gleiche Datei zugreifen wollen (**file locking**). Analog wird der Zugriff auf einen Datensatz unterbunden (Satzsperre), wenn zwei oder mehrere Benutzer auf denselben Satz zugreifen wollen (**record locking**).

- **Dateiverwaltung**
  Dateiverarbeitungssysteme unterliegen nicht nur der Nutzung, sie müssen auch verwaltet werden. Die Dateiverwaltung erstreckt sich von der Generierung über das Sichern bis hin zum Löschen nicht mehr benötigter Dateien. Insbesondere sind in bestimmten Zeitabständen die Dateien zu reorganisieren, um logisch gelöschte Datensätze auch physisch zu löschen.

Die beschriebenen Probleme können durch den Einsatz von Datenbanksystemen gemildert oder besser gelöst werden.

Auf einen Blick

Ein übergabefähiges Programm entsteht in folgenden Schritten:

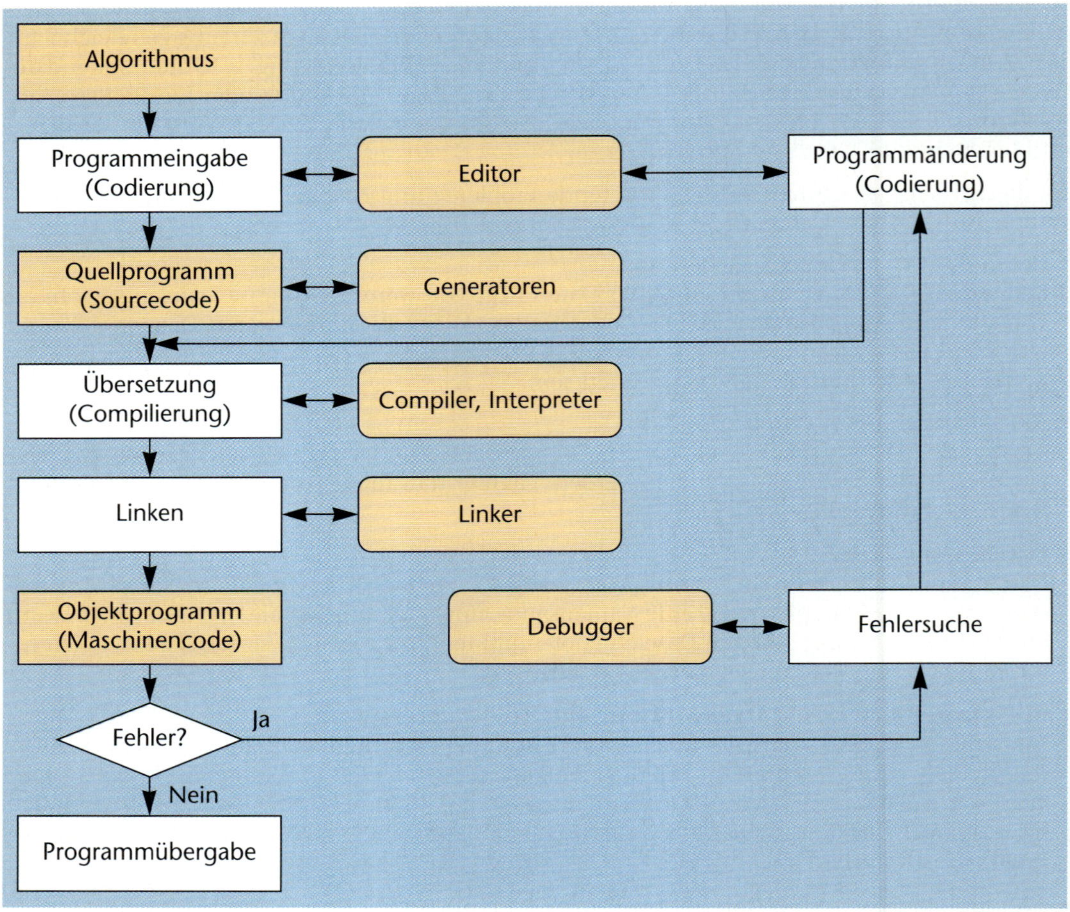

Werkzeug	Erklärung
Editor	Programm zur Eingabe und Bearbeitung des Quellprogramms (Spracheditor, Texteditor)
Generator	Programm, mit dessen Hilfe besondere Daten erzeugt werden können wie Masken, Menüs, Dateien, Testdaten.
Compiler	Programm zur Übersetzung eines Quellprogramms in den Objektcode. Ein Compiler übersetzt jeweils das gesamte Programm in einem Arbeitsgang und gibt bei Syntaxfehlern anschließend eine Fehlerliste aus.
Interpreter	Zum Ausführungszeitpunkt wird das Programm übersetzt und unmittelbar darauf ausgeführt, d. h. das Programm wird Anweisung für Anweisung interpretiert und dann ausgeführt.
Linker	Der Linker (Montierer, Verbinder) ist ein Programm eines Programmiersystems, das einzelne Objekt-Module miteinander verbindet oder fehlende Teile aus Programmbibliotheken in das zu übersetzende Programm einbindet.
Debugger	Werkzeug zum Auffinden logischer Fehler in neu entwickelten Programmen.

8.7 Datenbanken

8.7.1 Architektur eines Datenbanksystems

Ein Datenbanksystem (**DBS**) besteht aus einer Datenbank (**DB** = **D**ata**b**ase) und einem Datenbank-Management-System (**DBMS** = **D**ata**b**ase-**M**anagement-**S**ystem). Eine Datenbank stellt eine Sammlung aller unternehmensspezifischen Daten dar, in der unterschiedliche Daten **integriert** gespeichert und **programmunabhängig** vom DBMS verwaltet werden. Das Datenbank-Management-System unterstützt und kontrolliert den Zugriff auf die Datenbank durch mehrere Benutzer oder Programme.

Das DBMS-System enthält Sprachen zur Erstellung, Manipulation und Abfrage einer Datenbank. Typische Sprachen sind **DDL** (= **d**ata **d**escription **l**anguage) für die Beschreibung der Daten, **DSDL** (= **d**ata **s**torage **d**escription **l**anguage) als Datenspeicherungssprache in Kombination mit dem Betriebssystem und Abfragesprachen für den Benutzer (**QL** = **q**uery **l**anguage). Das mit den angesprochenen Aufgaben eingesetzte DBMS wird vom Datenbankadministrator verwaltet, der das Datenbanksystem aus drei Sichtweisen betrachten kann, nämlich

- **die externe Datensicht,**
- **die interne Datensicht und**
- **die konzeptionelle Datensicht.**

Statt Sicht sind auch die Ausdrücke „Schema" oder „Modell" gebräuchlich.

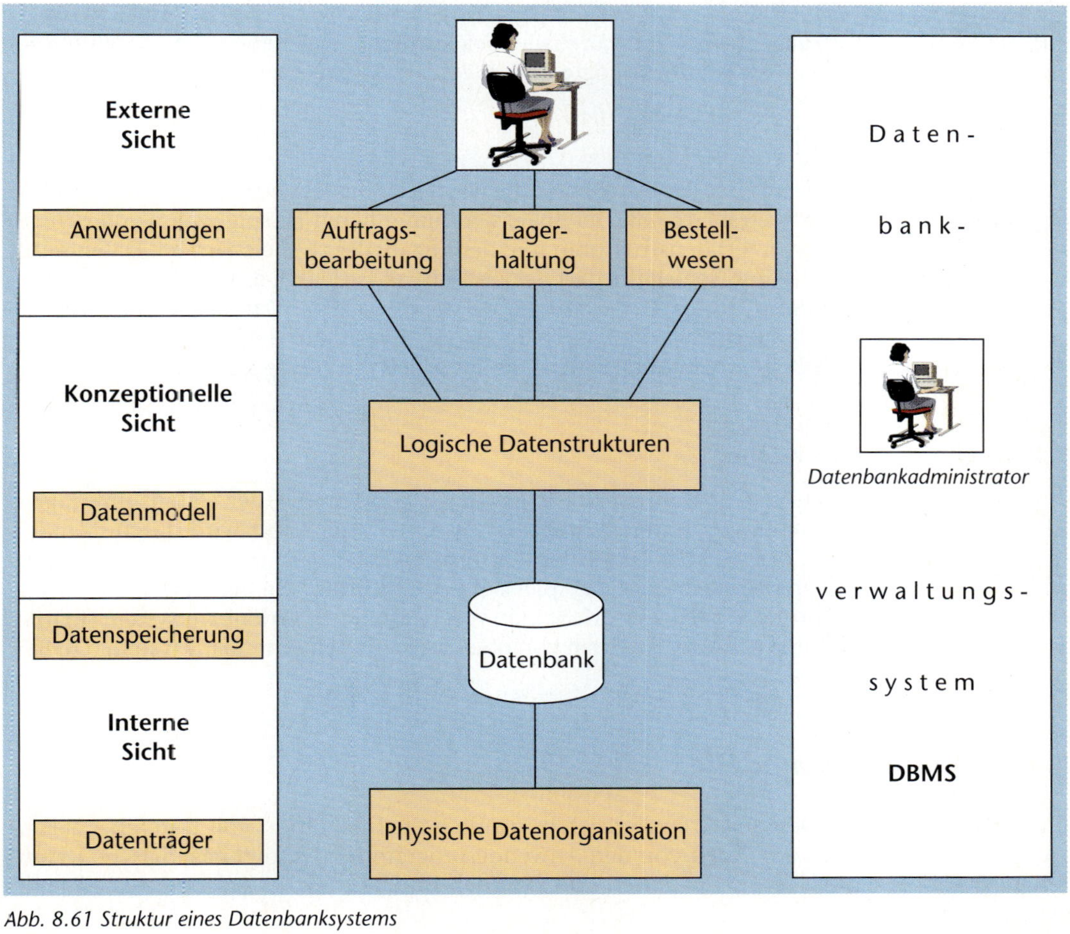

Abb. 8.61 Struktur eines Datenbanksystems

Externe Datensicht

Die externe Datensicht – auch als Benutzersicht bezeichnet – beschreibt die Sicht, aus der der einzelne Anwender die Datenbank für die konkrete Durchführung seiner Anwendung sieht. Anwender kann der Sachbearbeiter am Arbeitsplatz, der Anwendungsprogrammierer oder auch der Datenbankadministrator sein. Für die externe Sichtweise stehen einerseits Anwendungsprogramme, die über geeignete Dienstprogramme direkt auf die Datenbank zugreifen können, und spezielle Sprachen für unterschiedliche Zwecke zur Verfügung, z. B. Datenmanipulationssprachen (**DML** = **d**ata **m**anipulation **l**anguage) oder Abfragesprachen (**QL** = **q**uery **l**anguage). **SQL** = **s**tructured **q**uery **l**anguage (von IBM entwickelt) ist eine Sprache, die sich als Abfragesprache durchgesetzt hat.

Beispiel:

Der Anwender Herr Paul möchte wissen, welche Artikel unter einem Mindestbestand von 30 liegen. Hierzu stellt er mithilfe von SQL eine Abfrage an die Datenbank. Aus allen in der Datenbank gespeicherten Artikeldaten erhält Herr Paul einen Datenauszug, der genau seinen Anforderungen entspricht. Diesen Teilausschnitt aus der Datenbasis bezeichnet man als **Subschema**.

Interne Datensicht

Die interne Datensicht beschreibt die physische Speicherung der Daten und befasst sich mit typischen Fragen der Datenorganisation (Speicherbedarf, Speicherplatzverwaltung, Zugriff, Auswahl geeigneter Datenträger usw.). Für die physische Sichtweise ist die Datenspeicherungssprache **DSDL** (**d**ata **s**torage **d**escription **l**anguage) bekannt. Die Speicherung der Daten erfolgt im Gegensatz zum Dateiensystem unabhängig und losgelöst von einer bestimmten Anwendung.

Beispiel:

Der Datenbankadministrator hat der Datenbank die Platte mit der Datenträgerkennung DB-XM zugewiesen. Die Kapaziät beträgt 16 GB. Der Speicherumfang hängt beispielsweise von den gewählten Datentypen, von den Datenstrukturen und der Anzahl der zu speichernden Daten selbst ab. Der dynamisch wachsende Speicherbedarf der Datenbank ist lediglich durch die Plattenkapazität begrenzt. Der Administrator kann die vom DBMS verwalteten Datenbestände hinsichtlich Speicherumfang und Zugriff ständig kontrollieren. Der Zugriff auf die Personaldaten ist aus Datenschutzgründen lediglich zwei Mitarbeitern der Personalverwaltung gestattet.

Konzeptionelle Datensicht

Die konzeptionelle Datensicht beschreibt die logische Gesamtstruktur der Daten, ihre Eigenschaften sowie ihre Beziehungen untereinander. Die Beschreibung selbst wird durch das konzeptionelle Schema bzw. das logische **Datenbankdesign** dokumentiert, aus dem die Informationsstruktur der Datenbank ersichtlich ist (Beispiel siehe Abschnitt 8.7.3). Bei relationalen Informationsstrukturen in Form von Tabellen spricht man von relationalen Datenbanksystem (**RDBS**), bei objektorientierten Informationsstrukturen von objektorientierten Datenbanksystem (**ODBS**).

8.7.2 Datenbankmodelle

Um das Kernziel einer Datenbank zu realisieren, nämlich die Integration von Daten bei gleichzeitiger Unabhängigkeit der Daten von den Anwenderprogrammen, erfolgt das logische Datenbankdesign unabhängig von der internen und externen Datensicht. Die konzeptionelle Datensicht kann als

- **hierarchisches Modell,**
- **Netzwerkmodell,**
- **Relationales Modell oder als**
- **objektorientiertes Modell**

beschrieben werden.

Hierarchisches Datenmodell

Im hierarchischen Datenmodell werden die Datenbeziehungen durch eine Baumstruktur dargestellt. Ausgehend von einer Wurzel werden die zugehörigen Daten hierarchisch in Teilbäume gegliedert und strukturiert. Wie die Abb. 8.62 verdeutlicht, hat jedes Datenobjekt genau einen Vorgänger und mindestens einen Nachfolger.

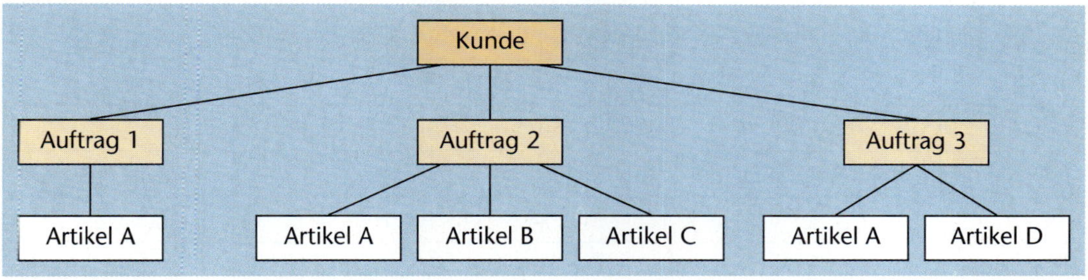

Abb. 8.62 Struktur eines hierarchischen Datenmodells

Jeder Kunde kann einen oder mehrere Aufträge erteilen. Jeder Auftrag ist genau einem Kunden zugeordnet. Jeder Kundenauftrag kann aus einem Artikel (Auftrag 1) oder mehreren Artikeln (Auftrag 2 und 3) bestehen. Ein bestimmter Artikel kann sowohl in einem als auch in einem anderen Auftrag vorkommen (z. B. Artikel A in Auftrag 1, 2, und 3). Da sich in der hierarchischen Struktur jedes Datenobjekt auf genau einen Vorgänger bezieht, ist eine Mehrfachspeicherung des Artikels A in allen drei Aufträgern unvermeidlich (Datenredundanz). Änderungen zu einzelnen Artikeln müssen mehrfach über den umständlichen Zugriffsweg der Baumstruktur vorgenommen werden, ebenso Abfragen. Dies sind wesentliche Gründe dafür, dass das hierarchische Datenmodell sich nicht als Standard durchsetzen konnte.

Netzwerkmodell

Das Netzwerkmodell unterscheidet sich vom hierarchischen Datenmodell dadurch, dass ein Datenobjekt nicht nur einen, sondern auch mehrere Vorgänger haben kann. Die Abbildung 8.63 veranschaulicht die Struktur eines Netzwerkdatenmodells, in dem die Zuordnung der jeweiligen Artikel zu einem Auftrag oder zu mehreren Aufträgen über entsprechende Pfeilbeziehungen (Graphen) ersichtlich ist.

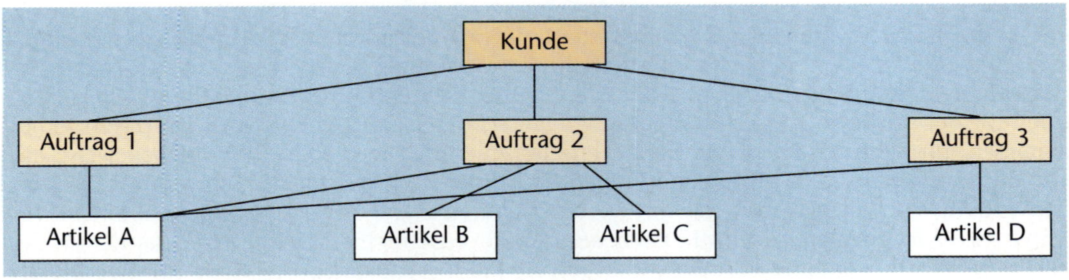

Abb. 8.63 Struktur eines Netzwerkdatenmodells

Da alle Beziehungen zwischen den Aufträgen und Artikeln über entsprechende Zugriffsmechanismen auf den Datenträgern realisiert werden müssen, ist die physikalische Abbildung des Netzwerkmodells komplexer als die des hierarchischen Modells.

Relationales Modell

Zur Beschreibung der Datenstruktur verwendet das relationale Datenmodell Tabellen. In der tabellarischen Struktur werden die Daten zu einem bestimmten Datenobjekt (z. B. Artikel) in Zeilen und Spalten dargestellt. Die Zeilen einer Tabelle (= Tupel) entsprechen in der Terminologie der Dateiverarbeitung den Datensätzen, die Spalten stehen für die Felder des Datensatzes. Die Tabelle ist also zweidimensional angelegt. Die tabellarische Datenbeschreibung als Strukturelement des relationalen Datenmodells ist in Abb. 8.64 beispielhaft am Gegenstandstyp Artikel veranschaulicht.

Art.-Nr.	Art.-Bezeichnung	Artikelpreis	Bestand	Lagerort	Lieferanten-Nr.
EB-0001	Zweilinienzentrale	435,00	16	L-1	452
LG-0001	Gruppendimmer	220,00	34	L-3	245
SC-0003	Vorschaltgerät	30,60	23	L-2	116
usw.					

Abb. 8.64 Tabelle als Strukturelement des relationalen Datenmodells

Unter einer relationalen Datenbank versteht man eine Sammlung derartig strukturierter Tabellen. Zwischen diesen Tabellen können über die Verknüpfung von Daten Beziehungen (Relationen) hergestellt werden. Am Beispiel der obigen Tabelle lässt sich eine Relation zu der Lieferantentabelle aufbauen, um Informationen über den Lieferanten eines bestimmten Artikels zu gewinnen. Die Relationen zwischen den einzelnen Tabellen ermöglichen einen nahezu beliebigen Zugriff auf alle in der Datenbank gespeicherten Daten (vgl. Abschnitt 8.7.3).

Das relationale Datenmodell hat sich sowohl im Großrechnerbereich als auch im PC-Bereich durchgesetzt und gilt heute als Standard für die Beschreibung von Datenstrukturen.

Objektorientiertes Modell

Dieses Modell wird im Rahmen des Abschnittes 8.8 (Grundlagen der objektorientierten Programmierung) beschrieben.

8.7.3 Datenorientierte Modellierung

Von der funktionsorientierten zur datenorientierten Modellierung

Im Abschnitt 8.5.3 wurde bereits herausgestellt, dass im Softwareentwicklungsprozess versucht wird, Ausschnitte der betrieblichen Realität auf den Computer zu übertragen. Dabei werden Arbeitsabläufe durch Programme unterstützt, die betriebliche **Funktionen** ausführen. Die zur Bearbeitung der Arbeitsabläufe erforderlichen Angaben oder Sachverhalte sind durch **Daten** zu beschreiben. Im Rahmen der strukturierten Programmierung bietet sich die Vorgehensweise der funktionsorientierten Modellierung an (vgl. Abschnitt 8.6). Hier liegt der Schwerpunkt auf der Entwicklung von Algorithmen, die auf Datenstrukturen angewandt, Funktionen abbilden. Im Softwareentwicklungsprozess sind Daten und Funktionen nicht losgelöst voneinander zu betrachten. Die Hinwendung von der funktionsorientierten zur datenorientierten Schwerpunktsetzung resultiert aus der Erkenntnis, dass Funktionen zwar Daten verändern, nicht aber deren sachlogische Struktur. Während die Datenstruktur der Datenobjekte als relativ stabil angesehen wird, sind es gerade die Funktionsabläufe, die sich ständig ändern und damit häufig nicht nur neue Programmstrukturen erfordern, sondern auch einen Wildwuchs unkontrolliert wachsender Datenbestände hervorrufen können. So zielt die datenorientierte Modellierung darauf ab, langfristig „stabile" Daten eines Teilausschnittes der Realität in den Vordergrund zu stellen sowie deren Beziehungen zueinander. Die Leitfrage der datenorientierten Modellierung ist also „Woran wird etwas gemacht?" und nicht „Wie wird etwas gemacht?" Auf der Grundlage der einmal festgelegten logischen Datenstrukturen können die Informationsbedürfnisse der Anwender flexibel und effizient, z. B. durch Datenbankabfragen erfüllt werden. Die Datenorientierung geht einher mit dem zunehmenden Einsatz von Datenbanksystemen, die die herkömmlichen Dateiverarbeitungssysteme immer mehr verdrängen.

Vorgehensweise

Im Rahmen der Modellierung versucht man, ein System oder ein Teilsystem als Ausschnitt der betrieblichen Realität in vereinfachter, abstrahierender Form zu beschreiben. Hierzu ist ein geeignetes Beschreibungsverfahren zu verwenden. Ziel der Modellierung ist es, eine Informationsstruktur zu entwickeln, die sich direkt in ein Datenbanksystems überführen lässt. Dem Phasenkonzept der Softwaretechnik folgend sind die Phasen Analyse, Entwurf und Realisierung zu durchlaufen, wobei in der Modellierung die Phasen Analyse und Entwurf integrativ zu sehen sind. Die nachfolgende Abbildung zeigt eine mögliche Vorgehensweise.

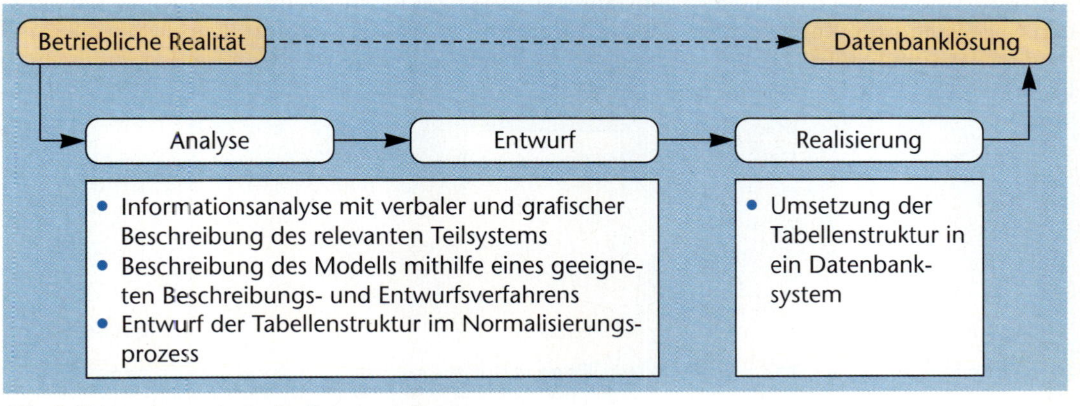

Abb. 8.65 Vorgehensweise in der Datenmodellierung

Modellausschnitt und Informationsanalyse

Als Grundlage für die Datenmodellierung kann das bereits vorgestellte betriebliche Modell dienen, das einen Ausschnitt der Realität darstellt. Im Rahmen der Datenmodellierung sind Systeme oder Teilsysteme der betrieblichen Wirklichkeit zu definieren (vgl. z. B. Abb. 1.1, 2.6 und 8.50). Dies können beispielsweise

- Personen (z. B. Kunden, Lieferanten),
- Gegenstände (Produkte, Maschinen, Artikel),
- Sachverhalte (Vertrag, Buchung) oder
- Input bzw. Output einer Prozesskette sein.

Die Informationsanalyse dient dazu, die einem Teilgebiet des Modells zugehörigen Gegenstandstypen sowie deren Merkmale und Eigenschaften zu erfassen. In prozessorientierten Systemen können dies auch prozessauslösende Objekte (Inputs) oder Ergebnisse aus Prozessen sein (Outputs). Darüber hinaus sind die Beziehungen zwischen den Gegenstandstypen zu untersuchen. Dies soll in stark reduzierter Form exemplarisch an einem Teilausschnitt des vorgestellten betrieblichen Modells mithilfe des **E**ntity-**R**elationship-**M**odells **(ERM)** dargestellt werden.

8.7.4 Entity-Relationship-Modell (ERM)

Das Entity-Relationship-Modell (ERM) ist ein allgemein anerkanntes und standardisiertes Verfahren zur Beschreibung und zum Entwurf betrieblicher Daten- und Informationsstrukturen. ERM stützt sich in der Modellierung auf Gegenstandstypen **(Entitytypen)**, Beziehungen **(Relations)** und auf zugehörige Attribute.

Grundbegriffe der Datenmodellierung

Für den Prozess einer Kundenauftragsbearbeitung sind zunächst die Gegenstandstypen Kunde und Artikel zu betrachten. Ein Gegenstandstyp repräsentiert dabei eine Menge von gleichartigen Gegenständen, Sachverhalten oder Personen, z. B. die Menge aller Kunden des jeweiligen Betriebes. In der Datenbankterminologie werden diese Gegenstandstypen als **Entitytyp** bezeichnet. Die Ausprägung eines Entitytyps nennt man **Entity** (Plural: Entities). Die grafische Darstellungsform ist ein Rechteck.

Beispiel:

Entitytyp:	Kunde	Entities:	Paul Riemann Schulte	Darstellungsform:	Kunde

Attribute sind Eigenschaften der Gegenstandstypen, die zur Beschreibung desselben dienen. Auf den Gegenstandstyp Kunde bezogen können Kunden-Nr., Name, Wohnort, Umsatz, und Rabatt mögliche Attribute sein, die den Gegenstandstyp charakterisieren. Attribute werden durch Ovale dargestellt.

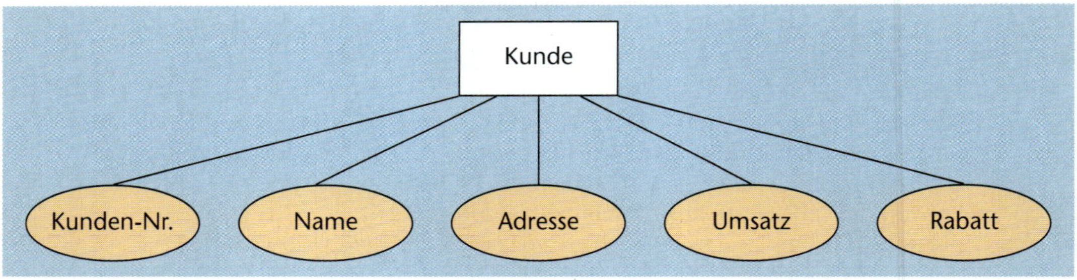

Abb. 8.66 Attribute zum Gegenstandstyp Kunde

Die zugehörigen Attributswerte bezeichnet man als **Attributsausprägungen**. Die Zusammenfassung der möglichen Werte eines Attributes heißt **Domäne**. Nachfolgende Tabelle fasst die vorgestellten Begriffe mit Beispielen zusammen.

Gegenstandstyp (Entitytyp)	Gegenstand (Entity)	Attribut	Attributsausprägung	Wertebereich (Domäne)
Kunde	Paul	Kunden-Nr. Adresse Umsatz Rabatt ...	4230 53113 Bonn 23 000,00 EUR 20 %	Menge der ganzen Zahlen Bonn, Essen, Gera, Neuss Menge der reellen Zahlen ...
	Riemann	Kunden-Nr. Adresse Umsatz Rabatt ...	4240 07549 Gera 42 000,00 EUR 25 %	Menge der ganzen Zahlen Bonn, Essen, Gera, Neuss Menge der reellen Zahlen ...

Eine **Beziehung** (Relation, Relationship) ist eine logische Verknüpfung zwischen zwei oder mehr Gegenstandstypen. Während Gegenstandstypen i.A. durch Substantive bezeichnet sind, werden Beziehungen – zumindest in begrenzten Modellierungen – durch Verben beschrieben. Zwischen den Gegenstandstypen Kunde und Artikel kann die Beziehung *Kunde* ***bestellt*** *Artikel* hergestellt werden. Unter Verwendung der standardisierten Darstellungselemente ergibt sich für das beschriebene Beispiel folgendes ER-Grundmodell, das sich an die Darstellungstechnik von P. Chen anlehnt.

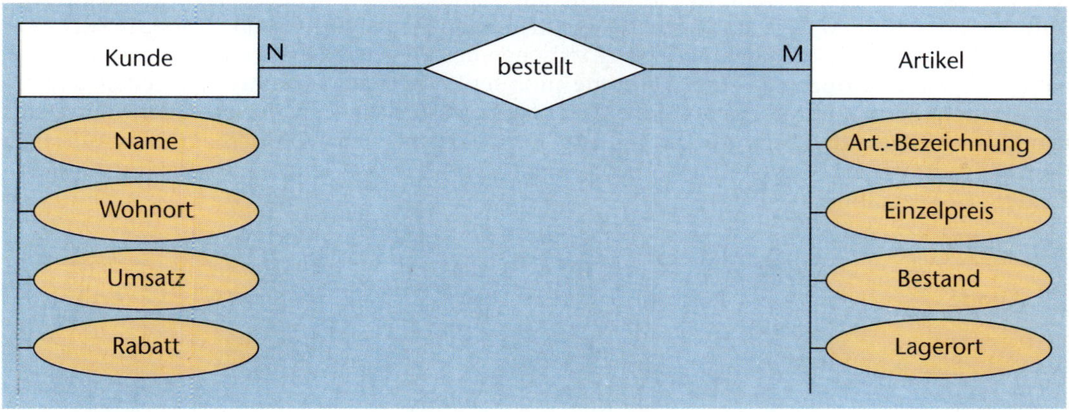

Abb. 8.67 ER-Grundmodell

Durch den **Beziehungstyp** wird festgelegt, wie viele Elemente (Entities) des jeweils anderen Gegenstandstyps einem Element eines Gegenstandstyps zugeordnet werden können. Der Beziehungstyp ist aus der wechselseitigen Gegenüberstellung der Elemente beider Mengen zueinander zu begründen. Es sind drei grundlegende Zuordnungsmöglichkeiten (**=Kardinalitäten**) zwischen den Beziehungstypen zu unterscheiden, die im Folgenden erläutert sind.

- **Beziehung vom Typ 1 : 1**
  Bei einer 1:1-Beziehung wird jedem Element der ersten Menge genau ein Element der zweiten Menge zugeordnet.
- **Beziehung vom Typ 1 : N**
  Bei einer 1:N-Beziehung werden jedem Element der ersten Menge N Elemente der zweiten Menge zugeordnet. Für eine N : 1-Beziehung gilt der umgekehrte Sachverhalt.
- **Beziehung vom Typ N : M**
  Bei einer N : M-Beziehung werden einem Element der ersten Menge mehrere Elemente der zweiten Menge zugeordnet und umgekehrt.

Auf unser Beispiel bezogen, kann der Beziehung *Kunde* ***bestellt*** *Artikel* der Beziehungstyp N : M zugeordnet werden, da ein Kunde einen oder mehrere Artikel bestellen kann und ein bestimmter Artikel sowohl von einem als auch von mehreren Kunden bestellt werden kann.

Kardinalität	**1 : 1**	**1 : N**	**N : M**
Entitytyp	**Kunde**	**Kunde**	**Kunde**
Entity	Schulte	Paul	Paul Riemann
Relationship	besitzt	erteilt	**bestellt**
Entity	Ausweiskarte 98-07	Auftrag 1 Auftrag 2 Auftrag 3	Artikel 1 Artikel 2 Artikel 3
Entitytyp	**Kundenkarte**	**Auftrag**	**Artikel**

Abb. 8.68 Beispiele für Beziehungstypen

Zur Bestimmung von Beziehungstypen finden zahlreiche Notationen (z. B. numerische Notation, Krähenfuß-Notation, Pfeilnotation oder Bachmann-Notation) Verwendung. Auf deren explizite Darstellung wird hier verzichtet.

Erweiterte Informationanalyse

Von der Grundbeziehung der Auftragsbearbeitung „Kunde bestellt Artikel" ausgehend kann nun schrittweise das Modell erweitert werden. Mit dem Kundenauftrag fallen weitere Daten an, z. B. Auftrags-Nummer und Auftragsdatum, die in einer gesonderten Auftragstabelle gespeichert werden können. Die ursprüngliche Beziehung zwischen den Gegenstandstypen Kunde und Artikel wird über die Zuordnung eigener Attribute uminterpretiert bzw. erweitert zu neuen Gegenstandstypen. Bestellt ein Kunde mehrere Artikel, ist zu unterscheiden zwischen den Daten, die den Auftrag insgesamt (Entitytyp Auftrag) und jeden einzelnen Artikel innerhalb eines Auftrages (Entityp Auftragsposition) betreffen. Hieraus ergibt sich das in Abbildung 8.69 dargestellte erweiterte ER-Diagramm.

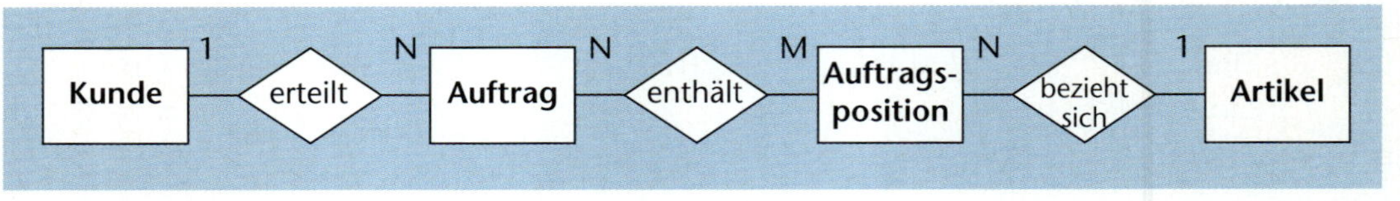

Abb. 8.69 Erweitertes ER-Diagramm

8.7.5. Normalisierung

Die Umsetzung von ER-Diagrammen in eine für ein DB-System geeignete Tabellenstruktur erfolgt in einem sogenannten Normalisierungsprozess. Dabei werden aus Tabellen, die in unnormalisierter Form vorliegen, schrittweise einfachere Relationen erzeugt. Der Normalisierungsprozess zielt darauf ab, Dateninkonsistenzen und Datenredundanzen zu vermeiden.

Beispiel:
Für die Auftragsbearbeitung liegt zunächst folgender Ausschnitt einer Tabelle vor, in der die Daten zu den einzelnen Aufträgen festgehalten sind:

Auftr.-Nr.	Kdn.-Nr.	Name	Kundenadresse	Auftr. position	Art.-Nr.	Artikelbezeichnung	Menge
430	4200	Schulte	Markt 7, 41460 Neuss	1, 2	EB-01, LG-01	Schalter, Dimmer	4, 3
436	4230	Paul	Ahrstr. 1, 53113 Bonn	1, 2	EB-01, LG-01	Schalter, Dimmer	7, 2
450	4200	Schulte	Markt 7, 41460 Neuss	1, 2, 3	EB-01, LG-01, EB-09	Schalter, Dimmer, Sirene	1, 2, 6
452	4240	Riemann	Am Bach, 07549 Gera	1	LG-01	Dimmer	5

Abb. 8.70 Nicht-normalisierte Tabelle

Eine nichtnormalisierte Tabelle liegt dann vor, wenn sich mehrere Attributsausprägungen (Werte) in einem Attributsfeld befinden. Im vorliegendem Beispiel trifft dieser Sachverhalt für die Attribute Adresse, Auftragsposition, Art.-Nr. und Artikelbezeichnung zu. Unnormalisierte Tabellen führen zu folgenden Nachteilen:

- Die Tabelle besitzt keine einheitliche Breite, die Struktur ist nicht mehr übersichtlich.
- **Datenredundanz** (Mehrfachspeicherung), da zu jedem beauftragten Artikel die zugehörige Artikelnummer mit der zugehörigen Artikelbezeichnung gespeichert wird.
- Gefahr der **Dateninkonsistenz**, wenn Attribute eines Entities in Tabellen unterschiedliche Werte besitzen und der **Änderungsanomalie**, wenn bei einer erforderlichen Änderung nicht alle gespeicherten Werte mitverändert werden. Die gleiche Problematik stellt sich auch für das Einfügen und Löschen von Attributsausprägungen (Einfüge- und Löschanomalien).

- Bei zusammengesetzten Attributen (z.B. Kundenadresse) ist der Zugriff auf einzelne Elemente nur über das zusammengesetzte Attribut möglich.

Um die beschriebenen Nachteile zu beheben, werden von den Tabellen sogenannte Normalformen gebildet (Methode von Codd).

Normalformen

1. Normalform

Eine Tabelle ist in der ersten Normalform, wenn sie eine feste Breite besitzt und ihre Attribute nur einfache Attributsausprägungen aufweisen.

Jede Attributsausprägung darf nur einmal in einem Feld vorkommen. Diesen Anforderungen genügt die Tabelle in Abb. 8.71, in der zusätzlich auch das Auftragsdatum Berücksichtigung findet.

Auftr.-Nr.	Auftr.-Datum	Kdn.-Nr.	Name	Straße	Plz	Ort	Auftr.-pos.	Art.-Nr.	Artikel-bezeichnung	Menge
430	2001-02-13	4200	Schulte	Markt 7	41460	Neuss	1	EB-01	Schalter	4
430	2001-02-13	4200	Schulte	Markt 7	41460	Neuss	2	LG-01	Dimmer	3
436	2001-02-14	4230	Paul	Ahrstr. 1	53113	Bonn	1	EB-01	Schalter	7
436	2001-02-14	4230	Paul	Ahrstr. 1	53113	Bonn	2	LG-01	Dimmer	2
450	2001-02-15	4200	Schulte	Markt 7	41460	Neuss	1	EB-01	Schalter	1
450	2001-02-15	4200	Schulte	Markt 7	41460	Neuss	2	LG-01	Dimmer	2
450	2001-02-15	4200	Schulte	Markt 7	41460	Neuss	3	EB-09	Sirene	6
452	2001-02-16	4240	Riemann	Am Bach	07549	Gera	1	LG-01	Dimmer	5

Abb. 8.71 Tabelle aus 8.72 in erster Normalform

Die Zerlegung von zusammengesetzten Attributen kann hilfreich, aber auch problematisch sein. Die Aufgliederung beispielsweise einer Adresse in Plz oder Ort kann durchaus sinnvoll sein, wenn Kunden oder Lieferanten nach Postleitzahlgebieten oder Orten ausgegeben werden sollen. Jedoch ist auch zu beachten, dass es zu einer Postleitzahl durchaus mehrere Orte geben kann, in Umkehrung aber auch ein Ort mehr als nur eine Postleitzahl besitzen kann. Eine weitere Untergliederung des Attributes Straße in Straße und Hausnummer macht dagegen wenig Sinn. Eine feste Breite der Tabelle und einfache Attribute sind das Ergebnis der Normalisierung in der 1. Normalform. Die oben beschriebenen Nachteile hinsichtlich Redundanz, Dateninkonsistenz und Anomalie sind aber noch nicht zufriedenstellend gelöst.

2. Normalform

Eine Tabelle ist in der zweiten Normalform, wenn sie den Anforderungen der ersten Normalform entspricht und jedes Attribut vom Primärschlüssel voll funktional abhängig ist.

Zur eindeutigen Identifikation von Gegenständen dienen sogenannte Schlüssel (Ordnungsbegriffe, mit # gekennzeichnet). Sie werden verwendet, um bestimmte Entities zu den definierten Gegenstandstypen wiederzufinden. Für den Gegenstandstyp Kunde kann die Kdn.-Nr., für den Gegenstandstyp Artikel die Art.-Nr. als Schlüssel dienen. Liegt nur ein Schlüssel vor, wird dieser als **Primärschlüssel** bezeichnet. Primärschlüssel erlauben den direkten Zugriff auf Gegenstände des zugehörigen Gegenstandtyps. Alle einer Tabelle zugehörigen Attribute hängen von diesem Primärschlüssel ab, d.h. sie stehen in einer direkten logischen Beziehung zu diesem Primärschlüssel. In der Auftragstabelle gibt es mehrere Schlüssel: zunächst die Auftr.-Nr. als Primärschlüssel zur eindeutigen Identifizierung der einzelnen Aufträge, daneben die Kdn.-Nr. und die Art.-Nr. als so genannte **Fremdschlüssel**. Fremdschlüssel ist jeder Schlüssel in einer Tabelle, der nicht Primärschlüssel ist und den Zugriff auf benachbarte Tabellen zulässt, in denen dieser als Primärschlüssel festgelegt wurde. In unserem Beispiel kann folglich jeder Auftrag über die Auftr.-Nr. identifiziert werden, wobei der Zugriff zu den einzelnen Kundendaten über den Fremdschlüssel Kdn.-Nr. (=Primärschlüssel der Kundentabelle), der Zugriff auf die Artikeldaten über den Fremdschlüssel Art.-Nr. (=Primärschlüssel der Artikeltabelle) erfolgt.

Tabelle **Kunde** Primärschlüssel

# Kdn.-Nr.	Name	Straße	Plz.	Ort
4200	Schulte	Markt 7	41460	Neuss
4230	Paul	Ahrstr. 1	53113	Bonn
4240	Riemann	Am Bach	07549	Gera

Tabelle **Auftrag**
Primärschlüssel — Fremdschlüssel — Fremdschlüssel

# Auftr.-Nr.	Autragsdatum	Kdn.-Nr.	Auftragsposition	Art.-Nr.	Menge
430	2001-02-13	4200	1	EB-01	4
430	2001-02-13	4200	2	LG-01	3
436	2001-02-14	4230	1	EB-01	7
436	2001-02-14	4230	2	LG-01	2
450	2001-02-15	4200	1	EB-01	1
450	2001-02-15	4200	2	LG-01	2
450	2001-02-15	4200	3	EB-09	6
452	2001-02-16	4240	1	LG-01	5

Tabelle **Artikel** Primärschlüssel

# Art.-Nr.	Artikelbezeichnung	Preis	Bestand
EB-01	Schalter	5,00	16
EB-09	Sirene	46,00	48
LG-01	Dimmer	32,00	34

Abb. 8.72 Auftragstabelle, Kundentabelle und Artikeltabelle mit Schlüsselzuordnung

In der Auftragstabelle werden zwei Schwachstellen sichtbar: immer dann, wenn ein Kunde mehr als einen Artikel bestellt, treten Datenredundanzen hinsichtlich der Auftr.-Nr., des Auftragsdatums und der Kundennummer auf. Diese für jeden Auftrag nur einmal anfallenden Daten werden mit jeder Auftragsposition erneut aufgeführt und somit unnötigerweise mehrfach gespeichert. Außerdem gibt es in der Auftragstabelle Attribute, die untereinander funktional abhängig sind. So ist mit jeder neuen Auftragsposition darauf zu achten, dass die dem Auftrag zugehörige Kundennummer richtig erfasst wird. Auftragsposition, Artikelnummer und die bestellte Menge sind funktional voneinander abhängig.

3. Normalform

! Eine Tabelle ist in der dritten Normalform, wenn sie den Anforderungen der zweiten Normalform entspricht und die nicht zum Primärschlüssel gehörenden Attribute untereinander nicht transitiv abhängig sind.

Transitive Abhängigkeit liegt immer dann vor, wenn Attribute, die nicht Teil des Primärschlüssels sind, eindeutig durch ein anderes Attribut derselben Tabelle bestimmt, d.h. untereinander abhängig sind. Folglich dürfen keine Attribute, die nicht dem Primärschlüssel angehören, funktional voneinander abhängig sein. Ist dies der Fall, werden die voneinander abhängigen Attribute in getrennten Tabellen gespeichert.

Endgültige Tabellenstruktur

Tabelle **Kunde**

# Kdn.-Nr.	Name	Straße	Plz.	Ort
4200	Schulte	Markt 7	41464	Neuss
4230	Paul	Ahrstr. 1	53113	Bonn
4240	Riemann	Am Bach	07549	Gera

Tabelle **Auftrag**

# Auftr.-Nr.	Autragsdatum	Kdn.-Nr.
430	2001-02-13	4200
436	2001-02-14	4230
450	2001-02-15	4200
452	2001-02-16	4240

Tabelle **Auftragsposition**

Auftr.-Nr.	Auftragsposition	Art.-Nr.	Menge
430	1	EB-01	4
430	2	LG-01	3
436	1	EB-01	7
436	2	LG-01	2
450	1	EB-01	1
450	2	LG-01	2
450	3	EB-09	6
452	1	LG-01	5

Tabelle **Artikel**

# Art.-Nr.	Artikelbezeichnung	Preis	Bestand
EB-01	Schalter	5,00	16
EB-09	Sirene	46,00	48
LG-01	Dimmer	32,00	34

Abb. 8.73 Beziehungs- und Zugriffsstruktur normalisierter Tabellen zur Auftragsbearbeitung

Erweiterung des Modells

Für einen Teilausschnitt der betrieblichen Realität kann mithilfe des Entity-Relationship-Modells sowohl eine Beschreibung als auch ein Entwurf vorgenommen werden. Dieser Teilausschnitt kann durch einen betrieblichen Teilbereich (z. B. Einkauf, Lager), durch betriebliche Funktionen oder Prozesse repräsentiert sein (z. B. Beschaffungsprozess, Absatzprozess). Die folgende Abbildung veranschaulicht ein stark reduziertes und vereinfachtes Modell, welches um die Grundbeziehung zur Lieferantenseite erweitert ist.

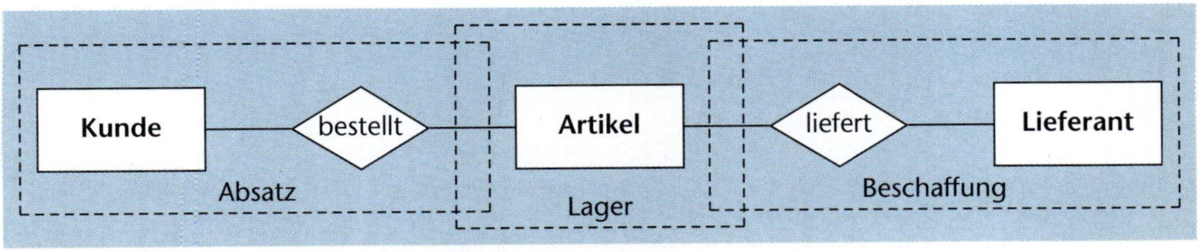

Abb. 8.74 Reduzierte Teilausschnitte aus betrieblicher Sicht

ER-Diagramme können auf dieser Grundlage für einzelne Vorgänge oder betriebliche Bereiche erweitert und verfeinert werden, wobei im Ergebnis eine ganzheitliche und durchgängige Abbildung der betrieblichen Funktionen angestrebt wird. Nachfolgende Grafik zeigt eine mögliche Erweiterung des Ausgangsbeispiels aus Abbildung 8.67 und Abb. 8.69 zur Auftragsbearbeitung.

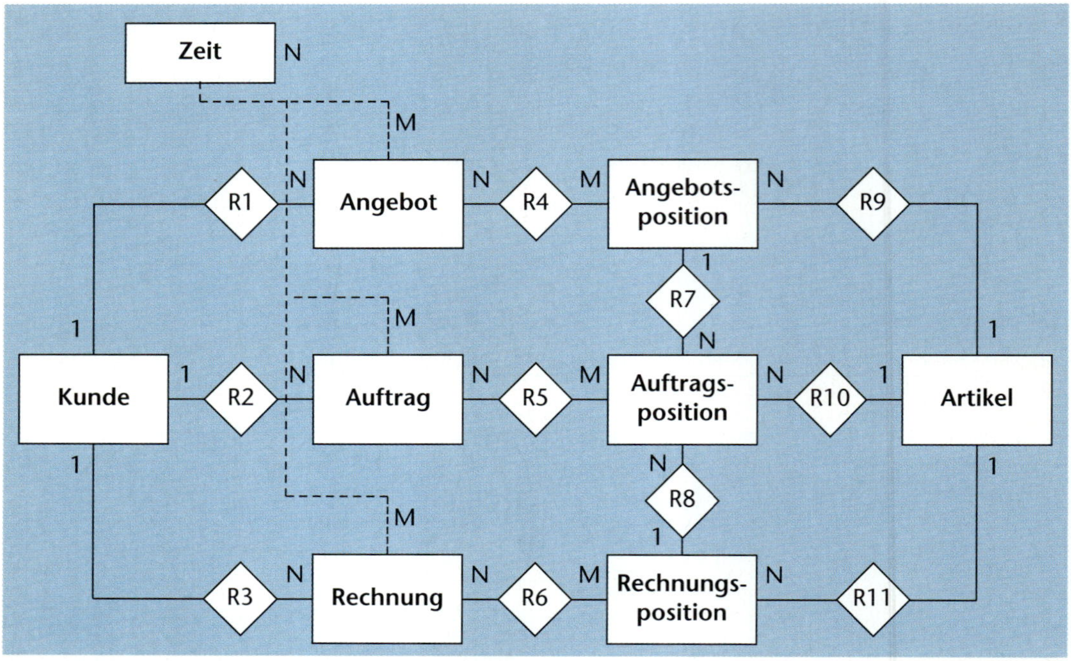

Abb. 8.75 Erweitertes ER-Diagramm zur Auftragsbearbeitung

Erläuterungen zu den Beziehungstypen:

Relation	Erläuterung
R1	Ein bestimmter Kunde kann zu verschiedenen Zeitpunkten ein Angebot oder mehrere erhalten. Jedes abgegebene Angebot bezieht sich auf einen bestimmten Kunden.
R2	Ein bestimmter Kunde kann zu verschiedenen Zeitpunkten einen Auftrag oder mehrere erteilen. Jeder Auftrag ist einem bestimmten Kunden zuzuordnen.
R3	Ein bestimmter Kunde kann zu verschiedenen Zeitpunkten eine Rechnung oder mehrere erhalten. Jede Rechnung ist einem bestimmten Kunden zuzuordnen.
R4	Ein Angebot kann eine oder mehrere Angebotspositionen enthalten. Jede Angebotsposition kann sich auf ein oder auf mehrere Angebote beziehen.
R5	Ein Auftrag kann eine oder mehrere Auftragspositionen enthalten. Jede Auftragsposition kann sich auf einen Auftrag oder auf mehrere Aufträge beziehen.
R6	Eine Rechnung kann eine oder mehrere Rechnungspositionen enthalten. Jede Rechnungsposition kann sich auf eine Rechnung oder auf mehrere Rechnungen beziehen.
R7	Jede Angebotsposition kann sich auf eine oder mehrere Auftragspositionen beziehen. Jede Auftragsposition kann sich nur auf eine bestimmte Angebotsposition beziehen.
R8	Eine Rechnungsposition kann sich auf eine oder mehrere Auftragspositionen beziehen. Jede Auftragsposition führt zu einer Rechnungsposition.
R9	Jede Angebotsposition bezieht sich auf einen ganz bestimmten Artikel. Ein bestimmter Artikel kann sich auf eine oder auf mehrere Angebotspositionen beziehen.
R10	Jede Auftragsposition bezieht sich auf einen ganz bestimmten Artikel. Ein bestimmter Artikel kann sich auf eine oder auf mehrere Auftragspositionen beziehen.
R11	Jede Rechnungsposition bezieht sich auf einen ganz bestimmten Artikel. Ein bestimmter Artikel kann sich auf eine oder auf mehrere Rechnungspositionen beziehen.

Analog dazu kann der Beschaffungsbereich mithilfe von ER-Diagrammen betrachtet werden. In Abhängigkeit von den konkreten Gegebenheiten vor Ort und von der gewählten Notation können einzelne Gegenstandstypen, Beziehungen und Beziehungstypen durchaus auch unterschiedlich gesetzt und interpretiert werden.

8.7.6 Umsetzung in ein DB-System

Die im Datenbankdesign entwickelten Tabellen- und Beziehungsstrukturen sind in ein Datenbanksystem zu überführen. Geeignete Datenbanksysteme stehen für alle beschriebenen Plattformen und für eine Vielzahl von Betriebssystemen zur Verfügung. Eine Auswahl von Datenbanksystemen enthält folgende Übersicht.

DB-Produkt	Anbieter/Hersteller	Betriebssystem/Plattform	Abfragesprache
Access	Microsoft	Windows 95, 98, NT	SQL, Query
Abadas	Software AG	MVS, BS2000, Unix, NT	Natural
DB2	IBM	MVS, OS/400, OS/390	SQL, Query
Paradox	Borland	Windows 95, 98, NT	PAL
IMS/VS-DB	IBM	UVS, MVS	DL/1
Informix	Informix Software	Unix, NT	SQL
Oracle	Oracle	Unix, VMS, BS2000, OS/2	SQL
Progress RDBMS	Progress Software	Unix, VAX/VMS, CTOS	Progress 4 GL, SQL

Auf einen Blick

- Ein Datenbanksystem (DBS) besteht aus einer Datenbank (DB = Database) und einem Datenbank-Management-System (DBMS = Database-Management-System). Eine Datenbank ist eine Sammlung unterschiedlicher Unternehmensdaten, die integriert gespeichert und vom DBMS verwaltet werden. Das DBMS unterstützt und kontrolliert den Zugriff auf die Datenbank durch mehrere Benutzer.
- Ein Datenbanksystem kann aus drei Sichtweisen betrachtet werden: der externen, der internen und der konzeptionellen Datensicht. Die externe Datensicht beschreibt die Sichtweise des Benutzers im Hinblick auf seine Anwendungen und auf seine Möglichkeiten, über Abfragesprachen auf die Datenbank zuzugreifen. Die interne Datensicht beschreibt die physische Speicherung der Daten in der Datenbank einschließlich der datenorganisatorischen Aspekte. Die konzeptionelle Sichtweise beschreibt die logische Gesamtstruktur der Daten, ihre Eigenschaften sowie ihre Beziehungen untereinander (logisches Datenbankdesign).
- Die konzeptionelle Sichtweise kann als hierarchisches Modell, als Netzwerkmodell, als Relationenmodell oder als objektorientiertes Modell beschrieben werden. Das relationale Datenmodell gilt als Standard für die Beschreibung von Datenstrukturen.
- Das Entity-Relationship-Modell (ERM) ist ein standardisiertes Verfahren zur Beschreibung und zum Entwurf von Datenstrukturen. Das Verfahren basiert auf Gegenstandstypen (Entitytypen), Beziehungen (Relations) und Attributen.

  Im ERM-Modell werden Gegenstandstypen grafisch durch Rechtecke, Attribute durch Ovale und die Beziehungen zwischen den Gegenstandstypen durch Rauten dargestellt.
- Hinsichtlich der Beziehungstypen ist zu unterscheiden zwischen den Typen 1 : 1, 1 : N, N : 1 und N : M.

  Bei einer 1 : 1-Beziehung wird jedem Element der ersten Menge genau ein Element der zweiten Menge zugeordnet.

  Bei einer 1 : N-Beziehung werden jedem Element der ersten Menge N Elemente der zweiten Menge zugeordnet. Für eine N : 1-Beziehung gilt der umgekehrte Sachverhalt.

  Bei einer N : M-Beziehung werden einem Element der ersten Menge mehrere Elemente der zweiten Menge zugeordnet und umgekehrt.
- Im Normalisierungsprozess werden aus unnormalisierten Tabellen schrittweise einfachere Tabellen erzeugt, um Datenredundanzen, Dateninkonsistenzen und Anomalien zu vermeiden. Hierzu werden mehrere Normalformen benutzt, in den meisten Fällen begnügt man sich mit der 1., 2. und 3. Normalform. Der Zugriff auf die Tabellen erfolgt über Primärschlüssel oder Fremdschlüssel.
- Für die Überführung der Tabellen- und Beziehungsstrukturen stehen zahlreiche Datenbanksysteme für alle Plattformen und gängigen Betriebssysteme zur Verfügung.

8.8 Grundlagen der objektorientierten Programmierung

8.8.1 Von der strukturierten zur objektorientierten Programmierung

Im Abschnitt 8.5 wurde bereits hervorgehoben, dass der Softwareentwicklungsprozess eine systematische Vorgehensweise, d. h. eine bestimmte Strategie erfordert. Dabei sind bestimmte Handlungsgrundsätze und Prinzipien, z. B. Modularisierung, Mehrfachverwendung, Standardisierung zu beachten, die im Abschnitt 8.5.2 ausführlich beschrieben wurden. Im Softwareentwicklungsprozess ist stets eine Modellierung von Funktionen und Daten notwendig. Die strategische Entscheidung bezieht sich daher grundsätzlich auf die Frage, ob die Modellierung des Systems sich primär an den Funktionen oder an den konkreten Gegenständen, also den Daten, ausrichten soll. Die Beantwortung hängt nicht nur von der konkreten Problemstellung und deren Komplexität ab, sondern auch davon, inwieweit die oben genannten Prinzipien und Ziele durch den einen oder anderen Ansatz besser erreicht werden können.

In der traditionellen, strukturierten Programmierung konzentrieren sich Analyse und Entwurf stets auf die **Funktionen** eines Systems. Diese werden nach der Top-down-Strategie (vgl. Abschnitt 8.3.5) in Teilfunktionen zergliedert, die jeweils einen Teilausschnitt des gesamten Problemlösungsprozesses darstellen. Die Funktionen werden bei der Modellierung des Softwaresystems durch Algorithmen abgebildet, die – auf Datenstrukturen angewandt – die Funktionalität der Programme bestimmen. Die Funktionalität der Programme wird repräsentiert durch eine linear vorbestimmte Folge von Berechnungen und Auswertungen, die in der Realisierungsphase mithilfe funktionsorientierter, prozeduraler Programmiersprachen (z. B. C, Pascal, Cobol, Basic) codiert werden. Dabei wird deutlich, dass Analyse, Entwurf und Realisierung durchgängig von der Sichtweise (**Paradigma**) der strukturierten Programmierung geprägt sind.

! Im Mittelpunkt der strukturierten Programmierung stehen die Funktionen, wobei die Daten von den auf sie zugreifenden Programmfunktionen strikt getrennt sind.

Die Nachteile konventioneller, funktionsorientierter Dateiverarbeitungssysteme hinsichtlich Redundanz, Dateninkonsistenz und der Abhängigkeiten zwischen Anwenderprogramm und Datenstrukturen sowie zur eingesetzten Programmiersprache sind in Abschnitt 8.6.7 hinreichend beschrieben worden. Unter dem Aspekt einer effizienten und wirtschaftlichen Softwareentwicklung offenbart das Paradigma der strukturierten Programmierung gerade deshalb seine Schwächen, weil diese Sichtweise sich auf die Komponenten stützt, die sich am häufigsten ändern: die Funktionen. Kleine Änderungen in den Funktionen können u. U. tief greifende Änderungen der gesamten algorithmisch aufgebauten Programmstruktur zur Folge haben. Der Pflege- und Wartungsaufwand ist sehr hoch, Prinzipien der Mehrfachverwendung und Standardisierung treten mit jeder neuen Veränderung des Systems immer stärker in den Hintergrund.

Die datenorientierte Modellierung zielt darauf ab, nicht die Funktionen, sondern die **Daten** in den Vordergrund der Betrachtung zu stellen. Auf der Grundlage einer stabilen betrieblichen Daten- und Informationsstruktur wird die Datenhaltung nicht in einem Dateiensystem, sondern in einer Datenbank realisiert. Die Funktionalität des Softwaresystems wird durch datenbankbasierende Anwendungen (erstellt mit Sprachen der 4. Generation) und Abfragesprachen (z. B. SQL) hergestellt.

Die Sichtweise der objektorientierten Programmierung (**OOP**) stellt darauf ab, Teilausschnitte der Realität im Softwaresystem durch Objekte abzubilden, die durch Gegenstände, Zustände oder durch ein bestimmtes Verhalten repräsentiert sind. Die Modellierung orientiert sich nicht mehr vorrangig an bestimmten Programmfunktionen wie Buchen, Bestellung erfassen, Saldo berechnen, sondern an den jeweiligen Objekten wie Konto, Waren usw. Statt der Funktionen stehen also die Objekte im Vordergrund. Was ist unter einem Objekt zu verstehen?

Ein **Objekt** stellt eine Kombination von Daten **und** Funktionen (Operationen, Methoden) dar, die miteinander in Beziehung stehen. Die in herkömmlichen Softwaresystemen vorhandene Trennung von Daten und Funktionen wird in der Objektorientierung also aufgehoben.

Im Mittelpunkt der Objektorientierung stehen die Objekte, die durch Nachrichten miteinander in Beziehung stehen und deren Eigenschaften durch die direkte Zuordnung ihrer Daten und Funktionen charakterisiert sind.

Die Entwicklung von der strukturierten zur objektorientierten Programmierung wird in folgender Abbildung veranschaulicht.

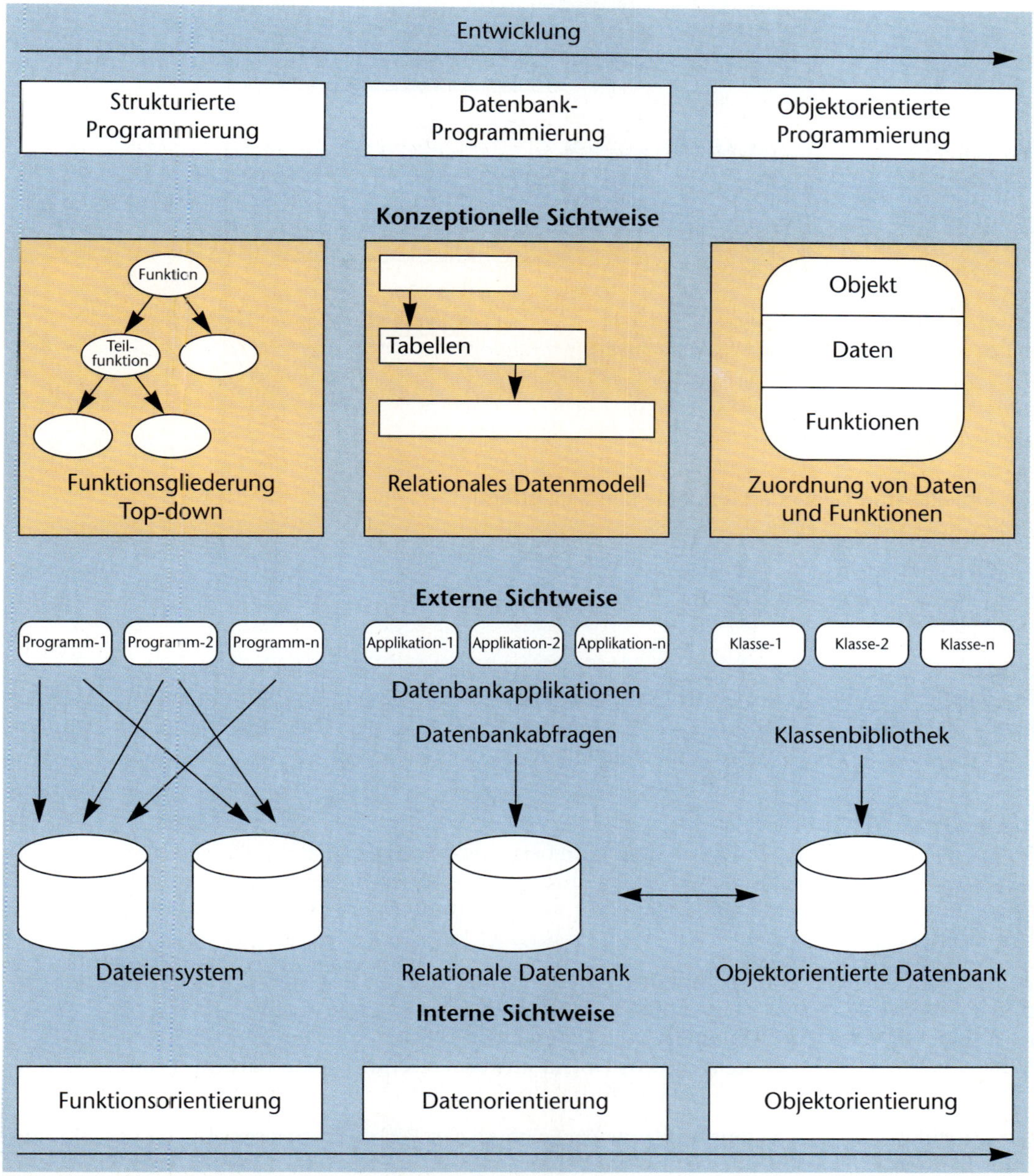

Abb. 8.76 Von der strukturierten zur objektorientierten Programmierung

8.8.2 Objekte und Klassen

Objekt

Objekte sind Gegenstände der realen Welt, z. B. Häuser, Autos, Bücher, Tische und natürlich auch Computersysteme. Im IT-Bereich ist nicht nur der Computer ein Objekt, sondern auch einzelne Bestandteile des Systems. Betrachtet man ein Softwaresystem und in diesem Zusammenhang die heute üblichen objektorientierten Benutzeroberflächen (**Graphical User Interface**), so ist beispielsweise ein Fenster (Window) ein Objekt.

Abb. 8.77 Fenster als Objekt

Für Objekte sind folgende Merkmale kennzeichnend:

1. Merkmal
Das Objekt hat eine Bezeichnung.

2. Merkmal
Ein Objekt besitzt bestimmte Attribute, also Daten, die das Objekt und seinen Zustand beschreiben. Die Position des Rahmens in der Benutzeroberfläche, der Titel, die Vorder- und Hintergrundfarbe sind typische Attribute (Datenelemente) des Fensters.

3. Merkmal
Ein Objekt ist ein Gegenstand, mit dem man bestimmte Dinge tun kann. Für Häuser werden Abgabenbescheide erstellt, Autos werden gefahren, Bücher gelesen usw. Es wird deutlich, dass man bestimmten Gegenständen auch ganz bestimmte Aktionen oder Operationen direkt zuordnen kann.

Bezogen auf die oben angesprochene Benutzeroberfläche kann der Anwender über eine Aktivierung (z. B. Mausklick) ganz bestimmte Aktionen oder Operationen auslösen. Typische Operationen sind Vor- und Zurückblättern von Datensätzen, Speichern, Drucken oder Anzeigen. Die Funktionen bzw. Operationen, die ein Objekt ausführen kann, werden als **Methoden** bezeichnet. Die Methoden repräsentieren das Verhalten der Objekte.

Objekte führen Methoden aufgrund von Nachrichten aus. Eine Nachricht enthält eine bestimmte Informationen an ein Objekt, welche Operation ausgeführt werden soll. Eine Nachricht kann beispielsweise über einen Mausklick auf einen bestimmten Button aktiviert werden.

Ein Objekt ist ein konkret vorhandener Gegenstand mit den Merkmalen:
- Bezeichnung,
- Attribute und
- Operationen (Methoden).

Die Methoden eines Objektes werden durch Nachrichten an das Objekt ausgelöst.

Klasse

Objekte mit gleichem Verhalten und gleichen Strukturen werden zu einer **Klasse** zusammengefasst. Eine Klasse ist eine abstrakte Beschreibung der jeweiligen Objekte. in denen sowohl die Attribute als auch die damit zugelassenen Methoden festgelegt werden. Eine Klasse stellt gewissermaßen ein allgemeines Muster, Schema oder eine Schablone dar, wonach die Objekte einer Klasse aufgebaut sind.

Eine Klasse ist eine abstrakte Beschreibung des Aufbaus und der Merkmale des Objektes. Sie ist eine Definition der Attribute und Operationen für eine Menge von Objekten. Die Beschreibung setzt sich zusammen aus der Angabe der
- Bezeichnung,
- Attribute und
- Operationen (Methoden).

Beispiel

reales Objekt	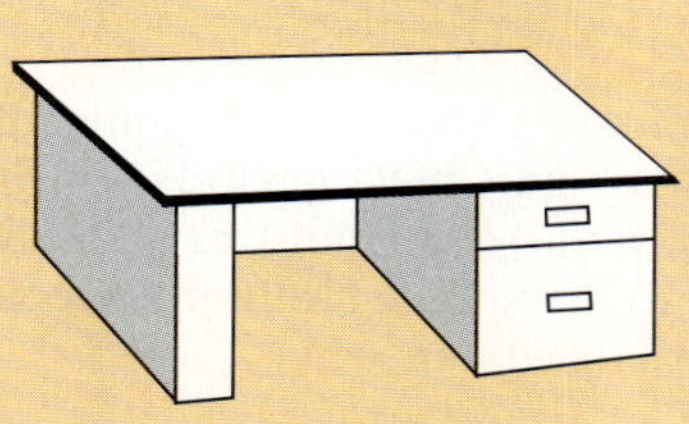	Notation nach UML
Objekt (konkreter Gegenstand)	(Schreibtisch) Modell: Compact Holz: Kiefer Hersteller: Hitzmann Verkaufspreis: 150 EURO Preis anzeigen Preis drucken	(Objektname) Attribut: Attributwert Attribut: Attributwert Operation(en)
Klasse (abstrakte Beschreibung)	(Möbel) Modell Holz Hersteller Verkaufspreis Preis anzeigen Preis drucken	Klassenbezeichnung Attribute Operation(en)

Abb. 8.78 Gegenüberstellung Objekt – Klasse

Die dargestellte Notation entspricht dem **UML**-Standard (UML = **U**nified **M**odeling **L**anguage der Rational Software Corporation). Der UML-Standard hat sich zum Ziel gesetzt, die vor 1995 existierenden Unterschiede verschiedener Methoden zur objektorientierten Modellierung (z. B. OOD, OMT, OODA usw.) zu eliminieren und alle bisherigen Techniken zu integrieren.

Wird ein Objekt aus einer Klasse erzeugt, spricht man von einer **Instantiierung**. Ein Objekt ist sozusagen ein Exemplar (= **Instanz**) einer Klasse und gehört immer einer bestimmten Klasse an. Die dem Objekt zugewiesenen Attribute bezeichnet man entsprechend als **Instanzvariablen** (Felder). In der Abbildung 8.78 sind die Felder Modell, Holz, Hersteller und Verkaufpreis Beispiele für Instanzvariablen.

Der Zustand eines Objektes ist durch den Wert eines Attributes gegeben (z. B. eine bestimmte Position oder Farbe eines Fensters). Durch die Methoden können die Attributswerte einer Instanz und damit ihr Zustand verändert werden. Die Operationen werden dabei für die Klassen festgelegt und finden für alle Instanzen dieser Klasse Anwendung. Auf unser Beispiel bezogen kann die Ausgabe des aktuellen Verkaufspreises des Schreibtisches mithilfe der Methode *„Preisanzeigen()"* der Klasse Möbel durchgeführt werden. Eine weitere Methode kann beispielsweise *„Preisdrucken()"* sein.

8.8.3 Nachrichten und Kapselung

Nachrichten

Die Funktionalität erhält das System durch **Nachrichten**, über die die Objekte miteinander kommunizieren. Werden Nachrichten an ein Objekt gesandt, so wird in der Klasse der Code ausgeführt, der der entsprechenden Methode (Operation) zu dieser Nachricht entspricht. Eine Nachricht fordert also ein Objekt dazu auf, eine ganz bestimmte Operation auszuführen. Operationen können Befehle, Funktionen oder Prozeduren sein.

Auf unser obiges Beispiel bezogen kann eine Nachricht an das Objekt Schreibtisch gesendet werden, die das Objekt dazu auffordert, die in dem Objekt eingebundene Operation *Preisanzeigen* auszuführen. Bei der Codierung von Methoden finden auch herkömmliche Strukturen der prozeduralen Programmierung Berücksichtigung.

Der Nachrichtenmechanismus wird auch an dem oben beschriebenen Beispiel der Benutzeroberfläche in Abb. 8.77 für den Anwender deutlich, der über das Ereignis des Mausklicks eine Nachricht an das Objekt veranlasst, um eine bestimmte Operation, z. B. *vorwärts oder rückwärts blättern,* ausführen zu lassen.

Kapselung

Daten werden repräsentiert durch Attribute und die Methoden durch spezielle Funktionen. Die Methoden einer Klasse können prozedural aufgebaut sein, werden aber als objektorientiertes Programm codiert. Das bedeutet, die Methoden bestimmen die Operationen, die Objekte einer Klasse ausführen können. Der Programmcode bezieht sich dabei direkt auf die Daten, die dem bearbeiteten Objekt zugewiesen wurden. Die Methoden sind bei ihrem Aufruf also stets an das jeweilige Objekt gebunden.

Objekte können nach außen abgekapselt sein. Die **Kapselung** ist als eine Art Schutzmechanismus zu sehen. Ein Zugriff auf die Daten ist i. A. nur den Funktionen erlaubt, die für das Objekt deklariert wurden. Somit ist ein kontrollierter Zugriff auf die Daten gewährleistet. Nachfolgende Darstellung verdeutlicht das Prinzip:

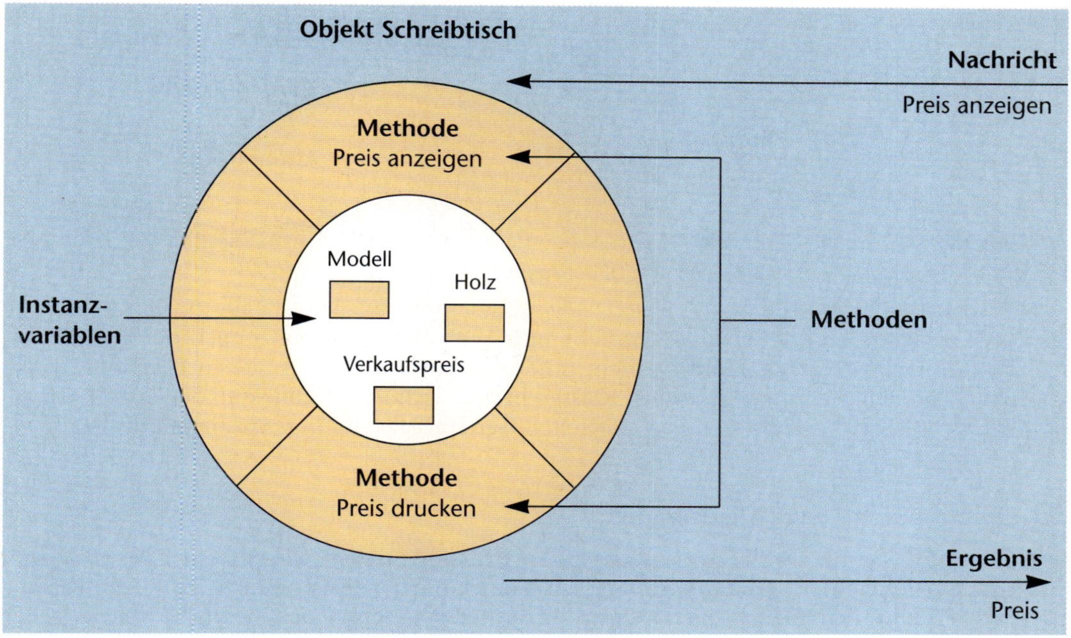

Abb. 8.79 Kapselung von Objekt und Daten

Kapselung ist die Eigenschaft einer Klasse, ihre Instanzvariablen (Daten) vor externen Zugriffen außerhalb des Objektes zu schützen. Gekapselte Daten stehen für andere Objekte nicht zur Verfügung.

Für eine bestimmte Methode einer Klasse kann der Zugriff vereinbart werden, z.B. privat oder öffentlich. Handelt es sich um eine private Methode einer Klasse, so ist die Ausführung dieser Methode für ein Objekt der Klasse nur durch ein Objekt derselben Klasse möglich. Bei einer öffentlichen Methode kann die Methode auf ein beliebiges Objekt zugreifen.

8.8.4 Vererbung und Polymorphismus

Objektorientierte Problemanalyse

Grundlage für die objektorientierte Analyse ist eine Problembeschreibung, die sich auf einen Teilausschnitt der Realität bezieht. In der Analyse geht es zunächst darum, die Objekte und Klassen des Problembereiches bzw. des relevanten Systems zu ermitteln. Darüber hinaus sind die Objekte durch ihre Attribute und Operationen, durch ihr Verhalten und ihre Beziehungen zu anderen Objekten zu beschreiben. Ziel der Analyse ist es, ein Modell aufzustellen, welches die unterschiedlichen Betrachtungsweisen von Objekten hinsichtlich des statischen Zustandes, des zeitlichen Verhaltens und der Funktionen verdeutlicht. Die Analysephase kann unterstützt werden durch folgende Teilmodelle, die die statische Struktur des betrachteten Modells beschreiben.

Klassen- und Objektdiagramme

Alle Klassen des betrachteten Systems werden in einem **Klassendiagramm** dargestellt, welches als konzeptionelles grafisches Modell zu verstehen ist. Die Objekte einer Klasse werden im **Objektdiagramm** beschrieben. Die Eigenschaften von Objekten einer Klasse werden durch Attribute festgelegt.

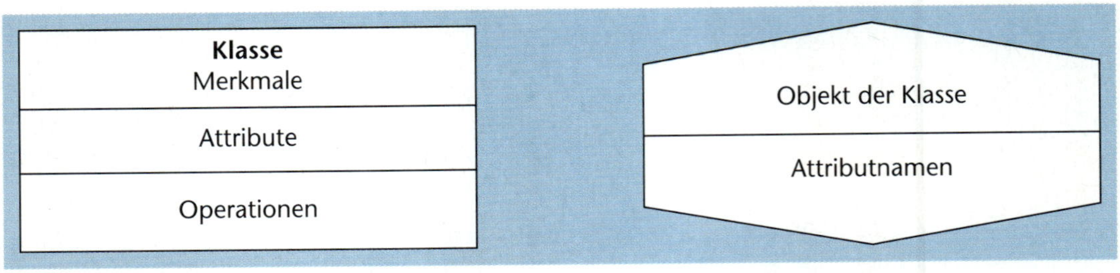

Abb. 8.80 Darstellungselemente für Klassen- und Objektdiagramme nach UML

Da Klassendiagramme und Objektdiagramme unterschiedlichen Zielsetzungen dienen, werden Klassen und Objekte in Diagrammen nicht miteinander vermischt. In beiden Diagrammtypen können auch die Beziehungen zwischen Klassen bzw. zwischen den Objekten der Klassen dargestellt werden. Hier ist zu unterscheiden zwischen **Generalisierung** und **Spezialisierung**.

Generalisierung und Spezialisierung

Bei der Generalisierung werden **Unterklassen (Subklassen)** zu einer **Oberklasse**, häufig auch als **Superklasse** bezeichnet, zusammengefasst. Attribute und Operationen, die für Unterklassen identisch sind, werden übergeordnet als Attribute und Operationen der Oberklasse festgelegt. Bei der Spezialisierung werden zu einer Oberklasse hierarchisch strukturierte Unterklassen gebildet, die die Attribute und Operationen der Oberklasse übernehmen. Aus der Oberklasse übernommene Attribute und Operationen können in der Unterklasse den Anforderungen entsprechend ergänzt werden.

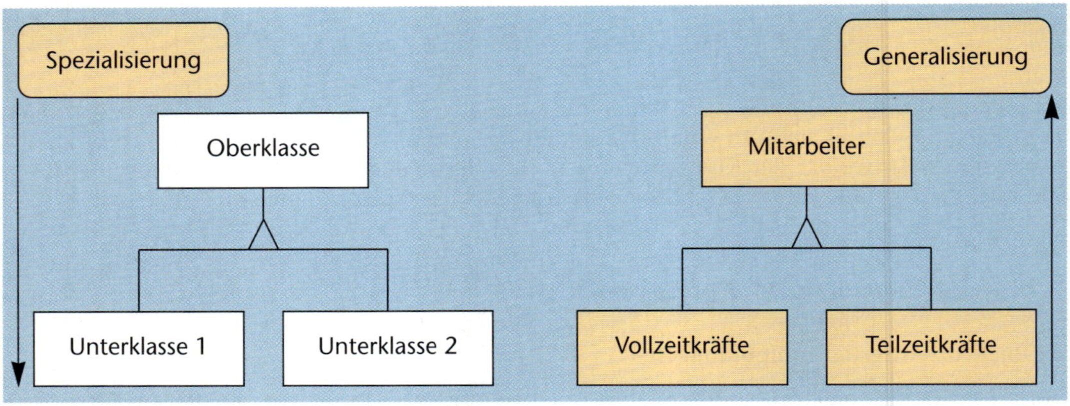

Abb. 8.81 Spezialisierung und Generalisierung mit Beispiel

Klassenhierarchie durch Vererbung

Wenn ein Entwickler eine bestimmte Klasse wieder verwenden möchte, weil sie zum größten Teil seinen Anforderungen genügt, kann er aus einer übergeordneten Klasse eine oder mehrere Unterklassen ableiten. Das in der übergeordneten Klasse festgelegte Verhalten, repräsentiert durch Attribute und Operationen, wird auf die Unterklasse und damit an alle Objekte dieser Unterklasse übertragen. Diesen Vorgang bezeichnet man als **Vererbung**.

> **!** Unter **Vererbung** versteht man die Ableitung von neuen Klassen aus einer übergeordneten Klasse. Dabei werden die Attribute und die Methoden der übergeordneten Klasse auf die abgeleitete Unterklasse weitergegeben (vererbt).

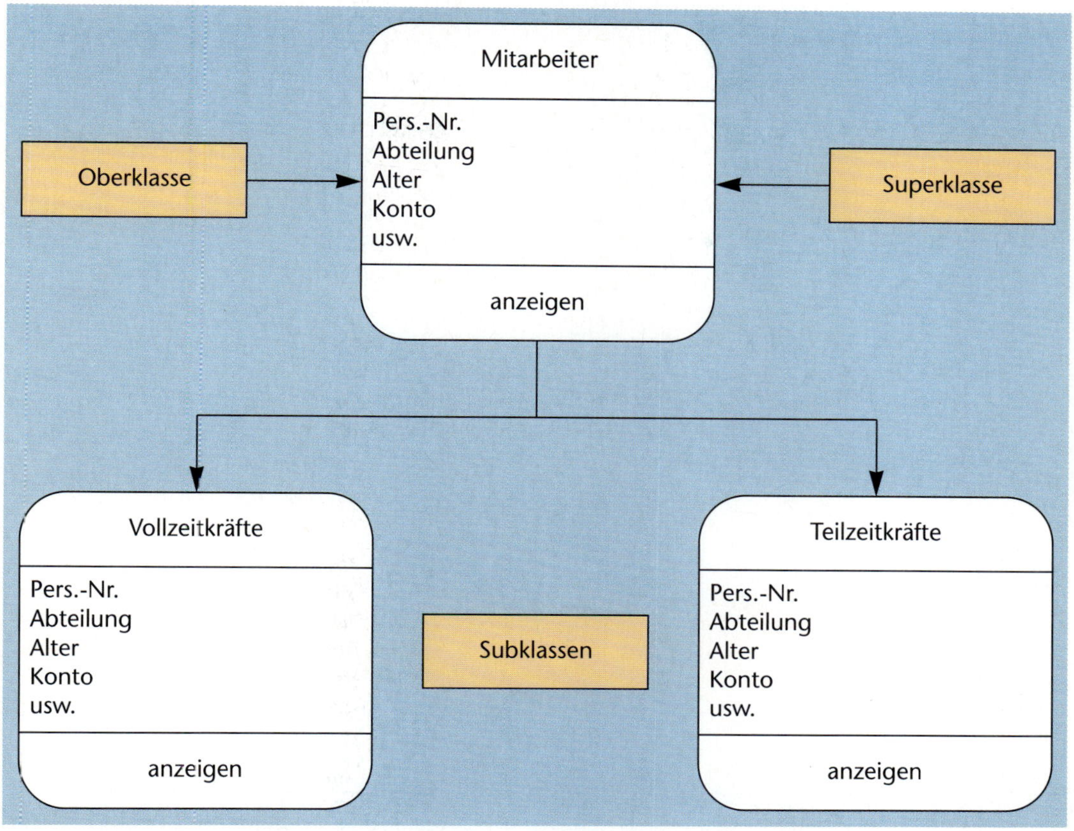

Abb. 8.82 Vererbung auf Unterklassen

Dem Entwickler stehen aus der Vererbung nun folgende Möglichkeiten zur Verfügung:

1. Übernahme des vorhandenen Grundgerüstes auf die Objekte der Unterklasse
2. Übernahme des vorhandenen Grundgerüstes mit Ergänzung. Der Entwickler braucht lediglich die Unterschiede bzw. Änderungen zu seinen Anforderungen zu ergänzen. Dies ist sowohl hinsichtlich der Attribute als auch hinsichtlich der Operationen möglich.
3. Überschreiben des Grundgerüstes durch neue Attribute und Operationen, die sich auf die jeweilige Unterklasse beziehen.

Die folgende Abbildung zeigt eine mögliche Realisierung zur zweiten Alternative. Das Grundgerüst der Oberklasse Mitarbeiter ist mit den Atrributen und Operationen auf die Unterklassen Vollzeit- und Teilzeitkräfte vererbt worden. Da Vollzeitkräfte ein Gehalt empfangen und Sozialleistungen erhalten, Teilzeitkräfte aber auf Stundenbasis entlohnt werden, ergeben sich Änderungen sowohl hinsichtlich der Attribute und auch der Methoden. Die zusätzlich erforderlichen Attribute werden ergänzt, der Programmcode für die Gehaltszahlungen der beiden Unterklassen geändert. Die vererbten Grundmerkmale bleiben jedoch gleich.

Polymorphismus

Bezieht sich eine bestimmte, **gleich lautende** Methode (z. B. berechneGehalt) auf Objekte **unterschiedlicher** Klassen (vgl. obiges Beispiel), können sie eine unterschiedliche Bearbeitung in den unterschiedlichen Klassen zur Folge haben. Diesen Vorgang bezeichnet man als **Polymorphismus** (= Vielgestaltigkeit).

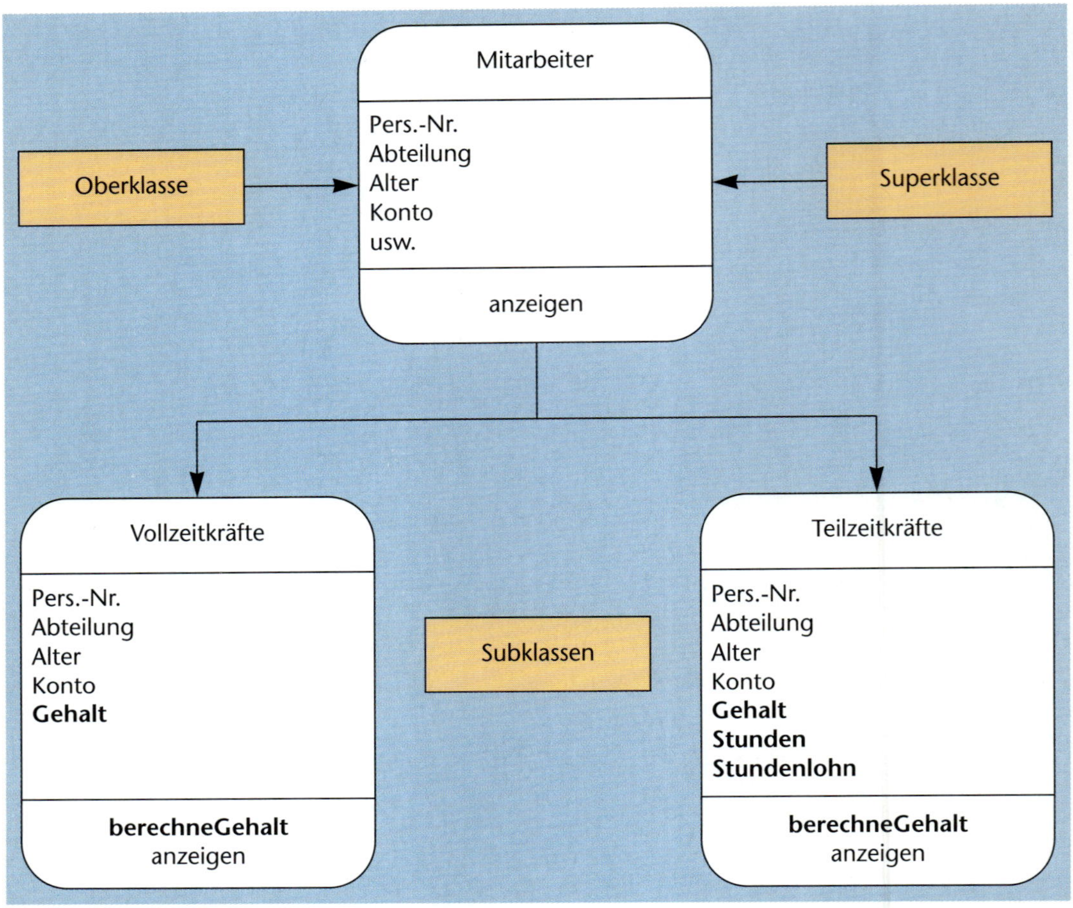

Abb. 8.83 Änderung von Attributen und Methoden in den Unterklassen

8.8.5 Vorteile der objektorientierten Programmierung

Die Vererbung erzeugt eine Hierarchie der Kombination von Daten **und** Funktionen, sodass einmal erstellte Klassen für ähnliche Anforderungen stets wieder verwendet werden können. Diese Klassen werden in so genannten Klassenbibliotheken zusammengefasst und dokumentiert. Einmal erstellte Klassen können durch Vererbung für die Entwicklung neuer Anwendungssysteme effizient genutzt werden.

Da in den meisten Betrieben aufgrund gewachsener Softwaresysteme eine radikale und kurzfristige Reorganisation der bestehenden Applikationen nur sehr schwer zu realisieren ist, stellt sich die Frage nach der Integrationsfähigkeit von funktionsorientierten und datenorientierten Systemen in objektorientierte. Die Verbindung herkömmlicher Softwaresysteme mit objektorientierten Systemen kann über so genannte **Application Object Wrapper** erfolgen, die bestehende Funktionen als Methoden in Objekte integrieren. Dies wird realisiert, indem der Code einer Methode einen Programmaufruf enthält, über den eine Funktion aus einem bestimmten Programm ausgeführt werden soll. Mit der so genannten **Objekt-Relations-Transformation** besteht die Möglichkeit, auf bereits existierende relationale Datenbanken zuzugreifen. Insofern ermöglicht die Objektorientierung sowohl die Nutzung bestehender Applikationen und Daten als auch die Hinwendung zu objektorientierten Informationsstrukturen.

Es wird deutlich, dass die objektorientierte Programmierung über die Vererbung von Klassen den Entwicklungsprinzipien der Softwareentwicklung hinsichtlich Mehrfachverwendung, Modularisierung und Standardisierung in besonderer Weise gerecht werden kann (vgl. Abschnitt 8.5.1). Aus den Vorteilen der Wiederverwendbarkeit und der Modularisierung lassen sich weitere Vorzüge der objektorientierten Programmierung ableiten:

- Verkürzung des Entwicklungsprozesses durch Nutzung von Klassenbibliotheken
- Verminderung des Wartungsaufwands, da Ergänzungen und Änderungen leichter durchgeführt werden können
- Steigerung der Softwarequalität, da bereits eingesetzte Klassen mehrfach verwendet und ausgetestet worden sind.

Objektorientierte Programmiersprachen

Folgende Übersicht zeigt einige objektorientierte Programmiersprachen mit ihren Weiterentwicklungen im Überblick.

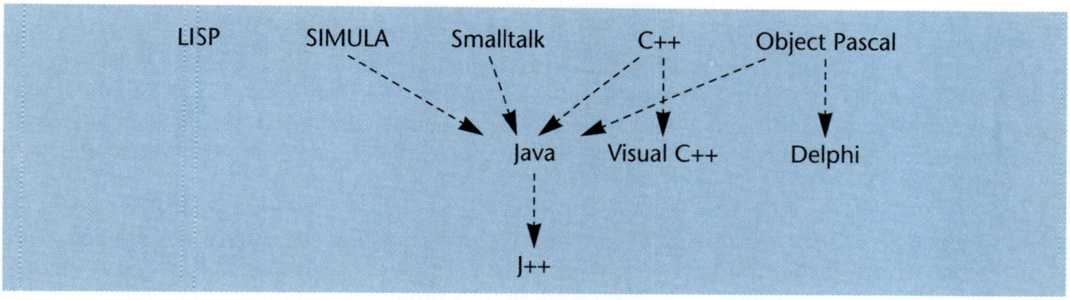

Abb. 8.84 Objektorientierte Programmiersprachen im Überblick

Auf einen Blick

▷ Die objektorientierte Programmierung orientiert sich an den Objekten, die durch Nachrichten miteinander kommunizieren. Ein Objekt ist die Kombination von Daten und Funktionen. Die Aktionen bzw. Operationen, die ein Objekt ausführen kann, werden als Methoden bezeichnet. Die Methoden repräsentieren das Verhalten der Objekte. Die objektorientierte Programmierung eignet sich insbesondere für die Entwicklung von Software mit grafischen Benutzeroberflächen.

▷ Ein Objekt ist ein konkret vorhandener Gegenstand, der über die Merkmale Bezeichnung, Attribute und zugehörigen Operationen verfügt. Die Operationen werden auch als Methoden bezeichnet, die über Nachrichten an das Objekt ausgelöst werden.

▷ Eine Klasse ist eine abstrakte Beschreibung des Aufbaus des Objektes. Sie beschreibt die Attribute und Operationen für eine Menge von Objekten mit gleichem Verhalten und Strukturen. Klassen und Objekte werden nach der UML-Notation dargestellt.

▷ Die Erzeugung konkreter Objekte aus einer Klasse bezeichnet man als Instantiierung. Das einzelne Objekt oder Exemplar einer Klasse heißt Instanz, die zugehörigen Attribute werden Instanzvariablen genannt.

▷ Objekte kommunizieren über Nachrichten. Eine Nachricht kann z. B. über Mausklick des Anwenders auf der Benutzoberfläche ausgelöst werden, welche das Objekt auffordert, eine ganz bestimmte Methode auszuführen. Methoden können aus Befehlen, Funktionen oder Prozeduren bestehen. Die Methoden beziehen sich stets auf die Daten, die dem bearbeiteten Objekt zugewiesen wurden. Die integrierte Zuordnung von Daten und Funktionen ist ein charakteristisches Merkmal der objektorientierten Programmierung.

- Die Kapselung ist ein Schutzmechanismus einer Klasse, ihre Instanzvariablen vor externen Zugriffen außerhalb des Objektes zu schützen. Methoden und Daten sind im Allgemeinen an das zugehörige Objekt gebunden.

- Den Vorgang, Unterklassen zu Oberklassen zusammenzufassen, bezeichnet man als Generalisierung. Werden zu einer Oberklasse (Superklasse) hierarchisch strukturierte Unterklassen gebildet, spricht man von Spezialisierung.

- Die Ableitung von neuen Klassen aus einer übergeordneten Klasse bezeichnet man als Vererbung. Dabei werden die Attribute und die Methoden der übergeordneten Klasse auf die abgeleitete Unterklasse weitergegeben (vererbt).

- Polymorphismus heißt, dass gleich lautende Methoden an Objekten unterschiedlicher Klassen eine unterschiedliche Bearbeitung und damit ein unterschiedliches Verhalten bewirken können.

- Objektorientierte Programmiersprachen sind beispielsweise Smalltalk, C++, Visual C++, Java, J++ und andere.

- Die wesentlichen Vorteile der objektorientierten Programmierung liegen vor allem in der Wiederverwendbarkeit und Nutzung bestehender Klassen, die in einer Klassenbibliothek zusammengefasst sind und für zukünftige Softwareentwicklungen genutzt werden können. Dadurch können Softwareentwicklungsprozesse verkürzt, der Wartungsaufwand reduziert und die Softwarequalität gesteigert werden.

- Die Kompatibilität zwischen funktionsorientierten und objektorientierten Softwaresystemen kann über so genannte Application Object Wrapper hergestellt werden. Darunter versteht man spezielle Programme, die bestehende Programmfunktionen als Methoden in Objekte integrieren. Mit der so genannten Objekt-Relations-Transformation besteht die Möglichkeit, in einer objektorientierten Software auf bereits existierende relationale Datenbanken zuzugreifen.
  Beide Möglichkeiten dienen dazu, herkömmliche Informations- und Softwarestrukturen beim Aufbau einer objektorientierten Softwareumgebung zu nutzen.

8.9 Systemeinführung und -nutzung

Die Einführung von neuen IT-Systemen kann für den Betrieb mit nachhaltigen Veränderungen (z. B. in organisatorischer, IT-bezogener, personeller und wirtschaftlicher Hinsicht) verbunden sein. Schließlich bedeutet eine Systemeinführung entweder die Ablösung eines bestehenden, mehr oder weniger bewährten Systems oder die Umstellung bislang manuell durchgeführter Abläufe auf automatisierte. Um einerseits einen störungsfreien und stabilen Systembetrieb zu gewährleisten, andererseits die Akzeptanz der betroffenen Mitarbeiter oder Kunden zu gewinnen, sollte die Systemeinführung sorgfältig geplant werden. Im Zusammenhang mit der Systemeinführung ist zunächst zu prüfen, welche Einführungsmethode gewählt werden soll.

8.9.1 Einführungsmethoden

Hinsichtlich der Einführungsmethoden sind vier Methoden zu unterscheiden, die in isolierter oder auch kombinierter Form eingesetzt werden können:

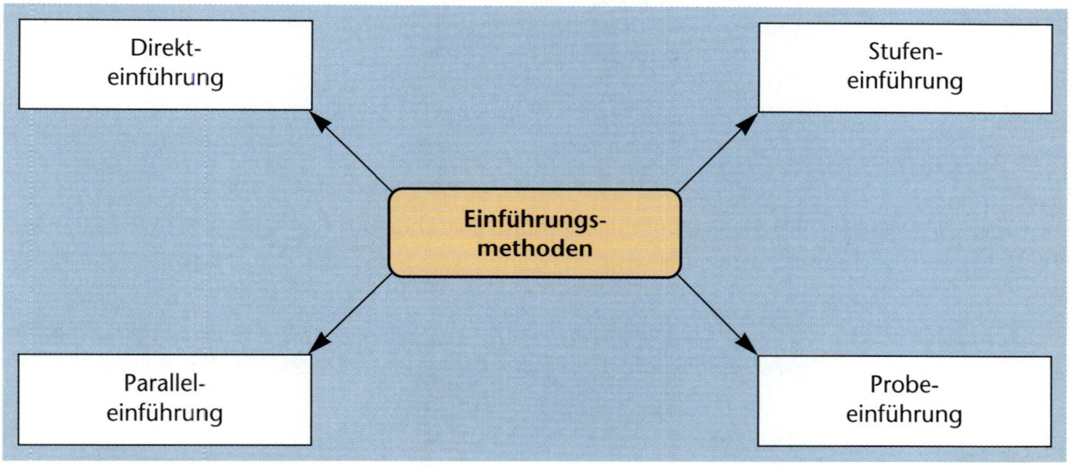

Abb. 8.85 Einführungsmethoden im Überblick

Einführungsmethode	Erläuterung	Auswahlkriterien/Voraussetzungen
Direkteinführung	Stichtagsbezogene Einführung zu einem ganz bestimmten Termin	• Systemgröße bzw. -umfang: gut geeignet bei relativ kleinen und überschaubaren Systemen oder bei Systemen, die sehr stark vom bisherigen System abweichen • Das System muss fehlerfrei und ausgetestet sein • Mitarbeiter oder Kunden sind vor der Direkteinführung zu schulen
Stufeneinführung	Die Einführung des neuen System erfolgt in Stufen, z. B. in der zeitlichen Reihenfolge der Realisierung einzelner Module	• Systemgröße bzw. -umfang: geeignet bei sehr komplexen Systemen mit modularer Struktur • Systembetrieb muss auch in Einzelmodulen gewährleistet sein • Einheitliche Schnittstellen zur schrittweisen Erweiterung erforderlich

Paralleleinführung	Das bisherige und das neue System werden über einen bestimmten Zeitraum zusammen betrieben	• Systemgröße bzw. -umfang: eher bei kleineren Systemen, da hoher Einsatz von Ressourcen erforderlich • Daher nur zu empfehlen bei: – hohem Umstellungsrisiko (man kann jederzeit auf das alte System zurückgreifen) – geringer Akzeptanz seitens der Mitarbeiter oder Kunden – Vergleichen zwischen altem und neuem System, um die Vorzüge oder die Wirtschaftlichkeit zu messen
Probeeinführung	Das neue System wird in einem ausgewählten Bereich probeweise eingeführt, um das Produkt unter praxisgerechten Bedingungen einer Bewährungsprobe zu unterziehen	• System muss auch isoliert einsetzbar sein in einem begrenzten Bereich • Der eingesetzte Teilbereich des Systems sollte für das Gesamtsystem repräsentativ sein

8.9.2 Implementierung

Die **Implementierung** bezieht sich auf den Zeitraum zwischen der abgeschlossenen Realisierung und der Nutzung des neuen Systems.

!

Implementierung ist der Prozess, ein gekauftes oder entwickeltes System nach einer bestimmten Einführungsmethode in die vorhandene Systemumgebung einzubinden und in die Phase der Systemnutzung zu überführen.

Die Implementierung des Systems in die vorhandene Systemumgebung kann sich beispielsweise auf die

- Einbindung von Geräten in eine bestehende Hardwarekonfiguration,
- Integration von einzelnen Softwarebausteinen in eine bestehende Softwareumgebung oder
- Installation von neuer Software auf die bestehende Hardware

beziehen.

Das implementierte System wird einem Systemtest unterzogen, um zu überprüfen, ob die im Pflichtenheft bzw. in der Anforderungsspezifikation beschriebenen Anforderungen abgedeckt sind (vgl. Abschnitt 8.4.6). Im Testverlauf ist nicht nur der Umfang der erbrachten Leistungen und die Lauffähigkeit der einzelnen Systemkomponenten zu prüfen, sondern auch die Erfüllung der Anforderungen hinsichtlich der **Qualitätssicherung** (**ISO 9000 bis 9004**). Die ordnungsgemäße, nach den Wünschen des Kunden oder der Anwender erfolgte Inbetriebnahme des Systems wird im Abnahmebericht mit der Feststellung der Betriebsbereitschaft dokumentiert. Im Falle eines extern entwickelten Systems gilt mit der Erklärung der Betriebsbereitschaft (Abnahmeerklärung) die Pflicht des Auftragnehmers (IT-Systemhaus, Softwareentwickler) als erfüllt. Eine für die Systementwicklung eingerichtete Projektgruppe ist mit der Übergabe des Systems und der zugehörigen Dokumentation entlastet und kann aufgelöst werden (vgl. Abschnitt 8.1.5 und Abb. 8.22).

8.9.3 Systembetrieb

Mit der Übergabe und Abnahme wird das neue IT-System in den relevanten Organisationseinheiten in Betrieb genommen und genutzt. Im weiteren Verlauf muss überprüft werden, inwieweit das neue System in organisatorischer und wirtschaftlicher Hinsicht dem abgelösten überlegen ist und den zuvor festgelegten Zielsetzungen gerecht wird.

Im Systembetrieb können u. a. folgende Aufgaben anfallen:

- Überprüfung des Leistungsumfangs
- Feststellung von Fehlern
- Berechnung der Wirtschaftlichkeit im Systemvergleich
- Analyse der veränderten Systemorganisation
- Erfassung der Akzeptanz beim Anwender oder Kunden
- Überprüfung und Überarbeitung der Dokumentation

Im Rahmen der Softwarepflege und -wartung sind die eingesetzten Produkte aufgrund von eingetretenen Änderungen oder neuer Rahmenbedingungen anzupassen, um die Zuverlässigkeit und Effizienz des eingesetzten Systems zu gewährleisten.

8.9.4 Produktlebenszyklus

Im Rahmen von IT-Projekten werden Informations- oder Anwendungssysteme nicht allein für die Nutzung im eigenen Betrieb, sondern auch für den Markt entwickelt. In diesem Fall sind ergänzend zu den beschriebenen Entwicklungsstrategien und -phasen auch die marktbezogenen Phasen für das entwickelte Produkt zu betrachten. Dieser sogenannte **Produktlebenszyklus** beginnt mit der Markteinführung und endet mit der Produktelimination oder Produktablösung. Die einzelnen Phasen im Produktlebenszyklus sind in der folgenden Tabelle kurz beschrieben:

Phase im Lebenszyklus	Erläuterung
Einführung	Das IT-Projekt wird den Kunden bzw. der Öffentlichkeit vorgestellt (z. B. auf Messen) und erstmals zum Verkauf angeboten. Geeignete Maßnahmen der Verkaufsförderung (z. B. Werbung, Öffentlichkeitsarbeit, Vorstellung der presales und after-sales Leistungen) begleiten den Prozess der Markteinführung. Die ersten Umsätze werden getätigt.
Expansion	Bei Einführung treten vorrangig die Käufergruppen als Nachfrager am Markt auf, die über die Marktforschung als Zielgruppen festgelegt wurden. Mit Befriedigung der stark einsetzenden Nachfrage steigen die Absatzzahlen und Umsätze deutlich an. Zugleich wächst der Bekanntheitsgrad für das eingeführte Produkt, der Markt expandiert kontinuierlich.
Sättigung	Mit zunehmender Befriedigung der Nachfrage gehen die Wachstumsraten zurück. Der Markt für das Produkt ist weitgehend gesättigt. Es wird versucht, weitere Kunden, die zunächst mit Zurückhaltung den Markt beobachtet haben, zu gewinnen. Somit können restliche Marktpotentiale ausgeschöpft werden. Absatzzahlen und Umsätze stagnieren allmählich.
Prolongation	Während Absatz und Umsatz schrumpfen, ist zu überlegen, ob das Produkt durch Erweiterung oder Verbesserung der Funktionalität (z. B. neue aktualisierte Version, neue Softwarefunktionen) bzw. durch Produktdifferenzierung eine weitere Nachfrage beim Kunden erzielen kann. Somit kann die Marktpräsenz des Produktes über eine gewisse Zeit verlängert werden.
Elimination	Stellt sich heraus, dass das Produkt bei kontinuierlich sinkender Nachfrage nicht mehr wirtschaftlich zu vermarkten ist, kann über geeignete Maßnahmen das Produkt aus dem Markt genommen und ggfs. durch ein neues Produkt ersetzt werden.

In der Wittekind GmbH hat der Verkauf die Umsatzentwicklung für ein IT-Produkt in den einzelnen Phasen des Produktlebenszyklus festgehalten.

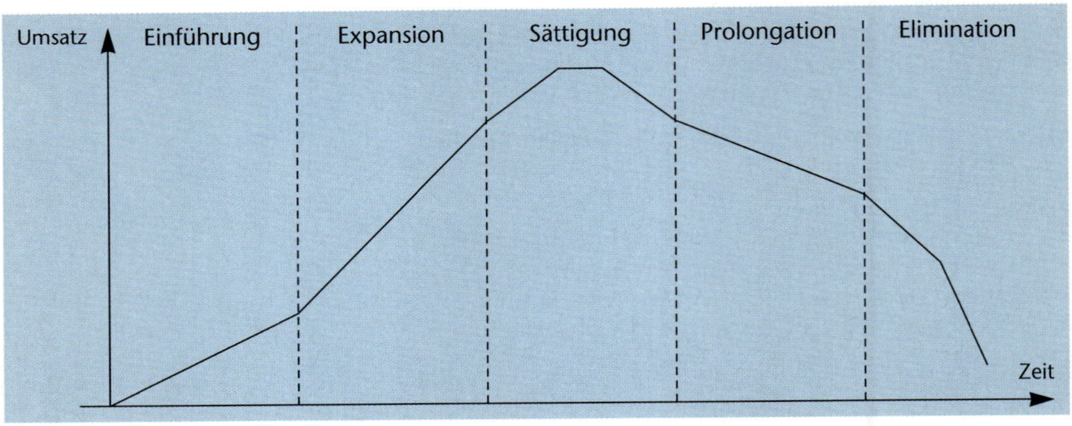

Abb. 8.86 Phasen des Produktlebenszyklus

Auf einen Blick

- Bei der Einführung neuer Systeme können folgende Einführungsmethoden eingesetzt werden: Direkteinführung, Stufeneinführung, Paralleleinführung und Probeeinführung. Sie können auch in kombinierter Form genutzt werden.

- Vor der Nutzung des neuen Systems ist dieses zu implementieren. Die Implementierung kann sich auf die Einbindung von Geräten in eine bestehende Hardwarekonfiguration, auf die Integration von einzelnen Softwarebausteinen in eine bestehende Software oder auf die Installation neuer Software auf die bestehende Hardware beziehen.

- Mit der Übergabe des Produktes und der zugehörigen Dokumentation ist zum implementierten System die Betriebsbereitschaft zu erklären, wodurch die Leistungspflicht des Auftragnehmers bzw. der zuständigen Projektgruppe als erfüllt gilt.

- Im laufenden Systembetrieb ist zu überprüfen, inwieweit durch die realisierte Lösung die zuvor festgelegten Zielsetzungen und Anforderungen – auch hinsichtlich der Qualitätssicherung – realisiert werden konnten. Im Systembetrieb ist eine ständige Anpassung, Pflege und Optimierung erforderlich.

- Mit der Fertigstellung eines IT-Produktes oder Informationssystems und dessen Einführung am Markt beginnt der Produktlebenszyklus. Dieser beginnt mit der Markteinführung und führt über die Phasen der Expansion, Sättigung, Prolongation bis zur Produktelimination.

- Mithilfe geeigneter Werkzeuge (z. B. Excel, Powerpoint) kann die Umsatzentwicklung in dem Produktlebenszyklus grafisch dargestellt werden.

9 Betreuen von IT-Systemen

9.1 Inbetriebnehmen, Instandsetzen und Warten

Einstiegssituation Von den Auszubildenden der Wittekind GmbH wird ein betriebsinterner, vernetzter Computerraum eingerichtet. Später anfallende Wartungs-, Erweiterungs- und Instandsetzungsarbeiten sollen ebenfalls von den Auszubildenden durchgeführt werden. Da der Raum bislang anders genutzt wurde, müssen zunächst umfangreiche bauliche Veränderungen durchgeführt werden.

Die gesamte Planung, der Zusammenbau der Computer und die Vernetzung wird von den Auszubildenden der Wittekind GmbH durchgeführt. Die baulichen Veränderungen und die Entwicklung spezieller Anwendersoftware erfolgt durch Fremdfirmen. Was muss bei der Inbetriebnahme, späteren Wartungs- und Instandhaltungsarbeiten beachtet werden? Welche Werkzeuge müssen zur Verfügung stehen?

9.1.1 Die Computerwerkstatt

Prinzipiell können Computer an ihrem Standplatz repariert und erweitert werden. Das gilt in erster Linie für das Einsetzen oder Austauschen einer Karte zur Erweiterung oder Modernisierung. Müssen jedoch schwer lokalisierbare Fehler gefunden oder umfangreiche Umbauarbeiten durchgeführt werden, ist ein Arbeitsplatz erforderlich, der den sicherheitstechnischen und den ergonomischen Anforderungen entspricht. Dazu müssen Arbeitsplätze in einer Computerwerkstatt mindestens so ausgestattet sein, dass

- die zur Durchführung der Arbeiten geforderten sicherheitstechnischen Bestimmungen erfüllt sind, z. B. die Möglichkeit das Gehäuse des Computers zu erden.
- elektrostatische Aufladungen zum Schutz von gefährdeten Bauteilen, z. B. CMOS-Schaltkreisen, abgeleitet werden können (siehe Abschnitt 4.2).
- die nach der ersten Inbetriebnahme, nach einer Änderung oder Instandsetzung vor der Wiederinbetriebnahme und die in regelmäßigen Abständen geforderten sicherheitstechnische Prüfungen gemäß DIN VDE 0701 und 0702 durchgeführt werden können.
- die Arbeiten an einem Tisch ausgeführt werden, an dem man sich nicht ungebührlich lange vorne überbeugen muss.
- die Lichtverhältnisse so sind, dass auch in einem engen Computergehäuse Arbeiten, wie z. B. das Umstecken von Jumpern, ohne zusätzliche Lichtquelle möglich ist.

Das Werkzeug

Für die Reparatur und Modernisierung von Computern sind unterschiedliche Geräte und Werkzeug erforderlich. Dazu gehören:

- mehrere **Schraubendreher**, die in unterschiedlichen Größen vorhanden und als Schlitz- und Kreuzschlitzschraubendreher ausgeführt sein sollten. Sie werden zum Lösen und Anbringen der meisten Baugruppen benötigt. Damit man auch an „weiter entlegene Stellen" im Computergehäuse kommt, sollten wenigstens einige Schraubendreher lange Schäfte aufweisen. Weiterhin sind magnetisierte Schraubendreherspitzen besonders beim Umgang mit kleinen Schrauben hilfreich.

- 3/16- und 1/4-Zoll-**Steckschlüssel** für Sechskant-Kopfschrauben. Diese werden neben Schlitz- oder Kreuzschlitzschrauben zum Befestigen von Computergehäusen, Steckkarten, Netzteilen usw. verwendet.

- eine **Kombizange**, die bei vielen Tätigkeiten benötigt wird, z. B. um verbogene IC-Anschlüsse wieder gerade zu biegen und zum Einsetzen oder Ziehen von Jumpern. Die Zange sollte in einer längeren, gebogenen Form ausgeführt sein, sodass man mit ihr auch in engen Winkeln des Gehäuses hantieren kann.
- ein **Seitenschneider** und eine **Abisolierzange**. Der Seitenschneider dient zum Durchtrennen von Kabelbindern und Kabeln bzw. Leitungen. Mit der Abisolierzange lässt sich die Isolierung von Leitungen entfernen.
- eine **Pinzette**, mit der u. a. die während der Arbeit in das Gehäuse gefallenen Kleinteile geborgen werden können. Daher sollte eine lange Ausführung gewählt werden.
- spezielle **Chip-Zangen**, die den Ausbau von ICs ermöglichen, ohne die Anschlüsse zu verbiegen. Für größere Prozessoren, wie z. B. Pentium, gibt es besondere Chip-Zangen, mit denen die aufgrund der vielen Anschlüsse relativ fest sitzenden ICs ohne große Kraft und somit schonend aus dem Sockel entfernt werden können.
- ein **Messgerät** (z. B. ein Digitalmultimeter), mit dem man die Gleichspannungsversorgung der Baugruppen (+ 5 V und + 12 V) am Ausgang des Netzteils und an unterschiedlichen Stellen im Computersystem messen kann. Weiterhin sollte das Messgerät einen Durchgangsprüfer zur Prüfung von Datenkabeln, z. B. einem Druckerkabel, enthalten.
- **Prüfgeräte** (Prüfkoffer), mit denen die in den Unfallverhütungsvorschriften VBG 4 vorgeschriebenen sicherheitstechnischen Prüfungen nach VDE 0701 und 0702 durchgeführt werden können.

Weiterhin gehören zu einer Werkstattausrüstung z. B. eine Taschenlampe, Kabelbinder und Isolierband, Behälter zum Aufbewahren von Kleinteilen und, schließlich nicht zu vergessen, Schreibmaterial, um bestehende Hardwareeinstellungen und andere Notizen aufzuzeichnen. Werden Netzwerke erstellt und betreut, ist spezielles Werkzeug erforderlich.

9.1.2 Inbetriebnahme und Übergabe

Entsprechend der eingangs beschrieben Situation müssen zunächst umfangreiche bauliche Maßnahmen durchgeführt werden, bevor die Installation der Computer und des Netzwerkes erfolgen kann. Daher erfolgt eine Inbetriebnahme, eventuell eine Abnahme und die Übergabe der baulichen Maßnahmen und der Computer- und Netzwerkinstallation.

Die Inbetriebnahme

Nach Fertigstellung und Übergabe der baulichen Maßnahmen erfolgt die Inbetriebnahme der Hard- und Software. Dazu werden zunächst alle Hardwarekomponenten, d. h. alle Computer, Drucker, Scanner usw., an den für sie vorgesehenen Plätzen aufgestellt. Nach der Vernetzung dieser Geräte kann die Inbetriebnahme durchgeführt werden.

Bei der Inbetriebnahme spezieller Anwendersoftware muss die bei der Planung gemäß Pflichtenheft oder den technischen Lieferbedingungen zugrunde gelegte Hard- und Software vorhanden sein.

Aufgrund der großen Vielfalt und der Unterschiedlichkeit von Programmen und IT-Geräten sei hier nur allgemein gültig gesagt, dass eine Inbetriebnahme nach der Inbetriebnahmeanleitung erfolgt und eine Funktionskontrolle gemäß der Bedienungsanleitung durchgeführt wird. Bei Software, programmgesteuerten Geräten oder bei Geräten, bei denen eine einwandfreie Funktion nicht sofort nach dem Einschalten zu erkennen ist, kann dies mit einem erheblichen Zeitaufwand verbunden sein.

Die Abnahme

Vor der Übergabe größerer Anlagen oder komplexer Software erfolgt meist eine Abnahme. Sie soll z. B. für den Auftragnehmer sicherstellen, dass bauliche Arbeiten, Hardwarekonfigurationen, die Erstellung von Anwendersoftware usw. den Leistungsbeschreibungen im Pflichtenheft oder in den Technischen Lieferbedingungen entsprechen.

Die Abnahme einer erbrachten Leistung kann vom Auftraggeber oder vom Auftragnehmer gefordert werden. Dabei kann jede Partei – auf eigene Kosten – einen Sachverständigen hinzuziehen. Der Befund muss schriftlich niedergelegt und jeder Partei ausgehändigt werden. Mit der Abnahme geht i. d. R. die Verantwortung für eine erbrachte Leistung auf den Auftraggeber über.

Wird keine Abnahme verlangt, gilt eine Leistung als abgenommen, wenn nach der schriftlichen Mitteilung über die Fertigstellung dieser Leistung eine bestimmte Frist abgelaufen ist. Diese Frist beträgt z. B. bei baulichen Leistungen zwölf Werktage.

Die Übergabe

Vor der Übergabe an den Benutzer muss geprüft werden, ob alle Betriebsmittel richtig ausgewählt und installiert sind. Besonders wichtig ist dabei der Nachweis der Wirksamkeit der Schutzmaßnahmen. Die Ergebnisse der Übergabeprüfung werden in einem Übergabebericht und einem Prüfprotokoll dokumentiert.

Im Übergabebericht wird die Ausstattung des Raumes dokumentiert. Das Prüfprotokoll für die Prüfung elektrischer Anlagen umfasst eine Besichtigung, die Erprobung und Messungen.

Bei der Besichtigung wird u. a. überprüft, ob die Betriebsmittel richtig ausgewählt wurden und keine Schäden aufweisen und ob die geforderten Sicherheitseinrichtungen vorhanden sind.

Unter die Erprobung fällt im Wesentlichen die Funktionsprüfung der Anlage und der Schutz- und Überwachungseinrichtungen, z. B. die Funktion der Prüftaste der Fehlerstromschutzeinrichtungen.

Durch Messungen wird die Wirksamkeit der Schutzmaßnahmen überprüft. Dazu gehören u. a. Messungen des Isolations- und Erdungswiderstandes. Die Messergebnisse werden unter Angabe der Leitungsarten und -querschnitte protokolliert.

9.1.3 Erweitern und Instandsetzen von Computern

Die häufigsten in einem PC anfallenden Arbeiten sind das Einsetzen bzw. Austauschen von Baugruppen zur Erweiterung oder Modernisierung oder infolge einer Reparatur. In der Regel stehen dazu Vorgehensbeschreibungen, z. B. eine Inbetriebnahmebeschreibung, zur Verfügung. Die folgende Checkliste zeigt eine allgemein gültige Vorgehensweise. Im Anschluss an die Liste sind einzelne Schritte erläutert.

Checkliste für Arbeiten im PC:

1. Im PC gespeicherte Daten sichern (Disketten, Streamer usw.)
2. Bootdiskette erstellen und testen
3. Alle Kabel abziehen (Stromversorgung, Tastatur, Bildschirm usw.)
4. PC-Gehäuse öffnen
5. Chassis erden
6. Interne Kabelverbindungen mit der zu wechselnden Baugruppe lösen

7. Alte Baugruppe (z. B. Hauptplatine) entfernen
8. Jumper auf der neuen Baugruppe einstellen
9. Neue Baugruppe einsetzen bzw. montieren
10. Zuvor gelöste interne Kabelverbindungen mit der Baugruppe wiederherstellen
11. PC-Gehäuse schließen
12. Externe Kabel wieder anschließen
13. PC probehalber mit der Bootdiskette starten
14. BIOS-Parameter eintragen und konfigurieren

Erstellen einer Bootdiskette

Nach einer Reparatur oder Erweiterung des Computers können durch Konfigurations- oder Hardwarefehler Probleme auftreten. In einem solchen Fall ist es oft hilfreich, das System mit einer separaten Bootdiskette zu starten.

Betriebssysteme wie z. B. Windows 95 bieten die Erstellung einer Startdiskette an. Anderenfalls muss die Erstellung unter DOS selbst durchgeführt werden. Dazu wird zunächst eine Diskette mit folgendem Befehl formatiert:

FORMAT A: /S

Der Schalter /S überträgt die Systemdateien auf die Diskette. Besitzt der Computer neben dem Laufwerk A ein weiteres Diskettenlaufwerk, so ist zu beachten, dass das BIOS den Start meist nur über das Laufwerk A zulässt. Auf die Diskette sollten anschließend die folgenden Dateien kopiert werden:

FORMAT.COM
FDISK.COM
CHKDSK.COM
KEYB.COM
KEYBOARD.SYS oder KEYBRD2.SYS
XCOPY.COM
EDIT.COM
QBASIC.EXE

QBASIC ist zum Start von EDIT erforderlich. Weiterhin empfiehlt es sich, eine Miniatur-CONFIG.SYS mit dem deutschen Tastaturtreiber zu erstellen.

Öffnen des PC-Gehäuses

Eingriffe in den Computer erfordern, dass das Gehäuse geöffnet wird. Dazu müssen Schrauben gelöst werden, die sich meist auf der Rückseite befinden und das Gehäuse mit dem Chassis verbinden. Um zu vermeiden, dass beim Öffnen des Gehäuses Kabel abgerissen werden, sollten zuvor sämtlich Steckverbindungen mit dem Gehäuse gelöst werden.

Bei Computern, bei denen sich der Ausschalter im Netzteil befindet, wird nach dem Öffnen des Gehäuses das Kabel für die Stromversorgung wieder eingesteckt, da so das Chassis des Computers über die Masseleitung des Kabels geerdet wird. Ist das Chassis nicht geerdet, besteht die Gefahr, dass durch Berührung empfindliche Bauteile (z. B. CMOS-ICs) zerstört werden.

Auch bei eingeschaltetem Netzteil besteht – **solange das Netzteil verschlossen bleibt** – bei Arbeiten im PC keine Gefahr, da die Spannungen max. 12 V betragen. Das gilt jedoch nicht für alle Computer.

Bei Computern, die vom Netzteil aus eine Leitung zu einem separaten Ausschalter an der Gehäusefront aufweisen, muss das Netzkabel aus Sicherheitsgründen gezogen bleiben. Hier muss das Chassis durch eine separate Leitung geerdet werden.

Austauschen der Hauptplatine

Eine der häufigsten Modernisierungsmaßnahmen ist der Austausch der Hauptplatine. Da sich auf ihr die wichtigsten Funktionseinheiten des Computers befinden, können z. B. durch einen falsch gesteckten Jumper schwerwiegende Fehler gemacht werden. Die folgende Liste zeigt wesentliche Schritte zum Aus- und Einbau einer Hauptplatine.

Checkliste für den Austausch einer Hauptplatine:

1. Kabel und Steckkarten entfernen
2. Zentralspeicher und Prozessor ausbauen
3. Alte Hauptplatine ausbauen
4. Neue Hauptplatine konfigurieren
5. Zentralspeicher und Prozessor einsetzen
6. Neue Hauptplatine einbauen
7. Steckkarten einbauen und Verkabelung wiederherstellen

Kabel und Steckkarten entfernen

Nach dem Öffnen des Gehäuses werden zunächst die Stromversorgungskabel vom Netzteil zur Hauptplatine von der Hauptplatine abgezogen. Dann werden die Kabel gezogen, die die Hauptplatine mit dem Gehäuse und mit den Steckkarten verbinden. Vor dem Abziehen sollten unbedingt die Funktionen der Kabel mit kleinen Klebezetteln gekennzeichnet werden. Das erleichtert das Aufstecken auf die neue Platine.

Zum Entfernen der Steckkarten müssen alle Schrauben gelöst werden, mit denen die Karten an der Gehäuserückwand befestigt sind. Anschließend werden die Steckkarten vorsichtig aus den Busslots gezogen.

Zentralspeicher und Prozessor ausbauen

Bevor die Hauptplatine ausgebaut wird, sollten der Zentralspeicher und der Prozessor – zum Schutz vor Beschädigungen – von der Hauptplatine entfernt werden. Der Zentralspeicher ist in Bänken angeordnet, die in Fassungen gehalten werden. Um einen sicheren Sitz der Bänke zu gewährleisten, sind sie mit Metalllaschen befestigt. Diese Laschen müssen gelöst werden, damit die Bausteine seitlich gekippt und ohne Kraftaufwendung entnommen werden können. Zum Schutz des Speichers sollte der Zentralspeicher auf leitendes Material, z. B. eine Aluminiumfolie, gelegt werden.

Vor dem Entfernen des Prozessors muss zunächst sein Aktivkühler abgebaut werden. Dazu wird mithilfe einer Zange die vorhandene Klammermechanik gelöst. Zum Ausbau des Prozessors sollte, vor allem wenn es sich um größere Prozessoren mit vielen Anschlüssen handelt, eine Prozessorzange verwendet werden. Diese ermöglicht das Lösen des Prozessors ohne nennenswerten Kraftaufwand.

Gestaltet sich das Entfernen des Prozessor schwierig, ist zu überlegen, ob zuerst die Platine und dann der Prozessor ausgebaut wird.

Ebenso wie der Zentralspeicher sollte auch der Prozessor z. B. auf einer Aluminiumfolie, die Kontakt mit allen Anschlüssen hat, gelagert werden.

▷ Alte Hauptplatine ausbauen

Nachdem die Befestigungsschrauben gelöst sind, muss die Platine ca. 1 cm vom Netzteil weggeschoben werden, damit die Abstandhalter aus ihren Befestigungen entfernt werden können. Anschließend lässt sich die Hauptplatine herausnehmen.

▷ Neue Hauptplatine konfigurieren

Bevor die neue Hauptplatine in das Gehäuse eingesetzt wird, sollte sie konfiguriert werden. Das ist auch nach dem Einbau möglich, erweist sich aber aus Platzgründen oft als schwierig. In der Regel sind einige Jumper entsprechend den Angaben im Handbuch der Hauptplatine zu setzen. Dazu gehören die Bankzuweisung des Zentralspeichers, die Anpassung der Prozessor-Taktfrequenz, die Einstellung der Bus-Taktfrequenz und der Prozessor-Versorgungsspannung.

▷ Zentralspeicher und Prozessor einsetzen

Der Einbau des Zentralspeichers erfolgt in umgekehrter Reihenfolge wie der Ausbau. Zu berücksichtigen ist dabei, dass die Module bankweise, beginnend bei der Bank mit der niedrigsten Nummerierung, eingesetzt werden. Die Speichermodule werden dabei schräg in die entsprechende Bank eingesetzt und unter leichtem Druck in die Fassung eingerastet. In jedem Fall müssen die Module fest in den Fassungen sitzen.

Nach dem Einsatz des Prozessors muss der Lüfter auf dem Prozessor befestigt werden. Dabei ist unbedingt darauf zu achten, dass sich zwischen Prozessor und Kühleroberfläche kein Luftspalt befindet, der – auch wenn er nur sehr klein ist – die Wirkung des Kühlers erheblich verringert. Hier ist es daher sinnvoll, eine Thermoleitpaste zwischen dem Prozessor und der Kühleroberfläche anzubringen.

▷ Neue Hauptplatine einbauen

Bevor die neue Platine montiert wird, müssen die Abstandhalter an geeigneten Stellen platziert werden. Dabei sollte je ein Abstandhalter an den vier Kanten und einer in der Mitte des Boards eingerastet werden. Anschließend wird die Platine im Gehäuse befestigt. Wichtig zu beachten ist, dass keine Leiterbahn oder eine andere Stelle der Hauptplatine mit geerdeten Teilen des Gehäuses in Berührung kommt.

▷ Steckkarten einbauen und Verkabelung herstellen

Zunächst werden die Steckkarten wieder eingebaut. Dann werden die vom Netzteil kommenden Stromversorgungskabel eingesteckt und anschließend die anderen vorher gekennzeichneten Verbindungskabel zu den Steckkarten und zum Gehäuse.

▷ Einbau einer Festplatte

Während der Ein- oder Umbau eines Dikettenlaufwerkes i. d. R. völlig unproblematisch ist, besteht beim Einbau einer Festplatte schon wegen des komplexen Zusammenspiels zwischen dem BIOS und dem Festplattencontroller ein relativ hoher Konfigurationsaufwand. Die folgende Liste zeigt wesentliche Schritte zum Einbau einer Festplatte als Ersatz oder als zusätzliches Gerät.

Checkliste für den Einbau einer Festplatte:

1. Festplattentyp feststellen
2. Bei zusätzlichem Einbau Jumper einstellen
3. Vorläufiger Einbau
4. Verkabelung herstellen und PC starten
5. Festplatte im BIOS anmelden
6. Festplatte formatieren
7. Betriebssystem installieren
8. Endgültiger Einbau

▷ Festplattentyp feststellen

Grundsätzlich gilt, dass sich zwei unterschiedliche Festplattentypen nicht von demselben Controller betreiben lassen. Von wenigen Ausnahmen abgesehen sind die Techniken und Bauweisen so verschieden, dass eine Kompatibilität nicht hergestellt werden kann. So lässt sich z. B. eine AT-Bus-Festplatte nicht von einem SCSI-Controller betreiben.

Also muss beim Einbau einer neuen oder zusätzlichen Festplatte darauf geachtet werden, dass Platte und Controller zusammenpassen. Bei der Identifikation von Festplatten sind neben den zu den Geräten gelieferten Unterlagen Testprogramme wie z. B. die Norton Utilities hilfreich.

▷ Bei zusätzlichem Einbau Jumper einstellen

Beim Austausch einer Festplatte sind die Jumper der neuen Platte bereits auf „one drive only" gesteckt, sodass der Controller nur eine Festplatte bedient. Wird eine zusätzlich Platte eingebaut, muss über die Jumper eine Platte als Master und eine als Slave eingestellt werden. Dadurch werden Daten, die für die Slave-Platte bestimmt sind, von der Master-Platte an die Zweitplatte durchgeschleift.

▷ Vorläufiger Einbau

In dieser Arbeitsphase sollte die Platte noch nicht fest eingebaut werden, da erfahrungsgemäß noch weitere Zugriffe auf das Laufwerk, z. B. zu Jumpern, erforderlich sind.

▷ Verkabelung herstellen und PC starten

Nach dem vorläufigen Einbau wird zunächst die Verkabelung zum Laufwerk hergestellt. Damit zur Vorbereitung des nächsten Schrittes der Computer gestartet werden kann, müssen neben der Stromversorgung die wichtigsten Peripheriegeräte Bildschirm und Tastatur angeschlossen werden.

▷ Festplatte im BIOS anmelden

Nach dem Start müssen die Festplattendaten im CMOS, einem kleinen, batteriegepufferten RAM-Bereich des BIOS, gespeichert werden. Dazu werden die Plattenparameter im Standard-CMOS-Setup eingetragen. Wie das Setup des Rechners aufgerufen wird, steht im Handbuch der Hauptplatine.

Moderne Systemen enthalten im BIOS häufig einen Auto-Detect-Mechanismus. Wird dieser aktiviert, identifiziert der Computer selbstständig die Festplatte und meldet sie an.

▷ **Festplatte formatieren**

Beim Austausch einer Festplatte muss das Betriebssystem neu installiert werden. Dazu benötigt die Platte einen Bootsektor und einige Systemdateien, die zum Start erforderlich sind. Das geschieht z. B. mit der Eingabe: FORMAT C: /S. Durch den Parameter S werden die Systemdateien IO.SYS und MSDOS.SYS und der Befehlsinterpreter COMMAND.COM übertragen.

Bei der Erweiterung des Computers um eine zweite Festplatte muss beim Formatierbefehl der Buchstabe des logischen Laufwerkes, z. B. D, eingegeben werden: FORMAT D:

▷ **Betriebssystem installieren**

Diese Arbeit erfolgt nach den Anweisungen des Handbuches.

▷ **Endgültiger Einbau**

Nach einem Funktionstest der Festplatte erfolgt der endgültige Einbau in den Einbaurahmen. Dabei sollte besonders darauf geachtet werden, dass nur die Schrauben verwendet werden, die zu dem Gerät gehören. Anderenfalls besteht die große Gefahr, dass z. B. durch zu lange Schrauben die Elektronik in der Festplatte beschädigt wird.

9.1.4 Fehlersuche und Fehlerbeseitigung

Häufig funktioniert der Computer nach dem Einschalten nicht so, wie man es wünscht. Dann liegt ein Fehler vor, den man möglichst schnell beheben will. Eine wesentliche Voraussetzung dafür ist eine überlegte Vorgehensweise.

▷ **Fehlersuche**

Bei der Fehlersuche lassen sich grundsätzlich drei Fehlerarten unterschieden:

- Fehler, die unmittelbar nach dem Einschalten auftreten,
- Fehler, die beim Laden des Betriebssystems auftreten, und
- Fehler, die nach dem Start einer Anwendung auftreten.

Fehler, die unmittelbar nach dem Einschalten auftreten, sind in der Regel Fehler in den Grundfunktionen des Systems, z. B. defekte oder falsch konfigurierte Hardwarekomponenten oder falsche Jumpereinstellungen. Diese Fehler werden von der Selbsttestroutine POST (siehe unten) erkannt und gemeldet.

Fehler, die beim Laden des Betriebssystems auftreten, sind meist Fehler in der Konfiguration des Betriebssystems, z. B. wenn es bei der Verwendung unterschiedlicher Gerätetreiber zu Adressenkonflikten kommt. Fehler dieser Art werden häufig vom Betriebssystem erkannt und gemeldet.

Fehler, die nach dem Start einer Anwendung auftreten, werden in den meisten Fällen durch das Anwenderprogramm oder dessen Konfiguration verursacht.

Die meisten Fehler treten nach einer Erweiterung oder Modernisierung des Computers auf. In einem solchen Fall sollte man zunächst überprüfen, ob

- Kabel und Stecker richtig montiert und richtig eingesteckt sind,
- Jumper richtig gesteckt sind,
- Interrupts, DMA-Kanäle und I/O-Adressen nur von den dafür vorgesehenen Komponenten genutzt werden,
- die Eintragungen im System-BIOS korrekt sind und
- die neue Karte mechanisch richtig eingebaut ist.

Fehler, die während des Betriebes durch ein defektes Bauteil auftreten, sind erheblich seltener als Fehler nach einer Erweiterung bzw. Modernisierung, dafür aber i. d. R. auch schwerer zu lokalisieren. Hier hilft es häufig weiter, eine vermutlich defekte Karte probeweise durch eine intakte Karte zu ersetzen. Funktioniert dann der Computer wieder, ist die fehlerhafte Karte erkannt.

Eine weiter mögliche Vorgehensweise ist die Eingrenzung des Fehler. Hierbei werden nacheinander Komponenten, die nicht zur Grundfunktion des Computers gehören, deaktiviert oder elektrisch abgetrennt. Funktioniert der Computer nach dem Deaktivieren einer Karte wieder, weist diese Karte – von Ausnahmen abgesehen – einen Fehler auf.

Die bisherigen Ausführungen zeigen, dass bei der Fehlersuche durchaus probeweise Hardwareeinstellungen oder Softwareeintragungen verändert werden müssen. Dabei sollte unbedingt beachtet werden:

> Vor einer Hardware- oder Softwareveränderung muss der Ist-Zustand des Computers notiert bzw. in einer Datei gesichert werden.

▷ Die Selbsttestroutine POST

Zu den Startroutinen, die der PC beim Booten automatisch durchführt, gehört die POST-Routine. **POST** steht für **P**ower **O**n **S**elf **T**est. Diese Routine führt einen umfangreichen Selbsttest durch, bei dem Prozessor, Hauptplatine, Speicher usw. überprüft werden. Die einzelnen Tests sind kurz und nicht so gründlich, wie es mithilfe spezieller Diagnosesoftware möglich ist; die Tests sind aber zum frühzeitigen Erkennen besonders schwerer Fehler unverzichtbar.

Ist ein Fehler besonders schwerwiegend, also ein so genannter Fatal Error, stoppt die POST-Routine den Bootvorgang und meldet den Fehler akustisch oder gibt eine Meldung auf dem Bildschirm aus.

Akustische POST-Fehlermeldungen

Die akustischen Fehlermeldungen bestehen aus einer bestimmten Anzahl von Piepstönen (Beeps), die auf eine fehlerhafte Komponente hinweisen. Leider sind diese akustischen Fehlermeldungen nicht standardisiert, sie variieren je nach Hersteller und BIOS-Version. Die folgende Tabelle zeigt ein Beispiel.

Piepston	**Fehler**
1 x kurz	DRAM Refresh Failure. Die Refresh-Funktion der Speichermodule ist fehlerhaft: z. B. Kontaktfehler, RAM falsch bestückt oder defekt.
2 x kurz	Parity Circuit Failure. Prüfsummenfehler: z. B. Kontaktfehler oder RAM defekt.
3 x kurz	Base 64K RAM Failure. Fehler im ersten 64-KByte-Block: z. B. Kontaktfehler, RAM defekt.
4 x kurz	System Time Failure. Interner Taktgeber defekt.
5 x kurz	Processor Failure. Prozessor falsch gesteckt oder defekt.
6 x kurz	Keyboard Controller Gate A20 Error. Tastatur oder Tastaturcontroller defekt.
7 x kurz	Virtual Mode Expection Error. Ausnahme-Interrupt des Prozessors.
8 x kurz	Display Memory Read/Write Test Failure. Speicher der Grafikkarte defekt: z. B. Kontaktfehler oder zu hoher Bustakt.
9 x kurz	ROM BIOS Checksum Failure. Prüfsummenfehler im CMOS-RAM: z. B. BIOS-IC defekt.
10 x kurz	CMOS Shutdown Read/Write Error. CMOS-Speicherbaustein defekt.
Andauernder Piepston	Netzteil defekt.

POST-Fehlermeldungen auf dem Bildschirm

Die POST-Routine gibt auf dem Bildschirm den Test des Arbeitsspeichers aus, wobei zum Schluss der Gesamtbetrag des erfolgreich getesteten Speichers angezeigt wird, z. B.: 32768 KB OK. Die angezeigte Zahl sollte mit dem installierten Speicher auf der Hauptplatine übereinstimmen.

Hat die POST-Routine einen Fehler entdeckt, wird die zugehörige Fehlermeldung auf dem Bildschirm angezeigt. Die meist erforderlichen weiterführenden Erläuterungen stehen i. d. R. im Hardware-Wartungshandbuch.

Neben der POST-Routine gibt es sowohl allgemeine Diagnoseprogramme wie spezielle Programme z. B. zum Test des Speichers oder zum Test von Festplatten.

■ Die Beseitigung von Fehlern

Die bisher aufgeführten Beispiele zeigen nur einen Teil der möglichen Fehlermeldungen. Da in den meisten Fällen pro Fehlermeldung mehrere Ursachen infrage kommen, ergibt sich eine Vielzahl von Möglichkeiten zur Beseitigung von Fehlern. Die folgenden Ausführungen zeigen einige wenige Beispiele.

▷ Fehler im Netzteil

Ist das Netzteil defekt, tut sich nach dem Einschalten des Computers nichts. Weder wird das Betriebssystem geladen noch wird eine möglicherweise vorhandene Diagnosekarte helfen. Alle Komponenten des Computers sind von der internen Stromversorgung abhängig.

Beim Verdacht auf einen Fehler im Netzteil sollte zunächst überprüft werden, ob der Computer überhaupt an die Netzspannung angeschlossen ist. Ist das der Fall, sollte die Geräteschutzsicherung überprüft werden. Sie gehört zum Netzteil und ist i. d. R. an der Rückseite des Gehäuses angebracht. Meist lässt sie sich mithilfe eines Schraubendrehers herausnehmen. Dabei gilt unbedingt:

> **!** Beim Öffnen des Sicherungsgehäuses und beim Herausnehmen und Einsetzen der Geräteschutzsicherung muss der Computer von Netz getrennt sein.

Ist die Geräteschutzsicherung nicht durchgeschmolzen, sollten die Gleichspannungen 5 V und 12 V überprüft werden. Das geschieht mit einem Spannungsmesser für Gleichspannung (z. B. einem Digitalmultimeter) am Ausgang des Netzteils. Dazu muss das PC-Gehäuse geöffnet werden. Um Messfehler zu vermeiden, müssen die 5-V- und 12-V-Versorgungsleitungen aus dem Netzteil gezogen werden.

Die Farben der Versorgungsleitungen kennzeichnen die Funktion der jeweiligen Ader. In den meisten Fällen gilt:

- Die beiden schwarzen Adern bilden die Verbindung zur Masse,
- die gelbe Ader führt die 5-V-Versorgungsspannung (+ 5 V) und
- die rote Ader führt die 12-V-Versorgungsspannung (+ 12 V).

Werden die vorgegebenen Werte 5 V und 12 V nicht gemessen, handelt es sich offenbar um einen Defekt im Netzteil. Das Netzteil muss ausgetauscht werden. Dazu muss der Computer wieder vom Netz getrennt werden.

Ist der Metallfaden der Geräteschutzsicherung geschmolzen, muss die Sicherung durch eine neue Sicherung desselben Typs, d. h. mit denselben geometrischen und elektrischen Daten, ausgetauscht werden. Wird auch diese Sicherung nach dem erneuten Einschalten zerstört, liegt vermutlich ein Defekt des Netzteils vor. Allerdings kann der Fehler auch durch einen Kurzschluss im Computer hervorgerufen werden.

▷ Fehlerbehebung nach Fehlermeldungen

Abhängig von einem vorliegenden Fehler werden nach dem Einschalten unterschiedliche Fehlermeldungen auf dem Bildschirm angezeigt. Die folgenden Beispiele zeigen nur einen kleinen Ausschnitt.

INTERRUPT EXCEPTION ERROR. Diese Meldung wird bei einem Fehler bei einer Interruptzuweisung ausgegeben und weist in der Regel auf einen Fehler auf einer Erweiterungskarte hin.

Zur Beseitigung des Fehlers sollten alle Erweiterungskarten entfernt werden. Nur die Grafikkarte und eventuell die Multi-I/O-Karte sollten im PC verbleiben. Startet der PC ohne diese Karten, können sie nacheinander wieder eingesetzt werden. Ist eine Karte defekt, so lässt sie sich auf diese Weise leicht finden.

CACHE MEMORY BAD. Bei dieser Fehlermeldung ist der Second-Level-Cache-Speicher auf der Hauptplatine defekt. Betroffen sein können ein oder mehrere Speicherbausteine.

Zur Fehlerbehebung wird der defekte Baustein bzw. der gesamte Cache-Speicher ausgetauscht. Ist eine kurzfristige Fehlerbehebung nicht möglich, kann der Cache-Speicher im BIOS mit dem Schalter „External Cache Enabled" deaktiviert werden.

CMOS CHECKSUM FAILURE. Diese Fehlermeldung tritt u. a. nach einer Erweiterung des Zentralspeichers auf. Die Meldung weist auf einen Prüfsummenfehler zwischen der Gesamtkapazität der neuen RAM-Module und der noch bestehenden alten Vorgabe hin.

Zur Beseitigung wird das CMOS-Setup-Programm aufgerufen, um die aktuellen Daten im BIOS abzuspeichern. Dabei wird eine neue Prüfsumme gebildet, wodurch die Fehlermeldung beim nächsten Start nicht mehr auftritt.

CMOS BATTERY STATE LOW. Der PC konnte die beim letzten Start bestehende BIOS-Konfiguration nicht speichern, weil die dazu erforderliche Batterie bzw. der Akku entladen oder defekt ist. Der PC bricht den Bootvorgang ab.

Die Batterie bzw. der Akku befindet sich auf der Hauptplatine. Zur Überprüfung sollte die Spannung gemessen werden. Dazu muss das Gehäuse geöffnet werden. Liegt die gemessene Spannung deutlich unter 3 V, muss die Batterie ausgetauscht bzw. der Akku aufgeladen werden.

9.1.5 Service bei Computersystemen

Jeder Anwender, der mit seinen Computersystemen über längere Zeit hinweg störungsfrei arbeiten will, muss diese Systeme warten und pflegen. Das bedeutet: Für jeden Anwender ist ein Serviceprogramm von großer Bedeutung. Grundsätzlich lässt sich dabei zwischen einem aktiven und einem passiven Service unterscheiden.

■ Aktiver Service

Dieser Service sorgt dafür, dass sich ein Computersystem immer in einem optimalen technischen Zustand befindet und möglichst lange genutzt werden kann. Zu den in regelmäßigen Abständen durchgeführten Wartungsarbeiten gehören vor allem

- die Reinigung des gesamten Systems und seiner einzelnen Bauteile,
- das Schmieren der beweglichen Teile des Systems und
- die Überprüfung der richtigen Sockelung der ICs.

Die regelmäßige Reinigung der Systeme ist deswegen sehr wichtig, da Staub, der sich im Gehäuse ablagert, zu ernsten Problemen führen kann. Einerseits verhindert Staub, dass die Wärme richtig abgeführt werden kann, was sich negativ auf die Lebensdauer der Komponenten auswirkt.

Andererseits kann Staub elektrisch leitende Teilchen enthalten, die Kurzschlüsse an Bausteinen verursachen und Verschmutzungen und Korrosionen an den Anschlüssen hervorrufen können.

In diesem Zusammenhang sei erwähnt, dass Zigarettenrauch elektrische leitende Chemikalien enthält, die – ebenfalls wie Staub – Korrosionen verursachen können. Daher sollte in der Nähe von Computersystemen nicht geraucht werden.

Zum Schmieren beweglicher Teile, wie z. B. der beweglichen Teile eines Diskettenlaufwerkes, sollten Schmiermittel auf Silikonbasis verwendet werden. Normales Schmieröl sollte nicht genutzt werden, da es verklebt und Staub anzieht.

Durch das ständige Erwärmen und Abkühlen der Bauteile innerhalb eines Computers werden auch die ICs gedehnt und zusammengezogen. Das führt dazu, dass sich die ICs in ihren Sockeln lockern. Man spricht dabei von einer Kriechdehnung. Also müssen die gesockelten ICs auf richtigen Sitz überprüft werden.

Passiver Service

Der passive Service beinhaltet die Maßnahmen, die verhindern, dass Computersysteme sowohl durch elektrische Einflüsse wie schwankende Versorgungsspannungen, elektrostatische Ladungen (vgl. Abschnitt 4.2) oder elektromagnetische Störungen (vgl. Abschnitt 4.3) beeinträchtigt werden wie auch durch eine zu hohe Umgebungstemperatur, eine Umgebung mit Staub- und Rauchentwicklung oder durch Stoß- und Vibrationseinwirkungen.

Auf einen Blick

- Zu wichtigem Werkzeug in einer Computerwerkstatt gehören Schraubendreher, Steckschlüssel, Kombizange, Seitenschneider , Abisolierzange, Pinzette, Mess- und Prüfgeräte. Die Arbeitsplätze müssen den sicherheitstechnischen und den ergonomischen Anforderungen entsprechen.
- Vor der Übergabe einer IT-Anlage erfolgt die Inbetriebnahme und eventuell eine Abnahme.
  Bei der Inbetriebnahme werden Geräte und Software unter realistischen Gegebenheiten beim Kunden eingesetzt.
  Eine Abnahme wird z. B. vom Auftragnehmer gefordert, um abzusichern, dass die von ihm erbrachten Arbeiten den zuvor getroffenen Vereinbarungen entsprechen.
  Bei der Übergabe wird die ordnungsgemäße Ausführung und Funktion der Anlage überprüft.
- Die Erweiterung eines Computers, z. B. durch ein ZIP-Laufwerk, entspricht einer Inbetriebnahme dieses Laufwerkes. Die Vorgehensweise ist i. d. R. in der zugehörigen Inbetriebnahmeanleitung beschrieben.
- Bei der Fehlersuche ist eine überlegte und strukturierte Vorgehensweise wichtig. Dazu gehören u. a. die Zuordnung und Eingrenzung des Fehlers. Dieser kann z. B. durch die Grundfunktionen des Systems, die Konfiguration des Betriebssystems oder ein Anwenderprogramm verursacht werden.
- Das Ziel der Wartung von IT-Anlagen ist, dass diese sich in einem optimalen technischen Zustand befinden und somit langfristig störungsfrei betrieben werden können. Dazu ist eine regelmäßige Vorsorge und Überprüfung erforderlich.

9.2 Sicherheitstechnische Prüfungen bei IT-Geräten

Einstiegssituation Ein IT-Fachmann hat bei einem PC das defekte Netzteil ersetzt. Nach den geltenden Vorschriften muss vor der Wiederbenutzung des Computers eine sicherheitstechnische Prüfung erfolgen. Maßgebend für die Durchführung dieser Prüfungen sind die Vorschriften für elektrische Geräte VBG4, DIN VDE 0701 und DIN VDE 0702. Für medizinische Geräte gelten besondere Bestimmungen.

Was sagen die Vorschriften für elektrische Geräte aus? Was muss geprüft werden, wie müssen die Prüfungen durchgeführt werden?

9.2.1 Die Unfallverhütungsvorschrift VBG 4

Die Berufsgenossenschaften sind Träger der Versicherungen gegen Betriebsunfälle. Zur Vermeidung solcher Unfälle geben die Genossenschaften Unfallverhütungsvorschriften (UVV) heraus. Die für den Bereich Elektrotechnik herausgegebene Unfallverhütungsvorschrift heißt VBG 4. Eine wesentliche Aussage ist:

Der Unternehmer muss dafür sorgen, dass elektrische Anlagen und Betriebsmittel auf ihren ordnungsgemäßen Zustand geprüft werden, und zwar
- vor der ersten Inbetriebnahme und nach jeder Änderung oder Instandsetzung vor der Wiederinbetriebnahme durch eine Elektrofachkraft oder unter Leitung und Aufsicht einer Elektrofachkraft und
- in bestimmten Zeitabständen (Wiederholungsprüfung), die so zu bemessen sind, dass entstehende Mängel, mit denen gerechnet werden muss, rechtzeitig festgestellt werden.

Hinsichtlich der Zeitabstände bei Wiederholungsprüfungen und der prüfenden Personen gilt entsprechend Abb. 9.1:

Anlage, Betriebsmittel	Prüffrist	Prüfer
Elektrische Anlagen und ortsfeste Geräte	4 Jahre	Elektrofachkraft
Elektrische Anlagen und ortsfeste Geräte in Betriebsstätten, Räumen und Anlagen besonderer Art	1 Jahr	Elektrofachkraft
Ortsveränderliche Geräte und Verlängerungs- und Geräteanschlussleitungen mit Steckvorrichtungen	Richtwert von 6 Monaten (auf Baustellen 3 Monate), Verlängerung der Prüffrist möglich	Elektrofachkraft oder bei Verwendung geeigneter Mess- und Prüfgeräte eine elektrotechnisch unterwiesene Person

Abb. 9.1 Prüffristen für Wiederholungsprüfungen

Ortsfeste Geräte sind an einen festen Aufstellungsort gebunden und entweder fest angeschlossen oder Geräte, die mit einer Steckvorrichtung ausgestattet sind, aber aufgrund ihres Einsatzes oder ihrer Größe betriebsmäßig nicht bewegt werden, wie z. B. Großrechner.

Ortsveränderliche Geräte sind Geräte, die entsprechend ihrer typischen Benutzung bewegt werden können. Hierzu gehören Geräte mit Anschlussleitungen, wie z. B. Tischcomputer und Geräte der Fernmelde- und Informationstechnik.

Elektrofachkraft ist, wer aufgrund seiner fachlichen Ausbildung, seiner Kenntnisse und Erfahrungen einschließlich der einschlägigen Normen die ihm übertragenen Arbeiten beurteilen und mögliche Gefahren erkennen kann. Die Elektrofachkraft trägt Fachverantwortung.

Elektrotechnisch unterwiesene Person ist, wer durch eine Fachkraft über die übertragenden Aufgaben und die möglichen Gefahren bei unsachgemäßem Verhalten unterrichtet und erforderlichenfalls angelernt sowie über die notwendigen Schutzeinrichtungen und Schutzmaßnahmen belehrt wurde.

Im Unterschied zur Fachkraft trägt die unterwiesene Person keine Fachverantwortung; ihr dürfen nur Arbeiten an elektrischen Anlagen und Geräten übertragen werden, wenn eine eindeutige Festlegung des Umfangs dieser Arbeiten möglich ist. Dazu gehören u. a.

- das Ersetzen von Steckdosen, Steckvorrichtungen, Schaltern und Lampenfassungen in einphasigen Stromkreisen oder
- das Abnehmen und Anbringen einphasiger Betriebsmittel.

9.2.2 Sicherheitstechnische Prüfung nach Instandsetzung oder Änderung

Nach einer Instandsetzung oder Änderung muss gemäß DIN VDE 0701 eine sicherheitstechnische Prüfung durchgeführt werden. Ziel der Prüfung ist, dass das Gerät den anerkannten technischen Anforderungen entspricht. Änderungen sind dabei nur in dem vom Hersteller angegebenen Rahmen zulässig.

Ist die Sicherheit des Gerätes nicht gegeben, weil eine fachgerechte Instandsetzung nicht möglich ist oder der Benutzer die Instandsetzung nicht durchführen lassen will, muss dem Benutzer die von dem Gerät ausgehende Gefahr schriftlich mitgeteilt werden.

Alle sicherheitstechnischen Prüfungen enthalten eine Sichtprüfung, die Messung bestimmter Messwerte nach vorgegebenen Messschaltungen und eine Funktionskontrolle.

Grundlegend für die Prüfung elektrischer Geräte sind die „Allgemeinen Anforderungen", das ist Teil 1 der Norm DIN VDE 0701. Für Geräte der Informationstechnik, wie Computer usw., gelten zusätzlich die „Sicherheitsfestlegungen für Datenverarbeitungseinrichtungen und Büromaschinen", das ist der Teil 240.

Die Sichtprüfung

Die Sichtprüfung deckt – einfach durch Inaugenscheinnahme – viele Gerätefehler auf. Nach Teil 1 (Allgemeine Anforderungen) erfolgt die Besichtigung u. a. anhand folgender Fragen:

- Weisen Gehäuse, Stecker, Anschlussleitung oder Schalter Schäden auf?
- Ist die Zugentlastung unwirksam oder der Knick- und Biegeschutz defekt?
- Sind Schutzabdeckungen in einwandfreiem Zustand und ordnungsgemäß befestigt?
- Sind Kühlöffnungen verschmutzt oder Luftfilter zugesetzt?
- Sind Teile unzulässig verschmutzt oder besteht Korrosion?
- Ist die Schutzart beeinträchtigt?
- Weist der Schutz gegen direktes Berühren Mängel auf?
- Sind Anzeichen von Überlastung oder unsachgemäßem Gebrauch zu erkennen?
- Sind unzulässige Eingriffe oder Änderungen zu erkennen?
- Ist die Bestückung mit Sicherungen und Lampen in Ordnung?

Für die Sichtprüfung bei Geräten der Informationstechnik gilt gemäß Teil 240 zusätzlich, dass bei der Verwendung von Schmelzsicherungen neben der Nennstromstärke auch die vom Hersteller vorgeschriebene Abschmelzcharakteristik zu berücksichtigen ist.

■ Messungen nach dem Allgemeinen Teil (Teil 1)

Nicht alle sicherheitstechnischen Mängel können mithilfe der Sichtprüfung erkannt werden. Deshalb werden in einem zweiten Schritt folgende Messungen durchgeführt:

- Messung des Schutzleiterwiderstandes
- Messung des Isolationswiderstandes
- Messung des Ersatzableitstromes

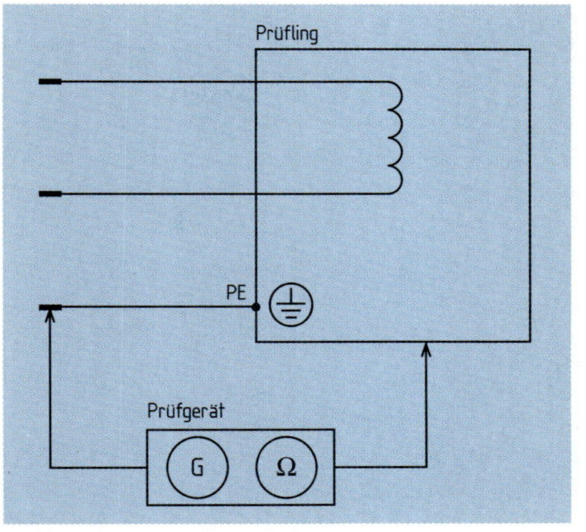

Abb. 9.2 Messung des Schutzleiterwiderstandes bei ortsveränderlichen Geräten

▷ Messung des Schutzleiterwiderstandes

Bei **Geräten mit Netzanschlussleitung** und Stecker ist entsprechend Abb. 9.2 mit einem Prüfgerät der Schutzleiterwiderstand des zu prüfenden Gerätes (Prüfling) zwischen berührbaren Metallteilen des Gehäuses und dem Schutzkontakt des Netz- oder Gerätesteckers zu messen. Während der Messung muss die Anschlussleitung bewegt werden.

Bei **fest angeschlossenen Geräten** wird der Schutzleiterwiderstand zwischen berührbaren Metallteilen des Gehäuses und dem Schutzkontakt einer zum gleichen Stromkreis gehörenden Schutzkontaktsteckdose gemessen (Abb. 9.3). Dabei müssen die vorgeschalteten Sicherungen entfernt werden.

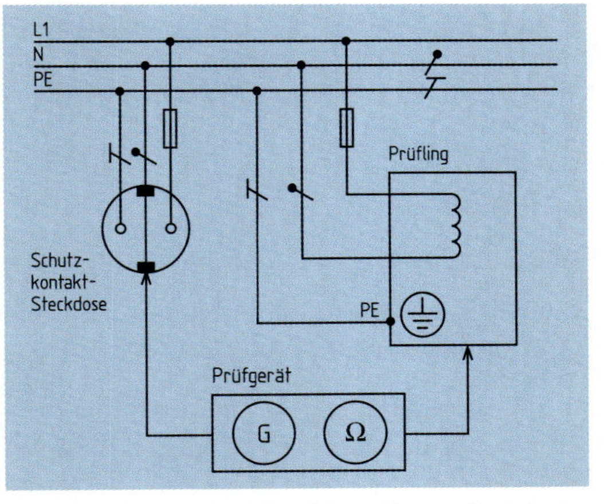

Abb. 9.3 Messung des Schutzleiterwiderstandes bei ortsfesten Geräten

Sowohl für Geräte mit Netzanschlussleitung wie für fest angeschlossene Geräte gelten nach DIN VDE 0701 Widerstandswerte bis ca. 1 Ω als zulässig. Je nach Gerätegruppe können auch kleinere Werte zwischen 0,3 ... 0,5 Ω festgestellt werden.

▷ Messung des Isolationswiderstandes

Der Isolationswiderstand wird zwischen betriebsmäßig unter Spannung stehenden Teilen und dem Gehäuse gemessen (Abb. 9.4). Dabei werden die Netzanschlüsse L1 und N miteinander verbunden. Bei der Messung müssen alle Schalter des Gerätes eingeschaltet sein, ebenso wie – soweit vorhanden – temperaturgesteuerte Schalter oder Temperaturregler.

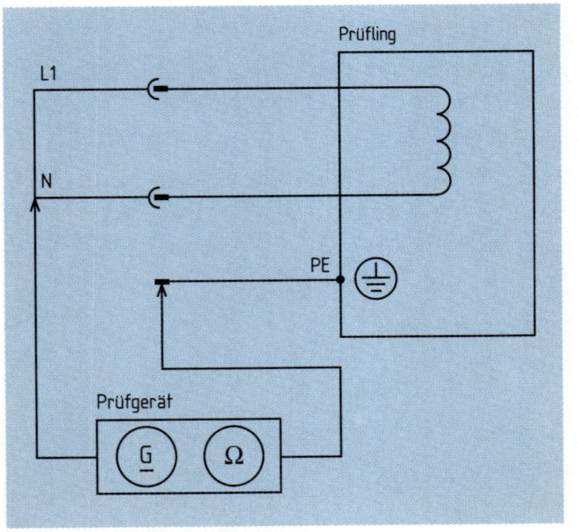

Abb. 9.4 Messung des Isolationswiderstandes

Der Isolationswiderstand darf nicht kleiner sein als

- 0,5 MΩ bei Geräten der Schutzklasse I
- 2,0 MΩ bei Geräten der Schutzklasse II
- 0,25 MΩ bei Geräten der Schutzklasse III

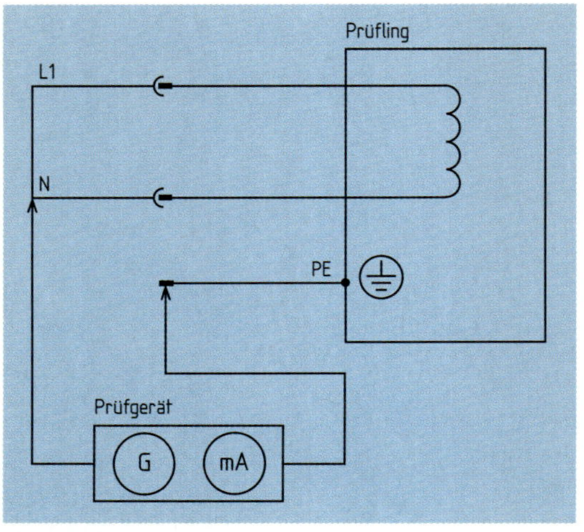

Abb. 9.5 Messung des Ersatzableitstromes

▷ Messung des Ersatzableitstromes

Diese Messung ist bei Geräten der Schutzklasse I gefordert, wenn

- Elektrowärmegeräte mit Heizelementen den geforderten Mindestisolationswiderstand von 0,5 MΩ nicht erreichen oder
- bei einer Instandsetzung oder Änderung des Gerätes Kondensatoren ersetzt oder eingesetzt wurden.

Die Messung erfolgt gemäß Abb. 9.5. Dabei muss der Prüfling vom Stromkreis galvanisch getrennt sein. Wie bei der Isolationsmessung müssen alle Schalter und Temperaturregler eingeschaltet sein.

Die Grenzwerte für den Ersatzableitstrom betragen

- für Geräte, bei denen Kondensatoren eingebaut oder ersetzt wurden, und bei Geräten mit Heizelementen bis 6 kW Heizleistung maximal 7 mA.
- für Geräte mit einer Heizleistung über 6 kW maximal 15 mA.
- für Geräte mit zusätzlichem Potenzialausgleich und festem Netzanschluss pro kW Heizleistung 1 mA.

■ Besonderheiten bei Messungen an Geräten der Informationstechnik (Teil 240)

Datenverarbeitungseinrichtungen und Büromaschinen sind oft über Datenleitungen miteinander verbundene eigenständige Geräte. Daher ist eine Prüfmethode anzuwenden, bei der die Datenleitungen nicht unterbrochen werden müssen. Somit weisen die Messungen bei Geräten der Informationstechnik gegenüber den allgemeinen Anforderungen (Teil 1) Besonderheiten auf. U. a. betrifft das die Schutzleiter- und Isolationsprüfung.

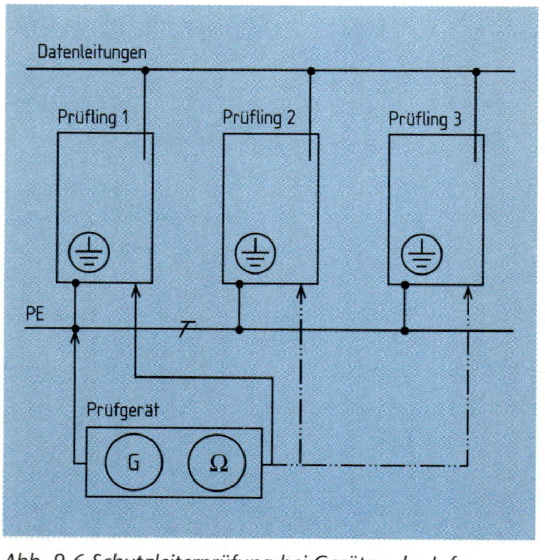

Abb. 9.6 Schutzleiterprüfung bei Geräten der Informationstechnik

▷ Schutzleiterwiderstandsmessung

Bei ortsveränderlichen Geräten mit Anschlussleitung und Netzstecker darf der Schutzleiterwiderstand maximal 0,3 Ω betragen. Die Messung erfolgt entsprechend Abb. 9.2.

Bei fest angeschlossenen Gerätekombinationen, z. B. einem Datenverarbeitungssystem oder einer Büromaschinenkombination, erfolgen Einzelmessungen zwischen berührbaren leitfähigen Teilen und einem Erdpunkt, z. B. dem Schutzkontakt einer Steckdose des gleichen Stromkreises (Abb. 9.6).

Können bei der Messung die Datenleitungen, die die zu prüfenden Geräte miteinander verbinden, aufgetrennt werden, darf der Schutzleiterwiderstand maximal 1 Ω betragen.

Ist bei Gerätekombinationen die Trennung der verbindenden Datenleitungen nicht möglich oder nicht ratsam, dürfen die Messwerte bei den einzelnen Geräten untereinander nicht um mehr als 0,2 Ω voneinander abweichen.

Im Unterschied zum Allgemeinen Teil (Teil 1) wird gemäß Teil 240 bei Geräten der Informationstechnik statt der Messung des Isolationswiderstandes eine Messung des Berührungsstromes durchgeführt.

▷ Messung des Berührungsstromes

Bei Geräten der Schutzklasse II muß die Spannungsfreiheit berührbarer leitfähiger Teile des Benutzungsbereichs geprüft werden. Das gilt ebenso für Geräte der Schutzklasse I, wenn berührbare leitfähige Teile nicht mit dem Schutzleiter verbunden sind.

Gemessen wird der Berührungsstrom (Abb. 9.7). Das ist der Strom, der bei Geräten mit berührbaren leitfähigen Teilen, die nicht mit dem Schutzleiter verbunden sind, über eine Person zur Erde fließen kann. Bei der Messung gilt:

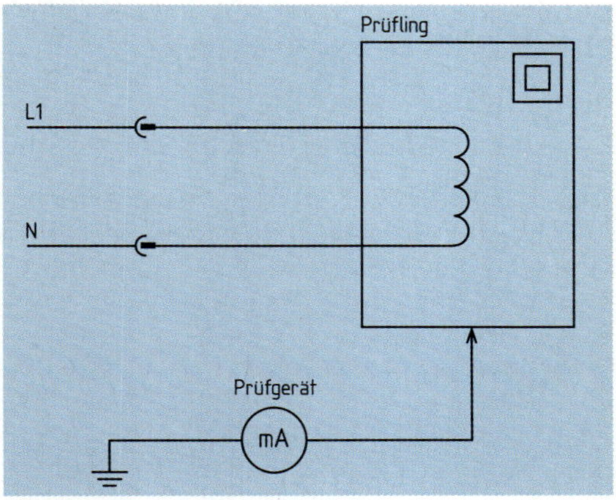

Abb. 9.7 Messung des Berührungsstromes

- Das Gerät muss mit der Nennspannung betrieben werden.
- Gemessen werden muss in beiden Positionen des Netzsteckers.
- Der Berührungsstrom darf maximal 0,25 mA betragen.

Bei Geräten, die durch Übertragungsleitungen miteinander verbunden sind, wird jeweils zwischen berührbaren leitfähigen Teilen und dem Schutzkontakt einer nahe gelegenen Schutzkontaktsteckdose gemessen. Auch bei dieser Messung darf der Berührungsstrom maximal 0,25 mA betragen.

Funktionsprüfung

Befinden sich die Messwerte in den vorgeschriebenen Grenzen, erfolgt die Funktionskontrolle des Gerätes. Dabei soll nachgewiesen werden, dass bei einem den Herstellerangaben entsprechenden Gebrauch des Gerätes keine Sicherheitsmängel bestehen.

Aufschriften, die nicht mehr lesbar sind und der Sicherheit dienen, sind wiederherzustellen. Gegebenenfalls müssen nach Änderungen Aufschriften ergänzt oder geändert werden.

Bei Geräten der Informationstechnik ist nach Teil 240 besonders darauf zu achten, dass Warneinrichtungen, Netztrenneinrichtungen und Verriegelungen einwandfrei funktionieren.

9.2.3 Wiederholungsprüfung an elektrischen Geräten

Die Wiederholungsprüfung ist in DIN VDE 0702 festgelegt. Sie muss in bestimmten Zeitabständen (Prüffristen) durchgeführt werden. Die Prüffristen sind in der Unfallverhütungsvorschrift VBG 4 festgelegt (vgl. Abb. 9.1). Die Prüfung gilt als Nachweis, dass der Schutz gegen direktes und bei indirektem Berühren wirksam ist. Anderenfalls gilt:

> Elektrische Geräte, die den sicherheitstechnischen Anforderungen nicht entsprechen, müssen instand gesetzt werden oder sie dürfen nicht weiter im Betrieb bleiben.

Die Prüfung muss durch eine Elektrofachkraft oder – unter bestimmten Bedingungen – von einer elektrotechnisch unterwiesenen Person durchgeführt werden. Steht eine Elektrofachkraft betriebsintern nicht zur Verfügung, muss ein fremder, externer Prüfer z. B. aus dem Elektrohandwerk beauftragt werden.

Ebenso wie jede Prüfung vor der Inbetriebnahme oder nach einer Änderung oder Instandsetzung beinhaltet eine Wiederholungsprüfung die Sichtkontrolle, Messungen und die Funktionskontrolle. Sicht- und Funktionskontrolle und die Messungen des Isolationswiderstandes und des Ersatzableitstromes erfolgen wie bereits in Abschnitt 9.2.2 beschrieben (DIN VDE 0701). Für die Messung des Schutzleiterwiderstandes gelten zusätzliche Bedingungen. Außerdem beinhaltet DIN VDE 0702 weitere Messungen.

■ Zusätzliche Bedingungen bei der Messung des Schutzleiterwiderstandes

Nach DIN VDE 0702 gilt für Wiederholungsprüfungen bei Geräten mit Anschlussleitungen bis zu 5 m Länge für den Schutzleiterwiderstand der Maximalwert 0,3 Ω. Bei längeren Anschlussleitungen werden für jede weitere 7,5 m Leitung 0,1 Ω hinzugerechnet.

■ Weitere Messungen nach DIN VDE 0702

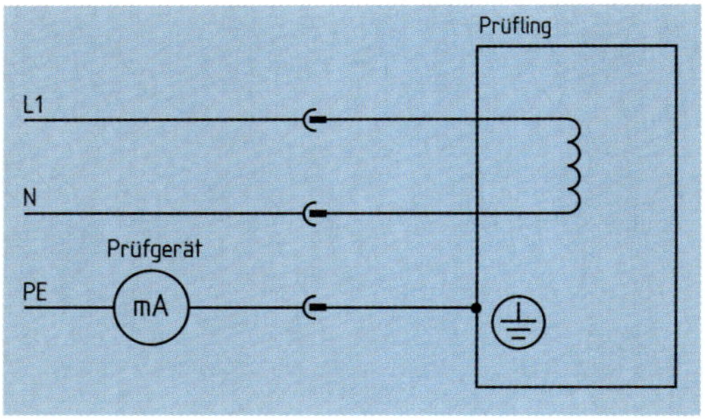

Abb. 9.8 Messung des Schutzleiterstromes

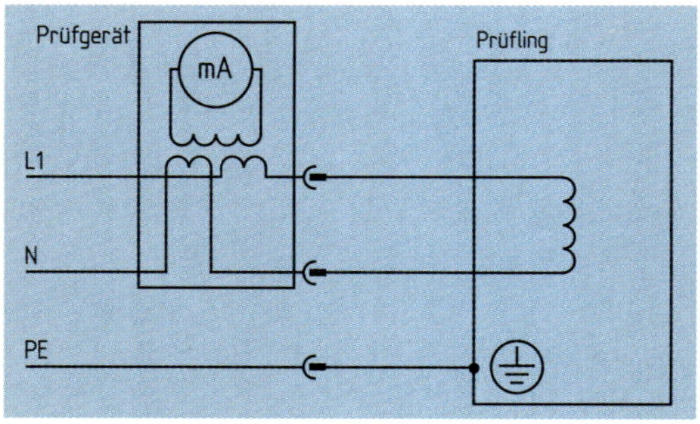

Abb. 9.9 Differenzstrommessung

▷ Messung des Schutzleiterstromes und des Differenzstromes

Nicht bei allen Geräten der Schutzklasse I ist eine Messung des Isolationswiderstandes ausreichend oder möglich, weil z. B.

- nicht alle Teile, die unter Netzspannung stehen können, mit dem Schutzleiter verbunden sind oder
- die Prüfspannung (500 V) zu hoch ist.

In diesen Fällen wird die Messung des Schutzleiterstromes (Ableitstromes) gemäß Abb. 9.8 oder eine Differenzstrommessung (Abb. 9.9) durchgeführt.

Der Vorteil der Differenzstrommessung besteht darin, dass der dem Prüfling zugeführte Strom mit dem abfließenden Strom verglichen wird. Dadurch werden alle aus dem aktiven Stromkreis abfließenden Ströme erfasst. Bei der Schutzleiterstrommessung dagegen wird nur der über den Schutzleiter abfließende Strom gemessen.

Bei der Prüfung muss das Gerät mit Nennspannung betrieben werden. Der Strom darf bei beiden Messungen 3,5 mA nicht überschreiten und ist in beiden Positionen des Netzsteckers zu messen.

▷ Messung des Berührungsstromes

Bestehen bei Geräten der Schutzklassen II mit berührbaren leitfähigen Teilen, z. B. bei Geräten der Informationstechnik, Bedenken gegen die Messung des Isolationswiderstandes, darf die Messung des Berührungsstromes, wie in Abb. 9.7 dargestellt, oder eine Differenzstrommessung (Abb. 9.9) durchgeführt werden.

Das zu prüfende Gerät muss mit Nennspannung betrieben werden. Der Berührungsstrom darf 0,5 mA nicht überschreiten, der Differenzstrom darf 3,5 mA nicht überschreiten. Die Messung muss in beiden Positionen des Netzsteckers erfolgen.

9.2.4 Prüfgeräte

Zur Durchführung der sicherheitstechnischen Kontrollen werden auf dem Markt halb- und vollautomatische Prüfgeräte angeboten. Abb. 9.10 rechts zeigt ein Beispiel. Mit dem Prüfgerät können sicherheitstechnische Prüfungen vollautomatisch für Geräte aller Schutzklassen u. a. nach DIN VDE 0701 und 0702 mit einer softwaregesteuerten interaktiven Bedienersteuerung durchgeführt werden. Die Tabelle in Abb. 9.10 links zeigt eine Auswahl.

Messgröße	Messbereich
Schutzleiterwiderstand (Prüfstrom 10 A)	0,001 Ω … 29,999 Ω
Isolationswiderstand	0,01 Ω … 299,9 MΩ
Ersatzableitstrom	0,001 mA … 19,999 mA
Berührungsstrom (gem. 0701 Teil 240)	0,001 mA … 9,999 mA
Differenzstrom	0,02 mA … 19,99 mA

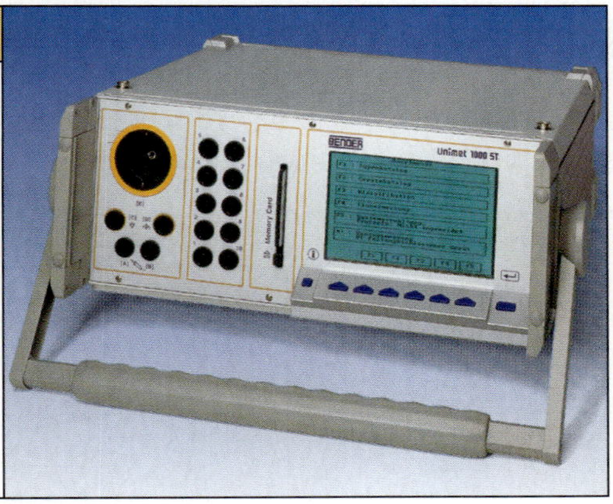

Abb. 9.10 Vollautomatisches Prüfgerät für sicherheitstechnische Kontrollen

Auf einen Blick

- Nach der für den Bereich Elektrotechnik herausgegebenen Unfallverhütungsvorschrift (VBG 4) müssen elektrische Anlagen und Betriebsmittel vor der ersten Inbetriebnahme, nach jeder Änderung oder Instandsetzung und in bestimmten Zeitabständen auf ihren ordnungsgemäßen Zustand geprüft werden.
- Alle sicherheitstechnischen Prüfungen enthalten eine Sichtprüfung, die Messung bestimmter Messwerte nach vorgegebenen Messschaltungen und eine Funktionskontrolle.
- Bei den Messungen sind abhängig von der Schutzklasse des Gerätes (vgl. Abschnitt 4.5) unterschiedliche Messungen durchzuführen:

DIN VDE 0701, Teil 1			
Messung	Schutzklasse I Geräte mit Schutzleiter	Schutzklasse II Schutzisolierung	Schutzklasse III Schutzkleinspannung
Schutzleiterwiderstand	max. 1 Ω	–	–
Isolationswiderstand	min. 0,5 Ω	min. 2,0 MΩ	min. 0,25 MΩ
Ersatzableitstrom	P ≤ 6 kW; max. 7 mA P > 6 kW; max. 15 mA	–	–

▷ Für die Prüfung von Geräten der Informationstechnik, z. B. nach dem Austausch eines Netzteils in einem PC, gelten besondere Bedingungen:

DIN VDE 0701, Teil 240		
Messung	Schutzklasse I	Schutzklasse II
Schutzleiterwiderstand – Anschluss über Netzstecker – Fest angeschlossene Geräte	 max. 0,3 Ω max. 1 Ω	 – –
Isolationswiderstand	Wird durch die Prüfung der Spannungsfreiheit ersetzt (Berührungsstrommessung)	
Berührungsstrom	max. 0,25 mA	

▷ Für Wiederholungsprüfungen von elektrischen Geräten gelten die Vorschriften nach DIN VDE 0702:

DIN VDE 0702			
Messung	Schutzklasse I	Schutzklasse II	Schutzklasse III
Schutzleiterwiderstand	max. 0,3 Ω	–	–
Isolationswiderstand	min. 0,5 MΩ	min. 2.0 MΩ	min. 0,25 MΩ
Ersatzableitstrom	$P \leq 6$ kW; max. 7 mA $P > 6$ kW; max. 15 mA	–	–
Schutzleiterstrom	max. 3,5 mA	–	–
Differenzstrom	max. 3,5 mA	max. 3,5 mA	max. 3,5 mA
Berührungsstrom	–	max. 0,5 mA	max. 0,5 mA

9.3 Maßnahmen der Datensicherung

Die Funktionsfähigkeit des Computersystems kann durch verschiedene Risikofaktoren beeinträchtigt werden. Mögliche Gefahren drohen durch

- höhere Gewalt (z. B. Wasser, Feuer, Sturm, Blitzschlag, Explosion),
- absichtliche Schädigung (z. B. Spionage, Sabotage, Diebstahl),
- technische Mängel (z. B. Stromausfall, defekte Geräte) und
- menschliches Versagen (z. B. Vergesslichkeit, Nachlässigkeit).

Aufgrund dieser Sicherheitsrisiken müssen verschiedene Maßnahmen zur Datensicherung getroffen werden.

Mit dem Begriff **Datensicherung** bezeichnet man alle technischen, organisatorischen und programmtechnischen Maßnahmen zum Schutz der Daten und Programme vor ungewollter und gewollter Veränderung bzw. Verfälschung, Zerstörung, Verlust, unberechtigtem Zugriff und Diebstahl.

Die folgende Abbildung gibt einen Überblick über mögliche Maßnahmen der Datensicherung.

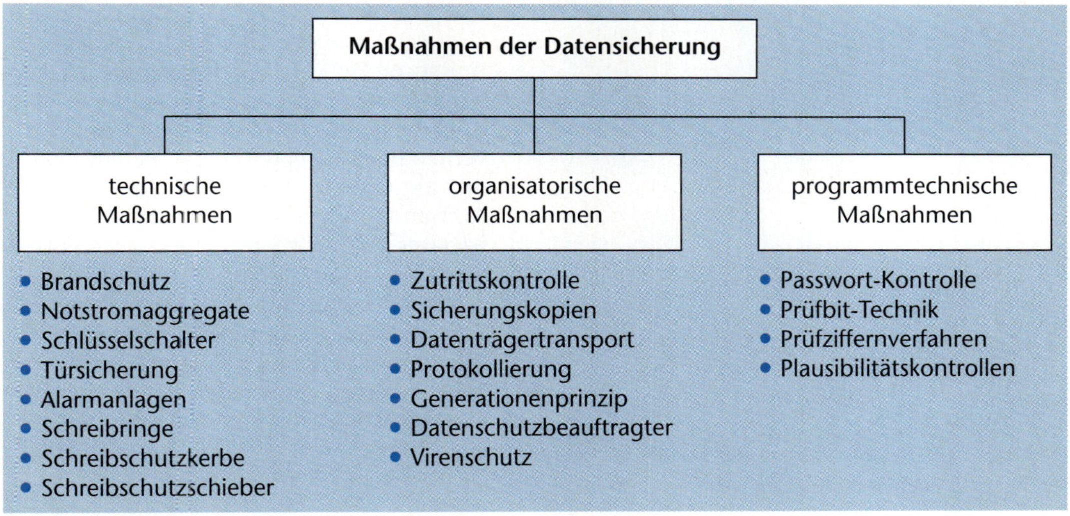

Abb. 9.11 Maßnahmen der Datensicherung

9.3.1 Technische Sicherungsmaßnahmen

Die folgenden technischen und baulichen Sicherungsmaßnahmen können helfen, Schäden aufgrund der oben genannten Gefahrenquellen zu verhindern:

- Schutz der EDV-Räume durch feuerhemmende Bauweise,
- Aufbewahrung wichtiger Datenträger in feuerfesten Schränken,
- Lagerung von Sicherungskopien in anderen Gebäuden,
- Sicherung des Terminals durch Schlüsselschalter,
- Regelmäßige Wartung der DV-Anlage,
- Einbau von Türsicherungen und Alarmanlagen,
- Bereitstellung von Notstromaggregaten,
- Schutzvorrichtungen bei magnetischen Datenträgern: Das Einlegen des Schreibrings beim Magnetband und das Abdecken der Schreibschutzkerbe bzw. das Bewegen des Schreibschutzschiebers bei Disketten verhindern ein unbeabsichtigtes Beschreiben und Löschen des Datenträgers.

9.3.2 Organisatorische Sicherungsmaßnahmen

Um Daten vor Verlust und Verfälschung zu sichern sowie vor unberechtigtem Zugriff zu schützen, können die oben genannten Vorkehrungen beispielsweise noch durch folgende organisatorische Maßnahmen ergänzt werden:

▷ **Zutrittskontrolle:** Durch Überprüfung der Zugangsberechtigung mithilfe von Fingerabdrücken, Ausweiskarten oder Chipkarten (Identitätskarten mit integriertem Mikroprozessor) kann der Zugang zum Rechenzentrum gesichert werden (**Closed-Shop**-Betrieb).

▷ **Erstellen von Sicherungskopien:** Von einer Diskette oder einzelnen Dateien/Programmen kann mithilfe von Kopierbefehlen eine Sicherungskopie angefertigt werden. Große Datenbestände auf Festplatten lassen sich im Backup-Verfahren auf Disketten oder Streamer sichern.

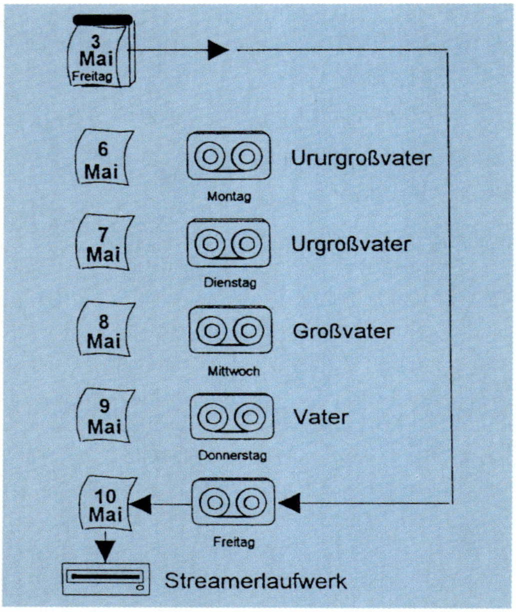

Abb. 9.12 Generationenprinzip beim täglichen Backup

▷ **Sicherung nach dem Generationenprinzip bei täglichem Backup:** Zur Sicherung von Daten hat sich vor allem das Generationenprinzip bewährt. Der Begriff Generationenprinzip kommt von der Idee, dass das vorletzte Backup den Vater, das davor den Großvater usw. darstellt. Nach der nächsten Sicherung wird das Urgroßvater-Backup freigegeben und kann für eine neue Sicherung wieder verwendet werden. Bei Datenverlust bzw. bei erkennbaren Fehlern kann die aktuelle „Sohn-Datei" ohne großen Aufwand mithilfe der vorherstehenden Backups rekonstruiert werden. Der Vorteil dieser Methode ist, dass die einzelnen Bänder geschont werden, weil sie nur alle paar Tage zum Einsatz kommen. Als Backup-Medien lassen sich außer Bändern auch sämtliche anderen Massenspeicher einsetzen wie z. B. Wechselplatten und optische Speicherplatten.

▷ **Virenschutz:** Computerviren sind selbstständige Programme, die sich wie Parasiten an andere Programme anhängen und diese verändern oder sogar zerstören. Die Viren gelangen durch unkontrollierte Weitergabe von Disketten, durch Raubkopien und Computernetze auf die Festplatte und können unterschiedliche Wirkung zeigen, wie z. B.:

- Veränderung der Bildschirmdarstellung,
- Verlangsamung des Computers,
- Auffüllen des Speicherplatzes,
- Zerstörung von Sektoren auf Disketten und Festplatten,
- Zerstörung von Programmen und Vernichtung von Daten auf Disketten und Festplatten.

Zum Schutz gegen Computerviren sollten auf dem Rechner regelmäßig aktuelle Versionen von **Antiviren-Programmen** eingesetzt werden, die bei jedem Neustart automatisch die meisten der „gängigen" Viren aufspüren und vernichten. Außerdem sollte Originalsoftware nur mit Schreibschutz verwendet werden und auf Rechnern mit wichtigen Daten sollte nur Software überspielt werden, deren Quelle absolut zuverlässig ist.

▷ **Datenträgertransport:** Datenträger werden nur gegen Abholberechtigung mit Begleitpapieren ausgegeben.

▷ **Protokollierung:** Durch Maschinenprotokolle, die vom Betriebssystem erstellt werden, können alle Vorgänge auf der DV-Anlage nach Datum, Zeit, Benutzer und Programm erfasst werden.

▷ **Datenschutzbeauftragter:** Ernennung eines Datenschutzbeauftragten, auch wenn dieser nach den rechtlichen Bestimmungen nicht zwingend erforderlich ist.

9.3.3 Programmtechnische Sicherungsmaßnahmen

▷ **Passwortregelungen:** Die Zugriffsberechtigung der Mitarbeiter auf Programme und Dateien kann durch Vergabe von Passwörtern (Kennwörtern) geregelt werden. Ein Passwort ist eine Zeichenkette, die beim Abmelden im Computer oder bei Programmbeginn eingegeben werden muss. Durch bestimmte Kennungen im Passwort kann für jeden Benutzer außerdem festgelegt werden, dass er nur auf Daten und Dateien zugreifen kann, die für seine Aufgabe erforderlich sind. Damit wird sichergestellt, dass z. B. ein Sachbearbeiter im Einkauf keine Personaldaten abfragen kann.

▷ **Prüfbit-Technik:** Um Fehler bei der Übertragung von Daten auszuschalten, wird jedes Byte noch durch ein so genanntes Prüfbit **(Parity-Bit)** ergänzt, und zwar nach folgendem Verfahren: Wenn die Anzahl der übrigen Bits mit dem Wert 1 gerade ist, wird das Prüfbit auf „1“ gesetzt. Bei einer ungeraden Anzahl der binären Einsen nimmt das Prüfbit den Wert „0“ an. Durch dieses Prüfbit kann erreicht werden, dass jedes übertragene Byte immer eine ungerade Anzahl binärer Einsen aufweist.

Der Buchstabe „S“ im ASCII-Code

Prüfbit	Datenbits
1	0101 0011

↑ gerade Anzahl binärer Einsen

Der Buchstabe „J“ im ASCII-Code

Prüfbit	Datenbits
0	0100 1010

↑ ungerade Anzahl binärer Einsen

Der Empfänger prüft die erhaltenen Bytes auf eine ungerade Anzahl binärer Einsen. Wenn die Anzahl der binären Einsen bei einem übermittelten Byte gerade ist, so liegt wahrscheinlich ein Übertragungsfehler vor und es wird eine Fehlermeldung ausgegeben.

▷ **Prüfziffernverfahren:** Das Prüfziffernverfahren wird eingesetzt, um Fehler bei der Eingabe von Schlüsselnummern, wie z. B. Artikelnummern, Personalnummern u. a., möglichst zu vermeiden. Dazu wird aus den ursprünglichen Ziffern der Schlüsselnummer nach einem bestimmten Verfahren eine Prüfziffer ermittelt, die an die Schlüsselnummer angehängt wird. Bei der Eingabe der Schlüsselnummer wird die Prüfziffer neu berechnet und mit der eingegebenen Prüfziffer verglichen. Wenn die errechnete Prüfziffer nicht mit der eingegebenen übereinstimmt, so meldet das System einen Fehler und fordert eine erneute Eingabe.

Die Berechnung der Prüfziffer soll am Beispiel des EAN-Codes dargestellt werden. Die EAN-Nummer für eine Diskette lautet z. B. 4011282380755. Die Prüfziffer für diese EAN-Nummer beträgt also „5“.

Mit dem **Modolo-10-Verfahren** soll geprüft werden, ob diese Prüfziffer korrekt ist. Dabei erfolgt die Berechnung der Prüfziffer in folgenden Schritten:

1. Die Stellenwerte aller ungeraden Stellen werden mit 1 multipliziert.
2. Die Stellenwerte aller geraden Stellen werden mit 3 multipliziert.
3. Die so ermittelten Produkte werden aufsummiert.
4. Die Summe wird ganzzahlig durch 10 (Modulo) dividiert.
5. Der Rest wird von 10 subtrahiert. Das Ergebnis ist die Prüfziffer.

Stelle	EAN	Gewichtung	Produkt
1	4	1	4
2	0	3	0
3	1	1	1
4	1	3	3
5	2	1	2
6	8	3	24
7	2	1	2
8	3	3	9
9	8	1	8
10	0	3	0
11	7	1	7
12	5	3	15
		Summe Differenz **EAN-Prüfziffer**	75 : 10 = 7 Rest 5 10 – 5 = 5 = 5

Die berechnete Prüfziffer „5“ stimmt somit mit der vorgegebenen Prüfziffer, die für die Diskette nach dem EAN-Code gesetzt ist, überein.

▷ **Plausibilitätskontrollen:** Eine weitere Möglichkeit, um Fehler bereits bei der Dateneingabe zu erkennen und zu verhindern, besteht in der Durchführung von Plausibilitätskontrollen. Dabei wird geprüft, ob die Eingabedaten sinnvoll sind, d. h. ob sie bestimmten Bedingungen genügen.

Beispiele für Plausibilitätsprüfungen:

- Bei einer erwarteten Zahleneingabe kann geprüft werden, ob stattdessen Textzeichen eingegeben wurden und umgekehrt.
- Bei der Eingabe eines Datums kann geprüft werden, ob die Tage zwischen 1 und 31 und die Monate zwischen 1 und 12 liegen.
- Bei der Eingabe der Postleitzahlen kann geprüft werden, ob sie zwischen 01000 und 99999 liegen.
- Für einzelne Warengruppen können Preisgrenzen festgelegt werden, z. B. 20,00 EURO bis 100,00 EURO. Die Eingabe von 120,00 EURO würde abgewiesen.
- Auch für Gehälter können bestimmte Intervalle gebildet werden, z. B. 2 400,00 EURO bis 12 000,00 EURO. Eine Eingabe von 120 000,00 EURO wäre mit diesem Bereich nicht vereinbar.

Plausibilitätskontrollen werden im Programm über Auswahl- und Wiederholungsstrukturen realisiert (vgl. Abschnitt 8.6.5).

Bei einer fehlerhaften Eingabe wird der Benutzer aufgefordert, den Eingabewert zu prüfen bzw. die Eingabe zu wiederholen.

Auf einen Blick

- **Datensicherung:** Alle technischen, organisatorischen und programmtechnischen Maßnahmen zum Schutz der Daten und Programme vor ungewollter und gewollter Veränderung bzw. Verfälschung, Zerstörung, Verlust, unberechtigtem Zugriff und Diebstahl.
- **Technische Sicherungsmaßnahmen:** Alle Maßnahmen zur Sicherung der Hardware vor ungewollter Zerstörung (z. B. Notstromaggregate, Alarmanlagen, feuerhemmende Bauweise u. a.).
- **Organisatorische Sicherungsmaßnahmen:** Alle Maßnahmen, um Daten vor Verlust und Verfälschung zu sichern sowie vor unberechtigtem Zugriff zu schützen (z. B. Zutrittskontrolle, Sicherungskopien u. a.).
- **Programmtechnische Maßnahmen:** Alle Maßnahmen zum Schutz der Software vor ungewolltem und gewolltem Missbrauch (z. B. Prüfziffernverfahren, Passwort u. a.).
- **Generationenprinzip:** Neben dem aktuellen Backup (Sohn) werden auch die vorhergehenden Backups (Vater, Großvater usw.) aufbewahrt.
- **Sicherungskopien:** Kopien von Daten und Programmen auf anderen Datenträgern für den Fall, dass das Original zerstört wird.
- **Antiviren-Programme:** Programme, die Computerviren aufspüren und vernichten.
- **Passwort:** Geheimes Kennwort, das bei richtiger Eingabe zum Zugriff auf Programme und Daten berechtigt.
- **Prüfbit-Technik:** Verfahren zur Vermeidung von Fehlern bei der Übertragung von Daten.
- **Prüfziffern-Verfahren:** Verfahren zur Vermeidung von Fehlern bei der Eingabe von Schlüsselnummern.
- **Plausibilitätskontrollen:** Verfahren zur Vermeidung von Fehlern bei der Eingabe durch Überprüfung, ob der Eingabewert in einem festgelegten, plausiblen Wertebereich liegt.
- **Modulo-10-Verfahren:** Name eines Prüfziffern-Verfahrens.

9.4 Rechtliche Bestimmungen des Datenschutzes

Die grundlegenden rechtlichen Bestimmungen für den Datenschutz wurden erstmals 1977 durch das Bundesdatenschutzgesetz (BDSG) geschaffen und in der Folgezeit durch Landesdatenschutzgesetze (LDSG) auf Länderebene ergänzt. Außerdem erhielt der Schutz persönlicher Daten durch das Urteil des Bundesverfassungsgerichts zum Volkszählungsgesetz von 1983 **Grundrechtcharakter.** Am 29. Dezember 1990 hat der Deutsche Bundestag ein neues, für den öffentlichen Bereich in vielen Teilen verbessertes Bundesdatenschutzgesetz verabschiedet, das am 1. Juni 1991 in Kraft getreten ist. Es wurde zuletzt durch Gesetz vom 23. 05. 2001 novelliert
Für den Bereich der Telekommunikation sind die wesentlichen Rechtsvorschriften im Telekommunikationsgesetz (TKG) und in der Telekommunikations-Datanschutzverordnung (TDSV) zusammengefasst. Weitere gesetzliche Vorschriften enthält das Informations- und Kommunikationsdienste-Gesetz (luKDG) mit dem Teledienstgesetz (TDG), Teledienstdatenschutzgesetz (TDDSG) und dem Signaturgesetz (SigG).

9.4.1 Allgemeine Bestimmungen

Der **Zweck** des Datenschutzes besteht gemäß § 1 Absatz 1 BDSG darin, den Einzelnen davor zu schützen, dass er durch den Umgang mit seinen personenbezogenen Daten in seinem Persönlichkeitsrecht beeinträchtigt wird.

Personenbezogene Daten im Schutzbereich des BDSG sind Einzelangaben über persönliche oder sachliche Verhältnisse einer bestimmten oder bestimmbaren Person (Betroffener).

Beispiele für personenbezogene Daten über

- **persönliche Verhältnisse:** Name, Anschrift, Alter, Beruf, Krankheiten, Vorstrafen, Hobbys, Beurteilungen, Zeugnisnoten u. a.
- **sachliche Verhältnisse:** Gehaltsangaben, Vermögen, Hausbesitz, Schulden, Wertgegenstände u. a.

▷ **Anwendungsbereich:** Der Schutz personenbezogener Daten bezieht sich im Sinne von § 1.2 BDSG auf drei Bereiche:

1. Erhebung:	Beschaffung von Daten über den Betroffenen
2. Verarbeitung:	Speichern, Verändern, Übermitteln, Sperren und Löschen personenbezogener Daten
3. Nutzung:	Jede weitere Verwendung von Daten

Die Verarbeitung wird in § 3.5 BDSG noch etwas genauer umrissen:

Speichern:	Erfassen, Aufnehmen, Aufbewahren von Daten auf einem Datenträger zum Zweck der weiteren Verwendung
Verändern:	Inhaltliche Umgestaltung gespeicherter Daten
Übermitteln:	Bekanntgabe gespeicherter oder durch Datenverarbeitung unmittelbar gewonnener Daten an Dritte.
Sperren:	Kennzeichnung gespeicherter Daten zur Einschränkung ihrer weiteren Verarbeitung oder Nutzung
Löschen:	Unkenntlichmachen gespeicherter Daten

Dabei gilt das Gesetz für

- öffentliche Stellen des Bundes und mit Einschränkungen für öffentliche Stellen der Länder sowie für
- nichtöffentliche Stellen, soweit sie die Daten in oder aus **Dateien** geschäftsmäßig oder für berufliche oder gewerbliche Zwecke verarbeiten oder nutzen.

Der Begriff der **Datei** wird für das BDSG in § 3,2 wie folgt bestimmt:

- Eine automatisierte Datei ist eine Sammlung personenbezogener Daten, die durch automatisierte Verfahren nach bestimmten Merkmalen ausgewertet werden kann.
- Eine nichtautomatisierte Datei ist jede sonstige Sammlung personenbezogener Daten, die nach bestimmten Merkmalen geordnet, umgeordnet und ausgewertet werden kann.

▷ **Zulässigkeit:** Die Verarbeitung und Nutzung personenbezogener Daten ist zweckgebunden und gemäß § 4 BDSG nur zulässig, wenn

- der Betroffene auf den Zweck der Speicherung hingewiesen wurde und seine Einwilligung schriftlich erteilt hat,
- das BDSG bzw. eine andere Rechtsvorschrift sie erlaubt.

▷ **Datengeheimnis:** Alle Beteiligten sind zur Wahrung des Datengeheimnisses verpflichtet. In § 5 BDSG ist es den Mitarbeitern im EDV-Bereich untersagt, geschützte personenbezogene Daten unbefugt zu einem anderen als dem zur jeweiligen rechtsmäßigen Aufgabenerfüllung gehörenden Zweck zu verarbeiten bzw. sonst zu nutzen. Zur Einhaltung des Datengeheimnisses verlangen die Betriebe von ihren Mitarbeitern in der Regel eine schriftliche Erklärung.

▷ **Maßnahmen zur Gewährleistung des Datenschutzes:** Die Anlage zu § 9 BDSG enthält insgesamt 10 technische und organisatorische Maßnahmen („Zehn Gebote des Datenschutzes") für DV-Anwender, die bei der Verarbeitung von personenbezogenen Daten mit EDV-Anlagen beachtet werden sollen:

1. Zugangskontrolle:	Unbefugten ist der Zugang zu Datenverarbeitungsanlagen, mit denen personenbezogene Daten verarbeitet werden, zu verwehren.
2. Datenträgerkontrolle:	Es ist zu verhindern, dass Datenträger unbefugt gelesen, kopiert, verändert oder entfernt werden können.
3. Speicherkontrolle:	Die unbefugte Eingabe in den Speicher sowie die unbefugte Kenntnisnahme, Veränderung oder Löschung gespeicherter personenbezogener Daten soll verhindert werden.
4. Benutzerkontrolle:	Es ist zu verhindern, dass Datenverarbeitungssysteme mithilfe von Einrichtungen zur Datenübertragung von Unbefugten genutzt werden können.
5. Zugriffskontrolle:	Es ist zu gewährleisten, dass die zur Benutzung eines Datenverarbeitungssystems Berechtigten ausschließlich auf die ihrer Zugriffsberechtigung unterliegenden Daten zugreifen können.
6. Übermittlungskontrolle:	Es muss überprüft und festgestellt werden können, an welche Stellen personenbezogene Daten durch Einrichtungen zur Datenübertragung übermittelt werden können.
7. Eingabekontrolle:	Es muss nachträglich überprüft und festgestellt werden können, wann von wem personenbezogene Daten in Datenverarbeitungssysteme eingegeben wurden.
8. Auftragskontrolle:	Es muss gewährleistet werden, dass im Auftrag verarbeitete Daten nur entsprechend den Weisungen des Auftraggebers verarbeitet werden.
9. Transportkontrolle:	Es soll verhindert werden, dass personenbezogene Daten bei der Übermittlung sowie beim Transport von Datenträgern unbefugt gelesen, kopiert, verändert oder gelöscht werden.
10. Organisationskontrolle:	Die innerbehördliche oder innerbetriebliche Organisation ist so zu gestalten, dass sie den besonderen Anforderungen des Datenschutzes gerecht wird.

Konkrete Beispiele für technische und organisatorische Maßnahmen zur Datensicherung sind im Abschnitt 9.3 dargestellt. Datensicherung ist die Voraussetzung für einen wirksamen Datenschutz.

Neben den oben dargestellten allgemeinen Bestimmungen regelt das Gesetz jeweils getrennt für

- öffentliche Stellen und
- nichtöffentliche Stellen

die Bereiche

- Rechtsgrundlagen der Datenverarbeitung
- Rechte der Betroffenen und
- Datenschutzkontrolle.

▷ **BDSG für öffentliche Stellen:** Für die Datenverarbeitung der öffentlichen Stellen ist der Anwendungsbereich des Gesetzes im Hinblick auf das so genannte „Volkszählungsurteil" von 1983 erheblich ausgeweitet worden. Danach fällt jeder Umgang öffentlicher Stellen mit personenbezogenen Daten, von der Datenerhebung über die Verarbeitung von Dateien und Akten, bis hin zur Datennutzung, in den Anwendungsbereich des BDSG.

▷ **BDSG für nichtöffentliche Stellen:** Dieser Abschnitt des BDSG gilt für alle Personen und Gesellschaften des privaten Rechts (Privatunternehmen) sowie öffentlich-rechtlicher Unternehmen, die am Wettbewerb teilnehmen.

Die folgenden Ausführungen beziehen sich im Wesentlichen auf die rechtlichen Bestimmungen für nichtöffentliche Stellen.

9.4.2 Rechtsgrundlagen der Datenverarbeitung

Dem Unternehmen ist die **Verarbeitung und Nutzung personenbezogener Daten für eigene Zwecke** erlaubt, wenn dies im Rahmen der Zweckbestimmung eines Vertragsverhältnisses oder eines vertragsähnlichen Vertrauensverhältnisses mit dem Betroffenen sowie zur Wahrung berechtigter Interessen geschieht, sofern dadurch nicht schutzwürdige Belange des Betroffenen beeinträchtigt werden (§ 28,1 BDSG).

Dies bedeutet, dass Unternehmen berechtigt sind, personenbezogene Daten zur Abwicklung von Kaufverträgen, Mietverträgen, Arbeitsverträgen zu verarbeiten sowie Informationen aus Verkaufsgesprächen oder Bewerbungsunterlagen zu speichern und zu nutzen. Einige Branchen wie z. B. Banken und Versicherungen lassen sich in der Regel von den Betroffenen eine schriftliche Einwilligung zur Verarbeitung und Nutzung personenbezogener Daten geben.

Die geschäftsmäßige **Datenspeicherung zum Zweck der Übermittlung** ist zulässig, wenn

- kein Grund zu der Annahme besteht, dass der Betroffene ein schutzwürdiges Interesse an dem Ausschluss der Speicherung hat oder
- die Daten aus allgemein zugänglichen Quellen (z. B. Telefonbuch, Handelsregister) entnommen werden können.

Die **Übermittlung** derartiger Daten ist u. a. nur zulässig, wenn der Empfänger ein berechtigtes Interesse an ihrer Kenntnis glaubhaft macht. Außerdem sind auch die übermittelten Daten zweckgebunden (§ 29 BDSG)!

Ohne besondere Voraussetzung dürfen Daten einer Personengruppe listenmäßig übermittelt werden, wenn sie sich auf bestimmte Merkmale (z. B. Namen, Titel, Geburtsjahr, Beruf, Anschrift) beschränken und auch hier kein Grund zu der Annahme besteht, dass dadurch schutzwürdige Belange der Betroffenen beeinträchtigt werden.

Grundsätzlich kann **der Betroffene** die Nutzung oder Übermittlung seiner Daten für Zwecke der Werbung oder der Markt- oder Meinungsforscher **verbieten.**

- **Meldepflicht:** U. a. müssen die Unternehmen, die personenbezogene Daten geschäftsmäßig zum Zweck der Übermittlung speichern, dieses der zuständigen Aufsichtsbehörde mitteilen.

9.4.3 Rechte der Betroffenen

Um sich gegen missbräuchliche Verarbeitung seiner persönlichen Daten zu schützen, räumt das BDSG dem betroffenen Bürger in §§ 33 bis 35 BDSG eine Reihe von Rechten ein:

- **Recht auf Benachrichtigung:** Die datenverarbeitende Stelle muss den Betroffenen benachrichtigen, wenn sie personenbezogene Daten über ihn speichert oder übermittelt. Diese Pflicht entfällt, wenn der Betroffene auf andere Weise Kenntnis von der Speicherung oder Übermittlung erhalten hat.

- **Recht auf Auskunft:** Jeder Bürger hat das Recht auf Auskunft über die zu seiner Person gespeicherten Daten. Werden die Daten automatisch verarbeitet, kann er auch Auskunft darüber verlangen, an wen die Daten regelmäßig übermittelt werden. Die Auskunft ist unentgeltlich!

- **Recht auf Berichtigung:** Unrichtige Daten müssen berichtigt werden.

- **Recht auf Löschung:** Daten müssen gelöscht werden, wenn ihre Speicherung von Anfang an unzulässig war. Außerdem kann jeder Betroffene verlangen, dass über ihn gespeicherte Daten gelöscht werden, wenn sie von der datenverarbeitenden Stelle nicht mehr benötigt werden.

- **An die Stelle einer Löschung tritt eine Sperrung**, wenn

  1. Aufbewahrungsfristen einzuhalten sind,
  2. schutzwürdige Interessen des Betroffenen entgegenstehen und
  3. aufgrund der Speicherungsart eine Löschung nur schwer möglich ist.

- **Recht auf Sperrung:** Daten, deren Richtigkeit vom Betroffenen bestritten wird und deren Richtigkeit sich nicht eindeutig feststellen lässt, müssen gesperrt werden. Gesperrte Daten sind mit einem Sperrvermerk zu versehen und dürfen nur noch unter bestimmten, im Gesetz genannten Voraussetzungen genutzt werden.

9.4.4 Datenschutzkontrolle

- **Betriebliche Datenschutzkontrolle:** Unternehmen müssen einen Datenschutzbeauftragten bestellen,

  - wenn mindestens fünf Mitarbeiter mit der automatisierten Verarbeitung personenbezogener Daten ständig beschäftigt sind oder
  - wenn mindestens 20 Mitarbeiter auf andere Weise solche Daten verarbeiten.

Der **Datenschutzbeauftragte** hat sicherzustellen, dass die Datenschutzbestimmungen in der betrieblichen Praxis beachtet werden. Zu diesem Zweck kann er sich in Zweifelsfällen an die jeweils zuständige Aufsichtsbehörde wenden.

- **Öffentliche Datenschutzkontrolle:** Für die Einhaltung des BDSG sowie anderer Vorschriften über den Datenschutz bei Bundesbehörden und sonstigen öffentlichen Stellen des Bundes wurde das Amt des **Bundesbeauftragten für den Datenschutz** geschaffen.

Alle Länder haben für die Überwachung des Datenschutzes innerhalb der öffentlichen Länderverwaltungen **Landesbeauftragte für den Datenschutz** bestellt.

Um den Datenschutzbeauftragten von Bund und Ländern eine Kontrolle über die durch das Bundesdatenschutzgesetz geschützten Daten zu ermöglichen, müssen alle von Behörden und sonstige öffentliche Stellen automatisch geführte Dateien in ein Datenregister beim Datenschutzbeauftragten eingetragen werden.

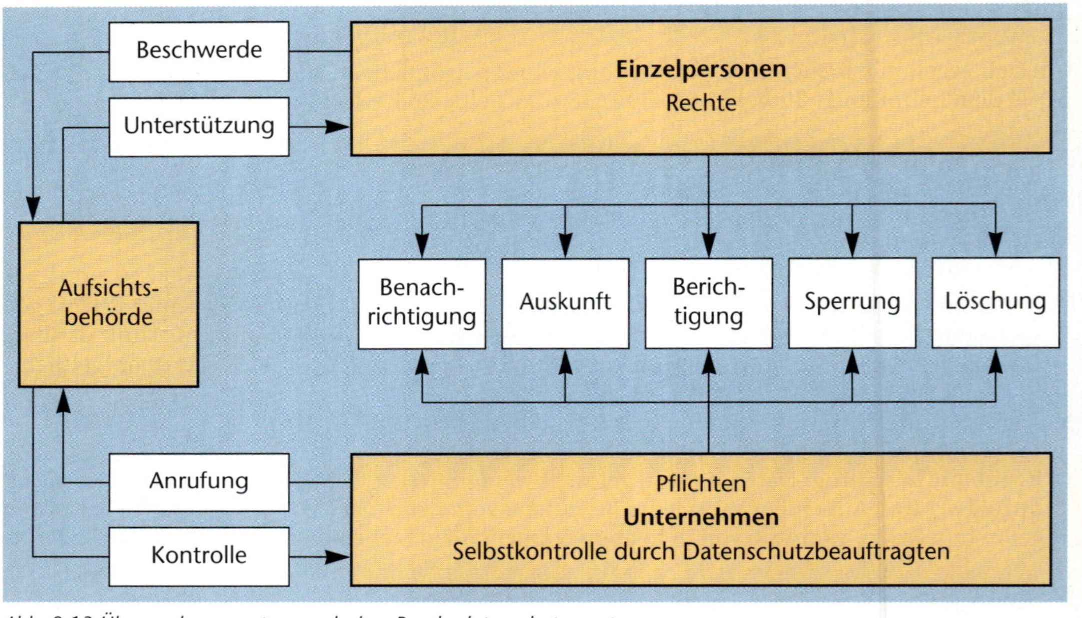

Abb. 9.13 Überwachungssystem nach dem Bundesdatenschutzgesetz

Auf einen Blick

- **Datenschutz:** Der Datenschutz umfasst alle Regelungen, um den Einzelnen davor zu schützen, dass er durch den Umgang mit seinen personenbezogenen Daten in seinem Persönlichkeitsrecht beeinträchtigt wird.
- **Personenbezogene Daten:** Personenbezogene Daten sind Einzelangaben über persönliche und sachliche Verhältnisse einer natürlichen Person.
- **Rechte des betroffenen Bürgers:** Der betroffene Bürger hat nach dem BDSG das Recht auf Benachrichtigung, Auskunft, Berichtigung, Sperrung und Löschung.
- **Schutzwürdige Phasen der Verarbeitung:** Der Schutz personenbezogener Daten bezieht sich auf die folgenden fünf Phasen der Verarbeitung: Speichern, Übermitteln, Verändern, Sperren und Löschen.
- **Zulässigkeit der Verarbeitung von Daten:** Die Verarbeitung personenbezogener Daten ist nach dem BDSG zulässig, wenn der Betroffene auf den Zweck der Speicherung hingewiesen wurde und seine Einwilligung schriftlich erteilt hat.
- **Datenschutzbeauftragter:** Kontrollinstanz zur Überwachung der gesetzlichen Bestimmungen des BDSG.

9.5 Sicherheit im Internet

9.5.1 Informationszugang versus Sicherheitsrisiko

Die Faszination des Internet besteht darin, dass jeder Nutzer von jedem Ort der Welt zu jeder beliebigen Zeit auf einen Pool an unerschöpflichen Informationen zugreifen kann. Das Internet lässt so gut wie keine Wünsche offen: Man kann diskutieren, Reisen buchen, Artikel bestellen, Musik abrufen, Texte austauschen, Software abrufen, auf Stellensuche gehen und vieles mehr. Der Wunsch, schnell und kostengünstig Informationen zu gewinnen, bereitzustellen und untereinander auszutauschen, hat in den letzten Jahren zu einem regelrechten Internet-Boom geführt. Neben den traditionell im Internet vertretenen Forschungseinrichtungen und Privatleuten sind es immer häufiger auch Unternehmen und öffentliche Verwaltungen, die eine Verbindung für ihre Zwecke zum Internet aufbauen.

Mit dem Anschluss an das Internet ergeben sich zugleich erhebliche Sicherheitsrisiken und Gefahren für den Datenschutz, da jeder angeschlossene Rechner auch von anderen Rechnern im Netz erreichbar und damit angreifbar ist. Die Risiken erklären sich einerseits aus der gewachsenen Entwicklung des Internet, in dem die Datenübertragung sowie die Nutzung von Diensten vorrangig unter dem Aspekt der Verfügbarkeit gesehen und weniger von Sicherheitsaspekten begleitet wurden. Andererseits gibt es für das Internet keine verantwortliche Stelle, da das Internet niemandem gehört. Zwar gibt es internationale Organisationen, die sich beispielsweise mit Fragen der Adressenvergabe, der Übertragungsprotokolle oder der Standardisierung für das Internet beschäftigen (z. B. das **IAB** = **I**nternet **A**ctivities **B**oard für Internet Standards, die als **RFC** (= **R**equest **f**or **C**omments) – Dokumente veröffentlicht werden), eine haftende oder kontrollierende Institution gibt es bislang nicht.

Daher sind bereits in der vorbereitenden Planungsphase sowohl die Informations- und Kommunikationsbedürfnisse als auch die Sicherheitsbedürfnisse zu analysieren und gegeneinander abzuwägen. Die Ergebnisse der Kommunikations- und Risikoanalyse sind Grundlage für geeignete Schutzmaßnahmen.

9.5.2 Sicherheitsrisiken

Der globale Datenverkehr wird ermöglicht durch ein Netz von vorhandenen Transportwegen (Leitungen), auf denen Daten zwischen den angeschlossenen Netzwerken nach bestimmten Übertragungsregeln (Protokolle) transportiert werden. Dabei sind beispielsweise folgende Schwachstellen im Internet zu betrachten, die zu einem Sicherheitsrisiko führen können:

- Die im Netz vorhandenen Rechner und die Übertragungswege sind nicht oder nur sehr schwer kontrollierbar. Dies resultiert weitgehend aus den Eigenschaften des eingesetzten Übertragungsprotokolls TCP/IP.
- TCP/IP zerlegt die für die Übertragung bestimmten Daten in Pakete, die ein Router dynamisch – je nach der Netzbelastung – auf unterschiedlichen Übertragungswegen an ihr Ziel weiterleitet. Welchen Weg die einzelnen Datenpakete nehmen, ist für den Absender nicht nachvollziehbar. Der kennt lediglich die IP-Adresse (Domain) des Zielrechners und die des nächsten Knotenpunktes.
- Daten werden bei der Nutzung bestimmter Dienste häufig unverschlüsselt in das Internet übertragen. Auf diese Weise können z. B. E-Mails oder Mitteilungen im News-Dienst über spezielle Programme (**LAN-Analyzer**) mitgelesen und manipuliert werden.
- IP-Adressen (Absender- und Empfängeradressen) lassen sich fälschen, sodass Datenpakete einfach umgeleitet werden können und nicht den gewünschten Adressaten erreichen. Rechner, die sich über IP-Pakete mit gefälschten Absenderadressen als legitimer Absender ausgeben, können sich Zugang zu fremden Rechnersystemen verschaffen (**IP-Spoofing**).

- Durch Versenden gefälschter Statusmeldungen kann die gesamte Kommunikation eines Rechners nach außen hin unterbunden werden. Beim Versenden spezieller Pakete kann sogar ein Rechnerabsturz die Folge sein.
- Über den elektronischen Datenaustausch (E-Mail, FTP) können Programme und Dokumente mit Viren in das eigene Rechnersystem eingeschleust werden und für große Probleme sorgen.

Zahlreiche Schwachstellen sind aber auch im internen Bereich zu finden und zu analysieren. Mögliche Schwachstellen liegen in

- dem Internet-Anschluss, wenn z. B. ein Rechner, der gleichzeitig eine Verbindung zum lokalen Netzwerk und einem Intranet besitzt, an das Internet angeschlossen wird. Angriffe von außen können aufgrund der internen Konfiguration sowohl den an das Internet angeschlossenen Rechner als auch das gesamte LAN treffen.
- der Nutzung der Internet-Dienste, wenn z. B. mehr Dienste zugelassen und eingerichtet werden, als unbedingt benötigt werden. Die erlaubten Kommunikationsmöglichkeiten sollten den unbedingt notwendigen Kommunikationsbedarf nicht übersteigen.
- der Nutzerstruktur, wenn Nutzer ohne Zugriffsberechtigung und/oder ohne Nutzungserfordernis Zugang zum Internet erhalten. Der Zugang ist auf einen eingeschränkten Kreis zu begrenzen.
- der unzureichenden oder fehlenden Protokollierung
- der Datenhaltung. Sensible, personenbezogene Daten sind nicht auf Speichermedien der an das Internet angeschlossenen Rechner aufzubewahren.
- der unzureichenden Sicherung der angeschlossenen Rechner und des Datenverkehrs.

Die KES-Utimaco-Sicherheits-Studie 1998 belegt eindrucksvoll, dass die Kommunikation über das Internet für ungeschützte Betriebe in jedem Fall ein erhebliches Risiko bedeutet. Nach dieser Studie haben sich bei einem Viertel aller befragten Unternehmen im Zusammenhang mit dem Internet bereits sicherheitsrelevante Vorfälle ereignet, die eigentlich hätten verhindert werden müssen. Die Vorfälle beziehen sich auf Hackeraktionen (16% der Unternehmen), unbefugtes Lesen (14%), Datenmanipulation (5%) und Beeinträchtigung der Verfügbarkeit. Bereits jeder achte Betrieb musste sich mit Viren aus dem Internet auseinander setzen, Tendenz steigend.

9.5.3 Schutzmaßnahmen

Rechneranschluss

Die Zahl der an das Internet anzuschließenden Rechner hängt zunächst von den Kommunikationsbedürfnissen der Nutzer ab. Auch wenn mehrere Personen Internet-Dienste nutzen wollen und deshalb eigene Rechneranschlüsse fordern, ist genau zu prüfen, ob die Kommunikation der Nutzer nicht auch über einen Rechner erfolgen kann. Grundsätzlich gilt: Je weniger Rechner einen Internet-Anschluss besitzen, umso geringer auch das Risiko. Daher sollten im Hinblick auf die Sicherheit sowohl bei der Einrichtung von Internet-Anschlüssen als auch bei der Prüfung der Kommunikationsanforderungen strenge Maßstäbe angelegt werden. Ein relativ begrenztes Risiko ist mit dem Direktanschluss eines Rechners an das Internet verbunden.

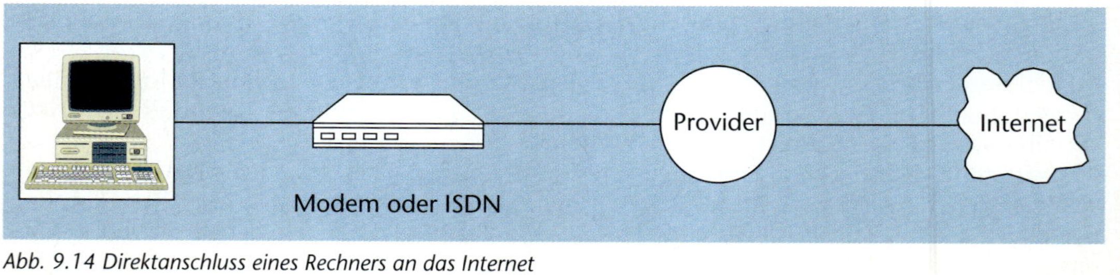

Abb. 9.14 Direktanschluss eines Rechners an das Internet

Dieser Rechner wird als Single-User-System per Modem bzw. ISDN über einen Provider an das Internet angeschlossen. Da der Rechner nicht mit einem betriebsinternen LAN verbunden ist, beschränkt sich das Risiko lediglich auf diesen einen Rechner. Dieser sollte ausschließlich für Internet-Funktionen genutzt werden und keine betriebsinternen oder personenbezogenen Daten speichern.

Das Risiko vergrößert sich, wenn ein Rechner, der sich in einem LAN befindet, einen zentralen Zugang zum Internet erhält. Über das Internet eingeschleuste Viren könnten sich auf das gesamte Netz ausweiten. Der an das Internet angeschlossene Rechner kann jedoch auch von Rechnern des eigenen LAN gefährdet sein.

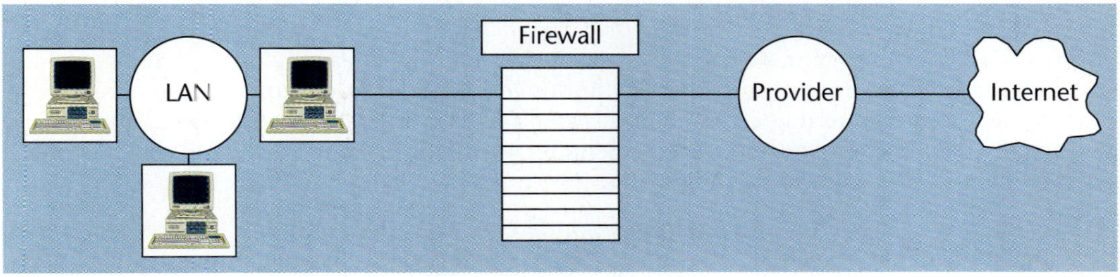

Abb. 9.15 Kopplung eines lokalen Netzwerkes an das Internet

Um das lokale Netzwerk mit dem an das Internet angeschlossenen Rechner vor Angriffen aus dem Internet zu schützen, werden so genannte Firewalls genau an der Schnittstelle zwischen den beiden Netzen aufgebaut. Unter einem **Firewall** (= Brandschutzmauer) versteht man Hardware- und Softwarelösungen, die ein internes Netz vor Angriffen aus dem Internet schützt, indem nur die zugelassenen Aktivitäten oder Dienste durchgelassen werden. Firewalls können den Datenverkehr in beide Richtungen kontrollieren. Firewalls können über Paketfilter oder über spezielle Gateways realisiert werden.

Paketfilter

Ein Paketfilter (auch **Packet Filter, Packet Screen** oder **Screening Router** genannt) ist ein Router, der IP-Pakete nach erlaubten und unerlaubten Verbindungen filtert. Sie werden daher auch als Überwachungsrouter bezeichnet. Paketfilter können dienste- und verbindungsbezogene Adressen entweder nach Quell- und Zieladresse sowie nach den zugehörigen Portadressen filtern. Auf diese Weise können einerseits Verbindungen zu bestimmten Rechnern im LAN, z. B. dem schutzbedürftigen File-Server, blockiert werden, andererseits können bestimmte Dienste für bestimmte Rechner zugelassen oder gesperrt werden. Neben den Überwachungsfunktionen kann der Router auch Protokollierungsfunktionen übernehmen, um den Datenverkehr zu kontrollieren. Da die Filterregeln an die Netzschnittstellen gebunden sind, sollte der Router möglichst vor Ort im LAN und nicht beim Internet-Service-Provider (ISP) aufgestellt und eingerichtet werden. Paketfilter sind kostengünstig und lassen sich in kleinen Netzwerken relativ leicht konfigurieren.

Application Gateways

Ein Gateway ist ein speziell eingerichteter Rechner, der über Schnittstellen mit den LAN und mit dem Internet verbunden ist (vgl. Abschnitt 6.7.2). Application Gateways sind besondere Programme, die die direkte Weiterleitung von Paketen bzw. den direkten Zugriff auf einen bestimmten Dienst verhindern **(Security Proxies, Proxy-Server)**. Daten oder Dienstanforderungen aus dem LAN werden erst dann an das Internet weitergeleitet, wenn diese auf ihre Zulässigkeit oder auf die erlaubten Verbindungen hin überprüft wurden. Umgekehrt werden Daten oder Antworten aus dem Internet zuerst einer Proxy-Server-Prüfung unterzogen, bevor diese in das LAN weitergegeben werden. Auf diese Weise werden unzulässige oder unerlaubte Verbindungen verhindert.

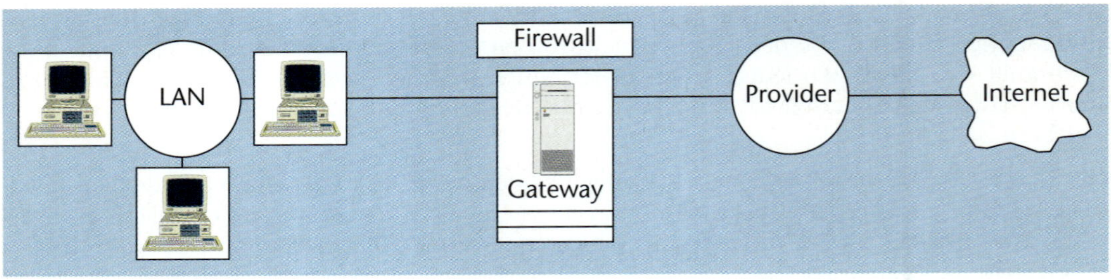

Abb. 9.16 Firewall als Gateway mit Proxy-Server-Funktionen bzw. Application Gateways

Die vorgestellte Lösung mit einem Gateway als Verbindungsglied zwischen den beteiligten Netzen ermöglicht neben der Kontrolle der Verbindungen nach Rechnern und Diensten auch eine umfangreiche Protokollierung aller Verbindungen und Vorgänge. Darüber hinaus können Verbindungen über Proxy-Server zeitversetzt geschaltet werden. Dies kann vorteilhaft sein, wenn für einen größeren Datentransfer kostengünstige Zeiten genutzt werden sollen.

Da ein Gateway in der Firewall-Funktion besondere Sicherheitsfunktionen erfüllen soll, muss dieser Rechner gut gegen jegliche Angriffe geschützt werden, natürlich auch mit entsprechenden Virenschutzprogrammen.

Alle Schutzmaßnahmen sind auf die Sicherungsbedürfnisse genau abzustimmen, da mit jeder weiteren Sicherheitsstufe auch die Kosten für Einrichtung, Pflege und Kontrolle des Systems steigen. Garantien für einen 100%igen Schutz vor Missbrauch, Manipulation und Attacken aus dem Netz gibt es trotz ausgetüftelter Sicherungen allerdings nicht, auch nicht für die fehlerfreie Ausführung der eingerichteten Firewallkomponenten. Dies belegen Berichte über die Aufdeckung immer wieder neuer Sicherheitslücken.

Auf einen Blick

- Bei der Nutzung des Internet sind Kommunikationsbedürfnisse und Sicherheitsbedürfnisse gegeneinander abzuwägen. Die Ergebnisse der Kommunikations- und Risikoanalyse bilden die Grundlage für geeignete Schutzmaßnahmen.
- Sicherheitsrisiken bestehen in
  - den Übertragungswegen,
  - dem Übertragungsprotokoll,
  - der Nutzung der Internet-Dienste,
  - den Manipulationsmöglichkeiten von IP-Adressen,
  - der Anschlussart vor Ort sowie
  - dem Verhalten der angeschlossenen Nutzer.
- Mögliche Schutzmaßnahmen bestehen in
  - der Isolierung oder Abkopplung der für das Internet bestimmten Rechner,
  - dem Aufbau von Firewalls. Firewalls können aus Paketfiltern oder speziell konfigurierbaren Gateways bestehen.
- Ein Paketfilter ist ein Router, der IP-Pakete nach erlaubten und unerlaubten Verbindungen filtert. Sie werden daher auch als Überwachungsrouter bezeichnet. Besondere Programme, so genannte Proxy-Server oder Application Gateways, verhindern die direkte Weiterleitung von Paketen bzw. den direkten Zugriff auf einen bestimmten Dienst.
- Trotz aller Sicherungsvorkehrungen gibt es keinen 100%igen Schutz, da selbst in gesicherten Systemen immer wieder neue Sicherheitslücken entdeckt werden.

9.6 Urheberrecht

9.6.1 Rechtsrelevante Problemfelder im IT-Bereich

Bei der Betrachtung der in diesem Buch behandelten Themengebiete lassen sich zahlreiche rechtsrelevante Sachverhalte ableiten, mit denen sich nicht nur die Computerbranche, sondern in zunehmendem Maß auch die Gesetzgebung und die Rechtsprechung zu beschäftigen hat. Beispiele für IT-bezogene rechtsrelevante Sachverhalte und Problemfelder sind u. a.:

- die rechtliche Ausgestaltung von Outsourcing-Verträgen (vgl. Abschnitt 1.3)
- Kauf, Reparatur, Abschreibung und Entsorgung von IT-Systemen (vgl. Kap. 5 und Abschnitt 2.5.2)
- Nutzung von Softwaresystemen (Lizenzvereinbarungen)
- Vereinbarungen zum Kauf von Individualsoftware (vgl. Abschnitt 8.1.3)
- Verträge mit Systemhäusern, Unternehmensberatern, Service-Unternehmen (vgl. Abschnitt 8.1.3)
- die Dokumentation als Bestandteil von IT-Systemen (vgl. Abschnitt 8.2.3)
- Pflichtenhefte hinsichtlich Leistungsumfang und Garantieverpflichtungen (vgl. Abschnitt 8.4.6)
- Datensicherung und Datenschutz (vgl. Abschnitt 9.3 und 9.4)
- Sicherheit im Internet und bei Telekommunikationsdiensten (vgl. Abschnitt 9.5) sowie
- das Urheberrecht in der Softwareentwicklung (vgl. Abschnitt 8.5 ff.)

Die Vielschichtigkeit und Vielfältigkeit der rechtlichen Aspekte im IT-Bereich sind Gründe dafür, dass es bis heute noch kein eigenständiges Rechtsgebiet „Computerrecht" gibt und wohl auch nicht geben wird. Für die Bewertung einzelner, IT-bezogener Rechtsprobleme sind in der Regel unterschiedliche Gesetzesgrundlagen, Grundsatzentscheidungen und Urteile heranzuziehen. Dies gilt auch für die seit Jahrzehnten geführte Diskussion um das Urheberrecht für Computerprogramme.

9.6.2 Problematik des Urheberrechtes

Jeder, der schon einmal unzählige Stunden mit der Entwicklung von Software zugebracht hat, wird sich zu Recht darüber aufregen, wenn sein mühsam entwickeltes Programm von anderen Personen unrechtmäßig vervielfältigt, genutzt und womöglich noch verbreitet wird. Ebenso wird sich jeder, der Software nutzt, fragen (lassen) müssen, ob und inwieweit er das Nutzungsrecht hierfür besitzt und die gesetzlich oder vertraglich verankerten Auflagen erfüllt.

Nach Branchenschätzungen ist jedes dritte in Deutschland eingesetzte Computerprogramm eine Raubkopie. Aufgrund von Schätzungen der Gesellschaft zur Verfolgung von Urheberrechtsverletzungen (**GVU**) erleiden Hersteller und Handel allein durch Raubkopien von Unterhaltungssoftware jährlich einen Verlust von 2,5 Milliarden Mark, das entspricht etwa der Hälfte des Gesamtumsatzes. Weltweit wird nach Angaben der Business Software Alliance (**BSA**) durch den Einsatz illegal kopierter Software ein Schaden von mehr als elf Milliarden US-Dollar verursacht, wodurch letztlich auch zahlreiche Arbeitsplätze in der Softwareentwicklung bedroht sind. Die Diskussion um den Urheberschutz an Computerprogrammen wirft zunächst folgende Grundsatzfragen auf, z. B.

- sind Computerprogramme urheberrechtlich geschützt und in welchem Umfang?
- welche Kriterien müssen als Schutzvoraussetzung angelegt werden?
- sind auch programmbegleitende Ideen oder Grundsätze geschützt?
- welche Rechte stehen dem Rechtsinhaber von Computerprogrammen zu?
- welche Ansprüche hat der Rechtsinhaber bei Rechtsverletzungen?
- welche Verjährungsfristen gibt es?

9.6.3 Schutzvoraussetzungen

Nach dem **Urheberrechtsgesetz** (UrhG) fallen Computerprogramme unter den Schutz des Urheberrechts (§ 2, 1 Nr. 1 UrhG). Über viele Jahre hinweg war allerdings strittig, welche Anforderungen an die Programme anzusetzen sind, um die urheberrechtlichen Schutzvoraussetzungen erfüllen zu können.

In einer Grundsatzentscheidung wurden vom BGH (Bundesgerichtshof) 1985 und in einer weiteren Entscheidung im Jahre 1990 die Schutzvoraussetzungen zunächst sehr hoch angesetzt, indem er vom Urheber eines Programms eine deutlich über dem Durchschnitt der Programmiertätigkeit liegende, eigene schöpferische Leistung verlangt hatte. Diese individuelle schöpferische Leistung sollte in der Auswahl, Sammlung, Anordnung und Einteilung der Informationen ihren Ausdruck finden.

Der Erlass einer EG-Richtlinie über den Rechtsschutz von Computerprogrammen führte 1993 zu einer Novelle des Urheberrechtsgesetzes, in dem ein neuer Abschnitt „Besondere Bestimmungen für Computerprogramme“ zusätzlich aufgenommen wurde. Gemäß § 69a, 3 werden Computerprogramme geschützt, wenn sie individuelle Werke in dem Sinne darstellen, dass sie das Ergebnis der eigenen geistigen Schöpfung ihres Urhebers sind. Zur Bestimmung ihrer Schutzfähigkeit sind keine anderen Kriterien, insbesondere nicht qualitative oder ästhetische, anzuwenden. Damit sind per Gesetz die Schutzanforderungen gegenüber früheren Grundsatzentscheidungen im Interesse des Urhebers abgesenkt worden, was auch der BGH inzwischen in seinen Entscheidungen anerkannt hat.

Demnach fallen alle Computerprogramme einschließlich des Entwurfsmaterials unter den Urheberschutz, sofern es sich nicht um triviale oder banale Programme handelt, die keine individuelle geistige Schöpfung darstellen und ohne besondere Voraussetzungen und Fertigkeiten erstellt wurden.

In einer Übergangsbestimmung zum Urheberrechtsgesetz hat der Gesetzgeber zudem festgelegt, dass die Rechtsvorschriften auch auf Computerprogramme anzuwenden sind, die vor dem 24. Juni 1993 erstellt worden sind. Das Urheberrechtsgesetz ist zuletzt durch Gesetz vom 16. 07. 1998 geändert worden

Die Urheberrechte in Datennetzen sind seit Ende 1996 auch international geschützt. In dem Bemühen, weltweit einen vereinheitlichten Urheberrechtsschutz zu erreichen, hat die Weltorganisation für geistiges Eigentum **WIPO** (**W**orld **I**ntellectual **P**roperty **O**rganization) entsprechende Verträge ausgearbeitet, die von zahlreichen Nationen – darunter auch Deutschland – inzwischen unterzeichnet worden sind.

9.6.4 Urheberrechte

Grundlegende Urheberrechte

Wer das Urheberrecht am Computerprogramm besitzt, kann sich nach § 69c UrhG auf die im Folgenden näher beschriebenen Rechte berufen, wonach der Rechtsinhaber folgende Handlungen entweder selbst vornehmen oder mit seiner Zustimmung anderen gestatten kann:

- **Vervielfältigungsrecht:**
  Der Rechtsinhaber hat das ausschließliche Recht der vorübergehenden oder dauerhaften Vervielfältigung, gleich welcher Form und mit welchem Mittel. Es bedarf der Zustimmung des Rechtsinhabers, wenn das Laden, Anzeigen, Ablaufen, Übertragen oder Speichern eine Vervielfältigung des Computerprogramms erfordert.
- **Bearbeitungsrecht:**
  Der Rechtsinhaber hat das ausschließliche Recht der Übersetzung, der Bearbeitung und des Arrangements eines Computerprogramms sowie das Recht, die dabei erzielten Ergebnisse zu vervielfältigen.

- **Verbreitungsrecht:**
  Der Rechtsinhaber hat das ausschließliche Recht, das Original oder Vervielfältigungsstücke eines Computerprogramms zu verbreiten, gleich welcher Form.

Urheberrecht in Arbeits- und Dienstverhältnissen

Viele Computerprogramme werden von Programmierern oder Softwareentwicklern erstellt, die als Arbeitnehmer in einem Arbeits- oder Dienstverhältnis eines Arbeitgebers stehen. Geschieht dies in Wahrnehmung der übertragenen Aufgaben oder nach den Anweisungen des Arbeitgebers, so ist ausschließlich der Arbeitgeber dazu berechtigt, die vermögensrechtlichen Befugnisse an einem Computerprogramm auszuüben, es sei denn, es ist etwas anderes zwischen Arbeitgeber und Arbeitnehmer vereinbart worden (§ 69b UrhG).

Ausnahmen

Soweit keine besonderen vertraglichen Bestimmungen (z. B. in einem Lizenzvertrag) vorliegen, bedarf es nicht der Zustimmung des Rechtsinhabers, wenn der Berechtigte eine Vervielfältigung oder Bearbeitung des Computerprogramms beispielsweise für die

- bestimmungsgemäße Benutzung des Computerprogramms,
- Fehlerberichtigung im Rahmen der bestimmungsgemäßen Nutzung,
- Erstellung einer Sicherungskopie vornimmt, die für die Sicherung der künftigen Benutzung erforderlich ist (§ 69 d UrhG).

Ohne die Zustimmung des Rechtsinhabers dürfen auf keinen Fall Änderungen am Programm selbst vorgenommen werden, auch nicht für den rein betriebsinternen Gebrauch. Unter bestimmten Bedingungen darf ohne ausdrückliche Zustimmung des Rechtsinhabers ein Programmcode vervielfältigt oder übersetzt werden, wenn dies für die Gewinnung von Informationen zur Herstellung der Interoperabilität (Fähigkeit, dass Programme untereinander einwandfrei laufen) eines unabhängig geschaffenen Programms mit anderen Programmen unerlässlich ist (§ 69 e UrhG).

9.6.5 Folgen bei Rechtsverletzungen

Ansprüche

Wer als Rechtsinhaber von einer Verletzung der nach dem Urheberrechtsgesetz geschützen Rechte Kenntnis erlangt, kann mehrere Rechte in Anspruch nehmen. Hier ist zu unterscheiden zwischen bürgerlich-rechtlichen und strafrechtlichen Vorschriften.

Nach den bürgerlich-rechtlichen Vorschriften hat der Geschädigte Anspruch auf:

- Unterlassung und Schadenersatz (§ 97 UrhG),
- Vernichtung oder Überlassung der Vervielfältigungsstücke (§ 98 UrhG),
- Vernichtung oder Überlassung bestimmter Vorrichtungen, die im Zusammenhang mit der Rechtsverletzung stehen (§ 99 UrhG),

Nach den strafrechtlichen Vorschriften droht bei einer unerlaubten Vervielfältigung, Bearbeitung oder Verbreitung urheberrechtlich geschützter Werke eine Freiheitsstrafe bis zu 3 Jahren oder eine Geldstrafe, wobei auch bereits der Versuch strafbar ist (§ 106 UrhG).

Haftung des Inhabers eines Unternehmens

Auch Inhaber eines Unternehmens tragen für die Einhaltung der nach dem Urheberrechtsgesetz geschützten Rechte Verantwortung. Werden von einem Arbeitnehmer, der in einem Arbeits- oder Dienstverhältnis eines Arbeitgebers steht, oder von einem Beauftragten ein geschütztes Recht widerrechtlich verletzt, so haftet nicht nur der Rechtsverletzer, sondern auch der Inhaber des Unternehmens. In diesen Fällen hat der Geschädigte mit Ausnahme des Anspruches auf Schadenersatz alle zuvor aufgeführten Ansprüche aus den §§ 97 bis 99 UrhG auch gegen den Inhaber des Unternehmens (§ 100 UrhG).

Verjährung

Ansprüche wegen Verletzung des Urheberrechtes verjähren nach drei Jahren von dem Zeitpunkt an, in dem der Anspruchsberechtigte Kenntnis von der Verletzung erlangt. Sofern diese Kenntnis nicht vorliegt, beträgt die Verjährungsfrist 30 Jahre (§ 102 UrhG).

Nicht nur der Einfluss von EG-Richtlinien auf die nationale Gesetzgebung und damit auch auf die Rechtsprechung unterstreicht die Notwendigkeit einer internationalen Vereinheitlichung von Rechtsvorschriften, sondern auch die Vielzahl der bislang noch ungelösten Rechtsprobleme im IT-Bereich. Dies gilt nicht nur für das Urheberrecht von Computerprogrammen, sondern u. a. auch für das Telekommunikations- und Multimediarecht sowie für Schutzmaßnahmen im Internet.

Auf einen Blick

- Den Vorschriften des Urheberrechtsgesetzes (UrhG) unterliegen alle Computerprogramme einschließlich des zugehörigen Entwurfsmaterials, wenn sie als individuelles Werk das Ergebnis der eigenen geistigen Schöpfung ihres Urhebers sind. Ausgenommen sind lediglich triviale oder banale Programme, die keine individuelle geistige Schöpfung darstellen und ohne besondere Voraussetzungen und Fertigkeiten erstellt wurden.

- Die Urheberrechte an Computerprogrammen umfassen das Recht auf Vervielfältigung, auf Übersetzung, Bearbeitung und Arrangement sowie auf Verbreitung. Zu diesen Rechten existieren einige Ausnahmen und Einschränkungen.

- Werden Computerprogramme von Arbeitnehmern im Rahmen eines Arbeits- und Dienstverhältnisses entsprechend den übertragenen Aufgaben oder Anweisungen des Arbeitgebers erstellt, übt i.d.R. ausschließlich der Arbeitgeber die vermögensrechtlichen Befugnisse an einem Computerprogramm aus.

- Die Verletzung der nach dem Urheberrechtsgesetz geschützten Rechte kann sowohl bürgerlichrechtliche als auch strafrechtliche Konsequenzen nach sich ziehen. Ansprüche verjähren nach drei Jahren von dem Zeitpunkt an, in dem der Geschädigte Kenntnis über die Rechtsverletzung erhalten hat. Ansonsten beträgt die Verjährungsfrist 30 Jahre.

- Wenn in einem Unternehmen von einem Arbeitnehmer oder Beauftragten ein nach dem Urheberrechtsgesetz geschütztes Recht widerrechtlich verletzt, kann der Geschädigte auch gegen den Inhaber des Unternehmens Ansprüche geltend machen.

- Die Verjährungsfrist bei Verletzung des Urheberrechtes beträgt 3 Jahre. Sie beginnt mit dem Zeitpunkt der Kenntnisnahme von der Verletzung. Liegt die Kenntnis nicht vor, beträgt die Verjährungsfrist 30 Jahre.

9.7 Perspektiven und Grenzen der Datenverarbeitung

Seit 50 Jahren gibt es den Computer. Seit gut 30 Jahren wird er industriell gefertigt. In diesem Zeitraum hat er sich entwickelt von einem Elektronengehirn, das ein ganzes Zimmer ausfüllte, zu einem tragbaren Gerät, das in einen Aktenkoffer hineinpasst.

Mittlerweile ist er zum vielleicht wichtigsten Werkzeug der Gegenwart geworden. Es gibt kaum eine technische Errungenschaft, die einen so starken Einfluss auf die Arbeitswelt genommen hat wie die Entwicklung des Computers.

Bereits 1941 baute Konrad Zuse als einer der Ersten mithilfe **elektromechanischer Relais** den ersten programmgesteuerten Rechner. Mitte der vierziger Jahre erfolgte dann der Schritt vom Relais zur **Elektronenröhre**, mit dem Erfolg, dass die Geräte erheblich schneller wurden.

Der Übergang von der Röhre zum **Transistor** vollzog sich Mitte der fünfziger Jahre. Als Hauptspeicher wurden Magnetkernspeicher benutzt.

In den sechziger Jahren wurde die Transistortechnik schrittweise zu immer kleineren Schaltelementen weiterentwickelt. Dabei wurden mehrere Transistoren und Widerstände zu **Schaltgruppen (Modulen)** zusammengefasst. Als Zentralspeicher wurden weiterhin Magnetkernspeicher verwendet.

Im Jahre 1970 wurde der erste Mikroprozessor mit **integrierten Schaltkreisen** entwickelt. Eine wesentliche Voraussetzung für die Erfindung des Mikroprozessors war, dass mehr als 5 000 Transistoren auf einem Siliziumplättchen **(Chip)** integriert werden konnten.

Durch die Herstellung **hochintegrierter Schaltkreise** seit etwa 1980 konnte die Leistung der Computer erheblich gesteigert werden. Die Integrationsdichte (Anzahl der Transistoren pro Siliziumkristall) betrug 1980 etwa 150 000 Transistoren.

Computergenerationen				
1. Generation	2. Generation	3. Generation	4. Generation	5. Generation
1941 – 1954	**1955 – 1961**	**1962 – 1969**	**1970 – 1979**	**1980 – heute**
Elektronenröhren als Schaltelemente. Geschwindigkeit: etwa 1000 Additionen/s	Halbleiterschaltkreise mit Transistoren und Dioden. Geschwindigkeit: ca. 10 000 Additionen/s	Übergang zur integrierten Schaltkreistechnik auf Silizium. Geschwindigkeit: ca. 50 000 Additionen/s	Überwiegend hochintegrierte Schaltkreise. Geschwindigkeit: ca. 10 Mio. Additionen/s. 1977 erster PC von Apple.	Höchstintegrierte Schaltkreise. Mehrere Prozessoren auf einem Chip.1981 erster PC von IBM mit einem Prozessor von Intel.

Die heute eingesetzten 4 Megabit-Chips verfügen über eine Speicherkapazität von 256 A4-Schreibmaschinenseiten und einer Integrationsdichte von 8,9 Mio. Schaltungen. An der Entwicklung von 64-Mbit-Chips wird gearbeitet. Im Schnitt verdoppelt sich die Leistungsfähigkeit der Prozessoren alle zwei Jahre.

Diese Entwicklung ist gekennzeichnet durch eine zunehmende Miniaturisierung der elektronischen Bauteile, durch eine Erhöhung der Rechnergeschwindigkeit und eine Steigerung der Leistungsfähigkeit der Prozessoren, begleitet von einem Preisverfall der Geräte. Das bedeutet, die Computer werden immer kleiner, schneller, präziser und billiger.

Aus diesen Gründen hat die Mikroelektronik schnell weite Bereiche der Arbeitswelt erobert. Sie wird vor allem dann bevorzugt eingesetzt, wenn es sich um ständig wiederkehrende formalisierbare Arbeitsgänge handelt.

Im Produktionsbereich werden zunehmend **Industrieroboter** und computergesteuerte Werkzeugmaschinen eingesetzt, die auf der Grundlage der Mikroprozessortechnik entwickelt wurden. Die **CAD**-Technologie (Computer **A**ided **D**esign) und die **CAM**-Technologie (Computer Aided **M**anufacturing) ermöglichen die computergestützte Konstruktion und Fertigung.

In den Büros sind in den letzten Jahren immer mehr Arbeitsplätze mit Mikrocomputern und Kommunikationstechniken ausgestattet worden. Der Sachbearbeiter erledigt viele seiner Aufgaben im Dialog mit dem Computer (vgl. Abschnitt 1.2.2 und Abb. 1.11).

Sowohl im kaufmännischen Bereich, als auch in der öffentlichen Verwaltung vollzieht sich inzwischen eine Entwicklung, die durchaus vergleichbar ist mit den computergesteuerten Veränderungen im produzierenden Bereich. Der seit Jahren eingeführten Automatisierung der Steuerungsprozesse in der Konstruktion und Fertigung folgt in jüngster Zeit die computergestützte Steuerung standardisierter kaufmännischer und verwaltender Arbeitsabläufe. **Geschäftsprozessoptimierung (GPO)**, **Workflow** und **Workflow Management Systeme** sind typische Begriffe, die diese Entwicklung repräsentieren (vgl. auch Kapitel 3). Bislang funktionsorientierte Abläufe werden durch die Umstellung auf Prozesse optimiert und über die Informationstechnik effizient unterstützt. Der computergesteuerte Prozessablauf wird durch festgelegte, logisch aufeinander folgende Programmfunktionen, den so genannten Workflow, abgebildet. Der Einfluss des einzelnen Mitarbeiters auf die Abwicklung und Steuerung der Prozesse schwindet, diese Aufgaben übernehmen immer häufiger Workflow Management Systeme. Diese Entwicklung kann zu tief greifenden Veränderungen führen, sowohl in der Organisationsstruktur und der IT-Struktur eines Unternehmens, als auch in dem Verhältnis zwischen Mensch und Informationstechnik. Hier besteht die Gefahr, dass sich der einzelne Mitarbeiter immer stärker als Erfüllungsgehilfe des Computers fühlt und sich einer zunehmenden Kontrolle durch den Computer ausgesetzt sieht.

Die Möglichkeiten des Computereinsatzes sind vor allem in kleinen Büros, bei Handwerkern, Kleinbetrieben und Selbstständigen noch lange nicht ausgeschöpft. Erst wenn es möglich ist, dass der Computer auch für Laien eine nutzbringende Datenverarbeitung erlaubt, hat er den Anschluss an andere Gebrauchstechniken wie Auto, Radio oder Fernseher erreicht.

Das Problem liegt dabei nicht so sehr in der Hardware, sondern vielmehr in der Softwareentwicklung. Über den kommerziellen Erfolg der Programme entscheidet heute nicht mehr nur die Leistungsfähigkeit, sondern vor allen Dingen die Benutzerfreundlichkeit. Die Steuerung der Programme erfolgt nicht mehr durch umständliche Eingaben von Kommandos, sondern direkt über grafische Symbole der **Benutzeroberflächen.**

Aber grafische Oberflächen sind wohl auch nur ein Zwischenschritt. Angestrebtes Ziel ist die **Computersteuerung über die Sprache.** Das bedeutet, dass gesprochene Informationen von Computern erkannt werden. Man unterscheidet dabei zwischen wortweiser und kontinuierlicher Spracherkennung. Im ersten Fall ist der Computer heute bereits in der Lage, einzelne gesprochene Wörter zu identifizieren und entsprechend zu reagieren. Bei kontinuierlicher Spracherkennung sollen frei formulierte Sätze erkannt werden. Dementsprechend könnte ein Gespräch zwischen Mensch und Computer die Textverarbeitung der Zukunft sein.

Eine weitere zukunftsorientierte Möglichkeit zur komfortablen Computerbedienung besteht in der **Handschrifttechnologie**, die bereits in der Grundkonzeption zur Serienreife entwickelt wurde. Dabei wird mit einem elektronischen Griffel auf einem LCD-Bildschirm geschrieben. Erkennen kann der Computer keine durchgehende Fließschrift, sondern nur große und kleine Blockbuchstaben.

Durch Kombination von Daten, Texten, Bildern, Grafik, Video, Ton und Musik, zentral gesteuert vom Computer, können **Multimedia-Anwendungen** entwickelt werden. Das bedeutet also, dass der Computer zur Nutzung einer Vielzahl von Medien eine zentrale Vermittlungsrolle einnehmen soll. Ein denkbarer Einsatz wäre die Einblendung von Videobildern auf Rechnerbildschirme z. B. zur Überwachung von Produktionsanlagen oder zur Durchführung von Videokonferenzen.

Im Zusammenhang mit den Zukunftsperspektiven von Computertechnologie stellt sich auch die Frage nach der so genannten „**Künstlichen Intelligenz**“. Gemeint sind damit neben dem Erkennen und Verstehen von Bildern sowie dem Verstehen der geschriebenen und gesprochenen Alltagssprache durch den Computer vor allem die **Expertensysteme.**

Abb. 9.17 Karikatur

Es handelt sich dabei um Programmsysteme, die Aufgaben von Spezialisten lösen sollen, wie Diagnostizieren, Beraten, Planen, Entscheiden, Vorhersagen. Sie simulieren das menschliche Wissen auf bestimmten Gebieten. Die Forschung und Entwicklung in diesem Bereich wird vor allem in Japan und den USA stark betrieben.

Wenn man die Perspektiven der Computerentwicklung untersucht, stellt sich allerdings auch die Frage nach den Grenzen.

Wie jedes andere Werkzeug trägt auch der Computer die Grenzen seiner Einsatzfähigkeit in sich. Es können nämlich nur solche Aufgaben mit dem Rechner bearbeitet werden, die vorher vom Menschen analysiert und in eine ablauffähige Form gebracht wurden. Die Grenzen liegen also im **fachlichen Bereich**, und zwar in der Fähigkeit der Systemanalytiker und Programmierer. Man kann daher Programmfehler nie ausschließen, da Irren menschlich ist. Computer können somit nur dort fachlich verantwortbar eingesetzt werden, wo die Möglichkeit zum Auffinden und Beseitigen von Programmfehlern besteht.

Grenzen des Computereinsatzes liegen aber auch im **sozialen Bereich.** Es muss deutlich gemacht werden, dass der Computer niemals ein Partner für den Menschen sein wird, sondern ein Werkzeug. Deshalb ist sicherzustellen, dass auch an Bildschirmarbeitsplätzen der Dialog und die partnerschaftliche Zusammenarbeit zwischen den Menschen erhalten bleibt. Außerdem muss dafür gesorgt werden, dass die Arbeit des Menschen in DV-gestützten Prozessen nicht zu sinnentleerter Routinetätigkeit und Computerbedienung verkümmern.

Nicht zuletzt liegen die Grenzen des verantwortbaren Computereinsatzes im **moralisch-ethischen Bereich**. Man kann die Verantwortung für die Entwicklung und **Ergebnisse** von Computerprozessen z. B. im Bereich der Medizin und der Gen- bzw. Biotechnologie nicht auf die Computer abwälzen. Die Verantwortung für das, was die Computer bzw. ihre Programme bewirken, liegt beim Menschen. Das Gleiche gilt auch für den Einsatz von Expertensystemen.

10 Präsentieren von IT-Systemen

Einstiegssituation Die stetig voranschreitende Innovation von IT-Systemen stellt an die Qualifikationen der Auszubildenden in den IT-Berufen immer höhere Anforderungen. Unabhängig vom Tätigkeitsfeld in Service, Kundenschulung, Beratung oder Verkauf wird von IT-Fachleuten erwartet, z. B. wirtschaftliche oder technische Vorgänge und Geräte zu erklären und zu präsentieren.

Die Qualität eines Vortrages oder einer Präsentation hängt wesentlich von der Vorbereitung ab, das heißt davon, wie gut die Visualisierungen gelungen sind, ob die einschlägigen Arbeitstechniken genutzt wurden und ob die richtigen Informationen beschafft wurden.

Mit welchen Arbeitstechniken und Medien werden Präsentationen vorbereitet und durchgeführt und Visualisierungen überzeugend gestaltet? Wie lassen sich die dazu benötigten Informationen beschaffen und auswerten?

10.1 Informationsbeschaffung und -verwertung

Unternehmen, die Kundenwünsche rasch erkennen und Produkte auf den Markt bringen, die von den Kunden gewünscht werden, haben die „Nase vorn". Um jedoch schnell und effektiv Produkte oder Dienstleistungen marktgerecht zuschneiden zu können, sind umfangreiche Informationen erforderlich.

10.1.1 Informationsmanagement

Das Informationsmanagement ist zuständig für die Information und Kommunikation in einem Unternehmen und stellt sicher, dass alle Mitarbeiterinnen und Mitarbeiter die von ihnen benötigten Informationen erhalten. Dabei gilt:

> Unzureichende Informationen gefährden die Qualität der Arbeitsergebnisse und fördern Fehlentscheidungen.

Deshalb sind wesentliche Ziele eines Informationsmanagements, dass

- die richtige Information
- im richtigen Umfang
- zur richtigen Zeit
- am richtigen Platz bereitsteht bzw. abrufbar ist.

Für den Betriebsablauf maßgebliche Informationen sollten nicht nur einzelnen Abteilungen, sondern allen zur Verfügung stehen. Über eine Tafel im Intranet können alle Mitarbeiterinnen und Mitarbeiter über Neuerungen informiert werden.

10.1.2 Informationsquellen

Die Quellen für Informationen werden in allgemeine bzw. unternehmensexterne Informationsquellen und unternehmensinterne Informationsquellen unterteilt.

Unternehmensinterne Informationsquellen lassen sich z. B. in Informationssysteme für Kunden, Produkte, Vertrieb, Lager und Lieferanten unterteilen. Neben Daten über Personal, Kunden, Produkte usw. enthalten die Informationssysteme u. a. Dokumentationen, Protokolle und interne

Informationen zur Bilanzerstellung, Auftragsabwicklung, Kundenberatung und Servicebetreuung. Welche unternehmensexternen Informationsquellen gibt es?

Abb. 10.1 zeigt wichtige Informationsquellen und Bereitstellungsformen. Die Liste kann beliebig erweitert werden.

Quellen	Formen
Bibliotheken Buch- und Zeitschriftenhandel Sendeanstalten (Radio, TV) Internet, Online-Datenbanken Messen Firmen Behörden, Institute Verbände, Vereine, Stiftungen Fachhochschulen, Universitäten	Bibliografien Fachbücher, Fachzeitschriften Statistiken, Umfragen, Erhebungen Berichte, Dokumentationen Prospekte, Gerätebeschreibungen Bedienungsanleitungen persönliche Erfahrungen aktueller Wissensstand der Mitarbeiter Forschungsberichte, Dissertationen

Abb. 10.1 Unternehmensexterne Informationsquellen

In Bibliotheken erhält man Zugriff zu Bibliografien, Fachbüchern, Fachzeitschriften, Forschungsberichten, Statistiken, Umfragen usw. Bibliografien sind Bücher- bzw. Literaturverzeichnisse, die Angaben über Autor, Titel usw. liefern und häufig erläuternde Kommentare enthalten. In den meisten Fällen erhält man auf diese Weise Zugang zu den gewünschten Informationen.

Schwieriger gestaltet sich die Suche nach ganz aktuellen Informationen, z. B. über eine neue Technik, über die es praktisch noch keine Fachliteratur gibt. Hier bietet das Internet möglicherweise einen Zugang zu aktuellen Berichten und zu den Adressen der Firmen, die sich mit dieser Technik befassen.

Der Besuch einschlägiger Fachmessen und der Kontakt zu Firmen (z. B. über das Internet) hilft meist weiter. Hier können i. d. R. Prospekte und Bedienungsanleitungen zur Verfügung gestellt werden. Besser sind Gespräche mit Mitarbeitern, die sich mit der neuen Technik auseinander setzen und über aktuelle Erkenntnisse verfügen.

Eine weitere Möglichkeit bietet der Buch- und Zeitschriftenhandel, da hier die neuesten Veröffentlichungen zu finden sind.

Neben den genannten Quellen können u. a. Sendeanstalten mit den schriftlichen Fassungen gesendeter Beiträge und Mitarbeiter von Instituten und Hochschulen mit ihrem Fachwissen die gewünschten Informationen liefern.

10.1.3 Informationsauswahl

Die tägliche Informationsflut konfrontiert uns mit Wichtigem und Unwichtigem, Notwendigem und Überflüssigem, Beruflichem und Privatem. Eine Bewertung ist nicht einfach. Noch schwieriger ist die Beschaffung klarer Informationen zu bestimmten Themen oder zur Lösung eines Problems. Wie sollte man bei der Beschaffung und Auswahl von Informationen vorgehen?

- Zunächst muss klar sein, worüber Informationen benötigt werden. Dazu ist es hilfreich, das Thema oder das Ziel möglichst genau zu beschreiben und gegenüber anderen Bereichen abzugrenzen.
- Unter Berücksichtigung der zur Verfügung stehenden Zeit muss festgelegt werden, welche Informationsquellen in Betracht kommen. Dabei sollte allerdings berücksichtigt werden, dass die Nutzung interner Quellen gegenüber externen Quellen i. d. R. kostengünstiger ist.
- Die erhaltenen Informationen sollten entsprechend ihrer Bedeutung für das Thema bzw. das Ziel den Kategorien Kern-, Rand- und Hintergrundinformationen zugeordnet oder aussortiert werden.

10.2 Arbeitsmethoden

Arbeitsprozesse sind heute z. B. durch die rasante technische Entwicklung auf dem Computermarkt ständigen Veränderungen unterworfen. Die damit zwangsläufig verbundenen Innovationen, d. h. die Entwicklung neuer Ideen, neuer Techniken, neuer Produkte usw., werden zunehmend in Form von Projektarbeiten bewältigt. Deren Durchführung erfolgt in Teamarbeit. Die Teams wenden bei der Lösung ihrer Aufgaben spezielle Problemlösungsmethoden an.

10.2.1 Teamarbeit

Ein Beispiel für Teamarbeit sind die bereits angesprochenen Projektarbeiten. Unter einem Projekt versteht man eine zielgerichtete Aufgabenstellung, die thematisch und zeitlich fest umrissen ist und vielfältige, untereinander vernetzten Teilaufgaben enthält. Es handelt sich also nicht um Routinearbeiten, sondern um Arbeiten mit Ausnahmecharakter, die ohne Teamarbeit nicht denkbar sind. Was versteht man unter einem Team?

Ein Team ist eine Gruppe von – vorzugsweise – vier bis sechs Teilnehmerinnen und Teilnehmern, die eine bestimmte Zeit lang kontinuierlich an einer gemeinsamen Aufgabe mit einem festgelegten Ziel arbeiten.

Das Team plant die zur Erreichung des Ziels notwendigen Handlungsschritte und Arbeitsaufträge, führt diese durch und präsentiert schließlich das Ergebnis. Dabei werden an einzelne Mitglieder Teilaufgaben und Funktionen vergeben. Während der Teamarbeit müssen sich die Mitglieder u. a. an folgende Regeln halten:

- Das Team – und somit jedes Mitglied – ist für das Arbeitsergebnis verantwortlich.
- Gruppendiskussionen müssen sich an der Aufgabenstellung orientieren.
- Der Einzelne darf im Team nicht untergehen; er darf das Team aber auch nicht von Ziel wegführen.
- Der Einzelne darf durch Diskussionsbeiträge persönlich nicht verletzt werden.
- Jeder darf sich frei äußern und ausreden. Um Langzeitredner zu bremsen, kann eine maximale Redezeit vereinbart werden.
- An der Präsentation des Arbeitsergebnisses sollten vorzugsweise alle Mitglieder beteiligt sein. Ist das nicht möglich, wird eine Sprecherin bzw. ein Sprecher gewählt, die Präsentation aber gemeinsam vorbereitet.

10.2.2 Problemlösungsmethoden

Zur Ideenfindung und zur Lösung von Problemen gibt es unterschiedliche Methoden. Hier werden drei verbreitete Methoden kurz vorgestellt:

- Brainstorming
- Brainwriting
- Mind-Mapping

Brainstorming

Beim Brainstorming handelt es sich um eine Methode zur Ideenfindung und zur Problemlösung. Eine Brainstorming-Sitzung enthält zwei Phasen: eine Sammlungsphase und eine Auswertungsphase.

Nach Vorstellung des zu erreichenden Zieles werden in der ersten Phase, der Sammlungsphase, von den Teilnehmern Ideen genannt. Diese Beiträge werden auf einem Flip-Chart notiert oder auf Kärtchen an einer Pinnwand (vgl. Abschnitt 10.3) gesammelt. Dabei gilt:

- Jegliche Kritik an genannten Ideen ist untersagt.
- Alle Ideen – auch die außergewöhnlichsten – sind erwünscht.
- Ideen anderer sollen aufgegriffen und weiterentwickelt werden.
- Möglichst viele Ideen sollen produziert werden (Quantität geht vor Qualität).

Die Dauer der Sammlungsphase sollte begrenzt sein und i. d. R. 20 Minuten nicht überschreiten.

In der anschließenden Auswertungsphase werden die gesammelten Ideen geordnet und in einer Prioritätenliste geordnet. Dies kann in der Weise geschehen, dass jeder Teilnehmer z. B. fünf Klebe-Punkte erhält und diese an den Beiträgen anbringt, die er für die besten hält. Dabei können mehrere Punkte für einen Beitrag vergeben werden. Die Beiträge mit den meisten Punkten sollten dann weiter diskutiert werden.

Die Gruppe sollte mindestens vier und maximal zwölf Teilnehmer enthalten. Die Leitung der Sitzung übernimmt eine Moderatorin bzw. ein Moderator.

Brainwriting

Beim Brainwriting handelt es sich wie beim Brainstorming um eine Methode zur Ideenfindung und zur Problemlösung. Die Methode enthält ebenfalls eine **Sammlungsphase** und eine **Auswertungsphase**.

Nach Bekanntgabe der Zielsetzung erhält jeder Teilnehmer ein leeres Blatt, auf dem er seinen eigenen Beitrag notiert. Anschließend legen alle Teilnehmer ihre Blätter in die Mitte des Tisches, den Pool, und nehmen sich ein bereits von einem anderen Teilnehmer beschriebenes Blatt. Der bestehende Beitrag wird durch eigene Ideen ergänzt und wieder in den Pool zurückgelegt. Dieses kann mehrfach wiederholt werden, sollte jedoch nicht länger als 30 Minuten dauern.

Nach der Sammlungsphase erfolgt die Auswertungsphase z. B. in der Weise wie beim Brainstorming.

Die Gruppe sollte fünf bis acht Teilnehmer enthalten. Die Leitung der Sitzung übernimmt eine Moderatorin bzw. ein Moderator.

Eine besondere Brainwritig-Variante ist die 6-3-5-Methode. Entsprechend ihrer Bezeichnung schreiben sechs Personen jeweils drei Vorschläge nieder. Nach ca. fünf Minuten werden diese Vorschläge an die anderen Teilnehmer weitergereicht und von ihnen um eigene Assoziationen ergänzt. Dies geschieht so lange, bis jeder Vorschlag fünfmal ergänzt worden ist. Auf diese Weise entstehen in 30 Minuten durch sechs Personen 108 Lösungsansätze.

Diese Methode wird vorwiegend bei der Entwicklung neuer Produkte und bei der Suche nach Slogans angewendet.

Mind-Mapping

Mind-Mapping ist eine Methode zur kreativen Lösung von Problemen. Dazu gehört u. a. die Planung von Präsentationen. Bei der Erstellung einer Mind-Map dringt man mithilfe einer Baumstruktur vom Allgemeinen zum Speziellen vor. Als Hilfsmittel wird z. B. ein Flip-Chart benötigt. Abb. 10.2 zeigt ein Beispiel.

- Das Zentrum der Mind-Map ist eine Ellipse. Sie enthält möglichst mit nur einem Wort (Schlüsselbegriff) die Angabe des Themas oder der Zielsetzung.
- Vom Zentrum aus entspringen Verzweigungen als Hauptäste. Sie bilden die Grobgliederung des Themas. Bezeichnet werden die Hauptäste mit Schlüsselwörtern, die z. B. in Rechtecken untergebracht sind.

- Von den Häuptästen aus verzweigen wiederum Zweige und Nebenzweige. Sie bilden eine weitere Unterteilung bis hin zu Detailinformationen.

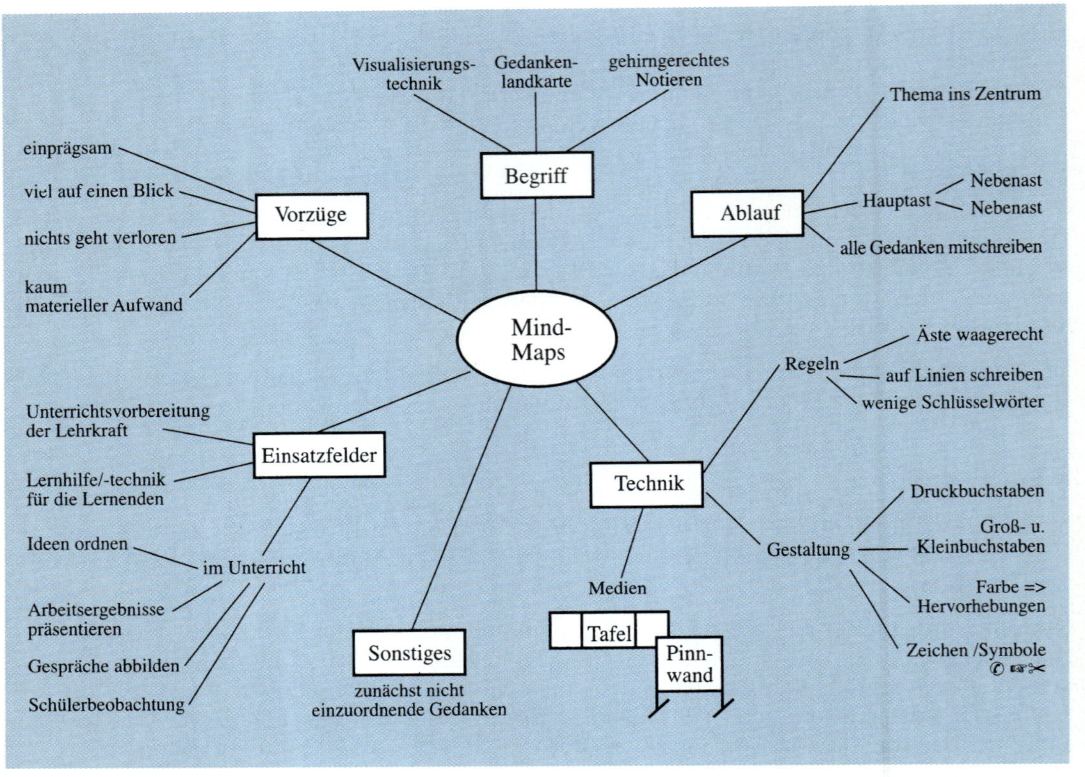

Abb. 10.2 Mind-Mapping

10.3 Visualisierung

Unter Visualisierung versteht man die sichtbare Darstellung von Sachaussagen, Gefühlen oder Prozessen in Form von Bildern, Grafiken und Texten. Somit eignet sich die Visualisierung u. a. dazu,

- die Aufmerksamkeit und das Interesse beim Zuhörer zu erhöhen,
- Inhalte so aufzubereiten, dass sie verständlicher und einprägsamer werden,
- Wesentliches zu verdeutlichen und den Redeaufwand zu verringern.

10.3.1 Medien für die Visualisierung

Zur Visualisierung benötigt man Informationsträger, auf denen sich die Visualisierung entweder schon befindet oder noch entsteht. Häufig verwendet werden Transparentfolien für den Overhead-Projektor (OHP), Flip-Chart-Bögen und Flip-Chart-Ständer und/oder Packpapier und Pinnwand. Zunehmend werden elektronische Medien eingesetzt, d. h. Computer und Datenbeamer oder LCD-Aufleger. Wodurch unterscheiden sich diese Medien?

Overhead-Projektor

Der Overhead-Projektor ist praktisch immer einsetzbar. Mit ihm können Darstellungen wie Schaubilder, Ablaufpläne, Zeichnungen usw. vorbereitet und bei Bedarf projiziert werden. Auf den Folien können Ergänzungen durchgeführt werden. Dabei kann der Vortragende den Zuhörern zugewandt bleiben und Blickkontakt halten. Die Folien können – mit speziellen Folienstiften (wasserlöslich oder wasserfest) – selbst gezeichnet werden oder von Unterlagen wie z. B. Prospekten kopiert werden.

Nicht zu unterschätzen ist beim Einsatz dieses Mediums, dass eine geordnete Folge von Folien der rote Faden durch eine Präsentation oder einen Vortrag sein kann. Zudem ergeben sich interessante Möglichkeiten durch das Übereinanderlegen und Abdecken von Folien.

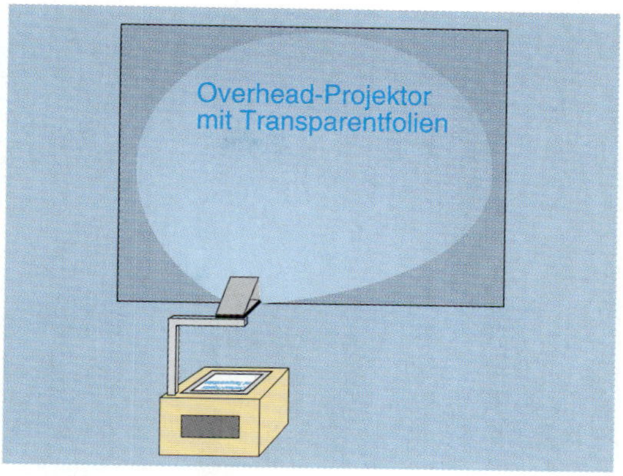

Abb. 10.3 Overhead-Projektor

Durch das **Übereinanderlegen** mehrerer Folien kann das Gesamtbild in Einzelschritten entwickelt werden. Jedoch sollten nicht mehr als vier bis sechs Folien übereinander gelegt werden, da sonst das Bild zu dunkel wird.

Durch **Abdecken** einer vorbereiteten Folie wird nur das gezeigt, was schon behandelt wurde oder gerade besprochen wird. Informationen können so durch Verschieben des Deckblattes Stück für Stück freigegeben werden. Außerdem können auf einem Abdeckblatt – für die Zuhörer unsichtbar – wichtige Notizen für den Vortragenden stehen. Legt man das Abdeckblatt nicht auf sondern unter die Folie, wird der gleiche Abdeckeffekt erreicht, jedoch bleibt die gesamte Folie für den Vortragenden weiterhin sichtbar.

Worauf man achten sollte:
- Projektor nur einschalten, wenn er benötigt wird
- Auf die Folie zeigen, nicht auf die Projektion an der Wand
- Nicht mit dem Finger zeigen, sondern z. B. mit einem spitzen Bleistift
- Wenig Text, viel Bild zeigen
- Hinreichend groß schreiben
- Farben verwenden
- Alle Möglichkeiten nutzen: entwickeln, abdecken, übereinander legen, eintragen usw.

Flip-Chart

Ein Flip-Chart (Abb. 10.4) sieht aus wie ein senkrecht aufgestellter Schreibblock in der Größe von ca. 0,7 m x 1 m. Er ist meist nicht oder nur teilweise vorbereitet, d. h. beschrieben. Erst im Laufe des Gespräches oder des Vortrages werden Ergebnisse notiert, eingetragen, skizziert oder grafisch dargestellt.

Flip-Chart und Flip-Chart-Ständer haben meist die Funktion einer kleinen Tafel mit dem Vorteil, dass auf Ergebnisse bzw. beschriebene Blätter durch Zurückblättern wieder zurückgegriffen werden kann.

Abb. 10.4 Flip-Chart

Flip-Charts eignen sich besonders für das Erarbeiten von Problemen in kleinen Gruppen. Für Präsentationen und Gespräche mit Kunden sind sie weniger geeignet.

Worauf man achten sollte:
- Auf sicheren Stand des Flip-Chart-Ständers achten
- Hinreichend groß schreiben
- Farben verwenden
- Nicht zu häufig und nicht zu schnell blättern

Abb. 10.5 Pinnwand

Pinnwand

Bei der Pinnwand (Abb. 10.5) handelt es sich um eine Weichfaserplatte, auf der mithilfe von Stecknadeln Papierbögen festgesteckt werden. Wie beim Flip-Chart wird die Darstellung häufig erst während des Vortrages entwickelt.

Im Unterschied zum Flip-Chart ist das Arbeitspapier meist größer (z. B. 1,25 m x 1,5 m) und kann daher eher zusätzliche Gestaltungsmaterialien wie z. B. in beliebigen Formen geschnittene farbige Karten aus dünnem Karton aufnehmen.

Worauf man achten sollte:
- Papier sicher an der Pinwand befestigen
- Hinreichend groß schreiben
- Farben verwenden
- Zusätzliche Gestaltungselemente nutzen

Abb. 10.6 Laptop und Datenbeamer

Elektronische Medien

Abb. 10.6 zeigt ein Beispiel. Der Bildschirminhalt eines Laptops wird mithilfe eines Datenbeamers auf einer Projektionswand angezeigt.

Statt eines Beamers kann ein LCD-Aufleger verwendet werden. Der Aufleger wird an den Computer angeschlossen und auf einen Overhead-Projektor gelegt.

Die Lichtstärke eines LCD-Auflegers ist deutlich geringer als die eines Beamers. Daher ist vor größeren Teilnehmerkreisen der Einsatz eines Datenbeamers erforderlich.

Für die Visualiserung mit elektronischen Medien gibt es spezielle Software. Bei der Gestaltung der Charts können z. B. mit einer digitalen Kamera aufgenommene Bilder eingebunden werden. Videosequenzen können als dynamische Elemente integriert werden. Grafiken und Texte können während der Präsentation schrittweise aufgebaut werden. Besonders hilfreich sind diese Medien bei der Präsentation von Software, wo Daten oder Abläufe – häufig situationsbedingt – verändert oder erarbeitet werden müssen.

Worauf man achten sollte:
- Die Charts übersichtlich gestalten – auch wenn die Visualisierungs-Software noch viele weitere Gestaltungsmöglichkeiten anbietet
- Pro Minute nicht mehr als ein Chart zeigen
- Jedes neue Chart erst eine kurze Zeit auf die Teilnehmer wirken lassen, bevor es erläutert wird
- Bei der Vorstellung von Software den Computer so langsam bedienen, dass die Teilnehmer die Vorgänge nachvollziehen können
- Soweit es geht, sicherstellen, dass die elektronischen Medien funktionieren. Gegebenenfalls einen Satz Overhead-Folien bereithalten

10.3.2 Komponenten einer Visualisierung

Bei einer Visualisierung werden vorwiegend Texte, Grafikelemente, Symbole und Diagramme verwendet. Diese Gestaltungskomponenten und ihre Anwendungsbereiche werden in den folgenden Ausführungen erläutert.

Text

Das Aufschreiben ist sicherlich die gebräuchlichste Form der Visualisierung von Informationen. Dabei sollte beachtet werden, dass die Texte gut lesbar und verständlich sind. Abb. 10.7 zeigt eine Übersicht.

Gute Lesbarkeit wird erreicht durch:	Verständlichkeit wird erreicht durch:
• Druckschrift (niemals Handschrift) • einfache Schrifttypen (Arial, Helvetica u. Ä.) • ca. sieben Zeilen pro Chart • maximal sieben Wörter pro Zeile • einen doppelten Zeilenabstand	• ein Thema pro Chart • kurze Sätze und Schlüsselwörter • die Verwendung geläufiger Wörter • prägnante Überschriften • die Beschränkung auf das Wesentliche

Abb. 10.7 Der Einsatz von Text als Gestaltungskomponente

Grafikelemente und Symbole

Diese Gestaltungsmittel dienen dazu, Informationen hervorzuheben und zu verdeutlichen. Außerdem können mit ihnen so genannte trockene Themen aufgelockert werden. Abb. 10.8 zeigt einige Beispiele.

Die Verwendung von Grafikelementen, zu der Moderationsmaterialien wie z. B. farbige Kreise und Punkte gehören, bietet sich besonders beim Einsatz von Pinnwänden an.

Abb. 10.8 Gestaltungsmittel zum Hervorheben und Verdeutlichen von Informationen

Diagramm

Diagramme dienen dazu, z. B. Entwicklungsabläufe, Größenverhältnisse oder Strukturen, in standardisierten Darstellungsformen anschaulich aufzuzeigen. Beispiele dafür sind:

- Liste und Tabelle
- Kurvendiagramm
- Säulen- und Balkendiagramme
- Kreis- oder Tortendiagramm
- Ablauf- und Aufbaudiagramme

Liste und Tabelle

Listen und Tabellen (Abb. 10.9) eignen sich besonders dazu, Begriffe oder Daten aufzulisten, Zahlen oder Werte transparent zu machen und gegenüberzustellen.

Checkliste für Einladungen

- Thema
- Ort
- Raum
- Zeit
- Dauer
- Ansprechpartner bei Rückfragen

Höhe von Arbeitstischen

Körpergröße	Tischhöhe
163 cm	67 cm
167 cm	69 cm
171 cm	71 cm
175 cm	73 cm
179 cm	75 cm
183 cm	77 cm

Abb. 10.9 Liste und Tabelle

- Zu jeder Liste oder Tabelle gehört eine verständliche Überschrift. Sind Spalten vorhanden, müssen diese ebenfalls mit Überschriften versehen werden.
- (Spalten-)Überschriften müssen für sich sprechen.
- Tabellen können nur selten übernommen werden; sie müssen gezielt nach dem Bedarf zusammengestellt werden.
- Die Beschriftung sollte ausschließlich horizontal erfolgen.
- Wichtige und/oder zusammengehörende Begriffe oder Zahlen werden durch Umrahmungen hervorgehoben.

Kurvendiagramm

Kurvendiagramme eignen sich besonders zum Aufzeigen von Entwicklungsverläufen und qualitativen Zusammenhängen und zur vergleichenden Darstellung von Prozessen, wie z. B. der Kostenentwicklung. Abb. 10.10 zeigt ein Beispiel.

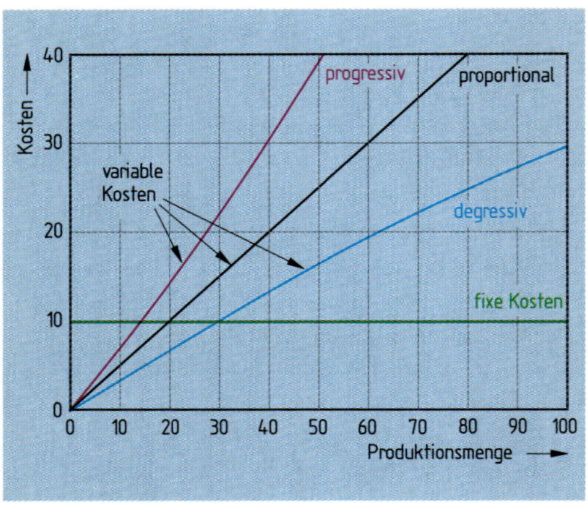

Abb. 10.10 Kurvendiagramm

- Die Abszisse (horizontale Achse) dient zur Darstellung der ursächlichen Größe. Das ist in vielen Fällen die Zeit.
- Die Ordinate (vertikale Achse) dient zur Darstellung der abhängigen Größe.
- Die Achsen müssen eindeutig bezeichnet werden.
- Ein Diagramm sollte nicht mehr als vier Kurven enthalten.
- Bei der Darstellung mehrerer Kurven muss jede Kurve bezeichnet werden.
- Mehrere Kurven sollten durch unterschiedliche Farben oder Linien (durchgezogen, gestrichelt, usw.) unterschieden werden.
- Zur Hervorhebung kann z. B. die Fläche zwischen zwei Kurven schraffiert werden.

Säulen- und Balkendiagramme

Säulen- und Balkendiagramme (Abb. 10.11) dienen zur Darstellung von zwei oder mehreren absoluten Werten im Vergleich. Sie sind nicht geeignet für die Darstellung von Verläufen.

- Ein Diagramm darf nicht zu viele Säulen bzw. Balken enthalten. Pro Diagramm sollten nicht mehr als vier Säulen/Säulengruppen bzw. Balken/Balkengruppen dargestellt sein.
- Eine Säulen- bzw. Balkengruppe sollte nicht mehr als max. vier Einzelsäulen bzw. -balken enthalten.
- Der Abstand zwischen den Säulen- bzw. Balkengruppen sollte kleiner sein als die Säulen- oder Balkengruppen selbst.
- Unterschiedliche Farben oder Füllmuster verdeutlichen die Unterschiede.

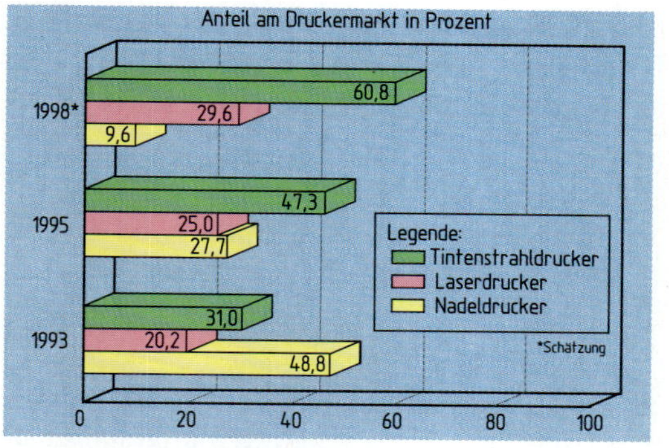

Abb. 10.11 Balkendiagramm

▷ Kreis- oder Tortendiagramm

Kreis- und Tortendiagramme dienen besonders dazu, die Gesamtheit anhand der einzelnen Teilmengen darzustellen. Dadurch ergibt sich ein Gesamtüberblick z. B. über die Zusammensetzung von Kosten. Abb. 10.12 zeigt ein Beispiel.

- In einem Diagramm sollten max. sieben Segmente dargestellt werden.
- Kleine Segmente sollten zusammengefasst werden.
- Für die Anordnung der Segmente gilt: Das größte Segment sollte oben rechts angeordnet sein oder die Segmente sollten der Größe nach im Uhrzeigersinn angeordnet werden.
- Das wichtigste Segment sollte in der stärksten Kontrastfarbe oder in dem kräftigsten Füllmuster dargestellt werden.

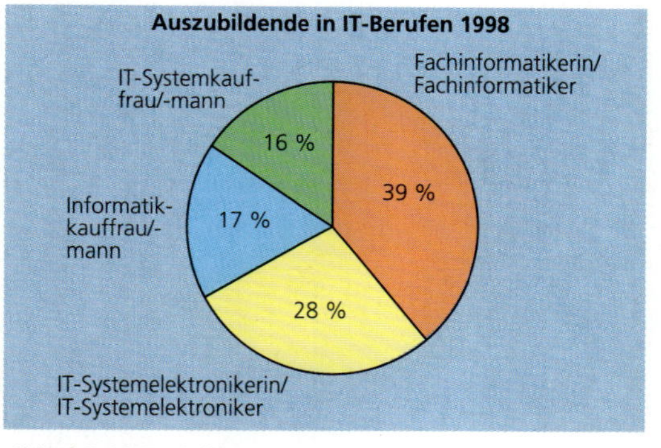

Abb. 10.12 Kreisdiagramm

▷ Ablauf- und Aufbaudiagramme

Ablauf- und Aufbaudiagramme entsprechend Abb. 10.13 eignen sich, Abläufe und Strukturen aufzuzeigen. Somit lassen sich Zusammenhänge, wie z. B. der Ablauf eines Projektes oder der Aufbau einer Datei, übersichtlich darstellen. Mit Organigrammen lassen sich u. a. die in einem Unternehmen bestehenden Hierarchien oder die Verteilung von Aufgaben aufzeigen.

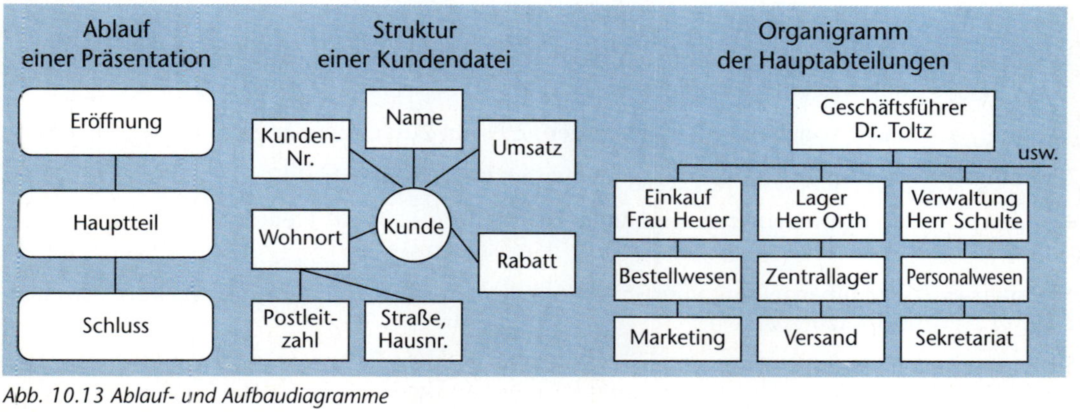

Abb. 10.13 Ablauf- und Aufbaudiagramme

10.3.3 Gestaltung einer Visualisierung

Allgemeine Forderungen an Charts

Die zur Visualisierung dienenden Schaubilder werden nur dann die gewünschte Wirkung bei den Zuhörern erzielen, wenn sie bestimmte psychologisch bedingte Kriterien erfüllen. Diese gelten unabhängig davon, ob die Charts von Hand oder mit dem Computer angefertigt werden. Danach gilt für alle Charts einer Präsentation, dass sie

- einheitlich sind hinsichtlich ihres grundsätzlichen Aufbaus, der Platzierung, der Überschrift, der Legenden und des Logos.
- dasselbe Format, dieselbe Schriftfamilie und eine einheitliche Farbgestaltung aufweisen.
- verständlich, klar und gut lesbar gestaltet sind.
- eine kurze, aussagekräftige Überschrift enthalten.
- eine aussagekräftige Anordnung der Gestaltungselemente aufweisen.

Die Anordnung der Gestaltungselemente

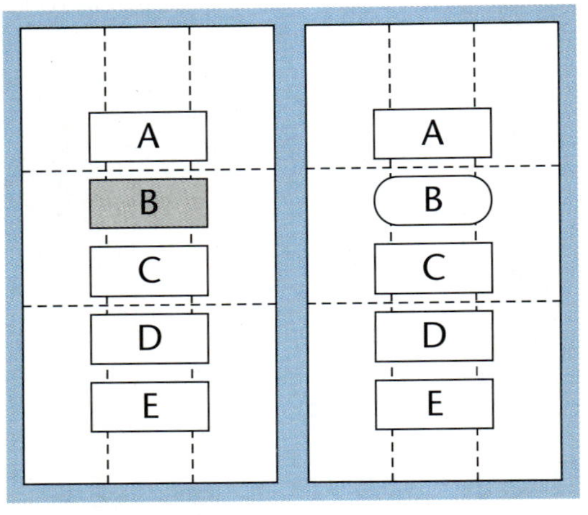

Abb. 10.14 Möglichkeiten der Betonung

Eine überzeugende Anordnung der Gestaltungselemente hängt wesentlich von der Aufteilung des Charts ab. Eine Möglichkeit besteht darin, das Chart in der Höhe und Breite zu halbieren oder zu dritteln. Das kann rein gedanklich geschehen oder bei Papier mithilfe dünner Bleistiftstriche und bei der Folie durch ein untergelegtes Raster.

Nach der Aufteilung des Charts werden die Gestaltungselemente innerhalb des Rasters angeordnet. Wichtig ist dabei, dass die Anordnung der Elemente so erfolgt, dass die logische Struktur dessen, was dargestellt werden soll, widergespiegelt wird. Abb. 10.14 zeigt zwei Möglichkeiten, jeweils das Gestaltungselement B hervorzuheben.

Im linken Bild geschieht das durch Farbe, im rechten Bild durch die Verwendung einer anderen Form. Diese Anordnung von Gestaltungselementen bezeichnet man als Betonung. Neben ihr gibt es weitere Anordnungsmuster:

Betonung:	Hervorheben von Gestaltungselementen durch Farbe oder Form, z. B. um eine wichtige Information gegenüber anderen hervorzuheben
Reihung:	Anordnung von Elementen gleicher Form und Farbe, z. B. um eine Hierarchie oder Rangordnung aufzuzeigen
Ballung:	Häufig von Gestaltungselementen, z. B. um Zusammenhänge zu verdeutlichen
Streuung:	Verteilung von Gestaltungselementen (vgl. Ballung)
Dynamik:	Darstellung einer Bewegung in Zielrichtung, z. B. mit Pfeilen, um eine Beziehung zwischen Ursache und Wirkung darzustellen
Symmetrie:	Gegenüberstellung von Gestaltungselementen, z. B. zum Aufzeigen von Vorteilen und Nachteilen
Rhythmus:	Wiederholung von gleichen Strukturen, z. B. der Wiederholung gleicher Elementfolgen zur Darstellung von Über- und Unterordnungen

Worauf man achten sollte:
- Zum Hervorheben und Unterscheiden sollten Farben und/oder Formen verwendet werden.
- Bei der Verwendung von Farben sollten nicht mehr als drei verwendet werden.
- Zusammengehörende Einheiten werden als Blöcke zusammengefasst.
- Auf dem Chart sollte ausreichend viel unbenutzte Fläche vorhanden sein. Freifläche ist ein Gestaltungselement!
- Wird ein Chart zweimal benötigt, muss es auch zweimal angefertigt werden.

Abschließend sei darauf hingewiesen, dass es bei der Erstellung von Charts nicht darauf ankommt, möglichst viele oder gar alle zur Verfügung stehenden Informationen abzubilden. Vielmehr kommt es darauf an, so viel wie nötig mit so wenig wie möglich darzustellen.

Auf einen Blick

▷ Häufig eingesetzte Medien für die Visualisierung sind Overhead-Projektor, Flip-Chart, Pinnwand und die elektronischen Medien Laptop und Beamer oder LCD-Aufleger.

Overhead-Projektor und elektronische Medien	Flip-Chart und Pinnwand
• Besonders gut geeignet für Präsentationen • Einsatz in kleinen und großen Gruppen bis über 100 Personen • Die Darstellungen sind jeweils nur für die Dauer der Projektion sichtbar • Beim Beschreiben wird der Blickkontakt zu den Teilnehmern unterbrochen	• Besonders geeignet für die Arbeit in Gruppen, z. B. beim Strukturieren von Wortbeiträgen • Einsatz in kleinen Gruppen bis 20 Personen • Die Darstellungen bleiben während der gesamten Sitzung sichtbar • Beim Beschreiben geht der Blickkontakt zu den Teilnehmern verloren

▷ Als Gestaltungskomponenten von Visualisierungen dienen
- Texte zur Beschreibung, zur Erläuterung, als Hinweis, als Überschrift usw.
- Grafikelemente und Symbole zum Hervorheben und Verdeutlichen
- Diagramme zum Darstellen von Werten, Entwicklungen, Strukturen usw.

Darzustellende Informationen	Diagramm						
	Liste	Tabelle	Kreis	Balken, Säulen	Kurven	Aufbau, Organigramm	Ablauf
Aufzählung	X						
Absolute Werte	X			X			
Zuordnung von Daten		X					
Anteile am Ganzen			X				
Gegenüberstellung				X			
Entwicklungen					X		
Aufbau, Strukturen						X	
Abläufe							X

10.4 Die Präsentation

Ob es sich um die besten Produkte oder hervorragende Ideen handelt – sie verkaufen sich nicht von selbst, sondern müssen überzeugend präsentiert, d. h. anderen vor Augen geführt werden. Dabei kommt es vor allem darauf an, die Aufmerksamkeit und das Interesse der Zuhörer zu wecken und die Kernbotschaft verständlich und einprägsam zu vermitteln. Wie gelingt das?

Jede Präsentation setzt sich aus drei Phasen zusammen:

- Vorbereitung,
- Durchführung und
- Nachbereitung.

Jede dieser Phasen muss gründlich bearbeitet werden. Dennoch muss der Vorbereitungsphase besondere Bedeutung beigemessen werden. Grundsätzlich gilt: Eine Präsentation gelingt umso besser, je sorgfältiger sie vorbereitet ist.

10.4.1 Vorbereitung einer Präsentation

In keiner anderen Phase kann ein so großer Einfluss auf das Gelingen einer Präsentation genommen werden wie in der Vorbereitungsphase. Dabei sollten die folgenden Punkte berücksichtigt werden:

1. Ziel
2. Zielgruppe
3. Inhalt
4. Ablauf
5. Organisation

Punkt 1: Vorbereitung auf das Ziel

Ziel und Thema werden oft verwechselt: Häufig meint man, dass mit dem Thema der Präsentation auch schon das Ziel gegeben sei. Dem ist in den meisten Fällen nicht so. Ein richtig formuliertes Ziel erkennt man daran, dass nicht nur formuliert ist, was erreicht werden soll, sondern wie das Erreichen des Ziels messbar und/oder beobachtbar ist. Das Beispiel in Abb. 10.15 verdeutlicht das.

Unvollständige Zielformulierung	Vollständige Zielformulierung
Wenn ich in Teambesprechungen meine Ideen vorstelle, dann möchte ich bei den anderen Teammitgliedern mehr Aufmerksamkeit erregen.	Wenn ich in Teambesprechungen meine Ideen vorstelle, dann möchte ich, dass mir jedes Teammitglied bis zum Ende meiner Ausführungen konzentriert zuhört und durch Nachfragen zu erkennen gibt, dass es sich mit meinen Überlegungen auseinandersetzt.

Abb. 10.15 Zielformulierung

Punkt 2: Vorbereitung auf die Zielgruppe

Hinsichtlich der Zielgruppe, das heißt des Teilnehmerkreises, müssen folgende Fragen beantwortet werden:

- Was erwarten die Teilnehmer? – Aus welchen Gründen kommen sie zu der Veranstaltung?
- Über welche Vorkenntnisse verfügen die Teilnehmer?
- Welche Gemeinsamkeiten weisen die Personen der Zielgruppe auf?
- Wie groß ist der Teilnehmerkreis?

Punkt 3: Inhaltliche Vorbereitung

Der Inhalt der Präsentation wird in drei Stufen aufbereitet:

- **Auswählen** der für die Präsentation infrage kommenden Inhalte. In dieser Stufe werden alle Fakten, Daten und Ideen, die zum Erreichen des Ziels der Präsentation führen können, gesammelt und geordnet.
- **Reduzieren** der ausgewählten Inhalte. Die für die Präsentation wichtigen Inhalte werden ausgewählt. Dabei gilt, dass neue Informationen, z. B. neue Untersuchungsergebnisse, Vorrang vor bereits Bekanntem haben, dass nur die für die Zielsetzung und die Zielgruppe aussagekräftigsten Informationen ausgewählt werden und dass man sich stets auf das Wesentliche beschränkt.
- **Darstellen** der Inhalte für die Präsentation (Visualisierung). Die durch die Auswahl erhaltenen Informationen werden gegliedert und z. B. in Form von Texten, Symbolen und Diagrammen auf Overhead-Folien, Flip-Charts, Pinnwänden oder mithilfe elektronischer Medien aufbereitet (siehe Abschnitt 10.3).

Punkt 4: Vorbereitung des Ablaufs der Präsentation

Jede Präsentation teilt sich in die Eröffnung, den Hauptteil und den Schluss. Allgemein gilt: Der zeitliche Ablauf sollte für die Eröffnung 15%, den Hauptteil 75% und den Schluss 10% der Gesamtdauer betragen.

▷ A) Vorbereitung der Eröffnung

Die Eröffnung enthält i. d. R. drei Schritte:

1. Schritt: Die Begrüßung, die je nach Teilnehmerkreis sachlich oder persönlich ausfallen kann.
2. Schritt: Die Nennung von Anlass, Thema und Ziel der Veranstaltung.
3. Schritt: Die Erläuterung des Ablaufs der Präsentation.

Checkliste:
- Was sage ich zu meiner Person?
- Mit welchen Sätzen kann ich die Teilnehmer interessieren und neugierig machen, z. B. mit einem Zitat, einem interessanten Beispiel oder einer provozierenden Frage?
- Was sage ich zu Anlass, Thema und Ziel?
- Welche Punkte des Ablaufs erläutere ich?
- Wann gebe ich die Teilnehmerunterlagen aus?

▷ B) Vorbereitung des Hauptteils

Bei der Vorbereitung des Hauptteils bietet es sich an, den Inhalt der Präsentation systematisch in Haupt- und Unterpunkte zu gliedern und mit diesen Punkten den Einsatz der Visualisierung so abzustimmen, dass damit die Aufmerksamkeit und das Interesse der Teilnehmer aufrechterhalten bleibt. Hilfreich ist es hier, sich einen „Leitfaden" durch die Präsentation zu erstellen. Dabei sollt auch bedacht werden, dass in einem Notfall, z. B. bei Stromausfall, die Präsentation auch ohne OHP überzeugend durchgeführt werden kann.

Checkliste:
- Ist der Inhalt sinnvoll gegliedert?
- Sind meine Ausführungen von den Zuhörern nachvollziehbar?
- Wie wirkungsvoll ist die Visualisierung?
- Welche Teile der Visualisierung ergänze ich während der Präsentation?
- Mit welchen Mitteln erhalte ich das Interesse der Teilnehmer aufrecht?

▷ C) Vorbereitung des Schlusses

Die Schlussphase beginnt mit einer Zusammenfassung der behandelten Inhalte.

Weiterhin gehört natürlich zum Abschluss, dass den Teilnehmern für ihr Kommen gedankt wird und dass die Veranstaltung mit einer Grußformel beendet wird.

Häufig schließt sich an die Präsentation eine Fragerunde oder eine Diskussion an, die – ebenso wie die Präsentation selbst – gut geplant sein muss.

Checkliste:
- Welche Kernpunkte sollen in der Zusammenfassung enthalten sein?
- Mit welchen Worten danke ich den Teilnehmern?
- Wie verabschiede ich die Teilnehmer?
- Wie viel Zeit steht für Fragen bzw. eine Diskussion zur Verfügung?
- Wie eröffne ich die Fragerunde/Diskussion?
- Mit welchen Fragen, Argumenten, Einwänden muss ich rechnen?
- Welche Teile der Visualisierung sollten dazu bereitliegen?

■ Punkt 5: Vorbereitung der Organisation einer Präsentation

Bei einer umfassenden organisatorischen Vorbereitung sollten die folgenden Punkte berücksichtigt werden:

A) Raum
B) Medien
C) Zeitpunkt, Dauer, Pausen
D) Einladung
E) Unterlagen für die Teilnehmer
F) Persönliche Vorbereitung

▷ A) Vorbereitung hinsichtlich des Raumes

Der Präsentationsraum sollte zentral gelegen sein und von jedem Teilnehmer gut erreicht werden können. Bei der Wahl des Raumes sind folgende Fragen wichtig:

Checkliste:
- Steht der Raum zum Zeitpunkt der Präsentation zur Verfügung?
- Wer ist für die Reservierung des Raumes zuständig?
- Befindet sich der Raum in ordentlichem Zustand?
- Lässt sich der Raum gegen Sonneneinstrahlung verdunkeln?
- Können Fenster geöffnet werden, ohne dass Verkehrs- oder Straßenlärm eindringt?
- Muss der Weg zum Raum ausgeschildert sein?

Ein weiterer wichtiger Punkt ist die Sitzordnung. Häufig werden die „U-Form“ (Halbkreis) oder die „Kino-Bestuhlung“ gewählt. Beide Sitzordnungen weisen entsprechend Abb. 10.16 Vor- und Nachteile auf.

U-Form	Kino-Bestuhlung
– Jeder kann jeden sehen – Die Atmosphäre wirkt persönlicher – Die Teilnahme an Diskussionen wird erleichtert – Nur für kleinere Gruppen geeignet	– Die Teilnehmer sitzen zum Teil hintereinander – Die Teilnahme an Diskussionen wird erschwert – Für große Gruppen geeignet

Abb. 10.16 Sitzordnungen

▷ B) Vorbereitung der Medien

Vor der Veranstaltung muss geprüft werden, ob die Medien, die genutzt werden sollen, vorhanden und in einem funktionstüchtigen Zustand sind.

Vor allem beim Overhead-Projektor sollte sichergestellt sein, dass eine Ersatzlampe eingesetzt werden kann und gegebenenfalls ein Verlängerungskabel zur Verfügung steht. Letzteres gilt auch beim Einsatz elektronischer Medien.

▷ C) Vorbereitung hinsichtlich Zeitpunkt, Dauer und Pausen

Hier müssen folgende Überlegungen angestellt werden:

Checkliste:
- Wann soll die Veranstaltung stattfinden?
- Wie lange soll die Präsentation dauern?
- Sollen Pausen eingelegt werden? – Wenn ja: wann und wie lange?
- Welche Pausengetränke und/oder Mahlzeiten sollten gereicht werden?
- Wo sollen Getränke/Mahlzeiten eingenommen werden?

Die Aufnahmefähigkeit der meisten Menschen für ein bestimmtes Thema lässt bereits nach ca. 15 Minuten deutlich nach. Ein Vortrag sollte daher nicht länger als 20 Minuten dauern und danach durch eine Fragerunde, durch eine Diskussion von 10 bis 15 Minuten oder durch eine Pause unterbrochen werden.

▷ D) Einladung der Teilnehmer

Zu jeder Präsentation gehört eine Einladung, die rechtzeitig erfolgen und mindestens die folgenden Punkte enthalten sollte:

Checkliste
1. Thema der Präsentation
2. Angaben über Ort und Raum; eventuell mit einer Wegbeschreibung
3. Zeitpunkt und Dauer der Präsentation
4. Name des Präsentators bzw. Namen der Präsentatoren
5. Angabe eines Ansprechpartners für Rückfragen

▷ E) Vorbereitung der Unterlagen für die Teilnehmer

Die zur Erstellung der Unterlagen wichtigen Gestaltungsregeln sind im Abschnitt 10.3 (Visualisierung) beschrieben.

Im Rahmen der Vorbereitung ist noch zu entscheiden, ob die Unterlagen schon zu Beginn der Präsentation ausgegeben werden sollen oder erst am Ende. Gegen die erst genannte Möglichkeit spricht, dass dann häufig während der Präsentation in den Unterlagen geblättert und gelesen wird und somit das Interesse am Vortragenden nur noch gering ist. Andererseits wünschen sich die Teilnehmer oft, während der Präsentation die Unterlagen durch eigene Notizen ergänzen zu können.

Werden aus diesem Grunde die Unterlagen zu Beginn der Veranstaltung ausgegeben, sollte ihr chronologischer Ablauf exakt der Präsentation entsprechen, da anderenfalls die Teilnehmer zu ständigem Blättern gezwungen werden.

▷ F) Persönliche Vorbereitung

Hierunter wird verstanden, dass der Durchführende der Präsentation sich die Räumlichkeiten, Medien usw. sehr genau anschaut. Dies muss so lange vor Beginn der Veranstaltung geschehen, dass bestehende Mängel noch sicher behoben werden können.

10.4.2 Durchführung einer Präsentation

Bei der Durchführung kommt es nun darauf an, die bei der Vorbereitung erarbeiteten Ergebnisse und Inhalte so gut wie möglich in die Tat umzusetzen. Die Durchführung gliedert sich in drei Schritte: Eröffnung, Hauptteil und Schluss.

Tipps zur Eröffnung:
- Achten Sie auf ein gepflegtes Äußeres. Wählen Sie eine dem Anlass entsprechende Kleidung – in der Sie sich auch wohl fühlen.
- Beginnen Sie pünktlich.
- Stellen Sie, bevor sie zu sprechen beginnen, Blickkontakt mit den Teilnehmern her. Diese fühlen sich dadurch angesprochen. Schauen Sie auf keinen Fall auf den Boden oder aus dem Fenster.
- Beginnen Sie laut und deutlich zu sprechen.

Tipps zum Hauptteil:
- Sprechen Sie möglichst frei, d. h. durchaus mithilfe eines Spickzettels. Bedenken Sie: Nicht Sie sollen mit einer auswendig gelernten Rede glänzen, sondern die Teilnehmer sollen gekonnt durch die Präsentation geführt werden.
- Zeigen Sie Mut zur Vereinfachung. Auch wenn man das eine oder andere zusätzlich sagen oder zeigen möchte, gilt: Eine kurze und präzise Darstellung ist erfolgreicher.
- Bilden Sie kurze Sätze, denn die sind einprägsam. Machen Sie kurze Pausen, damit die Teilnehmer das Gehörte verinnerlichen können. (Pausen ermöglichen Ihnen, auf dem Spickzettel das nächste Stichwort zu finden.)
- Unterstützen Sie Ihre Aussagen durch Mimik und Gestik.
- Wenden Sie sich mit wechselndem Blickkontakt den Teilnehmern zu. Konzentrieren Sie sich nicht auf einen einzigen Teilnehmer.
- Setzen Sie Ihre Stimme gezielt ein. Betonen Sie, was neu und besonders interessant ist.
- Verwenden Sie geläufige Wörter bzw. Begriffe, wenn Sie nicht vor Fachleuten sprechen.
- Vermeiden Sie verschleiernde Redewendungen wie z. B. „Ich würde meinen ...".
- Vermeiden Sie, mit dem Rücken zum Publikum zu stehen und/oder unruhig herumzulaufen.
- Benutzen Sie Stifte nicht als Spielzeug, fuchteln Sie nicht mit dem Zeigestock herum.

Tipps zum Schluss:
- Fassen Sie die wesentlichen Punkte Ihres Vortrags in wenigen Sätzen zusammen.
- Vermeiden Sie Formulierungen wie z. B. „Damit bin ich am Ende.".
- Bedanken Sie sich bei den Teilnehmern für deren Aufmerksamkeit!

Wie lassen sich Störungen meistern?

Bestimmte Störungen treten immer wieder auf, wie z. B. dass ein Teilnehmer zu spät kommt oder dass einige Teilnehmer während des Vortrags miteinander sprechen. Auf diese Störungen kann sich der Vortragende einstellen – auf andere, völlig unvorhersehbare leider nicht.

Die folgenden Beispiele zeigen Möglichkeiten, wie man als Vortragender auf Störungen reagieren kann.

Ein Teilnehmer kommt zu spät, bzw. einige Teilnehmer kommen zu spät.	Lassen Sie sich dadurch nicht aus der Ruhe bringen. In der Regel reicht eine kurze Begrüßung durch einen Blickkontakt aus.
Ihnen unterläuft ein Versprecher.	Korrigieren Sie sich und reden Sie – ohne Entschuldigung – weiter.
Bestimmte Begriffe fallen Ihnen nicht ein.	Umschreiben Sie das, was Sie sagen wollen.
Teilnehmer führen Gespräche untereinander.	Versuchen Sie, durch Blickkontakt die Aufmerksamkeit dieser Teilnehmer zurückzugewinnen. Stört das Gespräch Ihre Ausführungen, dann sprechen Sie die Betroffenen an, z. B. „Möglicherweise ist Ihre Frage für alle interessant – deshalb sollten wir gemeinsam darüber sprechen."
Teilnehmer stellen Fragen zum Thema oder zum Ablauf.	Gehen Sie gezielt darauf ein.
Ein Teilnehmer drängt sich mit seinen Fragen in den Vordergrund.	Lassen Sie sich nicht vereinnahmen. Beziehen Sie durch Fragen weitere Teilnehmer mit ein.
Von Teilnehmern kommen unsachliche Beiträge.	Bleiben Sie sachlich, fragen Sie eventuell nach, um zu erfahren, warum der Teilnehmer so agiert. Zeigen Sie keine Emotionen – auch wenn Sie sich persönlich angegriffen fühlen. Bieten Sie eventuell ein Gespräch unter vier Augen an.
Teilnehmer äußern „Killerphrasen", z. B. „Das lässt sich nicht realisieren!"	Da es sich hier um keinen sachlichen Beitrag handelt, sollten Sie nicht direkt darauf eingehen, sondern z. B. anbieten, in der Pause darüber zu sprechen.
Es entstehen technische Pannen.	Verzichten Sie – sofern das möglich ist – auf das ausgefallene Hilfsmittel. Anderenfalls machen Sie eine kurze Pause und beheben die Panne.

10.4.3 Nachbereitung der Präsentation

In der Phase der Nachbereitung ergibt sich die Chance, während der Präsentation aufgetretene Fehler und Schwächen zu analysieren und zu beseitigen. Lassen Sie dazu die gesamte Präsentation noch einmal vor Ihrem „geistigen Auge" ablaufen und überlegen sie, was gut gelungen ist und was beim nächsten Mal anders gestaltet werden soll. Beantworten Sie sich z. B. folgende Fragen:

Checkliste

- Wurde die Zielsetzung erreicht? – Wenn nicht: Woran hat es gelegen?
- Sind die Phasen Eröffnung, Hauptteil und Schluss gelungen? – Wenn nicht: Was war nicht in Ordnung? Wie kann Abhilfe geleistet werden?
- War der Einsatz von Medien optimal? Wenn nicht: Wurden die richtigen Medien ausgewählt? Wurden zu viel oder zu wenig Medien eingesetzt?
- War die Gestaltung der Visualisierung effektvoll? – Wenn nicht: Welche Visualisierungen führten nicht zu der erhofften Wirkung?
- War der Kontakt zu den Teilnehmern gut? – Wenn nicht: Wodurch lässt er sich verbessern?
- War die Organisation gut? – Wenn nicht: Was muss verbessert werden? Was muss gründlicher vorbereitet werden?

Auf einen Blick

- Ziel einer Präsentation ist es, von einer Idee zu überzeugen und Interesse zu wecken. Das Gelingen einer Präsentation hängt wesentlich von der Vorbereitung ab.
- Bei der Vorbereitung einer Präsentation helfen folgende Überlegungen:

Ziel	Zielformulierung: Was will ich mit der Präsentation erreichen?
Zielgruppe	1. Was erwarten die Teilnehmer? – Aus welchen Gründen kommen sie zu der Veranstaltung? 2. Über welche Vorkenntnisse verfügen die Teilnehmer? 3. Welche Gemeinsamkeiten weisen die Personen der Zielgruppe auf? 4. Wie groß ist der Teilnehmerkreis?
Inhalt	1. Grob ausgewählte Materialien zum Thema sammeln 2. Die zum Erreichen des Ziels wichtigsten Materialien auswählen 3. Visualisierung
Ablauf	1. **Eröffnung:** Begrüßung der Teilnehmer, Aufmerksamkeit erwecken und Kontakt zu den Teilnehmern herstellen 2. **Hauptteil:** Inhalt und Ziel der Präsentation verständlich, klar strukturiert und einprägsam darstellen 3. **Schluss:** Zusammenfassung der Kernaussagen, Verabschiedung der Teilnehmer
Organisation	1. Einen geeigneten Raum für die Präsentation auswählen! 2. Medien auswählen! 3. Zeitpunkt und Dauer der Präsentation bestimmen! 4. Teilnehmer rechtzeitig einladen! 5. Unterlagen für die Teilnehmer erstellen! 6. Raum, Medien usw. vor der Durchführung der Präsentation überprüfen!

- Bei der Durchführung einer Präsentation müssen die in der Vorbereitung erarbeiteten Ergebnisse und Inhalte so gut wie möglich umgesetzt werden.
- Bei der Nachbereitung der Präsentation können durch eine kritische Analyse Schwächen erkannt und somit bei künftigen Präsentationen vermieden werden.

Begriff	**Erklärung**
4GL-Sprache	(Fourth **G**eneration **L**anguage); Programmiersprache der 4. Generation
8-4-2-1-Code	eine Form des BCD-Codes
Adressbus	Sammelleitung, über die die Adressierung der Speicherplätze erfolgt
ADSL (**A**symmetric **D**igital **S**ubscriber **L**ine)	asynchrone, digitale Teilnehmeranschlussleitung, Übertragungstechnik
After-Sales-Service	(= Nach-dem-Kauf-Dienst) Dienstleistungen, die nach dem Kauf erbracht werden
Aiken-Code	Eine Form des BCD-Codes
AIS	**A**rbeitgeber-**I**nformations-**S**ervice
Algorithmus	Lösungsweg
Alphanumerisches Tastenfeld	Tasten für Buchstaben, Ziffern und Sonderzeichen
ALU (**A**rithmetical and **L**ogical **U**nit)	(= arithmetische und logische Einheit); Rechenwerk
Ampere	Einheit des elektrischen Stroms: 1 A
Analog-Digital-(AD-)Umsetzer	Einheit zur Umsetzung von analogen Signalen in digitale Signale
Anomalie	Unregelmäßigkeit in einer Datenbank oder Datei
Antiviren-Programm	Programm zum Schutz gegen Computerviren
Anwendersoftware	Programme zur Lösung spezieller Probleme der Anwender
API (**A**pplication **P**rogramming **I**nterface)	Bezeichnung einer Schnittstelle für den Anwendungsprogrammierer, z. B. auf Funktionen des Betriebssystems oder der Benutzeroberfläche
Apple Talk	Netzwerkprotokoll im Apple Macintosh Netzwerk
Application Layer	(application = Anwendung); Anwendungsschicht im OSI-Schichtenmodell
Application Object Wrapper	System zur Einbindung von Dateiverarbeitungsfunktionen als Methoden in Objekte der objektorientierten Umgebung
Applikation	(application = Anwendung)
Applikations-Server	Server, der Anwenderprogramme und Daten für die Benutzer bereithält
ARPA (**A**dvanced **R**esearch **P**rojects **A**gency)	Bezeichnung für ein Netzwerk, aus dem das Internet hervorgegangen ist
Array	(= Feld); Feld als strukturierter Datentyp
ASCII-Code (**A**merican **S**tandard **C**ode for **I**nformation **I**nterchange)	genormter Code für die Umwandlung von alphanumerischen Zeichen in die binäre Form
Assembler	maschinenorientierte Sprache sowie zugehöriges Übersetzungsprogramm
ATM (**A**synchronous **T**ransfer **M**ode)	Übertragungstechnik für die LAN-WAN-Kommunikation
Attribut	Eigenschaft eines Gegenstandstyps
Attributsausprägung	Attributwert eines Attributes
AUI (**A**ttachement **U**nit **I**nterface)	(= Befestigungseinheit an einer Schnittstelle); Verbindungskabel zwischen Transceiver und Netzwerkkarte
B2A (Business-to-Administration)	elektronischer Geschäftsverkehr zwischen Unternehmen und Behörden
B2B (Business-to-Business)	elektronischer Geschäftsverkehr zwischen Firmen untereinander
B2C (Business-to-Customer bzw. Consumer)	elektronischer Geschäftsverkehr zwischen Firmen und Privatkunden
Backup	Datensicherungskopie
Batch Processing	Stapel-Verarbeitung
Baud	Einheit für die Schrittgeschwindigkeit
BCD (**B**inary **C**oded **D**ecimal)	binär codierte Dezimalzahl
BDE	**B**etriebs**d**aten**e**rfassung
BDSG	**B**undes**d**atenschutz**g**esetz
Beep	Piepston
Beschreibungstechniken	Techniken zur Darstellung und Beschreibung der über Erhebungstechniken gewonnenen Informationen

Betriebssystem	Programmpaket zur Steuerung aller Vorgänge im Computer
Beziehungstyp	mengenmäßige Zuordnung von Entities zwischen zwei oder mehreren Gegenstandstypen
BIOS (**B**asic **I**nput **O**utput **S**ystem)	(= grundlegendes Ein- und Ausgabesystem); grundlegende Ein- und Ausgabebefehle, die vom Betriebssystem beim Systemstart genutzt werden
Bit (**Bi**nary Dig**it**)	(= zweiwertiges Element), binäres Zeichen
Bit/s	Einheit für die Übertragungsgeschwindigkeit
BNC (**B**ayonet-**N**ut-**C**oupling)	Bajonett-Gewinde-Verschluss, Verbindungsstecker im Thin Ethernet
Bookmark	(= Lesezeichen); Ablage von URLs
bottom-up	(= unten-oben); Zusammenfassung von Teilaufgaben zu übergeordneten Aufgaben
Booten	PC-Startvorgang, Hochfahren des Betriebssystems
BPR (**B**usiness-**P**rocess-**R**eengineering)	(= Geschäftsprozessentwicklung); hier: Umstellung funktionsorientierter Abläufe in prozessorientierte
Brainstorming	(= Gedankenblitz); Methode zur Ideenfindung und zur Problemlösung
Brainwriting	(= Aufschreiben von Ideen); Methode zur Ideenfindung und zur Problemlösung in schriftlicher Form
Branchensoftware	Programme für bestimmte Branchen
Bridge	(= Brücke); Brücke, z. B.: LAN-Schnittstelle zur Verbindung von Netzwerken mit gleichem Protokoll
Broadcast	Senden an alle Teilnehmer im Netzwerk
Browser	(to browse = durchblättern, schmökern); Programm zur Darstellung und Betrachtung von Internet-Seiten
Btx	**B**ildschirm**t**e**x**t
Bus	Kabelstrang, auf dem Daten, Speicheradressen und Steuersignale transportiert werden
Busslots	Steckplätze für zusätzliche Karten
Button	Schaltfläche
Byte	Zusammenfassung von 8 Bit
Cache-Controller	Controller zur Steuerung des Datenaustausches zwischen Cache und Zentralspeicher
Cache Memory Bad	(Cache = Zwischenspeicher, memory = Speicher, bad = schlecht); Fehlermeldung, wenn Cache-Speicher defekt
Cache-Speicher	(Cache = Versteck); schneller Zwischenspeicher
CAD (**C**omputer **A**ided **D**esign)	(= computergestütztes Zeichnen)
CAE (**C**omputer **A**ided **E**ngineering)	(= computergestütztes Konstruieren und Entwickeln)
CAM (**C**omputer **A**ided **M**anufacturing)	(= computergestützte Produktion)
CAP (**C**omputer **A**ided **P**lanning)	(= computergestütztes Planen von Produktionsprozessen)
Cartridge	(= Kassette), Wechselplattenkassetten
CASE (**C**omputer **A**ided **S**oftware **E**ngineering)	(= computergestützte Softwareentwicklung)
Case-Tools	Entwicklungswerkzeuge
CBT (**C**omputer **B**ased **T**raining)	computergestütztes Lernen über Lernprogramme
CD-R (**R**ecordable)	einmal beschreibbare CD-ROMs
CD-Recorder	CD-Brenner
CD-ROM (**C**ompact-**D**isk-ROM)	Speichermedium
CD-RW (**Rew**ritable)	mehrfach beschreibbare CD-ROMs
CD-Writer	CD-Brenner
CE	**C**onformité **E**uropéenne
Centronics-Schnittstelle	parallele Schnittstelle
CEPT (**C**onférence **E**uropéene des Administrations des **P**ostes et des **T**élécommunications)	Standard für die textorientierte Oberflächendarstellung herkömmlicher Btx-Dienste
Char	Abkürzung von character = Zeichen
Checkker	betriebliches Mobilfunksystem
CISC-Prozessor (**C**omplex **I**nstruction **S**et **C**omputer)	Computer mit einem komplexen Befehlssatz
Cityruf	Funkrufdienst
Client	Arbeitsplatzcomputer in einem Netzwerk, der Ressourcen und Dienstleistungen des Servers in Anspruch nimmt
Client-Server	Netzwerk mit Server(n) und Clients

Client-Server-Architektur	Netzverbundsystem mit Server und Clients
Closed-Shop-Betrieb	(= geschlossener Laden, geschlossener Rechenzentrumsbetrieb); hier: Sicherung des Zugangs zum Rechenzentrum
CMOS (**C**omplementary **S**ymmetry **M**etal **O**xide **S**emiconductor)	Schaltkreisfamilie
CMOS Checksum Failure	(Checksum = Prüfsumme, failure = Versagen, Fehlschlag); Prüfsummenfehler im CMOS
CMOS Battery State Low	(Battery = Batterie, state = Zustand, low = schwach; Fehlermeldung, wenn die Batterie bzw. der Akku entladen ist.
CNC (**C**omputer **N**umeric **C**ontrol)	(= computergesteuerte Werkzeugmaschinen)
Code	(Code = Umwandlung); Eindeutige Vorschrift für die Darstellung von Daten
COM	(COMmunication = Verbindung), Bezeichnung für serielle Schnittstellen, z. B. COM1, COM2 usw.
Combo-Laufwerk	Kombinationsgerät aus DVD- und CD-Laufwerk
Compiler	(= Bearbeiter); Übersetzungsprogramm
Controller	Einheit zur Steuerung, z. B. der Disketten- und Festplattenlaufwerke
Controlling	(to control = kontrollieren); Analyse und Bewertung von Kennzahlen im Hinblick auf die Realisierung festgelegter Ziele
CPU (**C**entral **P**rocessing **U**nit)	(= zentrale Verarbeitungseinheit), Prozessor
Crossover-Kabel	TP-Kabel mit gekreuzter Adernpaarzuordnung zwischen RJ-Stecker und Hub
CRT (**C**athode **R**ay **T**ube)	Elektronenstrahlröhre, Monitortechnologie
CSMA/CD (**C**arrier **S**ense **M**ultiple **A**ccess with **C**ollision **D**etection)	(= Übertragungssinn bei einem Vielfachzugriff mit Kollisionserkennung); Zugriffsverfahren mit Kollisionserkennung in einem Netzwerk
CSNET (**C**omputer **S**cience Research **Net**work)	Bezeichnung für ein wissenschaftliches Forschungsnetz
CU (**C**ontrol **U**nit)	(= Kontrolleinheit); Steuereinheit
Cursor	Positionsanzeiger
Customizing	Software den Anforderungen entsprechend anzupassen
DAT-Streamer (**D**igital **A**udio **T**ape-Streamer)	digitalisiertes Schreiben auf Band
Data Flow Chart	Datenflussplan
Data Link Layer	Datenverbindungsschicht im OSI-Schichtenmodell
Data Pack	Wechselplatten
Datei	Sammlung von Daten
Datenbank-Server	Server, der dem Benutzer Datenbanken zur Verfügung stellt
Datenbus	Sammelleitung zur Übertragung von Daten
Dateninkonsistenz	Fehlende Übereinstimmung von Datenwerten; dieselben Daten besitzen unterschiedliche Werte
Datensicherung	technische, organisatorische und programmtechnische Maßnahmen zum Schutz von Daten und Programmen
Datex (**Da**ta **Ex**change)	digitale Datenübertragungsdienste der Telekom
Datex-J	Datennetz für den Zugang zu T-Online
Datex-L	leitungsvermitteltes Datex-Netz
Datex-P	paketvermitteltes Datex-Netz
DB (**D**ata**b**ase)	**D**aten**b**ank
DBMS (**D**ata**b**ase-**M**anagement-**S**ystem)	**D**aten**b**ank-**M**anagement-**S**ystem, Datenbankverwaltungssystem
DBS	**D**aten**b**ank**s**ystem
DDL (**D**ata **D**escription **L**anguage)	Datenbeschreibungssprache
DDV	**D**aten**d**irekt**v**erbindung
Debugger	(to debug = entwanzen, austesten); Werkzeug zur Suche und Beseitigung von Programmfehlern
DE-NIC bzw. NIC-DE (**N**etwork **I**nformation **C**enter **De**utschland)	Nebenstelle der NIC in Deutschland
Desktop	(desk = Schreibtisch); Arbeitsplatzcomputer in einem Netzwerk
DF	**D**aten**f**lussplan

DFÜ	**D**aten**f**ern**ü**bertragung
DHCP-Protokoll (**D**ynamic **H**ost **C**onfiguration **P**rotocol)	Protokoll zur automatischen Zuweisung von IP-Adressen
Dialogbetrieb	Verarbeitung von Programmen im Dialog zwischen Mensch und Computer
Digital-Analog-(DA-)Umsetzer	Einheit zur Umsetzung von digitalen Signalen in analoge Signale
DIMM (**D**ual **I**nline **M**emory **M**odule)	Bezeichnung für eine überwiegend 168-polige Speicherbank auf der Hauptplatine
Distributed Computing	(= verteilte Datenverarbeitung)
DIX (**D**igital **I**ntel **X**erox)	Verbindungsbuchse im Thick-Ethernet
DMA (**D**irect **M**emory **A**ccess)	(= direkter Speicherzugriff) Controller zur Datenübertragung zwischen Zentralspeicher und z. B. der Festplatte
DML (**D**ata **M**anipulation **L**anguage)	Datenmanipulationsprache
DNS (**D**omain **N**ame **S**ystem)	Adressierungsstruktur von Domains
DNS-Server	**D**omain-**N**ame-**S**erver bzw. **D**omain-**N**ame-**S**ervice; Server, der Domain-Namen und die zugehörigen IP-Adressen verwaltet.
Dokumentation	Beschreibung von Sachverhalten und Abläufen sowie schriftliche Unterlagen dazu
Domain	(= Bereich, Gebiet); Adresse einer weltweit zu erreichenden Homepage bzw. eines Dokumentes
Dotted Quad Notation	(= punktierte Vierer-Schreibweise), Notation für die Adressstruktur von IP-Adressen
Download	(= Herunterladen) Laden von Software aus dem Internet auf den eigenen Rechner
Downsizing	(down = nach unten, size = Größe); Verlagerung von Anwenderprogrammen auf kleinere Systemplattformen
DRAM (**D**ynamic **R**andom **A**ccess **M**emory)	(= dynamischer RAM-Speicher); Speicher, der nachgeladen bzw. aufgefrischt werden muss
DS (**D**ouble **s**ided)	(= zweiseitig); zweiseitig beschreibbare Diskette
DSDL (**D**ata **S**torage **D**escription **L**anguage)	Datenspeicherungssprache
DTA	**D**aten**t**räger**a**ustausch
DTP (**D**esk**t**op-**P**ublishing)	(= Publizieren vom Schreibtisch aus); Erstellung druckreifer Dokumente mit dem Computer, integrative Bearbeitung von Text und Grafik
Dual-Port-Ram	Speicherbaustein mit zwei voneinander unabhängigen Zugängen, z. B. Video-RAM
DV	**D**aten**v**erarbeitung
DVD (**D**igital **V**ersatile **D**isc)	neuer Standard für optische Massenspeicher
DVD-A	Audio-Standard für DVD-Musiktracks
DVD-R (**R**ecordable)	einmal beschreibbare DVD
DVD-RW (**R**ewritable)	mehrfach beschreibbare DVD
Early-Token-Release-Token-Ring	Zugriffsverfahren im Token-Ring, bei dem mehrere Token zeitgleich den Ring belegen
E-Billing	elektronischer Versand von Rechnungen
E-Business	elektronische Abwicklung von Geschäftsprozessen
E-Commerce	internetbasierter elektronischer Handel
E-Plus	E-Mobilfunknetz
E-Mail	elektronische Post
E-Mail-Server	(= Elektronische Post-Server); Server zur Steuerung des Austausches von Mitteilungen in einem Netzwerk
E-Netz	Bezeichnung für ein Mobilfunknetz
EAN (**E**uropean-**A**rticle-**N**umbering)	(= Europäische Artikel-Nummerierung), europaweit standardisiertes Nummerierungssystem
Editor	(to edit = bearbeiten); Programm zur Bearbeitung von Quellprogrammen oder Texten
EDO-RAM (**E**xtended **D**ata **O**utput- **RAM**)	(= erweiterter Datenausgabe RAM); Weiterentwicklung des DRAM
EDV	**E**lektronische **D**aten**v**erarbeitung
EEPROM (**E**lectrically **E**rasable PROM)	(electric = elektrisch) elektrisch löschbarer und programmierbarer Nur-Lese-Speicher
Electronic banking	(= elektronische Bankgeschäfte); Durchführung von Bankgeschäften mithilfe des Computers

Engineering	(= Ingenieurwesen, Technik); hier: ingenieurmäßige Entwicklung von Software
Entity	(entity = Wesen, Ding); Ausprägung eines Entitytyps
Entitytyp	Gegenstandstyp
EPROM (**E**rasable PROM)	(erasable = löschbarer) löschbarer PROM; löschbarer und programmierbarer Nur-Lese-Speicher
Ergonomie	Konstruktion und Anpassung von Systemkomponenten nach den menschlichen Bedürfnissen
Erhebungstechniken	Techniken zur Informationsgewinnung bei der Erfassung des IST-Zustandes
ERM (**E**ntity-**R**elationship-**M**odel)	Modellierungsmethode für eine Datenbank
Ethernet	(ether = Äther, Himmel); ätherisches, himmlisches Netz, hier: Bezeichnung für eine standardisierte Technik bei der Verkabelung von Netzwerken
EtherTalk	Netzwerkprotokoll im Apple Macintosh Netzwerk
Eurosignal	Funkrufdienst
Expertensystem	Programme zur künstlichen Intelligenz
Externe Datensicht	Benutzersicht einer Datenbank
Externes Outsourcing	Übertragung von IT-Dienstleistungen auf Betriebe, die wirtschaftlich nicht mit dem auslagernden Betrieb verflochten sind.
Extranet	Erweiterung des Intranet auf externe Benutzergruppen
Farad	Einheit der Kapazität von Kondensatoren: 1 F = 1 As/V
Fast-Ethernet	(fast = schnell); Ethernet-Verkabelung mit Übertragungsgeschwindigkeit bis 100 Mbit/s
Favoriten	(=Lesezeichen); Speicherung von URL`s
Fax on Demand	(to demand = fordern); Anforderung eines Fax
FDDI (**F**ibre **D**istributed **D**ata **I**nterface)	Bezeichnung für ein Hochgeschwindigkeitsnetz auf der Basis von Lichtwellenleitern
FEEPROM (**F**lash EEPROM)	(Flash = Blitzlicht); hier: „blitzschnell" elektrisch löschbarer und programmierbarer Nur-Lese-Speicher
File	(= Datei); Datei als strukturierter Datentyp
File Locking	Zugriffssperre auf Dateien im Netzwerkbetrieb
File-Server	(= Datei-Server); Server, der Anwenderprogramme und Daten bzw. Dateien für die Benutzer bereithält
Firewall	(= Brandschutzmauer); Hardware und Softwarelösungen zum Schutz vor Angriffen aus dem Internet
Flatrate	Pauschalgebührensatz für den Internetzugang
Flip-Chart	(flip = Schnipsel, chart = Karte); großer Schreibblock als Tafel – meist auf einem Ständer – zur Erfassung von Gesprächsergebnissen
Formatierung	Einteilung einer Platte in Spuren und Sektoren
Fremdschlüssel	Schlüssel, der nicht Primärschlüssel ist
FTP (**F**ile **T**ransfer **P**rotocol)	(= Dateiübertragungsprotokoll); Protokoll zur Übertragung von Dateien zwischen zwei Rechnern
Funk-Maus	funkgesteuerte, kabellose Maus
Funktionssoftware	Programme für verschiedene Funktionsbereiche von Betrieben (z. B. Finanzbuchhaltung, Lagerwirtschaft)
Funktionstastenfeld	Tasten zur Auslösung von Funktionen
GAN (**G**lobal **A**rea **N**etwork)	(= globales Netzwerk)
Gateway	(= Torweg, Einfahrt); hier: LAN-Schnittstelle zur Verbindung von Netzwerken mit unterschiedlichen Protokollen
GB	Gbyte, Gigabyte = 2^{30} Byte
GBG	Abkürzung für **g**eschlossene **B**enutzer**g**ruppen
Generalisierung	Zusammenfassung von Unterklassen zu einer Oberklasse
Generator	Programm zur Erzeugung von Masken, Menüs usw.
Glasfaser-Ethernet	Verkabelungstechnik mit Lichtwellenleitern
GPO	**G**eschäfts**p**rozess**o**ptimierung
Grafikadapter	Grafikkarte
Gray-Code	Binärcode für Winkel- und Längenmessung
GSM (**G**lobal **S**ystem for **M**obile Communications)	Standard für Funktelefonnetze

GUI (Graphical User Interface)	(= grafische Benutzeroberfläche); grafische Bildschirmoberfläche
GVU	Gesellschaft zur Verfolgung von Urheberrechtsverletzungen
Halbduplexbetrieb	Übertragungsart, bei der zu einem bestimmten Zeitpunkt entweder gesendet oder empfangen wird
Hard Disk	(= harte Platte); Festplatte
Hardware	Geräte und Datenträger eines DV-Systems
Hardware-Interrupt	Interrupt, der hardwaremäßig über eine IRQ-Leitung ausgelöst wird
HBCI (Home-Banking Computer Interface)	neuer Sicherheitsstandard für Home-Banking
HD (High Density)	(= hohe Dichte); hohe Schreibdichte
Headcrash	(= Kopfabsturz); Beschädigung der Festplatte durch Kontakt mit dem Schreib-Lese-Kopf
Header	Kopf eines Datenpaketes mit der IP-Adresse des Empfangsrechners
Hertz	Einheit für die Frequenz: 1 Hz
Hexadezimalsystem	Zahlensystem mit der Basiszahl 16
HIPO (Hierarchy Plus Input Process Output)	Entwurfs- und Beschreibungsverfahren für den funktionsorientierten Entwurf
Home-Banking	elektronische Abwicklung von Bankgeschäften von zu Hause aus oder aus der Firma
Homepage	(= Hausseite); Start- oder Leitseite von Personen, Unternehmen usw. im Internet
Host	(= Gastgeber); zentraler Großrechner, der den angeschlossenen Stationen Dienstleistungen zur Verfügung stellt
Hotline	(= heißer Anschluss); Anschluss für Beratung und Unterstützung des Kunden bzw. für die Wartung von Computersystemen
HTML (Hypertext Markup Language)	Sprache, in der Web-Seiten geschrieben sind
HTML-Editor	Bearbeitungsprogramm für Web-Seiten
http (hypertext transport protocol)	Protokoll für die Übertragung von Hypertexten
HUB	(hub = Mittelpunkt, Angelpunkt); Verteiler in einem Netz
– aktiver HUB	mit Verstärkerfunktion
– passiver HUB	ohne Verstärkerfunktion
Hypertext	Dokument, das über Verweise auf Web-Seiten verzweigt
I/O-Adresse	Input/Output-Adresse; Ein- und Ausgabeadresse, auch Port-Adresse genannt
IAB (Internet Activities Board)	internationale Organisation für Internet Standards
IC (Integrated Circuit)	(= integrierter Schaltkreis)
ICMP (Internet Control Message Protocol)	Vermittlungsprotokoll der TCP/IP-Protokollfamilie
IDE-Platte (Integrated Disk Environment)	Kurzbezeichnung für eine Festplattentechnologie
IDN	Integriertes Datennetz
IEEE (Institute of Electronical and Electronics Engineers)	amerikanisches Standardisierungsgremium
IMAP4 (Internet Mail Access Protocol, Version 4)	Protokoll zur Verwaltung von E-Mail-Postfächern
Impact-Drucker	(to impact = anschlagen); Anschlag-Drucker
Implementierung	Einbindung eines neuen Systems in die vorhandene Systemumgebung
Individualsoftware	nach den individuellen Anforderungen des Anwenders entwickelte Einzelprogramme
Informationen	Daten, die einem bestimmten Zweck dienen
Instantiierung	Erzeugung eines Objektes aus einer Klasse
Instanz	Exemplar eines Objektes
Instanzvariablen	die einem Objekt zugewiesenen Attribute
Integer	(= ganze Zahl), natürliche Zahl
Interne Datensicht	physische Speicherung einer Datenbank

Internes Outsourcing	Übertragung von IT-Dienstleistungen auf Betriebe, die wirtschaftlich mit dem auslagernden Betrieb verflochten sind.
Internet (**Inter**national **net**work)	(= internationales Netzwerk), Bezeichnung für ein weltweites Netzwerk
Interoperabilität	(operable = durchführbar, praktikabel); hier: Funktionsfähigkeit von Software auf unterschiedlichen Systemplattformen
Interpreter	(to interprete = auswerten, dolmetschen); Programm zur Übersetzung und Ausführung von Programmen
Interrupt	(= Unterbrechung); Signal an die CPU zur Unterbrechung ihrer Arbeit
Interrupt Exception Error	(Interrupt = Unterbrechung, Exception = Einwand, Error = Fehler); Fehlermeldung bei einer Interruptzuweisung
Intranet	Anwendung der Internet-Technologie für den betriebsinternen Gebrauch
IP (**I**nternet **P**rotocol)	Vermittlungsprotokoll im TCP/IP-Protokoll
IPM (**I**nter**p**ersonal **M**essaging Mailbox)	System für den individuellen Mitteilungsdienst
Ipv4	URL-Adressierung nach dem Internet-Protokoll, Version 4
Ipv6	neues Internet-Protokoll, Version 6 mit einer 128-Bit-Adressierung der Internet-Adresse
IPX/SPX (**I**nternet **P**ackage E**x**change/**S**equenced **P**ackage E**x**change)	Netzwerkprotokoll unter Novell
IRQ (**I**nterrupt **R**e**Q**uest)	Unterbrechungsanforderung
ISDN (**I**ntegrated **S**ervices **D**igital **N**etwork)	dienstintegrierendes digitales Telekommunikationsnetz
ISDN-Adapter	ISDN-Karte
ISO (**I**nternational **S**tandard **O**rganization)	internationales Standardisierungsgremium
ISP (**I**nternet-**S**ervice-**P**rovider)	kommerzieller Internet-Anbieter
IT	**I**nformations- und **T**elekommunikationstechnik
IT-Anforderung	Anforderung von projektbezogenen IT-Leistungen
ITU (**I**nternational **T**elecommunications **U**nion)	weltweite Organisation zur Weiterentwicklung und Anpassung der Fernmeldedienste
IV	**I**nformations**v**erarbeitung
Jamming-signal	(to jam = verstopfen, blockieren); Kurzform: Jam-Signal: Blockiersignal im CSMA/CD-Zugriffsverfahren
Job-Management	Koordinierung der Programmabläufe
Jumper	(= Springer); Steckbrücken bzw. Steckschalter, z. B. auf Computerplatinen, Festplatten- und Diskettenlaufwerken
Kapselung	Schutzmechanismus von Objekten
Kardinalität	Ausprägung von Beziehungstypen
Katalog	Strukturierte Sammlung von Web-Seiten
KB	Kbyte, Kilobyte = 2^{10} Byte = 1024 Byte
KIT (**K**ernsystem **I**ntelligenter **T**erminals)	neuer Bildschirmdarstellungsstandard für Btx-Dienste
Klasse	abstrakte Beschreibung von Objekten mit gleichen Verhalten und Strukturen
Klassendiagramm	Darstellung aller Klassen eines objektorientierten Systems
Kommunikationstechnik	Technik, um Kommunikation zu betreiben
Komplett-Outsourcing	Übertragung aller IT-Dienstleistungen auf Fremdfirmen
Konstante	Speicherplatz für Daten, deren Werte dauerhaft gleich bleiben
Konvertierung	Umwandlung bzw. Umsetzung von Programmen und Daten in eine andere Form oder ein anderes Format
Konzentrator	Zentraler aktiver Verteiler mit Verstärkerfunktion (Hub)

konzeptionelle Sicht	logische Gesamtstruktur einer Datenbank
KP	**K**onfigurations**p**lan
Kritischer Weg	Abfolge von Vorgängen ohne zeitlichen Puffer
LAN (**L**ocal **A**rea **N**etwork)	(= lokales Netzwerk)
Laptop	(lap = Schoß, top = oben); tragbarer Computer
Lastenheft	Leistungsbeschreibung des Auftraggebers
LCD-Monitor (**L**iquid **C**rystal **D**isplay)	Flüssigkeitskristall-Bildschirm
LDSG	**L**andes**d**aten**s**chutz**g**esetz
LED (**L**ight **E**mitting **D**iode)	Leuchtdiode
Link	(= Verbindung); Verweis auf eine Web-Seite
Link-Netz	(link = Kettenglied); kleines Netzwerk, das über die serielle oder parallele Schnittstelle vernetzt ist
Linker	Programm zur Verbindung einzelner Module
LocalTalk	Netzwerkprotokoll im Apple Macintosh Netzwerk
Low-Cost-Net	(= Niedrig-Kosten-Netz); preisgünstiges Netzwerk
LPT (**L**ine **P**rin**T**er)	(= Zeilendrucker); Kurzform für parallele Schnittstellen , z. B. LPT1, LPT2 für Drucker usw.
LS (**L**ow-Power-**S**chottky)	TTL-Unterfamilie
LSB (**L**east **S**ignificant **B**it)	(= niederwertigstes Bit)
LWL	**L**icht**w**ellen**l**eiter; Übertragungskabel in einem Netzwerk
Mailbox	(= Briefkasten); Elektronischer Briefkasten, Mitteilungsdienst
Mainboard	(= Hauptkarte); Hauptplatine
Mainframe	(= Hauptrahmen); Großcomputer, Großrechner
Make or Buy	(= Machen oder Kaufen); Eigenentwicklung oder Kauf von Software
Marketing-Mix	Kombination der Marketing-Instrumente zur Realisierung der Markt- und Unternehmensziele
Maschinencode	Maschinensprache mit binär aufgebauten Befehlen
Maschinenorientierte Programmiersprache	Auf die Technik eines bestimmten Computers ausgerichtete Programmiersprache
MAU (**M**ultistation **A**ccess **U**nit bzw. **M**edium **A**ttachement **U**nit)	Verteiler im Token-Ring-Netz
Maus	Handgroßes Eingabegerät mit Rollkugel und Tasten
MB	Mbyte, Megabyte = 2^{20} Byte
MDT	**M**ittlere **D**aten-**T**echnik
Medienkonverter	Box in einem Netzwerk zur Übertragung von Signalen verschiedener Medien, z. B. Kupfer- und Glasfaserkabel
Meilenstein	Wichtiges Ereignis oder Zwischenergebnis im Projektverlauf
Menware	Personal im IT-Bereich
Methoden	Aktionen, die ein Objekt ausführen kann
Migration	(=Systemwechsel) Übergang von der einen auf eine andere Systemplattform bzw. auf ein anderes Betriebssystem
Mikroprozessor	Prozessor, der sich in einem IC befindet
Mind-Mapping	(mind = Gedanke, to map = entwerfen, ausarbeiten); Methode zur visuellen Strukturierung von Problemlösungen
Minicomputersystem	Mehrplatzcomputer einer mittleren Computergrößenklasse
MMK	**M**ensch-**M**aschine-**K**ommunikation
MOD (**M**agneto **O**ptical **D**isk)	beliebig oft wieder beschreibbare optische Platte
Modem	Abkürzung aus **Mo**dulator und **Dem**odulator, Gerät, mit dem digitale Signale über das analoge Telefonnetz übertragen werden können
Monitor	Bildschirm
Monitoring	(to monitor = abhören, überwachen); Erhebung aktueller Kennzahlen zur Feststellung der Wirtschaftlichkeit von Geschäftsprozessen

monochrome	einfarbig
Motherboard	(= Mutterkarte); Hauptplatine
MPEG-II (**M**oving **P**icture **E**xperts **G**roup)	standardisiertes Verfahren für die Speicherung und Übertragung von DVD-Videos
MSB (**Most** **S**ignificant **B**it)	(= höchstwertigstes Bit)
Multi-Outsourcing	Übertragung einzelner Dienstleistungen auf Fremdfirmen
Multi-Tasking	(= viele Aufgaben); Mehraufgabenbetrieb, scheinbar gleichzeitige Ausführung mehrerer Aufgaben
Multimedia	Sammelbegriff für die Bearbeitung bzw. Präsentation von Text-, Video-, Foto-, Animations- oder Musiksequenzen
Multiprocessing	Verarbeitung von Programmen mithilfe mehrerer Prozessoren
Multiprogramming	(= Mehrprogrammverarbeitung); scheinbar gleichzeitige Verarbeitung mehrerer Programme im Zentralspeicher
MVS/VM (**M**ultiple **V**irtual **S**ystem, **V**irtual **M**achine)	Betriebssysteme von IBM
Nachricht	Aufforderung zur Ausführung von Operationen
NetBEUI (**NetB**ios **E**xtended **U**ser **I**nterface)	Netzwerkprotokoll von IBM
NetBIOS (**Net**work **B**asic **I**nput **O**utput **S**ystem)	Netzwerkprotokoll von IBM
Network Layer	Vermittlungsschicht im OSI-Schichtenmodell
Networking	(= vernetztes Arbeiten); Verbindung von Systemkomponenten zu einem Netzwerk
Netzwerkadapter	Netzwerkkarte
Newsgroups	(= Neuigkeitsgruppen); Diskussionsgruppen im Internet
NFN	Kodierung einer Telefondose **N**ebenstelle, **F**ernsprecher, **N**ebenstelle
NIC (**N**etwork **I**nformation **C**enter)	zentrale Verwaltungsstelle für die Vergabe von IP-Adressen
NNTP (**N**etwork **N**ews **T**ransfer **P**rotocol	Protokoll für Usenet-News im Internet
Non-Impact-Drucker	Anschlaglose Drucker
NPT	**N**etz**p**lan**t**echnik, Technik zur Zeit-, Kosten- und Kapazitätsplanung
NSFNET (**N**ational **S**cience **F**oundation **Net**work)	Bezeichnung für ein Netzwerk
NTBA	**N**etwork **T**erminator **B**asis-**A**nschluss, Netzanschlusseinheit
Numerisches Tastenfeld	Abgesetzter Ziffernblock der Tastatur
NVRAM (**N**on **V**olatile **RAM**)	(volatile = flüchtig, unbeständig); hier: Kombination aus nichtflüchtigem und flüchtigem Speicher
Objekt	Kombination aus Daten und Funktionen
Objektdiagramm	Darstellung der Objekte einer Klasse
OCR (**O**ptical **C**haracter **R**ecognition)	(= optische Zeichenerkennung), Zeichenerkennung z. B. bei Klarschriftbelegen (OCR-A und OCR-B)
ODBS	**O**bjektorientiertes **D**aten**b**ank**s**ystem
Ohm	Einheit des elektrischen Widerstandes: 1 Ω
Online-banking	Kontoführung per Internet
OOP	**O**bjekt**o**rientierte **P**rogrammierung
Organigramm	grafische Darstellung der Aufbauorganisation eines Betriebes
Orgware	Organisation der betrieblichen Informationsverarbeitung
OS (**O**perating **S**ystem)	Betriebssystem
OSI (**O**pen **S**ystem **I**nterconnection)	offenes Kommunikationssystem
Outsourcing	(= verlagern außerhalb der Quelle); hier: Übertragung IT-bezogener Dienstleistungen auf Fremdfirmen
PA	**P**rogramm**a**blaufplan
Packet Filter Packet Screen Screening Router	(= Paketfilter); hier: Router, der IP-Pakete nach erlaubten und unerlaubten Verbindungen filtert
PAD (**P**acket **A**ssembly/**D**isassembly)	Anpassungseinrichtung im Datex-Netz

Paradigma	Sichtweise
Parallele Schnittstelle	Anschluss am Computer, über den der Datenaustausch gleichzeitig über 8 Leitungen erfolgt, z. B. für den Anschluss eines Druckers
Parity-Bit	(= Gleichheitsbit); Paritätsbit, zusätzliches Bit zur Fehlerüberprüfung
PC (**P**ersonal-**C**omputer)	Personal-Computer
PCI-Bus (**P**eripheral **C**omponent **I**nterconnect)	Industriestandard-Buskonzept der Firma Intel
Peer-to-Peer Networking	(= gleichrangiges Arbeiten im Netz); kleines Netzwerk mit gleichberechtigten PCs
Performance	(= Ausführung; Leistung); hier: Systemleistung bzw. Systemverhalten
Peripheriegeräte	alle an den Computer angeschlossenen Geräte
Pflichtenheft	Anforderungsspezifikation des Auftragnehmers
Phasenmodell, Phasenkonzept	zeitliche Gliederung eines Projektverlaufes
Physical Layer	Bitübertragungsschicht
PIN (**P**ersonal **I**dentification **N**umber)	geheime, personenbezogene Zugangsnummer
PIN/TAN	Zugriffsverfahren für Home-Banking
Plastikkarten	Datenträger aus Kunststoff
Plotter	(to plot = aufzeichnen); elektromechanisches Peripheriegerät zur Ausgabe von Zeichnungen und Grafiken
Plug-and-Play	(= einsetzen und loslegen); Plug-And-Play-Karten werden vom Betriebssystem automatisch erkannt
Polling	(to poll = abfragen, abstimmen); Sendeaufruf bzw. Umfragebetrieb mit Abruf von Anforderungen dezentraler Stationen
Polymorphismus	Vielgestaltigkeit, hier: unterschiedliche Bearbeitung von gleich lautenden Methoden in unterschiedlichen Klassen
PoP (**P**oint **o**f **P**resence)	(= Punkt der Präsenz); Einwahlknoten
POP (**P**ost-**O**ffice-**P**rotocol)	Protokoll für das Laden von E-Mails
Portabilität	(portability = Übertragbarkeit); Übertragbarkeit von Software auf eine andere Systemplattform
POST	**P**ower **O**n **S**elf **T**est (= Leistung durch Selbsttest); Startroutine, die der PC beim Booten automatisch durchführt
Posttyp-Steuerung	Auslösung eines Prozesses durch den Eingang eines Schriftstückes
Power Management	Energiesparfunktion
PPP (**P**oint-to-**P**oint-**P**rotocol)	serielles Übertragungsprotokoll
PPS	computergestützte **P**roduktions**p**lanung und -**s**teuerung
Pre-Sales-Service	(= Vor-dem-Kauf-Dienst); Dienstleistungen, die vor dem Kauf erbracht werden
Presentation Layer	(presentation = Darstellung); Darstellungsschicht im OSI-Schichtenmodell
Primärschlüssel	Eindeutig identifizierbarer Ordnungsbegriff für den Zugriff auf eine Datenbank
Print-Server	(= Druck-Server); Server zur Steuerung der Druckausgabe
Problemorientierte Programmiersprache	Programmiersprache, die an den zu strukturierenden Problemen (z.B. kaufmännisch) ausgerichtet ist
Produktlebenszyklus	Phasen eines Produktes im Markt
Programm	Arbeitsanweisung an einen Computer
Programmiersprache	Künstliche Sprache zur Verständigung mit dem Computer
Programmspezifikation	Programmvorgabe
Programmvorgabe	Anforderungsbeschreibung für Programmentwicklungen
Projektantrag	Antrag auf Genehmigung eines Projektes
Projektmanagement	Gesamtheit der Führungsaufgaben bei der Abwicklung von Projekten
PROM (**P**rogrammable **R**ead **O**nly **M**emory)	(programmable = programmierbar) ; programmierbarer Nur-Lese-Speicher
Proprietäre Systeme	herstellereigene Systeme

Prototyping	(prototyp = Muster, Modell); Prozess, ein vorläufiges Anwendungssystem mit den wesentlichen Eigenschaften des endgültigen Systems zu entwickeln
– evolutionäres Prototyping	– schrittweise Entwicklung mehrerer Prototypversionen
– inkrementelles Prototyping	– getrennte Entwicklung einzelner Teile des Gesamtsystems
– wieder verwendbare Prototypen	– Nutzung bereits entwickelter Prototypen
– Rapid Prototyping	– schnelle Entwicklung von Wegwerfprototypen
Provider	(to provide = ausstatten, versorgen, beliefern); Anbieter für den Internet-Zugang
Proxy-Server, Security Proxies	(proxy = Handlungsvollmacht, Bevollmächtigter); (security = Sicherheit); Programme, die als Schutzmaßnahme den direkten Zugriff auf das Internet unterbinden
Prüfziffernverfahren	Verfahren zur Vermeidung von Eingabe- und Lesefehlern
PSP	**P**rojekt**s**truktur**p**lan, Übersicht über die Projektaktivitäten
Puffer	Zeitreserven für Vorgänge im Netzplan
QL (**Q**uery **L**anguage)	Abfragesprache für den Benutzer
Quellprogramm	ein Programm, das in einer Programmiersprache erstellt ist (source code)
RAM (**R**andom **A**ccess **M**emory)	(= Speicher mit wahlfreiem Zugriff); spannungsabhängiger Schreib-Lese-Speicher
RDBS	**r**elationales **D**aten**b**ank**s**ystem
Re-Engineering	ingenieurmäßige Neuentwicklung bzw. Anpassung bestehender Systeme mithilfe geeigneter Methoden und Techniken
Real	(= reell), reelle Zahl, gebrochene Zahl, Gleitkommazahl
Record	(= Satz); Satz als strukturierter Datentyp
Record Locking	Zugriffssperre auf Datensätze im Netzwerkbetrieb
Redundanz	Mehrfachspeicherung
Relation	Beziehung
Remote-Bridge	(= Fernbetrieb-Brücke); hier: LAN-Schnittstelle zur Verbindung von Netzwerken über eine Datenfernübertragung
Repeater	(to repeat = wiederholen); Gerät, welches Signale im Netz verstärkt und weiterleitet
Ressource-Sharing	(= Aufteilen der Ressourcen); Mitbenutzung von Systemkomponenten durch mehrere Benutzer
RFC (**R**equest for **C**omments)	Bezeichnung für Dokumente, die von der IAB veröffentlicht werden
RGB (**R**ed **G**reen **B**lue)	Rot Grün Blau: Grundfarben für die Darstellung der Bildpunkte bei Farbbildschirmen
Rightsizing	(right size = richtige Größe); Anpassung der Systemplattform an die Softwareanforderungen und Bedürfnisse der Benutzer
RISC-Prozessor	(**R**educed **I**nstruction **S**et **C**omputer) Computer mit einem reduzierten Befehlssatz
RJ (**R**egistered **J**ack)	frei übersetzt: genormter Stecker in der Twisted-Pair Vernetzung
RLV	**R**ing**l**eitungs**v**erteiler im Token-Ring Netz
ROM (**R**ead **O**nly **M**emory)	(= Nur-Lese-Speicher), Festwertspeicher
ROOT HUB	(= Verteilerwurzel); „Quell"-Hub, über den bei USB alle angeschlossenen Peripheriegeräte an den PC angeschlossen sind
Router	(route = Reiseroute, Fahrtweg); LAN-Schnittstelle zur Aufteilung eines Netzwerkes in Teilnetze und zur Weiterleitung von Datenpaketen
Routing	(route = Weg); Weiterleitungsfunktion im Netz

RS-232C	Bezeichnung für die serielle Schnittstelle
RZ	Rechenzentrum
S/UTP (**S**creened **U**nshielded-**T**wisted-**P**air)	(screen = Schutzschirm); UTP-Kabel mit einem Gesamtschirm
SADT (**S**tructured **A**nalysis and **D**esign **T**echnique)	(= strukturierte Analyse- und Entwurfstechnik); Verfahren zur grafischen Beschreibung und Analyse von Arbeitsabläufen
Scanner	(to scan = abtasten); optisches Lesegerät
SCSI-Platte (**S**mall **C**omputer **S**tandard **I**nterface)	Kurzbezeichnung für eine Festplattentechnologie
SDRAM (**S**ynchronous DRAM)	(synchronous = gleichzeitig); Weiterentwicklung des DRAM
Selektives Outsourcing	Übertragung einzelner Dienstleistungen auf Fremdfirmen
Serielle Schnittstelle	Verbindung zwischen Zentraleinheit und Peripheriegerät, z. B. für den Anschluss einer Maus
Server	(= Servierbrett); hier: spezieller Rechner in einem Netzwerk, der den Arbeitsplatzcomputern Netzwerkressourcen und Dienstleistungen zur Verfügung stellt
Session Layer	(session = Sitzung); Kommunikationssteuerungsschicht im OSI-Schichtenmodell
SIMM (**S**ingle **I**nline **M**emory **M**odule)	Bezeichnung für eine überwiegend 72-polige Speicherbank auf der Hauptplatine
Simultaneous Engineering	(= gleichzeitiges Entwickeln); zeitlich ineinander verzahnte Durchführung von Aufgaben während des Softwareentwicklungsprozesses
Single-Tasking	(= einzelne Aufgabe); Einaufgabenbetrieb
Single-User-Betrieb	(= Ein-Benutzer-System); Einplatzsystem
SIS	**S**tellen-**I**nformations-**S**ervice
Skalierbarkeit	(to scale = maßstäblich verkleinern oder vergrößern); hier: Anpassungsfähigkeit des Computers an die unterschiedlichen Anforderungen
SLIP (**S**erial **L**ine **I**nternet **P**rotocol)	serielles Übertragungsprotokoll
Slot	(= Schlitz, Spalte); Steckplatz
SMTP (**S**imple **M**ail **T**ransfer **P**rotocol)	Protokoll für den E-Mail-Versand
Software	Programme und Daten eines DV-Systems
Software-Engineering	systematischer Einsatz von Methoden sowie Techniken für die Herstellung und Anwendung von Software
Software-Interrupt	Interrupt, der aus einem Programm durch einen Interrupt-Befehl (INT) ausgelöst wird.
Software-Life-Cycle	(= Programm-Lebens-Zyklus); Software-Lebenszyklus
Soundadapter	Soundkarte
Spezialisierung	Bildung von Unterklassen aus einer Oberklasse
SQL (**S**tructured **Q**uery **L**anguage)	strukturierte Abfragesprache
SRAM (**S**tatic RAM)	(statischer RAM-Speicher); Speicher, der nicht aufgefrischt werden muss
Stand-Alone-PC	(= allein stehender Personal-Computer); Einplatzsystem
Standardsoftware	Problemorientierte, vereinheitlichte Programme für branchenunabhängige Aufgabenbereiche
Stellenplan	Darstellung der Stellenbesetzung in einer Organisationsstruktur
Steuerbus	Sammelleitung, über die die Zugriffe auf die Funktionseinheiten des Computers gesteuert werden
STP (**S**hielded-**T**wisted-**P**air)	(shielded = geschützt); geschirmtes TP-Kabel mit einer Abschirmung für jedes Adernpaar
Straight-Kabel	TP-Kabel mit ungekreuzter Adernpaarzuordnung zwischen RJ-Stecker und Hub
Streamer	(= Band); Magnetband zur Datensicherung
String	(= Schnur, Band); hier: Zeichenkette
Subklasse	Unterklasse
Subnetzmaske	Adressmaske für Verzweigungen in Teilnetze

Subschema	Teilausschnitt aus der Datenbasis
Suchmaschine	Web-Server, der Informationen über Inhalte anderer Web-Server besitzt
Sukzessive Approximation	(schrittweise Annäherung); AD-Umsetzungsverfahren
Superklasse	Oberklasse
Switch	(= Schalter); zentrale Schaltelemente zur Verbindung von Teilnetzen
System	komplexe Kombination von einzelnen Elementen, die miteinander in Beziehung stehen, ein gemeinsames Ganzes bilden und ein gemeinsames Ziel verfolgen
Systemanalyse	Untersuchung komplexer betrieblicher Probleme im Hinblick auf die Einführung neuer oder Weiterentwicklung bestehender Informationssysteme
TAE	Telekommunikations-Anschluss-Einheit
TAN (Trans-Aktions-Nummer)	fortlaufende Sicherheitsnummer zum Schutz von Home-Banking-Transaktionen
Tastatur	Eingabegerät zur manuellen Eingabe von Zeichen
Tastaturschnittstelle	Verbindungsstelle zwischen Tastatur und CPU
TB	Terrabyte = 2^{40} Byte
TCP (Transmission Control Protocol)	Transportprotokoll im TCP/IP-Protokoll
TCP/IP (Transmission Control Protocol/ Internet Protocol)	Netzwerkprotokoll, Standardprotokoll im Internet
Teil-Outsourcing	Übertragung einzelner Dienstleistungen auf Fremdfirmen
Telebanking	Kontoführung per Btx
Teledat	Datenfernübertragung mittels Modem und PC
Telefax	Übertragung kopierfähiger Vorlagen über das Telefonnetz
Teleshopping	Einkaufen per Btx
Telex (Telgraph Exchange)	Austausch schriftlicher Nachrichten
Telnet	Internet-Dienst zum Aufbau einer Verbindung zwischen dem eigenen Rechner und einem Zielrechner sowie Bezeichnung für das zugehörige Protokoll Telnet (Remote Terminal Login)
Terminal	Kombination von Bildschirm und Tastatur
Terminal- bzw. Kommunikationsprogramm	Programm zum Aufbau einer Verbindung zum Provider bzw. in das Internet
Tesla	Einheit der magnetischen Flussdichte: 1 T = 1 Vs
Tetrade	Zusammenfassung von 4 Bit zu einer Gruppe
TFT (Thin-Film-Transistor)-Monitor	Flachbildschirm mit Flüssigkeitskristallen
Thick-Ethernet	(thick = dick); Ethernet-Verkabelung mit einem dickeren abgeschirmten Koaxialkabel
Thin-Ethernet	(thin = dünn); Ethernet-Verkabelung mit einem dünnen abgeschirmten Koaxialkabel
Time-Sharing	(= Zeitaufteilung); Aufteilung der Prozessorzeit in Zeitintervalle
Timer	(time = Zeit, Zeitspanne); Funktionseinheit, die zeitabhängige Abläufe steuert
Token	(= Zeichen); Bitmuster zur Steuerung des Zugriffsverfahrens
Token Passing	Zugriffsverfahren in der Ring-Topologie
Token-Ring	Nach der Ring-Topologie aufgebautes Netzwerk
Tools	(= Werkzeug, Instrument); Softwarewerkzeuge für die Entwicklung arbeitsplatzbezogener Problemlösungen
top-down	(= oben-unten); Zerlegung eines Problems von der Gesamtaufgabe zu einzelnen Teilaufgaben
Topologie	Physikalische Aufbau eines Netzwerkes
TP (Twisted-Pair)	(to twist = drehen, pair = Paar), paarig verdrilltes Kabel, Übertragungskabel in einem Netzwerk
tpi (Tracks per inch)	(= Spuren pro Inch); Maßeinheit für die Schreibdichte z. B. bei Disketten
Transceiver	Zusammensetzung aus Transmitter (= Sender) und Receiver (= Empfänger), Verbindungsstück zwischen Netzwerkkarte und dem Thick-Ethernet-Kabel

Transport Layer	Transportschicht im OSI-Schichtenmodell
Treiber	Steuerungsprogramm
Trouble-Shooting	(= Problem-Schießen); hier: Fehlersuche, Problembehebung
TTL	Transistor-Transistor-Logik; Schaltkreisfamilie
UDP (**U**ser **D**atagram **P**rotocol)	Transportprotokoll der TCP/IP-Protokollfamilie
UML (**U**nified **M**odeling **L**anguage)	(= einheitliche Modellierungssprache), Standard zur Beschreibung einer objektorientierten Modellierung
UMTS (**U**niversal **M**obile **T**elecommunications **S**ystem)	Mobilfunkstandard für den drahtlosen Zugriff auf Bilder, Videos und Musik aus dem Internet
Upsizing	(up = nach oben, size = Größe); Überführung bestehender Systeme in eine größere Systemplattform
UrhG	**Urh**eberrechts**g**esetz
URL (**U**niform **R**esource **L**ocator)	(= universale Angabe zur Auffindung); Adressangabe zum weltweiten Auffinden einer Web-Seite
USB (**U**niversal **S**erial **B**us)	Schnittstelle zum vereinfachten Anschluss von Peripheriegeräten
Utilities	(Utility = Nützlichkeit); Dienstprogramme
UTP (**U**nshielded-**T**wisted-**P**air)	(unshielded = ungeschützt), ungeschirmtes TP-Kabel
V-Modell	Vorgehensmodell in der Softwareentwicklung
V.24	Bezeichnung für eine serielle Schnittstelle
V.90	V-Schnittstelle für Modems mit einer Übertragungsgeschwindigkeit von 56 kbit/s.
Variable	Speicherplatz für Daten, sich sich im Verlauf der Verarbeitung verändern
Vererbung	Ableitung neuer Klassen aus einer übergeordneten Klasse
Vertikalfrequenz	Bildwiederholfrequenz, gemessen in Hertz
VESA Local Bus (**V**ideo **E**lectronics **S**tandard **A**ssociation)	Bus, der direkt mit dem Prozessor gekoppelt ist
VGA (**V**ideo **G**raphics **A**rray)	Grafikstandard
SVGA (**S**uper **V**ideo **G**raphics **A**rray)	Grafikstandard
VMS (**V**irtual **M**emory **S**ystem)	Betriebssystem von Digital Equipment
Vollduplexbetrieb	Übertragungsart mit zeitgleichem Senden und Empfangen
Volt	Einheit der elektrischen Spannung: 1 V
VRAM (Video-RAM)	Speicher auf Grafikadaptern
WAN (**W**ide **A**rea **N**etwork)	Weitverkehrsnetz
WAP (**W**ireless **A**pplication **P**rotocol)	Protokoll für den mobilen Internetzugang per Handy
Watt	Einheit der elektrischen Leistung: 1 W
Web-Server	Rechner, der Web-Seiten zur Verfügung stellt
Web-Tools	Softwarewerkzeuge für die Arbeit im Internet
WIPO	(**W**orld **I**ntellectual **P**roperty **O**rganization) Weltorganisation für geistiges Eigentum
Windows	(= Fenster); Betriebssystem
Workflow	(= Arbeitsfluss); computergesteuerter Prozessablauf
Workflow-Management-System	Programme zur Planung, Steuerung und Kontrolle von Prozessabläufen
Workstation	(= Arbeitsstation); PC-Station in einem Netzwerk
WORM (**W**rite **O**nce **R**ead **M**ultiple)	einmalig beschreibbare, aber beliebig oft lesbare optische Platte
WWW (**W**orld **W**ide **W**eb)	(= weltweites Netz), Online-Dienst im Internet
Zentralspeicher	Hauptspeicher, interner Speicher;
ZIP	Markenname eines Massenspeichers und Datenkompressionsformat

Stichwortverzeichnis

T

U

V

W

X

Y

Z